Historia de la literatura hispanoamericana
3. Postmodernismo, vanguardia, regionalismo

José Miguel Oviedo

Historia de la literatura hispanoamericana
3. Postmodernismo, vanguardia, regionalismo

Alianza Editorial

Primera edición: 2001
Segunda edición: 2012
Tercera reimpresión: 2023

Reservados todos los derechos. El contenido de esta obra está protegida por la Ley, que establece penas de prisión y/o multas, además de las correspondientes indemnizaciones por daños y perjuicios, para quienes reprodujeren, plagiaren, distribuyeren o comunicaren públicamente, en todo o en parte, una obra literaria, artística o científica, o su transformación, interpretación o ejecución artística fijada en cualquier tipo de soporte o comunicada a través de cualquier medio, sin la preceptiva autorización.

© José Miguel Oviedo
© Alianza Editorial, S. A., Madrid, 2001, 2012, 2018, 2021, 2023
Calle Valentín Beato, 21
28037 Madrid

ISBN: 978-84-206-0955-3 (Tomo 3)
ISBN: 978-84-206-0957-7 (O. C.)
Depósito legal: M. 30.303-2012
Printed in Spain

SI QUIERE RECIBIR INFORMACIÓN PERIÓDICA SOBRE LAS NOVEDADES DE ALIANZA EDITORIAL, ENVÍE UN CORREO ELECTRÓNICO A LA DIRECCIÓN:

alianzaeditorial@anaya.es

Índice

13. El postmodernismo y sus alrededores. Un maestro del cuento: Quiroga. El caso de Delmira Agustini. Del postmodernismo hacia la vanguardia: López Velarde y Tablada. La poesía argentina y el suburbio. Postmodernistas peruanos: Eguren y Valdelomar. El extraño Ramos Sucre. Arévalo Martínez y otros narradores. Los ensayistas............... 11
    13.1. Continuidad y divergencia postmodernista 11
    13.2. Quiroga o el arte de la tragedia 14
    13.3. Las ambigüedades de Delmira Agustini 29
    13.4. Los postmodernistas mexicanos 36
        13.4.1. López Velarde o el desasosiego 37
        13.4.2. Tablada: la seducción del Oriente 53
        13.4.3. El búho de González Martínez 69
    13.5. El postmodernismo argentino: el suburbio de Carriego y el «sencillismo» de B. Fernández Moreno 73
        13.5.1. Perfección y silencio en Enrique Banchs 77
    13.6. Los postmodernistas peruanos 79
        13.6.1. La provincia de Valdelomar y la fantasía de Eguren 80
    13.7. La extrañeza de Ramos Sucre 89
    13.8. Otros poetas postmodernistas 92
    13.9. Un puñado de narradores 95
    13.10. «Arielistas», ensayistas, críticos y pensadores 107

14. México: Los hombres del Ateneo, la Revolución, Azuela y la novela. El teatro: Eichelbaum, Artl y Usigli 123
    14.1. México en su Ateneo 123
        14.1.1. El universo de Alfonso Reyes 126
        14.1.2. La renovación filosófica de Antonio Caso 136
        14.1.3. Vasconcelos, el intelectual como activista 138
        14.1.4. La utopía americana de Pedro Henríquez Ureña ... 145
        14.1.5. Torri: un maestro de la prosa 148
    14.2. El ciclo novelístico de la Revolución Mexicana 150
        14.2.1. Mariano Azuela: una épica popular 155
        14.2.2. Martín Luis Guzmán: la historia vivida 168
        14.2.3. Magdaleno y otros novelistas de la Revolución 171
    14.3. Repaso al teatro: Eichelbaum, Arlt, Usigli y otros dramaturgos 175

15. En la órbita de la realidad: naturalismo, «criollismo» y realismo urbano. El gran regionalismo. Voces femeninas en la poesía y en la prosa 191
    15.1. Las demandas de la realidad 191
        15.1.1. Los «criollistas» y otros narradores chilenos 195
        15.1.2. El «criollismo» y el realismo urbano en Argentina: Lynch, Gálvez y Arlt 202
        15.1.3. Otros realistas 209
    15.2. El gran regionalismo americano 216
        15.2.1. Rivera y la fascinación de la selva 219
        15.2.2. *Don Segundo Sombra* o el aprendizaje de la pampa 225
        15.2.3. Gallegos: la pasión del llano 232
    15.3. Voces femeninas en la poesía 239
        15.3.1. La emoción y la reflexión de Alfonsina Storni 241
        15.3.2. El camino penitente de Gabriela Mistral 256
        15.3.3. Luz y sombra de Juana de Ibarbourou. Nota sobre María Eugenia Vaz Ferreira 265
        15.3.4. La memoria de dos mujeres: Victoria Ocampo y Teresa de la Parra 267

16. La primera vanguardia. Tres grandes poetas: Huidobro, Vallejo, Neruda. La voz de Girondo. Los «Contemporáneos» 277
    16.1. Las constelaciones de la vanguardia internacional 277
    16.2. Macedonio, el abuelo de la vanguardia 286
    16.3. Los tres grandes poetas 293
        16.3.1. La teoría y la praxis de Huidobro 293
        16.3.2. Vallejo entre la agonía y la esperanza 305
        16.3.3. El oceánico Neruda 334
    16.4. Otras expresiones vanguardistas en la década de los veinte: Río de la Plata y México 362
        16.4.1. El ultraísmo en Argentina: *Martín Fierro* y Oliverio Girondo . 363
        16.4.2. La vanguardia en México: el «estridentismo» 370
        16.4.3. Los «Contemporáneos» 372

17. Brotes y rebrotes de la vanguardia. Avances de la poesía pura. El «negrismo»: Nicolás Guillén, Palés Matos y otros. Mariátegui y el indigenismo clásico 389
   17.1. La diseminación vanguardista y sus transformaciones 389
   17.2. La vanguardia chilena tras Huidobro: dentro y fuera del grupo «Mandrágora» 390
   17.3. La vanguardia en el Perú: Martín Adán, Oquendo de Amat, Abril, Moro, Westphalen 395
      17.3.1. Unas palabras sobre el «nativismo» 408
   17.4. Dos vanguardistas en el Ecuador: Carrera Andrade y Pablo Palacio ... 410
   17.5. La música caprichosa de León de Greiff, los timbres de Vidales y la sobriedad de Aurelio Arturo 414
   17.6. En torno a la vanguardia: Cuba y Puerto Rico 417
      17.6.1. La poesía negrista: los sones de Nicolás Guillén y Palés Matos 421
   17.7. Otros vanguardistas 428
   17.8. Mariátegui y la prédica indigenista 433
   17.9. Las novelas indigenistas de Jorge Icaza y Ciro Alegría 440

18. La hora del ensayo americanista. Los críticos: cultura, sociedad, historia, política. Una literatura en transición; cuatro grandes maestros del medio siglo: Asturias, Yáñez, Carpentier, Onetti. Otros narradores. Un puñado de poetas mujeres........ 449
   18.1. Un pensamiento continental 449
      18.1.1. El pensamiento filosófico-político: crítica y radicalismo 450
      18.1.2. Dos ensayistas venezolanos: Picón Salas y Uslar Pietri 455
      18.1.3. Los testigos del siglo: Benjamín Carrión, Luis Alberto Sánchez, Germán Arciniegas. Otros críticos 458
      18.1.4. Tres historiadores: Valle, Porras y Basadre 465
      18.1.5. Un esteta comprometido: Cardoza y Aragón 468
      18.1.6. Una mujer singular: Nilita Vientós Gastón 470
   18.2. La novela: los grandes maestros del medio siglo 471
      18.2.1. Los terribles dioses, héroes y hombres de Asturias 473
      18.2.2. Yáñez y las profundas voces de la tierra mexicana 482
      18.2.3. Las arquitecturas barrocas de Carpentier 485
      18.2.4. Onetti: el infierno de la imaginación 504
   18.3. Una pléyade de narradores 514
   18.4. La poesía. El aporte femenino 533

Bibliografía general 539

Índice onomástico 548

13. El postmodernismo y sus alrededores. Un maestro del cuento: Quiroga. El caso de Delmira Agustini. Del postmodernismo hacia la vanguardia: López Velarde y Tablada. La poesía argentina y el suburbio. Postmodernistas peruanos: Eguren y Valdelomar. El extraño Ramos Sucre. Arévalo Martínez y otros narradores. Los ensayistas

13.1. Continuidad y divergencia postmodernista

Si el término «modernismo» es complejo, el de «postmodernismo» no lo es menos, y aun puede decirse que —sobre todo en estas últimas décadas— la discusión sobre esta segunda noción ha sido sometida a una revisión tan intensa que ya no entendemos por el membrete lo que hasta hace poco entendíamos. Ese debate ha aclarado muchos aspectos, pero también ha oscurecido otros, por razones que apuntamos en un capítulo anterior, al presentar el fenómeno modernista en su conjunto *(11.1.)*. Aquí tenemos que estudiar la cuestión postmodernista un poco más a fondo.

Para comenzar, se imponen varios deslindes: la noción «postmodernismo» puede usarse para señalar la fase de crisis y disolución del movimiento modernista y al grupo de hombres que lo encarna; o para referirse en general a la etapa que sigue a aquel momento, que agrupa tendencias diversas y a veces contrarias a él. En otras palabras, puede significar una específica fórmula literaria y sus variantes, o un concepto epocal, genérico, en el sentido en que, por ejemplo, lo usa Luis Monguió en su libro *La poesía postmodernista peruana;* es decir, la poesía que viene *después* del modernismo. (Por cierto, el término también alude a los rasgos que la crítica cultural aplica a nuestra propia época, sentido que no nos interesa ahora porque poco o nada tiene que ver con el movimiento dariano ni con su evolución inmediatamente posterior.) Además hay que preguntarse que si el postmodernismo es una crítica y depuración del modernismo, ¿cómo llamar lo que realiza el mismo Darío *(12.1.)* en *Cantos de vida y esperanza*? Las semillas del cambio están allí, en el corazón mismo del canon modernista, lo que confirma esa capacidad del movimiento para la renovación y la revisión autocrítica, rasgo moderno si los hay. ¿Y qué decir de la cara americanista que adopta el modernismo en su fase avanzada, que alcanza su cúspide hacia 1900, con *Ariel (12.2.3.)*? Como ya dijimos antes: el modernismo fue un movimiento que estuvo en constante transformación y evolución, creando desde temprano un terreno fértil en el que podían florecer aportes de distinto signo.

Los críticos suelen señalar distintas fechas para el arranque postmodernista: oscilan entre 1910 (la Revolución Mexicana) y 1914 (el comienzo de la Primera Guerra Mundial). Como se ve, son fechas de la historia política del siglo XX, pero que generan cambios y reajustes en el papel que la literatura y la creación intelectual cumplían en el continente. Otros prefieren una fecha simbólica: 1916, el año de la muerte de Darío. Parece prudente, en todo caso, afirmar que el proceso se hace visible en la segunda década del siglo, justo cuando se advierten los primeros síntomas del impacto de la vanguardia *(16.1.).* Esa contigüidad no es casual: hay cierta conexión entre algunas expresiones del postmodernismo con las de la vanguardia. Bien podemos comenzar a tratar nuestro tema declarando algo que no todos —acostumbrados a ver el postmodernismo simplemente como una secuencia o desprendimiento del modernismo— aceptarán fácilmente. El postmodernismo es dos cosas distintas a la vez: un estilo literario cuyas fuentes están en el modernismo, pero que se procesan de modos diferentes; y una divergencia, a veces bastante radical, respecto de ese modelo, al que incorpora rasgos forasteros y novedosos que provienen de otros cauces. Esto quiere decir que verlo simplemente como una fase posterior al modernismo y ligada a su estética es limitarlo o malinterpretarlo: el postmodernismo es por esencia heteróclito. Quizá por eso sea un movimiento carente de manifiestos y declaraciones programáticas. Cada quien siguió su curso —un poco como los que protagonizaron los albores del modernismo (cap. 11)— más apegado al propio entorno cultural que al prestigio de compartir un espíritu cosmopolita.

Su gran importancia reside justamente en esa síntesis de muchas fórmulas, con frecuencia contradictorias, que cancelan del todo los hábitos finiseculares e inauguran los modos propios del siglo XX. Si las fases postmodernismo y vanguardia pueden separarse didácticamente (tal como lo hacemos en esta obra), en la misma realidad literaria de esos años se encuentran fundidas o al menos confundidas. Podríamos ir más lejos y afirmar que el postmodernismo es la primera fase de la vanguardia, el campo exploratorio que abriría el camino al espíritu iconoclasta y rebelde de los años que siguen. Uno de los aspectos más interesantes del primero es esa capacidad de preparar, ensayar y facilitar algunos de los profundos cambios que la nueva estética iba a desencadenar. No es, pues, extraño que grandes innovadores de la literatura plenamente contemporánea —como Quiroga *(infra)*, Vallejo *(16.3.2.)* o Neruda *(16.3.3.)*— hayan tenido una etapa postmodernista para luego ir en direcciones muy distintas. Lo que queremos decir es que el postmodernismo es un campo fundamental para la transición de los rezagos literarios del fin de siglo hacia la plenitud de nuestro tiempo.

Quizá no deba entenderse el postmodernismo —al menos, en sus primeras manifestaciones— como algo contrario al modelo modernista, sino más bien como su *prolongación,* a la que sigue un *dénouement;* en todo caso, no como su directa negación. Se mueve dentro del mismo cauce general, pero incorpora, al menos, tres nuevas direcciones: depuración, crítica y divergencia. La primera está básicamente señalada por un movimiento de *interiorización* y *repliegue* de las líneas abiertas por la revolución dariana. Hay un desplazamiento en el foco del gran diorama modernista, para concentrarse en lo más hondo del dilema arte-vida que inquietaba todavía más a las generaciones enfrentadas a las crisis del nuevo siglo. Los postmodernistas quieren menos adorno y más sustancia, aunque estén guiados por las mismas convicciones y los mismos fines estéticos. La segunda dirección es un regreso al ámbito de lo propio (la provincia, el campo, el mundo doméstico) y a los temas «sencillistas», para arrancar de ellos vibraciones inesperadas. Haciendo una indirecta crítica del modernismo (sobre todo de la áurea fastuosidad de su lenguaje), los postmodernistas cultivan una forma de expresión «crepuscular», más mística que pagana y más sombría que hedonista. Hay un morboso descenso por la zona oscura de lo anormal y lo desconcertante, lo estridente y lo patético. Estas realidades no les interesan por sus connotaciones morales o sociales, sino por su misma extrañeza y la onda de horror o puro asombro que generan; el esteticismo ha cambiado de rumbo, pero siempre está allí, a veces en el nivel fonético y rítmico del verso, que suena también «raro» o al menos caprichoso.

La tercera dirección del postmodernismo lo lleva al pleno reencuentro con el entorno americano y a la preocupación por cuestiones ideológicas y políticas asociadas con el destino del continente, sobre todo al estallar la Primera Guerra Mundial. Ya vimos que Darío mismo —y, antes, Martí *(11.2.)*— abrió ese camino, pero es la rica pluralidad de vías que surgen tras él lo que hay que destacar como un fenómeno propio del postmodernismo. Si la primera dirección llevará progresivamente esta tendencia a la vertiente vanguardista, las otras dos la acercan a todos los códigos estéticos en los que el dato real es decisivo. Así, la propuesta modernista cierra el círculo: lo que comenzó como una exaltación del artepurismo terminará haciendo posible una visión «americanista»; convertida en una práctica ya modernizada y depurada del acto creador, incorporará a su repertorio acontecimientos contemporáneos, reflexiones aristocráticas sobre los problemas raciales de un continente mestizo, posiciones antiimperialistas, adhesiones a causas populares, etc.

Crítica:

CORVALÁN, Octavio, *El postmodernismo. La literatura hispanoamericana entre dos guerras mundiales,* New York, Las Américas, 1961.
YURKIEVICH, Saúl, «Moderno/postmoderno: fases y formas de la modernidad», en *La movediza modernidad*,* 9-36.

13.2. Quiroga o el arte de la tragedia

En este período, muy pocos (y nadie en el campo de la prosa) alcanzan la talla literaria de Horacio Quiroga (1878-1937): es indudablemente una de las grandes figuras de ese tiempo y sigue siéndolo ahora. Bastaría con decir que es nuestro primer gran cuentista contemporáneo, un narrador

---

* El asterisco indica que las obras señaladas se citan más de una vez en esta *Historia;* sus datos completos pueden hallarse en la bibliografía general al final del volumen.

con una lúcida conciencia de la especificidad y la trascendencia estética del género que cultiva, que, con él, deja de ser —como solía decirse— un «género menor» y rapsódico. Lillo *(10.2.33.)* y Acevedo Díaz *(10.4.)* son cronológicamente muy anteriores a él y podrían señalársele como antecedentes directos, pero hay que tener en cuenta dos cosas: una, que los primeros cuentos de Quiroga aparecen en 1899, o sea, antes que los libros del chileno; otra, que Acevedo Díaz es autor de un solo cuento: el admirable «El combate de la tapera», mientras que Quiroga produjo cerca de doscientos. En intensidad y fecundidad pocos cultores del género se le acercan, antes o después. Quiroga es, además, una presencia capital porque su obra cubre todo el arco de las instancias literarias que bullían en la época: modernismo, postmodernismo, «criollismo», regionalismo, relato fantástico o de horror, etc. Así se explica por qué, pese a haber nacido antes de 1880, lo estudiamos —como ya advertimos *(12.2.)*— en este capítulo: lo más significativo de su obra hace de él un precursor del cuento tal como lo entendemos y practicamos hoy. Por todo esto, merece ser examinado con atención.

Pero antes de intentarlo, hay que tratar un par de interesantes cuestiones previas, ambas relacionadas con su biografía. Quiroga nació el 31 de diciembre de 1878 en Salto, Uruguay. Sólo su primer libro, *Los arrecifes de coral* (1901), colección de prosa y verso, fue publicado en Montevideo; el resto de su producción publicada en vida aparece en Buenos Aires, donde pasó buena parte de su existencia y donde murió. Pero si la historia editorial del autor es sólo el reflejo del importante papel que cumplió en su evolución literaria el ambiente intelectual bonaerense, la experiencia fundamental de Quiroga está profundamente vinculada a la región selvática argentina, específicamente las provincias del Chaco y Misiones; no olvidemos que fue un colono en esas zonas casi vírgenes entonces y que su destino artístico fue convertirse en un auténtico «narrador de la selva».

Por eso cabe la pregunta: ¿es Quiroga un escritor uruguayo o argentino? Su caso se parece un poco al de Florencio Sánchez *(10.9.)*, cuya dramaturgia es fruto de las dos orillas del Río de la Plata. Por otro lado, ese vaivén geográfico y cultural es una tradición de las letras uruguayas y se registra también, en diversos grados, en Acevedo Díaz y en Javier de Viana *(10.4.)*. Tenía razón Emir Rodríguez Monegal cuando afirmaba que Quiroga no es ni uruguayo ni argentino (aunque adoptó esta ciudadanía en 1903), sino rioplatense: un escritor con raíces dobles y al mismo tiempo desarraigado en ambos lados. Y aun podría llamársele escritor «misionero», porque ésta es la Argentina que cuenta para él como narrador y la que constituye el territorio que vivió, recreó e inventó, inmortalizándolo.

(Esta cuestión demuestra una vez más cuán relativos son los criterios nacionales en la literatura: Quiroga es un uruguayo con obra argentina, una Argentina que pocos de sus lectores conocían; fue siempre un trasplantado, un *desterrado,* como reza el título de uno de sus libros, alguien que explora fronteras ajenas, tratando tercamente de hacerlas suyas.)

La otra cuestión tiene que ver con los ramalazos de tragedia que sacuden su vida desde la infancia y la forma como él los convierte en material literario. Si su gran tema —mejor: su gran obsesión— es la muerte, es porque esa experiencia marcó tantas veces su vida que nos induce a pensar en signos fatídicos o en un maligno azar. Su biografía es casi inverosímil y sin duda tan fascinante como su obra. El más simple recuento de ella justificaría el título unamuniano: *Del sentimiento trágico de la vida;* y el febril entrecruzamiento de vida y obra sólo podría compararse con el que encontramos en Kafka u O'Neill. Como ellos, Quiroga murió muchas veces. Al año siguiente de su nacimiento, su padre muere al disparársele accidentalmente —delante de la madre y el hijo— un arma de fuego. (La relación de Quiroga —y de los que lo rodearon— con las armas merecería un estudio especial: son letales garantías de sobrevivencia en la selva.) Se inicia así el ciclo de violencia y destrucción que envolverá su vida. Hacia 1896, nuevo golpe aciago: su padrastro se suicida con un tiro en la boca. En 1901 mueren dos de sus hermanos y al año siguiente, en otro accidente absurdo, él dispara un tiro fatal a su amigo Federico Ferrando, que se preparaba para un duelo con otra persona. Estando ya en Misiones, su esposa Ana María Cirés, con quien se había casado en 1909, se suicida tomando veneno (1915), víctima de una depresión nerviosa. Finalmente, él mismo, al saberse enfermo de cáncer, se suicida bebiendo cianuro en un hospital de Buenos Aires. Esta vida marcada por muertes violentas y traumáticas no se distingue demasiado de sus propios cuentos, donde la existencia es un duro sobrevivir en medio de mil peligros, el mayor de los cuales no son los rigores de la selva ni la general hostilidad del medio, sino algo oscuro y profundo que agobiaba su corazón: el impulso destructivo (y a veces autodestructivo) que él conjuró en la creación literaria, a imagen y semejanza de la Naturaleza, también regida por las implacables leyes de decadencia y renacimiento. Esa pugna existencial entre persistir y perecer está en el centro de su mundo narrativo.

Mientras estas tragedias se sucedían, el escritor iba haciendo su doble aprendizaje vital y estético. *Los arrecifes...* lo muestra como un joven modernista y corresponde a un período de búsquedas inciertas y vagas inquietudes, algunas con visos pintorescos. A sus preocupaciones literarias, se sumaban curiosos intereses de carácter científico, técnico y deportivo: experimenta con la química, la mecánica, la fotografía, el ciclismo; de espíritu soñador y aventurero, quería además ser marino... Sin una vocación definida, estaba abierto a muchos intereses contradictorios. A partir de 1896, la literatura pasa a ocupar el centro de su atención. En Salto, con Alberto J. Brignole y otros amigos, forma la «Comunidad de los tres mosqueteros», en la cual él es D'Artagnan y en la que leen sus ejercicios poéticos juveniles. En 1897 comienza a colaborar, bajo seudónimo, en revistas juveniles y él mismo funda, en 1899, el semanario *Revista del Salto,* que apenas dura un año. A fines de marzo de 1900, después de haber conocido a Lugones *(12.2.1.),* su gran ídolo literario, en una breve escapada a Buenos Aires, decide realizar el ritual de todo modernista: el viaje a París.

Allí comienza haciendo una vida de *dandy;* frecuenta tertulias y cafés; conoce a Darío *(12.1.),* Gómez Carrillo *(12.2.7.)* y Manuel Machado. Pero en poco tiempo todo se desbarata: sus recursos económicos se extinguen y regresa, con la cola entre las piernas, poco más de tres meses después. El viaje es un completo fracaso (él dirá: «No tengo fibra de bohemio») y sólo trae de él un valioso documento de su desencanto: un *Diario de viaje a París* (Montevideo, 1949), que confiaría a su amigo, corresponsal, biógrafo y crítico Ezequiel Martínez Estrada *(18.1.1.).* Con este episodio, que le convence de que su sed de aventura no se satisface en los elegantes salones literarios, se cierra la etapa formativa del autor y comienza otra, muy distinta.

Todavía al volver a Montevideo, Quiroga parece resistirse a aceptar ese hecho. Con sus compañeros de juventud funda el «Consistorio del Gay Saber», laboratorio intelectual que amplía la experiencia mosqueteril y que tiene ciertas semejanzas de ambiente decadentista con la «Torre de los Panoramas» de Herrera y Reissig *(12.2.4.),* a la que antecede por pocos años; el nombre de «gay saber» conjuga reminiscencias provenzales y nietzscheanas (así se llama un libro de aforismos y poemas que el filósofo alemán publicó en 1882). Puede decirse que la aparición de *Los arrecifes...* corresponde al espíritu del Consistorio: simbolismo y decadentismo bastante trasnochados. Luego del fatal accidente de Ferrando, que lo deja conmocionado, y de su rápido traslado a Buenos Aires (1901), el cenáculo cierra sus puertas y lo deja libre ante nuevas perspectivas. En 1903 se incorpora al profesorado argentino y consigue, gracias a la influencia de su amigo Lugones, formar parte, como fotógrafo, de la expedición de estudios que el gobierno envía a la región de San Ignacio en Misiones, así llamada por las campañas de evangelización que organizaron los jesuitas *(2.5.),* en el áspero norte del país. Aunque en el viaje Quiroga muestra lo poco preparado que estaba para él, la experiencia es crucial y provoca una inesperada decisión: poco después de publicar un libro de cuentos decadentistas, *El crimen del otro* (Buenos Aires, 1904), que Rodó *(12.2.3.)* elogia, resuelve dedicarse al cultivo del algodón en el Chaco. Se inicia así la etapa de su propio descubrimiento como hombre y escritor.

¿Qué movió a Quiroga a tomar esa decisión? ¿Qué buscaba, qué podía encontrar en el Chaco, en la hondura de la selva más remota, un hombre físicamente debilitado como él, asmático y dispéptico, sin mayor conocimiento de la región y sin la asistencia eficaz de nadie? ¿Aspiraba a la soledad en comunión con el paisaje, un retiro balsámico para un espíritu ya fatigado y marcado por un oscuro destino, un campo de sensaciones nuevas para renovar su literatura, una posibilidad de ganarse una fortuna con el esfuerzo de sus propias manos, un simple modo de satisfacer su inquietud robinsoniana en tierras vírgenes? En síntesis: ¿tenía un plan o perseguía simplemente una quimera, lo hizo por cálculo o por locura? Difícil saberlo con certeza, aunque sus libros nos darán más tarde ciertas pistas, aparte de ser el verdadero y admirable fruto de ese largo pasaje de su vida. Tal vez la razón verdadera fuese la enormidad misma del desafío y la fascinación por un mundo totalmente extraño; en ese sentido, la selva fue para el desterrado una insólita patria que nadie podía disputarle. Pero si, como cree Rodríguez Monegal, el principal móvil era el económico —hacerse de una fortuna dedicándose a la agricultura—, volvió a fracasar: en un par de años había liquidado todo el dinero que llevó al Chaco y sus experimentos en galvanoplastia tampoco dieron resultado. Así, lo vemos regresar en 1905 a Buenos Aires y al profesorado. En los años inmediatos participa en tertulias literarias, conoce a Florencio Sánchez y colabora intensamente en la revista *Caras y Caretas* y en *La Nación,* para ganar un poco de dinero. Pero a fines de 1906, aprovechando planes del gobierno para estimular la colonización de Misiones, compra tierras en los alrededores de San Ignacio para volver a hacer de ese ambiente un hogar.

Intenta además otra forma de apropiación, más trascendente: la conversión del mundo de la selva en un territorio literario personal. Esto supone una doble operación: es un buceo hacia adentro, hasta las capas más profundas de su psiquis, tanto como una exploración del entorno físico. Son dos formas de vida, la del indagador de sí mismo y la del colono que descubre los sutiles comportamientos del mundo animal y vegetal que lo rodea. Es sobre todo de la observación de la conducta animal de donde Quiroga saca importantes lecciones éticas sobre la vida humana. Sin embargo, la publicación en 1908 de dos novelas cortas *(Historia de un amor turbio* y *Los perseguidos)* agrega un nuevo fracaso —literario, esta vez—

a su desastrado designio. Quiroga seguiría cultivando el género, pero sin poder convencer a nadie —ni al público ni a la crítica— de que el gran cuentista tenía también dotes de novelista.

A fines de 1909 se casa con Ana María Cirés, una alumna suya de sólo 15 años, y de inmediato la pareja marcha a la selva. Se inicia así la serie de relaciones conyugales de Quiroga, que ofrecen reveladoras claves sobre su conflictiva vida erótica: son siempre relaciones tempestuosas con mujeres bastante más jóvenes que él, están regidas por la autoridad masculina y someten a la mujer a una dura vida doméstica que implica una ascética privación de casi toda comodidad u otro placer que no sea el sexual. Hay en Quiroga una patética necesidad de amor y ternura, que espera encontrar en jóvenes capaces de aceptar fácilmente los espartanos términos en los que él planteaba la vida en común: una relación de supremacía de un esposo-padre sobre una esposa-hija. El amor quiroguiano está marcado por las mismas señas destructivas del impulso tanático que acosó su vida. Tras el nacimiento de su hija Eglé y su hijo Darío, el fracaso de su nueva aventura comercial (explotación de carbón y destilación de jugo de naranja, que le da para escribir un cuento) y el suicidio de su esposa, regresa a Buenos Aires en 1916. Al año siguiente obtiene un puesto de secretario del Consulado de Uruguay y publica su primer gran libro: *Cuentos de amor de locura y de muerte* (el autor no quiso una coma entre esas palabras), que demuestra que ha alcanzado su madurez creadora. Y de inmediato otros más: *Cuentos de la selva* (1918), narraciones para niños, *El salvaje* (1919) y *Anaconda* (1921), libros de cuentos.

En los años siguientes, vivirá en Buenos Aires (donde frecuenta la tertulia de Lugones) y funda, con el narrador uruguayo Enrique Amorim *(15.1.3.)*, el grupo literario que llamará también «Anaconda». Escribe para varias revistas una serie de crónicas cinematográficas, nuevo arte por el que manifiesta gran interés (llegaría a escribir dos guiones sobre obras suyas), aunque su posterior fase sonora lo desencanta. Pasa temporadas en Montevideo y hace una fugaz visita a Misiones (1925), donde tiene una apasionada relación con otra Ana María (Palacio), de 17 años, relación que el autor recreó en *Pasado amor* (Buenos Aires, 1929); sólo la tenaz oposición de los padres de la muchacha lo hizo desistir de un rapto matrimonial, para el cual él ya había construido un túnel. En el plano literario ésta es una década de triunfos y reconocimientos que proyectan su nombre en el ámbito internacional: en 1921 una selección de cuentos suyos traducida al inglés aparece en Estados Unidos, y en 1927 una versión francesa en París; en 1925 se publica en España otra selección con el título de *La gallina degollada;* en Buenos Aires se imprime *El desierto* (1924), cuentos y apólogos, y luego *Los desterrados* (1926), que generalmente se considera su mejor volumen de cuentos. En todas partes ya era visto como un verdadero maestro del género.

Se casa en 1927, cuando tiene ya 49 años, con María Elena Bravo, amiga veinteañera de Eglé, con quien tendrá una hija más. Al ser trasladado como cónsul a San Ignacio, vuelve por última vez a instalarse en la selva misionera. Se inicia un período final de gran soledad, decadencia física y angustias económicas, de lo que dan testimonio sus cartas a Martínez Estrada y otros amigos. Un golpe militar en Uruguay lo deja cesante en 1934, pero aunque logra quedarse allí por un tiempo como cónsul honorario, una grave enfermedad lo obliga a volver a Buenos Aires en 1936; un año antes había publicado su último libro de cuentos: *Mas allá*. Sabiendo que su mal no tenía remedio, Quiroga toma la decisión suprema que ya antes había vislumbrado: la de quitarse la vida.

El indudable centro de su obra, en la que encontramos novelas, una obra teatral, el citado *Diario*, literatura infantil y libros escolares, un epistolario, textos teóricos y artículos sobre distintos temas, más otras páginas, es su vasta producción cuentística; y dentro de ese género los libros mayores son *Cuentos de amor...*, *El desierto* y *Los desterrados*. Esto no quiere decir que en otros volúmenes no haya cuentos notables, como «El hijo» en *Más allá*. Nos concentraremos en esos libros y en alguno de esos textos porque resumen admirablemente el núcleo de su visión. El primero, aunque contiene obras magistrales, se distingue de los otros porque todavía arrastra material proveniente de su época de aprendizaje del género; comenzar por él ilustrará detalles de la evolución de su arte. Dos de los más tempranos textos de esa obra («El almohadón de pluma»[1], 1907; «La gallina degollada», 1909) reflejan el dominante influjo que Poe ejerció sobre él desde sus inicios y ciertos rezagos de la retórica y los decorados modernistas. Ambos son «cuentos de horror», elaborados con un solo efecto —o efectismo— en mente: sorprender al lector estremeciéndolo con un final chirriante que subraya la fatal brutalidad de los hechos. En el primero hay un elemento fantástico —la monstruosa alimaña que se alimenta de sangre humana hasta «adquirir proporciones enormes»—, pero el final anticlimático morigera ese factor y lo presenta como un hecho científicamente explicable o posible («no es raro hallarlos en los almoha-

---

[1] Aunque generalmente conocido como «El almohadón de plumas», éste es el título que da la edición crítica (1993) de los cuentos de Quiroga.

dones de pluma»); esto lo confirmó Alfredo Veiravé (en un trabajo compilado por Ángel Flores), quien halló y reprodujo una noticia periodística publicada en 1880 por un diario de Buenos Aires sobre un caso real muy semejante al del cuento. Sólo cuando conocemos este final, nos damos cuenta de que la primera línea del relato es premonitoria: «Su luna de miel fue un largo escalofrío», y que el relato ha sido concebido enteramente en función de ese final. Pero el lenguaje es todavía algo artificioso y «literario», sobre todo en la descripción del ambiente físico en que se realiza la acción y que la impregna de signos ominosos:

La blancura del patio silencioso —frisos, columnas y estatuas de mármol— producía una otoñal impresión de palacio encantado. Dentro, el brillo glacial del estuco, [...] afirmaba aquella sensación de desapacible frío.

El relato adelanta dos de los *leitmotivs* de su narrativa: el torturado análisis de la relación conyugal (marcada siempre por la autoridad masculina y la conflictiva vida pasional de la pareja) y la inmersión en el mundo de las alucinaciones u otras formas patológicas de alteración de la conciencia.

Lo primero se desarrolla más ampliamente (combinado con un morboso elemento de horror) en «La gallina degollada», que es un cuento mejor logrado. Esta historia de una familia cuyos primeros cuatro hijos son deficientes mentales presenta una variante del elemento de la monstruosidad, porque los hijos destruyen el amor del matrimonio y devoran, en un final canibalístico, a la única hija sana de la pareja. Pero el relato vale no sólo por el efecto que produce ese espantoso desenlace, sino por su análisis de cómo surge el odio, como un parásito, en los resquicios mismos del innegable afecto de los esposos. Incapaces de aceptar los hechos sin humillar al otro con terribles agravios, muestran —como sugiere el narrador— tener «corazones inferiores»: monstruosidad física y moral. Antes de que los hijos enfermos sacrifiquen a la niña en un ritual sangriento, los padres ya se han destruido mutuamente; el horripilante final puede verse como un castigo al crimen mental que ellos han perpetrado antes y al creciente abandono en el que tienen a los hijos deficientes: «Porque, naturalmente, cuanto más intensos eran los raptos de amor a su marido e hija, más irritado era su humor con los monstruos». Al lado de los muy bien trazados personajes principales, hay otro que cobra una importancia notable: el sol, el calor flamígero del ambiente, que ya había sabido convertir en el protagonista en «La insolación» (1908) y más tarde en otros cuentos misioneros. El sol es una presencia obsesiva que, en la mente primaria de los hijos enfermos, se asocia con la insaciable urgencia de comer: «se reían al final estrepitosamente, [...] mirando al sol con alegría bestial, como si fuese comida».

En «La insolación» y sobre todo en «A la deriva» (1912) hay un giro sustancial que Quiroga realiza con excepcional destreza: el elemento de horror ya no es un efecto aparatoso y estridente que surge, un tanto mecánicamente, al final del relato, sino algo que está consolidado con la materia misma de hechos que son a la vez verificables y enigmáticos. El narrador ha penetrado un punto más en su íntima comprensión de los mecanismos de la mente humana, sobre todo cuando enfrenta los cotidianos misterios del sufrimiento, la muerte y el más allá. Y siendo la selva el ámbito que genera esas experiencias, no hay nada de tipicidad o localismo en su presencia narrativa; tras su feliz descripción de la selva, hay algo más profundo: un análisis descarnado de la fragilidad existencial del individuo y una aleccionadora parábola de la eterna lucha entre el hombre y la Naturaleza. En esto, poquísimos llegaron más lejos, más adentro que él en Hispanoamérica. Lo singular es que, para hacerlo, Quiroga usó muchas veces, con raro virtuosismo, el punto de vista de animales a los que cedió el papel de protagonistas o testigos. Esta insólita perspectiva desde la que observa el intenso drama psicológico de los seres humanos subraya varias cosas: la distancia entre esos dos órdenes biológicos que conviven en la selva; el superior instinto de los animales para percibir el peligro y sortear la muerte; la existencia de ciertas leyes que rigen el orden cósmico con un secreto designio cíclico que los hombres destruyen o no entienden.

Así lo muestra admirablemente «La insolación», en el que los perros del alcohólico Mr. Jones (uno de esos extranjeros desplazados y abandonados a sueños imposibles en la selva americana) saben más que él de su muerte próxima, porque la ven corporizarse literalmente en visiones espectrales que él no percibe, mientras comete el error de atravesar un pajonal bajo un calor de fuego. Por cierto, no hay posibilidad de confundir a estos animales sabios, prudentes y capaces de pensar y «hablar» entre ellos —como hacen los caballos y las vacas de «El alambre de púas» (1912)— con los que presentan las fábulas clásicas o modernas: no hay nada moralizante ni pedagógico en sus relatos sobre el reino zoológico. Si algo nos enseñan es que el mundo natural, como el de los dioses griegos, es implacable y trágico: vivir es un permanente acto de *hybris* y cada uno de nuestros actos desencadena una compleja red de consecuencias. La selva es una terrible metáfora del inevitable destino humano.

«A la deriva» muestra eso de modo impecable: es una pequeña obra maestra, una exacta pieza de relojería narrativa de apenas cuatro páginas, en la que no hay una palabra de sobra y nada que no contribuya a crear la irresistible tensión de una lucha desesperada e inútil contra la muerte. La primera línea del cuento dispara una flecha que conduce, rectamente, al inevitable final: «El hombre pisó algo blanduzco, y en seguida sintió la mordedura en el pie». A partir de ese momento, Paulino está condenado a muerte: ha sufrido la venenosa picadura de una serpiente, está solo y lejos de cualquier modo de auxilio. Lo tremendo es que el lector percibe de inmediato que la situación es irreversible, a diferencia del personaje que la padece. Lo esencial ya ha ocurrido en el preciso momento en que el cuento comienza y no hay manera de modificar sus consecuencias; sólo podemos presenciar el inexorable proceso y contemplar cómo el hombre se resiste, en vano, a aceptar su trágico destino. Su lucha, justamente por fútil, tiene cierto aire de grandeza: la que sentimos ante héroes derrotados de antemano pero que no renuncian. No asistimos a la muerte del hombre: vemos el agónico proceso que lleva a ella. El supremo acto de *morir* está diseccionado en una serie de impresiones fugaces, dolorosas y crecientemente siniestras: cada minuto que pasa empeora las cosas. Los terribles efectos del veneno en el cuerpo de Paulino, mientras navega desesperadamente por el río, están sugeridos por el *crescendo* en las fulgurantes punzadas de dolor, hasta alcanzar un nivel intolerable: mientras lo devora la sed, el pie luce un «lustre gangrenoso», luego «la carne desbordaba como una monstruosa morcilla».

La creciente debilidad física es contradicha por el espíritu combativo del hombre: en su confuso estado mental, las inequívocas señas que lo llevan al borde de la muerte aparecen como balsámicos signos de que el dolor y la fiebre han bajado, de que se va a salvar. Y la dimensión psíquica se proyecta sobre el paisaje mismo, que ahora se tiñe de fastuosos tonos dorados y olores penetrantes «de azahar y miel silvestre». La memoria del hombre retrocede al pasado, laberinto en el que trata de fijar unas fechas. Lo vemos vacilar en medio de la extraña calma que lo rodea, y en ese delirio, parecido a la paz, expira. El realismo del cuento es simbólico: Paulino es cualquier hombre ante la muerte, su deseo de vivir es el de todos y el río Paraná es una imagen del flujo inapresable del tiempo (Heráclito) y del temible Leteo (Dante). «A la deriva» podría haber sido escrito hoy: es contemporáneo directo de Faulkner, Hemingway, Rulfo *(20.3.2.)* o Cortázar *(22.1.3.)*. ¿Y acaso la jornada de Paulino no nos recuerda la de Fushía por el Marañón, en *La Casa Verde (19.4.1.)*, rumbo al leprosorio donde acabará sus días?

Aunque desigual (sobre todo por el grupo de «apólogos» que aparecen en la tercera sección del libro), *El desierto* contiene algunas notables narraciones, como la que da título al volumen (1923) y «Un peón» (1918), esta última posiblemente la historia que fija más claramente las ideas sociales de Quiroga sobre la explotación del trabajo humano; ambos cuentos, por su desusada extensión, no parecen muy típicos de Quiroga. «El desierto» es un relato conmovedor, que camina riesgosamente por el borde de lo sentimental sin caer en él. Su estilo directo y sin complicaciones no quiere impresionarnos con ingredientes morbosos, sino contarnos una simple parábola de amor paternal: la de un padre que vive, enferma y muere pensando sólo en el bienestar de sus pequeños hijos, que se agrupan alrededor de él como cachorros desamparados bajo la inclemencia y la soledad de la selva misionera. Demuestra la capacidad de Quiroga para usar trozos sacados de su propia vida y crear con ellos un relato verosímil y de gran ternura. Hay una escena muy notable, dificilísima pero que el narrador controla a la perfección: el momento en el que el hombre, al sentir que le llega la muerte (percibe «un tintineo vertiginoso que irradiaba desde el centro de su cerebro...»), reúne a sus hijos y se despide de ellos; luego vemos su cadáver asistiendo a la escena de desolación que deja atrás. Esta situación tiene una inquietante semejanza con la de los perros tras la muerte de Mr. Jones en «La insolación»: dos clases de amor y dependencia.

Los desterrados es considerado por la crítica como el libro más completo y complejo de Quiroga, la expresión misma de su alta madurez de artista y de hombre, en el que se asume, con plenitud y hondura, como lo que realmente es: un trasplantado, un individuo que ha querido echar raíces en tierras ajenas y hostiles, pero que lo fascinan. Es un libro intensamente autobiográfico en el que la forma narrativa se adapta a las funciones de testigo y coprotagonista que el narrador cumple en los relatos, y a los diversos papeles secundarios o protagónicos que desempeñan un elenco de personajes que él saca de la realidad. Con estos aventureros sin patria ni orígenes claros se identifica el autor, y desde esa perspectiva afectuosa, no importa cuáles fueran sus malandanzas, recobra sus pasos de héroes caídos sin pena ni gloria. Esta inclinación por los seres marginales, extrapolados de la sociedad establecida y de sus normas civilizadas, fundadores de una ética de la acción y la voluntad, espíritus errantes y amantes de los espacios salvajes donde pueden vivir sus delirantes sueños, fue alimentada por su contacto con los grandes escritores rusos (principalmente Gogol y Dostoievski), pero también por Kipling y por Conrad. Como él, estos narradores de aventuras tropicales y marineras las convierten en encuentros con el mal y las vetas más oscuras de la existencia. De allí la cualidad profundamente moderna del mundo espiritual que anima la narrativa de Quiroga.

Esto puede comprobarse con el extraordinario cuento «El hombre muerto» (1920), que, curiosamente, escapa a la impronta testimonial directa de los otros textos del volumen: bajo una apariencia de total y límpida objetividad, sin trucos ni efectos de ningún tipo, el foco del relato está en el mundo de reflexiones y sensaciones de una «conciencia limitada» —un recurso muy frecuente de la novela contemporánea—, en este caso por la herida mortal que el protagonista ha sufrido y la inmovilidad física en la que se juega su destino; irónicamente, mientras el delirio del hombre lo engaña con visiones o recuerdos de su vida doméstica diaria, los caballos perciben exactamente el drama de la situación. Pero para ellos su significado es otro: justo en el momento en que el protagonista muere, el caballo sabe que ya nadie lo vigila y cruza la alambrada, hacia su libertad. La perspectiva interiorizada es de una gran sutileza, y aunque el monólogo del hombre no es, técnicamente, un «monólogo interior», la fusión entre lo real, lo imaginado y lo recordado crea un vértigo que borra sus fronteras.

Y aun en un libro poco orgánico y con material de muy diversas épocas como el postrero *Más allá* puede brindarnos la sorpresa de encontrar un cuento de la alta calidad y perfección formal de «El hijo» (1928), que vuelve a aprovechar sus vivencias personales de padre. Aquí es la preocupación y el presentimiento paternal por el hijo que ha ido de cacería y que no regresa (porque ha sufrido un accidente fatal) lo que crea el drama desgarrador de una mente que se mueve entre realidades, vanas hipótesis y amorosas alucinaciones, como la de caminar al lado de su hijo muerto. El relato tiende varias trampas al lector, que vacila entre creer que el accidente no ocurrió realmente y que lo imagina el padre, cuando lo cierto es lo contrario. Más de veinte años corren entre «El almohadón de pluma» y este texto: un amplio arco dentro del cual Quiroga produjo un corpus cuentístico que cambió la faz del género en América con más de una obra maestra.

Aparte de eso, hubo en Quiroga un importante aspecto reflexivo —y autorreflexivo— sobre el arte del cuento, un afán por definir y reafirmar su posición ante las grandes cuestiones literarias, estéticas (el cine, por ejemplo) e incluso del mercado en el que había ingresado la literatura de su tiempo; el intenso *pathos* de su mundo imaginario se complementaba con una notable lucidez —no exenta de ironía— sobre asuntos de teoría y retórica que revelan su íntimo conocimiento del oficio. Los textos que documentan estas preocupaciones corresponden a la década final de su vida y son como un resumen de su ya larga experiencia narrativa: tienen un tono definitorio de alguien que ha ganado una perspectiva sobre su propia obra. Revelan también que era un perfeccionista y que, como todo perfeccionista, era un perpetuo insatisfecho con lo que producía, dispuesto siempre a la revisión y a la autocrítica; es decir, un verdadero profesional, quizá el primero entre los prosistas de este siglo. Lo interesante es destacar que Quiroga presentaba estos planteamientos como un hombre que había aprendido su literatura viviendo en la soledad de la selva, totalmente al margen de los cómodos ambientes intelectuales: era un fruto artístico duramente ganado de una experiencia vital, y de allí emanaba su autoridad. Sus teorías e ideas surgían de su praxis; no era formalmente un ensayista sino un creador al que le gustaba analizar por qué y cómo creaba. Leer esta parte de su obra nos muestra también que su cultura literaria no era ni orgánica ni muy amplia (así lo revela la curiosa biblioteca personal que tenía en Misiones), pero sí muy funcional y notablemente bien asimilada.

Sólo invocaremos dos textos para juzgar su capacidad crítica: el muy conocido «Decálogo del perfecto cuentista» (1925) y su hermosa autodefensa «Ante el tribunal» (1930). El primero puede considerarse la síntesis final de un esfuerzo por fijar las reglas esenciales del cuento como forma específica, que comenzó ese mismo año con otras piezas cuya intención general es la misma: «El manual del perfecto cuentista» y «Los trucs [sic] del perfecto cuentista». En el primer precepto de su decálogo declara algunos de sus influjos clave: «Cree en el maestro —Poe, Maupassant, Kipling, Chejov— como en Dios mismo». Ya hemos señalado a los otros que admiraba o que tienen afinidad con él; ahora cabría agregar algunos modelos que se han mencionado mucho menos: Hudson *(10.3.4.)*, a quien dedicó un artículo en 1929, en el que aprovechaba para criticar el mito del «color local» y el ingrediente folclórico que iba invadiendo el lenguaje narrativo de entonces; y los escritores norteamericanos Bret Harte, Erskine Caldwell y Ernest Hemingway, a quienes admira por la concisión de su estilo; sus referencias a estos dos últimos en 1936 deben de ser las más tempranas que se registran en nuestras letras.

En verdad, cabe considerarlo un introductor de la narrativa anglosajona, pese a que no la leía en la lengua original, sino a través de traducciones francesas o castellanas. Pudo, sin embargo, percibir en esos autores un ritmo, una dicción esencialmente distintos: los que producía la frase corta, enérgica, con una respiración agitada y sin adornos espurios. Así lo dejan ver los preceptos VI y VII: «Si quieres expresar con exactitud esta circunstancia: "desde el río soplaba un viento frío", no hay en lengua humana más palabras que las apuntadas para expresarla»; y «No adjetives sin necesidad. Inútiles serán cuantas colas adhieras a un sustantivo. Si hallas el que es preciso, él, solo, tendrá un color incomparable». Huidobro *(16.3.1.)* habría apreciado este último consejo. A la retórica económica y austera corresponde una composición y una estructura narrativa concisas, en las que toda excrecencia ha desaparecido y los músculos del relato se mueven con eficacia y rapidez. Quiroga vio con claridad que el cuento era un género de síntesis y concentración, cuyo éxito dependía no de la rareza de la materia, y menos de las excursiones laterales para apreciar el paisaje o las divagaciones del autor, sino del modo en que se la ejecutaba: era una suprema cuestión de forma y lenguaje que dejaba transparentar una visión intensa de los hechos humanos o animales. El precepto V contiene una recomendación clave: «No empieces a escribir sin saber desde la primera página adónde vas. En un cuento bien logrado, las tres primeras líneas tienen casi la misma importancia que las tres últimas». Un cuentista de hoy suscribiría sin vacilación estas afirmaciones.

Pero la propuesta más polémica —en la que todavía se siente el eco de Poe— es la contenida en el precepto VIII, que al final dice: «No te distraigas viendo tú lo que ellos [los lectores] no pueden o no les importa ver. No abuses del lector. Un cuento es una novela depurada de ripios. Ten esto por una verdad absoluta, aunque no lo sea». Esta hipérbole encierra una honda verdad, que no muchos se han atrevido a sostener con la misma audacia: siendo un género *intenso*, no puede permitirse los pequeños accidentes, desmayos o distensiones que la novela, género *extenso*, consiente. Un cuento no es una novela comprimida, sino una estructura autónoma, completa y ceñida, en realidad más cercana a la perfección absoluta que debe alcanzar un poema que a la novela. Con sus teorías y su práctica, Quiroga dio al género una dignidad estética que no había alcanzado hasta entonces. De paso, el consejo tal vez ayuda a explicar por qué este gran cuentista no fue nunca un buen novelista: para esto necesitaba cubrir una distancia a un paso que no conocía bien, pues literariamente era un velocista, no un corredor de fondo.

Esto lo reitera en «Ante el tribunal», texto en el que se somete sarcásticamente al juicio literario que una nueva generación le presenta al maestro. Se acusa de haber luchado para que «no se confundieran los elementos emocionales del cuento y de la novela», onda emocional que se caracteriza «por su fuerte tensión en el cuento, y por su vasta amplitud en la novela». Pero quizá la declaración más importante que aquí hace es la de haber querido probar «que así como la vida no es un juego cuando se tiene conciencia de ella, tampoco lo es la expresión artística». Esta reafirmación de que crear y vivir son grandes riesgos que se alimentan mutuamente bien puede leerse como una poética de su esfuerzo estético y su dimensión ética, de las más altas que hayan aparecido en Hispanoamérica.

Textos y crítica:

QUIROGA, Horacio, *Diario de viaje a París de H. Q.*, ed. de Emir Rodríguez Monegal, Separata de la *Revista Nacional de Investigaciones y Archivos Literarios*, Montevideo, 1:1 (diciembre de 1949), pp. 47-185.
— *Cartas inéditas de H. Q.*, ed. de Arturo Sergio Visca, Mercedes Ramírez de Rossiello y Roberto Ibáñez, Montevideo, Instituto Nacional de Investigaciones y Archivos Literarios, 1959, 2 vols.
— *Cuentos*, ed. de Raimundo Lazo, México, Porrúa, 1972.
— *Obras inéditas y desconocidas*, ed. general de Ángel Rama, diversos eds., Montevideo, Arca, 1967-1973, 8 vols.
— *Cuentos*, ed. de Emir Rodríguez Monegal y Alberto Oreggioni, Caracas, Biblioteca Ayacucho, 1981.
— *Espejo del alma, Escritos sobre cine de H. Q.*, pról. de Manuel González Casanova, Montevideo, Col. Sétimo Arte-Dirección General de Publicaciones y Medios, 1988.
— *Los desterrados y otros textos. Antología 1907-1937*, ed. de Jorge Lafforgue, Madrid, Castalia, 1990.
— *Cuentos*, ed. de Leonor Fleming, Madrid, Cátedra, 1991.
— *Todos los cuentos*, ed. crít. de Napoleón Baccino Ponce de León y Jorge Lafforgue, Madrid, Archivos-Fondo de Cultura Económica, 1993.

AMORIM, Enrique, *El Horacio Quiroga que yo conocí*, Montevideo, Arca-Calicanto, 1983.
BRATOSEVICH, Nicolás, *El estilo de Horacio Quiroga en sus cuentos*, Madrid, Gredos, 1975.
FLORES, Ángel (ed.), *Aproximaciones a Horacio Quiroga*, Caracas, Monte Ávila, 1976.
JITRIK, Noé, *Horacio Quiroga, una obra de experiencia y riesgo*, Montevideo, Arca, 2.ª ed., 1967.
MARTÍNEZ, José Luis, *Teoría y práctica del cuento*, Xalapa, Universidad Veracruzana, 1982.
MARTÍNEZ ESTRADA, Ezequiel, *El hermano Quiroga*, Montevideo, Arca, 2.ª ed., 1966.
RELA, Walter, *Horacio Quiroga. Repertorio bibliográfico anotado, 1897-1971*, Buenos Aires, Casa Pardo, 2.ª ed., 1972.
RODRÍGUEZ MONEGAL, Emir, *Las raíces de Horacio Quiroga*, Montevideo, Asir, 1961.
— *El desterrado. Vida y obra de Horacio Quiroga*, Buenos Aires, Losada, 1968.
SPERATTI PIÑERO, Emma Susana, «Hacia una cronología de Horacio Quiroga», en *Nueva Revista de Filología Hispánica*, 9:4 (octubre-diciembre de 1955), pp. 367-382.

13.3. Las ambigüedades de Delmira Agustini

Más breve que la de Quiroga *(supra)*, la vida de la poeta uruguaya Delmira Agustini (1886-1914) tiene también un final trágico y algo escandaloso para la época; esto, junto con la pasión amorosa por Enrique Job Reyes, que la consumió y que se refleja en su poesía, han contribuido a su leyenda, aunque no al esclarecimiento de su creación. En su tiempo fue ampliamente leída (gracias a numerosas reediciones y selecciones de su obra) y, sin duda, encarnó un momento especialmente significativo en el que las voces de otras mujeres —Alfonsina Storni *(15.3.1.)*, Gabriela Mistral *(15.3.2.)*, Juana de Ibarbourou *(15.3.3.)*— empezaban a hacer considerables aportes al lenguaje lírico del continente. Conviene recordarlo: la poesía escrita por mujeres (lo que se ha llamado algo impropiamente «poesía femenina»), con el gran antecedente de Sor Juana *(5.2.)*, comienza más temprano y más auspiciosamente de lo que ciertas teorías modernas quisieran hacernos creer.

Sin embargo, esa vida comenzó del modo más apacible y confortable, en el seno de una familia con buenos recursos, que no sólo le dio una esmerada educación, sino apoyo y estímulo para sus aficiones poéticas, aunque también la encerró en un círculo de sobreprotección y celoso dominio. Como esa afición surgió temprano —hacia 1902, cuando tenía apenas 16 años—, su vocación se definió en el mismo clima intelectual y estético de la Generación uruguaya del 900, al lado de hombres mayores que ella como Rodó *(12.2.3.)*, Herrera y Reissig *(12.2.4.)* y Quiroga. Cultivó también la amistad del escritor argentino Manuel Ugarte *(13.10.)*, que ha quedado documentada en apasionadas cartas, y la de su compatriota la poeta María Eugenia Vaz Ferreira *(15.3.3.)*. En 1903 ya firmaba con el seudónimo «Joujou» una sección propia en una revista literaria montevideana. Los comentaristas que en esa época la cubrían de elogios y aun de mimos, no sólo por sus versos sino por su belleza física, inventaron la imagen de la «niña poeta» o «niña prodigio» para referirse a quien era más bien una talentosa adolescente; esta aura de inocencia y candor se mantuvo incluso cuando era ya una mujer adulta, con pasiones adultas: cuando Delmira tenía unos 26 años, el propio Darío *(12.1.)* se refería a ella como a una «bella niña». Parte de la culpa de esta confusión quizá la tenga ella misma, que cultivaba, según demuestran sus cartas íntimas dirigidas a su novio, un lenguaje autocomplaciente, imitaba giros infantiles («Está tan mal hoy la pobecita... Yo tiere estar ahí») y a veces firmaba con el apodo familiar, «Nena» o simplemente «N».

Su primera obra tiene un título que no puede ser más delicado: *El libro blanco (Frágil)* (Montevideo, 1907), y fue recibida con entusiasmo. La segunda, *Los cantos de la mañana,* apareció en 1910, también en Montevideo; igual que el primero, este libro venía precedido del consabido prólogo laudatorio de una figura literaria local que la apadrinaba, pero además incluía, al final, una selección de hiperbólicas opiniones críticas sobre la poesía de la autora, entre otras las de Villaespesa, Roberto de las Carreras, Carlos Vaz Ferreira y Reyles *(12.2.5.).* Esta mala costumbre editorial, sin duda propuesta o consentida por la poeta, se repite y agrava en el tercer título, largamente el mejor de todos: *Los cálices vacíos* (Montevideo, 1913); a guisa de prólogo, Delmira adaptó el texto de Darío al que hemos hecho referencia más arriba y hasta le inventó un título apropiado a esa función: «Pórtico». No sólo eso: antes de los juicios críticos de rigor, incluyó una nota «Al lector» en la que anunciaba un nuevo libro, *Los astros del abismo,* que sería «la cúpula de mi obra»; en cuanto a los versos de *Los cálices...,* que incluía íntegro su primer libro y parte del segundo, los presenta como «surgidos en un bello momento hiperestésico [y] constituyen el más sincero, el menos meditado... Y el más querido». El libro anunciado, más el poema en cinco partes *El rosario de Eros,* aparecerían póstumamente en la primera edición de sus *Obras completas* (Montevideo, 1924).

Eso es todo lo que tenemos, y pese a que su volumen no es exiguo, cabe considerar, a la hora de valorarla, que se trata de una obra trunca, bruscamente interrumpida a los 28 años de edad. Hacia 1908 había comenzado su relación con Reyes, un hombre al que, pese a su opaca personalidad, amaba sinceramente, a juzgar por las cartas que le escribió. Esta relación no contaba con la aprobación de su madre y se convirtió en un largo y conflictivo noviazgo, más largo que el matrimonio, celebrado en agosto de 1913 y que duró menos de dos meses. Delmira abandona el hogar para huir (como dice una carta a Manuel Ugarte) «de la vulgaridad» y presenta luego una demanda de divorcio. Como cumpliendo un confuso designio que no presagiaba nada bueno, los trámites del divorcio se cumplían mientras los dos seguían viéndose en secreto en una habitación que él había alquilado y decorado con fotos y recuerdos de Delmira. El último de esos *rendez-vous* tuvo lugar el 8 de julio de 1914: ese día Reyes la mata de dos tiros en la cabeza y luego se suicida.

La breve vida y la violenta muerte de la poeta han creado una imagen de ella que luego se ha extrapolado a su obra con dudosos resultados: vida y obra se han convertido en materia de anécdotas, comentarios e hipótesis que nublan la verdad de los pocos hechos que conocemos y el significado de lo que escribió. Por un lado, la mirada condescendiente de muchos críticos, y de ella misma, que le han perdonado sus defectos (versos ripiosos, adjetivación previsible, monótona atmósfera de ensueño) porque consideraban a una joven mujer que escribía —que escribía además como una virgen ardiente— un caso curioso o atrevido; y, por otro, la de sus lectoras y comentaristas femeninas, que consideran que Delmira es una gran artista soslayada por el simple hecho de ser mujer, han abonado el terreno de los mitos, no del auténtico análisis de esta poesía. Intentarlo en ese campo minado de intereses de uno y otro signo no es fácil, pero hay que hacerlo. Sentemos algunas bases para ese análisis.

Primero, hay que reconocer que el lenguaje de la autora es esencialmente modernista: está atestado de cisnes, mármoles, rosas, joyas y otros bien conocidos símbolos de ese repertorio. Con él nos propone la visión de un mundo intensamente idealizado, de sueños y fantasías cuyo carácter inalcanzable produce infinito dolor. Ella prefería llamar esta forma de creación «ultrapoesía» y la caracterizó bien en un cuaderno de apuntes como «la poesía vaga, brumosa del ensueño raro, del mito, del atroz jeroglífico, de la extravagancia excelsa...». Ese lenguaje y esa visión no cambian básicamente en los tres libros. Esto plantea de inmediato una cuestión: ¿por qué entonces no colocar a Delmira Agustini entre los modernistas en vez de agruparla entre los postmodernistas que aparecen aquí? La primera razón es que su versión del modernismo surge en un momento en el que esa estética ya ha entrado en crisis y marcha en otras direcciones; es decir, ya no significa lo mismo que hubiese significado años antes. Recordemos que por estas mismas fechas, Lugones *(12.2.1.)* y Herrera y Reissig estaban explorando nuevas salidas en los márgenes del modernismo. Delmira está de espaldas a ellos, pese a ser más joven. Su obra representa una vuelta atrás, un reciclaje de una retórica que, hacia la segunda década del siglo XX, sonaba ya anquilosada y crecientemente convencional. Su modernismo, incluso por sus acentos sentimentales, se parece un poco al de Nervo *(12.2.11.2.)*: ambos marchan contra la corriente y resultarían, en poco tiempo más, algo trasnochados.

Pero hay otra razón, paradójica y quizá más profunda. Ella misma, en su poesía, maniobraba contra las ataduras a las que esa retórica la sometía; ésta es la primera de las ambigüedades y perplejidades que nos propone. Su modernismo canónico es un molde con el que ella se siente, a la vez, confortable e insatisfecha; lo usa y lo desborda. Decir que su versión modernista es algo tardía y poco innovadora no es toda la verdad: hay que agregar que en el fondo ella lo sabía o lo intuía y que luchaba contra esa pesada armadura, un estrecho corsé que la asfixiaba. Al dejarnos sentir que era una modernista a pesar suyo, resulta involuntariamente una postmodernista, al menos en potencia. Esto puede ser hoy uno de los aspectos más interesantes de su obra: pone a la vista los límites de la fase final de esa estética.

El modernismo no siempre le servía para expresar su mundo interior: a veces más bien lo velaba; el lector siente que debajo hay otra capa, como si la autora usase un lenguaje cifrado aun cuando la poesía le sirviese de vehículo para liberarse y decir lo que su sociedad le impedía decir. Explicar aquel fenómeno con las habituales referencias a su «timidez» y a su condición de mujer ante los prejuicios de la época quizá no sea del todo válido: la cuestión es sobre todo retórica, relativa a los modelos literarios que en ese momento tenían ante sí muchos escritores, hombres o mujeres, para quienes el modernismo era una fórmula ya bien establecida, al lado de la cual se abrían diversas alternativas. Ella se planteó el dilema porque lo que quería confiarnos era algo estrictamente personal (tal vez secreto o privado) y hacer con ello algo distinto: una poesía *introspectiva*, un autoanálisis psicólogico y moral. Un examen lleno de reconocibles decorados pero volcado hacia adentro. El mundo real le interesaba muy poco; escribía absorta en sí misma, en un estado de casi absoluta concentración que ha dado origen a las teorías de la «alucinación» o del «trance místico». Y ese ámbito de la intimidad es agónico, conflictivo y sin solución.

A la luz de esto, el poema «Rebelión», de su primer libro, resulta muy revelador; en él, la autora reclama una forma que se adapte a la idea sin las ataduras de la rima, que ella desdeña como mero «cascabeleo». Dice al comienzo: «La rima es el tirano empurpurado, / Es el estigma del esclavo, el grillo / Que acongoja la marcha de la Idea». Y concluye:

> Para morir como su ley impone
> El mar no quiere diques, quiere playas!
> Así la Idea cuando surca el verso
> Quiere al final de la ardua galería,
> Más que una puerta de cristal o de oro,
> La pampa abierta que le grita «¡Libre!».

Lo cierto es que ella misma se trababa el camino a la liberación formal precisamente con una retórica sobrecargada de cristales y oros. El mundo de Delmira es un mundo oclusivo, propio pero inalcanzable, cuya preocupación casi obsesiva es el amor. No importa dónde comience su meditación o su experiencia, todo conduce inevitablemente a ese centro, pues todo lo que desea es amar para siempre y sin límites. Su alma transita entre dos dimensiones: «Abajo lo insondable, arriba lo infinito» («Racha de cumbres»). Tratando de expresar ese nivel sublime, «ultrapoético», de la vida ideal, llega a desconfiar de las formas mismas, cuya perfección es engañosa: «La forma es un pretexto, el alma todo! / La esencia es alma.— ¿Comprendéis mi norma?» («Al vuelo»). Pero unas líneas más abajo encontramos esta estrofa sobrecargada con los clichés de las formas puramente decorativas que acaba de rechazar:

> Amad la nube que revienta en lluvia!
> Como abanico de cristal su arpegio,
> Más que al faisán —el ave sol— pomposo
> Y empurpurado, del penacho regio!

En «La musa» declara que la suya debe tener una corona «de rosas, de diamantes, de estrellas, de espinas!», aunque lo que desea es que «el Universo quepa en sus ansias divinas» para volar lejos de lo mundano. Se ha hablado, con razón, de un elevado misticismo erótico en su poesía: el amor es todo, un impulso divino que infunde a los seres humanos una ilusión delicada pero de fuerza irresistible. El vocabulario erótico de Delmira se llena de palabras sublimes, que a veces parecen más propias del repertorio romántico que del modernista: *copa egregia, raro licor, vasos de luz, hilo de perlas de mi lloro, oriente nocturno, temblor rosado de su tul, mieles soberanas...* («La copa del amor»). A veces, ese impulso idealizador, tan suyo, usa símbolos cristianos, pero —como señala su compilador Manuel Alvar— se trata de un «cristianismo irracional», entretejido con los confusos sentimientos de un alma que ha divinizado al amante para acercarlo a ella.

Hay otros momentos en los que la poeta-amante recobra su concreta condición humana y siente la pura atracción del mal y aun el gozo de ser perversa. Aunque artificioso, como todo lo suyo, hay por lo menos un poema de *Cantos de la mañana* que ofrece un ejemplo interesante del motivo modernista —que se desprende de Baudelaire— de la *femme fatale*, practicante del vampirismo; la morbosa delectación de ser una mujer «que come llagas y que bebe el llanto» es evidente en el texto: «... Yo que abriera / Tu herida mordí en ella —¿me sentiste?— / Como en el oro de un panal mordiera!» («El vampiro»). Pero con mucha más frecuencia tenemos lo contrario: la sutil manifestación de la sensualidad de una mujer que se ha entregado devotamente a un hombre y está cautiva de él. Aquí surge la ardua cuestión del erotismo femenino y sus dos aspectos: la forma como se expresa poéticamente y lo que revela de la persona que lo expresa.

Existe una constante y dramática pugna en Delmira —tal vez no muy diferente de la pasión imposible que sintió por el hombre o los hombres que están detrás de muchos versos de *Los cálices*...— entre *abrirse* o *cerrarse*. (Rodríguez Monegal sospecha que uno de ellos pudo ser el propio Manuel Ugarte: el breve y febril epistolario que se hace incandescente alrededor del crítico año de 1913, y sobre todo el intenso poema «Para una boca» —luego «Boca a boca»— que ella le remitió, parecen confirmar que él fue ese tentador amante que posiblemente nunca llegó a tocar.) Vacila entre la confesión y el secreto, entre el oscuro deseo de ser explícita y el de hablar mediante circunloquios, protegiéndose con la mencionada coraza retórica que aprendió del modernismo. El dilema se resuelve, en parte, con el uso de un lenguaje altamente simbólico, discreto al mismo tiempo que sugerente, para aludir a lo sexual, pues trabajaba con la imaginación del lector y dejaba mucho sobrentendido: *fuego, sed, torrente, herida*... No era, como dijimos, simple timidez, sino un modo de acatar o desafiar los códigos literarios de la época, que seguramente no tenían las mismas reglas para establecer lo que era aceptable en un hombre o en una mujer. La decisión de la poeta y sus consecuencias fueron también ambiguas: nos dejó sentir o presentir los ardores de su carne, pero sin dejar caer del todo sus velos virginales; envolvió su sexualidad en gestos místicos y lugares comunes de la poesía amorosa. Dejándonos sólo sospechar los aspectos más hondos de su pasión, supo ser más insinuante que franca. En «El intruso», de su primer libro, había usado esas fórmulas, combinándolas con sus propias claves, una de las cuales es enjugar el sentimiento de culpa en una visión de luz y claridad:

> Amor, la noche estaba mágica y sollozante,
> Cuando tu llave de oro cantó en mi cerradura;
> Luego, la puerta abierta sobre la sombra helante
> Tu forma fue una mancha de luz y de blancura.

Y en uno de los «Nocturnos» de *Los cálices vacíos* (hay dos en este libro), la reiterada blancura del lecho donde se consuma el alegórico idilio entre la primavera (ella) y el invierno (él) resulta algo engañosa: «Mi lecho que está en blanco o es blanco y vaporoso / Como flor de inocencia, / Como espuma de vicio!». El poema «Tu boca» es una intensa recreación de la experiencia de ser besada, de tender un «lazo de oro al borde de tu boca», sólo para terminar confesándonos: «Y yo caigo, sin fin, en el sangriento abismo!». Detrás de estas imágenes consabidas que había heredado del modernismo, había sin embargo una voz que pugnaba por expresar algo personal, una experiencia *real* del amor desde la cual hablaba. Cuando esa voz estrangulada aflora del todo a la superficie y el sentimiento culposo cede, el resultado es sorprendente porque el impulso de su sinceridad parece quebrar el círculo dorado pero artificioso de su retórica; eso ocurre incluso en *El libro blanco:*

> Yo lo soñé impetuoso, formidable y ardiente;
> Hablaba el impreciso lenguaje del torrente;
> Era un mar desbocado de locura y de fuego,
> Rodando por la vida como un eterno riego. («Amor»)

En «¡Vida!», de *Cantos de la mañana,* hay una sutil, pero notoria, exaltación fálica («A ti vengo en mi orgullo, / Como a la torre dúctil, / Como a la torre única / Que me izará sobre las cosas todas!). Y en un soneto de *Los cálices...* invoca a Eros y se ofrece, sin pudores, en el altar de un nuevo rito de la fertilidad:

> ¡Así tendida, soy un surco ardiente
> Donde puede nutrirse la simiente
> De otra Estirpe sublimemente loca! («Otra estirpe»)

Por su parte, «El cisne» señala una versión bastante original del reiterado emblema modernista, en la que ella se presenta como una Leda que se entrega voluntariamente al ave y que en el momento de la fusión carnal exclama jubilosa: «A veces ¡toda! soy alma; / A veces ¡toda! soy cuerpo».

Al margen de esas ocasionales rebeldías o explosiones, hay una doble sumisión en Delmira Agustini: retórica y erótica. Atada de pies y manos al paradigma literario del modernismo y ante la imagen masculina como única fuente de poder y placer, produjo una poesía que hoy suena —en grandes trechos— el fruto tardío, lánguido y poco innovador de un modelo ya anquilosado. Lástima, porque al fondo de ella misma latía una virtualidad para comunicar una experiencia profunda y auténticamente dolorosa en la que podíamos creer sin dificultad. Su gran pecado literario fue resignarse a ser tradicional cuando pudo ser original.

Textos y crítica:

AGUSTINI, Delmira, *Obras completas de D. A.,* Montevideo, Maximino García, 1924, 2 vols.
— *Correspondencia íntima de Delmira Agustini y Tres versiones de «Lo inefable»,* ed. y estudio de Arturo Sergio Visca, Montevideo, Biblioteca Nacional, 1978.

— *Poesías completas*, ed. de Manuel Alvar, Barcelona, Labor, 1971.
— *Poesías completas*, ed. de Margarita García Pinto, Madrid, Cátedra, 1993.
— *Poesía y correspondencia*, ed. de Idea Vilariño, Montevideo, Ediciones de la Banda Oriental, 1998.

ALVAR, Manuel, *La poesía de Delmira Agustini*, Sevilla, Publicaciones de la Escuela de Estudios Hispano-Americanos, 1958.
ÁLVAREZ, Mario, *Delmira Agustini*, Montevideo, Arca, 1979.
BARREIRO DE ARMSTRONG, María-Elena, *Puente de luz. Eros, eje de la estructura pendular en «Los cálices vacíos» de Delmira Agustini*, Kassel, Reichenberger, 1998.
GIRÓN ALVARADO, Jacqueline, *Voz poética y máscaras femeninas en la obra de Delmira Agustini*, New York, Peter Lang, 1997.
JIMÉNEZ FARO, Luzmaría, *Delmira Agustini, manantial de la brasa*. [Estudio y antología], Madrid, colección Torremozas, 1991.
MEDINA VIDAL, Jorge *et al.*, *Delmira Agustini. Seis ensayos críticos*, Montevideo, Ciencias, 1982.
MOLLOY, Sylvia, «Dos lecturas del cisne: Rubén Darío y Delmira Agustini», en Patricia Elena González y Eliana Ortega (eds.), *La sartén por el mango*, Santo Domingo, Ediciones Huracán, 1985, pp. 57-69.
RODRÍGUEZ MONEGAL, Emir, *Sexo y poesía en el 900 uruguayo. Los extraños destinos de Roberto y Delmira*, Montevideo, Alfa, 1969.
SILVA, Clara, *Pasión y gloria de Delmira Agustini*, Buenos Aires, Losada, 1972.
STEPHENS, Doris T., *Delmira Agustini and the Quest for Trascendence*, Montevideo, Génesis, 1975.

13.4. Los postmodernistas mexicanos

Tres figuras disímiles, y sin embargo asociadas por lazos intelectuales y de amistad, bien pueden sintetizar esta fase en las letras mexicanas: Ramón López Velarde, José Juan Tablada y Enrique González Martínez. Los dos primeros están asomándose ya —más francamente el segundo— al borde que se abrirá sobre el siguiente momento: la vanguardia propiamente dicha *(16.1.)*; el tercero, menos audaz que los otros, es, sin embargo, quien más se identifica con el espíritu autocrítico que convierte al modernismo en postmodernismo. Son heraldos, pioneros y revisionistas, los que hacen la difícil transición de un lenguaje heredado a otro que inventan y entregan, cargado de posibilidades, a la generación siguiente. Comencemos con López Velarde.

13.4.1. López Velarde o el desasosiego

Como ocurre con Delmira Agustini *(supra)*, la brevedad de la vida de Ramón López Velarde (1888-1921) también interrumpe un proceso poético que pudo darnos todavía frutos superiores a los que dejó; pero éstos son suficientes como para otorgarle uno de los más destacados puestos entre los postmodernistas del continente. López Velarde nació en Jerez, un pueblo de Zacatecas, y permaneció largos años vinculado afectiva e intelectualmente al mundo de la provincia mexicana (Aguascalientes, San Luis Potosí, Guadalajara), que sería el espacio inmortalizado por su poesía: un mundo rumoroso, apacible y tradicional que él sintió con una singular profundidad. Este arraigo en el México de tierra adentro es el primer rasgo de su experiencia vital. Los otros dos son su catolicismo y su temprano descubrimiento del amor imposible.

Primogénito de una larga familia con firmes creencias católicas y costumbres tradicionales, ingresó a los 12 años como seminarista en Zacatecas (1901-1902), por decisión de su padre (cuyo hermano era sacerdote), y pasó luego a otro seminario en Aguascalientes (1902-1905). Más tarde estudió en el Instituto Científico y Literario de esta última ciudad (1906-1907). En 1911 se gradúa de abogado en San Luis y llega por primera vez a la capital mexicana, cuando el país ya estaba envuelto por las llamaradas de la revolución; tenía entonces 23 años. A partir de 1914 ese traslado sería definitivo. Allí se dedicó al periodismo; en 1917 fundó el semanario *Pegaso,* que codirigió con Enrique González Martínez *(13.4.3.)* y Efrén Rebolledo *(12.2.11.3.)* y que alcanzó unos veinte números. Cumplió diversas tareas administrativas, editoriales y educativas, entre ellas la de profesor de literatura en la Escuela Nacional Preparatoria. Ni las tentaciones de la vida literaria capitalina ni el mundillo periodístico alteraron en él su esencial sentimiento católico, que expresó incontables veces y hasta el final de sus días; tampoco la agitada política, pese a las dificultades que implicaba mantener esa fe en medio de los vaivenes del proceso revolucionario.

En cuanto a su vida amorosa juvenil, la relación más importante fue la primera: el amor que le inspiró hacia 1902, cuando era seminarista, una joven llamada Josefa de los Ríos, ocho años mayor que él, perteneciente al círculo familiar (era hermana de la esposa de un tío suyo) y nacida como él en Jerez. Josefa es la «Fuensanta», emblema del amor puro y tierno, casi de niño por su madre, que aparece como la presencia dominante en su primer libro, de título revelador: *La sangre devota* (México, 1916), y que está íntimamente ligado a su visión del bucólico ambiente provinciano. El nombre de «Fuensanta» —nos dice Luis Noyola— proviene de un drama de Echegaray que el poeta vio en San Luis Potosí y cuya protagonista se llama así: «Fuente, que, aunque de la tierra impura brotas, eres santa...». Sólo hacia 1909, cuando ya ha conocido la pasión en los brazos de otra mujer, puede decirse que ha cesado su honda dependencia respecto a esa presencia femenina. Cuando decide lanzar una segunda edición de *La sangre devota* (reedición que sólo aparecerá póstumamente: México, 1941) y cuando ya había iniciado esa nueva relación sentimental, escribe un breve prólogo en el que declara haber introducido un único cambio: poner el nombre completo de Josefa ante el poema que abre el volumen, como homenaje a su reciente muerte (1917). Primer amor lejano que el poeta recobra con un exacto equilibrio entre la melancolía y el júbilo y que reconocemos como un rasgo de su voz:

> Se viste el cielo del mejor azul
> y de rosas la tierra,
> y yo me visto con tu amor... ¡Oh gloria
> de estar enamorado, enamorado,
> ebrio de amor a ti, novia perpetua,
> enloquecidamente enamorado,
> como quince años, cual pasión primera.
>
> («En el reinado de la primavera»)

El amor es una clave fundamental en su poesía, pues está ligado a un profundo sentimiento (o presentimiento) de la muerte, que tiñe y transfigura, con colores sombríos y tristones, sus efusiones provincianas y su fe católica: hay un recogimiento en él, pero también un temblor de inquietud y un desasosiego culposo en medio de sus más placenteras experiencias. Hubo una pasión más, de otro tipo: la política, que alcanzó al poeta desde sus años en la provincia. A comienzos de 1910 había conocido a Francisco I. Madero, el futuro líder de la Revolución Mexicana, en San Luis Potosí, cuando éste fue llevado allí prisionero tras su derrota electoral. López Velarde no sólo lo defendió lealmente, sino que se ha dicho —lo que no es fácil confirmar ni desmentir— que colaboró con él en la redacción del importante documento político conocido como el Plan de San Luis, que declaraba nulos los fraudulentos comicios que habían entregado a Porfirio Díaz el cargo presidencial por octava vez. En cambio, no cabe duda de que tuvo en López Velarde a uno de sus más leales defensores. La afinidad tenía un lazo religioso: Madero también era católico —pese a sus veleidades espiritistas— y su candidatura había sido lanzada por el Partido Católico Nacional. Aunque la amistad con Madero le valió, cuando éste era presidente, una modesta recompensa (un juzgado en un pequeño pueblo), su intensa colaboración con el periódico *La Nación,* órgano del citado partido, dejaba muy clara cuál era su posición sobre la entonces candente materia religiosa: representaba un catolicismo progresista y democrático; de hecho, fue candidato por ese partido a una diputación, que perdió.

Tras el asesinato de Madero, se opuso junto con los constitucionalistas al gobierno del general Victoriano Huerta. Asistió a la violencia revolucionaria y vio morir a su tío cura como consecuencia de ella. A pesar de eso, siguió colaborando con algunos líderes y planes políticos de esos años: fue partidario de Venustiano Carranza y después formó parte, a pedido de José Vasconcelos *(14.1.3.),* entonces encargado de la cartera de Educación, del comité que publicó la revista *El maestro.* Ésta es precisamente la época en la que escribe —sin duda inspirado por el clima de afirmación nacionalista que entonces se vivía— su único poema de inspiración civil: «La suave patria», fechado en abril de 1921. El texto circularía profusamente en las páginas de *El maestro* y sería su último fruto poético de importancia: dos meses después, una enfermedad respiratoria le cortará la vida a los 33 años.

Su obra lírica se compone de sólo tres libros: el ya mencionado *La sangre devota, Zozobra* (1919) y el póstumo *El son del corazón* (1932), que incluye «La suave patria», poema que aparece por primera vez en forma independiente en 1944. Su abundante producción en prosa ha sido recopilada en *El minutero* (1933), *El don de febrero y otras prosas* (1952) y *Prosa política* (1953); todos estas obras, igual que las recopilaciones de sus cartas y otros artículos periodísticos, aparecieron en México. El examen de la porción poética de esta producción nos hace ver que, siendo la suya una voz fiel a los sentimientos e imágenes ligados al espíritu de la provincia y a la impronta que el catolicismo dejó en él desde su niñez, su obra no es en realidad tradicional ni menos «provinciana», sino innovadora, a veces en un grado radical y complejo. Con él, el postmodernismo llega a tocar los límites mismos del lenguaje vanguardista y a colocarnos ante la perspectiva de una poesía que ya no podemos sino llamar contemporánea.

El primero en señalarlo fue otro gran poeta mexicano, Xavier Villaurrutia *(16.4.3.),* quien desechó la imagen simplificada de un pasivo escritor creyente, enamorado y pueblerino para proponernos otra: la de un escritor agónico, presa de un desgarramiento existencial entre fuerzas vitales y espirituales contradictorias. Es en la creación de un lenguaje lírico propio y auténtico donde se confirma la trascendencia de su aporte: es una feliz síntesis que saca la retórica modernista del punto muerto en el que había caído y la renueva otorgándole frescos rasgos coloquiales, timbres disonantes, vivas sensaciones, una atmósfera de inquietud en medio del gozo y de felicidad en medio de la tristeza. Lo dejó dicho muchas veces en su poesía, pero también en su prosa, especialmente en ese admirable texto de 1915 titulado «Clara Nevares», que es una verdadera poética tanto como una erótica; allí escribe: «De una parte la tesis severa. De otra, las cabelleras vertiginosas, dignas de que en ellas nos ahorcásemos cuando la Intensidad de la vida coincida con la Intensidad de la muerte...».

Cultiva la rima insólita, la dislocación imaginística, el giro inesperado y caprichoso. Lo hace de dos modos: introduciendo una ruptura en un pasaje de andadura normal o, al revés, disolviendo los elementos perturbadores en un contexto que les otorga un sentido que aceptamos sin dificultad. De una y otra forma, irreverencia y naturalidad; en eso reside buena parte del encanto de su poesía. Sabe encontrar lo extraño en objetos cotidianos y nos revela que son más complejos de lo que creíamos, que guardan una relación misteriosa entre ellos y con nosotros. Altera nuestra visión del mundo, lo que no es menuda hazaña. En sus manos, el juego metafórico puede ser una vía para la revelación trascendente, una epifanía que se apoya en datos comunes en la experiencia humana. No busca la anécdota del acontecer cotidiano: busca su envés, el ángulo o nivel en el que se transfigura en otra cosa. Es cierto que, sobre todo en la primera porción de su obra, se pueden reconocer —y así lo ha hecho la crítica— influencias de los poetas mexicanos Amado Nervo *(12.2.11.2.)* y el olvidado Francisco González León (1862-1945), el belga Georges Rodenbach (1864-1936) y el español Eduardo Marquina (1879-1946), aunque no sean finalmente las decisivas. Lo notable es que, ya sea en su modalidad más natural o la más barroquizante y compleja, su poesía siempre suena auténtica: la de un hombre que escribe sobre lo que ha vivido, conocido y pensado profundamente. La clave quizá esté en el tono de su ironía (¿aprendida en Laforgue?), que no es fría y distante, sino cálida y cordial. Y esa ironía nos demuestra que lo humano es trágico y risueño, tierno y cruel, fugaz e inagotable: una realidad fluida que huye de sí misma.

Las recopilaciones póstumas nos han dado a conocer su poesía anterior a su primer libro; ese material nos permite ver, en sus aciertos y debilidades, cómo se va perfilando su visión personal a partir de una variante, ya depurada, del modernismo, aunque uno de sus modelos favoritos sea Othón *(9.10.)*. Y sobre todo nos permite ver la formación de esa omnipresente imagen de Fuensanta que, más que una mujer real, es una vía ascética para alcanzar la perfección, la balsámica dulzura que buscaba su corazón agitado:

> (Fuensanta: cuando ingreso a tu azul valle
> la ternura de ayer se me alborota,
> pero yo la aconsejo que se calle.
> Mi corazón es una cuerda rota.) («Al volver»)

Este poema se publicó a mediados de 1910, época en la que el autor empezaba a organizar *La sangre devota,* que sólo aparecería seis años después; largo proceso que le permite corregir, revisar y tomar cierta perspectiva frente a su propia obra. Componen el libro treinta y siete poemas que, por girar alrededor de Fuensanta, guardan todavía algo del sabor y los rasgos estilísticos de la producción anterior. El tema amoroso y la evocación de ambientes pueblerinos predominan y le dan al volumen el melancólico tono de una doble ensoñación: de su tierra y de la mujer que parece emanar de ella. Pero quizá en ninguno de los poemas del conjunto haya hecho más lograda síntesis que en el célebre «Mi prima Águeda», de 1916. Es irónico que no sea la consabida Fuensanta quien inspira este texto ejemplar de su arte.

Aquí tenemos un conjunto de impresiones organizadas exactamente como una composición a la vez plástica y sonora, en la que espejean alusiones al mundo interior: sonidos, colores y sensaciones íntimas, todo vibra y toca cuerdas sensibles. Lo que tenemos es una cabal viñeta del sencillo ambiente familiar, oloroso a gratos recuerdos, a humildes fragancias domésticas y teñido por la imagen de la muerte. Águeda se presenta «con un contradictorio / prestigio de almidón y de temible / luto ceremonioso». Él mismo es apenas un niño que «conocía la *o* por lo redonda», que descubre con ella los misterios del cuerpo y el alma, pero sobre todo el fantaseo solitario, que él señala con una fórmula que trae ecos machadianos: «(Creo que hasta la debo la costumbre / heroicamente insana de hablar solo)». La estrofa final, con el alegre tintinear de la vajilla en la cocina y «el timbre caricioso» de la voz de Águeda, contiene una imborrable escena que posee el rigor y el equilibrio cromático de una naturaleza muerta de Cézanne:

> Águeda era
> (luto, pupilas verdes y mejillas
> rubicundas) un cesto polícromo
> de manzanas y uvas
> en el ébano de un armario añoso.

Impresiones, pero no exactamente un impresionismo literario que se complace sólo con el brillo de las imágenes y sus simbólicos colores. Más bien un «juego de relaciones» (como se ha dicho de las telas «fauvistas» de Matisse) comparable al del postimpresionismo, porque debajo de lo que los sentidos perciben late una innominada inquietud, una actitud analítica que dispersa caprichosamente los datos de la realidad y sobre todo una viva conciencia del proceso artístico. Pero López Velarde rechazaba los excesos del intelectualismo estético y subrayaba que el acto poético no era nada sin la emoción que debía encender la chispa creadora. Mejor: el intelecto sólo podía perfeccionar la emoción, pero no reemplazarla. La poesía es una *voz* y esa voz debe reflejar siempre la autenticidad de una experiencia. Lo mismo puede decirse de la actitud que lo catalogó como «poeta de la provincia», relacionado con el «nacionalismo» que entonces era una fuerza dominante en el México revolucionario: no le interesaba la descripción de lo típico o pintoresco por sí misma, sino como indicio de algo esencial y significativo que estaba al fondo. Puede criticársele, en cambio, por haber sido casi del todo indiferente al fondo ancestral del México indígena y sus mitos, cuya revaloración estaba precisamente en su apogeo; llegó a escribir en *El minutero:* «el harapo que algunos llaman raza indígena». Hay, sin embargo, un «México profundo» en su poesía, que no parece coincidir con el que entonces se predicaba porque era íntimo y discreto, no épico o resonante. En otro texto de *El minutero,* dice: «Nuestro concepto de la patria es hoy hacia dentro..., una patria no histórica ni política, sino íntima» («Novedad de la patria»).

El tema amoroso está muy presente no sólo en este libro, sino en su obra entera. El amor, sobre todo cuando su emblema es Fuensanta, aparece con rasgos bien reconocibles: es casto, puro, imposible y genera un dulcísimo dolor; la idealización de la mujer es extrema y casi puede identificarse con la figura mariana de la tradición católica: una amante-madre, centro de toda armonía y esperanza. Pero, al mismo tiempo, bajo el manto idealizador nos deja ver que laten pasiones y sensaciones de contradictoria intensidad: pecado y placer están asociados, aunque ninguno niega o apaga al otro. En el poema «Me estás vedada tú...», el inquietante uso del verbo «cometidos» crea una leve insinuación de algo culposo en esa atmósfera de místico amor: «Me está vedado conseguir que el viento / y la llovizna sean cometidos / con tu pelo castaño». Hay otros poemas que dejan ver más explícitamente ese trasfondo sensual y pecaminoso que bulle bajo su prístina visión del amor humano. «Boca flexible, ávida...» convierte una escena de devota misa dominical en una secreta cita galante, donde él observa fascinado su boca «hecha para dar los besos prolijos» y reconoce que «eres un peligro / armonioso para mi filosofía / petulante». «En las tinieblas húmedas...» asocia la añoranza erótica con la melancolía de la lluvia:

> En las alas oscuras de la racha cortante
> me das, al mismo tiempo, una pena y un goce:
> Algo como la helada virtud de un seno blando,
> algo en que se confunden el cordial refrigerio
> y el glacial desamparo de un lecho de doncella.

La fugaz referencia de la segunda estrofa a la «muda ciudad» nos recuerda que estos brotes pasionales solían surgir estimulados por el ambiente urbano, por su extrañeza y la distancia física que ponía ante su pequeño paraíso provinciano: el deseo carnal no es provocado por la presencia de la amada, sino por su ausencia, o sea, cuando el abrazo es del todo imposible. Los vislumbres sobre la ciudad que nos ha dejado en su poesía son rápidos pero indelebles; la vio como una realidad caótica y placentera, espectral y seductora; un mundo donde «cada hora vuela / ojerosa y pintada, en carretela», como dirá espléndidamente en *La suave patria*. El soneto «Noches de hotel» expresa esa ambigua sensación de precariedad y confusión que vuelve anónimo y algo grotesco el amor en la urbe, el mismo amor urgente que Martí *(11.2.)* había encontrado en Nueva York:

> Se distraen las penas en los cuartos de hoteles
> con el heterogéneo concurso divertido
> de yanquis, sacerdotes, quincalleros infieles,
> niñas recién casadas y mozas del partido.

Las sugerencias de que el cuerpo femenino sólo enciende su imaginación cuando está lejos y es inalcanzable, mientras que su cercanía sólo le inspira una devoción mística, han dado origen a ciertas teorías sobre la sexualidad de López Velarde. El hecho de que, en el enigmático poema «Para el zenzontle impávido», celebre el puro canto de esta ave porque «lo aprisionaron virgen en el bosque» y que en algunas de sus prosas de *El minutero* (por ejemplo, en «Obra maestra» y en «Meditación en la alameda») haya insinuado cierto horror por la paternidad no ha hecho sino estimular la idea de que el poeta no tuvo experiencia concreta del amor físico, lo que es algo dificilísimo de probar. En realidad, parece haber más razones para sospechar lo contrario: que sus aventuras en los burdeles de

México lo estigmatizaron con una enfermedad venérea; su ruptura con Margarita Quijano y su aversión a la paternidad serían una consecuencia de ello, como parece insinuarlo en «La flor punitiva», prosa de *El minutero,* donde nos dice que «el placer de gozar gotea su plomo derretido sobre nuestra hombría». Esta dolencia habría reafirmado su concepto católico del pecado, que ve en la carne el mal, algo que adopta una apariencia tentadora precisamente porque en el fondo es repulsivo.

Gozo y arrepentimiento están íntimamente ligados en su poesía; lo notable es que uno no oscurezca al otro y que sintamos el aguijón de ese conflicto como un hecho nunca resuelto. Frente al placer tuvo una actitud dilemática que lo obligó a cuestionarse, a *pensar* lo que sentía. Dudaba si la suya era «la alta / locura del primer / teólogo que soñó con la primera infanta» o si él era un «árabe sin cuitas / que siempre está de vuelta de la cruel continencia» («La tónica tibieza»). Vivió la pasión carnal en la mente y se acostumbró a hacer de ella el motivo central de un estado general de ensoñación erótica, que se complace en imaginar ese misterio que es tocar otro cuerpo y apropiarse de él. Sus poemas, por eso, son casi siempre *contemplativos,* razonamientos de la emoción, confidencias o conversaciones hechas en voz baja; aun si la visión de un cuerpo los provoca, la mente acaricia secretamente otro. Los impulsos están morigerados y la urgencia amorosa disimulada en miradas arrobadas; hay una atmósfera de languidez, movimientos lentos y gestos discretos. Como en Vermeer, todo parece doméstico, y las figuras, extáticas o pasivas, pero esta quietud está cargada con una extraña intensidad y energía imaginativas. López Velarde es un maestro en otorgar sentidos simbólicos e implícitos a lo que es corriente.

Esto, que es visible en su primer libro, es todavía más notorio en *Zozobra*. Su segunda obra fue poco comprendida en su tiempo y le mereció críticas de los mismos que habían elogiado la anterior; al propio González Martínez le parece rebuscada, extravagante. Muchas cosas habían cambiado desde *La sangre devota:* hace cinco años que vive en la capital mexicana y esa experiencia se refleja constantemente, en medio de los ramalazos que todavía despiertan la provincia y la idílica Fuensanta. Ella misma ha muerto dos años antes de aparecer el nuevo libro. Un ciclo erótico se cierra y otro se abre: el que inaugura su relación amorosa con Margarita Quijano, «la dama de la capital» a la que él nunca nombra pero que es la inspiradora de muchos de estos versos y que, según su crónica «El don de febrero» (1915), posee «una fiera intensidad», «una inquietud contemporánea y un panteísmo prolijo». Margarita (personaje que fue identificado por José Emilio Pacheco en su *Antología del modernismo,* de 1970) era una clase de mujer completamente distinta de Fuensanta, con aspiraciones artísticas y contactos con los círculos ilustrados de México. El apasionado amor que inspiró en el poeta no culminó, como él quería, en matrimonio, sino en frustración y quebranto. Para combatirlos, López Velarde se refugia una vez más en Fuensanta, que, ya muerta, es puro espíritu y recuerdo: no una mujer, sino su sombra. *Zozobra* oscila, como bien lo sugiere el título, entre esas dos imágenes femeninas contradictorias y aun incorpora otra más: la de María Nevares (notoriamente, la «Clara Nevares» de la citada crónica homónima), muchacha de San Luis con quien sostuvo un fugaz idilio a fines de 1911 y un epistolario que duró hasta 1921; los tres, amores imposibles. Pero es claro que piensa en Fuensanta, no en Margarita, cuando escribe el primer poema del libro:

> Hoy como nunca, urge que tu paz me presida;
> pero ya tu garganta es sólo una sufrida
> blancura, que se asfixia bajo toses y toses...
>
> («Hoy más que nunca...»)

«No me condenes...» habla explícitamente de María, mezclando detalles reales e inventados, como el de su pobreza:

> Yo tuve, en tierra adentro, una novia muy pobre:
> ojos inusitados de sulfato de cobre.
> Llamábase María; vivía en un suburbio,
> y no hubo entre nosotros ni sombra de disturbio.

En «Tu palabra más fútil...» emerge ella otra vez, ahora bajo el bíblico nombre de Magdalena; y lo hace con un símil de felicísima sencillez:

> Magdalena, conozco que te amo
> en que la más trivial de tus acciones
> es pasto para mí, como la miga
> es la felicidad de los gorriones.

En «Día 13», que recuerda el domingo de febrero en que conoció a Margarita, alude a ella apenas con una ingeniosa referencia: «y si estalla mi espejo en un gemido, / fenecerá diminutivamente / como la desinencia de tu nombre». En «Que sea para bien...» esta frase es un estribillo que aquieta o exculpa el ardor que le inspira la misma mujer, cuyo rostro pálido revela que «ha corrido [en él] la lava» de la pasión que ahora lo rinde:

> Ya no puedo dudar... Consumaste el prodigio
> de, sin hacerme daño, sustituir mi agua clara
> por un licor de uvas... Y yo bebo
> el licor que tu mano me depara.

El poeta siente que el deseo le hace hervir la sangre, que lo tienta «la magnética bahía / de los deliquios venéreos»; lo confiesa, entre púdico y asombrado, en el notable «Hormigas», metáfora de ese escozor que deleita y tortura su cuerpo:

> Mas luego mis hormigas me negarán su abrazo
> y han de huir de mis pobres y trabajados dedos
> cual se olvida en la arena un gélido bagazo,
> y tu boca que es cifra de eróticos denuedos,
> tu boca, que es mi rúbrica, mi manjar y mi adorno,
> tu boca, en la que la lengua vibra asomada al mundo
> como réproba llama saliéndose de un horno...

El libro no está ordenado cronológicamente porque el autor quiso que comenzase con el poema a «Fuensanta» y terminase con «Humildemente», en el que vuelve imaginariamente a su aldea antes de morir, dejando encerrados en el medio los poemas más pasionales, los dedicados a Margarita; cuando lo abrimos, tenemos la impresión de abrir un relicario. Pero sean tiernas evocaciones de una mujer amada tiempo atrás o imágenes avivadas por la pasión ahora encendida, estas composiciones no son exactamente «poemas de amor»: tienen que ver con este sentimiento pero son algo distinto de tributos sentimentales, como eran algunos de *La sangre devota*. Son auscultaciones de un espíritu inquieto que se toma el pulso, confesiones de un solitario, monólogos en los que el alma y el cuerpo se desdoblan y se interrogan mutuamente. Todo lo que le pasa al poeta es un *enigma* cuyas claves cambian cada minuto y le proponen conclusiones dispares; y el mundo exterior no es menos misterioso: hasta lo insignificante y trivial está lleno de sentido para él. La realidad habla al espíritu y éste responde con preguntas desconcertadas: ¿qué le dice? Diálogo de susurros e insinuaciones, que sólo en parte se puede interpretar. La poesía es un fino instrumento —reloj, termómetro, diapasón, metrónomo— que registra esas variantes que nos exaltan o deprimen y que van tejiendo un diagrama de nuestra vida. López Velarde se mueve magistralmente entre dos extremos: sutil intensidad pasional y suprema conciencia del acontecer íntimo. Y el precario equilibrio —más ansiedad que estabilidad— está dado por la singular capacidad para representarlo con un lenguaje que es fiel a cada instancia del proceso.

Decir que ese lenguaje es original e inconfundible no significa que carezca de antecedentes, algunos muy visibles. Más arriba señalamos algunos, pero los más importantes provienen de la poesía de Lugones *(12.2.1.)* y de Laforgue. Ya examinamos la relación entre la obra del francés y la del argentino al hablar de éste; la afinidad de Lugones con el mexicano es, aparte de decisiva porque comparten un vocabulario de extrañeza e inquietud, explícita: en un poema de *Zozobra* dedicado a Tórtola Valencia celebra a la bailarina con una juguetona referencia a su maestro: «Acreedora de prosas cual doblones / y del patricio verso de Lugones» («Fábula dística»); y en su comentario «La corona y el cetro de Lugones» le atribuye una cualidad esencial con la que bien podemos caracterizarlo a él mismo:

La reducción de la vida sentimental a ecuaciones psicológicas [...] ha sido consumada por Lugones. El sistema poético se ha convertido en sistema crítico. Quien sea incapaz de tomarse el pulso a sí mismo, no pasará de borrajear prosas de pamplina y versos de cáscara...

En realidad, hay una relación triangular entre Laforgue-Lugones-López Velarde. Los contactos de éste con el poeta francés pueden ser mediatos o inmediatos: Laforgue le llega al mexicano en francés, en traducción o ya asimilado en la poesía de Lugones. De ellos aprendió el arte funambulesco, desconcertante y acrobático de un verso que perfora las alturas celestiales, indaga los misterios de la noche y cae al pavimento de lo cotidiano y lo grotesco en un mismo impulso rítmico y emocional. Quizá por eso en su amplio repertorio métrico los abundantes endecasílabos y alejandrinos se combinan con versos de distintas medidas que contribuyen a darles un aire de continuo y caprichoso zigzagueo.

Pero no hay que olvidar los matices que respectivamente los distinguen: Lugones es más estrambótico y fantasioso; su visión es parabólica, pues escapa del ámbito del yo y se pierde en el espacio. López Velarde es más íntimo y recogido; cuando explora, prefiere hacerlo dentro de sí mismo que fuera de su inmediato entorno. Y, si se le compara con Laforgue, se verá que López Velarde es más vital y menos cerebral que el francés, en quien además el sentimiento religioso estaba por completo ausente. Las coincidencias o contactos con otros poetas hispanoamericanos, como Herrera y Reissig *(12.2.4.)* y Vallejo *(16.3.2.)*, han sido raramente mencionados aunque no son menos evidentes o reveladores: constituyen otra triangulación de voces que suenan emparentadas. Sobre todo en el área del léxico y de las anomalías tonales y rítmicas, hay mucho por decir. ¿Habría leído Vallejo a López Velarde? Difícil saberlo, pero también difícil no sospechar que sí cuando nos encontramos, por ejemplo, con esos «peones tantálicos» de «Despilfarras el tiempo...» y los comparamos con los «panes tantálicos» de «La de a mil» *(Los heraldos negros)* o las «posibilidades tantálicas» en el poema XL de *Trilce*. Y más allá de eso, ambos autores nos plantean la cuestión de la función poética que cumplen en sus respectivas obras los símbolos de raíz católica.

Esta comunidad de lenguajes apunta a un fenómeno importante que estaba ocurriendo entonces en varias partes: puesta ya en manos de una generación de creadores cuya experiencia vital y estética era bastante diferente de la de Darío *(12.1.)*, la nueva poesía hispanoamericana intentaba romper con los moldes recibidos y expresar la condición del poeta moderno, con una visión crítica de sí mismo, su arte y su tiempo. La retórica modernista atravesaba por un proceso de *fragmentación* y *descomposición;* los poetas que hemos mencionado trabajaban con esos fragmentos y creaban una imagen en cuyos rasgos distorsionados se anunciaba el rostro de la literatura contemporánea. No hay que olvidar tampoco que el proceso era aún más radical en otros autores: Tablada *(infra)* y Huidobro *(16.3.1.)* entre ellos. En Europa, el clima de renovación poética —en algunos casos, ya plenamente dentro del cauce de la vanguardia— puede verse como un trasfondo de lo que estaba haciendo López Velarde: son los años de T. S. Eliot (recuérdense las semejanzas con Laforgue que señalamos en nuestro apartado sobre Lugones), Pound, Reverdy, Apollinaire: ironía, sinrazón, anomalías, rupturas de la dicción... López Velarde no escribe precisamente como ellos (tal vez porque, por encima o en el centro de la doble triangulación, está Góngora), pero aunque no siente el furor de la iconoclastia, su obra tiene con ellos un aire de familia: el de quien se mueve en dirección análoga.

Para probarlo volvamos a *Zozobra*. En «La niña del retrato», por ejemplo, desmenuza asu modelo en una serie de atributos físicos al mismo tiempo que registra el impacto que le produce. Hay una actitud analítica y una distorsión psicofísica que no son muy distintas de las que realizaba la pintura cubista por esa misma época:

> Cejas, andamio
> del alcázar del rostro, en las que ondula
> mi tragedia mimosa, sin la bula
> para un posible epitalamio...

Algo semejante encontramos en «Idolatría»:

> Idolatría
> de la expansiva y rútila garganta,
> esponjado liceo
> en que una curva eterna se suplanta
> y en que se instruye el ruiseñor de Alfeo.

También lo vemos sumergirse, con no menor sutileza y profundidad, en los misterios del ser y del concreto existir. Vivir es un desgarramiento, una pesadumbre irremediable, un sentir que somos precarios. Con finos trazos, el verso dibuja cada cosa como configurando un frágil equilibrio cósmico hecho de vivos contrastes y secretas afinidades. Nada *es*: todo se transfigura, se deshace en la nada, renace. El poeta tiene una agudísima percepción del tiempo como una dimensión desintegrada en pedazos discontinuos, en astillas que apuntan a una totalidad perdida, pero que presentimos y reconstruimos en los latidos de nuestro corazón: cada minuto que pasa cuenta y hay que prestarle atención. A veces, esa concentración en el instante como parte de un proceso nos hace pensar en los esfuerzos de Balla, Boccioni y otros futuristas italianos por sugerir el movimiento en la pintura: desmontaje del tiempo en instantáneas fulgurantes. El poeta escribió: «Una sola cosa sabemos: que el mundo es mágico»; en cada cosa que tocó nos hizo sentir esa fuerza que las convierte en algo superior a sí mismas. Leamos estas estrofas de «La última odalisca»:

> Y aunque todo mi ser gravita
> cual un orbe vaciado en plomo
> que en la sombra paró su rueda,
> estoy colgado en la infinita
> agilidad del éter, como
> de un hilo escuálido de seda.
>
> ....
>
> Voluptuosa Melancolía:
> en tu talle mórbido enrosca
> el Placer su caligrafía
> y la Muerte su garabato,
> y en un clima de ala de mosca
> la Lujuria toca a rebato.

Ese vértigo o desasosiego de la vida le brinda sólo una certeza: «antes que muera estaré muerto». Melancolía es exactamente lo que nos deja su poesía, porque la tristeza queda frecuentemente enjugada por una ilusión de enamorado o por una ráfaga de humor que aligera los tonos sombríos del diseño. Un ejemplo lo tenemos en «Todo»: su flirteo con las prostitutas del «jeroglífico nocturno» que lo tientan «cuando cada muchacha / entorna sus maderas» (las mismas mamparas desde las que se exhibían las prostitutas que la cámara de Henri Cartier-Bresson fijó para siempre en México hacia 1934)[2] lo deja confuso con «su enigma de no ser / ni carne ni pescado». Con frecuencia, el efecto grotesco o incongruente está subrayado por el que crean las insólitas rimas, sobre todo en versos pareados: *Mitra / Anitra, baña / patraña, hablillas / rodillas, aniquila / axila,* etc. («Fábula dística»). Si a esto se suman las intensas percepciones (sobre todo cromáticas y olfativas) que dan color y fragancia imborrables a esta poesía, la incesante invención metafórica, la libertad con que usa los metros (desde los tradicionales hasta el verso libre), el jugueteo con sonidos y timbres peregrinos (que se parecen tanto a los *Scherzos* de Brahms), su gusto por repetir ciertas palabras para crear ecos y espejeos, el lector podrá tener una idea de su decisivo aporte a nuestro lenguaje lírico y de cómo aceleró su modernización.

Su poesía póstuma fue recogida en *El son del corazón*. Aunque el título no es feliz y se nota en él un retorno a formas más tradicionales, no hay que desdeñar este breve conjunto. El motivo de la muerte reaparece aquí —a veces, como un velo que empaña sus instantes de gozo— de un modo obsesivo e insidioso, como si estuviese presintiendo la suya, entonces tan próxima. La entrevé en sueños o filtrándose en los menudos hechos de la vida cotidiana, pero si la evoca mediante imágenes que habitualmente inspiran temor (calaveras, huesos, símbolos funerarios), el tono no es precisamente sombrío, sino el de quien sabe que la muerte es parte de un ciclo natural y es capaz de encararla con entereza, incluso con un aire burlón y desafiante; las conexiones de esta actitud con las profundas tradiciones del alma colectiva mexicana no deben desatenderse. En pocas ocasiones fue López Velarde más juguetón y profundo a la vez que en el notable «El perro de San Roque», de esta colección. Bajo ese título de resonancias ligeras tenemos una verdadera síntesis de su persona y de su

---

[2] Henri Cartier-Bresson, *Mexican Notebooks 1934-1964,* pról. de Carlos Fuentes (New York, Thames and Hudson, 1984).

poética, marcadas por el encanto, la vibración vital y la cordial disonancia de su dicción:

> Mi carne es combustible y mi conciencia parda;
> efímeras y agudas refulgen mis pasiones
> cual vidrios de botella que erizaron la barda
> del gallinero contra los gatos y ladrones.

Sin embargo, el poeta que mejor recuerdan los mexicanos es el de «La suave patria», y hay que decir al menos unas palabras sobre este singular canto civil que brotó de una voz decididamente íntima. Las preocupaciones históricas ante un período decisivo de la vida política nacional se transparentan en sus crónicas, y hay ráfagas que atraviesan su poesía como testimonio de las sangrientas luchas revolucionarias, según puede verse en «Las desterradas», «El retorno maléfico» y «A las provincianas mártires» de *Zozobra*. Pero «La suave patria» es un esfuerzo por dejar de lado esas trágicas circunstancias y alentar el espíritu solidario de un pueblo en lucha. El impulso hacia la «reconstrucción nacional» y la afirmación de sus fuerzas creadoras que inspiraría a Vasconcelos sus planes educativos y su estímulo a la «escuela muralista» en la plástica son las que, sin duda, animan también a este poema. Recuérdese, además, que fue escrito en vísperas del Centenario de 1921, que recordaba la consumación de la independencia nacional por Agustín Iturbide. No es una obra «de encargo», pero sí de reacción optimista ante el clima de fratricidio y anarquía que atravesaba el país. Eso explica el título, donde *suave* es una respuesta al otro adjetivo —*violento*— que estaba en la conciencia de todos porque se aplicaba frecuentemente al México de esos años. Si puede considerársele, por su intención y tono exaltado, un poema épico, lo es de un modo *sui géneris*, inesperado, que difícilmente tiene antecedentes: el autor lo llama «épica [en] sordina» y, en efecto, suena como inspirado por una musa popular, feérica y graciosa en el más alto sentido de la palabra. La primera estrofa contiene una versión autoirónica del consabido exordio de los grandes poetas épicos:

> Yo que sólo canté de la exquisita
> partitura del íntimo decoro,
> alzo hoy la voz a la mitad del foro,
> a la manera del tenor que imita
> la gutural modulación del bajo,
> para cortar de la epopeya un gajo.

Dividido en dos «actos», precedidos por un «Proemio» e interrumpido por un «Intermedio» dedicado a la figura legendaria de Cuauhtémoc, apenas si hay en sus 153 versos una referencia *en passant* a la guerra revolucionaria: «Te dará, frente al hambre y el obús, / un higo San Felipe de Jesús» (vv. 118-119). A López Velarde no lo inspira la historia concreta: su México es el de las viejas tradiciones y creencias, el de raíces cristianas y de simple sentido comunitario; en cierta manera, el México profundo que la revolución había querido despertar y que parecía estar ahogándose en un baño de sangre. Por eso el poeta ofrece su consejo: «Patria, te doy de tu dicha la clave: / sé siempre igual, fiel a tu espejo diario» (vv. 144-145). Si, por un lado, «La suave patria» lo acerca al Lugones de las *Odas seculares*, por otro, sus imágenes policromadas y fragantes a frutos de la tierra no están lejos de las escenas que pintaba entonces Diego Rivera, aunque no compartiese su compromiso político; hay quienes creen que el arte muralista del pintor se inspiró en el poema, que había aparecido muy poco antes de la vuelta de aquél desde Europa. Sin traicionar sus propios modos, el poeta alcanzó a crear un canto de exaltación autóctona que refleja bien la ola nacionalista que agitaba a la cultura mexicana.

En lo grande y en lo pequeño, en la evocación pueblerina y la meditación urbana, en la quietud mística y la inquietud erótica, López Velarde supo mostrar siempre una finísima sensibilidad. En su capacidad de sentir y de crear el lenguaje que podía transmitir esa sutil vibración está la clave de su originalidad.

Textos y crítica:

LÓPEZ VELARDE, Ramón, *El don de febrero y otras prosas*, ed. de Elena Molina Ortega, México, Imp. Universitaria, 1952.
— *Poesías completas* y *El minutero*, ed. de Antonio Castro Leal, México, Porrúa, 1957.
— *Obras*, ed. de José Luis Martínez, México, Fondo de Cultura Económica, 1971.
— *Correspondencia con Eduardo Correa y otros escritos juveniles (1905-1913)*, ed. de Guillermo Sheridan, México, Fondo de Cultura Económica, 1991.
— *Poesías*, ed. de Saúl Yurkievich, Madrid, Anaya & Mario Muchnik/Ayuntamiento de Málaga, 1992.
— *Obra poética*, ed. crít. de José Luis Martínez, Madrid, Archivos, 1999.

APPENDINI, Guadalupe, *Ramón López Velarde. Sus rostros desconocidos*, México, Novaro, 1971.

ARREOLA, Juan José, *Ramón López Velarde: el poeta, el revolucionario*, México, Alfaguara, 1998.
CANFIELD, Martha L., *La provincia inmutable. Estudios sobre la poesía de Ramón López Velarde*, Messina, Italia, D'Anna-Publicaciones del Istituto Ispanico de la Universidad de Florencia, 1981.
DROMUNDO, Baltazar, *Vida y pasión de López Velarde*, México, Guarania, 1957.
El Hijo Pródigo, Homenaje a Ramón López Velarde, 12:39 (1946).
GÁLVEZ DE TOVAR, Concepción, *Ramón López Velarde en tres tiempos y un apéndice sobre el ritmo velardeano*, México, Porrúa, 1971.
GARCÍA BARRAGÁN, Elisa, y Luis Mario SCHNEIDER, *López Velarde. Álbum*, México, UNAM, 1988.
LIST ARZUBIDE, Germán, *La suave patria de Ramón López Velarde*, San Luis Potosí, Editorial Universitaria Potosina, 1971.
NERUDA, Pablo et al., *Presencia de Ramón López Velarde en Chile*, Santiago, Fondo del Plan Chileno Mexicano-Imp. Universitaria, 1963.
NOYOLA VÁZQUEZ, Luis, *Fuentes de Fuensanta: tensión y oscilación de López Velarde*, México, Fondo de Cultura Económica, 1988.
PACHECO, José Emilio (ed.), *Antología del modernismo, 1884-1921*, México, UNAM, 1970, pp. 127-166.
PAREDES, Alberto, *El arte de la queja. La prosa literaria de Ramón López Velarde*, México, Aldus, 1995.
PAZ, Octavio, «El camino de la pasión (Ramón López Velarde)», en *Cuadrivio*, México, Joaquín Mortiz, 1965, pp. 67-139.
PHILLIPS, Allen W., *Ramón López Velarde, el poeta y el prosista*, México, INBA, 1962.
— *Retorno a Ramón López Velarde*, México, INBA, 1988.
RIVAS SÁINZ, Arturo, *Un corazón adicto*, México, Fondo de Cultura Económica, 1989.
SHERIDAN, Guillermo, *Un corazón adicto. La vida de Ramón López Velarde*, México, Fondo de Cultura Económica, 1989.
ZAID, Gabriel, *Tres poetas católicos**, 75-232.

13.4.2. Tablada: la seducción del Oriente

En una época en la que el cosmopolitismo y el exotismo seguían gozando de prestigio, José Juan Tablada (1871-1945) fue posiblemente el que los llevó más lejos: tras los pasos de Rebolledo *(12.2.11.3.)* pero con mayor hondura que él, conoció el Japón, se empapó de su cultura y, bajo este influjo, renovó la poesía hispanoamericana, dejándole huellas que todavía hoy parecen frescas. Más tarde conjugó su fascinación por el Oriente con viajes y experiencias a otros centros donde bullía el espíritu de la vanguardia (París, Nueva York) y así completó un periplo creador poco común. Al lado de esa búsqueda fuera de su tradición, hay que apreciar un movimiento hacia adentro: su genuino interés por el México antiguo y sus resonancias vivas en la historia moderna. Con él, la cultura mexicana se expande y se ventila al contacto con aires internacionales. Entre los que, en su época, se preocuparon por las posibilidades espaciales del texto poético, su aporte sólo puede compararse con el de Huidobro *(16.3.1.)*. Para la poesía mexicana, la presencia —llena de afinidades y diferencias— de la pareja López Velarde-Tablada es indispensable: configura el pórtico que inaugura su fase contemporánea.

Un rasgo definitorio de Tablada es su incurable curiosidad intelectual y creadora: aparte de sus varios libros de poesía, publicó unos diez volúmenes en prosa que muestran sus variados intereses, pues abarcan la política (*Tiros al blanco*, México, 1909), la crónica (*Los días y las noches de París*, París-México, 1918), el arte oriental y mexicano (*Hiroshigué [sic]. El pintor de la nieve y de la lluvia*, México, 1914; *Historia del arte en México*, México, 1917), el humor (*Del humorismo a la carcajada*, México, 1944), etc. Incluso publicó una sátira teatral de intención política (*Madero-Chantecler*, México, 1910) —cuyos burlescos personajes son animales, igual que en la pieza *Chantecler* (París, 1910) de Edmond Rostand, el autor del famoso *Cyrano de Bergerac*—; una especie de «novela americana» (*La resurrección de los ídolos*, México, 1924); un libro de memorias (*La feria de la vida*, México, 1937); un *Diario* (México, 1992), que abarca de 1900 a 1944; varios miles de artículos periodísticos; y dejó inconcluso un ensayo de «micología económica» titulado *Hongos mexicanos comestibles* (México, 1983) cuyas bellas ilustraciones muestran sus virtudes de dibujante. Esta relación todavía deja fuera su colaboración con Edgar Varèse y Vicente Huidobro en la cantata *Offrandes* (1927), la publicación de revistas en inglés como *Mexican Art & Life* (México, 1938-1939) y el interés que mostró por las ciencias ocultas y por difundir la protección de los animales entre los jóvenes (*El arca de Noé*, México, 1926). Pero es su poesía —la parte madura de ella, donde todas esas otras preocupaciones parecen concentrarse— la que justifica el puesto que ocupa en nuestra literatura.

Como desde temprano aprendió francés, sus primeros viajes exóticos fueron los literarios, hechos en libros de Baudelaire, Verlaine, Mallarmé y otros. La muerte de su padre le impidió realizar un sueño juvenil: estudiar arte en París. En 1889, cuando tenía dieciocho años, publicó su primer poema y al año siguiente, en *El Universal*, comenzó su larga carrera periodística. En sus inicios fue un cabal modernista, fiel a los ideales que había propagado Gutiérrez Nájera *(11.3.)* en la *Revista Azul*. Como poeta comenzó cultivando un satanismo baudeleriano y un erotismo de visos algo escandalosos para la época. Se ganó así fama de *enfant terrible,* que él mismo fomentó con versiones fantasiosas o exageradas de sus aventuras personales y literarias; había algo de bufonería y aun de inescrupulosidad en él. Dos poemas suyos, «Misa negra» y «Onix», ambos de 1893 (aunque Tablada afirme que el primero data de 1898), se consideran el inicio del decadentismo en México; se dice también que la esposa del dictador Porfirio Díaz leyó «Misa negra» y lanzó una amenaza de censura sobre *El País,* que lo había impreso. Lo que seguramente la alarmó es la estrofa final:

> Y celebrar, ferviente y mudo,
> sobre tu cuerpo seductor,
> lleno de esencias y desnudo,
> ¡la Misa Negra de mi amor!

Disgustado por la «hipocresía» del ambiente mexicano, impulsó la creación de *La Revista Moderna* en 1898, expresión de la segunda generación modernista del país que Tablada representaba. Precisamente uno de los mecenas que hizo posible la publicación de esta revista financió el primer viaje del poeta al Japón en 1900. Pasa allí varios meses y al volver ya muestra las huellas que esa experiencia había dejado en su alma hambrienta de paisajes lejanos y refinados. Su primer libro de poesía, *El florilegio,* había aparecido en México en 1899; sus acentos modernistas, todavía mezclados con rezagos románticos, se reafirman en la segunda edición de 1904, muy ampliada en textos (de 38 poemas pasa a 87) y secciones, una de las cuales, «Musa japónica», es el más temprano testimonio de ese viaje. La mayoría de los textos de esa sección son convencionales ejemplos de exotismo, pero sus paráfrasis de odas y *utas* (poemas amorosos) japonesas tienen más interés: son los primeros intentos por captar el espíritu de la lírica oriental. Sus crónicas *En el país del sol* fueron escritas durante ese viaje, pero aparecieron muy tardíamente (Nueva York, 1919). Japón fue un descubrimiento pero a la vez una confirmación: había en Tablada una afinidad espiritual con la cultura oriental, con la que él había fantaseado bajo el estímulo de sus lecturas de los Goncourt y Pierre Loti. Le gustaba vestirse con un kimono e imaginar que el lugar donde recibía a sus amigos era un recinto consagrado a la meditación. Incluso adoptó, al comienzo, la misma posición negativa ante la cultura china que tenían los japoneses; después ese prejuicio desapareció y se convirtió en franca admiración.

Siendo importante para el desarrollo del modernismo mexicano, la primera porción de su obra poética sólo tiene hoy un valor muy relativo. Esa fase está interrumpida por un largo período (1904-1918) durante el cual no publica libros, salvo un poema político de encargo; al fin, ese último año aparece *Al sol y bajo la luna,* con pie de imprenta en México y París, y con un poema-prólogo de Lugones *(12.2.1.).* Pese al título con resonancias orientalistas, el desigual conjunto apenas contiene un texto («El poema de Okusai» *[sic]*) de inspiración japonesa. En otras partes, como en la breve sección «En Nueva York», se percibe que Tablada está alejándose del decadentismo e interesándose por sugerir el ritmo y los mitos del mundo moderno. Habrá que esperar hasta el siguiente libro, *Un día... Poemas sintéticos* (Caracas, 1919), para apreciar la total transformación de su lenguaje que la poesía oriental provoca. Hay una explicación para esa demora.

El paréntesis que señalamos corresponde a una etapa crítica de la vida del autor, que muestra sus aspectos más oscuros y criticables; esta crisis personal se entremezcla con los dramáticos hechos que condujeron a la Revolución Mexicana y con sus sangrientos primeros años. Su matrimonio termina en divorcio, su bohemia disipada y su adicción a las drogas —que contradictoriamente combinaba con su pasión por los deportes— minan su salud y lo hunden en una depresión de la que intenta salir por la vía teosófica que un amigo le propone. Por influjo de esa persona, abandona su trabajo en la Secretaría de Educación y se convierte en un próspero importador de vinos, lo que le permite hacer una vida ostentosa en su casa de Coyoacán. En medio de los inequívocos signos de que el porfiriato estaba derrumbándose, Tablada decide —tal vez por venalidad, tal vez por espíritu de contradicción— ponerse al servicio del régimen. Escribe el poema laudatorio por encargo al que aludimos antes: *La epopeya nacional. Porfirio Díaz* (México, 1909), en el que celebra sus campañas militares contra la intervención francesa. Al triunfar la revolución en 1911, se refugia en París, donde permanece hasta 1912; allí leyó poesía japonesa en traducción francesa, conoció a Lugones —a quien admiraba de antes y sobre quien escribió una crónica— y pudo tener un contacto directo con la vanguardia europea.

En 1913 sobreviene la llamada «decena trágica» (por los diez días de febrero en los que las facciones porfiristas y maderistas libran cruenta batalla) que termina con el asesinato de Madero, al que Tablada había denigrado desde las páginas de *El Imparcial* y en *Madero-Chantecler,* ya mencionado. El poeta comete entonces otro craso error político: se suma a la insurrección del general Victoriano Huerta, militar porfirista apoyado por los Estados Unidos, y escribe a sueldo otro libro laudatorio del líder: *La defensa social. Historia de la campaña de la División del Norte* (México, 1913), contra el rebelde general Orozco; avergonzado, el autor solía omitir estas dos piezas de la lista de sus obras. Cuando al año siguiente se produce la caída de Huerta y la llegada al poder de Venustiano Carranza, las tropas de Zapata saquean e incendian su casa y pierde, entre otros bienes, manuscritos y su valiosa biblioteca. Luego de eso no tiene más remedio que huir del país rumbo a Estados Unidos. Vive primero en Galveston, Texas, y luego en Nueva York, donde en 1918 se casa por segunda vez. Ese año retorna a su patria, gracias a un indulto del propio Carranza.

Si el contacto con el Oriente había satisfecho sus gustos refinados y decadentes, el encuentro con la cultura norteamericana le descubre el mundo industrial y mercantil que serán fuerzas dominantes del siglo XX: antigüedad y modernidad serán ahora los dos polos entre los que se mueve su proyecto renovador. Para el juvenil oficiante de misas negras, la experiencia de una cultura donde el erotismo tenía un signo y una función muy distintos (que él confundió con la «histeria») le produjo una viva impresión. Esto —y su ironía latina ante un mundo sajón que no entiende bien— puede apreciarse en «Quinta Avenida»:

¡Mujeres *fire proof* a la pasión inertes,
hijas de la mecánica Venus *made in America;*
de vuestra fortaleza, la de las cajas fuertes,
es el secreto... idéntica combinación numérica![3]

El mismo año de su vuelta, el repatriado es incorporado por Carranza al servicio diplomático, como muchísimos intelectuales mexicanos. Cumple esas funciones en Ecuador, Colombia y Venezuela. La aparición de *Un día...* señala un momento decisivo en la poesía hispanoamericana: la primera adaptación a nuestra lengua de la poesía japonesa, especialmente del *haikú*, el antiguo paradigma de la expresión concisa y depurada al máximo: sólo diecisiete sílabas distribuidas en tres versos (5-7-5). La influencia que este aporte tiene en la poesía que sigue es enorme: dejó su

---

[3] Ésta es la versión definitiva, aparecida en una antología de Tablada que publicó en 1943, del poema titulado simplemente «...?» e incluido en *Al sol y bajo la luna*.

impronta en generaciones como los «estridentistas» *(16.4.2.)*, los «Contemporáneos» *(16.4.3.)* y los reunidos alrededor de *Taller (20.1.);* y sigue viva hoy a través de las obras de Paz *(20.3.3.)* y Pacheco *(23.4.)*, entre otros. Ya hemos hecho referencia a las traducciones de la poesía china que hizo el colombiano Guillermo Valencia *(12.2.10.)* en *Catay* (1929). Lo más probable es que ninguno tuviese noticias de lo que hacía el otro, pero es evidente que en distintas partes los poetas modernos estaban comprobando que lo nuevo podía envolverse en formas muy antiguas, tal como los artistas de vanguardia revaloraban el arte de África y Oceanía. Esa coincidencia es significativa y contribuye a la disolución del lenguaje que los hombres de comienzos de siglo habían recibido del anterior.

Dedicado a Basho y Shiyo, dos grandes poetas japoneses de los siglos XVII y XVIII, el breve libro contiene una serie de *haikús,* aunque el autor no usa este nombre: prefiere llamarlos «poemas sintéticos». Quizá esto se justifique porque varios textos tienen la intención del *haikú* —sutil pintura verbal, concentración, fijeza, levedad epigramática—, pero no exactamente su medida silábica ni la cantidad de versos. Tablada aclararía más tarde que los suyos «no son sino poemas al modo de los *hokku* o *haikai* japoneses», que él introduce «como una reacción contra la zarrapastrosa retórica». Más que traslados directos, formas modeladas a semejanza de la poesía japonesa. Pero es una versión que refresca la lírica con un chorro de aire puro: traen imágenes, sonidos y visiones que no formaban parte de nuestra tradición y que venían a agregarse a ella. En el fondo, quizá fuese mejor que no acatase siempre las reglas del *haikú:* eso le permitía recrear su espíritu con mayor libertad; además, diecisiete sílabas en japonés no son lo mismo que en español. A Tablada le sirven para crear un bestiario y un herbolario con el que juega animadamente, otorgándoles los rasgos de su propia persona poética: gracia, colorido, ingenio. Inauguran un nuevo decir poético: la cosa y la palabra coinciden plenamente, se confunden y se funden; forman un cuerpo indisoluble. Dos ejemplos:

El saúz
Tierno saúz
casi oro, casi ámbar,
casi luz.

Mariposa nocturna
—Devuelve a la desnuda rama,
nocturna mariposa,
las hojas secas de tus alas!

Algo más: justificando el título e imitando a los pintores-poetas del antiguo Japón, los textos están presentados como visiones de la realidad a distintas horas del día —la mañana, la tarde, el crepúsculo, la noche— para subrayar su naturaleza cambiante y efímera.

Su siguiente libro, *Li-Po y otros poemas* (Caracas, 1920), va todavía más lejos. Su probado interés en el arte antiguo y contemporáneo logra aquí su integración con la poesía: el verso (si puede hablarse de tal cosa) se hace signo ideográfico, dibujo, objeto en el espacio abierto creado por la página. El libro es difícil de describir para quien no lo tiene entre sus manos: es la directa reproducción de un original que combina la caligrafía, un caprichoso juego de tipos, líneas, imágenes visuales, etc. Para descifrar «Día nublado», por ejemplo, hay que usar un espejo: la tipografía está invertida *(fig. 1)*. Poemas para *ver* más que para leer; signos icónicos en los que la palabra es un mero soporte o, si se quiere, *collages* verbales: escapan al tiempo sucesivo del verso tradicional y nos meten en el vértigo de la simultaneidad y el encuentro súbito. Hay una síntesis de dos lenguajes: el visual y el verbal. Y dos sincretismos: la concisión del verso oriental y los ritmos sincopados del arte moderno en la era del maquinismo. En varias partes de *Li-Po* el lector encuentra formas semejantes que le recuerdan la yuxtaposición y el dinamismo futurista, el constructivismo ruso, el «automatismo psíquico» que Robert Motherwell halló en la pintura zen y sobre todo el vorticismo de Wyndham Lewis y Pound. Hasta la caricatura o «psicografía» cubista de Tablada *(fig. 2)* realizada por el artista mexicano Marius de Zayas —a quien Tablada conocía desde la infancia[4] y que reencontró en Nueva York, donde éste trabajaba en la revista *291* al lado del fotógrafo Alfred Stieglitz— contribuye a ese efecto.

Otro ejemplo es el que brinda el notable «Nocturno alterno» *(fig. 3)*. El poema reúne y opone dos distintas visiones, dos noches: la de Nueva York, símbolo de la civilización moderna y sus ritos alienantes o triviales («Rector's champaña fox-trot»), y la de Bogotá, que presenta un ambiente apacible, tradicional, algo pueblerino («Casas mudas y fuertes rejas»). El autor intercala los versos de las dos series y las presenta con diferente tipografía, haciendo así posible una lectura continua o alterna, homogénea o heterogénea. Pero al final, la alteridad se resuelve en semejanza: aunque no es lo mismo una noche en Nueva York que otra en Bogotá, la luna preside a ambas y el contraste desaparece en esa escala descendente que

---

[4] En el capítulo 42 de sus memorias *La feria de la vida*, Tablada hace un recuerdo de De Zayas artista.

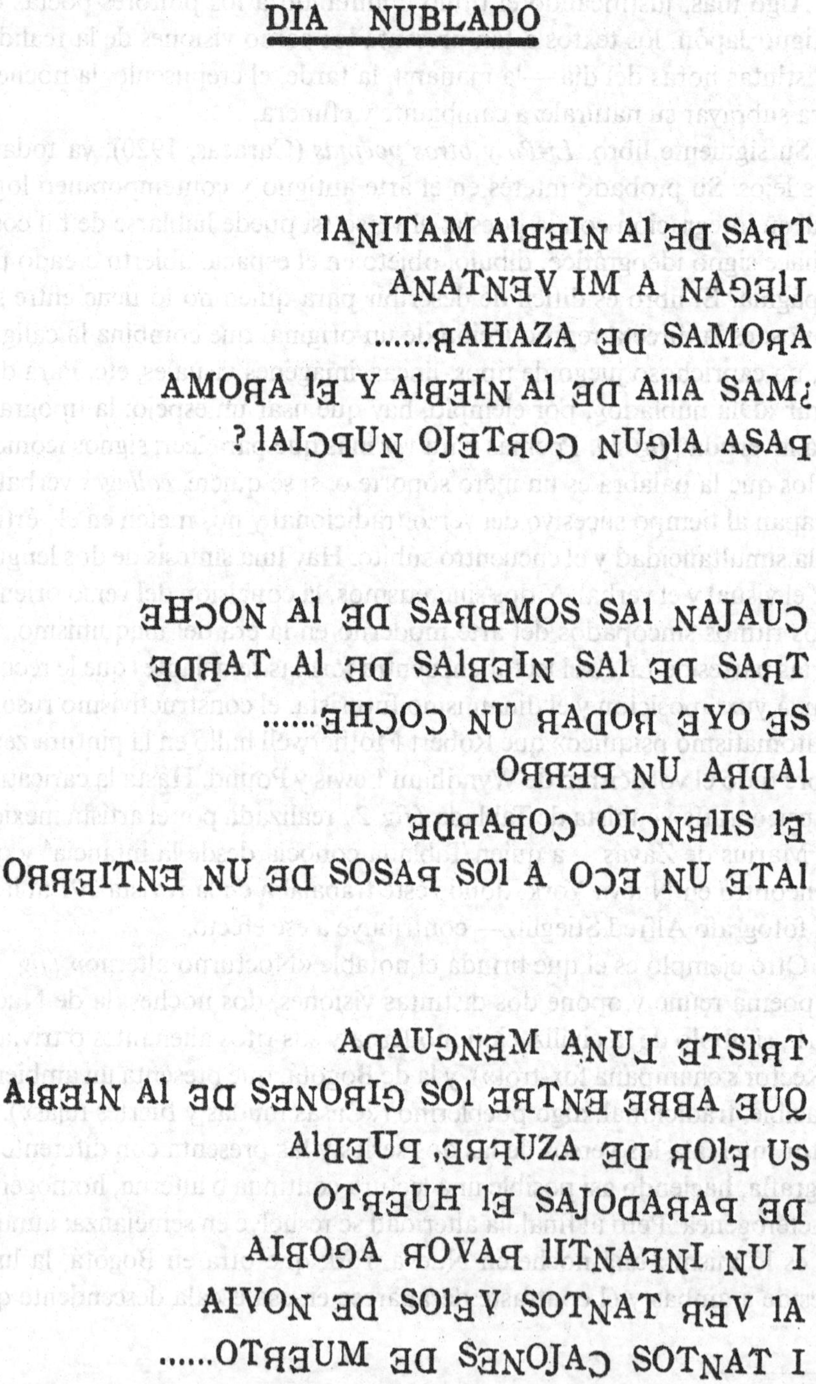

DIA NUBLADO

TRAS DE LA NIEBLA MATINAL
LLEGAN A MI VENTANA
AROMAS DE AZAHAR......
¿MAS ALLA DE LA NIEBLA Y EL AROMA
PASA ALGUN CORTEJO NUPCIAL?

CUAJAN LAS SOMBRAS DE LA NOCHE
TRAS DE LAS NIEBLAS DE LA TARDE
SE OYE RODAR UN COCHE......
lADRA UN PERRO
EL SILENCIO COBARDE
lATE UN ECO A LOS PASOS DE UN ENTIERRO

TRISTE LUNA MENGUADA
QUE ABRE ENTRE LOS GIRONES DE LA NIEBLA
SU FLOR DE AZUFRE, PUEBLA
DE PARPADOJAS EL HUERTO
I UN INFANTIL PAVOR AGOBIA
AL VER TANTOS VELOS DE NOVIA
I TANTOS CAJONES DE MUERTO......

Figura 1.

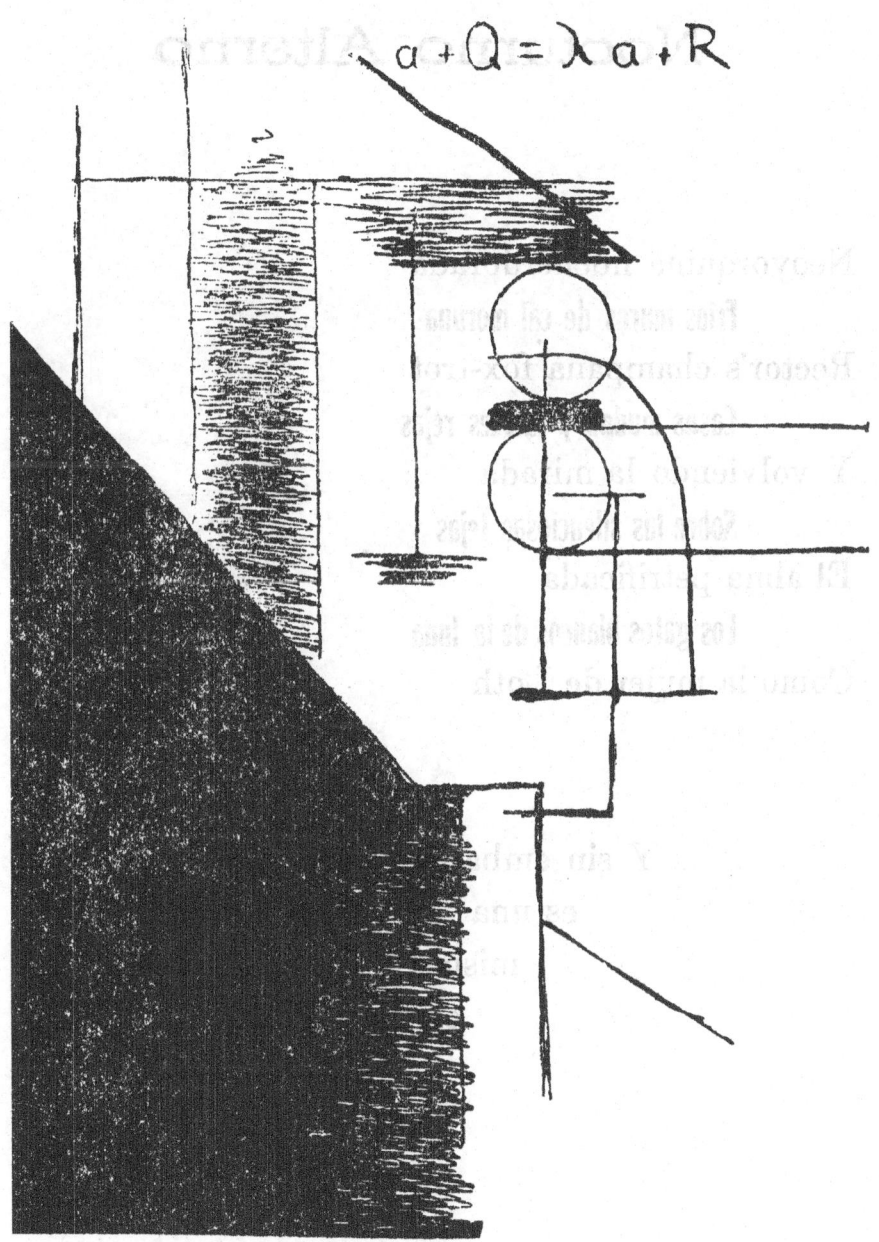

JOSE JUAN TABLADA
Psicografía de Marius de Zayas.

Figura 2.

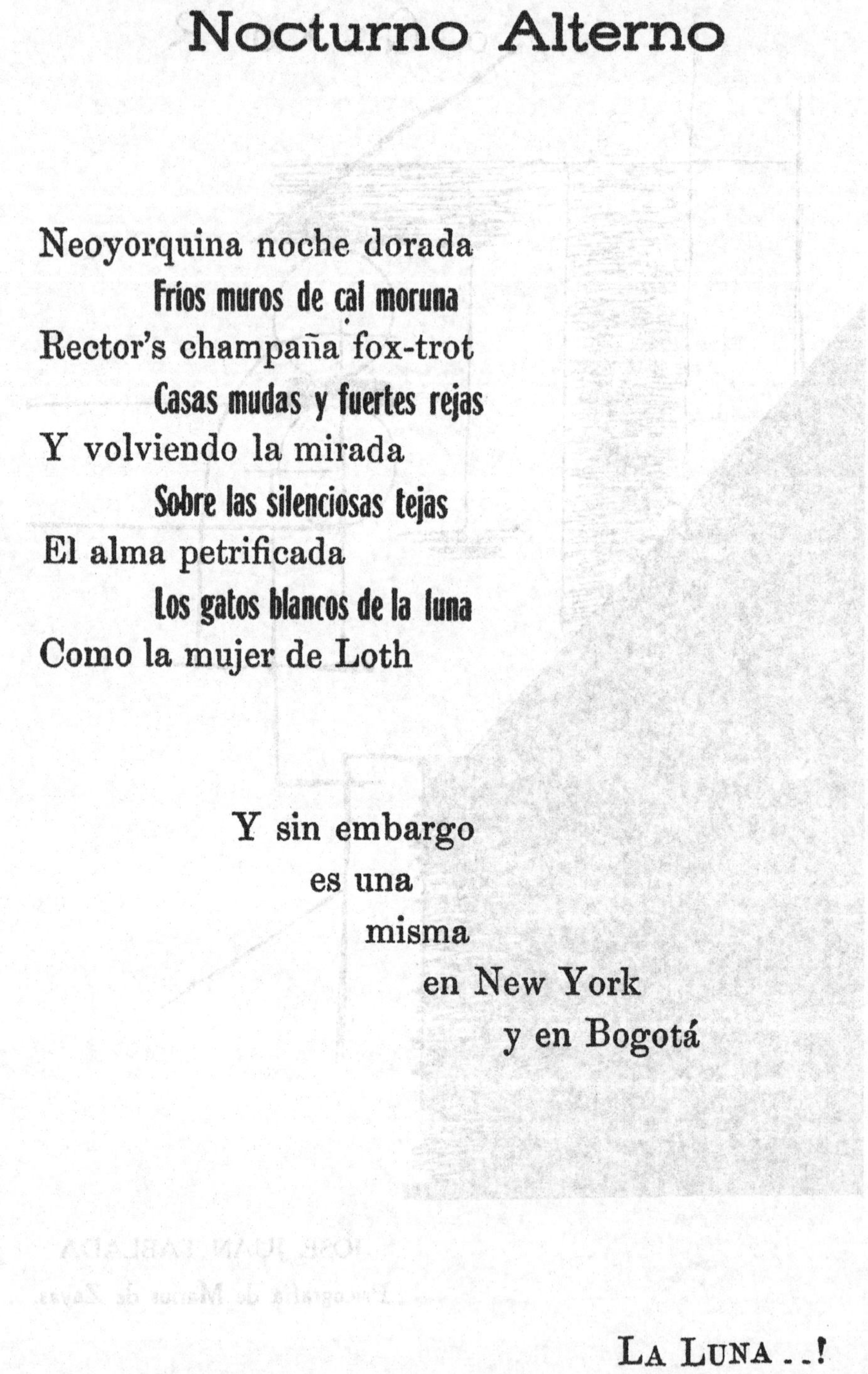

Nocturno Alterno

Neoyorquina noche dorada
    Fríos muros de cal moruna
Rector's champaña fox-trot
    Casas mudas y fuertes rejas
Y volviendo la mirada
    Sobre las silenciosas tejas
El alma petrificada
    Los gatos blancos de la luna
Como la mujer de Loth

        Y sin embargo
          es una
           misma
            en New York
              y en Bogotá

                LA LUNA..!

Figura 3.

dibujan los últimos versos. El lector no puede dejar de pensar en experimentos parecidos mucho más recientes: la «poesía concreta» brasileña y *Blanco* de Octavio Paz.

Todo esto plantea, de inmediato, la cuestión del influjo de Apollinaire y sus *Calligrammes* (París, 1918) sobre el mexicano; el asunto ha creado una polémica que en cierta manera sigue abierta, igual como lo fue, por un largo tiempo, la de Reverdy y Huidobro. Más de una vez, Tablada negó esa influencia, reclamó la prioridad de sus «poemas-objeto» frente a los de Apollinaire y señaló, en cambio, otros antecedentes: Confucio, la *Greek Anthology,* Jules Renard, el cubismo y la hoy olvidada poeta francesa Judith Gautier, cuyas composiciones inspiradas en la poesía china fueron recreadas hábilmente por Tablada años antes que apareciese *Li-Po*. Sus argumentaciones no resultan demasiado convincentes y parecen un esfuerzo por distanciarse de Apollinaire, a quien sin embargo admiraba. Quizá por eso llamó «Madrigales ideográficos» a dos textos de 1915, con los que arranca su experimentación con la poesía caligramática: «El puñal» y «Talon rouge», cuyas palabras dibujan precisamente un puñal y un zapato *(fig. 4);* es decir, quería subrayar la conexión oriental con su poesía. (Apollinaire también había publicado en 1914 unos *idéogrammes lyriques,* aunque esta designación era mucho menos conocida fuera de Francia que la de *calligrammes.*) Pero que Tablada conocía los experimentos de Apollinaire es más que seguro y hasta parece probable que poseyese un ejemplar del recién aparecido libro del poeta francés.

Hay una curiosa relación entre Apollinaire y México, que se presta a otras especulaciones sobre la difusión que alcanzó allí esta poesía: resulta que el primer caligrama publicado por Apollinaire (en su revista *Les Soirées de Paris,* junio de 1914) es justamente «Lettre-Océan», que imita una tarjeta postal mexicana e incluye algunas palabras y expletivos en castellano. Estaba dirigida a Albert Kostrowitzky, su hermano, que había llegado a México en 1913 y vivió allí largos años como empleado de un banco. Esto, sin duda, debió de estimular aún más el interés de Tablada por la poesía visual. El asunto puede verse de otro modo: Apollinaire, que tenía algún conocimiento del castellano y de la antigua cultura mesoamericana, pudo inspirarse, a su vez, en los jeroglíficos y formas ideográficas prehispánicas; en el caligrama se lee: «tu ne connaîtras jamais bien les MAYAS» y es posible que las palabras dispuestas como radios de un círculo al final del texto aludan al calendario azteca *(fig. 5),* con lo cual el texto suma una referencia temporal a la espacial. Sus contactos con Diego Rivera y el doctor Atl, entonces en París, contribuyeron a ese interés. Pero, como Willard Bohn sospecha, el verdadero mediador fue el ya mencionado Marius

Madrigales

Ideográficos

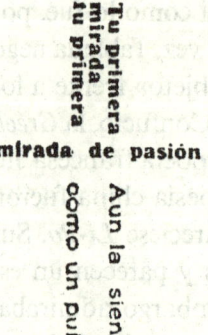

mirada de pasión

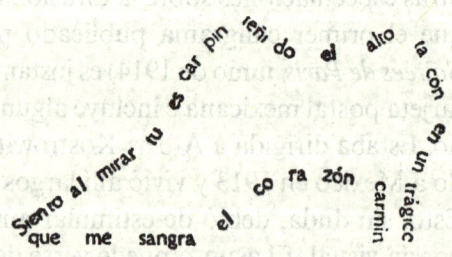

Figura 4.

13. El postmodernismo y sus alrededores

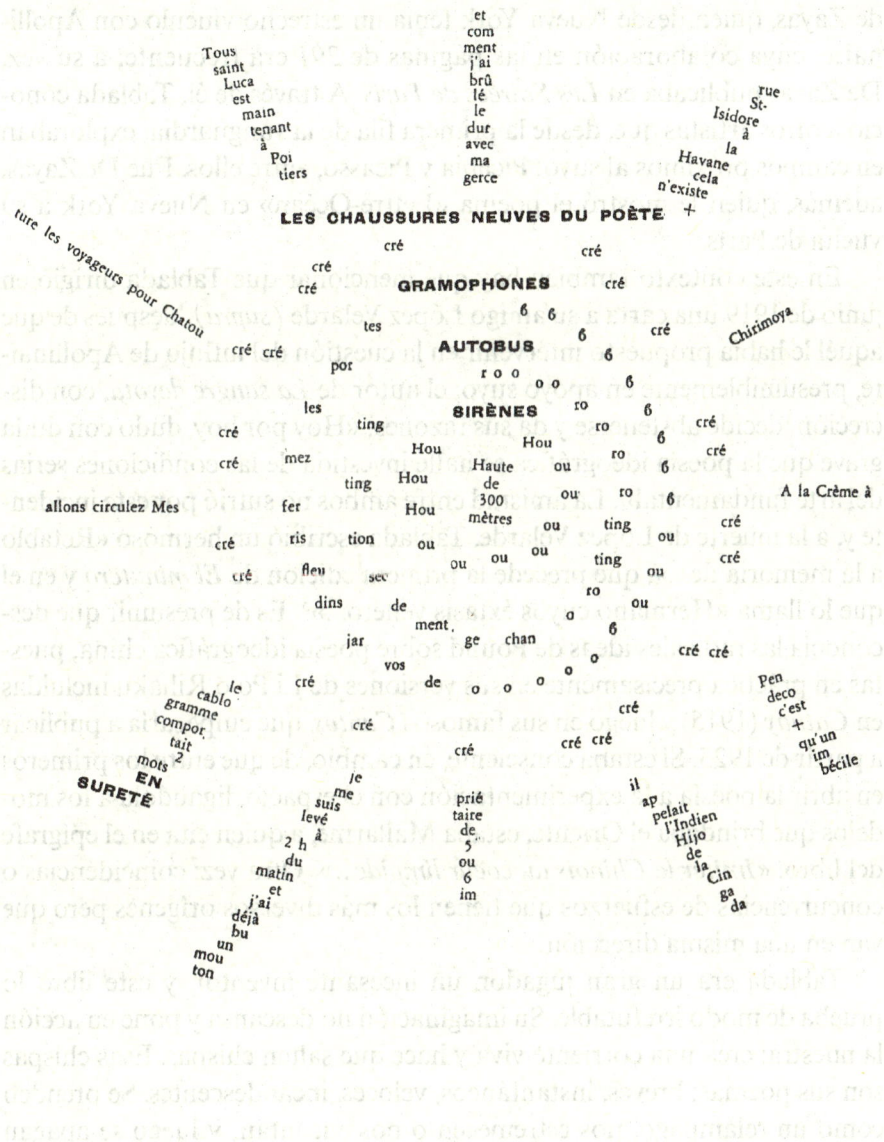

Figura 5. Apollinaire, detalle del poema «Lettre-océan»

de Zayas, quien desde Nueva York tenía un estrecho vínculo con Apollinaire, cuya colaboración en las páginas de *291* era frecuente; a su vez, De Zayas publicaba en *Les Soirées de Paris*. A través de él, Tablada conoció a otros artistas que, desde la primera fila de la vanguardia, exploraban en campos próximos al suyo: Picabia y Picasso, entre ellos. Fue De Zayas, además, quien le mostró el poema «Lettre-Océan» en Nueva York a su vuelta de París.

En este contexto también hay que mencionar que Tablada dirigió en junio de 1919 una carta a su amigo López Velarde *(supra)*, después de que aquél le había propuesto intervenir en la cuestión del influjo de Apollinaire, presumiblemente en apoyo suyo; el autor de *La sangre devota*, con discreción, decide abstenerse y da sus razones: «Hoy por hoy, dudo con duda grave que la poesía ideográfica se halle investida de las condiciones serias del arte fundamental». La amistad entre ambos no sufrió por este incidente y, a la muerte de López Velarde, Tablada escribió un hermoso «Retablo a la memoria de...», que precede la primera edición de *El minutero* y en el que lo llama «Hermano cuyos éxtasis venero...»[5]. Es de presumir que desconocía las radicales ideas de Pound sobre poesía ideográfica china, puestas en práctica precisamente en sus versiones de Li Po o Rihaku incluidas en *Cathay,* (1915) y luego en sus famosos *Cantos,* que empezaría a publicar a partir de 1925. Sí estaba consciente, en cambio, de que entre los primeros en abrir la poesía a la experimentación con el espacio, ligándola a los modelos que brindaba el Oriente, estaba Mallarmé, a quien cita en el epígrafe del libro: «*Imiter le Chinois au coeur limpide...*». Otra vez: coincidencias o concurrencias de esfuerzos que tienen los más diversos orígenes pero que van en una misma dirección.

Tablada era un gran jugador, un incesante inventor, y este libro lo prueba de modo irrefutable. Su imaginación no descansa y pone en acción la nuestra: crea una corriente viva y hace que salten chispas. Esas chispas son sus poemas: breves, instantáneos, veloces, incandescentes. Se prenden como un relámpago, nos estremecen o nos encantan, y luego se apagan dejándonos una sensación de júbilo y desconcierto: ¿qué fue eso tan rápido y tan nítido? Transparencia y misterio. Con frecuencia, las chispas son chispazos, juguetes de su ingenio encendidos por una gracia innata, de muchacho travieso que lanza cohetes con una sonrisa cómplice. Poeta-petardista, poeta-francotirador que no pierde su inocencia. Hizo de sus

---

[5] Este «Retablo...» apareció antes en una edición limitada en 1921 y luego en *La feria* de 1928.

mejores poemas pequeños mundos donde todo está encerrado en un espacio mínimo: miniaturas que esconden muchas cosas dispuestas a saltar como impulsadas por un resorte. Una virtud suprema del poeta: el perfecto control de la *inminencia,* de lo que va a ocurrir, de lo que *puede* ocurrir en cualquier momento. Es un encantador, un mago que conoce trucos maravillosos cuya limitación es que se consumen en un minuto, se apagan antes de satisfacernos plenamente, si lo que buscamos es hondura, drama, pasión duradera. Pero no cabe duda de que las sacudidas que Tablada dio al árbol modernista dejaron el tronco desnudo y el suelo cubierto de hojas secas: ya no volverá a echar los mismos brotes. Gran tarea de poda, higiene y depuración. Su poesía no introduce nuevos temas: introduce un nuevo concepto del objeto llamado *poema.*

Los tres años culminantes del proceso creador de Tablada que van de *Un día...* se cierran con las «disociaciones líricas» de *El jarro de flores* (Nueva York, 1922). Pese a esa designación, los textos de este libro, que llama «hermano» de aquél, son más propiamente *haikais* que los otros, porque tienen todos los tradicionales tres versos. El volumen prueba la maestría que ha alcanzado el autor en el manejo de estas formas. Un ejemplo citado, con razón, muchas veces:

> El pequeño mono me mira...
> ¡Quisiera decirme
> algo que se le olvida! («Un mono»)

Tras su experiencia diplomática, Tablada volvió brevemente a México y luego fue a residir por más de quince años a Nueva York, donde abrió una «Librería de los Latinos» que tuvo corta vida. En esa ciudad se convirtió en un activo propagandista del arte mexicano de todos los tiempos y contribuyó a difundir nombres de artistas como Rivera, Orozco y Tamayo. Curioso: el «porfirista» Tablada, el odiado «huertista» de 1913 asumió hondamente los valores culturales de la revolución. Una prueba de ello la tenemos en *La feria* (Nueva York, 1928), colección de «poemas mexicanos» que aparece con ilustraciones de varios artistas, entre ellos el conocido Miguel Covarrubias. Este libro, el último original que publicaría como poeta, es una celebración de un México popular, colorido y festivo: está poblado por galantes gallos de pelea, pueblerinos torneos amorosos, alegres mercados al aire libre, comidas y bebidas ardientes y sensuales, juegos callejeros, carpas de circo... El poeta viajero y aventurero del Oriente quiere ahora cantar lo suyo, volver imaginariamente a su tierra. Así, aunque hicieron recorridos en órbitas distintas, al final vemos a Tablada pisando los terrenos que tan bien conocía López Velarde. Por eso le rinde tributo en «Un poeta en la feria», que comienza:

> No tengo el delirio vano
> De querer ser universal,
> Ni siquiera sentimental,
> Me basta ser poeta mexicano...

Incluye unos cuantos *haikais,* pero aun éstos comparten el sabor autóctono del libro. Ese ocasional orientalismo se entrecruza con ráfagas que repentinamente nos recuerdan que este poeta vernáculo es, en el fondo, un vanguardista, un conocedor del Nueva York que ya ha descubierto el «ímpetu dadá» con Duchamp y Man Ray, un teósofo en busca de la armonía cósmica. En el notable «tríptico sentimental» titulado «El loro», Tablada elige a este animal como su emblema personal, quizá porque, como el poeta, «El loro es sólo un gajo de follaje / con un poco de sol en la mollera» (I); pero sobre todo porque alguna vez pertenecieron a la misma especie:

> Yo fui loro en la Luna...
> Me lo ha dicho la Teosofía
> Y aquella que fue una
> Alma inocente y gárrula, es hoy el alma mía. (III)

Tablada retornó en 1936 a México y se instaló en Cuernavaca, pero por problemas de salud tuvo que partir otra vez a Nueva York, donde murió. La perspectiva histórica que ahora tenemos frente a su obra nos confirma que su lección poética fue trascendente: dio total libertad a la imagen y la configuró de una manera que antes no existía y que, gracias a él, será la columna vertebral sobre la que se erguirá la poesía contemporánea. No hubo antes entre nosotros un poeta como él que pudiésemos llamar verdaderamente «imaginista», y eso subraya otra vez sus semejanzas —quizá sus convergencias— con la labor arqueológica y creadora de Pound. Tampoco hay que desdeñar —aunque el campo de operación de Tablada es el verso— los contactos que su obra tiene con las «greguerías» de Gómez de la Serna y con algunos «artefactos» de Parra *(20.2.):* son formas acrobáticas del lenguaje.

Textos y crítica:

TABLADA, José Juan, *Obras. 1. Poesía*, ed. de Héctor Valdés; *2. Sátira política*, ed. de Jorge Ruedas de la Serna y Esperanza Lara Velázquez; *3. Los días y las noches de París. Crónicas parisienses*, ed. de Esperanza Lara Velázquez; *4. Diario, 1900-1944; 5. Crítica literaria*, México, UNAM-Centro de Estudios Literarios, 1971-1992.

— *Hongos mexicanos comestibles. Micología económica*, ed. de Andrea Martínez, México, Fondo de Cultura Económica-Academia Mexicana de la Lengua, 1983.

BOHN, Willard, *Apollinaire and the International Avant-Garde**, pp. 263-271.

CEIDE-ECHEVARRÍA, Gloria, *El haikái en la lírica mexicana*, México, De Andrea, 1967, pp. 23-57.

GARCÍA DE ALDRIDGE, Adriana, «Las fuentes chinas de José Juan Tablada», en *Bulletin of Hispanic Studies*, 60:2 (1983), pp. 209-229.

HENRÍQUEZ UREÑA, Max, *Breve historia...**, 473-476.

HERNÁNDEZ RODRÍGUEZ, Rafael, «El poeta en la Quinta Avenida: modernidad o el tropiezo con el cuerpo femenino», en *Latin American Literary Review*, 35:49 (1997), pp. 43-61.

MAPLES ARCE, Manuel, *Recordación de José Juan Tablada*, Tokio, Universal Fraternity, 1957.

MITRE, Eduardo, «Los ideogramas de José Juan Tablada», en *Revista Iberoamericana*, 40:89 (1974), pp. 675-679.

PAZ, Octavio, «Estela de José Juan Tablada», *Las peras del olmo**, pp. 76-85.

PHILLIPS, Allen S., «Una amistad literaria: Tablada y López Velarde», en *Nueva Revista de Filología Hispánica*, 15:34 (1961), pp. 05-516.

SUCRE, Guillermo, *La máscara, la transparencia**, pp. 77-82.

13.4.3. El búho de González Martínez

Quizá no haya en nuestras letras otro caso semejante al del poeta Enrique González Martínez (1871-1952), cuya obra —para bien o para mal— haya sido reducida por la historia literaria y la memoria de los lectores a un solo poema; en verdad a una línea de ese poema o, más exactamente, al emblema zoológico que contiene: el búho, que a su vez se convirtió en el síntoma del ocaso modernista. En el bestiario poético de este período tenemos al menos tres animales cargados de simbolismo: el cisne dariano, el loro de Tablada *(supra)* y el búho de González Martínez, que precisamente se ofrece como una alternativa al primero. Algunos quisieron ver en el sombrío vuelo de este animal nocturno el fin oficial del modernismo, y en su autor, al primer postmodernista o al menos el más característico. Hoy bien sabemos que no es así, que el proceso de disolución del movimiento es mucho más fluido y que este poeta mexicano no fue la voz más distinguida del período que le siguió. Pero no cabe duda de que, en su momento, el famoso verso «Tuércele el cuello al cisne...» tuvo una resonancia decisiva para apreciar que una generación de escritores estaba ya dispuesta a escribir el testamento de la anterior. Nadie redactó un epitafio de mayor concisión que él, aunque otros lo antecediesen y pese a que el cisne todavía siguiese aleteando en otras voces y otras partes.

Coetáneo de Tablada (que nació apenas 10 días antes), González Martínez es una figura del todo disímil, aunque comparten las mismas experiencias históricas y culturales, además de algunas discutibles adhesiones políticas, entre ellas la del huertismo, que compartió con varios escritores mexicanos de la época, sobresaltados por la caída del porfirismo y el caos revolucionario. Pero cuando se leen las obras de estos dos poetas se tiene la impresión contraria: de que corresponden a etapas literarias muy distintas. (Conviene recordar que ambos poetas son casos excepcionales: caben en la época postmodernista aunque cronológicamente pertenecen a la anterior.) Tablada era un aventurero, un audaz; González Martínez un espíritu reposado, que daba sus pasos con cautela. Si el primero se lanza al vacío para hacer acrobacias, el otro busca su camino reflexionando en cada etapa, sin soltar la mano de sus guías. Esto quizá explique el retraso con el que González Martínez comienza a publicar sus libros (aunque empezase a escribir temprano) y el visible desfase de buena parte de su obra. Su primer libro, *Preludios* (Mazatlán, 1903), aparece cuando tenía más de 30 años. El título es exacto y revelador: primeros ensayos, algo tímidos o tentativos, de un autor que trata de hallar su propia voz en medio de los ecos literarios que pueblan su imaginación.

Nacido en Guadalajara, vivía por entonces en Sinaloa, ejerciendo su profesión de médico. Sólo en 1911 —con la revolución ya en marcha— abandona la provincia por la capital y se vincula al importante Ateneo de la Juventud *(14.1.)*, donde tantos intelectuales brillantes se formaron y del que llegará a ser presidente. En 1912 publica la revista *Argos* y, en 1917, la más importante *Pegaso*, empresa en la que lo acompañaron López Velarde *(13.4.1.)* y Rebolledo *(12.2.11.3.)*. Como periodista de *El Imparcial*, hizo una intensa campaña contra Madero que sólo cesó con el asesinato de éste; luego fue funcionario, por breve tiempo, en el gobierno de Huerta, pero al caer éste no sufrió las duras consecuencias que enfrentó Tablada: siguió cumpliendo altos cargos públicos y educativos en México y —a partir de 1920— misiones diplomáticas en Chile, Argentina, España y Portugal. Así, su presencia intelectual fue muy grande tanto en su país como fuera: llegó a gozar de tanta fama como Nervo *(12.2.11.2.)*, de quien fue amigo.

13. El postmodernismo y sus alrededores

Los tres siguientes libros del autor (*Lirismos,* 1907; *Silénter,* 1909; y *Los senderos ocultos,* 1911) aparecieron en Mocorito, donde vivió un tiempo. De ellos puede decirse que son decorosos, algo impersonales y derivativos ejercicios de un poeta que había asimilado la lección de sus mayores y sabía interpretar con cierta finura a los poetas franceses que había leído. Pero su perfil es borroso: libros de un buen discípulo, no de un poeta cuya voz reconozcamos entre tantos otros que por entonces sonaban igual: cualquiera de ellos podía haber escrito lo mismo. Incluso en algunos de sus buenos momentos, tiende a usar el verso como un vehículo para dar sermones morales. En un poema de *Los senderos*... nos exhorta:

> Busca en todas las cosas un alma y un sentido
> oculto; no te ciñas a la apariencia vana;
> husmea, sigue el rastro de la verdad arcana,
> escudriñante el ojo y aguzado el oído.
>
> («Busca en todas las cosas...»)

Si se piensa bien, el célebre soneto «Tuércele el cuello al cisne...», que pertenece a este libro, también es una exhortación, un llamado para cambiar las claves éticas y estéticas de la poesía y convertirla en instrumento de una indagación mística. La lectura tradicional del texto lo ha presentado como una crítica radical del modernismo, en cuanto propone que el decorativo cisne que sintetiza la elegancia de su lenguaje sea reemplazado por el búho, menos vistoso pero de mirada más penetrante:

> Él no tiene la gracia del cisne, mas su inquieta
> pupila, que se clava en la sombra, interpreta
> el misterioso libro del silencio nocturno.

Es decir, Palas en lugar de Venus, sabiduría antes que placer, profundidad antes que frivolidad. Sin duda, la propuesta parecía coincidir con la dirección general del cambio que llevaba del modernismo al postmodernismo *(13.1.),* y es legítimo ver en el soneto un signo de esa transición. Pero hay que atender también a otras posibilidades de interpretación. Por un lado, el poeta no está criticando al modernismo en sí, sino sólo sus excesos (ya advertidos por otros, comenzando por el propio Darío *[12.1.]*), pues lo mueven las mismas altas razones del modernismo en su fase cenital; es decir, la búsqueda de «el alma de las cosas», «la voz del paisaje», «el ritmo latente / de la vida profunda». Y aunque desdeñe al «cisne de engañoso plumaje», no renuncia a los viejos ideales que el movimiento prometía y de los que se había alejado. Hasta su propio lenguaje suena todavía muy modernista, muy dariano: el cisne «da su nota blanca al azul de la fuente», hay que descifrar «el misterioso libro del silencio nocturno». La clave está en lo que ese lenguaje persigue y en su capacidad para indagar en lo más hondo de la existencia humana vista como una jornada espiritual.

Por otro lado, quizá —como José Emilio Pacheco *(23.4.)* ha señalado— la cuestión de fondo no sea la opción modernismo/postmodernismo, sino la de tomar partido por la tendencia simbolista frente a la parnasiana: dos vertientes que alimentaban un solo cauce. Esta pugna era —pese a las fechas en que escribía González Martínez— una cuestión latente dentro de nuestro modernismo. Él opta por la primera, confiado en que era el instrumento más adecuado —y afín a su propia visión poética— para llegar a las zonas más recónditas de la experiencia estética y humana.

Debido a su larga vida, los libros que hemos mencionado no son sino el comienzo de una obra lírica muy copiosa, que se extiende hasta mediados del siglo XX. Contrariamente a lo que podría creerse, quizá los mejores momentos de su producción se encuentren en algunas de esas colecciones tardías. El lector que quiera conocerla puede revisar *El diluvio de fuego* (México, 1928), *Antología poética* (Buenos Aires-México, 1943), *Babel* (México, 1949), *El nuevo Narciso* (México, 1952). El mismo Pacheco afirma que este libro, publicado el año de su muerte, es el mejor de todos: su serenidad se resquebraja bajo el peso de tragedias personales y el texto gana intensidad. Pero la relectura general de su poesía confirma que ni su voz ni sus temas cambian demasiado: el tono elegíaco, meditativo y reposado tiende a mantenerse pese a los embates del final; ese tono ocasionalmente le permite —superando su propia monotonía— alcanzar un timbre que nos conmueve. *El hombre del búho* (México, 1944) y *La apacible locura* (México, 1951) son dos libros autobiográficos del autor.

Textos y crítica:

GONZÁLEZ MARTÍNEZ, Enrique, *Preludios. Lirismos. Silénter. Los senderos ocultos*, ed. de Antonio Castro Leal, México, Porrúa, 1943.
— *Obras completas*, ed. de Antonio Castro Leal, México, El Colegio Nacional, 1971.
BRUSHWOOD, John S., *Enrique González Martínez*, New York, Twayne, 1969.
LIZALDE, Eduardo, «González Martínez: en su homenaje», en *La Gaceta,* México, 340 (1999), pp. 10-19.

Martínez, José Luis, *La obra de Enrique González Martínez*, México, El Colegio de México, 1951.
Pacheco, José Emilio, *Poesía mexicana**, pp. 296-309.

13.5. El postmodernismo argentino: el suburbio de Carriego y el «sencillismo» de B. Fernández Moreno

Las tendencias postmodernistas en Argentina se fragmentan en formas muy variadas, pero con una inclinación dominante: la de reflejar la experiencia de la vida urbana, desde sus centros cosmopolitas hasta sus márgenes, donde discurre el suburbio con sus marcados acentos étnicos y sentimentales. La poesía deja, en buena parte, de cultivar el exotismo para replegarse a contemplar el entorno propio y extraer de él temas, ambientes y preocupaciones que tienen un fuerte rasgo nacional. Por un lado, «sencillismo» apegado a las cosas humildes y cotidianas, justamente las olvidadas por la estética áurea del modernismo; por otro, «criollismo» y «popularismo» que aproximan el lenguaje de la poesía al de las formas elaboradas por el espíritu argentino sin mayor contaminación con paradigmas cultos, como el tango, el lunfardo y el sainete *(10.9.)*. Algunos, en cambio, escapan a estas tendencias y se aíslan en un tipo de «purismo» lírico extremado, como el que veremos en Enrique Banchs *(infra)* o —entre los prosistas— en una extraña alianza de humor, absurdo y metafísica, como ocurre con Macedonio Fernández, cuya obra, por ser tardía, estudiaremos en otro lugar *(16.2.)*.

Brevemente repasemos aquí la obra de dos autores que encarnan esas posturas neopopularistas, Evaristo Carriego y Baldomero Fernández Moreno, para ocuparnos luego de quien está en las antípodas de los otros: el notable Banchs.

Poco se sabría hoy de Evaristo Carriego (1883-1912) fuera de Argentina o tendríamos de él una imagen muy distinta si no fuese por la entusiasta intervención de Borges *(19.1.)* en su defensa como uno de los poetas platenses más interesantes de su tiempo; aunque algo idiosincrática, su biografía y crítica de Carriego sigue siendo, aunque es de 1930, la más conocida e influyente. No es fácil gustar de Carriego porque trabaja precisamente con los elementos que por lo general identificamos con la mala poesía: sentimentalismo, lugares comunes, localismos, melodramas domésticos, historias de barrio. Borges destaca que Carriego se atrevió a tocar esos temas y ambientes de suburbio pobre antes que nadie y que así trajo a la poesía un nuevo lenguaje: el de la humildad, el del hombre común y corriente que dignifica su prosaísmo plebeyo con la sinceridad de su estilo. Hay que reconocer dos cosas: primero, que esa afirmación del coloquialismo y la inmediatez comunicativa de la dicción será una manera que se difundirá en nuestra poesía tiempo después de que haya pasado la primera ola de la vanguardia *(16.1.)*, lo que le daría a Carriego un papel precursor. En segundo lugar, debe recordarse que el poeta murió antes de cumplir los 30 años, de tal modo que su obra entera puede considerarse de juventud, la promesa de algo que no llegó a realizarse. Eso hace sus pecados más perdonables.

Carriego era un provinciano nacido en Paraná, Entre Ríos, pero llegó muy temprano a Buenos Aires, donde se instaló en el tradicional barrio de Palermo, cuyos modestos dramas y glorias celebró en su obra. Hizo periodismo (fue colaborador de *Caras y Caretas*, entre otras revistas) y cultivó una bohemia que lo arrastró al alcoholismo y a su temprana muerte. En 1908 publicó en esa ciudad su primer libro, *Misas herejes*, el único que llegaría a ver en vida. Éste es, a la vez, el libro más cercano a la estética modernista y el más débil (y aun torpe) de todos. Al año siguiente de su muerte, sus amigos y familiares publicaron en Barcelona sus *Poesías*, que contiene otras cinco colecciones organizadas por él, entre ellas alguna con el imposible título de *La costurerita que dio aquel mal paso*. De todas, la mejor es la que debió de seguir a *Misas...*: *La canción del barrio*. Pero aun en ella hay que espigar mucho para encontrar lo realmente valioso en medio de las trivialidades que envuelven su visión. Sólo una antología —una severa antología— puede hacerle justicia y ahorrarnos la abundante escoria. Carriego es un poeta menor, una curiosidad dentro del lirismo del primer cuarto de siglo. A veces puede ser interesante y emocionarnos con su sencillez. Escuchamos entonces una voz que, liberada de los clichés, suena auténtica, como en este pasaje:

> Y cuando no estén, ¿durante
> cuánto tiempo aún se oirá
> su voz querida en la casa desierta?
>
> ¿Cómo serán
> en el recuerdo las caras
> que ya no veremos más?

Este lenguaje es tan coloquial que casi podemos leerlo como prosa, pero como prosa traspasada de lirismo, pues su origen es una fina percepción que transforma lo cotidiano en algo excepcional. Cuando eso no ocurre, como en la mayoría de las veces, su verso no levanta más allá de una melodía que fácilmente podemos asociar con los acentos del tango.

El nombre de Baldomero Fernández Moreno (1886-1950) es recordado por haber renovado la poesía argentina al introducir un nuevo tono: el de la confesión personal, tan llana y directa que se acerca, como ocurre con Carriego, al ritmo de la prosa; esa proximidad no era, para él, un peligro, sino una virtud que desarrolló hasta convertirla en una estética, con huellas duraderas en la expresión lírica nacional. Martínez Estrada *(18.1.1.)* afirmó que era el primer poeta verdaderamente autobiográfico que aparecía en el país. Esa estética, que se llamó «sencillismo» para destacarla como una reacción al decorativismo modernista, es la que define su vasta obra, aunque su hijo, el poeta César Fernández Moreno, prefiera reducirla a la primera etapa (1910-1922) de su producción. Hay que tener presente que éstos eran los mismos años en los que imperaba la potente y multifacética presencia de Lugones *(12.2.1.)* para medir lo decisivo de ese giro.

Puede decirse que su poesía entera es un dilatado recuento de su propia vida, registrada paso a paso y hasta en sus menudos detalles. Él mismo indujo esa lectura cuando, al organizar su *Antología, 1915-1940* (Buenos Aires, 1941), prefirió presentar sus textos temáticamente, según ocurrieron los hechos que los inspiraron, no por el orden de su redacción; allí mismo agregó una «Explicación» para señalar que sus temas surgían directamente de lo que configuró su existencia: «ciudad, pueblo o campo, el amor, el hogar, los hijos, la sangre, mis trabajos y mis vacaciones». Inventó así una poesía narrativa, elaborada como un vehículo para contar historias cuyo personaje casi único era él. Toda la realidad circundante gira en esa misma órbita; incluso hay un desdoblamiento que le permite mirarse a sí mismo como «protagonista» mientras crea su poesía. Nada hay en ella que no corresponda a una experiencia concreta, aunque reelaborada por la segunda vivencia que supone escribirla. Sus poemas son relatos, escenas, anécdotas que forman parte de una totalidad: la vida que nos cuenta para reconocerse y darle sentido a la otra. Criado de niño en España (sus padres eran de ese origen), ejerció su profesión de médico en varias provincias argentinas. Esta última experiencia del mundo del interior se refleja intensamente en libros como *Intermedio provinciano* (Buenos Aires, 1916) y *Campo argentino* (Buenos Aires, 1919).

Pero no son estos libros o estas efusiones paisajísticas los que interesan, sino su poesía urbana, que puede encontrarse en *Ciudad* (Buenos

Aires, 1917), por ejemplo, la que declara su afecto por Buenos Aires con imágenes más vivaces y menos convencionales:

> Piedra, madera, asfalto.
> ¡Si me enterraran bajo el pavimento!
>
> Piedra, madera, asfalto.
> ¡Y en la calle del centro!
>
> Piedra, madera, asfalto.
> Casi no estaría muerto. («Piedra, madera, asfalto»)

Ciudad incluye una advertencia curiosa que nos confirma que estos temas no se alternan, sino que confluyen en una marcha continua: «Este libro empieza, realmente, en la parte titulada "En la ciudad", de mi primera colección de versos, *Las iniciales del misal*. Y no termina con la última composición; se seguirá escribiendo mientras el poeta viva en su ciudad». En realidad, pese a los esfuerzos de César Fernández Moreno por encontrar tres fases distintas en la poesía de su padre (que llama «sencillista», «sustancial» y «formal»), el tono conversado y llano casi no cambia en ningún momento: todo, con muy leves variantes, es «sencillismo». La poesía coloquial y «realista» de nuestro tiempo tiene en Fernández Moreno un lejano y semiolvidado antecedente. Dejó también obra en prosa —aunque sus fronteras con la producción en verso son casi indiscernibles—, que no es menos autobiográfica que su lírica. Su primer libro en prosa es *La patria desconocida* (Buenos Aires, 1947). De esta faceta quizá lo más valioso esté en las formas aforísticas de ver y de pensar que recogió en *La mariposa y la viga* (Buenos Aires, 1947), en las que puede haber más poesía que en su misma obra poética; una sola muestra: «Entre lunitas, decía una niña, por decir entre paréntesis».

Textos y crítica:

CARRIEGO, Evaristo, *Poesías. Misas herejes. La canción del barrio,* pról. de Jorge Luis Borges, Buenos Aires, Renacimiento, 1950.
— *Poesías completas,* Buenos Aires, EUDEBA, 1968.
FERNÁNDEZ MORENO, Baldomero, *Obra poética*, ed. de Horacio Jorge Becco y María Delia Iturralde, Buenos Aires, Huemul, 1969.
— *Antología de antologías*, ed. de César Fernández Moreno, La Habana, Casa de las Américas, 1984.

BARRERA, Trinidad, *Baldomero Fernández Moreno (1915-1930). Las miradas de un poeta ensimismado,* Lleida, Ediciones de la Universidad de Lleida, 1998.
BORGES, Jorge Luis, *Evaristo Carriego,* Madrid, Alianza Editorial, 1976.
CARILLA, Emilio, *Genio y figura de Baldomero Fernández Moreno,* Buenos Aires, EUDEBA, 1973.
CIRUZZI, Marcela, *Evaristo Carriego. Vida y obra,* Buenos Aires, Plus Ultra, 1978.
FERNÁNDEZ MORENO, César, *Introducción a Fernández Moreno,* Buenos Aires, Emecé, 1956.
LAFFORGUE, Jorges y Nora DOTTORI, *Fernández Moreno: el sencillismo,* Buenos Aires, CEAL-Capítulo 36, 1968.

13.5.1. Perfección y silencio en Enrique Banchs

Como pasa con Carriego *(supra),* los pocos que se acuerdan hoy del poeta Enrique Banchs (1888-1968) lo hacen porque conocen las palabras elogiosas que Borges *(19.1.)* le ha dedicado y porque lo eligió, en «El escritor argentino y la tradición», para argumentar que era un creador tan nacional como el autor del *Martín Fierro (8.4.2.).* Pero Banchs es un poeta del todo distinto de Carriego o Fernández Moreno *(supra):* un devoto de la perfección formal, más que un simple postmodernista, un verdadero petrarquista del siglo XX. Su elegancia es clásica, su emotividad, pudorosa y equilibrada; lo que importa en él no son los sentimientos mismos, sino su reelaboración intelectual y la lucidez con la que los evoca. Poeta exquisito y frío, se dirá no sin razón; pero pocos tan depurados y afinados como él en su tiempo. Pese a su larga vida, su obra poética se concentra en apenas cinco años muy al comienzo del siglo: *Las barcas* (1907), *El libro de los elogios* (1908), *El cascabel del halcón* (1909) y *La urna* (1911), todos aparecidos en Buenos Aires; después de eso un larguísimo silencio que más allá de 1955 fue total y contribuyó tanto a su leyenda como a su olvido. Su vida misma, carente de grandes aventuras y entregada al discreto desempeño de puestos y encargos burocráticos o literarios, hace que siga siendo un desconocido: no dejó (o no quiso dejar) muchos recuerdos. El primer volumen fue publicado con el sello de la importante revista *Nosotros* —que circuló hasta 1943—, en la que Banchs había participado desde su fundación ese mismo año. Pese a la publicación de su *Obra poética* (Buenos Aires, 1973) y de algunas breves antologías posteriores, sigue sin lograr la difusión que merece entre el público contemporáneo, que lo ve todavía como una rareza, desfasado en su tiempo y en el nuestro.

Lástima, porque Banchs es un poeta que supo alcanzar un altísimo grado de maestría formal y forjó un lenguaje poético acendrado, que sólo marginalmente le debe algo a Darío *(12.1.)*. De sus cuatro libros, el mejor es, sin duda, el último, cuya absoluta unidad temática y formal lo hace compacto. Ejemplar colección de 100 sonetos —todos sin título, algunos formando breves series— cuyo gran motivo es la soledad: la amorosa y la cósmica, la segunda fruto de la primera. Y al lado de ellas (o, más bien, atravesándolas como una corriente subterránea) lo que él llama «el gran amor de la ciudad nativa». Pero es sobre todo una poesía volcada hacia adentro, no para revelar sino para aludir con sutiles pero precisos trazos; y a veces para velar con metáforas herméticas cuya música triste nos abisma en una contemplación blanca, de objetos ausentes y pasiones hechas ceniza. No deben dejarse de mencionar las delicadas variaciones rítmicas que el poeta introduce en la vieja estrofa, otorgándole combinaciones métricas, timbres y acentos originales. Había para él una clara correspondencia entre esa alta exigencia estética y un destino regido por un igualmente riguroso sentido ético. Quizá eso nos permita entender por qué, después de ese despliegue de perfección, el poeta calla y admite que ha tocado sus propios límites. Posiblemente el mejor modo de dar una idea de esta poesía sea citar íntegro un soneto, que, de paso, puede leerse como una poética del autor:

>Hay quien pide razón porque no llevo
>el diapasón del general clamor,
>y porque no resumo en verso nuevo
>no mi vario dolor, sino el Dolor
>
>Siento como a torrente la conciencia
>múltiple; siento a todos que soportan,
>dalmática de plomo, la existencia...
>Pero las multitudes ¿qué me importan?
>
>¿Qué me importan las negras muchedumbres,
>el tropel de las leyes y costumbres
>y el gran rumor de mar de todo el mundo?
>
>Pues mi motivo eterno soy yo mismo;
>y ciego y busco, escucha mi egoísmo
>la sola voz de un pecho gemebundo.

Borges elogió la reticencia de Banchs, que exhibía la dificultad que tenían los argentinos «para las confidencias, para la intimidad». La crítica de hoy tiene el deber de incorporar su poesía a la tradición lírica contemporánea de nuestro continente.

Textos y crítica:

BANCHS, Enrique, *Obra poética*, pról. de Roberto F. Giusti, Buenos Aires, Academia Argentina de Letras, 1973.
— *Antología*, pról. de Ángel Mazzei, Buenos Aires, Secretaría de Cultura de la Nación-Fraterna, 1994.
BATTISTESSA, Ángel J., Osvaldo Horacio DONDO y Nicolás CÓCARO, *Enrique Banchs. Verso y prosa. Páginas no recogidas en libro* [estudios y antología], Buenos Aires, Revista Oeste, 1950.
BORGES, Jorge Luis, «El escritor argentino y la tradición», en *Discusión*, Madrid, Alianza Editorial, 1976, pp. 128-137.
MARTÍNEZ, David, *Enrique Banchs*, Buenos Aires, A-Z Editor, 1986.
VEDIA, Leónidas de, *Enrique Banchs*, Buenos Aires, Ediciones Culturales Argentinas, 1964.

13.6. Los postmodernistas peruanos

El modernismo, que, como vimos, no contó en el Perú con otra figura más conocida que el estentóreo Chocano *(12.2.9.)*, tuvo en cambio una interesante fase postmodernista gracias a ciertas personalidades que, de distintos modos, contribuyeron a definir la transición literaria de un siglo a otro. Estudiemos aquí sólo a dos: uno es Abraham Valdelomar, quien, con su decadentismo, su incipiente criollismo y sus actitudes refinadas encarnó ese período; el otro, José María Eguren, fue menos visible en el medio que éste, pero es el que verdaderamente transforma el lenguaje modernista y lo convierte en algo distinto, cuyas consecuencias serán muy fértiles para la poesía contemporánea. Los demás postmodernistas peruanos, sobre todo prosistas, serán examinados más adelante junto con otros narradores *(13.9.)* del resto del continente.

Crítica:

MONGUIÓ, Luis, *La poesía postmodernista peruana**.

13.6.1. La provincia de Valdelomar y la fantasía de Eguren

Pese a la brevedad de su vida, Valdelomar (1888-1919) fue una figura muy influyente en el clima intelectual y artístico del 900 peruano; Luis Alberto Sánchez, su biógrafo y crítico, le atribuye haber creado en Lima una atmósfera (o ilusión) de *belle époque,* refinada y decadente. En muy poco tiempo hizo de todo: periodismo, poesía, cuento, novela, ensayo, teatro, crítica, etc. Como lo hizo con elegancia y entusiasmo, esa energía se comunicó a gente de su edad o aun menor que lo vieron como maestro capaz de guiar sus gustos y orientaciones; entre ellos, alguien de la talla de Vallejo *(16.3.2.).* Aunque adoptó la pose de *dandy* y *snob,* supo también reflejar el entorno de la aldea pobre y sus callados ritos de una manera que ya anuncia las búsquedas del «criollismo». Su alcance fue, en su tiempo, mayormente local; pero es bastante injusto que todavía hoy sea casi por completo desconocido fuera del Perú.

Este hombre que expresó vivamente el espíritu cosmopolita de la capital, utilizó el aristocrático seudónimo de «El Conde de Lemos» y gustaba firmar Val-del-omar era en realidad un provinciano, nacido en Ica, en la costa sur del Perú, y se crió en el vecino pueblo de Pisco. Ese contacto con el mar y el mundo campesino fueron hondas experiencias de su apacible infancia que pasaron a su literatura. Era un poeta mediano, pero alguna vez supo resumir esos primeros años: en el soneto «Tristitia», que es sin duda su mejor poema. Su lenta música nos transmite una intensa comunión espiritual con el humilde paisaje propio; comienza así:

> Mi infancia, que fue dulce, serena, triste y sola,
> se deslizó en la paz de una aldea lejana,
> entre el manso rumor con que muere una ola
> y el tañer doloroso de una vieja campana.

Y concluye con esta sugestiva viñeta doméstica, que nos hace recordar a López Velarde *(13.4.1.):*

> mi padre era callado y mi madre era triste
> y la alegría nadie me la supo enseñar.

Valdelomar no llegó a publicar un libro de poesía, pero es uno de los incluidos en la antología colectiva *Las voces múltiples* (Lima, 1916). Llegó a Lima en 1897, como estudiante; más tarde ingresaría a la Facultad de Letras de la Universidad de San Marcos. Fue un periodista muy activo y popular por sus artículos, crónicas y críticas (aparte de dibujos) sobre la vida artística y social limeñas publicados en revistas y periódicos como *Contemporáneos, Mercurio Peruano, Los Balnearios, El Comercio, La Prensa, La Crónica, Variedades,* etc. Así se convirtió en un *enfant terrible* (se dice que usaba morfina), cabeza visible de una bohemia que giraba alrededor del elegante «Palais Concert», cuya tertulia era animada por una orquesta de damas vienesas. En 1910 hizo vida de cuartel y convirtió ese episodio en la fina crónica «Con la argelina al viento» que apareció como una serie en un diario limeño. Al año siguiente publicó dos novelas cortas: *La ciudad de los muertos* y *La ciudad de los tísicos,* de sabor decadente.

Ingresa a la política y, al ganar la presidencia su candidato Guillermo Billinghurst, viaja a Italia en 1913 en misión diplomática. La experiencia italiana da para nuevas crónicas pero, sobre todo, contribuye a la maduración estética del autor; durante ella escribe «El Caballero Carmelo», su cuento más famoso. Al ser derrocado Billinghurst en 1914, Valdelomar renuncia a su puesto y vuelve al Perú. Trabaja en el periódico *La Prensa* por los siguientes cuatro años, donde publica copiosamente. En 1916 funda la mejor revista de su época: *Colónida,* que, pese a durar sólo cuatro números, ayuda a definir su generación y el momento literario; el título de la publicación —que alude a Colón, no a la colonia— apuntaba al descubrimiento de todo lo que parecía nuevo e inquietante. Sus obras más importantes, el libro de cuentos *El Caballero Carmelo* y *Belmonte, el trágico,* «ensayo de una estética futura, a través de un arte nuevo», aparecen en 1918; en una nota el autor aclara que el segundo nada tiene que ver, sin embargo, con «la crítica de toros». Vuelve a la política como partidario del presidente Augusto B. Leguía y es elegido representante al Congreso Regional. Estando en Ayacucho, en cumplimiento de sus responsabilidades de congresista, rueda por la escalera de un hotel y sufre lesiones que le cuestan la vida.

Valdelomar dejó una obra dispersa y desigual, en la que el impulso hacia lo novedoso está con alguna frecuencia atemperado por un sabor tradicional; no hay que olvidar que era el fruto de un hombre todavía joven que andaba en búsqueda de su propia voz. Lo mejor de ella es su producción cuentística, donde hay muchos tonos e intenciones: cuentos criollistas, fantasías modernistas, relatos inspirados en leyendas incaicas como *Los hijos del sol* (Lima, 1914), «cuentos yanquis», «cuentos chinos» en los que el orientalismo es una máscara para hacer sátira política, etc. Hay más exploración que continuidad. Pero los críticos han celebrado «El caballero Carmelo» como lo mejor que salió de su pluma; de hecho, es un clásico del género en el Perú. Sin duda, tiene virtudes narrativas: aguda captación del ambiente, tono melancólico y al mismo tiempo dramático, habilidad para convertir pequeñas realidades en símbolos trascendentes... El personaje del título es un animal, el gallo de pelea que, como un viejo hidalgo, triunfa y muere tras una exhibición de coraje y dignidad. El relato, escrito con un poético realismo, tiene además el mérito de apelar tanto al lector joven como al adulto: es transparente, sencillo, de elevada moral.

Pero quizá «Hebaristo, el sauce que murió de amor», cuento de 1907 e incluido en el volumen *El caballero...*, no desmerezca al lado de ese relato: es narrativamente más ceñido, más sutil, menos edificante. Trata delicadamente de una vida mediocre y cuenta con eficacia una historia erótica a la vez tierna y ridícula, cuyo trágico final conocemos desde el principio. Recuerda un poco al pobre empleado solterón de «En provincia» del chileno D'Halmar *(13.9.)* y también se parece a *Mar* del mismo autor, historia de un niño cuya vida es paralela a la de un pino. Puede pensarse también, como hace José Carlos Mariátegui *(17.8.)*, en los sutiles juegos psicológicos de Pirandello (aunque es poco probable que Valdelomar hubiese conocido su obra durante su viaje a Italia) que nos proponen entidades desdobladas en original y copia (Evaristo el boticario y Hebaristo el árbol), ambas partículas de un mismo arquetipo. El autor sabía dar un tono mágico y lírico a las cosas que tocaba y aquí lo consigue.

La vida y la obra de José María Eguren (1874-1942) se mueven en niveles por completo distintos de los de Valdelomar, aunque fuese un activo colaborador en la revista *Colónida* de éste. Era bastante mayor que él (en realidad, nació sólo siete años después que Darío *[12.1.]*) y alcanzó a vivir en una época posterior y literariamente muy diferente; pese a que su producción en verso se cierra al acabar la década de los veinte, es posible verlo como un autor que atraviesa el amplio arco cronológico que va del modernismo cenital al postmodernismo y de allí a las fronteras de la vanguardia (escribió una «Canción cubista» y un ensayo sobre «Línea. Forma. Creacionismo»), entre otras estéticas que renovaron la poesía en América y España. Quizá eso explique las polémicas que se han despertado a la hora de afiliarlo a una tendencia y de interpretar sus claves internas de acuerdo con esa afinidad. Eguren, enigmáticamente, parece desbordar esos encasillamientos y seguir desafiando la sagacidad de los críticos. Es un poeta hermético y recóndito, cuyas imágenes suelen disolver sus referencias a realidades reconocibles en una atmósfera de mágico encanto. Más que un postmodernista puede identificársele como uno de los más tardíos y depurados poetas simbolistas del continente o —tal vez mejor—

como el primer poeta «puro» de nuestra lengua, pues se adelanta al Juan Ramón Jiménez de *Eternidades* (1918) —hubo contacto epistolar entre ambos— y a sus principales exponentes en la Generación española del 27: Jorge Guillén y Pedro Salinas. Así, Eguren señalaría el arranque mismo de la poesía contemporánea en el Perú, antes incluso que el mismo Vallejo.

Si Valdelomar era un anfitrión nato de la vistosa clientela bohemia y decadente, Eguren prefirió cultivar un tipo de vida retirada casi monacal, de la que apenas salía para hacer tertulia con un puñado de amigos; era ajeno al barullo de la política literaria. No por arrogancia: por fidelidad a una convicción moral y artística que era a la vez modesta y altísima. Prácticamente no salió nunca más allá de Lima, su ciudad natal, y de las tranquilas haciendas que la rodeaban entonces, donde pasó su infancia en directo contacto con la naturaleza, o de su apacible refugio en Barranco, un balneario al sur de la capital, donde empezó a residir hacia 1896. En este lugar pasó unos treinta años que empleó en divagar, reflexionar, imaginar; gran parte de su obra fue escrita o concebida allí. Además de su poesía y sus meditaciones estéticas, entretuvo su soledad con otras actividades que revelan su verdadera naturaleza de hombre-artista: la pintura (como acuarelista dejó obras con cualidades impresionistas), la fotografía (que practicaba con una cámara miniatura construida por él mismo), los placeres de la música (Ravel y Debussy, sobre todo). Muy poco más puede decirse de su vida, en la que no hay hechos dramáticos o de relieve: la suya es la vida de un contemplativo, que mira afuera sin dejar de ser introspectivo para contemplar sus propios paisajes de ensueño. Hombre de frágil salud y muy modestos recursos, tuvo que abandonar Barranco por las presiones económicas que sufrió su familia (soltero, vivía con sus hermanas) y trabajó como un humilde bibliotecario en Lima, pero debió de ser socorrido por amigos generosos. El círculo de los que lo apreciaban era pequeño aunque selecto e incluía a Vallejo y a un ideólogo marxista como Mariátegui, que en 1929 le rindió un devoto homenaje. Pero su verdadero reconocimiento crítico ha sido una tarea lenta y póstuma.

Al morir dejó sólo tres libros poéticos, todos publicados en Lima: *Simbólicas* (1911), *La canción de las figuras* (1916) y *Poesías* (1929), este último una especie de antología personal que recopila los anteriores y agrega *Sombra* y *Rondinelas*. Sus meditaciones sobre arte, vida y poesía fueron publicadas póstumamente por Estuardo Núñez bajo el título *Motivos estéticos* (Lima, 1959). Lo que sorprende al examinar aquellos tres libros es la unidad de la voz: la primera poesía se parece a la última, tal vez porque no hay en sus inicios (no muy tempranos) nada incierto o exploratorio; el foco de su visión está desde el comienzo bien establecido. También resulta evidente que el vocabulario egureniano no es, en sí mismo, demasiado diferente del modernismo áureo: cromatismos, timbres delicados, espejeos de quimeras y juegos de fantasía, sutiles correspondencias, exquisitez verbal conseguida gracias a un equilibrio de cultismos, arcaísmos y neologismos. Hasta uno de sus colores favoritos es el azul dariano, como puede verse en «La niña de la lámpara azul» y muchos otros poemas. También hay ocasionales composiciones de inspiración vernácula («Incaica») o campestre («Antigua», «La capilla muerta»).

Pero el efecto final que crea esa retórica es distinto porque está interiorizada por una sensibilidad marcadamente distinta. No hay decorativismo ni lujo, sino un intenso proceso de alegorización, de creación de imágenes cifradas con las que interpreta —en el sentido musical de la palabra— ese lenguaje de un modo personal, inconfundible. La retórica de la abundancia y el ornamento se ha hecho esencial: una versión decantada, una alquimia o transfiguración de los datos objetivos en elementos de un mundo irreal, etéreo y grácil. A diferencia de los modernistas, Eguren no se aleja necesariamente de su propio ámbito en busca de paisajes exóticos: sabe encontrar la fantasía que emana de las cosas cotidianas y simples sin que nos demos cuenta. Es un poeta secreto, recogido y visionario: ve con los ojos cerrados, sueña con los ojos abiertos; así, convierte el mundo en una *re-presentación,* una gran metáfora de sí mismo: su poesía es epifánica. Aun algo tan elemental y común como el vuelo de una cometa, en *Simbólicas,* lo deja extasiado y arranca de él visiones purísimas, casi místicas, que fuerzan los límites del lenguaje:

> Bayadera
> azul flava,
> en danza maromera
> goza de verse esclava. («La oración de la cometa»)

Ese texto muestra, como tantos otros, la singularísima habilidad del autor para sugerir —a partir de éste— otros mundos, cuyas dulces sensaciones y evanescentes emociones son análogas a las que sugieren la música y la plástica. Más exactamente: es el delicado juego de timbres y matices, tonos y colores el vehículo que nos transmite la onda de la vivencia poética y garantiza la plena comunicación de algo que antes no habíamos experimentado. Todo está en la frágil estructura de ese lenguaje, que anula o eclipsa la otra realidad. Estos rasgos confundieron a un sector de la crítica temprana que vio en Eguren a un «poeta infantil», inventor de una juguetería de gnomos, hadas y magos; otros, contradictoriamente, lo declararon «oscuro», casi indescifrable o abstruso.

Es cierto que lo «infantil» juega un papel en su poesía, pero en otro sentido: es una forma de conocimiento que «es rara vez superficial» —así dice en «La estética infantil»— y que se parece a la visión poética. Sin negar tampoco, al menos en parte, lo de su «oscuridad», estas perspectivas nos advierten de un peligro o de una imposibilidad: no debemos leer a Eguren de ese modo porque su obra se presenta precisamente como una forma de creación no mimética, como un trasmundo cuyas reglas no son las del nuestro. Es un poeta de la *inmaterialidad,* que trabaja con arquetipos e «ideas», en el sentido platónico de la palabra. No nos dice: «Esto es *como* aquello»; nos dice: «Esto *es* aquello». En eso se aproxima al absolutismo radical de la vanguardia *(16.1.)* que subraya la autonomía del hecho artístico y lo cultiva como una alternativa al mundo concreto. Para él la poesía no tenía otro sentido que el de hacernos tocar esos extremos desde donde podíamos intuir lo infinito, lo eterno, lo inefable, lo invisible.

Su mundo no tiene contornos definidos: es un flujo de formas difuminadas, claroscuros, fuegos fatuos y melodías en sordina; un ámbito sutil e impalpable como una formación onírica o mental. Como el mundo de los sueños es una realidad nocturna, distinta de la diurna, que experimentamos cotidianamente pero que no podemos desentrañar, lo que no quiere decir que carezca de significado. Eguren está muy lejos de ser un surrealista, pero entendió que el sueño era un verdadero lenguaje; escribió: «El sueño es una frase con una experiencia íntima, un bajo de silencio para mejor oír la vida». La mezcla de lo onírico y lo real en una visión de inocencia no produce una poesía ingenua, sino una nueva dimensión ingrávida para lo terreno, como en los cuadros del joven Chagall. Si esto no se tiene en cuenta es fácil malinterpretar sus textos. Por ejemplo, uno de sus mejores y más famosos poemas, «Los reyes rojos», de su primer libro, ha generado versiones muy dispares entre los que ven en esas figuras una simple fantasía de sabor medieval, una descripción en clave del paisaje local, ecos provenzales, un puro juego de elegantes cromatismos, etc. Hay en esas versiones un margen de verdad: en cada una de las breves estrofas (tercetos con versos de cinco y ocho sílabas) contemplamos un fantástico paisaje, vacío de presencias humanas y cambiante según las horas que van desde el amanecer hasta la noche; la misma idea preside, con variantes, «Las torres», otro notable poema de ese volumen. Ya sabemos que el impresionismo plástico y la poesía modernista compartían el gusto por registrar las sutiles variaciones de la luz. En «Los reyes rojos» Eguren parece hacer lo mismo:

> Por la luz cadmio,
> airadas se ven pequeñas
> sus formas negras.
>
> Viene la noche
> y firmes combaten foscos
> los reyes rojos.

Pero ni los reyes son reyes ni debemos considerar sus cambiantes apariencias como un gesto decorativo. Todo está visto *sub specie aeternitatis* y, a la vez, paradójicamente traspasado por una aguda vivencia del tiempo humano. Hay quizá un trasfondo dramático: la lucha incesante entre las fuerzas de la vida y la muerte; pero no está presentado como una experiencia personal, sino común al universo entero, que se rige por los ciclos de creación y destrucción. Tal vez por eso no hay figuras humanas; tal vez por eso no hay una gota de sentimentalismo ni de efusiones íntimas. Y si el lector peruano puede percibir en algún verso una ráfaga de realidad física reconocible («los purpurinos cerros»), las palabras no remiten a ella sino a sí mismas: una órbita de símbolos y alegorías selladas que aluden al inmenso misterio de la existencia; no podemos desentrañar su sentido sin destruirlo.

El lector bien puede relacionar este esfuerzo por configurar una realidad autónoma a partir de un lenguaje densamente cifrado con las ideas de Mallarmé sobre la función poética. (La vasta relectura que la crítica francesa ha hecho de esas ideas desde el estructuralismo contribuye a hacernos entender la actualidad de Eguren y las dificultades que sus primeros críticos tuvieron que encarar: los instrumentos teóricos de su época no eran suficientemente afinados para entender un lenguaje que se adelantó a su época.) Los cromatismos y las sonoridades del verso egureniano no deben distraernos de la profunda elaboración *intelectual* que hay detrás de ellos: la suya debe estar entre las primeras obras líricas hispanoamericanas en las que ese esfuerzo produce un casi puro *pensamiento poético,* un pensar con imágenes verbales y con sus sombras o reverberaciones. Su propósito fundamental es desleír lo real en un espacio no representacional. Eguren podría haber afirmado, como Mallarmé: *«Je dis: une fleur... l'absente de tous bouquets».* O suscrito la paradoja del famoso cuadro de Magritte que presenta una pipa: *Ceci n'est pas une pipe.* Así su poesía subraya dos cosas contradictorias: la fugacidad del lenguaje y la inagotable capacidad para generar sentido en sus propios términos.

Un buen campo para demostrar cómo funciona esa concepción en su práctica poética es observar su tratamiento del motivo erótico. Su visión del amor tiene una cualidad intensamente idealizada, que presenta curiosos contactos con el arte de los prerrafaelistas ingleses y su reinterpretación de lo gótico: imágenes de mujeres-niñas (de allí el presunto «infantilismo» de su poesía), espiritualidad con rasgos místicos, ensoñación antes que contacto físico, morbosa vinculación del impulso amoroso con el tanático. El exotismo de los ambientes, cargados de alusiones al mundo nórdico, provenzal y germánico, subraya la extrañeza o irrealidad de todo encuentro amoroso: su horizonte es vagamente mitológico o legendario. En su erotismo casi no hay nada carnal y muy poco realmente placentero para los sentidos: es una vía de encuentro con el más allá, con el mundo de lo mágico y sobrenatural. Cuerpos celestes, desencarnados, que apenas nos rozan con sus velos y luces espectrales. En el paradigmático poema «La niña de la lámpara azul», de *La canción de las figuras,* la núbil presencia femenina se adelgaza y pierde consistencia hasta hacerse puro espíritu, una prístina imagen cuya sugestión tiene algo de misterio religioso:

> Con voz infantil y melodiosa,
> con fresco aroma de abedul,
> habla de un vida milagrosa
> la niña de la lámpara azul.

Y en la siguiente estrofa nos dice que sus «besos de amor matutino» le ofrecen «un mágico y celeste camino». Con frecuencia, esas sutiles entidades femeninas ni siquiera están vivas: retornan del reino de los muertos a fascinarlo o estremecerlo. En un poema emergen de las oscuras profundidades: «Del hondo pozo / lleno de sombra, / las citas ciegas / salen llorosas» («Las citas ciegas»). Esto es parte de la reiterada asociación que establece entre la muerte y el mar, que también encontramos en T. S. Eliot: numerosos poemas («La nave enferma», «La barca luminosa», «El bote viejo», etc.) traen la imagen de la barca perdida y el naúfrago o espectro que aún la habita. Pero tal vez Eguren nunca llegó más lejos en su esfuerzo por presentar el amor como una idea, como un puro sueño, y no como una vivencia física, que en «La dama I», de su primer libro. Aquí la mujer es vista como el emblema lingüístico de una fantasmagoría de colores, aromas y sugerencias musicales: «en su góndola encantada / de papel» se ha vuelto una abstracción —la pequeñez y fragilidad que evoca el sonido de esa vocal en nuestra imaginación—, algo que sólo vive en la dimensión verbal. El poema tiene lejanos ecos del soneto «Voyelles» de Rimbaud

—precisamente por lo de «*I rouge*», «*rire des lèvres belles*»— y del *Sonnet en yx* de Mallarmé, que juega con extrañas rimas con ese sonido: *onyx, Phénix, ptyx, Styx, nixe, fixe*.

Hay un asunto más que es bueno tener en cuenta: la relación de Eguren con Vallejo. Difícilmente puede haber dos poetas más diferentes: Vallejo es un poeta profundamente subjetivo que descubrió su lenguaje a partir de la lengua coloquial; Eguren, en cambio, evitaba hablar directamente de sí mismo (o lo hacía a través de «personajes», como Juan Volatín, el duque Nuez o Peregrín «cazador de figuras»), usando un vocabulario artísticamente refinado que excluía casi todo rastro del habla cotidiana. Sin embargo, Vallejo tenía un alto respeto por Eguren, a quien consideraba uno de sus maestros, quizá porque percibió, mejor que los críticos, que al fondo de la poesía egureniana latía un opresivo sentimiento trágico y una soterrada afinidad con lo grotesco que ensombrecía los luminosos juegos de su imaginación. Al leer «El dios cansado» de Eguren, con sus imágenes de un Dios agobiado y «caído» que recorre «las obscuras / y ciegas capitales / de negros males / y desventuras», es fácil compararlo con el Dios desarrapado y «jugador» de su propia creación que Vallejo presenta en «La de a mil» o «Los dados eternos». Y el adjetivo *estuosa* que usa aquí Eguren reaparecerá años más tarde entre los arcaísmos de *Trilce*. No cabe duda: una nueva poesía nacía en las dispares obras de estos dos poetas. La incomodidad que despertaron y la «rareza» que se les atribuía eran claros indicios de ello. Su influjo en poetas de las siguientes generaciones como Xavier Abril y Emilio Adolfo Westphalen *(17.3.)*, quien hará suya una figura egureniana: «la diosa ambarina», es también visible.

Textos y crítica:

Eguren, José María, *Obras completas,* ed. de Ricardo Silva Santisteban, Lima, Mosca Azul, 1974 [nueva versión, incl. La obra plástica de autor], Lima, Biblioteca Clásicos del Perú-Banco de Crédito del Perú, 1997.

Valdelomar, Abraham, *Obras: textos y dibujos,* ed. de Luis Alberto Sánchez y Willy Pinto Gamboa, Lima, Pizarro, 1979.

Abril, Xavier, *Eguren, el obscuro (El simbolismo en América),* Córdoba, Argentina, Universidad Nacional de Córdoba, 1970.

Amauta 21 (1929). Número dedicado a Eguren.

Armaza, Emilio, *Eguren* [Estudio y antología], Lima, Juan Mejía Baca, 1959.

Arroyo Reyes, Carlos, «Abraham Valdelomar y el movimiento colonidista», en *Cuadernos Hispanoamericanos,* 557 (1996), 83-95.

DEBARBIERI CASAGRANDE, César, *Los personajes en la poética de José María Eguren,* Lima, Universidad del Pacífico, 1975.
ELMORE, Peter, «José María Eguren», en Carlos A. Solé*, vol. 2, pp. 513-518.
HIGGINS, James, «José María Eguren», en *The Poet in Peru*,* pp. 1-23, 91-108.
MARIÁTEGUI, José Carlos, «Eguren», en *Siete ensayos...*,* pp. 230-238.
MONGUIÓ, Luis, *La poesía postmodernista peruana*,* pp. 17-21, 150-152.
NÚÑEZ, Estuardo, *José María Eguren. Vida y obra,* Lima, P. L. Villanueva, 1964.
ROUILLON ARRÓSPIDE, José Luis, *Las formas fugaces de José María Eguren,* Lima, Ediciones Imágenes y Letras, 1974.
SÁNCHEZ, Luis Alberto, *Valdelomar o la belle époque,* México, Fondo de Cultura Económica, 2.ª ed., 1987.
SANDOVAL, Renato, *El centinela de fuego. Agonía y muerte en Eguren,* Lima, Instituto Peruano de Literatura, Artes y Ciencias, 1988.
SILVA SANTISTEBAN, Ricardo (ed.), *José María Eguren. Aproximaciones y perspectivas: estudios seleccionados,* Lima, Universidad del Pacífico, 1977.
SUCRE, Guillermo [Sobre Eguren], *La máscara, la transparencia*,* pp. 67-69.
WESTPHALEN, Emilio Adolfo, «Eguren y Vallejo», en *La poesía los poemas los poetas,* México, Universidad Iberoamericana-Artes de México, 1995, pp. 25-34.
XAMMAR, Luis Fabio, *Valdelomar: signo,* Lima, Instituto Nacional de Cultura, 2.ª ed., 1990.
ZUBIZARRETA, Armando, *Perfil y entraña de «El caballero Carmelo». El arte del cuento criollo,* Lima, Universo, 1968.

13.7. La extrañeza de Ramos Sucre

Extraña y rigurosa es la obra del venezolano José Antonio Ramos Sucre (1890-1930), también difícil de clasificar, con pocos antecedentes y sin continuadores reconocibles, lo que quizá explique por qué la crítica —incluso en su país— se ha demorado en darle el puesto que merece. Su vida, no menos extraña y desarraigada, lo fue hundiendo cada vez más en un pozo de soledad del que no supo salir sino trágicamente: estando en Ginebra con un cargo consular y agobiado por el insomnio crónico, se suicida con barbitúricos al cumplir los 40 años. En algo se parece a Eguren *(supra):* ambos son poetas herméticos y simbolistas esenciales, ambos subrayan el carácter esencialmente no referencial del texto poético, aunque lo real esté en su origen y deje rastros en él. La gran diferencia y la mayor singularidad de Ramos Sucre consiste en que es exclusivamente un poeta en prosa; esa elección no hace sino apartarlo más de los poetas de su tiempo y alentar su encasillamiento entre las curiosidades literarias.

Pero, claro, Ramos Sucre es mucho más que eso: es un poeta que, siendo difícil de imitar, es, sin embargo, ejemplar para muchos por su indeclinable fidelidad a su propia poética y a una visión cuya originalidad no sólo no ha disminuido, sino que parece hoy mayor que nunca. Ramos Sucre nació en Cumaná y llegó en 1911 a Caracas. Pese a su origen provinciano, tenía una esmerada educación y mostraba ya una definida vocación por las letras y las humanidades. Conocía la literatura clásica grecolatina y española, los grandes poetas modernos europeos, Darío *(12.1.)* y los modernistas. Esa vasta cultura no era pura erudición: se complementaba con un espíritu creador y una imaginación poderosa. Sus cuatro libros poéticos aparecen en Caracas en la década de los veinte, cuando todavía la tradición modernista reinaba en su país: son *Trizas de papel* (1921), *La torre de Timón* (1925), *El cielo de esmalte* y *Las formas del fuego* (ambos en 1929). Esos cuatro libros pueden considerarse sólo tres porque el primero fue reproducido e incluido en el segundo; así se presentan en la *Obra completa* de 1980 y en la *Obra poética* de 1989; los críticos siguen preguntándose las razones que tuvo el autor para dividir su última producción en los dos libros de 1929 y cuál es su verdadero orden. Publicó en la evista *Elite,* bajo el nombre de «Granizada», algunas series de aforismos que tienen algunos rasgos vanguardistas. Aunque trabajó como profesor y traductor (del alemán y del latín), fue un creador que, en medio de sus problemas de salud, encaró su labor poética como una tarea diaria, lo que le permitió producir una obra relativamente amplia pese a sus pocos libros. Los escribía de manera metódica, casi maniática (tenía ciertas fobias sintácticas), que casi excluía el placer.

En esa obra, las angustias y depresiones de su vida dejan un rastro sombrío y obsesivo: dos de las grandes obsesiones del poeta son el presentimiento —casi la experiencia— de la muerte y la fascinación de alcanzarla por mano propia. Hay en él casi un horror a la vida tal como tuvo que vivirla, y un jugueteo macabro con el deseo de morir. El poema liminar de *La torre de Timón* dice: «Yo quisiera estar entre vacías tinieblas, porque el mundo lastima cruelmente mis sentidos» («Preludio»); y el último, escrito tras un fallido intento de suicidio tres meses antes del definitivo: «Yo decliné mi frente sobre el páramo de las revelaciones y del terror...» («Residuo»). Lo interesante es que, pese a ello, su poesía no es una introspección morbosa o patética de su dolor, sino un esfuerzo por alcanzar la lucidez y transfigurar la sensación de pérdida en la ganancia de un sentido. Como el *yo* no lo encuentra, se desdobla en «personajes» o «figuras» —análogos a los de Eguren— que le permiten contemplarse como otro y entenderse. Con frecuencia, esas figuraciones aparecen —otra vez, como en Eguren— desde un lejano trasfondo histórico-legendario, cuyos protagonistas (Felipe II, San Pablo, Eneas, Semíramis, etc.) pueden ser emblemas de origen medieval (el caballero, el trovador, el monje), héroes o santos en fin, pero que son como proyecciones de un escenario cuya realidad profunda es el mal, la violencia sin remedio. Gracias a esas figuraciones puede entablar un diálogo dramático y crear un teatro de imágenes con las que habla y que le hablan. Pero no hay intimidad ninguna: el tono es distante, elevado, acerado, deliberadamente hierático y sin duda perturbador; el flujo de la emoción está como desvanecido —casi desmantelado— por el glacial discurso que genera.

El mal está asociado con la creación en una figura baudeleriana que él también adopta: la del poeta maldito; escribe: «Yo adolezco de una degeneración ilustre, amo el dolor, la belleza y la crueldad». Paradójicamente, este furor destructivo (y, con frecuencia, autodestructivo) es la otra cara del amor y la solidaridad con una comunidad de desheredados. En un poema que podría haber sido provocado por la violencia de hoy, nos dice: «Los hombres cautivos de la barbarie musulmana, los judíos perseguidos en Rusia, los miserables hacinados en la noche como muertos en la ciudad del Támesis, son mis hermanos y los amo». Pero Ramos Sucre no es ni un poeta «histórico» ni «social»: esas actitudes están sumergidas en un esfuerzo por hacer de toda experiencia humana, propia o ajena, algo cuya validez se juega en términos puramente textuales. Los acontecimientos y personajes del pasado se convierten en un ciclo de metáforas, paráfrasis y alusiones. De allí la alta disciplina intelectual que las rige, la vigilancia formal que exhiben; en eso, pocos poetas hispanoamericanos más parecidos que él al astringente e implacable Valéry.

Ese lenguaje es elegante y seductor no precisamente por su abundancia, sino por su precisión, sobriedad y concisión: austeridad moderna contra lujo modernista. Tiene un sabor latinizante por su estructura elíptica y su tono lapidario, lo que se nota en su hábito de evitar el relativo *que* y abundar en la conjunción copulativa. Su poesía tiene también una profunda raíz intelectual, cuya «frialdad» no la hace menos intensa: es una larga meditación sobre cuestiones agónicas e insolubles, con algo de relato alegórico o emblemático —y a veces de ensayo—, más que del normal poema en prosa. Hay en ella elementos de fórmula matemática, de silogismo filosófico, de alquimia que hace de nuestra experiencia del mundo una desesperada obra de arte. Ramos Sucre es uno de los poetas más insólitos del continente en nuestro siglo. No es un poeta ansioso de «modernidad»: es un poeta clásico que volvió a los viejos modelos para hablar de nuestro tiempo, aunque de una manera extraña e insular. Su anacronismo se ha convertido en actualidad.

Textos y crítica:

RAMOS SUCRE, José Antonio, *Obra completa,* ed. de José Ramón Medina, Caracas, Biblioteca Ayacucho, 1980.
— *Obra poética,* pról. de Carlos Augusto León, Caracas, Universidad Central de Venezuela, 1989.
— *Antología,* ed. de Salvador Tenreiro, Caracas, Biblioteca Ayacucho, 1992.
— *Obra poética,* ed. de Katia Henríquez; pról. de Guillermo Sucre, México, Fondo de Cultura Económica, 1999.

CASTAÑÓN, Adolfo, «José Antonio Ramos Sucre: Historia verdadera de dos ciudades», en *América sintaxis*,* pp. 451-466.
HERNÁNDEZ BOSSIO, Alba Rosa, *Ramos Sucre: la voz de la retórica,* Caracas, Monte Ávila, 1988.
MARTÍNEZ, Tomás Eloy (ed.), *José Antonio Ramos Sucre,* Caracas, Poseidón, 1980.
MEDINA, José Ramón (ed.), *Ramos Sucre ante la crítica,* Caracas, Monte Ávila, 1981.
MONTEJO, Eugenio, «Nueva aproximación a Ramos Sucre», en *El taller blanco,* México, Universidad Autónoma Metropolitana, 1996, pp. 29-39.
RAMA, Ángel, *El universo simbólico de José Antonio Ramos Sucre,* Cumaná, Venezuela, Ed. Universitaria, 1978.
RIVERA, Francisco, «Diez fragmentos sobre Ramos Sucre», en *Inscripciones,* pp. 49-58.
SUCRE, Guillermo [sobre Ramos Sucre], *La máscara, la transparencia*,* pp. 69-77.

13.8. Otros poetas postmodernistas

La única coincidencia entre Ramos Sucre *(supra)* y su compatriota Andrés Eloy Blanco (1896-1955) es que ambos nacieron en el mismo lugar: Cumaná. La poesía que, para el primero, es apartamiento, soledad y astringencia en el segundo se hace participación, solidaridad, activismo, celebración terrígena, popularismo y abundancia; sobreabundancia, en verdad, porque las ocasiones que Blanco creyó propicias para cantar y testimoniar fueron muchísimas, demasiadas. Debe de ser uno de los primeros poetas sociales que aparecen en América, una especie de borrador de Neruda *(16.3.3.),* que con frecuencia no distingue entre poesía y crónica, entre individuo y pueblo. Su vida es inseparable de la agitada política que sufrió su país en la primera mitad del siglo, con la experiencia de la dictadura, la cárcel y el exilio como consecuencias.

Entre 1918 y el año de su muerte publicó por lo menos ocho libros de poesía y otro apareció póstumamente (*La Juanbimbada,* Caracas, 1959), aparte de cuentos, novela, ensayo, teatro, humorismo, artículos periodísticos, discursos... Su iniciación literaria y la política son casi simultáneas. Fundó, entre otras organizaciones políticas, Acción Democrática, uno de los dos grandes partidos venezolanos. En 1928 el dictador Juan Vicente Gómez, el archienemigo de Blanco Fombona *(12.2.7.)*, lo encerró en La Rotunda, la temible cárcel que él inmortalizaría en su obra: en esa y otras prisiones, donde pasará unos cuatro años, escribe (y pierde parte de los respectivos originales) *Barco de piedra* (Caracas, 1937) y *Baedeker 2000* (Caracas, 1938). Durante largos años fue un activísimo periodista. Tras la caída de Gómez fue elegido diputado al Congreso, representante ante la Asamblea Nacional (1946) y, muy brevemente en 1948, canciller del gobierno de Rómulo Gallegos *(15.2.3.)*. Tras ser derrocado éste, Blanco se exilia en Cuba y México, donde escribe y publica parte de su obra. En esta última ciudad moriría tras un accidente de tránsito.

Su obra poética pasa por varias fases, desde un tardío romanticismo hasta los ocasionales conatos vanguardistas de *Baedeker 2000;* usó también todos los tonos, desde el épico de su «Canto a España» hasta el epigrama y la sátira. Pero era esencialmente un poeta tradicional, con acentos de coplero popular y trovador de versos espontáneos, ligeros, optimistas, aunque estén cargados de dolor y protesta. Los críticos y lectores venezolanos ven en los poemas que escribió, animado por el amor a la tierra, sus paisajes y su historia, una parte importante de la expresión poética nacional; si dejamos de lado el innegable afecto que la inspira y la agradable fluidez de sus ritmos, no hay más remedio que decir que esa amplia porción de su poesía está agobiada por una retórica bastante convencional. Era, casi siempre, un buen versificador; ocasionalmente, un buen poeta, sobre todo en su faceta amorosa, en la que puede ser intenso y conmovedor. En el fondo era un lírico que amaba la realidad y la glosaba, emocionado, pero hoy buena parte de su producción es prescindible. Sus *Obras completas* (Caracas, 1973) ocupan diez volúmenes. Lo mejor es leerlo en breves antologías que dejen fuera la escoria y destaquen la indudable gracia y encanto de ciertos textos: «Soneto de hoy para ayer», «Las uvas del tiempo», «A Florinda en invierno», «Soneto de la rima pobre» y otros pocos. Hay que reconocer que su poesía cancela definitivamente la estética modernista al introducir un tono sencillo y directo que no existía en la poesía venezolana.

El antioqueño Porfirio Barba Jacob (1883-1942), cuyo verdadero nombre era Miguel Ángel Osorio, llega al postmodernismo colombiano con gran retraso y con un carga todavía romántica, lo que sin duda reduce el interés a su aporte. Pero es, en cambio, un personaje legendario y siempre vivo en la memoria de los lectores de su país, que aún polemizan alrededor de él. Era un temperamento inestable e inquieto, que usó otros varios seudónimos y que vagabundeó por toda nuestra América y los Estados Unidos. Sirvió en el ejército de su país, donde al parecer descubrió su homosexualidad, aunque luego inmortalizaría una figura femenina en uno de sus poemas de amor más celebrados, «Canción de un azul imposible». Su obra literaria es poco conocida porque prefirió mantenerla dispersa hasta muy tarde; su primer libro es *Canciones y elegías* (México, 1932). Si no una gran figura literaria, fue un gran personaje que estimuló la obra de otros escritores: por ejemplo, el guatemalteco Rafael Arévalo Martínez *(infra)* se inspiró en él para su famoso relato «El hombre que parecía un caballo». En el caos de su vida perdió muchos originales y destruyó otros. Al volver a su país contrajo la tuberculosis que acabó con él. Lo mejor de lo que escribió puede encontrarse en *La canción de la vida profunda y otros poemas* (Manizales, 1937). Pero no esperemos mucho: salvo aislados textos, el libro muestra que era un poeta desordenado, irregular, más excéntrico que inspirado y, sobre todo, una manifestación extemporánea de la vena postmodernista; una vuelta hacia atrás en una época que estaba ya claramente dominada por otras tendencias.

Aunque algo mayor que éste, Luis Carlos López (1879-1950) es, en cambio, otro poeta colombiano que escapa tan lejos de la órbita del modernismo que casi parece pertenecer a otra época, aunque sin ser un vanguardista. Su poesía —grotesca, prosaica, sencillota, con los pies puestos sobre la mesa— no es un modelo de perfección y ni siquiera de inspiración, pero hay que recordarla como un esfuerzo por desembarazar el lenguaje lírico de toda pretensión sublime y retornarlo al ámbito cotidiano, callejero y popular. Era un espíritu burlón, que encaraba todo, incluso la poesía, con un aire de ligereza e irreverencia antiburguesa. Pese a ser un poeta de talla menor y a veces peregrino, sus disonancias retóricas parecen desprenderse de Lugones *(12.2.1.),* aunque no tienen su brillo, y anunciar al Neruda de las *Odas elementales,* la «antipoesía» de Nicanor Parra *(20.2.)* y a otros poetas que cultivan el tono coloquial entre nosotros. Nacido en Cartagena, fue siempre fiel al paisaje tropical de su tierra. Fundó varias revistas literarias, participó en política y fue cónsul en Washington por varios años a partir de 1937. Su obra es breve: apenas cuatro libros, los tres primeros publicados en Madrid: *De mi villorrio* (1908), *Posturas difíciles* (1909) y *Varios a varios* (1910), este último en colaboración; el cuarto se titula *Por el atajo* (Cartagena, 1920). Pese a esa brevedad, hay que espigar mucho para encontrar algo que conserve cierto interés, como «Versos a la luna» o «Desde un pontón». Ambos son sonetos, una de sus estrofas favoritas; el segundo termina así:

> No sé: pero la marea
> que me salpica, la brea
> del muelle y la hora me dan,
> tal vez por ley de atavismo,
> deseos de hacer lo mismo
> que acaba de hacer el can.

Este lenguaje plebeyo era una novedad entonces, más en la pulcra poesía colombiana. Pero hay una distancia entre ser disonante y simplemente desentonado, y entre ser humorístico y ramplón. López escribió sin percibir bien esa diferencia.

Textos y crítica:

BARBA JACOB, Porfirio, *La vida profunda. Edición especial de la vida de P. B. J.*, Bogotá, Andes, 1973.

BLANCO, Andrés Eloy, *Poesía*, Caracas, Ediciones Centauro/80, 1980, 3 vols.

LÓPEZ, Luis Carlos, *Obra poética,* ed. de Guillermo Alberto Arévalo, Caracas, Biblioteca Ayacucho, 1995.

OTERO SILVA, Miguel, «Andrés Eloy Blanco y sus críticos», en Efraín Subero, *Apreciaciones sobre la vida y la obra de Andrés Eloy Blanco,* Caracas, Ediciones de la Presidencia de la República, 1974.

POSADA MEJÍA, Germán, *Porfirio Barba Jacob. El poeta de la muerte,* Bogotá, Instituto Caro y Cuervo, 1970.

SUBERO, Efraín, *Andrés Eloy Blanco. El hombre, la palabra* [estudio y antología], Caracas, Tecnocolor, 1988.

ZULETA, Estanislao, *La poesía de Luis Carlos López,* Medellín, Concepción, 1988.

13.9. Un puñado de narradores

Novelistas y cuentistas abundaron en el amplio período postmodernista y tal vez no fueron menos abundantes que los poetas. La prosa de ficción de esos años no sigue los mismos caminos que la poesía porque se entrevera muy frecuentemente con estéticas de signo distinto: naturalismo, realismo, «criollismo» *(15.1.)*, regionalismo *(15.2.)*; incluso un fenómeno político de tanta importancia como la Revolución Mexicana *(14.2.)* sacará a varios de ellos, como Martín Luis Guzmán *(14.2.2.)*, del cauce postmodernista y lo enfrentará a otras perspectivas. Así, aunque autores como él estén cronológicamente reunidos en la misma generación, su experiencia humana y literaria los dispersa, entremezclándolos con los más jóvenes que les seguían los pasos; por eso nos vemos forzados a examinarlos en otros apartados distintos de éste, en el que agrupamos a unos cuantos en los que la marca postmodernista es más visible y decisiva.

Resulta paradójico que comencemos con la obra del chileno Augusto D'Halmar (1882-1950), que es un autor difícil de clasificar, pues su obra cubre un amplio espectro que va del naturalismo decimonónico *(10.1.)* al «criollismo», tendencia con la que generalmente se le ha identificado, aunque hay en su tono y en sus formas de imaginación un acento postmodernista que no se puede negar y que para nosotros es el más significativo. En realidad, no pertenece cabalmente a ninguna escuela, y quizá eso agregue interés a su producción: es original, personal, irreductible a esquemas establecidos. Su verdadero nombre era Augusto Geomine Thomson y era hijo natural de un aventurero francés y una dama chilena de distinguida ascendencia escocesa cuyo marido era un marino sueco; el autor afirmaba que tomó su nombre literario del de su abuelo, el barón de D'Halmar. Es difícil saber si este dato es cierto, pues D'Halmar era dado a la superchería y se inventó muchas vidas, algunas tan fantasiosas como sus narraciones, y se reflejó en muchos de sus personajes como entidades alternativas de su ser real. Es un arduo problema para sus biógrafos, alguno de los cuales lo hace nacer en 1880 y en Valparaíso, no en Santiago como generalmente se cree.

Pasó su juventud en aquella ciudad, que le brindó la decisiva experiencia del mar y la romántica nostalgia del viajero que siempre lo acompañó. Era un bohemio empedernido, poseído por el demonio de lo exótico (conoció Europa, el Medio Oriente, fue cónsul en la India); como individuo era una personalidad extraña, tan difícil de clasificar como su obra. La lectura de los autores de la entonces popular escuela rusa (Tolstoi, Dostoievski, Turgueniev, Gorki) dejó una profunda huella en él. Aunque, como ellos, supo mirar su mundo social y cultivar una especie de realismo simbólico, son las formas intensas y enigmáticas que adopta su imaginación lo que sobresale: sus visiones rozan frecuentemente la ensoñación subconsciente, la inquietud metafísica y las propuestas del pensamiento budista. Algunas de sus obsesiones y ansiedades de escritor tienen un sello totalmente moderno; en un reportaje imaginario recogido en *Cristián y yo* (Santiago, 1946) manifestó su deseo «de fundirme y confundirme con todo». En esa inquietud la cuestión de su secreta homosexualidad —un tema que casi no ha sido tratado por sus comentaristas— juega un papel importante y quizá se trasluzca en su misoginia.

Se inició temprano en el periodismo y la literatura en Santiago. Allí, en 1902, apareció su primera novela: *La Lucero* (luego *Juana Lucero*), relato naturalista que cuenta la vida de una prostituta, apenas un año antes que *Santa* de Gamboa *(10.5.)*. En 1904 organizó, con otros escritores y artistas chilenos, la llamada Colonia Tolstoiana, que, siguiendo las propuestas del autor ruso, estableció en una localidad cercana a Santiago una comuna agrícola autosuficiente; la experiencia sólo duró un año, pero D'Halmar siguió viviendo en ella con su familia. Aunque su desempeño consular en Calcuta fue brevísimo por razones de salud, vagabundeó por Egipto y varios otros países; para su espíritu hambriento de misticismo y religiosidad, esa experiencia sería decisiva. Después va a parar, como cónsul o más bien como desterrado, al pequeño y apartado Puerto Eten, en la costa norte del Perú. Vivió allí entre 1909 y 1915, aislado de todo y escribiendo la novela *Gatita,* que, junto con otras narraciones, aparecerá en Santiago en 1917. Antes, el libro de tempranos relatos *La lámpara en el molino* (Santiago, 1914) había sido publicado por intervención de un cuñado suyo.

Retorna a Chile y, tras haber sido separado del servicio consular, decide viajar a Europa en 1917, con el cargo de corresponsal de guerra de *La Nación,* de Buenos Aires. ¿Será verdad que fue herido en el frente y condecorado por el gobierno francés? El dato puede ser otra fantasía suya. (El crítico chileno Raúl Silva Castro duda de que D'Halmar recibiese alguna vez esa condecoración; también parece que un poema que le dedicara Darío *[12.1.]* es apócrifo y que nunca llegaron a conocerse.) Se traslada a España en 1918, donde vivirá hasta 1934. Sus tres siguientes libros aparecen simultáneamente en Europa: *Pasión y muerte del cura Deusto* (Berlín-Madrid-Buenos Aires, 1924); *La sombra del humo en el espejo* (Madrid, 1924); *Mi otro yo* (Madrid, 1924). Se considera que la primera, una novela de amor, es su obra más lograda y compleja, aunque el clima de ensoñación y vagabundeo de la segunda quizá sea más característico de su arte. Tras volver definitivamente a su patria, obtuvo el Premio Nacional de Literatura (1942) que se otorgaba por primera vez.

Aunque dispersa y heterogénea, su obra no es parca: sus *Obras completas* (Santiago, 1934-1935) suman —con bastante desorden— veintitrés volúmenes, a los que aún agregó otros libros en sus años finales. Hay varias fases en esa producción: una dominada por el influjo de los rusos y del naturalismo francés (Zola, Daudet), luego otra por Darío, más tarde por Anderson e Ibsen. Cultivó varios géneros: novela, cuento, poesía, crónica, ensayo, teatro... Lo mejor está en la prosa poética que encontramos en *Nirvana* (Barcelona, 1920) o en el citado *Mi otro yo,* que mezclan el soplo lírico, la divagación filosófica, la confesión de un alma solitaria, la recreación fantasiosa de cosas que pasaron; pero sobre todo en cuentos como los de *La lámpara en el molino* y en *Cristián y yo,* en los que se aprecian sus dotes para la observación realista y el irónico distanciamiento de su tono.

Un buen ejemplo de su creación —en verdad, un cuento antológico— es «En provincia», escrito en 1904 e incluido en los dos últimos volúmenes citados. Es una impecable descripción de la vida trivial y ridícula de un modesto empleado de provincia, cuya tragicómica confesión erótica constituye la historia del relato: su fugaz relación con la mujer de su jefe. Ahora que es un cincuentón esa historia es tristona, absurda, incierta, pero es la única aventura de su vida mediocre: nos la cuenta como «un muerto que hojea su vida». ¿Hubo tal pasión? ¿Se burló de él la mujer casada? ¿Inventa o exagera el empleado cuando nos la confía? El calculado tono objetivo y resignado del texto lo vuelve más patético. La ambigüedad de todo es mayor porque el relato es posterior en unos veinte años a los hechos y lo hace el protagonista en primera persona: tenemos su versión y nada más. Tampoco hay que perder de vista el implacable análisis que hace D'Halmar de la relación empleado-patrón y su crítica a la dureza del espíritu burgués. Si, por un lado, el cuento recuerda el poema «El solterón» de Lugones *(12.2.1.),* por otro también puede leerse como una parábola de la explotación del trabajador, como la que encontramos en algunos pasajes a *El señor Puntila y su criado Matti* de Brecht. No hay que olvidar tampoco su relato *Mar* (Santiago, 1943), fantasía nórdica o historia «de un pino marítimo y de un marino» (el pino es el mástil del barco en el cual el personaje navega por los mares del norte), que ya mencionamos a propósito de Valdelomar *(13.6.1.).*

Otro interesante escritor chileno es Pedro Prado (1886-1952), poeta, novelista y ensayista cuya prosa narrativa puede considerarse la mejor expresión —aunque bastante tardía— de la confluencia modernismo-postmodernismo en su país. Tenía de esa estética una conciencia agónica y crítica de la sociedad de su tiempo, pero, inspirado por la mitología clásica y por ciertas lecturas de filósofos como Nietzsche, afirmó en su obra una intensa nota de esperanza, idealismo y redención. Era un hombre refinado, que practicó la arquitectura y la pintura; fue uno de los miembros de la Colonia Tolstoiana que organizó D'Halmar, redactor de la revista *Los Diez* (1916), y brindó su generoso apoyo para la publicación de libros de otros escritores chilenos. Su obra poética está compuesta por unos diez libros más una antología, que cubren un período que va de 1908 a 1949. Se nota en ellos una evolución que lo lleva de la preferencia por el uso del versículo y el verso libre a formas más clásicas y contenidas como el soneto, estrofa en la que alcanzó una considerable maestría; en *Camino de las horas* (Santiago, 1934) y *No más que una rosa* (Buenos Aires, 1946) pueden encontrarse buenos ejemplos de eso. El problema es que, según se ve por las fechas, su poesía marchaba contra la corriente de renovación que estaba en pleno apogeo en su país, gracias a Huidobro *(16.3.1.)*: aunque sincero, su lirismo resultaba trasnochado y extemporáneo.

Más valor conserva su obra narrativa, compuesta por tres novelas, especialmente por *Alsino* (Santiago, 1920), que recientemente alcanzó, gracias a una versión cinematográfica realizada por Miguel Littin (*Alsino y el cóndor,* 1990), nueva actualidad. Un rasgo fundamental de *Alsino* es el de ser una novela cuya intención alegórica puede interpretarse de muchos modos y cuyo significado permite distintas relecturas del texto; es decir, tiene una cualidad a la vez perdurable y cambiante. Prado concibió su relato con amoroso cuidado, lo que se refleja en su largo proceso de redacción (el primer capítulo apareció en una revista en 1915), y fue publicado con viñetas del autor; se sabe, además, que la idea del relato nació de la necesidad de explicarles a sus hijos por qué un muchacho que encontraron en el campo escondía su joroba: no era una joroba, eran alas. Asociando eso con el mito de Ícaro creó la hermosa y sensitiva historia de un pobre peón que sueña con volar, intenta hacerlo y sufre el accidente que lo deja deformado. Su impulso, sin embargo, no cede y un día descubre que la joroba se está convirtiendo en un par de alas. Con ellas se lanza al aire, vuela muy alto y se consume en el espacio; otros incidentes y elementos de tipo amoroso, social o paisajístico enriquecen el núcleo de esta historia.

Se trata de una hermosa parábola sobre el ansia de libertad, la superación del determinismo de la realidad, la negativa a aceptar las limitaciones humanas, el derecho a la rebeldía y el sueño, la superioridad del puro ideal... Pero no hay que olvidar que la historia hunde sus raíces en la realidad concreta del campo chileno de la época y que fue escrita en un momento crítico de la evolución política del país: el rechazo de la ideología positivista de las clases dominantes y el planteamiento de nuevas opciones, más esperanzadoras. Podría aceptarse que tiene rasgos del cuento de hadas, pero cargado con constantes referencias a la circunstancia chilena:

una fantasía de alguien que quisiera cambiar el mundo en que vive. Así, mientras un sector de la crítica destaca su idealismo simbólico, otro prefiere ver en ella un adelanto de las luchas del proletariado chileno. Alsino sería el paradigma del campesino «encadenado» al trabajo de la tierra, pero capaz de rebelarse y abrir las alas de la libertad para todos. Lo importante es destacar el entronque que Prado hace aquí entre la estética proveniente del modernismo y las tendencias «americanistas» y «criollistas», tan vivas en su país; la conjunción produce una obra de proyección universal, una variante de viejos mitos aplicada a la experiencia vital y social de un hombre sensible de nuestro siglo. Es también interesante recordar —precisamente porque hemos aludido a la extemporaneidad de su poesía ante la de Huidobro— que la imagen del vuelo y la caída es común a *Alsino* y a *Altazor;* incluso ambos títulos encierran una semejante clave simbólica: *alto-sino, alto-azor.*

El guatemalteco Rafael Arévalo Martínez (1884-1975) tuvo, en su tiempo, una fama que es difícil imaginar hoy, cuando su obra no es muy leída fuera de su país. Quizá ese destino esté ligado al hecho de que, para muchos, esa fama se desprende de un solo cuento —«El hombre que parecía un caballo»—, que oscureció el resto de su obra, lo que llegó a incomodar al mismo autor. La obra total, sin embargo, es compleja, extensa y cubre diversos géneros. Antes de él, no había en Guatemala una verdadera tradición narrativa, especialmente cuentística; Arévalo Martínez la funda con sus raras obsesiones y búsquedas, que confluyen con las que, por esa misma época, intentaban Lugones y Quiroga *(13.2.).*

Nació en la capital guatemalteca, en el seno de una familia de fuertes tradiciones católicas, lo que se nota en su poesía desde el inicial *Maya* (Guatemala, 1911), de clara tendencia modernista. Fue periodista, director de la Biblioteca Nacional y representante diplomático en Europa y Estados Unidos. A los treinta años publica una temprana autobiografía novelada, *Una vida...* (Guatemala, 1914), que será seguida por otras más tardías, entre ellas *Narración sumaria de mi vida* (Guatemala, 1968). En su obra ese rasgo autobiográfico y el gusto por lo oculto o extraño confluirán con una preocupación sociopolítica y una franca denuncia antiimperialista, que tiene a veces matices panfletarios. Ambos aspectos son visibles en su novela *Manuel Aldano (la lucha por la vida)* (Guatemala, 1922). Dos cosas pueden decirse sobre el último aspecto: por un lado, que esa posición, siendo auténtica, es algo simplista o convencional; por otro, que en el plano personal, fue evolucionando lentamente hasta terminar identificándose —en la época de la «guerra fría»— con un pronorteamericanismo conciliador, como puede apreciarse en *El embajador de Torlania* (Guatemala, 1960).

Antes ya se había hecho célebre con un libro de relatos: *El hombre que parecía un caballo* (Quetzaltenango, 1915), que tendría incontables reediciones; el texto que le da título figura en casi todas las antologías. Lo singular es que este y otros relatos del autor son, en gran medida, retratos «psicozoológicos», en los que se establece una simetría, inquietante o perturbadora, entre una persona y un animal: el caballo, el perro, el elefante, el tigre, etc. En sus novelas «utópicas» (*El mundo de los maharachías,* 1938; *Viaje a Ipanda,* 1939, impresas ambas en Guatemala) hace algo semejante con otros animales. Lo más sorprendente de estos estudios de las analogías entre la especie humana y la animal es que usaban como modelos personas reales y conocidas del ambiente intelectual. El de «El hombre...» es el poeta Porfirio Barba Jacob *(supra);* el de «La signatura de la esfinge», que fue publicado bajo seudónimo en 1933, podría ser Gabriela Mistral *(15.3.2.).* Eso, que en su época le agregaba, sin duda, un valor testimonial o de actualidad a sus textos, hoy parece restarle valor estrictamente literario al primer cuento porque nadie (o muy pocos) recuerda la psicología de Barba Jacob y no se perciben buena parte de las motivaciones que tuvo el autor para hacer el retrato zoomórfico del poeta. (No se crea que hubiese nada denigratorio o caricaturesco en esa semejanza equina; al contrario, Arévalo Martínez lo hacía para enaltecerlo, porque el caballo tenía, dentro de la escala zoológica, una alta dignidad, casi humana.)

Quizá sea oportuno en este punto señalar que las complejas lucubraciones del autor con esas semejanzas son más que una curiosidad psicológico-literaria: para un guatemalteco como él, inmerso en la antigua y rica cultura maya, tal analogía tiene sus bases en la arraigada creencia del *nahual,* que es un doble o tótem animal que protege al ser humano. El mundo zoológico no es inferior: representa un nivel de pureza instintiva, que precisamente la civilización ha corrompido. Esa perdida inocencia animal es la que parece guiar las búsquedas del escritor. No es éste el único elemento desconcertante en su mundo imaginario, poblado por hechos y personajes sombríos, distorsionados y alucinantes. Sus relatos tienden a girar alrededor de una escasa acción, pues están dominados por las abundantes reflexiones sobre lo que el narrador contempla: son cuadros descriptivo-analíticos que interpretan lo fisionómico como una clave del mundo interior de los personajes.

Hay toques de psicoanálisis, utopismo, mitología y creencias sobrenaturales, todo en una enigmática combinación que no es fácil de desentrañar: tiene algo de un jeroglífico maya. Esa oscuridad está acentuada por un lenguaje recargado, cuyas resonancias expresionistas hacen pensar en la prosa de Miguel Ángel Asturias *(18.2.1.)*, incluso en su faceta de escritor «comprometido» contra la dictadura; de hecho, la figura que se vislumbra en «Las fieras del trópico», otro de sus más conocidos cuentos, es el mismo tirano Manuel Estrada Cabrera que veremos en *El Señor Presidente*. Hay un elemento que vincula su obsesión por lo zoológico y el poder absoluto: el pensamiento de Nietzsche, visible en toda su obra, aunque en su ensayo *Nietzsche el conquistador* (Guatemala, 1943) lo viese como responsable de la Segunda Guerra Mundial. En este y otros relatos del autor se advierte además —como ha señalado en su notable trabajo Dante Liano— el influjo de fuentes tan heterogéneas como Darwin, Madame Blavatsky —la popular teósofa que encandiló también a Darío—, Carlyle, Emerson, Lombroso y Huysmans, entre otros.

A pesar de su fama, «El hombre...» exhibe hoy más los defectos que las virtudes de esa estética. Su lenguaje acusa un efectismo subrayado en exceso, al punto de sonar falso; el simbolismo de sus imágenes modernistas resulta un poco trasnochado; y —como dijimos más arriba— la vigencia del modelo real se ha apagado casi por completo. Más válido parece lo que intenta en un relato como «Nuestra Señora de los locos», escrito en 1914, o sea, el mismo año del célebre cuento. Casi no tiene trazas de la densidad retórica de éste. La extraña historia está vista desde la exclusiva perspectiva del narrador, que es un paciente que sufre alucinaciones propias de un neurótico esquizoide. La atmósfera es tenebrosa y patética; la anormalidad hace más plausible la habitual homología de lo humano con lo zoológico: la benefactora Eguilaz es una blanca paloma y el licenciado que la pretende es una serpiente, mientras el narrador parece identificarse (de una manera algo más tenue) con el perro. El perro debe cuidar la inocencia de la paloma y protegerla de la sensualidad ponzoñosa de la serpiente. El simbolismo puede resultar algo obvio, pero Arévalo Martínez se las arregla para convertir el relato en un estudio de la relación entre Dios y los hombres; como dice el narrador: «Muchas veces los locos son mensajeros de los dioses». Así el *nahualismo* de raíces indígenas se funde con una visión religiosa de notas cristianas. A la luz de este sincretismo, la defensa que los locos hacen de su benefactora resulta ambigua porque incluye el crimen o al menos el deseo del crimen; la inocencia y la abyección se tocan, como en *Nazarín* (1958) o *Viridiana* (1961) de Buñuel, *El Señor Presidente* de Asturias, *El obsceno pájaro de la noche* de Donoso *(22.2.1.)* o *No una, sino muchas muertes* de Enrique Congrains Martín *(21.2.2.)*. El «esperpento», la estética del absurdo, el «feísmo» y lo grotesco que la vanguardia *(16.1.)* iba a establecer pronto tienen aquí temprana versión americana. La ausencia o escasez de buenas ediciones modernas de sus cuentos sólo ha sido muy recientemente subsanada tras un largo paréntesis.

Clemente Palma (1872-1946) es una figura extraña en el panorama de la transición del modernismo al postmodernismo en el Perú y no deja de tener interés a pesar de su relativa minoridad. Era hijo del tradicionista Ricardo Palma *(9.7.);* nacido como él en Lima, comenzó su actividad literaria en el periodismo local. Durante varios años trabajó en la Biblioteca Nacional, donde su padre era director, y allí leyó abundantemente; lo estimuló el descubrimiento de la literatura francesa y rusa, lo que se trasluce en su obra. Eso acentuó su natural inclinación por lo enigmático, lo morboso y lo esóterico, según puede verse en su primer libro de relatos: *Cuentos malévolos* (Lima, 1904), que apareció con un amistoso prólogo de Unamuno. En publicaciones como *Variedades, Ilustración Peruana* y *El Comercio,* fue un activo y popular cronista de la actualidad literaria, política y taurina de la época; usaba a veces el grotesco seudónimo de «Juan Apapucio Corrales».

En la literatura peruana, su nombre es quizá más recordado por un penoso incidente que revela los límites de su sensibilidad: en 1917, siendo director de la revista *Variedades,* escribió un insultante y burlón comentario sobre un poema de César Vallejo *(16.3.2.)* que se había negado a publicar; cuando el poeta llegó a Lima y conoció a Palma, la actitud de éste ya era otra y lo trató cordialmente, como consta en una carta de Vallejo. La misma incomprensión mostró por otro importante poeta peruano: José María Eguren *(13.6.1.).* Palma fue cónsul en Barcelona, diputado por Lima y sufrió tres años de exilio político en Chile. Más tarde publicó otro libro de cuentos: *Historietas malignas* (Lima, 1925), que lo muestra haciendo la indicada transición del modernismo de su primera colección a los temas propios del postmodernismo. Aparte de *La hija del oidor* (Lima, 1986), una novela que dejó inconclusa y en la que trataba un asunto que también había tratado su padre, escribió dos novelas: *Mors ex vita* (Lima, 1923) y *XYZ* (Lima, 1934). En la primera, que trata el tema espiritista, Ricardo Gullón ve ciertas conexiones con el relato «Maud-Evelyn» de Henry James. La segunda, que él llama «novela grotesca», puede ser considerada como un antecedente algo ingenuo de *La invención de Morel* (1940), la famosa novela de Bioy Casares *(19.2.),* pues juega con la idea de personajes que son meras imágenes proyectadas por otro; estimulado por la reciente aparición del cine sonoro y por las ciencias ocultas, Palma da un salto cualitativo del doblaje de voces al doblaje de almas.

Aparte de los narradores rusos como Gorki y Andreiev, cuyo influjo se nota en el cuento «Los canastos» —que tiene un escenario eslavo—, la huella de Poe y los autores del decadentismo francés (especialmente Huysmans y Villiers de L'Isle Adam) es todavía más visible. El mismo título de sus dos colecciones de cuentos recuerda el de los *Contes cruels* (1893) de Villiers, que fue precisamente celebrado por Huysmans en su *À rebours* (1894). El gusto por el satanismo, el esoterismo y los tipos de psicología anormal, algo ingenuo a ratos, distingue al joven Palma y explica la notoriedad que sus relatos le ganaron en su tiempo: ese escalofrío de horror y esa sombría delectación criminal no habían aparecido antes en la literatura peruana. Ejemplo de eso es «Los ojos de Lina» (de *Cuentos malévolos*), en el que un marino inglés que canta «lindas baladas escandinavas» cuenta, en rueda de amigos, la historia de una mujer que, en una espeluznante prueba de amor, le entrega sus propios ojos. A Clemente Palma no le faltaba imaginación, y hoy debemos reconocer que trató de introducir algo nuevo en la literatura peruana: la fantasía perversa y perturbadora. Lo que le faltaba era un estilo reconocible que hiciese menos forzada la extrañeza de su mundo.

El hispano-cubano Alfonso Hernández Catá (1885-1940) es quizá uno de los postmodernistas más fieles entre estos narradores: fue un tardío escritor de abundantes novelas y relatos psicológicos, eróticos y morbosos en los que se nota el influjo de la novela decadentista francesa finisecular, un marcado sabor cosmopolita y una cierta inclinación naturalista. Fue amigo del «fauvista» Raoul Dufy y del novelista austríaco Stefan Zweig. El hecho de que hubiese nacido en Salamanca y viviese largos años en España (como diplomático, escritor y periodista), y que reflejase el estímulo directo del ambiente intelectual europeo de las primeras décadas del siglo, ha hecho que algunos críticos, incluso cubanos, lo vean como un marginal a la literatura de la isla. No lo fue y, al contrario, trató —a partir de los años veinte— de expresar literariamente sus vínculos con la realidad cubana. Su obra es copiosa y abunda en novelas, novelines y cuentos de títulos melodramáticos como *La madrastra* (1915), *El placer de sufrir* (1920), *Una mala mujer* (1922), todos impresos en Madrid. Se dedicó también al teatro, campo en el que estrenó por lo menos una docena de piezas y se convirtió en un autor de éxito.

Su pecado fue escribir demasiado, demasiado rápidamente además, guiado por su propia facilidad, aunque él mismo se considerase riguroso;

admiraba a Flaubert y a Maupassant, de quien puede tenérsele como lejano discípulo. No era, sin embargo, un narrador ingenuo o torpe: bajo el influjo de Poe, creía firmemente en las virtudes de la concisión, el trazo preciso, la concentración en un foco narrativo. Por eso lo mejor suyo está en su narrativa breve —cuya primacía él defendió como Quiroga *(13.2.)*—, especialmente los cuentos recogidos en las últimas colecciones que publicó (*Cuatro libras de felicidad* y *Un cementerio en las Antillas,* ambos en Madrid, 1933), que reiteran su gusto por las psicologías que le permitían examinar lo extraño, lo macabro y lo patológico, pero con uso de técnicas más innovadoras. En su novela *El ángel de Sodoma* (Madrid, 1929) se anima a tratar el asunto de la homosexualidad muy poco después de que el ecuatoriano Pablo Palacio lo presentase en su desconcertante cuento «Un hombre muerto a puntapiés» *(17.4.).* Otro tema que le interesó y que le da cierta actualidad: el de la guerra, de cuyo horror fue testigo cercano, como puede comprobarse en varios relatos de *Los siete pecados* (Madrid, 1919) y *La voluntad de Dios* (Madrid, 1921). Hernández Catá volvió a América en 1934 y pasó sus últimos años en Río de Janeiro, donde murió en un accidente aéreo.

Textos y crítica:

ARÉVALO MARTÍNEZ, Rafael, *Obras escogidas: Prosa y poesía. 50 años de vida literaria,* Guatemala, Editorial Universitaria, 1959.
— *El hombre que parecía un caballo y otros cuentos,* ed. crít. de Dante Liano, Madrid, Archivos, 1997.
D'HALMAR, Augusto, *El hermano errante. Antología de...,* ed. de Enrique Espinoza, Santiago, Zig-Zag, 1963.
— *Obras escogidas,* pról. de Francisco Coloane, Santiago, Andrés Bello, 1970.
HERNÁNDEZ CATÁ, Alfonso, *Cuentos,* La Habana, Instituto de Literatura y Lingüística, Academia de Ciencias de Cuba, 1966.
— *Cuentos y noveletas,* ed. de Salvador Bueno, La Habana, Letras Cubanas, 1983.
PALMA, Clemente, *Cuentos malévolos,* pról. de Miguel de Unamuno, Lima, Peisa, 1974.
— *XYZ,* Lima, Edics. Perú Actual, 1934.
PRADO, Pedro, *Alsino,* Comentario de Juan Antonio Massone, Santiago, Andrés Bello, 1993.

ACEVEDO, Ramón L., *Augusto D'Halmar: novelista (Estudio de «Pasión y muerte del cura Deusto»),* Barcelona, Universidad de Puerto Rico, 1976.
ALEGRÍA, Fernando, «Pedro Prado», en Carlos A. Solé*, vol. 2, pp. 643-647.

ALONE [seud. de Hernán Díaz Arrieta], *Los cuatro grandes de la literatura chilena: Augusto D'Halmar, Pedro Prado, Gabriela Mistral y Pablo Neruda,* Santiago, Zig-Zag, 1962, pp. 9-117.

ARAGÓN, Uva de, *Alfonso Hernández-Catá. Un escritor cubano, salmantino y universal,* Salamanca, Universidad Pontificia de Salamanca, 1996.

ARRIAGADA, Julio, y Hugo GOLDSACK, *Pedro Prado, clásico de América,* Santiago, Nascimento, 1952.

— *Augusto D'Halmar. Tres ensayos esenciales y una antología,* Santiago, Ministerio de Educación Pública, 1963, 2 vols.

BOURGEOIS, Louis C., «The Tolstoyan Colony, A Chilean Utopian-Artistic Experiment», en *Hispania,* 46:3 (1964), pp. 512-518.

CABRERA, Mario Alberto, *Las ocho novelas de Rafael Arévalo Martínez,* Guatemala, Casa de la Cultura Flavio Herrera, 1975.

GULLÓN, Ricardo, «Henry James y Clemente Palma», en *Direcciones del modernismo,* Madrid, Alianza Editorial, 1990, pp. 179-187.

KASON, Nancy M., *Breaking Traditions: the Fictions of Clemente Palma,* Lewisburg-Londres, Bucknell University Press-Associated University Press, 1988.

KELLY, John R., *Pedro Prado,* New York, Twayne, 1974.

LIANO, Dante, *Arévalo Martínez: fuentes europeas, lengua y estilo,* Roma, Bulzoni, 1992.

MENTON, Seymour, *Historia crítica de la novela guatemalteca,* Guatemala, Editorial Universitaria, 1960, pp. 144-160.

MORA, Gabriela, *El cuento modernista: Gutiérrez Nájera, Rubén Darío, Leopoldo Lugones, Manuel Díaz Rodríguez y Clemente Palma,* Lima-Berkeley, 1996, pp. 173-200.

— «*La granja blanca* de Clemente Palma: relaciones con el decadentismo y Edgar Allan Poe», en *Casa de las Américas,* 205, octubre-diciembre de 1996, pp. 62-69.

ORLANDI ARAYA y RAMÍREZ, Julio y Alejandro, *Augusto D'Halmar: obras, estilo, técnica,* Santiago, Editorial del Pacífico, 2.ª ed., 1959.

Pedro Prado, 1886-1962. Vida y obra. Bibliografía. Antología, New York, Hispanic Institute of the United States, 1959.

PROMIS, José, *La novela chilena actual. Orígenes y desarrollo,* Buenos Aires, Fernando García Cambeiro, 1977.

SALGADO, María A., *Rafael Arévalo Martínez,* Boston, Twayne, 1979.

SÁNCHEZ, Luis Alberto, *Escritores representativos de América,* 2.ª serie, vol. 2, Madrid, Gredos, pp. 175-193.

SILVA CASTRO, Raúl, *Pedro Prado (1886-1952),* Santiago, Andrés Bello, 1965.

SOLARES-LARRAVE, Francisco José, *Rafael Arévalo Martínez. Una introducción y análisis de los recursos narrativos en «Cratilo» y otros cuentos,* Guatemala, Dirección General de Bellas Artes, 1985.

YATES, Donald A., «Clemente Palma: *XYZ* y otras letras fantásticas», en Augusto Tamayo Vargas (ed.), *Literatura de la Emancipación hispanoamericana,* Lima, Universidad de San Marcos, 1972, pp. 294-299.

13.10. «Arielistas», ensayistas, críticos y pensadores

Por su misma naturaleza, la producción en el campo de la crítica, la reflexión ideológica y la especulación filosófica no tiene límites precisos y escapa a los marcos referenciales de las otras formas de creación literaria: los intersecta o los ignora, los sigue o los contradice. Eso explica que en esta sección nos encontremos con un conjunto heterogéneo de nombres, salidos de muy diversas generaciones, escuelas de pensamiento y posiciones ideológicas. Difícil manejar y ordenar esa muchedumbre; casi a modo de ejemplo de esa heterogeneidad, comentaremos a continuación las obras de los que nos parecen merecer más atención, dando preferencia a los que tienen mayor trascendencia literaria pero sin ignorar por eso a los que nos permiten reconstruir el perfil del proceso intelectual de su época. Y lo haremos viéndolos en conjunto, para no alargar más este capítulo.

Quizá debamos comenzar con una mención del «arielismo» y sus representantes. Tampoco eso es fácil porque los «arielistas» no constituyeron un grupo definido y no pocos de ellos elaboraron a partir del pensamiento de Rodó *(12.2.3.)* teorías que estaban en los antípodas del maestro uruguayo; es un pasaje difuso, contradictorio y sin embargo importante del pensamiento americanista contemporáneo. Incluso puede decirse que la actividad intelectual de las dos primeras décadas del siglo XX está dominada por el esfuerzo de asimilación, interpretación y reactualización del famoso *Ariel,* que, pese a sus limitaciones, parecía haberse adelantado en la denuncia de ciertos males que la nueva coyuntura geopolítica continental había agravado. La Revolución Mexicana *(14.2.),* la Revolución Rusa y la Primera Guerra Mundial configuran un escenario en el que el cuestionamiento del destino latinoamericano tenía una especial urgencia; en ese contexto, la naturaleza «evangélica» del mensaje de *Ariel* —de la que su propio autor era consciente— dio origen a lecturas singulares y hasta imprevisibles. Dos cuestiones esenciales, que hunden sus raíces en la revolución iniciada por el modernismo *(11.1.),* surgen de ese libro y plantean nuevas alternativas: la interpretación cultural de la región («la identidad hispanoamericana» o latina) y la función que el intelectual debía cumplir en ese esfuerzo de creación colectiva. Cuestión ardua tanto por el carácter multirracial de nuestra cultura y sus peculiaridades regionales como porque la actividad intelectual estaba restringida por las dictaduras, la marginación de la población indígena, la represión del pensamiento libre y la influencia del poder imperialista norteamericano.

El impacto de las ideas socialistas y de la agitación sindicalista contra la injusticia económica y social abre el camino para nuevas formulaciones que se apoyan en el idealismo arielista, pero que van mucho más lejos. Los movimientos estudiantiles de 1908 en México y Uruguay, así como la fundación en 1910 del Ateneo de la Juventud *(14.1.)* en aquel país y aun el movimiento de Reforma Universitaria que surgió en 1918 en Córdoba, Argentina, y se extendió por toda América, confirman que la prédica de Rodó seguía viva para los más jóvenes. Incluso mucho más tarde la cuestión no se había apagado y había quienes lo exaltaban o criticaban como si fuese un libro de actualidad; ejemplo de eso es el ensayista boliviano Fernando Díez de Medina (1908-1990), crítico e historiador de la literatura de su país, que, en 1954, publica *Sariri,* una tardía «réplica al *Ariel* de Rodó» que sugiere reemplazar la tríada Próspero-Ariel-Calibán por Thunupa-Makuri-Sariri, figuras legendarias de su mundo indígena que son los emblemas de su postura espiritualista. Por otro lado, el «arielismo» se transforma también gracias a un reflujo de las ideas positivistas y evolucionistas que trataban de ofrecer teorías sobre nuestra variedad racial y cultural; los que se inclinan por esta vertiente se hallarán muy pronto defendiendo causas reaccionarias (el militarismo y el fascismo, entre ellas), alentados por un creciente determinismo racista, una fascinación por las dictaduras y otras formas de supremacía con bases biológicas o voluntaristas. El propio Rodó se habría horrorizado de los extremos a los que habían llevado ciertas lecturas perversas de su mensaje.

Por insertarse en contextos culturales nacionales específicamente distintos, estudiaremos en otros apartados a algunos importantes «arielistas», como Vasconcelos *(14.1.3.)* y Pedro Henríquez Ureña *(14.1.4.),* cuyas obras, además, evolucionan luego en direcciones muy distantes de ese estímulo inicial como para marcarlas en su integridad. Entre los restantes, uno de los más notorios es el peruano Francisco Calderón (1883-1953), que plantea un caso curioso. Su larga residencia en Francia hizo de él un escritor bilingüe y un francófilo declarado. Influido por las ideas organicistas de Gustave Le Bon y el idealismo de Bergson, dedicó varias obras a la cuestión de definir América frente a Europa y Estados Unidos. Las dos más importantes son *Les démocraties latines de l'Amérique latine* (París, 1912; traducida al castellano sólo en 1979) y *La creación de un continente* (París, 1913). Ambos libros son ejemplos del pensamiento conservador de Hispanoamérica anterior a la Primera Guerra Mundial. En el primero, García Calderón contempla a América con una mezcla algo confusa de angustia y esperanza. Según él, el «espíritu latino» confrontaba una triple y formidable amenaza externa: la que representaban Alemania, Estados Unidos y el Japón. Internamente, la situación no era mejor: el continente no sólo estaba afectado por los fenómenos del caudillismo y la anarquía, sino por el problema racial, que era «de suma gravedad», pues «explica el progreso de algunos pueblos y la decadencia de otros». Es precisamente la parte dedicada a la cuestión de las razas la que contiene la visión más prejuiciosa del libro. Defensor de un eurocentrismo apoyado en bases seudocientíficas, hace una síntesis racista de la cultura latinoamericana, en la que los negros y los indios aparecen como razas primitivas, incapaces de contribuir al avance democrático. El propio mestizaje es un proceso que «produce a menudo tipos desproporcionados física y moralmente». El autor buscaba una imposible unidad o armonía racial, una «raza homogénea» que permitiese salvar «la vitalidad latina» amenazada en el resto del mundo.

Este tema de la unificación racial y de los fundamentos para alcanzar su definitiva autonomía cultural es la materia principal de *La creación...*, especie de meditación escrita en una prosa decorativa y enfática, de clara estirpe modernista. El problema racial sigue preocupándolo y, aunque ahora expresa una visión grandiosa sobre «la Nueva Raza Americana», su creencia en el determinismo ambiental le sugiere afirmaciones de sabor frenológico como ésta: «El cráneo del judío [ambientado en América] lentamente cambia de forma». Ceguera insólita que hoy es fácil reconocer, pero que encandiló incluso a los hombres más cultos de la época. El final del autor fue trágico: terminó en un hospital psiquiátrico de Lima, donde se encontró con el poeta Martín Adán *(17.3.)*.

Su hermano menor, Ventura García Calderón (1887-1959), fue también un afrancesado (una porción de su obra tardía está escrita en esa lengua) y cultivó, con elegancia y refinamiento artístico, variados géneros, entre los cuales destacó sobre todo como cuentista en *La venganza del cóndor* (Madrid, 1924) —su contribución «indigenista» *(17.8.)*— y como crítico literario, generalmente de buen gusto y capaz de decir mucho con pocas palabras; ejemplo de eso lo tenemos en *La literatura peruana* (París-Nueva York, 1914), que sintetiza con habilidad y gracia cuatro siglos de letras nacionales. Fue un gran difusor de las letras peruanas e hispanoamericanas en Europa; su labor de publicista y antólogo fue intensa y lo mejor de él. Entre lo que nos dejó, quizá lo más permanente esté en sus antologías *Parnaso Peruano* (Barcelona, 1914) y la amplia *Biblioteca de Cultura Peruana* (París, 1939), serie de trece cuidados volúmenes en la que colaboraron los historiadores Raúl Porras Barrenechea y Jorge Basadre *(18.1.4.)* y que es una fuente fundamental para el conocimiento de esa literatura desde el tiempo de los incas. Cabe, sin embargo, hacerle un grave reparo que encierra una paradoja: aunque, igual que su hermano Francisco y gran parte de la Generación peruana del 900, Ventura era una personalidad cosmopolita con gustos e inclinaciones propios del esteticismo modernista, ignoró por completo la poesía de Eguren *(13.6.1.)*; descalificó también —tal vez por un concepto estrecho de la «peruanidad»— a González Prada *(11.6.)*, cuyos ensayos más importantes le parecían meras «misceláneas», y mantuvo una distancia frente al grupo reunido alrededor de *Colónida* de Valdelomar *(13.6.1.)*. Algunos sospechan que en estas actitudes no hubo ignorancia, sino mala intención.

Esos mismos gustos, reservas y limitaciones se observan en otro novecentista peruano: el erudito José de la Riva-Agüero (1885-1944), aristocrático miembro de la alta burguesía limeña. Lo interesante de él es que fundó los estudios literarios e historiográficos modernos en su país. Es autor de dos libros clave en esos campos: *Carácter de la literatura del Perú independiente* (Lima, 1905) y *La historia en el Perú* (Lima, 1910). El primero tiene el mérito adicional de haber sido una tesis universitaria escrita cuando el autor tenía diecinueve años. Ambos son típicas obras de erudición académica e intentos de abarcar grandes conjuntos, pero al mismo tiempo no dejan de ser enfoques muy personales, aparte de ejemplos de prosa pulcramente castiza (su modelo era Menéndez y Pelayo) y de trabajada precisión. Lo mismo puede decirse de sus pioneros estudios sobre el Inca Garcilaso *(4.3.1.)*. *Paisajes peruanos* (Lima, 1955) es un libro que convierte en brillantes imágenes sus impresiones de viajero por el interior del país. Su orgulloso hispanismo y el catolicismo a ultranza que mostró desde el principio lo fueron llevando inexorablemente a la defensa de posiciones reaccionarias y finalmente a la adhesión al fascismo italiano. Es irónico que en su país fuese considerado la cabeza visible del «arielismo» local, pues reprochaba a Rodó su helenismo aplicado a un continente que él veía irremediablemente contamindo por el influjo de indios y negros.

La triste verdad de esta fase del pensamiento americanista es que varias figuras —cuya importancia alcanzó alturas que hoy casi no podemos explicar— cayeron en la misma trampa que Riva-Agüero y otros, y en errores aún más graves, cometidos precisamente bajo un manto cientificista. Nos referimos a unos pocos aquí, quizá a modo de ejemplo moral de los males a los que puede arrastrar el prejuicio convertido en teoría. El argentino Carlos Octavio Bunge (1875-1918) publicó, cuando el eco de *Ariel* todavía estaba muy vivo en el ambiente, un libro desconcertante: *Nuestra América* (Buenos Aires, 1903). El sabor martiano del título es equívoco: Bunge era otro discípulo de las teorías de Le Bon sobre la influencia de los caracteres raciales en la psicología social de los pueblos, y su visión de América no podía ser más negativa. Al revés de Rodó, era un entusiasta del determinismo científico y trataba de aplicar mecánicamente al estudio sociológico el evolucionismo darwiniano. Así habla de razas superiores, subrazas, leyes de supremacía, etc. Sólo la raza blanca y los valores europeos y auténticamente cristianos tienen posibilidades reales de adelanto social, de lo que pone como ejemplo a Estados Unidos y el México porfirista. Otro ensayista argentino, José Ingenieros (1877-1925), una autoridad en los estudios sociales y criminológicos de su época, defiende ideas semejantes en *Sociología argentina* (Buenos Aires, 1910), aunque a veces suene más moderado que Bunge. Era un evolucionista seguidor de Herbert Spencer y, pese a creer en el socialismo, llega a justificar la esclavitud como una manifestación jurídica de un inescapable hecho biológico. *El hombre mediocre* (Madrid, 1913) fue, en su momento, uno de los libros más populares e influyentes. El más «arielista» además, porque en él Ingenieros combinaba su habitual evolucionismo spenceriano con un idealismo social. El ensayo condenaba la docilidad y el conformismo del individuo «mediocre» y admiraba el espíritu renovador del hombre superior en busca del cambio social.

Otro ensayista cuyo pensamiento tiene conexiones con el de estos dos es el boliviano Alcides Arguedas (1879-1946), conocido también como novelista, especialmente por su *Raza de bronce* (La Paz, 1919), que anuncia la futura preocupación indigenista *(17.8.)*, aunque él, por sus orígenes —pertenecía a lo más rancio de la oligarquía minera paceña y estaba vinculado a Simón Patiño, el magnate del estaño—, lo tratase con prejuicios clasistas. Su ensayo más conocido es *Pueblo enfermo* (Barcelona, 1909), que muestra ampliamente su radical pesimismo: una mezcla de fatales leyes biológicas, razones históricas y circunstancias ambientales han hecho del indígena una raza «atrofiada» o «enferma». Peor es el problema que presenta la psiquis del mestizo o *cholo,* en quien se agudizan las fallas genéticas de sus componentes raciales y que ni siquiera es capaz de liberarse de los condicionamientos que lo esclavizan. En este triste cuadro de razas condenadas, sólo hay un paliativo: la educación, que, si no los convertirá en hombres realmente civilizados, al menos los hará seres útiles: buenos campesinos, obreros o soldados. Quizá no sea del todo extraño que en la tercera edición del libro (Santiago, 1937) Arguedas añadiese *Mein Kampf* de Adolf Hitler a la lista de autoridades sobre el problema social.

Una saludable reacción a estas descabelladas propuestas proviene de su compatriota y coetáneo Franz Tamayo (1879-1956), poeta además de ensayista y vigoroso polemista político (recuérdense sus choques parlamentarios con Jaimes Freyre *[12.2.6.]* sobre la cuestión del acceso marítimo para Bolivia). Era una mentalidad filosófica, que influyó poderosamente en Díez de Medina, pero su prédica tuvo un dominante matiz educativo: en *Creación de la pedagogía nacional* (La Paz, 1910), que él llama «libro de batalla y libro de reflexión», defiende la causa indigenista en un tono de exaltación, y lo hace, paradójicamente, reelaborando ideas que provenían de sus lecturas de Nietzsche. Quizá sea bueno recordar en éste que, antes, otro lector de Nietzsche, el mexicano Justo Sierra *(10.11.)*, había planteado en su célebre discurso en el Teatro Abreu de 1908, en homenaje al maestro positivista Gabino Barreda *(10.1.)*, lo que bien podría asimilarse al espíritu «arielista»: fue una advertencia serena y equilibrada contra los peligros absolutistas de la ciencia moderna, y una invitación a la duda para no caer en la aplicación ciega de sus leyes.

En el polo opuesto de la mayoría de los ensayistas que acabamos de examinar encontramos al argentino Manuel Ugarte (1875-1951), uno de los introductores del pensamiento radical en América y una figura cuyo prestigio en el campo de la vida social y política fue enorme. Ese prestigio se debe principalmente a dos libros: *El porvenir de América Latina* (Valencia, 1910) y *El destino de un continente* (Madrid, 1923), en los que llevó el mensaje arielista al encuentro con las ideas socialistas europeas y la doctrina antiimperialista. Predicó tenazmente en contra de la balcanización de países encerrados en culturas de campanario y en favor de lo que él llamaba «la nación latinoamericana»: una unidad de múltiples colores. Escribió muchos otros libros y en varios géneros, pero nada de eso tiene vigencia ahora, y aun como ideólogo americanista pocos lo recuerdan. Hay que reconocerlo, sin embargo, como uno de los que echó las bases teóricas —antes que Mariátegui *(17.8.)*— del pensamiento marxista y del activismo izquierdista continental. Vivió largos años en París, donde publicó varias obras, y murió en Niza. A su lado puede colocarse a Emilio Frugoni (1880-1969), poeta y pensador uruguayo. Es autor, entre otros, del libro de ensayos titulado *La sensibilidad americana* (Montevideo, 1929), en el que hace planteamientos sobre literatura y estética que tienen un marcado compromiso con la ideología izquierdista. En el largo ensayo que da título al libro afirma: «Si la lucha es entre la reacción y la revolución, con ésta ha de estar América si quiere encontrarse a sí misma en la historia de la humanidad».

No es frecuente encontrar en las historias literarias el nombre de Rafael Barrett (1872-1910) entre los ensayistas del período; hay ciertas razones para ello. Primero, por su origen: había nacido en Asturias, de padre inglés, y tenía esta nacionalidad. Pero aunque se educó en España y tuvo contactos con miembros de la Generación del 98 como Maeztu, Valle-Inclán y Baroja, llega a los veintisiete años a América y sufre una completa transformación: de hombre de vida acomodada, pasa a ser obrero y campesino en Argentina, Uruguay y Paraguay. Además, porque, como trasplantado, adoptó un continente y una causa: el anarquismo. Podría llamársele un «escritor rioplatense» (porque escribió con hondura sobre esos países), pero su identificación con Paraguay es decisiva y tiene un resultado literario fundamental para este país: los artículos recopilados bajo el título *El dolor paraguayo* (Montevideo, 1911). Barrett se sentía como un escritor «comprometido», antes de que esta expresión se difundiese: la lucha de los humildes por la justicia social era suya y la expresó con indudable pasión. Su obra es del todo americana, pues escribió de su realidad física, social e histórica como si fuese propia.

Sus textos (ensayos, artículos, cartas, cuentos) son directas expresiones de una lucha y una experiencia a las que fue estrictamente fiel. Esa obra presenta un caso de veras singular, en el que el pensamiento del 98 español y su temática tienen una prolongación hispanoamericana. Su principal trinchera fue el periodismo; en sus artículos queda retratado como un humanista libertario al que la realidad de la dictadura le hizo pensar que la solución estaba en las utopías anarquistas, entonces de moda. Un buen conjunto de ellos puede encontrarse en *Germinal* (1908), revista fundada por él en Asunción. Lo interesante es que este luchador era también un pensador lúcido y un estilista, un prosista realmente moderno, de períodos desgarrados y animados por una emoción que todavía conserva su energía. Aunque *El dolor paraguayo* apareció póstumamente, Barrett tuvo tiempo de reunir los artículos que lo formarían y que corresponden, casi todos, a los tres últimos años de su vida (moriría en Arcachon, Francia). Otro mérito de Barrett: es el primero en escribir sobre la cultura y la lengua guaraníes en Paraguay. En esos años pocos paraguayos lo hicieron con más conocimiento y solidaridad por este país que Barrett.

De los muchos nombres de ensayistas activos en el campo de los estudios literarios, limitémonos sólo a cuatro. Primero, el argentino Ricardo Rojas (1882-1957), historiador y estudioso de la literatura de su país y la hispanoamericana en general. Su obra es vastísima y cubre varios géneros, incluyendo poesía y teatro. Durante largos años fue profesor y alta autoridad en la Universidad de Buenos Aires, donde fundó la cátedra de Literatura Argentina y el Instituto de Literatura Argentina, que, a su muerte, llevaría su nombre. Sus intereses abarcaban de la filología al foclore y la historia. De todo, lo más valioso está en el monumental trabajo que se titularía *Historia de la literatura argentina* (Buenos Aires, 1917-1921)[6], revisada y reeditada varias veces (llegó a tener ocho volúmenes) y que puede compararse con esfuerzos similares para otras literaturas, como los de Luis Alberto Sánchez *(18.1.3.)* en el Perú.

Borges *(19.1.)* se burlaba de ella diciendo que era «más vasta que la literatura argentina», pero no cabe duda de que es la primera recopilación integral de las letras nacionales; Rojas, en verdad, crea el primer respaldo historiográfico de ese concepto —siguiendo los lineamientos de Taine y Hegel para ligar literatura y nacionalidad—, aunque haya más erudición y búsqueda de fuentes que penetración crítica. Su ensayo más polémico y famoso es *Eurindia* (Buenos Aires, 1924), que presenta como «ensayo de estética fundado en la experiencia histórica de las culturas americanas». Bajo ese nombre inventado por él como símbolo de la síntesis americana (Europa/India) presenta una fórmula estética para crear algo nuevo, que abreve en ambas fuentes sin ser propiamente ninguna de las dos. En 1939 publicó una versión moderna y en verso del *Ollantay (6.8.1.)*, drama indígena colonial, bajo el título *Ollantay, tragedia de los Andes.* Los lectores argentinos lo recuerdan también como biógrafo y autor de estudios sobre San Martín y Sarmiento *(8.3.2.).*

Otros historiadores y críticos que fundaron o contribuyeron a establecer en sus respectivos países el concepto de «literatura nacional» y las bases historiográficas del proceso literario continental son el uruguayo Alberto Zum Felde (1889-1976) y el chileno Hernán Díaz Arrieta (1891-1984), más conocido como «Alone». Ambos dejaron una obra muy amplia e influyente en su tiempo, pese a que —con la perspectiva que tenemos ahora— podemos ver más las limitaciones de sus esquemas todavía ligados a nociones de origen positivista que sus virtudes. Pero tuvieron el mérito de la devoción y tenacidad con las que trabajaron en medios donde los estudios literarios, por carecer de continuidad, tenían una pobre tradición. Zum Felde era más académico y algo menos impresionista que «Alone», que se prodigó —quizá demasiado— en la tarea periodística, «el vicio impune» como él mismo lo llamó. Al primero se le deben numerosos estudios sobre narrativa uruguaya y un consultado *Índice crítico de la literatura hispanoamericana* (México, 1954-1959); al segundo se le recuerda por trabajos sobre Bello *(7.7.)*, Blest Gana *(10.2.)*, Gabriela

---

[6] En realidad, en esta primera edición apareció como *La literatura argentina. Ensayo filosófico sobre la evolución de la cultura en el Plata.*

Mistral *(15.3.2.)* y por su *Historia personal de la literatura chilena. Desde Alonso de Ercilla hasta Pablo Neruda* (Santiago, 1954).

El último de este grupo es el ecuatoriano Gonzalo Zaldumbide (1885-1965), que escribió, aparte de poesía y la novela *Égloga trágica* (Quito, 1956), variados trabajos de análisis y divulgación de figuras literarias como Montalvo *(9.6.)*, Rodó y otros que confirmaban, para él, la permanencia de la actitud «americanista» en nuestras letras. Entre sus numerosos libros —bastante influyentes en su época— está el titulado *Cuatro clásicos americanos* (Buenos Aires, 1947), en el que reúne, junto a los autores citados, a Juan María Gutiérrez *(8.3.5.)* y a Gaspar de Villarroel *(4.3.3.)*, cronista menor del XVII que difícilmente puede ser considerado un «clásico».

En el campo de la investigación etnográfica destaquemos a un notable pionero: el cubano Fernando Ortiz (1881-1969), autor de numerosísimos trabajos especializados que escribió a lo largo de setenta años, pero digno de mención por las cualidades literarias de su *Contrapunteo cubano del tabaco y el azúcar* (La Habana, 1940), un libro que puede interesar a cualquier lector (incluso a aquel a quien no le atraen esos temas). No es una monografía: es un auténtico ensayo que conjuga armoniosamente observaciones e investigaciones antropológicas, sociológicas, económicas, folclóricas, culturales, etc. Es un texto agudo, colmado de información de primera mano y sobre todo admirablemente escrito (lo que no siempre puede decirse de la ciencia social entre nosotros), animado por una prosa vivaz, comunicativa, en la que brillan imágenes de sabor poético y popular. En realidad, el libro se compone de dos partes desiguales: el largo ensayo que lleva ese título y su estudio complementario «Transculturación del tabaco habano e inicios del azúcar y de la esclavitud de negros en América», que tiene un tono más académico; nos referimos aquí al primer texto, que es la pieza clave del libro y al que precede una elogiosa introducción del profesor Bronislaw Malinowski, uno de los fundadores de la antropología moderna. Ortiz comienza citando al Arcipreste de Hita y su alegoría dialogada «Pelea que oyó Don Carnal con Doña Quaresma» para proponernos otra: la «Pelea de Don Tabaco y Doña Azúcar», parábola ejemplar de la economía cubana que hunde sus raíces en su historia colonial y delata su dependencia respecto de centros de poder extranjero. Al mismo tiempo señala cómo estos elementos pasan a la música, la literatura, las tradiciones criollas de la isla. Incluso el aspecto racial (el esclavismo como base económica del ingenio azucarero) no está ausente de su esquema, que liga la explotación humana a la riqueza nacional: son emblemas de su drama colectivo. También aparece en el contrapunteo una dialéctica moral: el azúcar blanca e indispensable para la dieta, el tabaco oscuro y asociado con el placer. Al final de su trabajo, el autor observa que quizá haya un tercer protagonista en el diálogo: el alcohol que se saca de la caña y que frecuentemente se acompaña con el tabaco. Y el alcohol, nos dice, «es fuego, fuerza, espíritu, embriaguez y pensamiento».

Entre los ensayistas de vocación más filosófica quedémonos con el que consideramos el más destacado: el pensador uruguayo Carlos Vaz Ferreira (1873-1958), uno de los iniciadores de la especulación filosófica pura, aunque también dedicó atención a cuestiones pedagógicas, sociales y científicas. Es autor de una vasta obra de pensamiento que se extiende por seis décadas, lo que hace difícil ubicarlo en una sola época histórica. De su producción hay que mencionar *Moral para intelectuales* (Montevideo, 1909), *Lógica viva* (Montevideo, 1910), *Sobre feminismo* (Montevideo, 1933) y *Tres filósofos de la vida: Nietzsche, James, Unamuno* (Montevideo, 1965). El título de *Lógica viva* debe entenderse como referencia a una lógica aplicada al vivir y al acto mismo de pensar; lo que plantea es una especie de *psico-lógica*, que explique cómo pensamos los hombres y por qué nos equivocamos. Al leer este libro y *Moral...*, hay que tener presente que el primero es sólo el «proyecto» de una obra mayor, y que el segundo es la versión taquigráfica de un curso de moral dictado en 1908. Aunque mucho menos conocido fuera de su país que su contemporáneo Rodó, este miembro de la «Generación del 900» es una figura de relieve en el panorama del pensamiento hispanoamericano del siglo xx.

Hemos dejado para el final a los dos ensayistas que consideramos más interesantes y vigentes de todo el grupo. Son también cronológicamente los mayores: el cubano José Enrique Varona (1849-1933) y el colombiano Baldomero Sanín Cano (1861-1957). Véanse sus respectivas fechas de nacimiento y se comprobará que el primero es mayor que Martí y el segundo antecede a Darío. No es que nos hayamos olvidado de ellos en nuestro esquema histórico: es que por lo extenso de sus vidas activas (Sanín murió casi centenario) atravesaron por varias épocas, estando lo mejor que produjeron en la porción más reciente de su cosecha. De hecho, puede decirse que ambos son nuestros más viejos contemporáneos: hombres que por el sesgo de sus obras o el tipo de preocupaciones que tuvieron corresponden a una época bastante próxima a la nuestra. Estudiémoslos, pues, con cierta atención.

Varona empezó a publicar libros en 1869 (su traducción de las *Odas anacreónticas* es de ese año) y continuó haciéndolo hasta pocos años antes de su muerte: enorme arco que cubre más de 60 años y cuatro generaciones. Eso le permitió participar como actor o reaccionar como testigo ante importantes acontecimientos literarios, sociales y políticos; de hecho, a la muerte de Martí *(11.2.)* lo reemplazó en la dirección de *Patria,* el órgano del Partido Revolucionario Cubano. Tampoco deben olvidarse sus tempranos juicios sobre la poesía de Julián del Casal *(11.4.).* La dramática historia de su país, que pasa de la colonia a la guerra liberadora y de allí a la dependencia de Estados Unidos, la república y la dictadura, se refleja nítidamente en sus libros y marca su evolución. Le interesaron muchas cosas: la cuestión filosófica del hombre, la historia, el arte y sobre todo la cuestión de la independencia cubana, causa que tuvo en él un defensor indeclinable después de 1870, en que escribió *La hija pródiga,* una «alegoría dramática» en favor de una paz justa con España. Por el resto de su vida fue la conciencia intelectual de Cuba.

Aunque venía de la provincia (nació en Camagüey), tenía una sólida formación en la vieja escuela humanista, con conocimiento de lenguas clásicas y modernas. Su quehacer intelectual fue múltiple, pero tendía a expresarse a través de conferencias, artículos periodísticos y breves monografías. Ejemplo de lo primero son sus tres series de *Conferencias filosóficas* (La Habana, 1880, 1888) sobre lógica, sociología y moral; de lo segundo, *Desde mi belvedere* (La Habana, 1907; ed. definitiva, 1917), páginas que muestran su curiosidad intelectual y su finura de prosista. Aquellas conferencias deben contarse entre los pocos libros orgánicos que escribió: casi todo el resto es prosa dispersa, fragmentaria y de ocasión. Hay una evolución en el pensamiento y el estilo de Varona: progresivamente, pero sobre todo a partir de 1914, va pasando de un optimismo fundado en el positivismo y una forma de tonos oratorios a una actitud filosóficamente escéptica y una mayor condensación expresiva.

Lo más meritorio de él y lo que tiene mayor interés para los lectores no cubanos está en esa última porción de su obra, especialmente en el momento en que su mente filosófica llega a la síntesis total de su pensamiento bajo la forma de aforismos, como puede verse en el notable *Con el eslabón* (Manzanillo, Cuba, 1927). Una aclaración sobre el título: la palabra *eslabón* está usada en el sentido del hierro del que salta la chispa al chocar con el pedernal, nombre muy apropiado para estos textos por el carácter instantáneo de su revelación. Son, como él dice en el prólogo, «gotas de metal en ignición cayendo sobre molde elástico [...] Estos breves párrafos son las chispas de un alma herida por la realidad circunstante». Muestran la modernidad y la originalidad de Varona, y justifican que lo saquemos de su marco cronológico y lo coloquemos aquí. Quizá cabe recordar que el aforismo ha sido siempre un género afín a la reflexión filosófica, desde los presocráticos, y que varios pensadores hispanoamericanos lo han usado (Samuel Ramos *[18.1.1.]*, Franz Tamayo, Vaz Ferreira, entre otros), y también Ludwig Wittgenstein, Theodor W. Adorno y Elias Canetti. Los aforismos de Varona son realmente admirables, la obra de un pensador maduro y de notable precisión verbal. Estos pocos ejemplos pueden probarlo:

El lenguaje para ser puro, ha de tener la primera cualidad del cristal: la transparencia.
La teosofía, a pesar de su gran nombre, es prima hermana de la filosofía.
Caerse es peligroso, pero decaer es mortal.

Es difícil ubicar adecuadamente la obra de Sanín Cano; tampoco es fácil encontrarle paralelos, salvo en Alfonso Reyes *(14.1.1.)*, al que se acerca por su voraz curiosidad y saber enciclopédico. Primero hay que tener en cuenta que su obra comienza en las últimas décadas del siglo XIX y se extiende, infatigablemente, hasta mediados del siguiente. Y aunque comparte las preocupaciones generales de los ensayistas del primer tercio del siglo XX, lo más significativo de ella marcha claramente en otra dirección: la de nuestro tiempo. Algo más: Sanín comparte el curioso destino de ser un «clásico de América», recordado y venerado, pero apenas leído hoy fuera de Colombia. Y sin embargo pocos escritores podrían ser más actuales que él por el singular perfil de su cultura y de sus inquietudes intelectuales. Gran figura que hay que redescubrir, este autor quizá sufra las consecuencias de una obra ensayística dispersa, inseparable a veces de su labor de periodista y cronista. No hay núcleo en esa obra, animada por un impulso centrífugo, por el encuentro casual y siempre libre con temas y escritores. Sanín estaba lleno de ideas, pero carecía de teorías por defender (lo que no impidió que entre él y el marxista Mariátegui surgiese un auténtico aprecio). En su prolongada vida actuó en política (era un liberal que no tuvo reparos en recibir el premio Lenin) y escribió libros sobre ella, desempeñó importantes cargos oficiales, diplomáticos y culturales, fue profesor universitario y corresponsal en Madrid y Buenos Aires. Pero es su largo período de residencia en Londres (1909-1922) el que marcó su destino de escritor, al ponerlo en contacto con un mundo cultural que de otro modo no habría conocido y que le reveló lo mejor del ensayo y el periodismo británicos. La primera recopilación importante de sus ensayos es *La civilización manual y otros ensayos* (Buenos Aires, 1925). Algunos pasajes del prólogo dan una idea del tono irónico, sereno y cordial de su pensamiento:

> Sírvame el ser esta *[sic]* la primera vez que me dirijo al público con la premeditada intención de hacerle pasar la vista sobre un libro mío después de haberle inducido, tal vez con demasiada intemperancia del vocablo, a leer los ajenos. Servirá también de exculpación al intento del autor y al contrario valor de los editores (que admiro con igualdad y plenitud) la circunstancia de no tener este libro carácter didáctico ni profético, hoy que la pedagogía, la inspiración y el éxtasis hacen de las suyas con tanta diligencia como exactitud.

El ensayo que da título al libro es una finísima meditación sobre la importancia de la mano en la cultura y el arte de todos los tiempos. Otros textos dedicados a Nietzsche, Shakespeare o el anglo-argentino William Henry Hudson *(10.3.4.)* muestran la amplitud de sus intereses. Una revisión de sus otros libros de ensayos —*Indagaciones e imágenes* (Bogotá, 1926), *Crítica y arte* (Bogotá, 1932), *El humanismo y el proceso del hombre* (Buenos Aires, 1955)— confirma la percepción crítica con la que discernía lo más valioso o novedoso en el vasto panorama de la literatura mundial para presentarlo al público hispanoamericano: Marinetti, Shaw, Carducci, Ruskin, Cyril Connolly, Evelyn Waugh, Christopher Isherwood, Aldous Huxley, O'Neill y tantos otros.

Esto no significa que descuidase el estudio de la literatura de su país, como puede verse en *Letras colombianas* (México, 1944), y menos la hispanoamericana. Es evidente que, por sus gustos, por su tono y su discreción intelectual está mucho más cerca de nuestra sensibilidad que muchos ensayistas posteriores a él. Una nota admirable de su obra es la total falta de pretensión con la que encaraba el ejercicio de la crítica; escribió: «Para el crítico la verdad no existe; su oficio es comprender, y, en un caso de arrogancia, explicar» (*Ensayos,* Bogotá, 1942). Fue un maestro del ensayo breve y también un maestro de la prosa, que manejó con elegancia, precisión y plasticidad. Existe una línea, no bien observada, que va de Sanín Cano a Reyes, a Borges *(19.1.)* y después a los más jóvenes ensayistas de hoy. En una sociedad culturalmente volcada sobre sí misma como la colombiana, cumplió un papel capital: la de abrir ventanas para contemplar la cultura del mundo y hacerla circular para el conocimiento y disfrute de otros.

Textos y crítica:

ARGUEDAS, Alcides, *Pueblo enfermo,* Barcelona, Vda. de Tasso, 1909; def. Santiago de Chile, Ercilla, 3.ª ed., 1937.

BARRETT, Rafael, *El dolor paraguayo,* ed. de Miguel Ángel Fernández; pról. de Augusto Roa Bastos, Caracas, Biblioteca Ayacucho, 1978.

DÍAZ ARRIETA, Hernán («Alone»), *Historia personal de la literatura chilena, desde Alonso de Ercilla hasta Pablo Neruda,* Santiago, Zig-Zag, 1954.

— *El vicio impune (50 años de crónica literaria),* ed. de Alfonso Calderón, Santiago, Red Internacional del Libro, 1997.

DÍEZ DE MEDINA, Fernando, *Sariri,* La Paz, Alfonso Tejerina, 1954.

GARCÍA CALDERÓN, Francisco, *Las democracias latinas de América. La creación de un continente,* pról. de Luis Alberto Sánchez, Caracas, Biblioteca Ayacucho, 1987.

GARCÍA CALDERÓN, Ventura, *Obra literaria selecta,* pról. de Luis Alberto Sánchez, Caracas, Biblioteca Ayacucho, 1977.

ORTIZ, Fernando, *Contrapunteo cubano del tabaco y el azúcar,* introd. de Bronislaw Malinowski; ed. de Julio Le Riverend, Caracas, Biblioteca Ayacucho, 1978.

RIVA-AGÜERO, José de la, *Afirmación del Perú,* ed. de César Pacheco Vélez, Lima, Pontificia Universidad Católica del Perú, 1960.

ROJAS, Ricardo, *Eurindia,* Buenos Aires, Losada, 1951.

SANÍN CANO, Baldomero, *Ensayos,* ed. de Juan Gustavo Cobo Borda, Bogotá, Instituto Colombiano de Cultura, 1977.

— *El oficio de lector,* ed. de Juan Gustavo Cobo Borda, Caracas, Biblioteca Ayacucho, 1989.

TAMAYO, Franz, *Obra escogida,* ed. de Mariano Baptista Gumucio, Caracas, Biblioteca Ayacucho, 1979.

UGARTE, Manuel, *La nación latinoamericana,* ed. de Norberto Galasso, Caracas, Biblioteca Ayacucho, 1987.

VARONA, Enrique José, *Textos escogidos,* ed. de Raimundo Lazo, México, Porrúa, 1974.

VAZ FERREIRA, Carlos, *Lógica viva. Moral para intelectuales,* ed. de Manuel Claps y Sara Vaz Ferreira, Caracas, Biblioteca Ayacucho, 1979.

ZALDUMBIDE, Gonzalo, *Selección de ensayos,* Quito, Casa de la Cultura Ecuatoriana, 1976.

ZUM FELDE, Alberto, *Índice crítico de la literatura hispanoamericana,* México, Guarania, 1954-1959, 2 vols.

ALBA-BUFFILL, Elio, *Enrique José Varona: crítica y creación literaria,* Madrid-Miami, Hispanova, 1976.

COBO BORDA, Juan Gustavo [sobre Sanín Cano], *La tradición de la pobreza,* Bogotá, Carlos Valencia Editores, 1980.

CORRAL, Francisco, *El pensamiento cautivo de Rafael Barrett. Crisis de fin de siglo, juventud del 98 y anarquismo,* Madrid, Siglo XXI, 1994.

FRANCOVICH, Guillermo, *El pensamiento boliviano en el siglo XX*, México, Fondo de Cultura Económica, 1956.

FERNÁNDEZ FERRER, Antonio (ed.), *La isla infinita de Fernando Ortiz* [Est. y antol.], Alicante, Instituto de Cultura «Juan Gil-Albert», 1998.

LOAYZA, Luis, *Sobre el 900,* Lima, Hueso Húmero Ediciones, 1990.

Órbita de Fernando Ortiz, La Habana, UNEAC, 1973.

OVIEDO, José Miguel, *Breve historia del ensayo...*,* caps. 2.II. y 3.II.

PÉREZ FIRMAT, Gustavo, *The Cuban Condition*.* [Sobre Fernando Ortiz, caps. 1-3.]

Revista Iberoamericana, número de homenaje a Ricardo Rojas, 13:46 (1958).

14. México: los hombres del Ateneo, la Revolución, Azuela y la novela. El teatro: Eichelbaum, Arlt y Usigli

14.1. México en su Ateneo

En las dos primeras décadas del siglo XX, México va a cumplir un papel protagónico en la vida política, social e intelectual de Hispanoamérica: la acción de grandes figuras, grupos y elencos intelectuales de relieve, y sobre todo el complejo fenómeno de la llamada «Revolución Mexicana», traerán trascendentales consecuencias para las letras, el arte, la cultura y el debate ideológico del país y del resto del continente. Quizá las figuras más disímiles y a la vez más características del período sean Alfonso Reyes *(infra)*, la figura más universal salida del Ateneo, y Mariano Azuela *(14.2.1.)*, el mayor novelista de la violencia revolucionaria, el que verdaderamente supo expresar la tragedia y la anarquía de esa lucha que dividió a un pueblo y que dio origen al México contemporáneo. No quiere decir esto que todos los escritores se adhiriesen a este movimiento o lo defendiesen con su pluma —algunos se mantuvieron al margen y otros, como Tablada *(13.4.2.)*, lo resistieron en momentos críticos—, pero lo cierto es que todos fueron tocados por el fenómeno y acusan su impacto aun como rechazo.

Éste es un típico caso en el que la literatura, la historia y la política se entremezclan hasta resultar casi inseparables. Pero tratar el asunto de la Revolución Mexicana en su totalidad nos llevaría muy lejos; por otro lado, la bibliografía sobre el tema es abundante. Nos limitaremos aquí a lo esencial para nuestros fines: mostrar cómo la lucha armada y la vida cultural inesperadamente confluyen en un movimiento popular que cambia los parámetros según los cuales la literatura mexicana —y la hispanoamericana, *tout court*— se produce, absorbiendo o apurando a su vez innovaciones de signo distinto. El ciclo denominado «la novela de la Revolución Mexicana» *(14.2.)*, por ejemplo, tuvo largas consecuencias y entronca con tendencias que aparecieron por entonces: regionalismo, indigenismo, vanguardia. Pero antes de trazar a grandes rasgos ese cuadro hay que atender a otro fenómeno, distinto pero concurrente: la creación del Ateneo de la Juventud (conocido desde 1911 con el nombre de Ateneo de México), que se funda en 1909, se establece formalmente al año siguiente, justo antes de que comience la Revolución, y se disuelve hacia 1913 con el cuartelazo de Victoriano Huerta. Ese y otros cambios sustantivos en la cultura son como el prólogo al estallido del conflicto. Hay que atender primero al papel que cumplieron el Ateneo y sus mayores representantes.

El Ateneo fue el crisol en el que se forja un brillante grupo de ensayistas, pensadores, críticos y creadores mexicanos cuya contribución es decisiva —aunque la entidad sólo durase poco— para el desarrollo intelectual del país moderno. Entre los fuegos iniciales de la Revolución y el estallido de la Primera Guerra Mundial se forman allí las mentes más claras, hondas y creativas de la hora. Su aparición fue estimulada por el clima nacionalista que empezaba a sentirse por esos años. El grupo no puede ser más selecto: Alfonso Reyes, José Vasconcelos *(14.1.9.)*, Antonio Caso *(14.1.2.)*, el dominicano Pedro Henríquez Ureña *(14.1.4.)*, Julio Torri *(14.1.5.)*, Enrique González Martínez *(13.4.3.)*, Luis G. Urbina *(12.2.11.1.)* y otros. Habría que agregar un gran nombre más, aunque no pertenece a la literatura: el muralista Diego Rivera.

El Ateneo significa que un nuevo grupo de hombres habían entrado en escena, desplazando el influjo de los «científicos» que rodeaban a Porfirio Díaz hasta sus últimos días y señalando su crisis. Ya sabemos que Justo Sierra *(10.11.)* había hecho una sagaz censura al positivismo que encarnaba el maestro Gabino Barreda *(10.1.)*. En esta crítica antipositivista, el influjo de las conferencias del filósofo Antonio Caso, que fue la cabeza del grupo y primer presidente del Ateneo, es fundamental: abren un nuevo horizonte para el pensamiento, liberándolo de las rígidas constricciones del cientificismo. Aunque algunos, como Caso y Vasconcelos, reconociesen su importancia histórica como método orientador de la vida pública, lo critican por rígido e insuficiente ante las demandas del espíritu humano; esa crítica suponía el reemplazo de la escuela comtiana por los nuevos modelos filosóficos y el influjo de William James. Este influjo se mezclaba con otros heterogéneos: Nietzsche, Bergson, Schopenhauer. Tampoco hay que creer que el Ateneo expresase colectivamente una posición solidaria con la Revolución: muchos la apoyaban, otros (como Caso, que siguió siendo porfirista) tenían reservas, otros más asumían una actitud cautelosa o indiferente. No era extraño que así fuese: la fluidez y la irracionalidad de los acontecimientos políticos desafiaban todos los esquemas intelectuales para explicarlos. Quizá esas diferencias internas aceleraron el fin del grupo que ya en 1912 se había visto escindido por la posición de Vasconcelos en defensa del régimen revolucionario y en contra del ensayista argentino Manuel Ugarte *(13.10.),* con ocasión de su polémica visita a México.

Los ateneístas traían un nuevo espíritu a la actividad intelectual, que provenía (sin estar limitado por él) del mensaje «arielista», con una visión integradora de la cultura nacional y americana. Aunque sus personalidades y obras eran distintas entre sí, compartían algunas preocupaciones: el profundo interés por la cultura mexicana como una totalidad histórica; el estudio de los clásicos antiguos o españoles, dentro de una visión «universalista»; la incorporación de nuevos métodos críticos (sobre todo los de origen anglosajón) y modelos de especulación filosófica (principalmente germanos); un sentido general de rigor y disciplina que los alejaba de los hábitos del juicio impresionista tanto como de la erudición reseca. Como escribió Henríquez Ureña:

Leímos a los griegos, que fueron nuestra pasión. Ensayamos la literatura inglesa. Volvimos, pero a nuestro modo, contrariando toda receta, a la literatura española, que había quedado relegada a las manos de los académicos de provincia *(Obra crítica).*

Ni bohemios ni doctores: agentes espirituales de un pueblo en busca de su destino como nación contemporánea. Quizá ese *vitalismo* del ejercicio intelectual entendido como una responsabilidad moral sea la lección más importante que los ateneístas, como grupo, nos han dejado.

Otro hecho concurrente con el Ateneo: el mismo Sierra fundó, en 1910, justo antes de que el conflicto revolucionario comenzase, la Universidad Nacional de México (la actual Universidad Nacional Autónoma), con la misión de desarrollar y renovar la educación superior. Por su parte, la Escuela Nacional Preparatoria, fundada en 1868 por Gabino Barreda, dirigida por él y con una clara orientación positivista, pasaba también por un período de reformas alentadas por la misma juventud ateneísta. A fines de 1912, Reyes y otros miembros del Ateneo crean la Universidad Popular, un brazo que los intelectuales mexicanos extendían a las clases populares que no podían costearse la educación superior; el esfuerzo duró unos diez años. Todo esto anunciaba que una época había llegado a su fin y otra, muy distinta, comenzaba: una etapa de descubrimiento, afirmación y cuestionamiento. También inauguraba un período en el que los géneros de la autobiografía, las memorias y el epistolar iban a tener especial significación como documentos de ese entronque entre vida y nación. Pero eso no agota su fecunda labor conjunta, que se desborda por campos tan variados como la poesía, la novela, la historia, la reflexión americanista, la crítica literaria y estética, la educación, la filosofía... Comencemos con el más grande de los ateneístas: el sabio Alfonso Reyes.

Crítica:

CURIEL, Fernando, *La Revuelta. Interpretación del Ateneo de la Juventud,* México, UNAM, 1998.

GARCÍA MORALES, Alfonso, *El Ateneo de México (1906-1914). Orígenes de la cultura mexicana contemporánea,* Sevilla, Escuela de Estudios Hispano-Americanos de Sevilla, 1992.

HENRÍQUEZ UREÑA, Pedro, «La influencia de la Revolución en la vida intelectual de México», *Obra crítica*,* pp. 610-617.

MARTÍNEZ, José Luis, *El ensayo mexicano moderno*,* vol. 1.

— *La literatura mexicana del siglo xx*,* pp. 18-34.

OVIEDO, José Miguel, *Breve historia del ensayo...*,* cap. 3.II.

REYES, Alfonso, *Pasado inmediato y otros ensayos,* México, El Colegio de México, 1941.

QUIRARTE, Martín, *Gabino Barreda, Justo Sierra y el Ateneo de la Juventud,* México, UNAM, 1995.

ROJAS GARCIDUEÑAS, José, *El Ateneo de la Juventud y la revolución,* México, Patronato del Instituto Nacional de Estudios Históricos de la Revolución Mexicana, 1979.

14.1.1. El universo de Alfonso Reyes

Alfonso Reyes (1889-1959) es el más grande ensayista del grupo y uno de los mayores que jamás haya dado América. Con él, el género se convierte en una elevada manifestación estética, un modo de pensar y crear, un regalo que el arte le hace al saber más riguroso. Podría caracterizarse toda

14. México: los hombres del Ateneo, la Revolución, Azuela y la novela

su extensa obra —hasta hoy colma veintiséis macizos volúmenes— en una sola palabra: *gracia,* en el doble sentido de don excepcional y de humor sutil y cordial para decir con sencillez incluso lo más profundo. (Paz *[20.3.3.]* propone otra: *concordia,* virtud del corazón.) Precisamente, una de sus mejores obras se titula *Simpatías y diferencias* (Madrid, 1921-1926), lo que parece señalar las dos funciones esenciales del crítico según él: distinguir en medio de las semejanzas y hacerlo con naturalidad, sin pedantería, por afinidad o amor a la cosa estudiada. Reyes fue un polígrafo, un sabio, un humanista cuya talla puede ser comparable a la de los de la época renacentista: alguien que se interesa por todo y que sabía decirlo con un toque personal inconfundible. Unamuno dijo algo exacto: «La inteligencia de Reyes es una función de su bondad». O con menos palabras: *sabiduría benévola.* Como aquellos humanistas, era un amante de la Antigüedad clásica, que él no concebía como algo distante o exótico, sino como un ejemplo inmediato que los hispanoamericanos debían seguir si querían ser fieles a sí mismos: hombres volcados a la vez hacia sí mismos y hacia el mundo que les tocaba vivir.

La vida de Reyes es tan rica como su obra. No cabe en ningún resumen de sus hechos, gestos, dichos, peripecias y amistades. Pero tal vez su esencia quepa en tres simples palabras: generosidad, cordialidad, equilibrio espiritual. En su vida sin rencores y en su obra sin arrogancias hay una doble lección para los intelectuales de hoy. No sólo era un sabio: también conocía el arte de vivir, en el que el estudio y la reflexión cumplen un papel esclarecedor sobre los afectos y las emociones que las creaciones humanas nos brindan. Cuando escribe, Reyes quiere que sintamos su presencia; usa sus textos para tejer un diálogo, a veces muy informal pero ilustrado, con el lector. Esto significa que la persona es inseparable de sus obras, por lo que nos referiremos a aquélla principalmente en función de éstas. Dividamos sus pasos vitales en tres ciclos que corresponden a los de su producción: la mexicana, la europea y la sudamericana, con un epílogo mexicano.

Había nacido en Monterrey, en el estado de León, en el seno de una familia culta y acomodada; su padre, el general Bernardo Reyes, tenía ciertas veleidades intelectuales y había sido gobernador del estado y ministro de Guerra; su influjo sobre el escritor es decisivo: puede decirse que se modeló según la imagen paterna, presencia que circula por varios de sus textos. En 1906 Reyes se trasladó a la capital, donde completa sus estudios en el Liceo Francés y en la Escuela Nacional Preparatoria. Allí se encuentra con los otros «ateneístas» e inicia sus actividades intelectuales.

En 1911 publica su primer libro: *Cuestiones estéticas*, impreso en París, al que pronto siguen otros. Sorprende hallar en un hombre de apenas 22 años tanto dominio en el trato de autores tan disímiles como Esquilo y Góngora, este último una de sus grandes pasiones. La muerte de su padre en 1913 tras rebelarse contra el gobierno de Madero y las zozobras producidas por otros sangrientos episodios de la «decena trágica» lo impulsan ese año a salir del país y a buscar un cargo diplomático; en *Ifigenia cruel* (Madrid, 1924), seguramente su mejor poema dramático, hay huellas de estas hondas tensiones entre las relaciones familiares y las circunstancias políticas bajo el ropaje de la mitología clásica. Su misión en París (1913-1914) se ve casi inmediatamente interrumpida por la invasión alemana; en ese breve período logra conocer y tratar a grandes figuras como Marinetti, Apollinaire, Modigliani y Picasso; entablar contacto con Jean Cassou, Gide y el grupo de la *Nouvelle Revue Française;* reencontrarse con hispanoamericanos como Diego Rivera, Nervo *(12.2.)* y los hermanos García Calderón *(13.10.);* descubrir el cine y el teatro, etc. En 1914 pasa a vivir en España, primero por su cuenta —en condiciones bastante precarias— y desde 1920 como diplomático.

Esta etapa, que dura hasta 1924, es decisiva en su experiencia humana e intelectual: el Reyes maduro nace allí y da frutos espléndidos. Conoció e hizo amistad con miembros de la Generación del 98 y otras importantes figuras literarias españolas como Azorín, Valle-Inclán, Juan Ramón Jiménez, Gómez de la Serna y Ortega y Gasset; trabajó con Menéndez Pidal en el Centro de Estudios Históricos de Madrid; hizo ediciones críticas de clásicos españoles y tradujo, entre otros, a Stevenson, Chejov, Chesterton y Sterne; colaboró con grandes periódicos y revistas peninsulares y americanas, donde comentó de todo, desde literatura hasta cine; pero, sobre todo, produjo importantes libros narrativos (*El plano oblicuo,* Madrid, 1920), la citada *Ifigenia cruel* y una notable cosecha de ensayos: *El suicida* (Madrid, 1917), *Visión de Anáhuac* (San José, Costa Rica, 1917), el ya mencionado *Simpatías y diferencias, El cazador* (Madrid, 1921), etc. Entre 1924 y 1927 se desempeña como ministro en París, donde retoma contacto con las personas, instituciones y ambientes que conoció en la primera visita y establece vínculos con otros nuevos, entre ellos los escritores Valéry Larbaud y Jules Supervielle *(16.4.);* los artistas Van Dongen, Foujita, Léger y Derain; y Kiki, la famosa modelo de Montparnasse con la que tuvo una fugaz relación de la que da testimonio su poema «La niña de harina». Quizá el libro más importante de este período sea el fruto de otra pasión suya, más profunda: *Cuestiones gongorinas* (Madrid, 1927).

14. México: los hombres del Ateneo, la Revolución, Azuela y la novela

Unas palabras sobre dos de los libros de su etapa española. Primero sobre *El cazador*: en estas páginas —rara mezcla de crónica y novela— aparece ya el emblema creado por Reyes para simbolizar la actitud artística del que crea o la intelectual del que critica, con las notas de riesgo, sorpresa, aventura. El artista-ensayista, como el cazador, siempre está a la búsqueda de algo pero nunca sabe qué clase de presa encontrará. Dilema sin solución: si el cazador acierta, mata la ansiada presa y tiene que buscar otra; si fracasa, ella sigue viva e invitándolo a una nueva tentativa. La tarea nunca acaba o acaba de un modo distinto del esperado. En sucesivos libros, Reyes irá presentando otras figuras heroicas parecidas a ésta: el acróbata que camina por la cuerda floja del lenguaje; el nadador que se zambulle, se desliza por la superficie líquida y sale a respirar el aire puro, etc. En cuanto a *Visión de Anáhuac*, quizá su ensayo más citado y famoso, habría que decir que esta hermosa y nostálgica reflexión sobre el México profundo presenta una fusión de ensayo y poesía, de ideas e imágenes, que será definitoria de su modo de pensar. Se notan en su lenguaje imaginístico y de brillantes ráfagas líricas los influjos del cubismo y de la poesía de Saint-John Perse, lo que demuestra cuán hondos y provechosos eran sus lazos con el ambiente cultural que conoció en París.

Luego viene su etapa americana: sus años de embajador en Buenos Aires y en Brasil (1927-1939). Igual que en España, su presencia en estos países no fue sentida como la de un forastero ocasional: después de un inicial período de ajuste y sinsabores, Reyes se asimiló profundamente a ambas culturas, las enriqueció y se enriqueció con ellas de modos muy diversos, dejando además que ellas mismas dialogasen entre sí. Entre las numerosas relaciones enriquecedoras que estableció en Buenos Aires basta mencionar una: la de Borges *(19.1.)*, con quien tuvo una larga amistad que dio muchos frutos; quizá el más importante de ellos sea el influjo que Reyes tuvo sobre su singular concepción del cuento como un híbrido de relato y ensayo. Se asoció también con los grupos formados tras las revistas *Sur, Martín Fierro, Proa* y *Nosotros*. En general, puede decirse que no fue visto ni actuó sólo como un representante de la cultura mexicana, sino de la de toda América y aun la del ámbito de nuestra lengua. Una prueba de ello: en Maastricht, Holanda, publica un homenaje poético al Brasil (*Romances del Río de Enero*, 1933), en Río de Janeiro un tributo *A la memoria de Ricardo Güiraldes* (1934) —a quien había conocido en París— y en Buenos Aires una *Cantata en la tumba de Federico García Lorca* (1937). Su producción ensayística del período confirma esa vocación universalista: su fundamental *Discurso por Virgilio* (México, 1931), *Tren de ondas*

(Río de Janeiro, 1932), *Idea política de Goethe* (México, 1937), *Mallarmé entre nosotros* (Buenos Aires, 1938) y la primera serie de los *Capítulos de literatura española* (México, 1939). Por esta misma época y por estas mismas razones, Reyes recibió la ridícula acusación —estimulada por cierto nacionalismo de campanario de la Revolución— de no dedicarse suficientemente a la difusión de la cultura mexicana; él respondió con un ensayo (*A vuelta de correo,* Río de Janeiro, 1932) y siguió haciendo lo mismo de siempre por México y la cultura en general.

Después sobrevino un momento dramático que probó ante el mundo la hondura de sus convicciones intelectuales y políticas: la tragedia de la Guerra Civil Española y el posterior exilio de gran número de escritores y hombres de pensamiento. Ya en 1938 había propuesto al presidente Lázaro Cárdenas la idea de crear un centro que acogiese a los intelectuales españoles víctimas del fascismo; así el gobierno mexicano fundó La Casa de España, que abrió sus puertas con Reyes como director. La entidad cumplió una función providencial para salvar la vida y continuar la obra de muchos intelectuales españoles; en verdad, rescató la porción más valiosa de una cultura en peligro. A iniciativa del ensayista, La Casa cambiaría luego su nombre a El Colegio de México —aún hoy la más prestigiosa entidad de investigación y estudio del país—, del que fue director hasta su muerte. (En 1943 cofundaría otro centro de importancia, El Colegio Nacional.)

Algo más: al acoger a la emigración española, se produjo un auténtico rebrote americano de la cultura peninsular (igual ocurrió con los emigrados en Buenos Aires y algunos otros países, incluyendo Estados Unidos), que no sólo la mantuvo viva a través de obras y actos de gran trascendencia espiritual, sino que sus retoños tuvieron el sabor autóctono de la tierra adoptada y revitalizaron su savia. Hay todo un episodio de nuestra historia literaria cuyos grandes protagonistas son esos escogidos españoles, como veremos más adelante *(18.6.).* De estos agitados y duros años que se extienden hasta el término de la Segunda Guerra Mundial datan los libros de ensayo y crítica que le dan al autor un altísimo puesto en el pensamiento americano: entre otros, *La crítica en la edad ateniense* (México, 1941), *La antigua retórica* (México, 1942), *Última Tule* (México, 1942), *La experiencia literaria* (Buenos Aires, 1942) y sobre todo su magistral *El deslinde* (México, 1944).

Los últimos veinte años de su fecunda vida los pasó en México, en un flujo continuo e intenso de actividades, empresas, campañas, cargos culturales, honores, cátedras, investigaciones, una enorme papelería y, por cierto, más libros producidos desde su fabulosa biblioteca, la llamada Capilla

14. México: los hombres del Ateneo, la Revolución, Azuela y la novela

Alfonsina que honra su memoria. Antes de su muerte, alcanzó a ver impresos los diez primeros volúmenes de sus *Obras completas*, organizadas por él mismo hasta el volumen 14.

Ingresar a este vasto mundo de grandes ideas, formas y gustos estéticos es fascinante y, en verdad, no especialmente difícil: es un universo acogedor y cordial.

Hay una sola dificultad con Reyes: es un autor cuya verdadera estatura no se aprecia bien en una antología; aunque éstas existan, ninguna puede hacerle verdadera justicia. (Recientemente, un sector de la crítica mexicana ha señalado otro problema: el de su propio saber, que para algunos era menos profundo de lo que parecía; se ha comentado, por ejemplo, que su conocimiento del griego era dudoso y que la elegancia de la forma disimulaba sus fallas conceptuales.) Fue un polígrafo, que escribió, con la misma finura, desde tratados hasta notas ocasionales, desde piezas eruditas hasta páginas de intención ligera. Si se omite alguno de esos extremos, perdemos la visión de conjunto; unos cuantos fragmentos no dan la clave de lo que queda afuera. Es en su propia totalidad donde se refleja la grandeza de Reyes, y eso supone la familiaridad con *toda* la obra, en la que cada pieza tiene una función precisa y reveladora. Es el caso opuesto de Borges, que está en cualquier punto de su obra porque cada uno es equidistante de su centro. Con Reyes, hay que hacer la travesía completa, o casi. Esto, naturalmente, es una limitación para el que quiera conocerlo a fondo haciendo una rápida revisión de sus incontables páginas; pese a ello, puede afirmarse con seguridad que las cimas de esa producción están en *Visión de Anáhuac, Simpatías y diferencias, Discurso por Virgilio, La experiencia literaria* y *El deslinde*. Otro hecho sorprendente: este gran maestro no tuvo en su país tantos discípulos como merecía o no los tuvo en las direcciones específicas que él exploró.

Hay en esta obra, como ya hemos señalado al repasar sus títulos, un continuo movimiento de lanzadera entre lo universal y lo local, un vaivén entre lo antiguo y lo moderno. Para juzgar la exacta significación de ese rasgo, hay que recordar que Reyes escribió en una época de febril exaltación de lo «terrígena» y las raíces indígenas de la cultura nacional. En la literatura y el campo del arte de la Revolución eso es evidente, como examinaremos más adelante *(14.2.)*. Él no se opuso a esa tarea de rescate de lo autóctono, mal conocido o desdeñado en la era porfiriana. Incluso participó en ella de un modo siempre personal y perspicaz, ajeno a consignas. Pero la complementó armoniosamente con el estudio y el amor por lo que venía de Europa, de la herencia hispánica, de la Antigüedad y aun de lo intemporal, como los mitos y las tradiciones sociales que configuran nuestra civilización. También hubo en Reyes otro íntimo dilema entre una personalidad (o *persona*) hedonista, entregada tanto a los puros placeres del espíritu como a los de la mesa (los celebró como un *bon vivant* en *Memorias de cocina y bodega,* 1953); y otra, más austera, reclamada por las exigencias de la historia y el compromiso con cuestiones morales, urgentes para un mexicano de la primera mitad del siglo XX. Este dilema lo resolvió con característico equilibrio: tanto la seducción del placer como la inmersión en los movimientos colectivos, el discreto apartamiento del estudioso y la participación activa en causas de su tiempo fueron, para él, actitudes propias de la naturaleza humana, que la enriquecían e iluminaban. Y una manera de integrarlas era el ejercicio del arte, el pensamiento y el estudio que constituyen generosas formas de entregarse a lo propio para luego entregárselo a otros.

Aunque esta concepción correspondía a las corrientes profundas de su modo de ser y escribir, no debe olvidarse el efecto estimulante que ciertos autores y filósofos tuvieron sobre él (y también sobre otros miembros del Ateneo), entre ellos Ortega y Gasset, Unamuno, Max Scheler, Waldo Frank y tantos otros. Imposible examinar a fondo esa cuestión; nos limitaremos a señalar la más importante de todas: su relación intelectual con Ortega y Gasset. Casi perfecto contemporáneo de Reyes (el filósofo español vivió entre 1883 y 1955), Ortega lo conoció en los años de aquél en la península, y encontró en él una gran afinidad —el vitalismo en el trato de las ideas— que se confirmó con su prolongada y estrecha amistad. Esta relación y la que Reyes sostuvo con otros exiliados peninsulares son, en realidad, apenas un capítulo de sus profundos vínculos con la cultura española y de la inserción en nuestra cultura de «la España peregrina» a raíz de la Guerra Civil. Ortega no sólo visitó triunfalmente Hispanoamérica dos veces (1916 y 1928, año en el que se reencontró con Reyes en Buenos Aires) y vivió después de la guerra (1939-1941) en esta ciudad, sino que incluyó en sus meditaciones el tema americano, como en su trabajo «Hegel y América» de 1928. En el *Prólogo para alemanes* afirmó: «Todo lo que yo he escrito hasta este prólogo, lo he escrito *exclusivamente* y *ad hoc* para gentes de España y Sudamérica». Su obra personal, así como su famosa *Revista de Occidente* y la editorial del mismo nombre, fueron un puente entre el mundo de habla hispana y las corrientes del pensamiento moderno europeo, especialmente la filosofía alemana: Spengler, Husserl, Dilthey, Brentano, etc., que él conocía bien.

Una de las ideas centrales de la visión orteguiana —la interrelación entre el individuo y su medio, expresa en la célebre fórmula «Yo soy yo y mi circunstancia», de *Meditaciones del Quijote* (1914)— tuvo una resonancia especial para los pensadores hispanoamericanos y especialmente para Reyes, preocupado por definir el valor de las formas culturales autóctonas en el contexto de las grandes elaboraciones del espíritu humano. Generalmente se olvida que en la vastedad de la obra alfonsina hay también una veta americanista, que está reforzada por las ideas de Ortega. En su *Discurso por Virgilio* sutilmente vincula las cuestiones de actualidad nacional con los temas de las *Geórgicas* y sostiene razonablemente que el arte americano, si es auténtico, será al mismo tiempo universal. La afinidad entre Ortega y Reyes se nota también en el abundante uso que ambos hicieron del periodismo para difundir las nuevas ideas con un lenguaje accesible y en la insaciable curiosidad espiritual que los distinguía. Sin embargo, durante la visita del filósofo a Buenos Aires en 1928, ocasión en la que volvieron a encontrarse, esa cordialidad se enfrió; la conocida altivez intelectual de Ortega y tal vez la rivalidad con Reyes por las pretensiones galantes que aún mantenía aquél con Victoria Ocampo *(15.3.4.)* terminaron distanciándolos. Otro notable emigrado español, el filósofo José Gaos, que formó escuela en México, hablaba en el ensayo *Sobre Ortega y Gasset* (México, 1957) de «los dos Ortegas»: el «gozoso y optimista» y el «amargado y [...] dubitativo», lo que sin duda tuvo que ver con su desencanto con la República y su posición ambigua o neutral ante el conflicto español. Pese a las actitudes evasivas de Ortega, Reyes le ofreció en 1938 su propia casa como refugio ante los peligros de la Guerra Civil. Eso no impidió que en 1947 Ortega atacase al mexicano precisamente por su apoyo a los exiliados españoles.

La obra de Reyes es un océano en variedad de tonos y en amplitud de visión: encontramos de todo y en todos los géneros. Con frecuencia nos sorprende porque esperamos una cosa y nos sale airosamente con otra, o encontramos una frase honda y memorable en una crónica ligera y escrita a vuela pluma: si nos distraemos podemos perder algo precioso. Es típico de él ese arte de ser un riguroso filólogo *(Cuestiones gongorinas)*, un erudito helenista *(La crítica en la edad ateniense)* o un cabal teórico de la literatura *(El deslinde)* sin que eso le impidiese además ser un conversador amable, un sabroso contador de anécdotas o historias menudas; incluso podía ser ambas cosas en un mismo libro: en el encantador *La experiencia literaria* se las arregla, haciendo gala de un finísimo humor, para definir arduos conceptos estéticos y entretenernos con agudezas y sutiles *jeux d'esprit* como los contenidos en los ensayos «La jitanjáfora» o «Aduana lingüística». Reyes mezcla estéticamente el tratado con la crónica, el estudio crítico con la semblanza íntima, la filosofía con la memoria personal y la reflexión histórica.

Aunque cultivó la creación pura como poeta, narrador y dramaturgo, las mejores muestras de su lirismo y de su imaginación están en su obra ensayística: ésta es la función que pone en foco a todas las otras. El arte de pensar en imágenes —que dominó Martí *(11.2.)* en su tiempo— le permite iluminaciones súbitas que el discurso del tratadista convencional no lograría sino difícilmente o en muchas páginas: hay algo instantáneo, revelador y chispeante en su modo de pensar que hace más persuasivo lo que escribe. En Reyes la exposición de ideas es un discurso sembrado de apartes amables y de síntesis imaginísticas que la animan y hacen *visibles* las ideas mismas. Véanse ejemplos de eso en los siguientes dos pasajes de *El deslinde,* quizá el más severamente científico de sus libros. En el primero aclara la habitual confusión que la palabra «crítica» produce en muchas personas, contando la divertida anécdota de aquel «dramaturgo latinoamericano, cuyo nombre la piedad disimula»:

> Logramos ponernos de acuerdo, en cuanto me fue dable explicarle que donde yo decía «crítica», entendiendo la función del espíritu, él entendía otra cosa, que puede describirse en cuatro grados de estrechamiento: 1.º, aquella limitada parte de la función crítica que es la crítica literaria; 2.º, aquella limitada parte de la crítica literaria que es la crítica teatral; 3.º, aquella limitada parte de la crítica teatral que se manifiesta en crónicas periodísticas sobre los estrenos; y 4.º, aquella limitada parte de tales crónicas en que se ataca a los autores. Abreviando: donde yo decía «crítica», el pobre señor entendía: «Fulano, que una vez se metió conmigo».

En el segundo explica la naturaleza de la emoción que brinda la literatura:

> Este juego divino que es la literatura lanza sus olas, retumbando hasta los acantilados del yo, y a veces lo socava, o quema para siempre a su víctima, reduciendo la terrible precocidad de Rimbaud a un fantasma que la muerte olvidó durante unos años. Este juego divino busca una satisfacción ilimitada, un desquite contra lo finito.
>
> Quiere empujar las fronteras del alma y del lenguaje. Se revuelve entonces y se castiga, purgándose en sí mismo. Unos lo han llamado estallido; otros, purificación; y los antiguos, *catharsis*. La emoción que expresa o que comunica lleva disueltas todas las pasiones, todos los anhelos, todas las reivindicaciones contra el pequeño suceder cotidiano.

Esta capacidad para hacer transparente lo oscuro y complejo, para sumergirse en aguas profundas y luego emerger a la superficie con un raro y memorable tesoro era parte de su concepto humanístico del saber, en el que lo pequeño y lo grande, lo antiguo y lo moderno, ocupan un lugar preciso y funcional. Por la vastedad de sus conocimientos, Reyes puede compararse con figuras como Erasmo, Moro, Montaigne, Sor Juana *(5.2.)*, Diderot y sobre todo con Goethe, al que dedicó dos libros: el ya citado *Idea política de Goethe* y *Trayectoria de Goethe* (México, 1954) —más los textos goethianos recopilados por José Luis Martínez *(19.6.)* en el tomo XXVI de las *Obras completas* (1993)— y con quien tiene muchas afinidades espirituales. En ambos hay la misma correspondencia cristalina entre vida y conocimiento; mejor aún: el ideal supremo era el conocimiento de la vida a través de sus parcelas artísticas, sin las cuales aquél era una actividad reseca e insignificante; como dijo Goethe: «Gris es toda teoría y verde el árbol de la vida». El amor de Reyes a ésta, dice Octavio Paz, fue tan grande como su amor a la forma. Quizá por eso Reyes no cedió nunca a las vanidades y miserias que envenenan los ambientes literarios, y se distinguió por los hábitos de bonhomía, cortesía y afecto. Los amigos que cultivó en el mundo son legión, y entre éstos figuran los verdaderamente grandes como Borges y Gabriela Mistral *(15.3.2.)*. Cuando lo leemos sentimos que es un hombre razonable que nos habla gustosamente de lo que sabe, para hacerlo más claro y grato. No es otra la alta finalidad del verdadero ensayista. Reyes era agudo y hondo, sencillo y grave, informal y riguroso: un hombre que escribía con un excepcional dominio de las gamas que le permitían comunicarnos todo su saber; y lo hacía, además, con humor, con delicadeza, con buenas maneras. Si el mérito del ensayista consiste en convertir el propio saber en arte, él logró esa hazaña con un brillo y constancia que pocos han alcanzado.

Textos y crítica:

Alfonso Reyes [Antología], ed. de Antonio Lago Carballo, Madrid, Ediciones de Cultura Hispánica, 1992.
REYES, Alfonso, *Obras completas*, México, Fondo de Cultura Económica, 1955-1997, 26 vols.
— *Antología general*, ed. de José Luis Martínez, Madrid, Alianza Editorial, 1986.

Alfonso Reyes, Número de homenaje, *Cuadernos Hispanoamericanos, Los Complementarios*, 1989.
BOCKUS APONTE, Barbara, *Alfonso Reyes and Spain: His dialogue with Unamuno, Valle-Inclán, Ortega y Gasset, Jiménez and Gómez de la Serna*, Austin, The University of Texas Press, 1972.
CASTAÑÓN, Adolfo, *Alfonso Reyes, caballero de la voz errante*, Bogotá, Tercer Mundo, 1991.

DOMÍNGUEZ MICHAEL, Christopher, *Tiros en el concierto** [Sobre Alfonso Reyes], cap. 1.
DÜRING, Ingemar, *Alfonso Reyes, helenista*, Madrid, Ínsula, 1955.
ENRÍQUEZ PEREA, Alberto, *Alfonso Reyes y el llanto de España en Buenos Aires*, México, El Colegio de México, 1998.
GUTIÉRREZ GIRARDOT, Rafael, *La imagen de América en Alfonso Reyes*, Madrid, Ínsula, 1955.
JIMÉNEZ LÓPEZ, Ramón, *Alfonso Reyes y el descubrimiento de América: visión de un mundo real*, México, EDAMEX, 1992.
LLERA ESTEBAN, Luis de (ed.), *El último exilio español en América. Grandeza y miseria de una formidable aventura*, Madrid, Mapfre, 1992.
MARTÍNEZ, José Luis, *Guía para la navegación de Alfonso Reyes*, México, UNAM, 1992.
MEDIN, Tzvi, *Ortega y Gassset en la cultura hispanoamericana*, México, Fondo de Cultura Económica, 1994.
MONTERROSO, Augusto, y Ernesto MEJÍA SÁNCHEZ (eds.), *Libro jubilar de Alfonso Reyes*, México, UNAM, 1956.
MORALES, Jorge Luis, *Alfonso Reyes y la literatura española*, Río Piedras, P. R., Editorial Universitaria, 1980.
OLGUÍN, Manuel, *Alfonso Reyes, ensayista: vida y pensamiento*, México, De Andrea, 1956.
PACHECO, Carlos (ed.), *Alfonso Reyes: la vida en la literatura*, Alicante: Instituto de Cultura Juan Gil-Albert, 1992.
Páginas sobre Alfonso Reyes (1911-1945), edición de homenaje, Monterrey, Nuevo León, Universidad de Nuevo León, 1955, 2 vols.
PATOUT, Paulette, *Alfonso Reyes y Francia*, México, El Colegio de México-Gobierno del Estado de Nuevo León, 1990.
PAZ, Octavio, «El jinete del aire», en *México en la obra de Octavio Paz*, vol. 2, *Generaciones y semblanzas**, pp. 416-426.
RANGEL GUERRA, Alfonso, *Alfonso Reyes y su idea de la historia*, sobretiro de *Universidad*, Monterrey, Nuevo León, 14-15, 1957.
— *Las ideas literarias de Alfonso Reyes*, México, El Colegio de México, 1989.
REYES, Alicia, *Genio y figura de Alfonso Reyes*, Buenos Aires, EUDEBA, 1976.
ROBB, James Willis, *El estilo de Alfonso Reyes*, México, Fondo de Cultura Económica, 1965.

14.1.2. La renovación filosófica de Antonio Caso

Antonio Caso (1883-1946) fue el iniciador del Ateneo, la viva encarnación de su espíritu, su maestro y guía intelectual y, sin duda, su más puro filósofo. Ya hemos señalado la importante función que cumplieron su tertulia y sus conferencias de 1909 en la creación del Ateneo *(14.1.)*. Las conferencias de Caso —ésas, las que dictó como profesor en la UNAM, en la Escuela Nacional Preparatoria, en la Universidad Popular, creada por los ateneístas, y en diversos países americanos— fueron decisivas como medio de difusión de sus ideas y de la renovación del pensamiento moderno dentro y fuera de México; deben considerarse una parte fundamental de su producción como pensador. Aparte de su labor educativa y de su obra filosófica, Caso también escribió sobre temas musicales y literarios. Influido, entre otros, por Nietzsche, Bergson y luego por Husserl, su esfuerzo como filósofo se centra en un ideal: la integración del pensar con una conducta moral que restituya el sentido humano de la existencia. Su relación con el pensamiento de Vasconcelos *(infra)* es interesante, pues, aunque se dejó influir por él, sobre todo al comienzo de su obra, al mismo tiempo lo contradice y lo supera en rigor. Como Vasconcelos, Caso utiliza las ideas bergsonianas sobre la intuición, pero las expone y comprende de modo más orgánico, como puede verse en *La filosofía de la intuición* (México, 1914). Al vago misticismo de Vasconcelos, Caso opone una teoría que sintetiza la actitud religiosa (la raíz cristiana de su pensamiento es notoria) con la puramente especulativa; resumió esa creencia en una frase: «Iguala con la vida el pensamiento». Su obra capital es un libro cuyo título tiene algunas resonancias de Schopenhauer: *La existencia como economía, como desinterés y como caridad* (México, 1919).

El título requiere una explicación: «Economía» es un grado elemental de la vida humana, dominado por el intenso interés inmediato, la eficacia y el mayor beneficio con el menor esfuerzo —el nivel exaltado por el positivismo—. El «desinterés» es un valor que entiende la vida como sacrificio y como la superación de sus limitaciones mediante el ejercicio del arte y las expresiones superiores del espíritu. «Caridad» es un elevado concepto moral de la existencia, en cuanto está regida por los principios del amor y la bondad, libres de todo determinismo biológico. La forma en que Caso discute las ideas que recibe de Bergson y Nietzsche sobre la voluntad es notable: las aprovecha pero las transforma en un pensamiento original que tiende un puente entre el vitalismo bergsoniano y la fenomenología de Husserl, cuya obra es de los primeros en descubrir en América; el influjo de Scheler es notorio en la revisión de esta obra que Caso publicó en 1943, el mismo año en el que aparece su trabajo *La filosofía de Husserl*. Con *El problema de México y la ideología nacional* (México, 1924), entre otros libros, prueba cómo su filosofía intuitiva se integraba con un tema común a este grupo: el de captar las raíces de la «mexicanidad» en un momento crítico de su historia, pues activaba su pasado y conjuraba sus fuerzas profundas con la promesa de un renacimiento nacional. El humanismo espiritualista y el antidogmatismo de Caso son dos grandes lecciones que dejó a los pensadores de América. Fue además un brillante polemista, lo que es fácil comprobar en *Ensayos críticos y polémicas* (México, 1922).

Textos y crítica:

Antología filosófica, pról. de Samuel Ramos, ed. de Rosa Krauze de Kolteniuk, México, UNAM, 1957.

CASO, Antonio, *La existencia como economía, como desinterés y como caridad,* México, SEP, 3.ª ed., 1943.

GARRIDO, Luis, *Antonio Caso, una vida profunda,* México, UNAM, 1961.

KRAUZE, Enrique, *Caudillos culturales de la Revolución Mexicana,* México, Siglo XXI, 1976, pp. 65-71.

MARTÍNEZ, José Luis, *La literatura mexicana del siglo xx*,* pp. 29-31.

MEDIN, Tzvi, *Ortega y Gasset en la cultura hispanoamericana,* México, Fondo de Cultura Económica, 1994.

VILLORO, Luis, «Antonio Caso: fenomenología y metafísica», en *México, entre libros,* México, El Colegio Nacional-Fondo de Cultura Económica, 1995, pp. 39-63.

14.1.3. Vasconcelos, el intelectual como activista

José Vasconcelos (1882-1959) es seguramente la figura más compleja, contradictoria, discutida y discutible del grupo ateneísta. Como su acción intelectual (que tiene varias fases) está íntimamente asociada con la situación sociopolítica interna, el verdadero valor de su obra y presencia es uno para los mexicanos, otro distinto para el resto de sus lectores. Difícil encontrar un equilibrio en el juicio, porque tal vez lo mejor de él está ligado a la vida nacional: sin exageración puede decirse que su acción cultural generó cambios tan profundos que sus consecuencias todavía pueden verse en el México de hoy. Hay que verlo como un autor cuya obra personal es la de un intelectual pero también la de un hombre público, que usó su cargo para llevar a cabo sus ideales de una manera muy consciente y tenaz. Su caso plantea un tema siempre arduo y de actualidad: el de las relaciones del escritor-activista con el poder revolucionario.

Vasconcelos había nacido en Oaxaca, pero su formación se inicia en la frontera norte y luego en la capital, donde se gradúa de abogado, se vincula al Ateneo *(14.1.)* y en 1910 publica su primer libro, que marca un hito en el proceso del pensamiento mexicano: su *Gabino Barreda y las ideas contemporáneas* da testimonio de que una nueva generación de hombres ha llegado a la escena para desplazar el influjo dominante que los «científicos» positivistas tuvieron durante el porfirismo. Desde el comienzo se nota que Vasconcelos escribía con un firme propósito: no simplemente informar o comunicarse con sus lectores, sino persuadirlos e invitarlos a poner su nuevo conocimiento en práctica; escribía para cambiar las cosas porque entendía la literatura como una misión. Y como logró una gran difusión entre sus lectores locales, su influjo fue muy vasto. Esa influencia se refleja en sus mismos textos, que son muchas veces reacciones a los escándalos, las polémicas y las adhesiones que sus obras provocaban; por eso son apasionadas, intempestivas, desiguales, irritantes, muy personales. Vivió en un torbellino y sus libros tienen el calor y el arrebato de quien escribe desde el ojo de la tormenta; *La tormenta* (México, 1936) se titula precisamente uno de sus libros autobiográficos.

Estuvo entre los primeros de su generación en oponerse a la dictadura porfirista y en hacer campaña en favor de Madero, de quien fue representante oficial en Washington. Tras el asesinato de Madero y la llegada al poder de Venustiano Carranza, desempeñó diversos cargos oficiales en Europa y Estados Unidos. (Este último país sería un frecuente paradero en sus sucesivos exilios; como abogado, representaba algunos grandes intereses y firmas norteamericanos, lo que, en esa época de difíciles relaciones entre ambos países, no dejaba de ser conflictivo.) Su distanciamiento de Carranza —que se convertiría más tarde en franca enemistad— marca el comienzo de sus sucesivos desencantos con la realidad política, a la que, sin embargo, seguiría ligado por largos años, como dominado por una oscura pasión. En 1914 el gobierno provisional de Eulalio Gutiérrez le otorga una nueva oportunidad de poner sus ideas en práctica: es nombrado secretario (ministro) de Educación. Era evidente que Vasconcelos aspiraba a cumplir un papel crucial de nexo entre la acción espiritual que había representado el Ateneo y la concreta política revolucionaria, a la que trató además de incorporar a otros intelectuales.

Pero las luchas internas y el estado general de anarquía que vivía entonces México, que le impedían hacer prácticamente nada, enfriaron su inicial entusiasmo y se vería obligado a renunciar a fines de 1915. Decepcionado y descontento, se exilia hasta 1920 y va a vivir al Perú y a Estados Unidos. Ese año retornaría a su patria a desempeñar otro cargo público: rector de la Universidad Nacional, cargo a través del cual continuó su campaña educativa. Entre 1921 y 1924 desempeñó otra vez la cartera de Educación bajo el régimen del general Álvaro Obregón. Ésta es la etapa capital —«los años del águila», como los ha llamado Claude Fell— de su activismo intelectual al servicio de los ideales revolucionarios, y coincide con un momento en que, suspendida la lucha armada, crece la necesidad de la «reconstrucción» nacional; recordemos que es precisamente la época de «La suave patria» de López Velarde *(13.4.1.)*. Vasconcelos es uno de los artífices de esa nueva actitud.

Su campaña cubrió varios frentes: alfabetización, educación, formación magisterial, bibliotecas y promoción de las artes[1]. Su alcance fue profundo y extenso: abarcó todo el territorio nacional y se proyectó incluso fuera de sus fronteras, como un modelo para la difusión de la cultura y el arte en medios populares. Educadores y escritores de otros países fueron invitados a colaborar y testimoniaron este esfuerzo por integrar a las masas indígenas y rurales al circuito creador de la cultura. Bajo la dirección de Vasconcelos, se hicieron ediciones populares de grandes autores mexicanos y de clásicos universales como Homero, Cervantes, Goethe; una atmósfera general de entusiasmo ante la posibilidad de que el Estado lograse, al fin, rescatar al pueblo de su atraso de siglos llenó de esperanza a propios y extraños. Como educador, la acción de Vasconcelos cambió el rostro de la vida cultural mexicana, desde las aldeas hasta la capital. En un discurso de 1922 definió su política en el campo de la cultura: «Lo popular y lo clásico sin pasar por el puente de la mediocridad». Por la magnitud de su tarea, en 1923 los estudiantes colombianos y peruanos lo declararon «Maestro de la Juventud».

De todo eso lo más característico, difundido y polémico fue su promoción de las artes plásticas, en la que se empeñó y que dio origen al llamado «muralismo mexicano», cuyos grandes representantes fueron Diego Rivera, Orozco y Siqueiros. Vasconcelos fue el gran orientador y el patrocinador de esa escuela que exaltaba las raíces indígenas y nacionales del país y sus creadores. La novedad del muralismo era innegable: significaba la primera forma de «arte público» que surgía en México, un arte que el pueblo podía ver, entender y reconocer como suyo. La otra finalidad de esa pintura era política: facilitar la adhesión de la masa a los principios revolucionarios. El arte se cargó de contenido ideológico: el gobierno brindó los muros a los artistas y los medios económicos para que los pudiesen pintar, éstos aceptaron el reto e interpretaron plásticamente las motivaciones, conquistas y propósitos de la revolución. No es éste el lugar para juzgar las consecuencias estéticas y morales de ese arte; sólo diremos que, sin

---

[1] En realidad, su campaña contra el analfabetismo comenzó durante el año y medio en que fue rector de la universidad, asumiendo responsabilidades que no eran estrictamente parte de su cargo.

negar las contribuciones estéticas que el muralismo trajo al integrar símbolos ancestrales, formas modernas y contenidos revolucionarios, también trajo los males inherentes a todo arte político creado por comisión o encargo público: produjo una estética oficial que exaltaba una revolución en términos simplistas, pedagógicos y, con frecuencia, demagógicos. Pero no hay que ignorar el influjo que tuvo en grandes artistas extranjeros tan diversos como el director cinematográfico Sergei Eisenstein, cuando fue a México a realizar su famosa película *¡Que viva México!* (filmada en 1931-1932 y compaginada sólo en 1979); y el pintor norteamericano Jackson Pollock, que vio los murales que Orozco y Siqueiros pintaron en Estados Unidos en la década de los treinta. Y tampoco la perdurable impronta que la acción de Vasconcelos dejó en la vida cultural del país, donde todavía hoy buena parte de la actividad intelectual está subvencionada por el estado.

Esos cuatro años febriles le valieron ser reconocido en toda América como un gran educador y lo cubrieron de gloria. El período que sigue tras su renuncia en 1924 es muy distinto. Tras un fallido intento de ganar la gobernación de Oaxaca, que él atribuyó a fraude electoral, abandona México en un autoexilio que lo lleva por varios países europeos y del Medio Oriente y luego a desempeñar cátedras en las universidades de Puerto Rico, Chicago, Stanford y Berkeley, mientras escribía intensamente y colaboraba en periódicos. En este mismo período publica dos de sus más conocidos libros sociológicos: *La raza cósmica* (Barcelona, 1925) e *Indología* (París-Barcelona, 1926), que cimentan su prestigio de pensador; en 1925 surge su feroz polémica con el poeta José Santos Chocano, a la que ya nos hemos referido *(12.2.9.)*. La política mexicana vuelve a reclamarlo cuando el asesinato de Álvaro Obregón antes de tomar posesión de su segundo cargo presidencial obliga a una nueva elección en 1929; Vasconcelos, seguro del apoyo popular, sobre todo de los jóvenes, decide lanzarse como candidato. Sorpresivamente, su candidatura fracasa y vuelve a alegar fraude, lo que parece discutible. Se exilia en Estados Unidos, donde espera que estalle una rebelión del pueblo en su favor, lo que no se produce. Pese a ello, en El Paso se declara como legítimo presidente mexicano. El gobierno, en respuesta, le niega el reingreso al país y Vasconcelos se refugia en París, Buenos Aires, Texas y California.

Así se inicia la etapa a la vez más amarga, penosa y productiva del autor: durante diez años viajó constantemente por todo el mundo, dictando conferencias, escribiendo y dando todavía la batalla por el poder político que no pudo alcanzar. Su posición ideológica adopta un tinte cada vez más conservador y opuesto al sistema político revolucionario mexicano. Acabará defendiendo posiciones reaccionarias y dirigiendo una revista mexicana, *Timón* (1940), que no ocultaba sus simpatías por el nazismo. Su *Ulises criollo* (1935) inicia una serie de libros autobiográficos que caracterizan esta etapa: lo siguen el ya mencionado *La tormenta, El desastre* (1938), *El proconsulado* (1939) y *La flama* (1959), todos impresos en México. Tras sufrir problemas con su estatus de exiliado en España y varios fracasados intentos por renovar sus viejos laureles, regresa a México en 1939; sus últimos años de vida los pasa desempeñando cargos de director de la Biblioteca de México y participando activamente en la vida intelectual del país.

Sólo en la obra en prosa de Vasconcelos (dejando de lado su narrativa y su teatro) hay tanta amplitud y versatilidad que conviene ordenarla por los campos y temas que abarca: obras sociológicas, entre las que se encuentran las ya citadas *La raza cósmica* e *Indología;* obras autobiográficas, también mencionadas; obras filosóficas, como *Estudios indostánicos* (1920) y *Estética* (1935); obras de ensayo y crítica, entre las que se encuentran *La intelectualidad mexicana* (1916) y *Divagaciones literarias* (1919); obras históricas y biográficas, como *Breve historia de México* (1937) y *Hernán Cortés: creador de la nacionalidad* (1941); obras pedagógicas, abundantísimas piezas de periodismo, discursos, cartas y una larga miscelánea. De todo este conjunto, lo mejor está, por cierto, en los primeros grupos. Por razones de espacio, señalaremos sólo dos o tres aspectos importantes de algunos libros incluidos en ellos. No hay que olvidar, sin embargo, al Vasconcelos pensador filosófico, hoy poco leído y sin discípulos pero que en su tiempo tuvo el mérito de introducir el budismo y el misticismo hindú y fundirlos con el pensamiento nietzscheano y bergsoniano; si Caso *(supra)* era un espiritualista, Vasconcelos era un sensualista, un visionario y un utópico que se dejaba arrastrar por sus encontradas pulsiones; creía que la pasión y la intuición eran parte indisoluble de toda filosofía. Tanto en su pensamiento como en su activismo cultural se notan las huellas de sus lecturas de Nietzsche, Bergson y Croce, por un lado, y, por otro, de Pitágoras y Plotino.

El subtítulo de *La raza cósmica* —*Misión de la raza iberoamericana*— subraya que esta incursión del autor en el tema del mestizaje tiene un claro sentido profético. En efecto, el autor sostiene que la fusión de sangres en todo el mundo va a crear «un nuevo tipo humano» y ve a la raza americana como una cultura en marcha hacia un estado de felicidad superior, de dimensiones heroicas y vocación universal. Iberoamérica será la cuna de esa nueva raza porque es una región de clima cálido, donde —según él— siempre han nacido las grandes civilizaciones. Pero no se crea que éste es un libro orgánico o doctrinario. En verdad, aunque comienza con un ensayo sobre el mestizaje, la mayor parte contiene breves trabajos y notas de su viaje por Brasil, Uruguay, Chile y Argentina en una misión oficial; la mezcla es algo desigual y presenta propuestas a veces difusas por la tendencia del autor a fantasear con imágenes grandiosas, como sus divagaciones sobre la Atlántida. Lo mismo puede decirse de la estructura de *Indología*, con la que se suma al debate sobre la cuestión americanista, al proponer que nuestra cultura es un crisol donde se funde lo mejor de todas las razas humanas y se forja una que puede ser superior a todas por su vocación universal. En su exaltación, Vasconcelos presenta esta idea sin preocuparse por apoyarla en bases biológicas ni atender a las consecuencias morales que la existencia de esa «raza» podría tener. Nuevo darwinista, creía que la procreación podía dar mejores frutos si estaba guiada por auténticas emociones humanas y estéticas. *Indología* tiene el defecto de ser un libro difuso, una incierta mezcla de estudio social, reflexión histórica, especulación cultural y arenga ideológica, sobrecargada por una retórica que apela al absoluto y la eternidad; toca muchos temas (desde el factor de «la tierra» hasta cuestiones de educación) sin llegar a desarrollar cabalmente ninguno. Él mismo admite en el capítulo final que ha presentado sus temas «como el *leit motiv* de una sinfonía inconclusa»; pero las líneas melódicas apenas si se sienten por la discordancia de los tonos. Unos veinte años después el propio autor corregiría sus tesis, que, en su tiempo, fueron acogidas con entusiasmo general y tuvieron al menos un fruto positivo: ayudaron a superar las barreras raciales que mantenían divididos a nuestros pueblos.

Sus libros autobiográficos, especialmente el *Ulises criollo,* son lo mejor de él y muestran su temperamento apasionado y contradictorio, que tiñe con esas tonalidades todo lo que describe: personas, hechos, ambientes. Pero esa falta de objetividad o serenidad, que podría ser un defecto, se convierte parcialmente en una virtud, que da a estas páginas una inesperada animación y un tono novelesco; algunos las han leído como una involuntaria novela de la Revolución Mexicana; *La flama,* el tomo final subtitulado *Los de arriba en la revolución: historia y tragedia,* parece ser una respuesta a *Los de abajo* de Azuela *(14.2.1.).* En el caso del primer volumen, que cubre unos treinta años de su vida e incluye por lo tanto el período revolucionario, eso también puede ser explicable: es un libro tan cautivante y turbulento como ese proceso. Su intimidad no es lo que más le interesa contar, sino mostrar su papel de protagonista, testigo y quizá víctima de grandes acontecimientos históricos que configuraron al México del siglo XX. Para captar en todo su significado el vívido drama de la revolución, su propia cruzada como educador y promotor artístico, su fracaso electoral, su regresión ideológica, sus exilios y sus retornos, no hay mejor fuente que esta serie autobiográfica. Como era un hombre que defendía una causa, el relato de su vida le sale como un alegato, una defensa a veces patética y una confesión de tantos sinsabores. Como además escribía con prisa y bajo la presión de los hechos, su prosa consiente en descuidos de forma y en defectos de información. Era un hombre de ideas, pero sin tiempo para elaborarlas en una doctrina; un escritor rapsódico que componía buscando el ensamble sinfónico de temples disímiles: ráfagas oratorias, meditaciones profundas, memorias personales, imágenes estetizantes, confesiones dolorosas... Raptos de un hombre permanentemente inquieto que escribió de todo sin dejar de escribir, en el fondo, de sí mismo.

Textos y crítica:

VASCONCELOS, José, *Obras completas,* México, Libreros Unidos Mexicanos, 1957-1961, 4 vols.
— *Obra selecta,* ed. de Christopher Domínguez Michael, Caracas, Biblioteca Ayacucho, 1982.
— *Memorias,* México, Fondo de Cultura Económica, 1982, 2 vols.
— *Ulises criollo,* México, Espasa-Calpe, 1990.

BEER, Gabriella de, *José Vasconcelos and His Social Thought,* New York, Las Américas, 1966.
CÁRDENAS NORIEGA, Joaquín, *José Vasconcelos, 1882-1982: Educador, político y profeta,* México, Océano, 1982.
DOMÍNGUEZ MICHAEL, Christopher, *Tiros en el concierto** [Sobre José Vasconcelos], cap. 2.
FELL, Claude, *José Vasconcelos: los años del águila (1920-1925),* México, UNAM, 1989.
GARCÍA BARRAGÁN, Elisa, y Luis Mario SCHNEIDER (eds.), *Diego Rivera y los escritores mexicanos. Antología tributaria,* México, UNAM, 1986.
HADDOX, John H., *Vasconcelos of Mexico. Philosopher and Prophet,* Austin, University of Texas Press, 1967.
MARTÍNEZ, José Luis, *La literatura mexicana del siglo XX*,* pp. 20-24.
MOLLOY, Sylvia, «Primeros recuerdos, primeros mitos: el *Ulises criollo* de José Vasconcelos», en *Acto de presencia*,* pp. 247-276.
SKIRIUS, John, *José Vasconcelos y la cruzada de 1929,* México, Siglo XXI, 1978.
TARACENA, Alfonso, *José Vasconcelos,* México, Porrúa, 1982.

14.1.4. La utopía americana de Pedro Henríquez Ureña

Este grupo de ateneístas mexicanos no estaría completo —ni sería el mismo— sin el notable aporte de un gran dominicano: Pedro Henríquez Ureña (1884-1946). Aunque todos sus compañeros compartían una viva conciencia americanista, él la expresó y la desarrolló con mayor profundidad y persistencia: fue la constante de su vida, su obra y su acción por todo el continente, pues fue, como Bello *(7.7.)*, un ciudadano de varios países que hizo suyos sin olvidar al natal. Era un completo humanista, un estudioso ávido por descubrir mundos nuevos o revisar los conocidos, un crítico agudo y equilibrado, un prosista de sobria y transparente elegancia, un hombre identificado con las grandes causas sociales; puede reprochársele, sin embargo, que entre sus incomprensiones estuviese la de no saber apreciar a López Velarde *(13.4.1.)*, tal vez porque consideraba mejor poeta a su compañero Reyes *(14.1.1.)*, quien tampoco apreciaba demasiado a aquél y lo hizo blanco de sus burlas y sátiras. Otro manchón en su limpia vida y conducta es el de haberse puesto al servicio, como ministro de Educación, del dictador Trujillo y haberlo alabado. Como maestro e historiador literario, vio en el conjunto de las letras americanas la expresión de un proceso cultural de afirmación de nuestra identidad en el concierto de otras comunidades que nos enriquecían y a la vez enriquecíamos. (Habría que mencionar siquiera de paso a su hermano menor, Max Henríquez Ureña [1885-1968], quien fue también un importante estudioso y crítico literario, autor, entre otros libros, de la seminal *Breve historia del modernismo* [México, 1954].)

Nacido en Santo Domingo, Henríquez Ureña tuvo, como tantos compatriotas suyos, la temprana experiencia del emigrado: hizo sus estudios universitarios en Columbia University, Nueva York, y vivió en Cuba; allí escribió y publicó su primer libro: *Ensayos críticos* (La Habana, 1905). Luego pasó a México, donde permaneció hasta 1914 y obtuvo un doctorado en derecho. En este país se transforma: llega como un pensador todavía influido por el positivismo —como lo revela su temprana devoción por Hostos *(10.11.)*— y termina como un idealista kantiano. En esa época era también un devoto «arielista» *(13.10.)*, de lo que es testimonio su conferencia de 1910 sobre Rodó *(12.2.3.)*, en el Ateneo. Este mismo año aparecen en Madrid sus *Horas de estudio*. Después de México viene su fructífero período de enseñanza universitaria en Estados Unidos, que se prolongó hasta 1921 y en el que empieza a escribir también en inglés. Fue *Lecturer* en la Universidad de Minnesota y en la misma obtuvo su doctorado en filosofía en 1918. En estos años culmina y publica dos trabajos que había iniciado en México: *El nacimiento de Dionisos: Ensayo de tragedia antigua* (Nueva York, 1916), de sabor muy nietzscheano, y *La versificación irregular en la poesía castellana* (Madrid, 1920); la última obra, que fue un esfuerzo que le llevó toda una vida, fue reeditada y refundida con otros ensayos en el póstumo *Estudios de versificación española* (Buenos Aires, 1961). Hace dos viajes a España en 1917 y 1919 y entra en contacto con el Centro de Estudios Históricos, de Menéndez Pidal, donde se reencuentra con Reyes *(14.1.1.)*. Su libro *En la orilla, mi España* (México, 1922) subraya su devoción por temas de la cultura y literatura peninsulares.

Su peregrinaje continuó: en 1921 regresa a México a enseñar en la Universidad Nacional y en 1924 se instala en La Plata y luego en Buenos Aires, período en el que alcanza su madurez intelectual; trabaja febrilmente en numerosos proyectos y tareas; colabora con los más prestigiosos periódicos y revistas del continente; prepara varias antologías, y participa en reuniones académicas. Pero, sobre todo, produce sus obras más influyentes: *La utopía de América* (La Plata, 1925), *Seis ensayos en busca de nuestra expresión* (Buenos Aires, 1928), *Plenitud de España* (Buenos Aires, 1940) y otras. Durante este lapso vivió dos años (1931-1933) en su país, donde sirve a Trujillo, y entre 1940 y 1941 en Estados Unidos, mientras ocupaba la prestigiosa Charles Eliot Norton Chair en Harvard University. Allí apareció la versión inglesa original de su famoso *Literary Currents in Hispanic America* (Cambridge, 1945), traducida al castellano como *Las corrientes literarias en la América Hispánica* (México, 1949); también póstuma es la edición de su *Historia de la cultura en la América Hispánica* (México, 1947), que puede leerse como un complemento del libro anterior. En sus años argentinos ocupó varias cátedras en universidades y centros de investigación, donde tuvo brillantísimos discípulos que completaron su obra de renovación de los estudios literarios. Murió a los 62 años cuando viajaba entre Buenos Aires y La Plata.

La obra de Henríquez Ureña es muy vasta: sumando poesía, narraciones, artículos y libros, tenemos más de seiscientos cincuenta títulos. Aunque cubren una gran variedad de temas, los centrales son la literatura y el proceso cultural en el que se inserta. Su reflexión muestra cómo se articulan los fenómenos de creación estética e intelectual con el sustrato social en el que surgen y cómo a través de ese entrecruzamiento una cultura se crea y se define sin dejar de cambiar constantemente. El juego armonioso entre *identidad* y *diversidad* es lo que impide que su visión sea una mera variante del viejo positivismo literario, con sus rígidos cuadros nacionales. Fue uno de los primeros en sistematizar la literatura hispanoamericana y estudiarla como una unidad orgánica y aprehensible. Reconocía en ella un perfil propio pero compuesto por numerosos ingredientes ajenos y contribuciones autóctonas; la consideraba una manifestación espiritual modelada por otras formas de creación social, como el folclore y el mismo uso del lenguaje: algo distinto del resto aunque parte de la expresión universal, igual que los colores que forman el espectro solar.

Era un erudito, pero la literatura dejó de ser, en sus manos, un asunto para especialistas: estudiarla era tarea de todos porque era un modo de conocernos a nosotros mismos como una comunidad, con determinadas raíces, realidades y propósitos civilizadores. Examinaba el camino que las letras habían seguido en nuestro continente como la respuesta a la constante demanda por el cambio y la búsqueda de un destino. En el fondo, su concepción de nuestra cultura implicaba una promesa y una utopía. Creía que la razón intelectual se perfeccionaba con la participación social. Era un idealista enamorado del pasado y un hombre atento al acontecer inmediato, pues veía en el fenómeno literario un hecho estético a la vez que una realidad histórica. Sus principios como crítico de la cultura eran los fundamentales: belleza, libertad, justicia, responsabilidad moral.

Por supuesto, no todos los esquemas y conceptos literarios del autor han sobrevivido la prueba del tiempo. Por ejemplo, su idea de que nuestra identidad creadora está ligada a la expresión de los aspectos terrígenas o indígenas está hoy francamente superada: corresponde a una etapa de nuestra literatura (la que él vivió), no a su esencia. Pero lo que no ha perdido valor son dos aspectos: primero, esa visión moral de la literatura que acabamos de señalar le permitió entender que nuestra permanente «ansia de perfección» estética se corona cuando es parte del perfeccionamiento de la conducta en el plano personal y social. El otro aspecto tiene que ver con el estilo persuasivo y cálido, a veces una forma de exaltación atemperada por la reflexión, que anima sus propuestas y nos contagia su entusiasmo. Júzguese por estas líneas de «El descontento y la promesa» de los *Seis ensayos...*:

Apenas salimos de la espesa nube colonial al sol quemante de la independencia, sacudimos el espíritu de timidez y declaramos señorío sobre el futuro. Mundo virgen, libertad recién nacida, repúblicas en fermento, ardorosamente consagradas a la inmortal utopía: aquí habían de crearse nuevas artes, poesía nueva. Nuestras tierras, nuestra vida libre, pedían su expresión.

La carga lírica de este lenguaje nos mueve porque no es simple retórica, sino el fruto de un conocimiento íntimo y erudito convertido en una fe.

No es de extrañar que, directamente o a través de sus discípulos, el mensaje de Henríquez Ureña llegase lejos y calase muy hondo durante varias generaciones, algunas todavía vivas. Borges *(19.1.)*, que fue amigo suyo en Buenos Aires, escribió que era un auténtico maestro porque enseñó «una manera de tratar con las cosas, un estilo genérico de enfrentarse con el incesante y vario universo».

Textos y crítica:

HENRÍQUEZ UREÑA, Pedro, *Obra crítica**.
— *Obras completas,* ed. de Juan Jacobo de Lara, Santo Domingo, Universidad Pedro Henríquez Ureña, 1976-1980, 10 vols.
— *La utopía de América,* ed. de Ángel Rama y Rafael Gutiérrez Girardot, Caracas, Biblioteca Ayacucho, 1978.
— *Ensayos,* ed. de José Luis Abellán y Ana María Barrenechea, Madrid, Archivos, 1998.
Pedro Henríquez Ureña en los Estados Unidos, ed. de Alfredo J. Roggiano, México, State University of Iowa Studies in Spanish Languages and Literature, 1961.
Pedro Henríquez Ureña en México, ed. de Alfredo J. Roggiano, México, UNAM, 1989.

ANDERSON IMBERT, Enrique, *Pedro Henríquez Ureña,* Ciudad Trujillo, Lib. Dominicana, 1950.
CARILLA, Emilio, *Pedro Henríquez Ureña. Tres estudios,* Tucumán, Argentina, Universidad Nacional de Tucumán, 1956.
Homenaje a Pedro Henríquez Ureña. Revista Iberoamericana, 21:41-42 (1956).
Pedro Henríquez Ureña: 1884-1946. Centenario de su nacimiento. Sur, 355 (julio-diciembre de 1984).

14.1.5. Torri: un maestro de la prosa

De los otros ateneístas, hoy olvidados o significativos en un nivel local, sólo queremos rescatar un nombre mal conocido fuera de México: el de Julio Torri (1889-1970). En este caso, la obra, brevísima, no hace justicia a la verdadera importancia intelectual del hombre, que reside en buena parte en su presencia y su actitud como maestro, crítico y ávido lector de literatura; los que lo conocieron pueden dar amplio testimonio de esto y del profundo impacto que sus lecciones y su cordial charla tuvieron en sus respectivas obras. Lo animaba un auténtico amor por la literatura y una pasión bibliográfica que contagiaba a otros dentro y fuera del aula. Esas pasiones, sumadas a su discreción, timidez y reticencia frente a los hábitos de la vida intelectual, lo hicieron descuidar su propia obra: fue un escritor que casi se olvidó de escribir y publicar. De allí su brevedad y su escasa difusión; recientes recopilaciones y el renovado interés de la crítica por sus textos los han salvado de seguir siendo desconocidos. Había leído muchísimo y sabía discernir con un gusto exquisito, capaz de refrescar la visión de los clásicos o descubrir una línea memorable en un escritor marginal.

Finura, ironía, sobriedad, consición, son las virtudes esenciales de este prosista que nos dejó —como al desgaire— unos cuantos poemas, ensayos y narraciones: *Ensayos y poemas* (1917), *De fusilamientos* (1940) y *Prosas dispersas* (1946), publicados todos en México, son los principales libros que publicó en vida, aparte de *La literatura española* (México, 1952); aquellos tres títulos fueron luego reunidos en un volumen titulado *Tres libros* (1964) que no pasa de las doscientas páginas. Quien las repase sentirá cuán próximo está el sutil arte de Torri —un delicado vaivén de imaginación, reflexión, memoria y experiencia— con el de Charles Lamb, Marcel Schwob, Jules Renard, Arreola *(19.2.)* y Monterroso *(21.2.)*. Había nacido en Coahuila y fue un estrecho colaborador de Vasconcelos *(supra)* en sus planes para publicar ediciones populares de los clásicos. Su amistad con Reyes *(14.1.1.)* y Henríquez Ureña *(supra)* queda testimoniada en su hermoso epistolario. En *Prosas dispersas* evoca a los dos y también a Justo Sierra *(10.11.)*. Torri es un raro maestro que supo compartir su enorme saber mediante una prosa placentera y carente de toda pretensión: no hay mucho de éstos hoy.

Textos y crítica:

TORRI, Julio, *Tres libros,* México, Fondo de Cultura Económica, 1964.
— *Diálogo con los libros,* ed. de Serge I. Zeïtzeff, México, Fondo de Cultura Económica, 1980.

ESPEJO, Beatriz, *Julio Torri, voyerista desencantado,* México, UNAM-Instituto de Investigaciones Filológicas, Centro de Estudios Literarios, 1986.
GARRIDO, Felipe, *Julio Torri,* Guadalajara, Universidad de Guadalajara, 1989.
MARTÍNEZ, José Luis, *La literatura mexicana del siglo XX*,* pp. 31-33.
ZEÏTZEFF, Serge I., *El arte de Julio Torri,* México, Oasis, 1983.

14.2. El ciclo novelístico de la Revolución Mexicana

La Revolución Mexicana que se inicia en 1910 es el primer gran levantamiento popular que se produce en el continente durante el presente siglo: es, por cierto, anterior a la Primera Guerra Mundial (1914) y a la Revolución Rusa (1917); estos y otros acontecimientos del mismo tipo marcan un período de intensa agitación social y política que cambiará el mapa de muchas regiones, la relación de fuerzas entre las grandes potencias del mundo y además la función que el arte y la cultura cumplen en nuestro tiempo. Este último aspecto es el que más nos interesa aquí, pero no podemos tratarlo sin hacer siquiera una breve referencia al aspecto puramente político y social del proceso.

Lo primero que hay que señalar es que la Revolución Mexicana fue, en esencia, un profundo movimiento agrario, pero que no comenzó ni terminó como tal. Sus inicios fueron particularmente modestos y limitados: nació como un movimiento antirreeleccionista liberal contra la larga dictadura de Porfirio Díaz, quien había gobernado el país casi un cuarto de siglo, a tal punto que la imagen del llamado «porfiriato» casi se confundía con la del mismo país: un país en manos de una próspera burguesía, con ideales y gustos europeizantes, indiferente a la tremenda desigualdad en la que vivía la masa campesina, cuyo trabajo contribuía precisamente a esa riqueza. México vivía de espaldas a su propia realidad. La prueba de que cambiar a fondo esta situación no estaba en el plan inicial del movimiento es el hecho de que su primer líder era Francisco I. Madero, un rico hacendado que sólo pedía que se respetase la Constitución de 1857. Pero Madero había encabezado la oposición al continuismo del dictador y ese gesto constituyó la chispa que provocó el gran incendio. En este caso puede hablarse de combustión espontánea más que de un proyecto revolucionario: nadie lo planeó así y el resultado tomó a muchos por sorpresa. El régimen porfirista demostró al final ser un gigante con pies de barro que empezó a desplomarse apenas aparecieron signos de inquietud política en la región norte del país. El proceso pronto cobró la fuerza de un movimiento irreversible: en mayo de 1911 cae el gobierno del dictador y en octubre de ese mismo año Madero es elegido presidente constitucional.

Casi de inmediato resultó evidente que las fuerzas sociales desatadas por la Revolución pasaban por encima de la autoridad de su primer presidente. El líder campesino Emiliano Zapata planteó, en Morelos, una demanda básica: la reforma de la tenencia de la tierra, y así la Revolución mostró sus verdaderas raíces. Madero sufrió los embates de ambos lados: la insurgencia de Zapata y de los sectores reaccionarios, adictos al porfirismo, que aún conservaban estructuras de poder dentro del ejército y otros estamentos a la espera de un momento propicio para una restauración. El asesinato de Madero en febrero de 1913, perpetrado por los porfiristas, dejó el camino abierto para que asumiese el poder el general Victoriano Huerta, conocido por sus posiciones reaccionarias y su talento militar. Esa muerte, durante la llamada «decena trágica», dio inicio a la fase más sangrienta, brutal y confusa de la Revolución, que la radicaliza (pues todos los sectores comprometidos con ella luchan contra Huerta) y al mismo tiempo la desfigura en una guerra sin cuartel que produjo por lo menos dos millones de muertos. Los líderes se multiplican (Zapata en el sur; Carranza, Obregón y Villa en el norte). Sus diferencias ideológicas y lealtades políticas se vuelven contradictorias y volátiles; la división de la lucha en facciones, cada una con sus propias fuerzas militares y estrategias políticas, produce un período de verdadera anarquía, marcada por la barbarie y el pillaje desatados. La intervención de Estados Unidos, tratando de jugar un papel en la pugna y anexionarse territorios por la fuerza, complica todavía más la situación. Después de que Huerta se ve forzado a renunciar (julio de 1914), Carranza convoca una convención para tratar de establecer un nuevo gobierno constitucional. Villa, distanciado ya de él y de Obregón, presiona para que la convención se realice en Aguascalientes (noviembre de 1914), donde él se convierte en la figura dominante; lo seguirá siendo hasta que es finalmente derrotado en Celaya (abril de 1915).

En 1917 se dicta una nueva Constitución que cierra el período más sangriento de la Revolución y establece un programa de reformas básicas. Un nuevo México nace allí, libre al fin de sus ataduras con el pasado porfirista, para iniciar una profunda lucha contra el feudalismo agrario, el atraso, la ignorancia y la desigualdad. No cabía duda de los vastos alcances de esa carta magna: cambiaba todos los aspectos de la vida mexicana, desde el peso del poder eclesiástico hasta el destino de las tierras comunales. Pero ya durante el gobierno de Carranza, instalado el mismo año de la Constitución, empieza a verse la distancia entre las promesas y los hechos: la Revolución, apenas definida jurídicamente, claudicó bajo la presión conjunta de compromisos, intereses y maniobras. Esta casi total paralización del esfuerzo reformista tuvo un trágico símbolo: la conspiración que condujo al asesinato de Zapata en abril de 1919. Una nueva ola de violencia se desató y una de sus víctimas fue el propio Carranza, quien, en abierta pugna por la sucesión presidencial con Obregón, fue asesinado en mayo de 1920.

El posterior gobierno de Obregón —pese a sus esfuerzos por pacificar y «reconstruir» el país— tampoco estuvo exento de hechos sangrientos, entre ellos el homicidio de Villa en Durango (julio de 1923). El rebrote más violento vendría después, durante el gobierno de Calles, cuando estalla la «guerra cristera» (1926-1928), rebelión armada de los sectores ultracatólicos contra la aplicación de las duras medidas anticlericales de la Constitución. Como tantas otras, la mexicana es una revolución inconclusa e incumplida que, al crear el Partido Revolucionario Institucional (PRI), puso por delante la estabilidad de un estado concebido como el único protagonista de la vida política nacional. De allí, la paradoja del PRI consistió en invocar los ideales de 1917 mientras solidificaba su poder apoyado en un aparato partidario monolítico, un completo control sindical y la práctica de un corrupto clientelismo que le aseguraba el apoyo de la alta burguesía. La hegemonía del PRI —que duró hasta el año 2000— probó ser más resistente que cualquier dictadura latinoamericana e incluso que el sistema comunista que imperó en Rusia y parte de Europa hasta 1989; el tema es de fondo, pero no nos toca tratarlo en estas páginas.

Esta reseña, siendo sucinta y a todas luces incompleta, sugiere sin embargo algo fundamental: la Revolución Mexicana fue un movimiento que nadie anunció, definió ni condujo; fue un acontecimiento cataclísmico que envolvió a toda una nación en una dinámica cuyo origen y destino resultaron casi imposibles de someter a razón. Más que un proceso revolucionario, un estallido pasional, una ciega respuesta a los enigmas de la historia, un huracán que arrasó con todo y confundió a los héroes con los villanos. Mostró lo mejor y lo peor de México, pero nos dio al fin su *verdadero rostro*, oculto bajo las capas de maquillaje del porfirismo y de otras fórmulas políticas que habían ignorado lo que era: un país indígena, rural, ligado a tradiciones ancestrales, atrapado por sus propias desigualdades sociales y económicas. La Revolución abrió las compuertas que encerraban al mexicano en un oscuro anonimato y liberó sus energías en un campo —el político— donde casi nunca habían cumplido un papel protagónico; era natural que hubiese manifestaciones de odio y violencia gratuitas. Pero la gran conquista fue recuperar para el país, en medio de un baño de sangre y venganzas políticas, su propia identidad perdida.

Naturalmente, el aspecto espiritual de esa reconquista no podía estar ausente; muy pronto, la Revolución se convirtió también en un fenómeno cultural, pues la afirmación nacional que trajo consigo suponía una revaloración de ciertas esencias profundas del espíritu creador de la comunidad. Siendo un movimiento popular, de tierra adentro, la participación directa de la clase intelectual capitalina fue relativamente escasa; incluso, puede decirse que, en ciertas coyunturas más decisivas, tomaron posición contra ella, como los casos de Tablada *(13.4.2.)* y González Martínez *(13.4.3.)* lo prueban. Ante ese vacío, lo primero en ser afectado fueron las anónimas y humildes manifestaciones del folclore y formas paralelas: la canción, la copla política, la comedia teatral, el arte gráfico, la artesanía, etc. Los *corridos* de la Revolución y los grabados o *calaveras* de José Guadalupe Posada son ejemplos bien conocidos de esta floración. La Liga de Escritores y Artistas Revolucionarios (LEAR) publicó y difundió muchas de estas expresiones. La participación de los intelectuales se deja sentir más tarde, a través de sus esfuerzos por orientar y profundizar el proceso; en alianza con el estado, ese esfuerzo es notorio en la década de los años veinte, durante el gobierno de Obregón y las campañas educativas y culturales de Vasconcelos, que ya hemos examinado *(14.1.3.)*. En el campo del teatro, la producción de esa década se resiente primero por su carácter ligero y luego por su esquematismo y rigidez ideológica, puesto bajo las limitadas opciones de la «lucha de clases» que planteaba la estética marxista pregonada por, entre otros, Mauricio Magdaleno *(14.2.3.)*. Lo mejor está en la obra dramática, más tardía, de Rodolfo Usigli *(14.3.)*, especialmente en *El gesticulador*. Las expresiones artísticas más importantes y características de aquel período son el «arte muralista» (al que también hicimos referencia al hablar de Vasconcelos) y la novela de la Revolución Mexicana; ambos constituyen importantes manifestaciones estéticas y sociales. Pero hay una gran diferencia en el modo como ambas aparecen: la primera es un impulso fomentado desde arriba por el estado revolucionario; la segunda es mucho más espontánea e ideológicamente diversa.

Como antes dijimos, el membrete «novela de la Revolución Mexicana» es algo confuso: «de la Revolución» vale para señalar cuál es su tema, no siempre su adhesión «revolucionaria», lo que ejemplifica la misma *Los de abajo,* que inicia el ciclo. Por otro lado, lo de «novela» ha sido aplicado por la crítica de una manera bastante laxa, incluyendo como parte del subgénero materiales diversos: memorias, autobiografías, biografías, testimonios, reportajes, crónicas, episodios, etc. Una porción considerable de estos textos pertenece a la literatura sólo de un modo muy tangencial: son a veces crudos documentos o crónicas de un jefe revolucionario, de un testigo, de un participante casual, que escriben movidos por la actualidad del asunto. Pero lo interesante es que, aun siendo primarias en su forma e intención, estas obras cambian el panorama de la literatura mexicana e introducen tonos, problemas y personajes que antes habían estado excluidos. Así, la novela de la Revolución sirvió para mostrar los rasgos ocultos del rostro de la comunidad nacional. La estrecha relación entre ficción e historia inmediata tampoco debe perderse de vista.

La mayor parte de estas obras se concentra en el período más dramático y sangriento de la lucha: 1910-1917; incluso novelas muy posteriores reconstruyen episodios de esa época cuyos protagonistas ya habían alcanzado un nivel mítico, como Villa y Zapata. Pero los ejemplos más representativos de la primera fase de esta novelística son las obras de Mariano Azuela, Martín Luis Guzmán y Mauricio Magdaleno, que trataremos de inmediato. La fase de la «guerra cristera» también produce una cosecha de novelas, que en general tienen mero interés local. Citemos sólo dos: *Los cristeros* (México, 1927), de José Guadalupe de Anda (1880-1950), y *Pensativa* (México, 1945), de Jesús Goytortúa Santos (1910-1979). El tema de la Revolución ha seguido interesando a los escritores mexicanos, cuyos aportes más recientes han renovado la tradición, a través de la incorporación de técnicas más modernas y de visiones de conjunto que faltaban hasta entonces. Bien puede decirse que en este grupo están las expresiones artísticas más logradas y ambiciosas del subgénero: las obras de Agustín Yáñez *(18.2.4.)*, Juan Rulfo *(19.4.1.)* y Carlos Fuentes *(22.1.2.)*. Aunque pertenezcan al mismo ciclo, las estudiamos aparte no sólo por razones de claridad, sino porque son un material de muy distinta naturaleza literaria que las de la primera hora, aparte de que corresponden a otras circunstancias culturales y sociales. Comenzamos con el indiscutible fundador: Azuela.

Crítica:

ARANGO L., Manuel Antonio, *Tema y estructura de la novela de la revolución mexicana*.

BRUSHWOOD, John S., y José ROJAS GARCIDUEÑAS, *Breve historia de la novela mexicana*, México, De Andrea, 1959.

CASTRO LEAL, Antonio (ed.), *La novela de la revolución mexicana*, México, Aguilar, 1958-1960, 2 vols.

DESSAU, Adalbert, *La novela de la revolución mexicana*, México, Fondo de Cultura Económica, 1986.

KRAUZE, Enrique, *Siglo de caudillos. Biografía política de México, 1810-1910*, Barcelona, Tusquets Editores, 1994.

— *Biografía del poder. Caudillos de la revolución mexicana (1910- 1940)*, Barcelona, Tusquets Editores, 1997.

LANGFORD, Walter M., *The Mexican Novel Comes of Age,* Notre Dame, University of Notre Dame Press, 1971.

MAGAÑA ESQUIVEL, Antonio, *La novela de la revolución,* México, Instituto Nacional de Estudios Históricos de la Revolución Mexicana, 1965.

PORTAL, Martha, *Proceso narrativo de la Revolución Mexicana,* Madrid, Cultura Hispánica, 1966.
RODRÍGUEZ CORONEL, Rogelio (ed.), *Recopilación de textos sobre la novela de la Revolución Mexicana.*
RUTHERFORD, John, *Mexican Society During the Revolution: A Literary Approach,* Oxford, Clarendon Press, 1973.
SILVA HERZOG, Jesús, *Breve historia de la revolución mexicana,* México, Fondo de Cultura Económica, 1960.
VALADEZ, Edmundo, y Luis LEAL, *La revolución y las letras,* México, Instituto Nacional de Bellas Artes, 1960.

14.2.1. Mariano Azuela: una épica popular

El ciclo narrativo denominado «la novela de la Revolución Mexicana» tiene varios antecedentes, fases y figuras, pero ninguna de éstas excede la importancia histórica de Mariano Azuela (1873-1952): es el fundador del ciclo, el que establece su tono y el primer responsable de su extraordinaria difusión. Su obra narrativa es también amplia, y pueden encontrarse en ella algunas piezas de interés, pero no alcanzan la trascendencia de *Los de abajo* (El Paso, Texas, 1915), el primer gran retrato vivo de la Revolución entonces en marcha, su más trágico testimonio y la más angustiada crítica de uno de sus protagonistas. No sólo la novela mexicana cambia radicalmente con esa obra: sus repercusiones alcanzan a los novelistas de todo el continente, que ven en ella un nuevo arte de contar americano, un modelo para narrar sus propias luchas y dramas colectivos.

Hay que recordar que cuando llega la Revolución, Azuela es un hombre de 37 años y que antes de *Los de abajo* había publicado ya cinco libros narrativos; es decir, tiene una considerable experiencia personal y literaria; no ve la lucha con los ojos esperanzados de un joven ni escribe como un novato sobre algo que le era desconocido. En 1911 había publicado una novela de inmediata actualidad política titulada *Andrés Pérez, maderista.* Y sus otros relatos lo habían mostrado como un crítico pertinaz de la era porfirista, bajo la cual se había formado como escritor. Azuela había nacido en Lagos de Moreno, en el estado de Jalisco, y pertenecía a la clase media provinciana, lo que le permitió conocer de cerca la dura vida campesina. En 1887 es enviado a estudiar al seminario de Guadalajara, que abandona dos años después para seguir su educación en un liceo donde descubre y desarrolla su pasión literaria. Ingresa a la Escuela de Medicina en la Universidad de Guadalajara y obtiene su título de médico en 1899. Antes había publicado, bajo seudónimo, un primerizo libro de cuentos con el título de *Impresiones de un estudiante* (1896), influido por Pérez Galdós y Zola. Después de ejercer la medicina en su ciudad natal y de intervenir en la lucha revolucionaria (lo que estudiaremos más adelante), se marcha a la capital y se aparta de la vida política. Allí desarrollaría una obra literaria que se extendería medio siglo y cuyo núcleo es un conjunto de veintitrés novelas. En 1949, convertido en una verdadera gloria de las letras mexicanas, recibió el Premio Nacional de Artes y Ciencias. Tres años después moría de un ataque al corazón.

El primer ciclo de su producción se inscribe dentro del modelo naturalista mexicano *(10.5.)*, que se encontraba entonces en su apogeo; la afinidad del autor con esa estética se advierte también en su obra maestra y aún más allá: no importa cuáles sean las etapas por las que pasa su producción, permanecería siempre fiel a la idea de que la literatura es sobre todo una *crítica* de la realidad social, un equilibrado juego de experiencia, documento e imaginación. Este ciclo está formado por las novelas *María Luisa* (1907), *Los fracasados* (1908), *Mala Yerba* (1909) y *Sin amor* (1912), que comparten ciertos elementos románticos, el gusto por la observación y el planteamiento de conflictos sociales de un porfiriato ya en crisis y con signos que parecen anunciar el estallido revolucionario. Del grupo, la mejor es la tercera, que tiene ciertos puntos de contacto con *Los de abajo*.

La siguiente etapa es la que podría llamarse propiamente «revolucionaria» y comprende *Andrés Pérez..., Los de abajo, Los caciques* (México, 1917), las novelas cortas *Las moscas* y *Domitilo quiere ser diputado* (México, 1918) y *Las tribulaciones de una familia decente* (Tampico, 1918), que oscilan entre la crónica, la sátira y una nueva versión de la novela de costumbres: la crítica está dirigida a las viejas clases sociales, los caciques políticos y los oportunistas que traicionan la revolución mientras la sirven, provocando que ésta pierda su impulso inicial y se corrompa. Las novelas de la tercera fase —*La malhora* (México, 1923), *El desquite* (México, 1925) y *La luciérnaga* (Madrid, 1932)[2]— presentan un inesperado y profundo cambio estético: Azuela parece abandonar su temática y optar por formas de experimentación narrativa que tienen una afinidad con el lenguaje vanguardista; sería así el primer novelista mexicano en registrar la voluntad de innovación que estaba transformando la novela en esos momentos. En *La luciérnaga,* particularmente, lo vemos usando con destreza las técnicas del monólogo interior, el *flashback* y los múltiples puntos de vista. Aun si el asunto revolucionario no está directamente tratado

---

[2] En realidad, esta novela fue escrita en 1927.

14. México: los hombres del Ateneo, la Revolución, Azuela y la novela

en este conjunto, el elemento crítico y la mirada social —como ya señalamos— permanecen, formando parte de un concepto literario que liga indisolublemente la ficción a la vida colectiva contemporánea. *La malhora*, por ejemplo, trata el tema de la prostitución inaugurado veinte años antes por Federico Gamboa con su célebre *Santa (10.5.)*. Un sector de la crítica ha destacado que otra novela del grupo, *La luciérnaga,* es no sólo una de las mejores de toda su producción, sino de la novelística mexicana de la época. Su última porción narrativa es la más fecunda —produce una decena de novelas desde *El camarada Pantoja* (México, 1937) hasta la póstuma *Esa sangre* (México, 1956)—, pero revela una franca decadencia de sus fuerzas creadoras y muy poco agrega a lo anterior. Sólo confirman su creciente amargura y desencanto ante el proceso institucionalizado y ya sin vigor en el que había caído la Revolución. En estos años finales Azuela también cultivó la autobiografía y el ensayo; de lo último es ejemplo su conocido *Cien años de novela mexicana* (México, 1947), que tiene ahora más valor testimonial que crítico.

El lector atento puede revisar este material y hallar más de un aspecto de interés, pero la verdad es que nada supera la importancia histórico-literaria e ideológica de *Los de abajo,* y bien podemos reducir a su autor a este libro para entender los alcances de su aporte. Habrá que comenzar con algunas aclaraciones editoriales, literarias y contextuales. Hemos señalado que la novela apareció en El Paso en 1915. Se trata de una edición en forma de veintitrés entregas incluidas en el periódico *El Paso del Norte* entre octubre y noviembre de ese año, versión que conocemos gracias al minucioso trabajo de Stanley L. Robe. (Texas era ya parte del territorio norteamericano, pero el periódico, publicado en español, era vocero de la posición «constitucionalista» de Venustiano Carranza, quien buscaba el respaldo de los Estados Unidos; que difundiese la novela de un opositor suyo como Azuela quizá se explique porque documentaba la derrota y el desencanto de un villista.)

Al año siguiente, el mismo diario lanzó una edición en forma de libro y, en 1920, el propio autor publicó en la capital mexicana la que puede considerarse la primera edición nacional, de corta tirada. Aunque todas estas ediciones llevaban el indicador subtítulo «Cuadros y escenas de la revolución mexicana» (que subraya la inmediatez entre los hechos y su registro literario), la versión publicada en 1920 es marcadamente distinta, con correcciones, adiciones y cambios sustanciales, incluso la incorporación de personajes que no figuraban al comienzo. La situación política y su propia posición ante ella habían cambiado, y Azuela quería reflejarlas en su texto. Aunque parezca extraño, pese a la actualidad del tema, la novela apenas si fue conocida entonces por un círculo muy reducido de lectores. No es hasta que aparece publicada en *El Universal Ilustrado* en 1925 —ese mismo año este periódico la había impreso como folletín, una década después de la primera— cuando la novela produce un impacto de repercusiones nacionales y es rescatada como la mejor obra literaria de la Revolución. Ésta es la versión, otra vez revisada y ampliada por el autor, que todos conocemos. Incontables ediciones mexicanas y extranjeras la seguirían.

El origen de ese súbito interés es una polémica que, entre 1924 y 1925, se libró en México. Ésta revelaba la preocupación que sentía la intelectualidad mexicana por encontrar narraciones que documentasen el trascendente proceso político por el que estaba atravesando, sobre todo de su primera fase bélica. En un artículo provocadoramente titulado «El afeminamiento en la literatura mexicana», Julio Jiménez lamentó la ausencia de tales obras; le salió al paso, entre otros, el crítico Francisco Monterde, quien señaló que esa novela sí existía y que se titulaba *Los de abajo*.

Desde entonces el libro pasó a ocupar un lugar central en las letras mexicanas y puede decirse que hasta hoy lo mantiene, lo que ha sido corroborado en el plano internacional a través de numerosísimas traducciones. Es importante tener en cuenta que el «redescubrimiento» del libro lo coloca en un contexto histórico marcadamente distinto del que existía cuando fue escrito y que el texto original quedó olvidado para la gran mayoría de quienes examinaron y discutieron la obra con una pasión que no cedió sino en la década de los cuarenta, cuando el panorama ideológico y literario había cambiado otra vez. Es casi imposible desligar la novela de ese contexto de dispares demandas intelectuales en el que *Los de abajo* significó distintas cosas para la conciencia de sucesivas generaciones mexicanas. Pero el aspecto contextual más decisivo es la relación profundamente personal que el autor estableció con su tema a través de su intervención en la lucha revolucionaria: es esa experiencia la que determina su visión política primero y luego la literaria.

Azuela fue un testigo, partidario político y, como médico militar, protagonista de la Revolución en sus etapas iniciales. En la apacible Lagos de Moreno, donde —como vimos— había ejercido por largos años su profesión, estuvo entre los primeros en hacer campaña allí contra Porfirio Díaz y en favor de Francisco I. Madero; el «maderismo» y luego el «villismo» del autor serán adhesiones determinantes que se transmiten a su imagen literaria del proceso que vivía. Fue jefe político de Madero en Lagos y, cuando se produce el golpe contrarrevolucionario del general Huerta, un acérrimo enemigo de la dictadura que éste implanta entre 1913 y 1914. Este último año marca un momento crítico para México, pues mientras se produce la invasión norteamericana de Veracruz y estalla la Primera Guerra Mundial, la Revolución degenera en guerra civil y la lucha se fragmenta entre diversos líderes, facciones y banderías. El país, envuelto en llamas, rueda por el pozo sin fondo de la anarquía. Azuela presencia todo esto y, tras el asesinato de Madero, tiene que tomar partido entre Carranza y Pancho Villa. El novelista opta por Villa, el famoso bandolero que dirigía el Ejército del Norte y que se había unido a Zapata, el gran líder agrario, contra Carranza.

Azuela abandona Lagos en octubre de 1914 y marcha a Irapuato, a unirse con las fuerzas revolucionarias dirigidas por el general Julián Medina, con quien tendrá una estrecha relación personal. Allí comienza a escribir su novela y toma a varios personajes reales como base para componer no sólo los que aparecen en *Los de abajo,* sino también episodios de *Las moscas;* por ejemplo, Medina le sirve como primer modelo para crear a Demetrio Macías, el héroe de su obra maestra. Permanece en Irapuato un par de meses y en diciembre de 1914 se dirige con las tropas villistas a reconquistar Guadalajara, donde se queda hasta abril de 1915 cumpliendo funciones de director de educación pública del estado. Tras varios episodios, la ruta de Azuela lo conduce más al norte, hasta Aguascalientes, llevando consigo al malherido coronel Manuel Caloca, incidente que también pasará a su novela; este personaje le brindará los rasgos que el autor necesitaba para completar los de Demetrio Macías. El período corresponde a una serie de disputas internas entre los jefes de las fuerzas villistas, errores estratégicos, derrotas militares, etc. Mientras estos hechos sumían a Azuela en hondos dilemas, la redacción de la novela pasó a un primer plano, como un ardiente estímulo para su conciencia moral e intelectual: todo lo que la Revolución le había dejado, su grandeza y su miseria, estaría en ese libro. La mayor parte de su redacción final fue realizada en Chihuahua a mediados de 1915. Poco después de publicado *Los de abajo,* el autor volvería a reunirse con su familia y se dedicaría a su profesión y a la literatura; su aventura política había acabado en derrota y desilusión.

Si hemos incluido estos aspectos del itinerario que siguió Azuela en la Revolución, es porque, en buena medida, corresponden a los de los personajes, episodios y espacios físicos que registra la novela: pasos dramáticos y dolorosos de una jornada regida por los azares y sinsabores de la guerra armada. El libro los sigue dejándonos la misma sensación de laberinto y caos que fue atrapando al autor en esos días. La propia redacción, interrumpida por la campaña y realizada en medio de grandes dificultades (escribía a mano, aprovechando los pocos momentos de calma), es rapsódica y refuerza la impresión de que estamos leyendo un texto que fue hallando su forma a partir de circunstancias inesperadas, anotaciones fragmentarias, observaciones instantáneas, relatos improvisados; la indicación de «cuadros y escenas» en el subtítulo es del todo adecuada a la naturaleza del texto. *Los de abajo* fue escrita en plena campaña, a cielo abierto, y eso se nota en todos los niveles; afortunadamente este rasgo no se perdió en la versión definitiva del texto. La narración es una suma heterogénea de tonos y perspectivas: una memoria personal, un trozo vivo de historia, una épica popular, un reportaje de actualidad, una reflexión moral sobre el destino de una revolución inconclusa, un documento sociológico, el retrato de un país en busca de sí mismo en medio de una guerra civil...

Es difícil hallarle antecedentes directos, aunque haya ciertas líneas que lo unen —como dijimos— a los naturalistas mexicanos del XIX, especialmente Emilio Rabasa, Heriberto Frías y el propio Gamboa *(10.5.)*. El ciclo novelístico que *Los de abajo* inaugura entronca con otras vertientes literarias anteriores o contemporáneas: indigenismo *(17.8.)*, regionalismo *(15.2.)*, novela social, etc. Por momentos, su agitación y su ritmo apremiante recuerdan a los del *Diario de campaña* de Martí *(11.2.)*. Pero es algo distinto y nuevo, que siendo un producto profundamente mexicano tiene proyecciones continentales y aun universales. Quizá haya que recordar otra vez que el membrete «novela de la Revolución Mexicana» es algo impreciso (aunque inevitable): estas novelas o narraciones no son, casi en ningún caso, una exaltación de la realidad revolucionaria; al contrario, suelen ser amargos alegatos y expresiones de desencanto ante las encarnizadas luchas intestinas que la asolaron. No tenemos ni glorificación ni visiones comprehensivas de la Revolución: predominan la denuncia, la protesta, el documento parcial (en el sentido de fragmentario y partidario). La obra de Azuela no escapa a esas características y más bien consolida un modelo ineludible para los que lo seguirían.

En gran parte esa novedad reside en la perspectiva desde la que el autor presenta a sus personajes y la acción en la que están comprometidos. Algo distintivo es el *dinamismo,* la pulsión que posee a los protagonistas como una fuerza irresistible y oscura a la que ellos no pueden sino someterse: acción frenética e inercia moral. Son una distinta clase de héroes, que no habían aparecido antes en nuestra literatura, salvo quizá en Cambaceres *(10.3.3.)* y Quiroga *(13.2.),* aunque el elemento político falte en éstos. Seres violentos, ignorantes, desconcertados, que están envueltos en la tarea gigantesca de inventar la justicia en un país sin experiencia de ella. Trágica ironía de la historia: héroes ciegos cumpliendo el papel de visionarios; los líderes que se mueven en el vórtice del caos son los emisarios del nuevo orden. Mundo al revés, que el título define bien: es la hora de los de abajo. Un puñado de hombres salidos de los rincones más remotos de la tierra mexicana son los actores de una épica degradada («Ilíada descalza» la llama Carlos Fuentes *[22.1.2.]*) que en el fondo, pese a los nombres o apodos, es anónima. Literatura auténticamente popular, aunque sin tesis, redentores ni causas claras por defender.

La acción de la novela es, pues, absorbente, incesante, aun a riesgo de resultar un poco confusa para el lector no familiarizado con ciertos detalles. El foco es inmediato, la observación precisa, la fusión de lo ficticio en el mundo real casi indiscernible. Quizá desde Cambaceres nadie había narrado en Hispanoamérica del modo despojado e intenso de Azuela. La escena *in medias res* que abre la novela será un hábito estilístico de todo el relato:

—Te digo que no es un animal... Oye cómo ladra el *Palomo*... Debe ser algún cristiano.

La mujer fijaba sus pupilas en la oscuridad de la sierra.

—¿Y que fueran siendo federales? —repuso un hombre que, en cuclillas, yantaba en un rincón, una cazuela en la diestra y tres tortillas en taco en la otra mano.

Este breve y célebre pasaje nos muestra varias cosas. En primer término, un lenguaje narrativo inédito, cuya eficacia reside en su total falta de adornos, en su enérgica sequedad expresiva, en la impresión de que lo que nos dice coincide perfectamente con lo que es. Y eso que vemos es feo, pobre, primitivo —un mundo por el que la literatura no había antes pasado sino a cierta distancia, con ánimo pintoresco o escandalizado—. Aquí la perspectiva del narrador es tal que, aun siendo un relato en tercera persona, sentimos su respiración al lado de sus criaturas: él es una de ellas. Su voz ha reducido todo a lo esencial: la oscuridad, la comida frugal, la sensación de peligro y desamparo; esta gente no tiene nada y sin embargo su propia miseria está amenazada por un estado general de desorden e inestabilidad. En segundo lugar, la observación es precisa y funcional: aunque las fuerzas que los mueven son confusas y contradictorias, cada acto, cada escena y cada ambiente están recortados con la precisión de un mural de Orozco. Se nota que Azuela ha trabajado sus figuras y situaciones copiando «del natural» e inventando a partir de ello, sólo para hacerlo más imborrable y convincente.

La visualidad del relato (y el rico acompañamiento de voces, sonidos y movimientos que la complementan) es notable y tiene algo de cinematográfico: bruscos cortes, súbitos desplazamientos del punto de vista, ruptura del orden cronológico. Hay una estructura, pero desintegrada en breves secuencias que sugieren el sobresalto y el vértigo de la acción bélica y las luchas políticas. Por último, hay en el pasaje una fuerte sugestión de lo que será dominante en el resto de la novela: su telurismo. Éstos son seres atados a la pobre tierra que les da el magro sustento, vivas emanaciones de un ámbito natural y en estado salvaje, donde no ha cambiado nada durante siglos y que ahora es el escenario de grandes acontecimientos históricos. «Novela de la tierra» podríamos también llamarla, pero con el importante agregado del elemento político que introduce un hecho decisivo: los campesinos apegados a su gleba no tienen más remedio que abandonarla para luchar por ella. Cuestiones como feudalismo, atraso, tradiciones rurales son el trasfondo de la acción y contribuyen a dar trascendencia a las conmociones que ahora sacuden al México agrario: hay una transformación en marcha en esas tierras olvidadas. Los campos se vacían, un torbellino envuelve a los pueblos, hombres antes sin rostro y sin historia pasan a ocupar el papel de protagonistas.

Vamos conociendo al héroe Demetrio Macías y a los demás comprometidos en la lucha más a través de sus actos y sus dichos que de descripciones «desde fuera»: su quehacer y sus voces los retratan cabalmente. Pero tanto los hechos como las palabras aparecen como distorsiones de los fines declarados en las arengas políticas. Los desajustes y discrepancias entre los motivos, los actos y sus consecuencias se multiplican en la novela y constituyen una de las grandes cuestiones morales que nos plantea. Aquí importan mucho el punto de vista del autor y el tipo de experiencia revolucionaria que vivió. Su visión es la de un individuo de clase media, animado por sentimientos humanistas de raíz liberal: está en favor de la justicia y el derecho de todos a la igualdad, pero le gustaría que esta lucha realizase el sueño imposible de no ser violenta y cruel. Es evidente que el gratuito derramamiento de sangre y las consecuentes justificaciones políticas lo horrorizan; reacciona como un defensor de los grandes principios, ajeno a los pequeños intereses políticos que los adulteran.

Su desdén por los oportunistas y acomodaticios es un *leitmotiv* de las conversaciones que personajes como Luis Cervantes y Alberto Solís sostienen en la narración. Inmenso dilema: los intelectuales pueden concebir la idea revolucionaria y aun desencadenarla, pero son los campesinos los que la llevan a cabo, poniendo en marcha fuerzas históricas tan profundas como difíciles de controlar. *Los de abajo* hace una dura y persuasiva crítica de la Revolución, no de su idea o promesa, sino de su realidad desnuda y concreta, que suele resultar repulsiva, un monstruo producido por un bello sueño; difícil hallar un tema de más permanente actualidad que éste. Pero si la Revolución es desorden y violencia —parece decirnos la novela—, la pasión, el valor y el sacrificio de algunos cuantos, no siempre los más lúcidos aunque sí los más auténticos, tampoco pueden negarse. Esa ambigüedad del juicio moral tal vez no sea deliberada y refleja bien la zozobra que muchos vivían en esa época ante una Revolución sin un líder dominante, sin ideología definida, sin planteamientos claros, pero que era expresión de hondas necesidades y anhelos. Apenas comenzada, la gran tarea parecía a punto de frustrarse y planteaba diversas alternativas, todas arduas: ¿corregirla?, ¿abandonarla?, ¿continuarla?, ¿salvarla de sí misma? Ni los líderes ni las masas lo sabían. Entre los numerosos símbolos y figuras de esa gran cuestión que hallamos en la novela, ninguno más recordado y citado que el del rodar fatal de la piedra:

—¿Por qué pelean ya, Demetrio? [pregunta su mujer].

Demetrio, las cejas muy juntas, toma distraído una piedrecita y la arroja al fondo del cañón. Se mantiene pensativo viendo el desfiladero, y dice:

—Mira esa piedra cómo ya no se para... (III, vi).

El sinsentido y la confusión de las luchas que desintegran la Revolución están subrayados por el ritmo entrecortado y la estructura asimétrica, que guarda ciertas semejanzas con la de *Por quién doblan las campanas* (1940) de Hemingway. La novela está dividida en tres partes de muy diversa extensión (I, 21 caps.; II, 14; III, 7), tono e intensidad. La estructura tripartita reitera una tendencia casi obsesiva con el número *tres* en personajes, animales y objetos: en la citada escena inicial, por ejemplo, el hogar de Demetrio está compuesto por tres personas, los federales vienen montados en tres caballos, las tortillas son tres, etc.; esto se repite en toda la novela. Las partes se conectan de un modo irregular, introduciendo bruscos desplazamientos de tiempo y espacio entre ellas, que casi coinciden con los azares e interrupciones de la redacción misma. De la victoriosa batalla que cierra la primera parte pasamos, mediante un salto, a la celebración de ese triunfo «en torno de las mesas de un restaurante» (II, i); es decir, de la batalla a la fiesta y de la sangre al alcohol. Hay un marcado hiato entre la segunda y la tercera partes: aquélla termina con una significativa escena en la que el general Natera informa a Demetrio de que se ha producido una nueva división política tras la Convención de Aguascalientes y que ahora la lucha será entre Villa y Carranza; Demetrio no entiende y, ante su perplejidad, Natera le pregunta de parte de quién se va a poner. Ésta es la respuesta:

—Mire, a mí no me haga preguntas, que no soy escuelante... La aguilita que traigo en el sombrero usté me la dio... Bueno, pos ya sabe que no más me dice: «Demetrio, haces esto y esto y esto... ¡y se acabó el cuento!».

De aquí pasamos, dando otro salto, a la tercera parte, que comienza con el texto de la carta que Cervantes le envía a Venancio desde El Paso —por la fecha, descubrimos que han transcurrido seis meses entre una y otra partes—, comunicándole que se ha recibido de médico, que se ha adaptado al medio y que si Venancio trae un poco de dinero de México «podemos hacernos ricos en muy poco tiempo»; la lucha, inminente en la parte anterior, ha quedado atrás y sólo vemos la nueva situación que esa coyuntura ha creado.

La estructura de *Los de abajo* es además elíptica: hay detalles que se omiten y tenemos que recomponerlos imaginariamente; el flujo de sucesos es discontinuo, pero cada uno está bien definido: el foco narrativo se concentra en ellos y muestra con nitidez sus detalles. El recurso de la carta fechada, por ejemplo, permite al lector orientarse y cubrir retrospectivamente el vacío temporal. Esos vacíos ocurren también entre capítulo y capítulo, lo que acelera el ritmo narrativo con un pulso nervioso, desconectado, que sugiere bien los zigzagueos y sobresaltos de una guerra sin dirección precisa. Mejor aun: una guerra que muy pronto se convierte en un fin en sí mismo y por cuya continuación y consecuencias nadie se preocupa. La novela expresa fielmente la doble fatalidad de la guerra: sinsentido y destrucción. Dividida en breves episodios y escenas, la campaña bélica aparece como un continuo batallar de todos contra todos, estimulado por pequeños intereses, rencillas y ambiciones. Pero ése es el destino de todas las revoluciones: el de no acabar nunca.

La acción está, en gran parte, determinada por los movimientos de Demetrio. En realidad, la novela se pone en marcha —recuérdese la escena inicial— con su fuga de Limón hacia las montañas. Esa fuga cubre hasta el capítulo IV, que narra su exitosa emboscada del ejército federal, en la que resulta herido. Un segundo momento va del capítulo V al XV y transcurre en el mísero caserío donde Demetrio se ha refugiado y a donde llega Cervantes, el amoral periodista y estudiante de medicina que quiere sumarse a la Revolución; este personaje es clave porque permite al narrador retratar y satirizar la ideología de los «intelectuales» y hacer un estudio de psicologías en contraste: el calculador Cervantes y el instintivo Demetrio. El tercer segmento (caps. XVI-XVII) narra otra vez los movimientos de Demetrio, rumbo a Fresnillo, donde se unirá a las fuerzas revolucionarias y tendrá un nuevo triunfo militar sobre los federales. La última porción (caps. XVIII-XXI) contiene las acciones de Demetrio dentro de la Revolución y la importante batalla en la que se recupera Zacatecas. Toda la primera parte está, pues, dominada por una nota épica, triunfal y esperanzada, aunque no se ahorran pinceladas sobre la barbarie de los protagonistas y las ambigüedades morales de jefes y seguidores.

El tono victorioso de esta parte es reemplazado en la segunda por otro, asociado con él pero distinto: la ebriedad (literal y figurada), la corrupción, la cruda sexualidad que la sigue y el análisis crítico de ciertas conductas: las de Demetrio, Cervantes, el Güero Margarito, La Pintada, etc. Las sombrías cavilaciones que hace Solís —el culto y ya desengañado oficial del general Natera— al acabar la Primera parecen anunciar lo que vendrá en la Segunda:

Lástima que lo que falta no sea igual. Hay que esperar un poco. A que no haya combatientes, a que no se oigan más disparos que los de las turbas entregadas a las delicias del saqueo; a que resplandezca diáfana, como una gota de agua, la psicología de nuestra raza, condensada en dos palabras: ¡robar, matar!... ¡Pueblo sin ideales, pueblo de tiranos!... ¡Lástima de sangre!

En general, hay en esta parte una reducción en el número de personajes (porque algunos desaparecen en el transcurso) y el volumen de la acción; ahora vemos el reverso de la guerra, las secretas pasiones y tensiones de los protagonistas, su pequeño mundo privado, en el que poco hay que admirar. Incluso la única operación militar importante de esta parte —la acción sobre la tierra del cacique Margarito en Moyahua— no es sino un acto de pura venganza. La tercera parte tiene un clara función epilogal que cierra el círculo con una nota de derrota y vacío: la Revolución ha quedado atrás y no hay esperanzas; las promesas de la historia no se han cumplido y todo vuelve a ser como antes. La acción bélica cesa casi por completo y asistimos al desbande de las tropas tras la derrota de Villa por Obregón en Celaya. Las tropas son ahora bandas desesperadas por hallar refugio, comida, agua. Pero los pueblos por donde pasan, devastados y hartos de la violencia, ahora les son hostiles. En el capítulo VI, encontramos a Macías de vuelta en su hogar, dos años después del comienzo; y en el final —en una notable escena compuesta como una pequeña sinfonía de brillantes colores y alegres aprestos de hombres dispuestos a pelear por una causa ya perdida—, lo vemos aún dirigiéndolos en un marco de incongruente belleza:

La sierra está de gala: sobre sus cúspides inaccesibles cae la niebla albísima como un crespón de nieve sobre la cabeza de una novia.
  Y al pie de una resquebrajadura enorme y suntuosa, como pórtico de vieja catedral, Demetrio Macías, con los ojos fijos para siempre sigue apuntando con el cañón de su fusil.

Esta presencia de la Naturaleza es un rasgo notorio de la novela, que, en realidad, contiene tres clases esenciales de episodios: escenas bélicas, diálogos sobre cuestiones políticas, descripciones del paisaje; intercaladas entre ellos, para darle sabor y animación, Azuela agrega escenas que retratan el modo de ser de los campesinos, sus mujeres, sus arraigadas creencias, sus canciones, el mexicanísimo sabor de sus giros dialectales, su humor violento y rencoroso, etc. Pero la naturaleza no es aquí sólo un escenario pintado con hábiles pinceladas, sino una fuerza cósmica que envuelve la acción y nos hace sentir que los hechos son una emanación de ella, que «los de abajo» hablan el lenguaje de una tierra antes humillada y ahora en rebeldía. Al elegir el nombre de Demetrio Macías, ¿habrá tenido en cuenta el autor que Deméter era una divinidad de la tierra? Estas fuerzas superiores parecen castigar a los hombres que traicionan sus leyes: conforme la Revolución se aleja de sus fines, hay una progresiva degradación zoológica, un retorno a la barbarie peor que la anterior pues está manchada por la sangre.

Esas emociones primarias están presentes en el propio Demetrio, el héroe de la novela que quizá encarne, a los ojos de Azuela, todas las virtudes y fallas de los líderes revolucionarios. Es un motor de la acción, un agente del dinamismo de la narración, pero al mismo tiempo casi incapaz de racionalización: actúa sin saber bien por qué actúa y el hecho de moverse en situaciones ajenas a su previa experiencia sólo lo confunde más. El cinismo invade hasta a los humildes: «¿Para quién fue la revolución?... ¿Pa' los catrines?», pregunta La Pintada, y se responde: «Si ahora nosotros vamos a ser los meros catrines...». Cervantes, en cambio, es un hombre culto, pensante, capaz de formular un pensamiento ideológico. Pero lo paradójico es que concibe la Revolución de un modo grandilocuente y perverso: la glorifica mientras la usa en su provecho. Esta dicotomía entre los que actúan y los que piensan refleja un hecho real: el de una Revolución iniciada casi sin intervención de la clase intelectual mexicana y sus posteriores esfuerzos por interpretarla, influirla y asimilarse a ella. Pero si el punto de vista predominante es el del autor, un decepcionado profesional de provincia, hay que reconocer que —para beneficio de la credibilidad de su novela— las distintas posiciones ideológicas son también presentadas y examinadas con cierto grado de objetividad. El lector no tiene que estar al tanto de esa correlación entre la historia ficticia y la historia real para disfrutarla, porque aquélla le propone imágenes o símbolos muy vivos y cabales de lo que es un país en medio de una revolución. Ya hemos visto el de la piedra que cae sin parar; otros son el volcán que admira Valderrama como expresión de pura fuerza; «la bola» del desorden y el saqueo sin fin; el huracán que destruye todo a su paso y que bien podemos asociar con *La tempestad* y *El desastre,* los libros testimoniales de Vasconcelos *(14.1.3.);* pero el del humo, que observa Solís después de confesar su desilusión, quizá sea el que mejor resume todos los contradictorios sentimientos que la Revolución desata:

Su sonrisa volvió a vagar siguiendo las espirales de humo de los rifles y la polvareda de cada casa derribada y de cada techo que se hundía. Y creyó haber descubierto un símbolo de la revolución en aquellas nubes de humo y en aquellas nubes de polvo que fraternalmente ascendían, se abrazaban, se confundían y se borraban en la nada (I, xxi).

Esta visión sintetiza perfectamente la de Azuela, fascinado por saberse parte de un movimiento de históricas proporciones y al mismo tiempo apesadumbrado por las mezquindades y atrocidades de que es testigo. *Los de abajo* puso en primer plano una trascendental cuestión para México y luego para otros pueblos hispanoamericanos: la de la revolución como violenta utopía de sociedades arcaicas. Convirtió un pasaje de su historia en una épica truncada y un mito frustrado porque crea más víctimas y villanos que héroes. Lo hizo, además, con un nuevo lenguaje narrativo, fuertemente pasional en su ritmo acezante y rugoso, su aspereza verbal, la intensa visualidad de sus focos, su tratamiento fragmentado del tiempo, sus veloces transiciones de primeros planos a visiones panorámicas, sus angulosos encuadres, su lirismo y su nerviosa sequedad. El cambio estético era radical e iba a tener consecuencias en el proceso de la novela continental. No puede negarse que con esta novela —tronchada, limitada, contradictoria— comenzaba algo nuevo.

Textos y crítica:

AZUELA, Mariano, *Obras completas,* ed. de Francisco Monterde, México, Fondo de Cultura Económica, 1958-1960, 3 vols.
— *Los de abajo,* ed. de Marta Portal, Madrid, Cátedra, 1985.
— *Los de abajo,* ed. crít. de Jorge Ruffinelli, Madrid, Archivos, 1988.

FUENTES, Carlos, «Mariano Azuela: la Ilíada descalza», *Valiente mundo nuevo,* Madrid, Mondadori, 1990, pp. 172-188.
HERBST, Gerhard R., *Mexican Society as Seen Through the Literary Works of Mariano Azuela,* New York, Abra, 1977.
LEAL, Luis, *Mariano Azuela, vida y obra,* México, De Andrea, 1961.
MARTÍNEZ, Eliud, *Mariano Azuela y la altura de los tiempos,* Guadalajara: Secretaría General del Gobierno de Jalisco, Unidad Editorial, 1981.
MONTERDE, Francisco, *En defensa de una obra y de una generación,* México, Imp. Universitaria, 1935.
— ed. *Mariano Azuela y la crítica mexicana,* México, SEP/Setentas, 1973.
RIVAS SÁINZ, Arturo, *El estilo de Mariano Azuela,* Guadalajara, México, Departamento de Bellas Artes, 1984.
ROBE, Stanley L., *Azuela and the Mexican Underdogs.* [Estudio, texto y trad. de *Los de abajo* al inglés.] Los Ángeles-Berkeley, University of California Press, 1979.
RODRÍGUEZ CORONEL, Rogelio (ed.), *Recopilación de textos sobre la novela de la revolución mexicana.*
RUFFINELLI, Jorge, *Literatura e ideología: el primer Azuela (1896-1918),* México, Premiá Editores, 1982.

14.2.2. Martín Luis Guzmán: la historia vivida

Nacido en Chihuahua, Martín Luis Guzmán (1887-1976) fue un ensayista, periodista, biógrafo, memorialista y novelista cuya obra está fuertemente dominada, como la de Vasconcelos *(14.1.3.),* por la experiencia de la Revolución. Fue un tardío ateneísta *(14.1.),* pero su ideología y sus intereses intelectuales lo colocan al margen de ese grupo. Son la reflexión política y el examen de la realidad nacional lo que más le interesa, y a ellos dedicó gran parte de su esfuerzo de escritor. La Revolución lo envuelve personalmente cuando, en 1910, su padre, un militar porfirista, muere a manos de revolucionarios. Eso no impidió que él militase luego en diversos bandos de ese sector: Madero, Carranza, Villa. Acabó encarcelado por Carranza, fue liberado y estuvo exiliado en España y Estados Unidos (1915-1920). Al volver a su país fue nombrado jefe de redacción de *El*

Imparcial de México, al servicio del gobierno de Obregón. En 1922 fundó el periódico *El Mundo,* pero volvió a exiliarse a España en 1925, donde permaneció hasta 1936. Vivió sus últimos veinte años en México, reconocido y honrado como uno de los grandes escritores nacionales.

Comenzó su obra literaria como ensayista con *La querella de México* (Madrid, 1915) y *A orilla del Hudson* (Nueva York, 1917). El primero era sólo un fragmento de un libro mayor que no llegó a culminar, en el que ofrece un testimonio bastante desencantado y pesimista de un país en pleno proceso revolucionario; el segundo es, en verdad, una miscelánea de textos, pero los mejores son los de intención ensayística.

Si hoy recordamos a Guzmán, dentro y fuera de México, es sobre todo por las narraciones que corresponden a su segunda etapa de producción: *El águila y la serpiente* (1928) y *La sombra del caudillo* (1929), impresas ambas en Madrid; aquélla apareció en *El Universal* de México en 1926. Su éxito fue inmediato y se reimprimieron numerosas veces. Aunque comúnmente se llama «novela» a la primera, más exacto sería considerarla una crónica novelada, una mezcla indecisa de ficción, testimonio y documento, lo que hoy podría resultar más familiar porque se parece a lo que hacen Elena Poniatowska *(22.4.)* y otros. El propio autor la presenta como «Memorias de la Revolución».

El águila y la serpiente está compuesta como una serie de escenas y episodios vividos de manera directa por el narrador; su mayor mérito es la vivacidad de esa reconstrucción literaria —gracias a una prosa vigorosa y plástica— de experiencias reales en las que se entrecruzan el alegato personal y el retrato histórico. Los perfiles de los líderes revolucionarios, los relatos de campaña y los cuadros descriptivos se alternan e integran de un modo bastante laxo: predomina la instantánea sobre la unidad narrativa. La imagen de Pancho Villa que la obra nos brinda es fascinante y sin duda se ha perpetuado como la definitiva; lo que vemos es una nueva versión del «caudillo bárbaro», una incierta mezcla de bandolero romántico y cruel jefe político que queda bien plasmada; sus rasgos se definen en sus frecuentes encuentros con el narrador-protagonista, que intenta —incluso, con riesgo de su vida— razonar en vano con él. (La figura de Villa se convirtió en una presencia notoria no sólo en la obra del autor, sino en las letras mexicanas, como puede comprobarse en la reciente novela *Gringo viejo,* de Carlos Fuentes *[22.1.2.].*) Por ese aspecto rapsódico del relato, la obra es frecuentemente citada por ciertas secuencias —«La fiesta de las balas» o «La carrera en las sombras»— que valen casi como cuentos independientes. Guzmán es un buen observador, más apasionado que objetivo porque está aún muy cerca de lo que vivió; y lo que nos muestra es lo más sobresaliente e inmediato: la violencia, el desprecio por la vida, la absurda exhibición del valor.

La sombra del caudillo presenta una visión de la política mexicana todavía más negativa —casi siniestra— que la anterior y también una estructura novelística mejor definida. En realidad, es una novela de corte policial por el juego de la intriga, los personajes sombríos y la atmósfera dominada por conspiraciones criminales. Reelaborando y alterando acontecimientos políticos reales y agregándoles elementos ficticios, Guzmán trata el tema quizá más candente de la Revolución: la duplicidad y el crimen como armas políticas. Los principales actores de la intriga son el casi invisible Caudillo, que vive en el constante temor de ser asesinado; su protegido y sucesor —su sombra— Hilario Jiménez, quien orquesta todas las conjuras y planes que el poder absoluto exige; Ignacio Aguirre, el ministro ambicioso, que se lanza como sucesor del Caudillo y acaba como víctima del sistema de terror; el indio Axkaná, que es torturado cruel y gratuitamente. A la manera del *roman-à-clef,* ciertas figuras y situaciones aluden a otras bien conocidas para el lector mexicano: el Caudillo combina rasgos de los presidentes Obregón y Calles; en las vacilaciones de Aguirre pueden reflejarse las de Madero, y en sus pretensiones, las del general Francisco Serrano, que en 1927 fue asesinado por Calles cuando anunció su candidatura; la muerte de Aguirre evoca ciertos detalles de las de Serrano y Villa, etc. Traición, manipulación, terror, corrupción: ésos son los instrumentos que el poder usa y que inflige al país entero sin el menor escozor moral. La crítica ha observado el uso de técnicas cinematográficas en esta y otras obras del autor, lo que no es extraño porque el naciente cine mexicano también fue a la guerra revolucionaria y supo captar en numerosos documentales y películas su drama, sus héroes y sus mitos.

En las siguientes tres décadas de producción, Guzmán siguió publicando sobre todo ensayos —con temas tan diversos como *Mina el mozo: héroe de Navarra* (1932) y *Filadelfia, paraíso de conspiradores* (1933), ambos en Madrid—, pero la obra más importante del período son sus caudalosas *Memorias de Pancho Villa* (5 vols., México, 1951), que primero aparecieron, con títulos individuales, entre 1938 y 1941. El vasto relato cubre detalladamente la vida de Villa, desde su fuga a los diecisiete años hasta su derrota en Celaya. Curiosas memorias estas, escritas por mano ajena y a veces más ficticias que fieles a la historia; más curioso todavía es que la imagen de Villa aparezca aquí reivindicada e idealizada, no tan brutal y primitiva como en *El águila y la serpiente*.

En el subtítulo el autor pretende que sólo escribe estas memorias «según el texto establecido y organizado» por él, pero no nos dice quién escribió ese texto previo, pues el propio Villa no pudo ser. Así, su participación estaría limitada a prestarle su voz al personaje o, mejor dicho, a *interpretarla,* tras haber consultado documentos, archivos y sus propias notas de sus conversaciones con él. Hay que reconocer que la mímesis lingüística es bastante lograda, pero aun así no alcanza a justificar del todo el masivo esfuerzo, que se resiente bajo su propio peso. Tampoco es muy convincente el esfuerzo por redimir a Villa de su propia leyenda de pintoresco bandolero y hacerlo pasar como un justiciero alentado por ideales superiores. Menos conocidas, pero no menos valiosas, son sus inconclusas crónicas de 1938 tituladas *Muertes históricas* (México, 1958), que narran —con información de primera mano y toques novelescos— el fin de Porfirio Díaz y Venustiano Carranza; en 1990 fueron publicadas junto con otra, *Febrero de 1913,* sobre la tristemente célebre «semana trágica» que le costó la vida a Madero.

Textos y crítica:

GUZMÁN, Martín Luis, *Obras completas,* México, Fondo de Cultura Económica, 1984-1985, 2 vols.
— *La sombra del caudillo,* ed. de Antonio Lorente Medina, Madrid, Castalia, 2002.

ABREU GÓMEZ, Emilio, *Un mexicano y su obra: Martín Luis Guzmán,* México, Empresas Editoriales, 1968.
ARANGO L., Manuel Antonio, «Martín Luis Guzmán», *Tema y estructura en la novela...*,* pp. 75-91.
DOMÍNGUEZ MICHAEL, Christopher, *Tiros en el concierto** [Sobre Martín Luis Guzmán], cap. 3.
DUFFEY, J. Patrick, «Técnicas espaciales cinematográficas en la novela de la Revolución» [Sobre Martín Luis Guzmán]. *De la pantalla al texto*,* pp. 13-30.
GYURKO, Lanin A., «Martín Luis Guzmán», Carlos A. Solé*, vol. 2, pp. 655-662.
MARTÍNEZ, José Luis, *La literatura mexicana...*,* pp. 85-88.
MEGGENEY, William W. (ed.), *Five Essays on Martín Luis Guzmán,* Riverside, University of California-Latin American Studies Program, 1978.

14.2.3. Magdaleno y otros novelistas de la Revolución

De un grupo muy amplio y heterogéneo de novelistas y narradores de la Revolución Mexicana, dediquemos atención sólo a unos cuantos. Mauricio Magdaleno (1906-1986) cultivó varios géneros: novela, crónica, ensayo, teatro; pero una porción significativa de su producción cae en otro campo: escribió cincuenta y dos guiones cinematográficos y contribuyó con ellos a la llamada «época de oro» del cine mexicano, que —con la participación del director Emilio «El Indio» Fernández, el fotógrafo Gabriel Figueroa y los artistas Dolores del Río, María Félix y Pedro Armendáriz— integró las formas del melodrama clásico con los temas de la Revolución, como puede verse en *María Candelaria* (1943) y *Río escondido* (1947). Con Juan Bustillo Oro fundó el grupo «Teatro de Ahora» (1932), que estimuló una versión escénica bastante militante y radical de los problemas sociales de la época; de eso da testimonio su *Teatro revolucionario mexicano* (Madrid, 1933). Su interés en estas cuestiones se confirma con su crónica *Las palabras perdidas* (México, 1956), sobre la fracasada campaña presidencial de Vasconcelos *(14.1.3.)*. Pero su más representativa contribución es la novela *El resplandor* (México, 1937). Quizá puede ser considerada, más que un ejemplo de novela revolucionaria (amargamente crítica, además), una obra indigenista: es una denuncia de la condición infrahumana en que viven los indios otomíes, apegados a su tierra y a tradiciones milenarias, y un alegato en su defensa como los olvidados de la Revolución. No cabe duda de la autenticidad de los sentimientos de Madgaleno ni de su conocimiento de la región de Hidalgo (donde estuvo un tiempo a cargo de una escuela rural). El problema es que, siendo un escritor con conocimiento de técnicas y una prosa que podía ser cuidada, en esta novela usa un lenguaje demasiado enfático y reiterativo que le da un tono grandilocuente.

José Rubén Romero (1890-1952) añade a la novela mexicana un sabor irónico y popular en una narrativa donde predominaba la nota violenta y pesimista. Comenzó como poeta (cultivó el *haikú* —a la manera de Tablada *[13.4.2.]*—) y cuentista de temas rurales, pero fueron sus novelas inspiradas en la Revolución las que lo hicieron conocido, sobre todo *Mi caballo, mi perro y mi rifle* (Barcelona, 1936) y la apicarada *La vida inútil de Pito Pérez* (México, 1938), que ha sido vinculada con *El Periquillo Sarniento* de Lizardi *(7.2.)*. El mayor interés de la segunda reside en mostrarnos, con sagaz ironía, la resistencia de los pueblos del interior al cambio social que representa el personaje del título y su comentario a la incapacidad de la Revolución para cambiar esa actitud. El hecho de que Pito Pérez sea moralmente ambiguo y no muy digno de confiar contiene una significativa alusión a las razones que explican la distancia que hay entre el pueblo y sus líderes. Estas narraciones revelan que Romero era un conocedor del pequeño mundo de la provincia, que le servía como un trasfondo para hacer su comentario social. Un sector de la crítica, sin embargo, cree que su tardía novela *Rosenda* (México, 1946) es, por su lirismo y por la convicción que alcanza el personaje del título, su mejor obra, aunque pocos la lean en México.

El veracruzano Gregorio López y Fuentes (1897-1966) también comenzó como poeta (*La siringa de cristal,* 1914), pero se inclinó luego por la novela. Lo interesante en su obra narrativa es el tono popular, apasionado y muchas veces cargado de simpatía con que presenta a ciertas figuras o situaciones revolucionarias que sólo despiertan críticas en otros. Sabía lo que era la guerra: en 1914 luchó contra las fuerzas norteamericanas que habían invadido su tierra natal y luego se sumó a las tropas revolucionarias a favor de Carranza y contra Villa. Como periodista, fue autor de una popular columna en el vespertino *El Gráfico* (1924), «La novela diaria de la vida real», que duró unos cinco años; esta columna ayudó a definir su concepción y lenguaje novelísticos: observación de lo cotidiano, personajes comunes, situaciones simples y dramáticas. Eso se nota en el conjunto de sus novelas de tema revolucionario, como *El campamento* (Madrid, 1931), *Tierra* (México, 1932), *¡Mi general!* (México, 1934) y *El indio* (México, 1935). Su visión es la de un hombre del interior, identificado con el sufrimiento y las frustraciones de los anónimos campesinos y soldados que dieron su vida por ese proceso. Como la de Magdaleno, representa —sobre todo en *El indio,* quizá la más conocida— el entronque de la novela revolucionaria con las preocupaciones de la narrativa indigenista. Un rasgo de ésta aparece en su obra: el predominio del «personaje-masa», emanación de un medio y una causa política, sobre el personaje individual. En la primera novela recuenta su experiencia de combatiente contra la intervención norteamericana; en la segunda ofrece posiblemente la mejor versión novelística de la campaña agraria de Zapata.

José Mancisidor (1895-1956) fue militar, maestro, político y escritor. Participó, como López y Fuentes, en la defensa de Veracruz y luego de esa derrota se alejó definitivamente de las filas revolucionarias, aunque no de la política. Se alineó con posiciones radicales: fue uno de los fundadores de la Liga de Escritores y Artistas que ya mencionamos *(14.2.)* y de la Sociedad de Amigos de la URSS. En cierta medida, su obra literaria es una proyección de su función política: creía firmemente en una «literatura proletaria», que mostrase la «lucha de clases» y contribuyese a la revolución mundial; en ese sentido, es un típico escritor de los años treinta: un activista que usa la pluma como un arma de combate. Así, llegó a adoptar la receta del «realismo socialista» propagada por la Unión Soviética y acogida por muchos escritores hispanoamericanos, Vallejo *(16.3.2.)* entre ellos. Ejemplo de eso son sus dos primeras novelas: *La asonada* (Xalapa, 1931), cuyo tema es el cuartelazo, y *La ciudad roja* (Xalapa, 1932), sobre un movimiento popular en Veracruz hacia 1922. Sus temas son importantes, pero Mancisidor los trata con una rigidez ideológica que daña el relato: quiere demostrar una tesis, no hacernos comprender una situación. Los personajes tienden a ser abstracciones, argumentos en favor de una idea. Menos ortodoxa es la visión política de la invasión a Veracruz que presenta en *Frontera junto al mar* (México, 1953), escrita hacia 1949 y considerada su mejor novela; tiene algo del aliento épico de la novela de la primera hora de la Revolución. Su última obra, *El alba en las simas* (México, 1953), trata otro asunto político: la nacionalización del petróleo en 1938 durante el gobierno de Lázaro Cárdenas.

Es interesante observar que la gran mayoría de estas novelas fueron escritas, publicadas o estimuladas por el período cardenista (1934-1940). Corresponden a una nueva etapa de la novela mexicana: aquella en la cual las visiones y revisiones de conjunto predominan y la crítica a la Revolución se hace todavía más aguda. Son un documento del contraste que ofrecía un gobierno realmente nacionalista y empeñado en adelantar las reformas de la Constitución de 1917 con las promesas incumplidas y los desencantos del pasado.

Textos y crítica:

López y Fuentes, Gregorio, *El indio (Novela mexicana)*, México, Porrúa, 1986.

Magdaleno, Mauricio, *El resplandor*, ed. de María del Mar Paúl Arranz, Madrid, Anaya & Mario Muchnik-Ayuntamiento de Málaga, 1992.

Mancisidor, José, *Obras completas*, Xalapa, Gobierno del Estado de Veracruz, 1979-1980.

Romero, José Rubén, *Obras completas*, ed. de Antonio Castro Leal, México, Oasis, 1957.

Arreola Cortés, Raúl, *José Rubén Romero: vida y obra*, Morelia, Michoacán: Universidad Michoacana de San Nicolás de Hidalgo, 1990.

Berríos, Alfonso, *et al.*, *Vida y obras de José Mancisidor*, Xalapa, Gobierno del Estado de Veracruz, 1978.

Kattar, Jeannette, *Gregorio López y Fuentes et son roman «El indio»*, Dakar: Centre de Hautes Études Afro-Ibéro-Américaines de l'Université de Dakar, 1969.

Leal, Luis, «José Rubén Romero», Carlos A. Solé*, vol. 2, pp. 711-716.

Muñoz Domínguez, Inés, *José Rubén Romero, novelista*, México, UNAM, 1963.

OCHOA, Álvaro, *José Rubén Romero: cien años,* Zamora-Morelia, Michoacán, El Colegio de Michoacán-Instituto Michoacano de Cultura, 1991.
PARLE, Dennis J., *El tiempo y la historicidad como factores estructurales en la obra de Mauricio Magdaleno,* Kansas City, University of Kansas, 1976.
ROSSER, Harry L., *Conflict and Transition in Rural Mexico: The Fiction of Social Realism,* Waltham, Mass., Crossroads Press, 1980.

14.3. Repaso al teatro: Eichelbaum, Arlt, Usigli y otros dramaturgos

La gran figura teatral en la primera mitad del siglo es, sin duda, Rodolfo Usigli (1905-1979). Más joven que todos los autores que acabamos de examinar, estuvo activo desde la década de los treinta hasta pocos años antes de su muerte, por lo que su obra corresponde a un período cronólogicamente posterior. Pero bien podemos sumarlo a este grupo porque, aparte de vivir distintas fases de la Revolución Mexicana, la expresó y criticó de manera honda y original. Pero antes de hablar de Usigli debemos hacer un repaso de lo que ocurrió en el campo teatral de Hispanoamérica después de la muerte de Florencio Sánchez *(10.9.)* y retomar el hilo de la dramaturgia donde antes lo dejamos.

La actividad teatral, sobre todo en los tres centros clásicos del género (Buenos Aires, México, Santiago), fue muy intensa en cantidad aunque no en calidad: poco de lo mucho que entonces se escribió puede hoy leerse y menos aún representarse. Los gustos del público fueron complacidos por una estructura bien establecida que los alimentaba con un teatro comercial, de ocasión y a veces populachero. La demanda, además, se inclinaba claramente por el repertorio extranjero, sobre todo si venía interpretado por las grandes figuras de la escena europea cuyas compañías solían visitar nuestro continente; la producción dramática nacional era subsidiaria y cumplía, salvo casos aislados, un papel limitado al círculo doméstico. Si queremos hablar de tendencias, puede decirse que las dominantes eran la realista y la naturalista, entremezcladas con rezagos del viejo costumbrismo, el melodrama romántico, el llamado «teatro de tesis» francés y el género chico. Los influjos iban de Hermann Sudermann e Ibsen a Sardou y Echegaray. El teatro solía ser una fórmula mixta que combinaba cuestiones sociales, alegatos moralizantes, historias sentimentales y rasgos humorísticos.

En Argentina y en Montevideo, esas exigencias las seguía cumpliendo exitosamente el sainete porteño, que había alcanzado su cúspide artística con Sánchez y seguía siendo el género que se producía con mayor abundancia; sólo en Buenos Aires se estrenaban cientos de sainetes al año. Los que siguieron a Sánchez no mejoraron el modelo: sólo lo hicieron más simplista y más complaciente con el espectador. Un desprendimiento del sainete rioplatense que tiene importancia local para el desarrollo del teatro en la zona es el llamado «grotesco criollo», que da un sesgo tragicómico y amargo a conflictos protagonizados por inmigrantes (con frecuencia, italianos). Aunque los vínculos entre el sainete y el grotesco son visibles, la variante que éste representa no deja de tener interés estético: supone una modernización e interiorización, menos pintoresca sin dejar de ser sentimental, de la ya gastada receta sainetera.

Es una adaptación porteña de las nuevas propuestas teatrales planteadas en el teatro italiano por Luigi Pirandello (1867-1939) y Roberto Bracco (1862-1943), que trabajaban con los aspectos grotescos, paradójicos y la naturaleza ambigua de los conflictos humanos, subrayándolos con el uso de máscaras y un manejo no naturalista de la escena. Se cree, sin embargo, que el nombre de esta forma teatral proviene de una obra de Luigi Chiarelli (1884-1947), *La máscara y el rostro* (1916), subtitulada «grotesco en tres actos». Puede decirse que el grotesco es una feliz y vigorosa mezcla de tonos contradictorios: farsa, sainete, comedia, tragedia. A lo estético suma un valor testimonial: su pesimismo refleja la crisis de la época, el clima sombrío de la primera postguerra (el grotesco tuvo su apogeo durante algo más de una década: entre 1923 y 1934) y las aspiraciones de un nuevo proletariado urbano que aparece en escena hablando dialectos como el «cocoliche». Es una nueva clase de tragicomedia, plebeya y marginal, de seres que no encuentran un sentido al mundo en el que viven.

La transición del sainete al grotesco está dada en algunas de las sesenta obras de Carlos Mauricio Pacheco (1881-1924), como *Los disfrazados* (1906) y *Barracas* (1918). Pero las dos figuras que representan con claridad la nueva línea dramática son Armando Discépolo (1887-1971) y Francisco Deffilippis Novoa (1889-1930). El primero, sobre todo, es una figura clave para el desarrollo del teatro argentino. Fue autor y director teatral (montó varias piezas de Pirandello) y sólo tuvo un tardío reconocimiento crítico, pese a su éxito en la escena; quizá por eso dejó de escribir para el teatro a mediados de la década de los treinta y el resto de su vida lo dedicó a reescribir y revisar su obra anterior. Comenzó en 1910 produciendo sainetes bajo el influjo general de Florencio Sánchez y se ganó la vida con comedias ligeras, algunas en colaboración. Su evolución hacia el nuevo género se anuncia en una de ellas: *El movimiento continuo* (1916).

Mateo (1923) y *Cremona* (1932, reescrita en 1950) son grotescos que conservan aún residuos del sainete. Pero los que merecen recordarse son *El organito* (1925), *Stéfano* (1928) y su última pieza, *Relojero* (1934). Sus temas son claramente modernos: la incomunicación y la percepción del mundo como algo dolorosamente ridículo. Hay ciertos toques expresionistas y una pulsión introspectiva que recuerda algo el teatro del gran Eugene O'Neill, su contemporáneo. Por su parte, Deffilippis conocía bien el teatro europeo de su época: Pirandello, Ibsen, Strindberg, Kaiser... En su obra se notan también huellas del expresionismo y una preocupación por cuestiones morales y religiosas, incluso místicas, como en *María la tonta* (1927).

Si avanzamos un poco más en el proceso del teatro rioplatense, encontramos una serie de cambios decisivos que tendrán repercusiones para la dramaturgia actual. En la década de los treinta surge en Argentina el movimiento del llamado «teatro independiente», o sea, los grupos y entidades que tienen un concepto artístico, no comercial o de mero entretenimiento, del género y que tratan de usarlo para exponer cuestiones de trascendencia social, experimentar con formas nuevas asumiendo sus riesgos y estimular la formación profesional mediante escuelas vocacionales y nuevos métodos de enseñanza. El iniciador es Leónidas Barletta (1902-1975), escritor vinculado a la revista y editorial *Claridad,* que defendía una forma militante del realismo literario. Fundó en 1930-1931 el grupo Teatro del Pueblo, el Teatro Juan B. Justo (1933) y el Teatro La Máscara (1937). La presencia del teatro independiente cambió todos los aspectos de la actividad dramática: repertorio, producción, dirección, escenografía, relación con el público, etc. Fue, además, el primer paso hacia la formación de academias y teatros nacionales; con algunas variantes, pasó lo mismo en Montevideo, que vio aparecer por esa época su propio Teatro del Pueblo (1937) y los primeros conjuntos estables con definidos propósitos estéticos.

La situación sociopolítica agudizó o aceleró ese cambio en Argentina: 1930 es el año del golpe militar que llevaría al gobierno del general José F. Uriburu, de tendencia fascista; eso y la crisis económica explican que se produjese una gran agitación intelectual, dominada por los sectores anarquistas y marxistas. El teatro, arte social por excelencia, empezó a cumplir otra función: la de mostrar y criticar el sistema burgués y el autoritarismo reaccionario. Por otro lado, los hombres del teatro independiente trasladaron lo mejor de la dramaturgia norteamericana y europea, y ofrecieron piezas de orientación simbolista, psicoanalítica o vanguardista.

Es en este nuevo contexto en el que aparece buena parte de las obras de los dramaturgos argentinos más importantes del período: Samuel Eichelbaum (1894-1967), Conrado Nalé Roxlo (1898-1971) y Roberto Arlt (1900-1942). Hay que agregar siquiera una mención a los aportes que hicieron Aurelio Ferretti (1907-1963) con sus farsas y la poeta Alfonsina Storni *(15.2.)*, que escribió teatro infantil y otras piezas cuyo interés no está en el poco hábil lenguaje dramático, sino en los temas que plantea: en *El amo del mundo* (1927), por ejemplo, trata cuestiones relativas a la situación de la mujer.

Eichelbaum comenzó a escribir teatro desde adolescente y llegó a producir un total de treinta y tres obras dramáticas, además de ser director y crítico teatral, activista del teatro independiente y cuentista. Su obra dramática tiene un claro sesgo introspectivo y moral, en el que se nota el influjo de las teorías freudianas y las propuestas de Dostoievski, Ibsen y Strindberg. Lo que pasa en sus piezas es lo que viven sus personajes por dentro, en el fondo oscuro de sus obsesiones y temores subconscientes; actúan y hablan como pisando un terreno inseguro, amenazados por la incomunicación y la ambigüedad. Pero ese enfoque muchas veces tropezaba con cierta tendencia a diluir las auténticas vivencias y los procesos interiores, que son la esencia del drama, en artificiosas elucubraciones y abstracciones intelectuales de escasa teatralidad; en algunos casos, como en *Tejido de madre* (1936), no hay una línea lógica que lleve del conflicto al desenlace, que parece gratuito o no bien explicado. Eichelbaum se interesó por la situación de la mujer en su tiempo e hizo, en *Pájaro de barro* (1940) y *Vergüenza de querer* (1942), un alegato por su liberación; aunque en términos dramáticos no sean muy convincentes, hay que reconocer que, por lo menos en la segunda pieza, intentaba experimentaciones entonces novedosas, como diálogos y espacios simultáneos.

De toda su producción, la pieza clave es *Un guapo del 900,* estrenada en 1940 bajo la dirección de Armando Discépolo. En el fondo, esta obra es un drama de honor con ambiente político, que plantea un dilema sin fácil solución: Ecuménico, un guardaespaldas adscrito a una campaña electoral, descubre que la mujer de su jefe engaña a éste, precisamente con su rival político. El *guapo* cree su deber castigar esa deshonra, mata al rival y paga su delito con la cárcel. La cuestión moral que ese acto plantea es inquietante: ¿por qué lo hace, realmente? ¿Por lealtad a su jefe? ¿Porque considera que esa deshonra compromete su propio código de valiente? ¿Porque está inconscientemente interesado por esa mujer?

El problema se complica porque, por un lado, la obra sugiere una fijación psicológica de Ecuménico con una madre dominante y, por otro, porque traspone una situación política del pasado para aludir a las circunstancias históricas presentes: la llamada «década infame» caracterizada por el fraude electoral. No debe olvidarse tampoco la presencia de la figura del «compadrito» en la literatura nacional, desde el sainete hasta Borges *(19.1.)*, y que Eichelbaum quería verlo en el momento crítico en el que su código de coraje y violencia parecen ya anacrónicos en un mundo moderno y «civilizado». Resulta patético y revelador que el patrón por el que el *guapo* se sacrifica no salga en su defensa. Esta obra muestra la singular relación que guarda su autor con la tradición del naturalismo teatral, el sainete y el grotesco, cuyos ingredientes (música, baile, ambientes de arrabal, dialectismo) sigue usando. La popularidad de la pieza se extendió gracias a dos versiones cinematográficas, una de 1960 dirigida por Leopoldo Torre Nilsson y otra en 1971 por Lautaro Murúa. En *Un patricio del 80* (1943), pieza escrita en colaboración con Ulises Petit de Murat (1907-1983), Eichelbaum intentó —con menos éxito— una especie de secuela de *Un guapo...*; su estreno fue suprimido por la censura. Aun con sus defectos (excesivos monólogos y parlamentos, acción lenta y escasa, situaciones no siempre verosímiles), el teatro de Eichelbaum representa un notorio cambio en la forma de concebir personajes y plantear conflictos en la dramaturgia argentina.

Nalé Roxlo era un escritor fino, irónico, de alto virtuosismo. Aparte de su producción dramática, era poeta y humorista; escribió un libro delicioso: *Antología apócrifa* (Buenos Aires, 1943), en el que parodia el estilo de grandes escritores como Neruda *(16.3.3.)* y Borges. Hizo abundante periodismo en las páginas de *Martín Fierro, Crítica* y otras publicaciones. Representa una ruptura total con el teatro naturalista y la incorporación al drama de formas poéticas y fantasiosas. Descontando sus obras para niños, que tienen el mismo tono, su producción teatral no es muy extensa: *La cola de la sirena* (1941), *Una viuda difícil* (1944), *El pacto de Cristina* (1945), *Judith y las rosas* (1956), *El neblí* y *El reencuentro* (ambos de 1957). La primera es la más conocida y trata el clásico tema del hombre enamorado de una sirena, que también trataron Casona y Giraudoux. Nalé Roxlo suele reelaborar mitos y leyendas universales como bases para sus historias dramáticas: el de Fausto en *Cristina...*, la historia bíblica de Judith y Holofernes en *Judith...* Salvo *El reencuentro,* que tiene un corte realista, su obra dramática es un juego de imaginación, fantaseos oníricos e imágenes líricas. Un mundo frágil, siempre amenazado por la burda realidad, que nos recuerda el de García Lorca, Oscar Wilde, Noel Coward y otros que usaron un toque leve en el teatro para hacernos sonreír o soñar.

Roberto Arlt es un dramaturgo por completo distinto de éste y quizá del resto: en principio un realista cabal, que sabía mostrar el horror del submundo humano que la sociedad burguesa había dejado olvidado al margen, pero también un experimentador y un visionario con acentuados tonos y distorsiones de raíz expresionista. Más adelante nos ocuparemos de él como narrador *(15.1.2.),* pero hay que referirse aquí a su contribución teatral, que es considerable. Entre 1932 y 1953 (pues tres de sus obras fueron estrenadas después de su muerte en 1942) presentó, aparte de un par de «burlerías», ocho piezas que le dan un puesto muy visible en el panorama escénico argentino e hispanoamericano. En verdad, gracias al estímulo del ya mencionado Barletta, Arlt abandonó la narración por el drama y lo cultivó casi exclusivamente en el último período de su vida, asociado al sector del teatro independiente. Las obras son: *Prueba de amor* y *300 millones* (ambas de 1932, la primera estrenada en 1947); *Saverio el cruel* y *El fabricante de fantasmas* (las dos de 1936); *África* y *La isla desierta* (ambas de 1938); *La fiesta del hierro* (1940) y *El desierto entra a la ciudad* (1942); nos referimos aquí sólo a las tres más importantes.

300 millones es una pieza compleja y perturbadora que Arlt escribió sobre la base de un hecho policial que conoció como periodista en 1927. El dinero es, como en *Prueba de amor,* un elemento decisivo del conflicto: una criada sueña con ganarse la lotería y con la nueva vida que eso le aseguraría. Lo interesante es que Arlt nos presenta los sueños de la criada objetivados en otros personajes, que discuten sus actos y la contradicen en escena. La escenografía es caprichosa (incluye una «zona astral», un «conciliábulo de fantasmas»), igual que el vestuario (hay un «Hombre Cúbico» con «dos paralelogramos por piernas»); los personajes son entidades autónomas, desprendidas —a lo Pirandello— de la voluntad del autor; todo subraya al máximo la teatralidad de la estructura sobre el mimetismo naturalista. En el fondo, la obra es una versión tragicómica y desconcertante de la Cenicienta, en la que los sueños de la pobre sirvienta se separan de ella misma y se confunden ominosamente con la sórdida realidad que la conduce a la muerte.

El fabricante... (que fue un fracaso en la única incursión de Arlt en el circuito del teatro comercial) es muchísimo más compleja, morbosa y rica en teatralidad. Mediante técnicas como la del teatro-dentro-del-teatro y otras ideas prestadas de Pirandello, Nietzsche, Dostoievski y el psicoanálisis (Arlt prefiere invocar a Anatole France y Flaubert), ingresamos al oscuro y confuso mundo de Pedro, un dramaturgo poseído a la vez por grandiosos sueños y una obsesión criminal a través de la cual quiere realizar la primera. De hecho, asesina a su mujer y el fantasma de ella o de su culpa se suma a los de sus propios personajes. Como una proyección de sus alucinaciones y pesadillas, surge otra pareja de amantes entregada a una intensa pasión erótica, que Pedro trata de incorporar también a su creación. Tiempo después la situación parece resolverse favorablemente: es encontrado inocente de su crimen, se une con la otra mujer y termina con éxito su obra. Pero todo vuelve a complicarse porque el juez que lo absolvió ve la obra y sospecha de su inocencia. Al final, acosado por sus fantasmas, el personaje salta por una ventana al vacío.

Como se ve, los planos vida-teatro y realidad-ficción se entrecruzan constantemente en una obra a todas luces sobrecargada. Con esta versión del «superhombre» nietzscheano, Arlt rompía con los marcos del teatro «ilusionista», evitando imitar la realidad (aunque a veces la rozara) para crear una propia, con su lógica disparatada y sus violentas transiciones. Simultaneísmo, absurdo, onirismo, psicosis, humor burlón, cinismo y patetismo: este teatro es lo más parecido al «esperpento» de Valle-Inclán que puede hallarse en esa época en el teatro argentino. Como bien se sabe, Arlt no era un escritor prolijo y reflexivo, y eso se nota también en esta obra. Pero no cabe duda de su voluntad innovadora y el carácter tenebroso de su fantasía, cuyos símbolos siguen abiertos a la interpretación. Algo interesante es observar que ciertos personajes de la obra (el Jorobado, el Verdugo, la Coja) están ya prefigurados en sus novelas *Los siete locos* y *El jorobadito*.

Saverio el cruel es quizá menos aparatosa pero no menos compleja. Su asunto es la locura de un hombre y su monstruosa transformación de un humilde desconocido de condición marginal en un déspota absoluto, amante de la guerra y la violencia gratuita. Es una clase de locura o de sueño despierto —esa ambigüedad es esencial en la pieza— que podemos reconocer bajo otros nombres: la de Hitler, la de Mussolini o la del dictador latinoamericano; bajo esas claves, Arlt estaba afirmando su posición ideológica frente al golpe de Uriburu (1930), que ya mencionamos, y al clima armamentista en el mundo. Todo está presentado como una farsa, una farsa trágica con ecos del grotesco criollo, porque lo que han tramado los personajes se vuelve una ominosa realidad: el papel se apodera del protagonista y lo transforma en otro, un doble terrible y amenazante que llega a tener una guillotina en su «palacio». El clima alucinado de la obra está acentuado por el personaje de Susana, que, en el primer diálogo del texto, pregunta: «¿De dónde ha sacado usted que yo soy Susana?». Esa mezcla no siempre discernible de sueño, fabulación, disparate y realidad evoca también otros modelos teatrales: el *Ubu Roi* (1896) de Jarry, el *Enrico IV* (1922) de Pirandello y, si bien no el lenguaje, la atmósfera distorsionada del teatro del absurdo. Si se recuerda que originalmente Arlt había concebido que la acción se desarrollase en un manicomio con actores-locos, esta obra puede evocarnos el *Marat/Sade* (1964) de Peter Weiss. Y la figura de Saverio tampoco está muy lejos de *The Great Dictator* (1940) de Charles Chaplin.

Chile y México son los otros centros donde hubo una actividad relativamente intensa, aunque de muy diversa significación estética. Hacia 1910 hay en Chile un movimiento en favor de la difusión de un teatro de corte realista, que diese testimonio de la sociedad y sus problemas; este movimiento corresponde en el teatro a los esfuerzos que los «criollistas» chilenos estaban realizando en el campo de la prosa narrativa *(15.1.1.)*. Varios de éstos incursionaron en el teatro, como Eduardo Barrios *(15.1.1.)*. Su contribución dramática cubre el período 1910-1916, durante el cual produjo piezas «de tesis» que examinan el funcionamiento del mundo financiero (*Mercaderes en el templo,* 1911), la corrupción de la burocracia (*Por el decoro,* 1913), la hipocresía burguesa (*Lo que niega la vida,* 1913) o su paternalismo represivo (*Vivir,* 1916). El problema era que Barrios no dominaba bien la técnica teatral —la acción era una débil ilustración de sus ideas— y hoy esas obras apenas documentan una fase que cambió la orientación del género en Chile y por eso las mencionamos. Esa dirección se robusteció en 1917 con la fundación de la primera compañía profesional chilena, que se mantuvo activa hasta 1928. Uno de los pocos dramaturgos realmente profesionales de los años veinte y treinta fue Armando Moock (1894-1942), que se hizo popular con comedias y dramas protagonizados por personajes humildes o de la clase media, con un marcado sentimentalismo y ciertos rasgos provenientes del sainete argentino *(10.9.)* y el teatro francés de bulevar; hay que recordar que buena parte de la producción de Moock fue realizada en Buenos Aires, donde terminó radicándose.

La vanguardia *(16.1.)* dejó muy poca huella en la escena chilena. *Gilles de Raiz* y *En la luna,* los experimentos teatrales de Huidobro *(16.3.1.)*, escritos en la década del treinta, fueron estrenados muy tardíamente. Más importancia tuvo el paso de la compañía española de Margarita Xirgu, que presentó en 1938 piezas de García Lorca que contribuyeron (igual que en Buenos Aires) a modernizar los conceptos de actuación y de puesta en escena, que seguían siendo los del más rutinario teatro comercial. La fundación en 1941 del Teatro Experimental de la Universidad de Chile (TEUCH), que luego se convertiría en el ITUCH, y en 1943 en el Teatro Experimental de la Universidad Católica (TEUC), brindó las primeras escuelas dramáticas del país, cuya influyente presencia ha durado hasta nuestros días. Nuevos dramaturgos aparecieron entonces e intentaron una especie de reforma teatral, aunque sus moldes estéticos fuesen variedades del realismo, heredados básicamente del viejo «criollismo». Ejemplo de eso es Antonio Acevedo Hernández (1886-1962), que era un realista interesado en mostrar conflictos telúricos bastante convencionales, pero que supo experimentar con escenarios simultáneos para acelerar el ritmo de la obra, como puede verse en *Chañarcillo* (1932).

En el México porfirista de comienzos de siglo el teatro era una actividad social bien establecida, de tendencia extranjerizante, convencional e indulgente con los gustos mayoritarios. De ese período, la única figura que cabe recordar es la de Federico Gamboa, a quien estudiamos como novelista *(10.5.)*. Su contribución al teatro de corte realista-naturalista y con ingredientes sentimentales comienza en 1900 con *La última campaña* y sigue con *La venganza de la gleba* (1904), *A buena cuenta* (1907) y *Entre hermanos* (1928). Los años sangrientos que trajo la Revolución *(14.2.)* no fueron propicios para la actividad teatral, aunque nuevos temas y propuestas aparecieron vinculados a ese proceso político. Un esfuerzo fugaz en favor de la renovación fue la aparición en 1923 del Grupo de los Siete Autores, entre quienes estaba Francisco Monterde (1894-1985), fundador en 1932 del Teatro de Ahora, pero más recordado hoy como crítico y estudioso del teatro mexicano. Ya hemos mencionado los esfuerzos que Mauricio Magdaleno realizó en ese sentido en la década del treinta *(supra)*. Otro gran animador teatral fue Celestino Gorostiza (1904-1967), como director, maestro, fundador de entidades culturales, historiador, traductor, crítico y autor. Al lado de dos «Contemporáneos», Xavier Villaurrutia y Salvador Novo *(16.4.3.)*, fundó el Teatro Ulises (1927-1928) y luego Orientación (1932-1934). Como dramaturgo escribió, entre 1930 y 1958, unas nueve obras, la más conocida de las cuales es *El color de nuestra piel* (1952), que trata el tema de la discriminación racial en México; como crítico es recordado todavía por su estudio incluido en el tercer volumen de *Teatro mexicano del siglo XX* (México, 1956). Pero el mejor dramaturgo del período es, sin discusión, el ya mencionado Usigli.

Hay que reconocer que se trata de una figura de difícil ubicación histórico-literaria porque participa tanto del espíritu de preocupación nacional que dejó la Revolución como del afán experimental y cosmopolita del grupo de los «Contemporáneos» *(16.4.3.)*, al que algunos lo adscriben, sin pertenecer cabalmente a ninguno. Su teatro expresa, al mismo tiempo, una vocación universal y profundas raíces mexicanas; de hecho, su personaje César Rubio, de *El gesticulador,* es uno de los más inquietantes símbolos de la Revolución que nos ha dejado la literatura. Su esfuerzo por crear un auténtico teatro nacional no puede ignorarse; tampoco su entrega al género en todas sus manifestaciones: creación, enseñanza, traducción, crítica, historia, producción... El teatro fue para él, igual que para Celestino Gorostiza, un verdadero apostolado.

Hijo de padres inmigrantes, Usigli fue expuesto desde temprano al uso de varias lenguas y a otros estímulos culturales, pese a lo cual no pudo completar una educación regular. Se formó en los años de intensa afirmación terrígena de la cultura encabezada por Vasconcelos *(14.1.3.)* en la década del veinte, pero su obra dramática comienza en la siguiente, con conceptos y propósitos ya bien definidos: quería un teatro social y político, con ideas modernas y formas innovadoras, modelado a partir de las formulaciones de George Bernard Shaw. No tuvo mucho éxito con sus primeros intentos: *El apóstol* (1931), *El presidente y el ideal* y *Estado de secreto* (ambas de 1935)[3]. Tras pasar una temporada (1935-1936) haciendo estudios dramáticos en Yale University gracias a una beca que obtuvo junto con Villaurrutia, vuelve a su país, asume cargos en la administración cultural y sobre todo escribe, en 1938, su pieza clave: *El gesticulador,* publicada en 1943, estrenada sólo en 1947 y traducida a varios idiomas. Existe una versión cinematográfica: *El impostor,* dirigida por el «Indio» Fernández y con fotografía de Gabriel Figueroa.

La poca aceptación que tenía entonces su teatro, pues parecía marchar a contracorriente de los gustos dominantes, lo obliga a buscar un puesto diplomático para salir al extranjero. A partir de 1944 vive en Francia, viaja por Irlanda e Inglaterra y así conoce y entrevista a su ídolo Shaw y a T. S. Eliot y Cocteau, entre otros. Estas experiencias reafirmaron sus convicciones teatrales y su fe en el género como una poderosa forma artística de análisis social. De vuelta en México, Usigli conoce al fin el éxito con *El gesticulador,* pero también los ataques de los sectores más politizados del ambiente intelectual, que provocan el retiro de la pieza por «antirrevolucionaria» y otras dificultades que el autor encara con su proverbial beligerancia. Pese a ello, tiene otros dos estrenos exitosos: *El niño y la niebla* (1936, estrenada en 1951) y *Jano es una muchacha* (1952) y *Un día de éstos...* (1953).

---

[3] Salvo que se indique lo contrario, la fecha entre paréntesis indica el año de redacción de las piezas, no de su estreno, que a veces es muy posterior.

Eso no impidió que tuviese que volver a salir al extranjero, en una especie de exilio diplomático en el que parecen haber pesado razones políticas: fue destinado a Líbano, Noruega y Bélgica (1960-1972). Siguió, sin embargo, escribiendo para el teatro con una notable tenacidad. Con *Corona de fuego* (1960) y *Corona de luz* (1963) completa la trilogía de dramas históricos que había iniciado con *Corona de sombra* (1943), que se consideran entre sus mejores piezas. La porción final de su obra (escribió casi hasta sus últimos años) muestra que su alejamiento físico del país y el surgimiento de nuevas formas en el teatro produjeron una rápida superación de sus propuestas. Su amargura por no haber alcanzado plenamente el éxito que había buscado se transparenta en algunas piezas y poemas bajo la forma de ataques contra los jóvenes que habían denunciado su prematuro crepúsculo. Triste final para un autor que fue un auténtico y talentoso profesional del teatro.

Su obra dramática es vastísima: escribió más de cuarenta piezas, de muy variada intención, tema y estilo. Usigli quiso incorporar en su producción lo mejor de la tradición literaria universal, que conocía muy bien: los griegos, los clásicos españoles y franceses, Shakespeare y el teatro isabelino, el teatro europeo y norteamericano de su tiempo, a lo que sumaba una lectura moderna de los antiguos mitos, del teatro mexicano y una sólida información filosófica de raíz germana; sólo mostró indiferencia ante el naciente teatro del absurdo, quizá porque buscaba una forma de «drama poético» a la manera de T. S. Eliot para analizar la moderna historia mexicana e indagar en las profundidades de la identidad nacional. Podemos discrepar en cuanto a los méritos específicos de su dramaturgia y lamentar las asperezas de su propio carácter, pero no cabe duda de que con él el drama mexicano sufre un cambio cualitativo: lo plantea como una actividad seria, rigurosa, incluso erudita, artística y formativa a la vez; era un dramaturgo que conocía bien las leyes de su oficio, no un romántico improvisado. Y aparte de eso, tenía un conocimiento directo de los aspectos escénicos del teatro, en cuya renovación también estuvo activo. Al modo de Shaw, solía acompañar sus obras con extensos prólogos o epílogos que trataban cuestiones conceptuales, teóricas y técnicas que él consideraba indispensables para el lector-espectador. Algunos han considerado que esos verbosos prólogos son una prueba de su incapacidad, como dramaturgo, para resolver cabalmente las cuestiones que presentaba en escena, lo que parece una acusación exagerada o, tal vez, malintencionada.

Las cuestiones que plantea su obra son de gran trascendencia y eran compartidas por los intelectuales y artistas que, como él, fueron los primeros en señalar la transición de la lucha armada revolucionaria al período de organización que representa el régimen de Lázaro Cárdenas y el fortalecimiento de la nueva burguesía postrevolucionaria con el gobierno de Miguel Alemán. Ellas son: el papel histórico del artista y su creación, el poder del estado y los derechos del individuo, los prejuicios sexuales y raciales, los conflictos entre la tradición y la modernización, las sordas pugnas entre clases, padres e hijos, etc. Su teatro era una tribuna de ideas y de agónicos conflictos; pero no los trataba como un revolucionario, sino como un crítico de espíritu liberal y reformista. Sus temas podían ser universales o de actualidad; su lenguaje, la sencilla habla mexicana o el de vuelos poéticos y densas abstracciones. Quizá su mejor don teatral haya sido su habilidad para realizar grandes síntesis históricas sin perder ni veracidad ni intensidad, para llegar a la esencia de las cosas ahorrándose detalles naturalísticos. No es exactamente un realista: es un inspirado recreador de la realidad; y su teatro no nos muestra trozos directamente sacados de la vida, sino una estilización, una metáfora y una reflexión profunda a partir de ella.

El público mexicano no estaba preparado para un teatro exigente como éste, lo que provocó la creciente irritación de Usigli, que a veces se desfogaba con diatribas y acres burlas. Llamar a un grupo de sus obras satíricas *Tres comedias impolíticas* (1933-1935) o presentar su trilogía de *Coronas* sobre Maximiliano, Cortés o la Virgen de Guadalupe como «piezas antihistóricas» y *El gesticulador* como una «pieza para demagogos» tenía algo de provocación al espectador: quería perturbarlo, pero con más frecuencia de lo deseable simplemente lo indispuso contra sus propias creaciones; peor fue la reacción del gobierno y la burocracia partidaria, que vio en él a un enemigo. El registro de su teatro es amplísimo: de la tragedia a la farsa, pasando por las comedias familiares. Cabría clasificarlo en tres grandes grupos: piezas políticas e históricas; piezas sociales; piezas psicológicas. Imposible revisar todo; bien podemos concentrarnos en las dos obras fundamentales: *El gesticulador* y *Corona de sombra,* que, en cierta medida, participan de todos esos tonos.

En la superficie, la primera pieza es una amarga y bien calculada denuncia de los males profundamente enraizados en los círculos del poder político, un punzante retrato del México surgido de la Revolución. Pero es más que eso: es un cuestionamiento moral de cómo cambia la conducta individual en la vida pública, del juego de ilusiones y apariencias en el que todos estamos metidos. Y, si bien se mira, Usigli va todavía más allá, pues en los repliegues de su texto se advierte que hay otro tema clásico: el de la vida misma como teatro, en el que cada día jugamos papeles, asumimos personalidades y entretejemos intrigas. Todos somos actores, todos interpretamos a otros y gesticulamos como ellos. La vida es ficticia, la política un embuste y el teatro una evanescente realidad, tras la que nos acecha una angustiosa sensación de precariedad y vacío existencial. *El gesticulador* es un temprano ejemplo de *metateatro:* una ficción sobre una ficción presentada como verdad. Ésa es la última palabra que se escucha en la pieza: «¡La verdad!».

Intenso drama psicológico, *El gesticulador* permite muchos tipos de interpretación porque sintetiza admirablemente mitos, realidades y fantasías. En un primer nivel, lo que vemos es la usurpación de una personalidad histórica: el protagonista César Rubio, un historiador que fue un idealista y es ahora un fracasado moralmente inescrupuloso, vuelve a su pueblo y decide usar sus conocimientos para suplantar la identidad de un famoso general desaparecido en la Revolución. (En este plan, juega un papel muy importante Oliver Bolton, un historiador norteamericano especialista en la Revolución Mexicana, quien participa de la impostura, y a través del cual el autor hace una serie de referencias a las conflictivas relaciones entre ambos países durante ese proceso.) Rubio aprovecha la circunstancia de que comparte el nombre y el lugar de nacimiento del general, y así logra ser el candidato del PRI para gobernador. Pero Rubio no es el único impostor: hay otro, Navarro, el corrupto hombre fuerte del régimen. En una trágica simetría, este hombre que mató en 1916 al verdadero Rubio mata ahora al falso para impedirle llegar al poder. En el impresionante final, vemos que el pueblo aclama al asesino: «¡Viva Navarro!», y él corrige: «¡No, no, muchachos! ¡Viva César Rubio!». En el segundo capítulo de *El laberinto de la soledad,* Octavio Paz *(20.3.3.)* ha observado que esa muerte lo convierte finalmente en la persona que quería ser; esta situación recuerda los conflictos típicos de Ruiz de Alarcón *(4.5.1.),* cuya obra Usigli estudió a fondo, y también el famoso cuento de Borges *(19.1.)* «Tema del traidor y el héroe», en el que dos personalidades se funden en una. En el primer acto, además, vemos a Bolton hablando de la historia real de Ambrose Bierce al lado de Pancho Villa, otro asunto revolucionario envuelto en el misterio y que Carlos Fuentes aprovechara para una novela escrita muchos años después *(22.1.2.).* La intriga subraya que todo el sistema está corroído por la mentira y el engaño y usa para demostrarlo situaciones que cualquier persona familiarizada con la Revolución Mexicana reconocerá de inmediato.

Lo más interesante de sus alusiones políticas es que el maquiavelismo de la estratagema de Rubio se convierte en una crítica de la noción misma del líder: él justifica su mentira con la promesa de que su gobierno beneficiará a todo México, lo que no pasa de ser otro engaño. La visión de la realidad política mexicana que ofrece la obra no puede ser más pesimista: pocas obras literarias han hecho una acusación más cáustica y certera del aparato interno del PRI, con sus sistemas dinásticos de sucesión y sus maniobras y entretelones. Pero Usigli no se queda en la crítica del poder (que era difícil de absorber en esos años), sino que se concentra en el estudio psicológico de almas que han sufrido una honda quiebra moral, con terribles consecuencias para la vida pública. Su pieza es una denuncia frontal del arribismo y los modos de ser de la clase media mexicana que, en el contexto postrevolucionario, trataba de crearse una nueva identidad mediante simulacros, pretensiones y una reserva defensiva. Releída hoy, ciertos defectos de la obra saltan a la vista. El gusto de Usigli por las simetrías lo hace abusar de las coincidencias; hay varias a lo largo del texto: Bolton y César Rubio son ambos profesores de historia y se encuentran apenas llegado éste a su pequeño pueblo; da la casualidad que el líder muerto y quien lo suplanta tienen el mismo nombre; ambos mueren a manos de Navarro, etc. ¿Situaciones inverosímiles? Hay que decir en defensa del autor que la historia política mexicana de entonces y de ahora abunda en episodios tan increíbles como ésos, y que su pieza parece a veces premonitoria.

Corona de sombra trata el tema histórico más dramático e importante de toda la trilogía: el breve período imperial de Maximiliano (1863-1867) en México; y lo hace de una manera muy polémica, pues lo presenta —a través de escenas retrospectivas evocadas por la conversación entre un historiador y la emperatriz Carlota— como un intento frustrado de alcanzar un sistema verdaderamente democrático para el país; en una paradójica inversión de la aceptada imagen de invasor, Maximiliano aparece identificado con los ideales liberales de Juárez, quien lo derrotará y condenará a muerte. Hay algunas coincidencias de visión y representación entre esta pieza y la novela *Noticias del imperio* (1987) de Fernando del Paso *(22.2.4.)*, que incluso atribuye a la misma Carlota el papel de mediadora de la reconstrucción histórica. La ambición de Usigli, al escribir la trilogía de las *Coronas,* era crear un teatro auténticamente americano, por sus temas, técnicas y tratamiento de la historia, como un proceso de cristalización de figuras y mitos «superlativos» en los que se reflejaba el inconsciente colectivo de un pueblo.

Además de su teatro, Usigli escribió poesía, numerosos ensayos, unas memorias (*Voces: diario de trabajo,* México, 1967) y una novela de corte policial: *Ensayo de un crimen* (México, 1944), que en 1955 Luis Buñuel llevó a la pantalla con el mismo título.

Textos y crítica:

ARLT, Roberto, *Teatro completo,* Buenos Aires, Schapire, 1968, 2 vols.
DISCÉPOLO, Armando, *Obras escogidas,* ed. de Osvaldo Pellettieri, Buenos Aires, EUDEBA-Galerna, 1987 y 1990, 2 vols.
EICHELBAUM, Samuel, *Un guapo del 900. Pájaro de barro. Dos brasas,* Buenos Aires, Sudamericana, 1952.
GOROSTIZA, Celestino, *El color de nuestra piel,* ed. de Luis Soto-Ruiz y S. Samuel Trifilo, Englewood Cliffs, N. Jersey, Prentice Hall, 1996.
NALÉ ROXLO, Conrado, *Antología total,* Buenos Aires, Huemul, 1968.
Teatro mexicano contemporáneo, pról. de Antonio Espina, México, Aguilar, 1972.
USIGLI, Rodolfo, *Corona de sombra. Corona de fuego. Corona de luz,* México, Porrúa, 1991.
— *Teatro completo,* México, Fondo de Cultura Económica, 1963-1966, 2 vols.

BEARDSELL, Peter R., *A Theatre for Cannibals. Usigli and the Mexican Stage,* Rutherford, N. Jersey, Fairleigh Dickinson University Press-Associated University Presses, 1992.
BERENGUER CARISOMO, Arturo, *Conrado Nalé Roxlo,* Buenos Aires, A-Z Editores, 1986.
BLANCO AMORES DE PAGELLA, Ángela, *Nuevos temas en el teatro argentino. La influencia europea,* Buenos Aires, Huemul, 1965.
CÁNEPA GUZMÁN, Mario, *Historia del teatro chileno,* Santiago, Universidad Técnica del Estado, 1974.
CASTAGNINO, Raúl H., *El teatro de Roberto Arlt,* Buenos Aires, Nova, 1970.
CRUZ, Jorge, *Samuel Eichelbaum,* Buenos Aires, Ediciones Culturales Argentinas, 1962.
Cuadernos Hispanoamericanos. Los complementarios, número dedicado a Roberto Arlt (julio 1993).
DAUSTER, Frank, *Perfil generacional*,* caps. 2, 3, 4 y 5.
GIORDANO, Enrique, *La teatralización de la obra dramática. De Florencio Sánchez a Roberto Arlt,* México, Premiá, 1982.
GODOY FROY, Marta Lía, *Introducción al teatro de Samuel Eichelbaum,* Buenos Aires, Plus Ultra, 1982.
IPIGNATARO CALERO, Jorge, *La aventura del teatro independiente uruguayo. Crónica de seis décadas,* Montevideo, Cal y Canto, 1997.
KAISER-LENOIR, C., *El grotesco criollo: estilo teatral de una época,* La Habana, Casa de las Américas, 1977.
MEYRAN, Daniel, *Tres ensayos sobre teatro mexicano,* Roma, Bulzoni, 1996.
ORDAZ, Luis, *Breve historia del teatro argentino,* Buenos Aires, EUDEBA, 1965.
PELLETTIERI, Osvaldo, *Cien años de teatro argentino (1886-1990),* Buenos Aires, Galerna-IITCTL, 1990.

PETIT DE MURAT, Ulises, *Samuel Eichelbaum* [Inc. antología], Buenos Aires, A-Z Editores, 1986.
QUACKENBUSH, Howard, «Samuel Eichelbaum», Carlos A. Solé*, vol. 2, pp. 797-802.
RELA, Walter, *Historia del teatro uruguayo. 1808-1968,* Montevideo, Ediciones de La Banda Oriental, 1969.
RÍO REYES, Marcela del, *Perfil y muestra del teatro de la Revolución Mexicana,* México, Fondo de Cultura Económica, 2.ª ed., 1997.
SCARANO, Laura Rosana, «Correspondencias semánticas entre *El gesticulador* y *Corona de sombra*», *Latin American Theatre Review,* 22:1 (1988), pp. 29-38.
SCOTT, Wilder P., *Rodolfo Usigli: Mexico in the Theatre,* Mississippi University Press, Romance Monographs, 1976.
TÁLICE, Roberto A., *Armando Discépolo* [Inc. antología], Buenos Aires, A-Z Editores, 1986.
VILLAURRUTIA, Xavier, «Un nuevo autor dramático» [Sobre Celestino Gorostiza]. *Texto y pretexto,* México, Fondo de Cultura Económica, 1940, pp. 177-182.

15. En la órbita de la realidad: naturalismo, «criollismo» y realismo urbano. El gran regionalismo. Voces femeninas en la poesía y en la prosa

15.1. Las demandas de la realidad

Tras el sueño y la elevada aspiración ideal del modernismo y su secuela postmodernista, examinadas en los tres capítulos anteriores, las letras hispanoamericanas se reorientan marcadamente en una dirección contraria: la descripción del entorno real, la afirmación de lo propio y la identificación o denuncia de los males sociales que afligían a cada comunidad. La literatura (sobre todo la narrativa y el ensayo) es practicada como un compromiso con las grandes cuestiones que el debate intelectual e ideológico había despertado tras la crisis del imperio español de 1898, el surgimiento de Estados Unidos como la gran potencia de la región, la Revolución Mexicana *(14.2.)* y la Soviética, la Primera Guerra Mundial y el clima de agitación laboral y universitaria que se vivía por todo el continente. Las fuerzas políticas estaban cambiando la composición del mundo tal como se conocía y creando abismos de diferencia e incomprensión entre países poderosos y países pobres, entre clases sociales, entre la vida en la ciudad y el campo, etc.

Esos años también fueron intensos en cuanto a formas, tendencias y propuestas literarias, que surgían para cubrir los espacios que el modernismo empezaba a dejar vacíos por su propio agotamiento o decadencia. Muchas cosas ocurren simultáneamente en las dos primeras décadas del siglo y no es fácil ni ordenarlas ni reconocerlas con nitidez. En el congestionado panorama literario las líneas se entrecruzan y las cronologías ayudan poco. Por un lado, no hay que olvidar que el espíritu modernista desaparece muy lentamente de la escena y que tiene reflujos aún en la década del treinta; por otro, que dentro de esa misma escuela surge una fase «mundonovista» —otro término de gran imprecisión—, que se interesa por la realidad americana y sobre todo por su futuro cultural en el nuevo contexto mundial. Hay un americanismo modernista, como vimos al hablar de Rodó *(12.2.3.)* y Blanco Fombona *(12.2.7.)*, de tal modo que las raíces del cambio están en principio dadas dentro de sus propios términos. Tampoco el naturalismo finisecular *(10.1.)* había desaparecido y, de hecho, algunos de sus mejores representantes, como Acevedo Díaz, De Viana *(10.4.)* y Lillo *(10.2.2.)*, estaban activos en la primera o segunda década del siglo, rodeados de un buen número de epígonos más jóvenes. El verdadero cambio está en la *función* que la literatura quiere cumplir en el mundo social y la *adaptación* que el modelo literario sufre para dar una más cabal representación de la nueva realidad. El acento, puesto en «lo nuestro», implica un franco rechazo del cosmopolitismo modernista.

Surgen así una cantidad de propuestas que se mueven, todas, dentro de los amplios márgenes del realismo, un realismo innovado, no tanto en formas como en actitud y espíritu, respecto del cultivado en el siglo XIX, pues trataban de responder a las demandas que la situación concreta de cada región imponía en la conciencia de sus escritores. Éstos descubren que, siendo cada país o región singular en sus aspectos físicos, modos de vida, usos de lenguaje y tradiciones culturales, esos rasgos no eran bien conocidos fuera de sus fronteras y a veces para los que vivían dentro de ellas: era necesario, entonces, hacer mediante la literatura un viaje exploratorio «tierra adentro», del que podía volverse con tesoros ocultos o terribles realidades ignoradas. A través de ese esfuerzo por reconocer lo propio, lo que —estando tan cerca— había pasado desapercibido o había sido soslayado por la historia, se reafirmaba la concepción de América como un «continente desconocido», casi virginal, muy distinto de como era percibido desde Europa y Estados Unidos. Esta nueva forma de americanismo, cuando ganó cierto grado de reconocimiento, fue denominada «criollismo».

El problema con el membrete «criollismo» es que, siendo de uso muy extendido en las historias literarias, resulta impreciso y difuso: en vez de aclarar, confunde; por eso en ésta lo usamos siempre entrecomillado, como un rótulo no del todo satisfactorio. No es cierto, por ejemplo, que sea un movimiento o propuesta literaria específica. Los críticos de su

15. En la órbita de la realidad: naturalismo, «criollismo» y realismo urbano

tiempo lo usaron para distinguir a los nuevos autores que se apartaban notoriamente del cauce modernista; esa disidencia estaba dada por el afán «criollista» de crear una literatura a la vez nacional y universal, enfocada en lo inmediato pero con una vocación de trascender esos límites: querían colocar a América en el mapa de la cultura mundial contemporánea. Sin otra precisión conceptual más allá de esos términos, han sido llamados «criollistas» narradores realistas, naturalistas, regionalistas, sociales, indigenistas, etc. Estéticamente, no hay forma de agruparlos. El asunto se complica porque en el vocabulario de algunos críticos el término es casi intercambiable con el de «mundonovismo», que nosotros consideramos un fenómeno o faceta que corresponde al modernismo ya evolucionado *(13.10.)*[1]. Y hay más: el ensayista Uslar Pietri llegó a considerar un «modernismo criollista» en su *Breve historia de la novela hispanoamericana* (1954); recientemente, un crítico agrupó a un buen número de presuntos «criollistas» en el rubro de «novela social». La definición «criollista» es tan vaga que puede extenderse a escritores tan distintos como Quiroga *(13.2.)* y Javier de Viana, respectivamente identificados con la selva y con la pampa. Y, si queremos, podemos hallar ese mismo tipo de creación identificada con espacios naturales concretos en obras muy anteriores, como el *Martín Fierro (8.4.2.)* o *Cumandá (9.6.)*, a las cuales no nos atreveríamos a colocar bajo el mismo discutible rubro.

En verdad, el «criollismo» podría ser mejor designado y comprendido si lo llamásemos «primer regionalismo». El regionalismo *(15.2.)* sí es un rótulo más preciso que «criollismo» porque alude al elemento clave: el paisaje local, la tipicidad de la naturaleza y su influjo sobre sus personajes (indios, mestizos, gauchos, llaneros, campesinos); la nota «criollista» es sólo la consecuencia del juego de esos factores. El «criollismo» resulta difícil de definir precisamente porque, en sus comienzos, no es sino una variante étnica y terrígena del realismo que provenía del siglo anterior *(10.1.)*.

La distancia que hoy tenemos respecto de este grupo de narradores nos permite ver que su aporte fue artísticamente menos perdurable que su

---

[1] La denominación fue usada por primera vez por el crítico chileno Francisco Contreras en un artículo de 1917, luego incluido en su libro *La varillita de virtud* (Santiago, 1919). Hay que advertir que el autor no lo aplica a los nuevos narradores, sino —con muy poca precisión— a poetas postmodernistas tan disímiles como Enrique González Martínez *(13.4.3.)* y José María Eguren *(13.6.1.)*. Es difícil ver cómo estos poetas caben dentro de su propia definición del mundonovismo: «interpreta[n] esas grandes sugestiones de la raza, de la tierra o del ambiente», rasgos que parecen más aplicables a los narradores que estudiamos en este capítulo, pero que él, paradójicamente, no incluye.

significación histórica: aunque cultivaron una visión algo paternalista e indulgente de lo propio, de todos modos representaron un fuerte cambio en los hábitos literarios según los cuales se creaba y se leía en esos tiempos. Fijaron una imagen de los pueblos de América y sus gentes que fue el patrón dominante de lo que debían buscar los narradores en este continente: el hombre como un reflejo de su medio, de un espacio geográfico inconfundible al agregársele los rasgos costumbristas, dialectales y folclóricos que el regionalismo maduro desarrollará al máximo. Tienen el mérito, sin embargo, de haber hallado personajes, temas y ámbitos que aún no habían pasado a la literatura. Y otro, mayor, es el de constituir el pórtico por el cual llegaría a mediados de la segunda década del siglo, lo que podemos considerar su fase culminante: el ciclo de grandes novelas regionalistas que fundan —con el anticipo de *Los de abajo (14.2.1.)*— nuestra novela verdaderamente contemporánea. Teniendo, pues, en cuenta los bordes imprecisos del campo en el que nos movemos, debemos ocuparnos de los narradores que mejor representan este período germinal del regionalismo, incluyendo a los «criollistas» y otros que giran cerca de su órbita.

Textos y crítica:

GARGANICO, John F., y Walter RELA (eds.), *Antología de la literatura gauchesca y criollista,* Montevideo, Delta, 1967.

ALONSO, Carlos J., «The Criollista Novel», *The Cambridge History of Latin American Literature,* vol. 2, 195-212.

Anales de Literatura Hispanoamericana. El cuento criollista y otros ensayos, 27, Madrid, Universidad Complutense, 1998.

CASTILLO, Homero, *El criollismo en la novelística chilena: huellas, modalidades y perfiles,* México, De Andrea, 1962.

FUENTES, Walter, *La novela social en Chile...**.

LATCHAM, Ricardo, Ernesto MONTENEGRO y Manuel VEGA, *El criollismo,* Santiago, Editorial Universitaria, 1956.

MOLLOY, Sylvia, *La diffusion de la littérature hispano-américaine en France au xxe. siècle,* París, Presses Universitaires de France, 1972.

PRIETO, René, *El discurso criollista en la formación de la Argentina moderna,* Buenos Aires, Sudamericana, 1988.

ROSSEL, Milton, *Significación y contenido del criollismo,* Santiago, Nascimento, 1956.

RUBIENE, Alfredo V. E. (ed.), *En torno al criollismo,* Buenos Aires, CEAL, 1983.

TORRES-RÍOSECO, Arturo, *Novelistas contemporáneos de América**.

URBISTONDO, Vicente, *El naturalismo en la novela chilena,* Santiago, Andrés Bello, 1966.
VISCA, Arturo Sergio, *Aspectos de la narrativa criollista,* Montevideo, Biblioteca Nacional, 1972.

15.1.1. Los «criollistas» y otros narradores chilenos

Si en algún país el «criollismo» tuvo fuerza suficiente como para ser considerado un nuevo fenómeno, ese país fue Chile, donde aparecieron abundantes narradores y además críticos y ensayistas que les dieron respaldo intelectual. De hecho, es la mera existencia de estos escritores lo que justificó la adopción de ese nuevo membrete, aunque sus obras rebasasen o fuesen laterales a sus borrosos marcos. No hay que olvidar que los cimientos realistas habían sido echados en el siglo XIX por Blest Gana *(10.2.),* y que esa fórmula caló hondo desde entonces en las letras chilenas. De sus numerosos «criollistas» repasaremos sólo la obra de tres. Una advertencia: todos ellos tuvieron vidas bastante largas y eso les dio tiempo para experimentar con formas que se apartaban poco o mucho del módulo central.

Comencemos con Mariano Latorre (1886-1955), sin duda la figura más característica del grupo; fue precisamente el afán crítico por definir su obra el que originó el nombre de «criollismo». Paradójicamente, él nunca lo aplicó a sí mismo y hasta afirmó, en sus *Memorias* (Santiago, 1971), que se usaba el membrete por «pereza mental»; se consideraba más bien una especie de realista comprometido en mostrar la lucha del hombre contra la hostilidad del medio. Quizá verlo como un naturalista algo tardío sería más apropiado. Nació en un pequeño pueblo a las orillas del Maule, región que figura de modo prominente en su obra. Conoció bien tanto las zonas rurales de su país como las urbanas de Santiago y Valparaíso, donde pasó sus primeros años. Desde sus inicios literarios lo acompañó —como a Zola— la convicción de que sólo se podía escribir a partir de una experiencia directa del mundo real. Eso puede verse en su primer libro: *Cuentos del Maule* (Santiago, 1912), obra todavía en agraz pero cuyo subtítulo es una firme definición intelectual: «Tipos y paisajes chilenos». Leerlo es comprobar que era un incansable viajero y un gran observador; su geografía literaria cubrió todos los paisajes posibles: el campo, el mar, la urbe, los bosques del sur chileno. De su extensa producción (novelas, cuentos, relatos de viaje, crítica, autobiografía, etc.) sólo sobreviven a la lectura un puñado de sus cuentos *(Cuna de cóndores,* 1918; *Chilenos del mar,* 1939; *Hombres y zorros,* 1937, todos en la capital) y momentos de su primera novela, *Zurzulita* (Santiago, 1920). Esta narración se ha considerado una obra arquetípica de la narrativa chilena de esa época: un nostálgico registro de los paisajes del valle central, las sencillas costumbres campesinas de la región y los modos de ser del «huaso»; eso era entonces una novedad. Latorre lo hizo con simpatía humana y sentido del color local, pero no con verdadera inventiva literaria: nos da más topografía que ficción. Su prosa, limpia y con ciertas cualidades poéticas, no era capaz de crear los focos de tensión necesarios en una historia; más que capítulos, lo que tenemos son escenas, cuadros vivos: el amanecer, la aldea, la sequía, la vendimia... Revisar *Zurzulita* ahora permite apreciar la distancia entre lo que era una novela en esos años y lo que es ahora.

Narrador, cronista, ensayista y periodista, Joaquín Edwards Bello (1887-1968) debe su fama sobre todo a un libro: *El roto* (Santiago, 1920), que marcó toda una época literaria por tomar de la realidad uno de los tipos populares de la sociedad chilena y convertirlo en personaje y símbolo perdurable dentro de la novela nacional: el «roto» del título. Curioso destino de un hombre perteneciente a las «buenas familias» de su país y que desde temprano estuvo expuesto al influjo de la cultura europea; su juventud fue un constante ir y venir entre París y Madrid en plena *belle époque*. Las crónicas que escribía para *La Nación* y otros periódicos, sobre lo que veía desde esos dos observatorios, quizá suman miles. Lo hacía con ironía y con un toque ligero, pero su agudo sentido crítico se notaba más cuando trataba su tema favorito: el carácter del chileno, sobre todo en un medio extranjero, como se ve en *El chileno en Madrid* (Santiago, 1928) y *Criollos en París* (Santiago, 1933). Para él, el chileno era irremediablemente indisciplinado, envidioso, poco digno de confianza y perezoso, entre otros defectos que él extrapolaba para explicar el estado en que se encontraba el país. Entre 1936 y 1946, le tocó escribir sobre otro distinto tema de actualidad: la Guerra Civil Española y la Segunda Guerra Mundial; esas páginas —que pueden compararse con los despachos sobre la Primera Guerra de Gómez Carrillo *(12.2.7.)*— se encuentran en *Joaquín Edwards Bello, corresponsal de guerra* (Valparaíso, 1981). Pero lo más recordado de su producción es, sin duda, *El roto,* cuya primera parte se publicó bajo el título *La cuna de Esmeraldo* (París, 1918). Un dato singular: este «criollista» sufrió en Francia el impacto de Dadá, quedó fascinado con Tristán Tzara y publicó en 1921 un folleto titulado *Metamorfosis;* usando el seudónimo de Jacques Edwards, se presenta allí como «Chargé d'affaires DADA au Chili».

15. En la órbita de la realidad: naturalismo, «criollismo» y realismo urbano

El roto vale hoy más como documento de su tiempo que como pieza literaria: defectos de composición y torpezas formales la limitan en este aspecto; quizá consciente de sus fallas, el autor la revisó íntegramente para su cuarta y definitiva edición (Santiago, 1927). No sólo su lenguaje era convencional y reflejaba todavía las huellas del viejo naturalismo, sino que tampoco su tema era original: presentaba el mismo ambiente que la *Santa* del mexicano Federico Gamboa *(10.5.)* había hecho famoso, o sea, el de la prostitución. En su breve nota introductoria, el autor indica claramente su asunto: «Se trata de la vida del prostíbulo chileno», que presenta «ahora que se cerraron esos salones». Pero la obra ofrecía algo nuevo en la novela nacional: un cuadro que abarcaba buena parte de la sociedad de su tiempo, pues examina el modo turbio en que los caminos de la oligarquía y la masa popular se entrecruzan. El autor asume un punto de vista vagamente reformista que coincide con el que defendía entonces la burguesía. Así, el tema prostibulario era el más eficaz para trazar lo que él llama un «cosmorama» de la vida social. Pese a que el subtítulo rezaba «novela chilena, época 1906-1915», la coincidencia de que su fecha de publicación fuese la misma en que se inauguraba el gobierno de Arturo Alessandri, quien encabezaba una coalición de fuerzas reformistas, dio a la novela una resonancia todavía mayor.

El foco del libro está centrado en el retrato del submundo popular del que emerge el «roto» —ese eterno prototipo del Chile callejero y plebeyo— y el sórdido ambiente urbano en que se mueve. La imagen de esta realidad no es simpática: aparece como un sector degradado por su propia miseria, abyecto, sin moral y sin sentido de lucha; la vida del burdel es el emblema de su caída en el abismo social, como un buen naturalista lo habría presentado. No menos amarga —aunque sí menos directa y abundante— es la presentación del sector opuesto, la satisfecha y corrupta oligarquía nacional, cuyo principal interés es la continuidad del poder y el enriquecimiento. La avaricia de los que tienen se contrasta con los robos y otros delitos que practican los «rotos», y perfila la visión de una sociedad dividida por hondas contradicciones. Tras una larga descripción ambiental del barrio prostibulario, la acción comienza precisamente con el robo que Esmeraldo, junto con otros chiquillos de su edad que merodean por el barrio, perpetra contra una elegante dama de la clase alta. La presentación de los personajes es descarnada: «Los chiquillos eran tres, igualmente sucios, de casposas pelambres, con pulseras de mugre en las piernas». Muy pocos ayudan a perseguir al ladrón, y el narrador comenta que entre gentes primitivas «el instinto de cacería estaba ausente». La ilustración de las diferencias que separan a estas clases no puede ser más clara.

Sin embargo, hay un elemento en la historia que los conecta: Fernando, el conviviente de la madre de Esmeraldo, se ocupa de los trabajos sucios que le encargan sus patrones oligarcas.

El punto de vista del autor es, en general, sorprendentemente determinista: el impulso por robar, la atracción del mal, son irresistibles para esta masa de miserables, incapaces de redención; la novela quiere mostrarlo de manera explícita; en su nota inicial, el autor escribe: «Los cuadros crudos de *El roto* vienen a ser como esas fotografías de fieras que los turistas toman de noche en plena selva». Las desigualdades han creado instintos y condicionado conductas, rebajándolas casi a un nivel animal; el lenguaje subraya ese fenómeno con palabras como «cacería», «acecho», «sin freno». El mundo de los poderosos es una presa, a la vez odiada y codiciada. Y aunque veremos a Esmeraldo salir de una enfermedad animado por «un renovamiento de energías», con la sensación de ser otro («¡Ya era un roto! Era fuerte. Había vencido las pestes y vicios de su cuna») y con «una informe idea de una mejor vida», esta exaltación de supremacía darwiniana no lleva a ningún tipo de realización.

El problema es que, por impericia narrativa, el autor deja, inexplicablemente, que Esmeraldo desaparezca entre el capítulo 11 y el 21 (la novela tiene 26), lo reemplaza por Fernando —que se convierte en el verdadero protagonista— o por episodios de relleno y sólo encuentra una atropellada solución para ponerle fin: el muchacho se atribuye un crimen que no ha cometido; así, la novela termina como comenzó: con Esmeraldo siendo perseguido como un animal salvaje. Hay una curiosa contradicción entre lo que se proponía ideológicamente Edwards Bello y los moldes literarios que usa: mientras quería denunciar una situación, destacar un tipo humano como un síntoma de la crisis nacional y contribuir a superarla, su lenguaje miraba hacia el pasado y hundía sus raíces en modelos del siglo xix. Usar en una novela, hacia 1920, un sistema rígido de conceptos como «medio», «raza» o «instinto» limitaba sus alcances como intento de interpretación social: no señalaba el comienzo de una nueva época, sino el fin de otra. Su formulación literaria no es sólo ingenua, sino ya gastada.

De mayor edad que éstos es Eduardo Barrios (1884-1963), cuya obra muestra formas narrativas bastante diversas entre sí. Nació en Valparaíso pero pasó su infancia en Lima (su madre era peruana). Al volver a Chile, la dura situación económica en la que vive lo impulsa a buscar trabajo en varios países de América; así, conoce la vida real de otros desamparados como él y desempeña distintos oficios: minero, vendedor, artista de circo... Otra vez en Chile trabaja en compañías salitreras en Iquique. En esa misma ciudad publica su primer libro de cuentos, titulado *Del natural* (1907). Aunque la obra es modestísima, su título resulta revelador: es homónimo de un libro del citado Gamboa publicado en 1888 y demuestra que la estética zoliana, cultivada también por Orrego Luco *(10.2.1.)*, Lillo y Latorre, seguía siendo para él —casi veinte años después— un vehículo literario válido para expresar su visión social, que con el tiempo se iría haciendo más conservadora.

Instalado en Santiago desde 1909, desempeña distintos puestos administrativos. Como ya vimos *(14.3.)*, a partir de 1911 contribuye al teatro con varias comedias y lo seguirá haciendo hasta 1916. Pero su verdadero éxito lo encuentra como narrador, con su primer libro significativo: la novela breve *El niño que enloqueció de amor* (Santiago, 1915), que lo hizo popular dentro y fuera de su país. Más tarde lo confirma con dos novelas que forman con aquélla una especie de trilogía: *Un perdido* (Santiago, 1918) y *El hermano asno* (Santiago, 1922). Barrios fue brevemente ministro de Educación y funcionario cultural, pero después de 1931 se retira de la vida pública, se dedica al negocio del ganado, compra tierras y se va a vivir en ellas. Esta experiencia tardía de terrateniente se reflejará en la que sería su última novela importante: *Gran señor y rajadiablos* (Santiago, 1948).

Barrios es un caso difícil de clasificar y su ubicación en medio de estos «criollistas» es algo relativa: en su obra se perciben rastros modernistas, formas propias del naturalismo, influjos de la novela psicológica y filosófica, ecos de las ideas de Schopenhauer y Nietzsche, etc. De todos su compañeros, es el que más fuertes lazos mantiene con la novela psicológica y filosófica europea —sobre todo francesa y alemana—, en una época en que eso no parecía estar de moda. Barrios es un curioso caso de anacronismo: en su primera etapa se adelanta a muchos, en la segunda cultiva formas ya superadas. Ya sea por accidente o por designio, pareció siempre marchar contra la corriente, sin dejar de absorberla. El molde «criollista» sólo define una de sus facetas, pero no cubre una de sus mejores virtudes: la del estudio psicológico profundo. Lo acerca a él, sin embargo, el interés por tipos marginales o excéntricos: locos, perdidos, pobres diablos... Aunque la preocupación social no estuviese ausente en él, su búsqueda apuntaba a un nivel más profundo que en la mayoría de sus compañeros «criollistas», con los que tuvo más contactos personales que literarios. Puede incluso decirse que —por su esteticismo y su lirismo— está más cerca de un postmodernista como Pedro Prado *(13.9.)* que de éstos. Se interesó por hacer estudios de psicologías dominadas por algún tipo de trauma o problema: la locura infantil en *El niño...*, la morbosidad sentimental en *Un perdido,* la represión sexual en *El hermano asno*. El verdadero drama humano se centra para él en el insoluble dilema entre emoción y razón, y en los conflictos entre personalidades *abúlicas* y *fuertes*. Artísticamente, *El niño...* puede considerarse una de las más logradas novelas hispanoamericanas de ese tiempo: el intenso lirismo de su lenguaje, la penetrante introspección que hace en el alma de un niño enamorado, el estudio de todo el registro de sus emociones, la sutil reelaboración del viejo tópico de la «locura amorosa» siguen conservando buena parte de su eficacia, aunque quizá hoy resulte un poco preciosista.

Un perdido agudiza la visión pesimista de la novela anterior, a través de la presentación de un personaje, Luis Bernales, cuya timidez, falta de voluntad y circunstancias de su formación hacen de él un individuo sin lugar en una realidad social en la que sólo la energía y la acción —más el poder que ellas generan— tienen cabida. Bernales se refugia en un vano mundo de sueños y luego se degrada con las tentaciones de la prostitución, el alcohol y las drogas. La novela falla cuando el narrador cae en digresiones filosóficas para mostrar que el origen de la derrota existencial del protagonista está en sus lecturas de Schopenhauer. Lo singular de esta novela es que presenta el mundo urbano sin caer en los hábitos costumbristas de otros «criollistas».

El hermano asno es menos popular que la primera, pero hoy puede considerarse su mejor novela. Mostrando siempre su inclinación por el estudio psicológico y la atmósfera refinadamente espiritual, la historia enfrenta a dos monjes franciscanos, fray Lázaro y fray Rufino, ambos tentados por el deseo carnal y la atracción por María Mercedes; esta muchacha es hermana de Gracia, con quien fray Lázaro tuvo una relación amorosa cuya ruptura llevó a su decisión de ingresar al convento. (Obsérvese el simbolismo —algo ingenuo, en verdad— de los nombres que anuncian los papeles o aspiraciones que cada uno tiene: Lázaro, nueva vida; Rufino, rufián, etc.; el «hermano asno» del título es también simbólico: alude al cuerpo, cuyos bajos instintos se deben despreciar para alcanzar la esfera mística.) La novela se presenta como un diario íntimo o confesión y culmina con un final de inquietante ambigüedad, porque fray Lázaro se acusa del intento de violación de María Mercedes, cuyo verdadero autor fue fray Rufino poco antes de que éste muriese. ¿Es esa autoinculpación una forma de purgar como propios los pecados ajenos? ¿Es quizá un modo de asumir la personalidad de alguien que parece ser su doble o su sombra? ¿O un intento por convertir una mentira en verdad? La sutil cualidad poética del lenguaje novelístico contribuye a la validez y profundidad de las cuestiones que el final abierto de la historia plantea.

15. En la órbita de la realidad: naturalismo, «criollismo» y realismo urbano

Tras un largo silencio de más de veinte años, Barrios regresó a la escena literaria transformado en un narrador bastante distinto: redescubre el ambiente rural y, sin abandonar su viejo psicologismo, procede como un «criollista» enamorado del color local y las singularidades del mundo regional. De las tres novelas que publicó entre 1944 y 1950, *Gran señor y rajadiablos* es la más característica de esta última fase de su producción. Se trata de una novela rural, que abarca la completa biografía del protagonista, don José Pedro Valverde, desde su infancia hasta su muerte. Barrios no había creado un personaje así, lleno de energía, vigorosa voluntad, sed de aventuras y poder, aparte de ser encantador ante hombres y mujeres. La novela ofrece una representación cabal de la vida campesina chilena, en la que el toque irónico y picaresco no está ausente. La repercusión nacional e internacional que tuvo en su época hoy puede sorprendernos, porque precisamente apareció a destiempo: es una tardía expresión de novela campesina según moldes estéticos que ya estaban desapareciendo. Incluso ciertos rasgos refinados que el relato incorpora (Valverde es, como Barrios, un terrateniente culto) y la cordial visión del campo desde una perspectiva paternalista habían aparecido, con mayor eficacia estética, en *Don Segundo Sombra (15.2.2.)*, dos décadas antes. *Gran señor...* es una especie de artístico canto del cisne para toda una novelística cuyas raíces estaban en tradiciones bastante lejanas: el romanticismo, el modernismo, el primer regionalismo. Barrios es uno de los últimos en hacer esa síntesis.

Textos y crítica:

BARRIOS, Eduardo, *Obras completas,* Santiago, Zig-Zag, 1963, 2 vols.
EDWARDS BELLO, Joaquín, *El roto,* nota de Alfonso Calderón, Santiago, Editorial Universitaria, 1968.
LATORRE, Mariano, *Zurzulita,* pról. de Ricardo Latcham, Madrid, Aguilar, 1949.
— *Algunos de sus mejores cuentos,* ed. de Manuel Rojas, Santiago, Zig-Zag, 1957.

ARCE, Magda, *Mariano Latorre. Vida y obra. Bibliografía. Antología,* New York, Hispanic Institute in the United States, 1944.
DAVISON, Ned J., *Eduardo Barrios,* New York, Twayne, 1970.
FUENTES, Walter, «*El Roto:* los sectores populares y la articulación ideológica de un proyecto regenerativo», *La novela social en Chile...*,* pp. 57-87.
LATORRE, Mariano, *La literatura de Chile,* Buenos Aires, Coni, 1941.
MARTÍNEZ LÓPEZ, Benjamín, *Eduardo Barrios, vida y obra,* Río Piedras, Ed. Universitaria, 1976.
ORLANDI ARAYA, Julio, y Alejandro RAMÍREZ CID, *Joaquín Edwards Bello: obra, estilo, técnica,* Santiago, Editorial del Pacífico, 1958.

— *Mariano Latorre: obra, estilo, técnica,* Santiago, Ed. del Pacífico, 1960.
— *Eduardo Barrios: obra, estilo, técnica,* Santiago, Ed. del Pacífico, 1960.
Silva Castro, Raúl, *Creadores chilenos de personajes novelescos,* Santiago, Biblioteca de Alta Cultura, 1953.
Walker, John, *Metaphysics and Aesthetics in the Works of Eduardo Barrios,* Londres, Támesis, 1983.

15.1.2. El «criollismo» y el realismo urbano en Argentina: Lynch, Gálvez y Arlt

El de Benito Lynch (1880-1961) es el caso típico de un escritor muy popular en su época y apenas leído hoy. Pese a ello, sigue teniendo una resonancia mítica para cualquier interesado en la literatura argentina contemporánea: creó una leyenda cuyos ecos, aunque apagados, todavía se escuchan hoy. Esa leyenda se basa sobre todo en un libro de lectura indispensable en su tiempo: *El inglés de los güesos* (Madrid, 1924), que pareció sumarse a la ola de grandes novelas regionalistas *(infra),* pues se publicó el mismo año que *La vorágine* de Rivera *(15.2.1.);* hoy pocos hacen esa identificación. Lynch, nacido en Buenos Aires, de padre con raíces irlandesas, tuvo la temprana experiencia de vivir en una estancia no muy lejos de la capital; esa experiencia lo marcó profundamente y se convertiría en la fuente básica de su inspiración como narrador. Con los años, fue idealizando ese mundo y convirtiéndolo en un verdadero refugio psicológico; su hipocondría y sus hábitos de huraño y solitario (que le impedían gozar de su propia fama) lo hicieron cada vez más dependiente de esas lejanas memorias.

Eso explica por qué su narrativa, siendo amplia (nueve novelas y casi un centenar de cuentos), se mueve casi exclusivamente dentro de los marcos de un tiempo y un espacio restringidos: el medio estanciero en la provincia de Buenos Aires alrededor del fin de siglo. Esa idílica vuelta a un mundo primitivo y tradicional marcaba un fuerte contraste con el lado más innovador de la literatura argentina, que ya buscaba —con Arlt y otros— sus temas en la ciudad, el suburbio y las tensiones urbanas de una realidad cosmopolita. Lynch, que había descubierto la literatura con el naturalismo *(10.1.)* y seguía siendo un fiel discípulo de Zola, no podía reflejar esa amada realidad sin criticarla y mostrar sus males y contradicciones. Esto se nota desde sus dos primeras novelas: *Plata dorada* (Buenos Aires, 1909) y *Los caranchos de La Florida* (Buenos Aires, 1916). Pero de toda su obra, nada supera lo que logró en la citada *El inglés...*

El título encierra una graciosa alusión: el personaje principal es un arqueólogo inglés, Mr. James Gray. La historia gira alrededor del casual encuentro de Mr. Gray con Balbina, la joven hija de un matrimonio cuyas tierras se encuentran en el área donde él hace sus excavaciones en busca de fósiles. El relato comienza como una versión irónica de lo que le pasa a un personaje pintoresco debido a su condición de extranjero y a su peregrina preocupación por lo que, para la opinión pueblerina, no son sino huesos sin ningún valor. Al tratar de insertarse en una comunidad cerrada y tradicional, los rasgos idiosincráticos que el folclore local atribuye a todo británico desatan el humorismo de la situación.

Hay otro asunto tras esa simple fábula: el choque entre dos culturas, que se desconocen mutuamente —pese a sus contactos históricos— aunque están quizá forzadas a integrarse debido a las profundas transformaciones que la urbe y el campo argentinos estaban sufriendo en la época en que los sucesos ocurren. En cierta medida, el trasfondo de la historia sentimental reaviva el dilema planteado por Sarmiento *(8.3.2.)* en el centro de la conciencia argentina: civilización o barbarie. Otros dos escritores rioplatenses ya habían mostrado —aunque en otra clave— la inserción de personajes anglosajones en la selva o en la pampa: Quiroga en el notable cuento «La insolación» *(13.2.)* y Hudson en sus relatos autobiográficos *(10.3.4.)*. Lynch lo ilustra a su modo, tejiendo una clásica novela de amores trágicos: Balbina cae perdidamente enamorada del frío y darwiniano Mr. Gray; sin lograr convencer a éste de la realidad de sus sentimientos, el inglés vuelve a su patria y ella se suicida.

Lo interesante de esta novela es que documenta la noción de que el campo argentino y sus peculiares modos de vida social, si no estaban llegando a su fin, al menos habían entrado en crisis: los valores tradicionales del gaucho y del criollo de pueblo —como bien había mostrado el teatro de Florencio Sánchez *(10.9.)*— retrocedían inexorablemente ante el empuje de los valores de la modernidad. El proceso los había convertido en una parte marginal de la nueva sociedad: hombre de suburbio pobre, obrero, pequeño comerciante. La literatura nacional había mostrado, al menos desde el *Martín Fierro (8.4.2.)*, la difícil y dolorosa inserción del gaucho en su propio país. La obra de Lynch es una nueva elegía —en tono menor— de este fenómeno poco antes de que Güiraldes compusiese la suya *(15.2.2.)* con más grandeza artística. Aunque ambas culturas, la urbana y la rural, están presentadas con cierto equilibrio, es evidente que Lynch se identifica (y quiera que nos identifiquemos) con la que encarna la dulce Balbina y con su trágico fin. Lo de «tono menor» merece una aclaración: la novela no profundiza en la psicología de sus personajes ni ve la importancia de su propio tema porque prefiere ceder a las tentaciones del color local y el pintoresquismo. Desde el título se advierte que uno de los principales modos de lograrlo es la mímesis (a veces, la caricatura) de las formas dialectales del habla popular, esfuerzo en el que Lynch suele fallar por exceso o desfiguración. *El inglés de los güesos* es divertida y hasta interesante para el gran público (fue llevada al teatro y al cine), pero no pasa de ser una novela de costumbres y de estereotipos.

Mucho menos recordado y leído aun en su país, Manuel Gálvez (1882-1962) fue novelista, ensayista, biógrafo —entre otras, escribió vidas de Rosas y Sarmiento—, poeta y memorialista. Sólo como narrador publicó casi una treintena de novelas entre 1914 y 1958. Gálvez era un típico realista social, que había leído a Balzac, Pérez Galdós y Dostoievski y compartía su ambición de amplias representaciones de la vida colectiva, pero que ciertamente no tenía sino un concepto convencional del arte de novelar: su elemental lenguaje narrativo apenas le servía para retratar y documentar, no para inventar. Eso no le impidió —por un tiempo— ser una gran figura nacional, ver sus obras traducidas y ser varias veces candidato al premio Nobel. Sus obras cubren casi todos los niveles, tipos y aspectos de la sociedad argentina de su época: desde Buenos Aires hasta la provincia, desde los miembros de los altos círculos hasta la masa de pobres y prostitutas, hombres de negocios o individuos de la clase media. Su visión es la de un moralista con firmes bases religiosas, pues, aunque creía en el modelo zoliano, era también un devoto católico, lo que explica la frecuente presencia de sacerdotes en sus relatos (*La sombra del convento,* 1917; *Miércoles santo,* 1930, ambos impresos, como todos sus libros, en Buenos Aires). En 1956 publica *Tránsito Guzmán,* una novela en la que ataca al gobierno de Perón.

Quizá lo más salvable de su producción esté en algunos pasajes de sus novelas iniciales: *La maestra normal* (1914), *El mal metafísico* (1916) y *Nacha Regules* (1919). La primera ocurre en La Rioja y es un cuadro de vida provinciana con el pretexto de una historia de seducción cuya víctima es la maestra del pueblo. El mundillo intelectual de Buenos Aires es el ambiente de la segunda, donde el protagonista —un idealista aspirante a escritor, un temperamento abúlico como los que vemos en las primeras novelas de Barrios *(supra)* y otros naturalistas— descubre el materialismo y la indiferencia de esos círculos; con su caída en la miseria y el alcohol, la novela se convierte en un simple melodrama. La tercera, y sin duda la que más éxito obtuvo, narra la historia de la prostituta del título que tiene las inconfundibles características de una novela naturalista de tesis.

15. En la órbita de la realidad: naturalismo, «criollismo» y realismo urbano

Gálvez es un novelista de transición: los problemas que le interesan surgen de la realidad contemporánea, pero su lenguaje y el modo de plantearlos siguen asociados a modelos del xix, ya muy trabajados.

El narrador argentino más interesante y valioso del período es Roberto Arlt (1900-1942), no sólo porque inaugura la ficción urbana, sino porque representa una decisiva renovación de la fórmula realista que toca los límites de lo visionario; por eso, aunque comienza a escribir unos años después de haber aparecido *El roto* de Edwards Bello *(supra)*, su obra mira mucho más adelante que la del chileno. Ya nos hemos ocupado de la producción teatral de Arlt *(14.3.)* y de las innovaciones que introdujo en el género. No son menos importantes las que trae a la novela y el cuento. Su obra refleja el fenómeno demográfico producido en el Río de la Plata por la creciente inmigración europea y la concentración de trabajadores en Buenos Aires y sus suburbios pobres.

Hijo de inmigrantes él mismo (el padre era austríaco, la madre triestina), fue uno de los testigos inmediatos de ese gran cambio de una sociedad rural a una industrializada; aprendió el alemán en casa y el castellano plebeyo en las calles de su proletario barrio de Flores. Ese lenguaje, vivo pero mezclado con elementos espurios, es el que encontramos frecuentemente en sus textos y el que un sector crítico de su tiempo invocó para reducir o negar el valor de su obra; hoy desdeñamos esas objeciones y pensamos lo contrario: que Arlt, pese a sus fallas e imperfecciones expresivas, se adelantó a su época y preludió la nuestra. En un período dominado por estilistas como Lugones *(12.2.1.)*, Borges *(19.1.)* y Güiraldes *(15.2.2.)*, el autor era una incómoda anomalía que los lectores se resistían a aceptar como «literatura»: usaba el castellano de los que habían nacido hablando otras lenguas. Lenguas europeas, pero no el lenguaje culto que había inspirado a aquellos escritores; el salvaje mundo urbano de Arlt y su áspero sabor oral eran una disonancia en ese concierto. La verdad es que la dirección que, en las décadas siguientes, tomaría la literatura rioplatense e hispanoamericana en general nos haría ver al autor con otros ojos, sobre todo si uno piensa en Onetti *(18.2.4.)*, Cortázar *(20.3.2.)* o Puig *(22.2.2.)*. La habilidad de Arlt para traspasar las fronteras del realismo llano y descender a las zonas infernales de la urbe y al aspecto tenebroso de la existencia parece coincidir con los esfuerzos innovadores de los narradores que lo siguieron.

Paradójicamente, durante los quince años que abarcó su producción literaria, fue un autor a la vez popular y marginal. Salvo su primera obra, *El juguete rabioso* (Buenos Aires, 1926), ninguno de sus libros, publicados en ediciones baratas para el «gran público», fue reeditado. Pero después de su muerte tuvieron éxito, aunque sin entrar del todo en el circuito de la «alta» literatura. Su caso ilustra, de paso, qué relativa era la pretendida oposición entre los grupos intelectuales de Florida y Boedo, a la que hacemos referencia más adelante *(16.4.1.)*. Por muchas razones, Arlt parecía formar parte (o estar muy cerca) del grupo de Boedo, así llamado por la calle en la que se encontraban la editorial y la revista *Claridad,* integrado por escritores realistas, sociales, izquierdistas y populares. El hecho es que un par de adelantos de *El juguete rabioso* fueron publicados en *Proa,* notorio órgano de los vanguardistas del grupo de Florida, gracias a la mediación de su amigo Güiraldes, a quien va dedicado el libro; además, la citada editorial había rechazado la novela, aunque publicó una segunda edición en 1931. Como se recordará, 1926 es también el año de publicación de *Don Segundo Sombra,* que comparte con *El juguete rabioso* el mismo molde básico del *Bildungsroman,* pero con perspectivas totalmente distintas: en Güiraldes tenemos una lección moral y un destino plenamente cumplido; en el otro, la caída de un adolescente, sin dinero y sin guía, desadaptado y finalmente derrotado por el vértigo de una ciudad en la que no tiene cabida.

Arlt fue un audidacta que se formó leyendo novelas de aventuras (de Salgari a Conrad), folletines, novelas policiales y las series protagonizadas por el famoso Rocambole. Posteriormente leyó a Dostoievski, en quien descubrió la misma experiencia de humillación y penitencia que él había sufrido en su niñez. Cuando ejerció el cargo de reportero policial de *Criterio,* completó su escuela literaria con un conocimiento de primera mano del submundo del hampa y un Buenos Aires tenebroso que muy pocos otros escritores argentinos tenían. Su labor de periodista nos dejó un numeroso conjunto de crónicas tituladas «Aguafuertes porteñas», cuya primera serie data de 1933. Su siguiente novela es *Los siete locos* (Buenos Aires, 1929), en cuya última página había una nota que decía: «La acción de los personajes de esta novela continuará en otro volumen titulado *Los lanzallamas»,* que apareció en 1931; se trata, pues, de un raro díptico novelístico que, en conjunto, representa la obra clave del autor.

Publicará otra novela más de mucho menor interés (*El amor brujo,* Buenos Aires, 1932) y un notable libro de cuentos (*El jorobadito,* Buenos Aires, 1933), cuyos grandes motivos son las miserias de la vida literaria («Escritor fracasado»), el amor degradado por la deformidad física y moral («El jorobadito»), el odio y la codicia como inherentes al espíritu burgués («Pequeños propietarios»). Aunque recogió otros relatos en un libro (*El criador de gorilas,* Santiago, 1941), a partir de 1932 Arlt se consagraría enteramente al teatro.

15. En la órbita de la realidad: naturalismo, «criollismo» y realismo urbano

El protagonista típicamente arltiano es el *outsider:* un hombre fracasado, marginado, confuso y al borde la demencia. Ese retrato arquetípico se completa con dos notas más: la misoginia (en su traumática relación con las mujeres, éstas llevan siempre la peor parte) y la viva conciencia de su falla existencial. Silvio Astier, el personaje de *El juguete...,* sabe que es «un héroe del fracaso». El esquema frustración-crisis-aislamiento-muerte se repite, con variantes, en su novelística. ¿Cómo salir entonces de este círculo vicioso? La vía es desesperada: los personajes arltianos sólo se realizan a través de la traición y la destrucción del otro. El amor y la amistad son negados precisamente por el que goza de ellos, únicamente para sentir el placer de ejercer un poder maligno y absoluto sobre los demás. Hay una corriente subterránea de crueldad y perversidad que aflora en cuanto las débiles censuras sociales ceden un poco dejándonos ver que no hay pulsión más fuerte que la del mal insensato y gratuito, el de los que sueñan con realizar algo delirante. Arlt dijo alguna vez que quería escribir libros que tuviesen «la violencia de un *cross* a la mandíbula», y hay que admitir que lo logró.

Todo esto indica que podemos llamarlo «realista» sólo si lo hacemos con cuidado: es un narrador que alcanza niveles y repliegues que son propios de la narrativa existencial, que juega con fantasías distorsionadas por rasgos vanguardistas —como en el cuento «El jorobadito»— o con la ficción política de carácter anticipatorio o profético. Así ocurre en *Los siete locos-Los lanzallamas,* en la que vemos al protagonista Remo Erdosain, un estafador que ha perdido su puesto y a su mujer antes de juntarse con una pandilla de seudorrevolucionarios que tratan de financiar sus planes con una cadena de burdeles. Si todo nos parece irracional es porque los personajes que lo rodean —y Erdosain mismo, a la larga— bordean la locura sin dejar de ser plausibles para el lector. Por ejemplo, El Astrólogo, un eunuco que funciona como el jefe de la banda, tiene una inquietante semejanza con un oscuro personaje de la vida política argentina en los años del último gobierno peronista (1974-1976); por otro lado, la confluencia de los métodos del hampa y de la ideología política de hoy está ya presente en los turbios manejos de sus secuaces, Haffner y Bromberg. En el fondo, la gran cuestión que subyace en sus relatos es la misma de la novela policial: el orden de la ley amenazado por la violencia y la anarquía. Podría decirse que Arlt es un realista que por sus técnicas expresionistas, su simbolismo numerológico y cromático, su crispada visión de la sexualidad, sus experimentos con voces narrativas y hasta por ciertas incursiones en el campo del monólogo interior, representa una sustantiva reorientación del modelo establecido por el realismo tradicional. Su hondura visionaria y fantasmagórica puede compararse a la de Céline y a las perturbadoras telas de Bacon.

Textos y crítica:

ARLT, Roberto, *Novelas completas y cuentos,* ed. de Mirta Arlt, Buenos Aires, Fabril Editora, 1963, 2 vols.
— *Los siete locos. Los lanzallamas,* ed. de Adolfo Prieto, Caracas, Biblioteca Ayacucho, 1978.
— *Obras completas,* pról. de Julio Cortázar, Buenos Aires, Carlos Lohlé, 1981, 2 vols.
— *El juguete rabioso,* ed. de Rita Gnutzmann, Madrid, Cátedra, 1985.
GÁLVEZ, Manuel, *Obras escogidas,* Madrid, Aguilar, 1949.
LYNCH, Benito, *El inglés de los güesos,* pról. de Julio Caillet-Bois, Buenos Aires, Troquel, 1959.

ALONSO, Amado, *Estudios lingüísticos. Temas hispanoamericanos,* Madrid, Gredos, 1953, pp. 73-101.
DESINANO, Norma, *La novelística de Manuel Gálvez,* Rosario, Universidad Nacional de Rosario-Cuadernos del Instituto de Letras, 1965.
FOSTER, David William, «Roberto Arlt and the Neurotic Rationale», *Currents in the Contemporary Argentine Novel*,* pp. 20-45.
— «Benito Lynch», Luis A. Solé*, vol. 2, pp. 559-561.
GNUTZMANN, Rita, *Roberto Arlt o el arte del calidoscopio,* Bilbao, Universidad del País Vasco, 1984.
GONZÁLEZ LANUZA, Eduardo, *Roberto Arlt,* Buenos Aires, CEAL, 1971.
GUERRERO, Diana, *Roberto Arlt, el habitante solitario,* Buenos Aires, Granica, 1972.
HAYES, Aden W., *Roberto Arlt: la estrategia de su ficción,* Londres, Támesis, 1981.
JIMÉNEZ, Luis A., *Literatura y sociedad en la narrativa de Manuel Gálvez,* Buenos Aires, Peña Lillo, 1990.
LICHTBLAU, Myron, *Manuel Gálvez,* New York, Twayne, 1974.
MALDAVSKY, David, *Las crisis en la narrativa de Roberto Arlt,* Buenos Aires, Escuela, 1968.
NÚÑEZ, Ángel, *La narrativa de Roberto Arlt,* Buenos Aires, Nova, 1968.
PASTOR, Beatriz, *Roberto Arlt y la rebelión alienada,* Maryland, Hispamérica, 1980.
PETIT DE MURAT, Ulises, *Genio y figura de Benito Lynch,* Buenos Aires, EUDEBA, 1968.
SCROGGINS, Daniel C., *Las «Aguafuertes porteñas» de Roberto Arlt,* Buenos Aires, Ediciones Culturales Argentinas, 1981.

SIEMENS, William L., «Roberto Arlt, *Los siete locos*», *Mundos que renacen**, 12-34.
Symposium, Número especial sobre Manuel Gálvez, 36:4 (1983).
VV. AA., *Simposio sobre Roberto Arlt*. Poitiers: Centre de Recherches Latino-Américaines de l'Université de Poitiers, 1981.

15.1.3. Otros realistas

Hagamos referencia sólo a unos narradores más que sobresalen por alguna razón en medio de una multitud de realistas. Unos cuantos de ellos muestran, en diversos grados, actitudes naturalistas y cultivan un realismo social del que todavía no se han desprendido toques costumbristas; otros parecen poner el realismo clásico al borde de su disolución. Empecemos con el venezolano José Rafael Pocaterra (1888-1955), quien goza en su patria de un prestigio como narrador que otros lectores no comparten. Sus cuentos y novelas (*El doctor Bebé,* Madrid, 1918; *Cuentos grotescos,* Caracas, 1922; *La casa de los Abila,* Caracas, 1946)[2] contienen sátiras, diatribas o parodias de la élite entonces dominante en la vida política venezolana y de la incipiente modernización urbana. Por su voluntad crítica y caricaturesca, Miguel Otero Silva *(18.3.)* los ha comparado con los dibujos de Daumier, pero su lenguaje y estructura narrativa son tan convencionales y anticuados que hoy resultan poco legibles, pese a lo que diga la crítica nacional. Lo curioso es que Pocaterra era un crítico implacable de toda la tradición novelística que tenía ante sí, del romanticismo al «criollismo» *(15.1.);* hasta denigraba del surrealismo, al que llamaba «moda sub-realista».

Pero si Pocaterra no era un novelista hábil, sí era un valioso testigo de las luchas que vivió su país y de las cuales fue él mismo un importante actor y víctima. Antes de haber cumplido los veinte años ya había conocido la cárcel por sus actividades políticas contra el gobierno de Cipriano Castro; allí, increíblemente, estudió latín, griego e inglés. Más tarde, otro dictador, el casi mítico Juan Vicente Gómez —el archienemigo de Blanco Fombona *(12.2.7.)*—, lo encarceló entre 1919 y 1921, en La Rotunda, la misma siniestra prisión donde padeció Andrés Eloy Blanco *(13.8.),* otro venezolano marcado por la lucha contra la dictadura. Experimenta la tor-

---

[2] La primera había aparecido en 1913 con el título de *Política feminista;* lo de *El doctor Bebé* es una burlona alusión al nombre del doctor Samuel Niño, personaje político. *La casa de los Abila* es muy anterior al año de su publicación: está fechada en 1920-1921, en la cárcel de La Rotunda.

tura, los grilletes, el aislamiento total. En su encierro empieza a escribir las que se llamarían definitivamente *Memorias de un venezolano de la decadencia* (Bogotá, 1927), publicadas parcialmente como folleto bajo el título *La vergüenza de América* (México, 1921), gracias a la ayuda de Vasconcelos *(14.1.3.)*, Carlos Pellicer *(16.4.3.)* y los estudiantes mexicanos; la edición se hizo a partir de los fragmentos que el autor había logrado contrabandear desde la cárcel en hojas envueltas como cigarrillos. Vivió largos años exiliado, primero en Nueva York y luego en Montreal, Canadá, donde murió; desde allí publicó sus influyentes «Cartas hiperbóreas».

Las *Memorias* tuvieron una gran repercusión editorial y fueron rápidamente traducidas al francés e inglés. La obra prueba que el autor no era sólo un político escritor, sino un escritor político. Blanco Fombona, con quien Pocaterra guarda tantas simetrías, afirmó que era «el libro maestro de nuestra generación». Tal vez, pero en todo caso es un texto impresionante por su minuciosa y directa información sobre los vericuetos del poder político entre 1898 y 1922, aunque su verdadero valor está en su dramática descripción del infierno carcelario, en páginas que tienen más animación que sus novelas. Escrito con una prosa del todo llana y sin embargo indignada, este libro debe figurar entre los mejores escritos carcelarios de América y justifica que hablemos aquí de Pocaterra como escritor realista, sobre todo porque la crítica ha pasado por alto esta obra: en el abundante memorialismo venezolano sobre la violencia política ocupa un lugar importante, y en nuestra historia de la defensa de los derechos humanos es un documento que no puede faltar.

El uruguayo Enrique Amorim (1900-1960) produjo una vasta obra narrativa —más de una veintena de libros, sin contar su poesía y otros géneros— que hoy pocos leen, salvo en su patria. Tuvo, sin embargo, considerable importancia en su época, sobre todo por una novela que fue exaltada como una obra clásica del realismo rural hispanoamericano: *La carreta* (Buenos Aires, 1929), cuya edición definitiva es de 1952; *El paisano Aguilar* (Montevideo-Buenos Aires, 1934) confirmaría su prestigio como narrador de la pampa y de la dura vida del gaucho, realidades que conoció desde niño. Sin negar las razones para esa ubicación literaria, lo cierto es que la copiosa obra y las preocupaciones intelectuales del autor son tan diversas que parece haber distintas y contradictorias personas literarias en él: el novelista de la pampa, el narrador urbano, el escritor «comprometido», el realista psicológico, el cultor del género policial, etc. Hijo de estancieros, nació en Salto, el mismo pueblo de Horacio Quiroga *(13.2.)*; como él, fue hombre de las dos orillas del mundo rioplatense. La amistad entre estos dos escritores sería larga y estrecha, a pesar de la diferencia de edad: Quiroga era veintidós años mayor que él. Gran viajero, estuvo nueve veces en Europa.

Se inicia literariamente en Buenos Aires como poeta y cuentista; su primera colección de cuentos lleva como título su propio nombre: *Amorim* (Buenos Aires, 1923). Con *La carreta* se abre el primer ciclo significativo de su producción, que va hasta *El paisano Aguilar*. El siguiente ciclo es de transición, pues intenta temas y fórmulas nuevos para él: la novela psicológica (*La edad despareja*, Buenos Aires, 1938), la policial (*El asesino desvelado*, Buenos Aires, 1945) y la política (*Nueve lunas sobre Neuquén*, Buenos Aires, 1946). En 1947 se inscribe en el Partido Comunista y sufre persecución del gobierno peronista, por lo que busca refugio en Salto. Hizo incansables campañas contra el nazismo y en favor de los republicanos durante la Guerra Civil Española; de su estalinismo tampoco cabe duda; una de sus novelas «realista-socialistas» lleva como título una consigna del dictador: *La victoria no viene sola* (Montevideo, 1952). Su tercera etapa creadora es una especie de síntesis de las anteriores, pues retorna a los temas del campo pero les añade sus radicales ideas sociopolíticas, como puede verse en *Campo abierto, Los montaraces* y otras novelas que seguirá publicando hasta el año de su muerte.

El gran defecto de Amorim era el de ser desprolijo: escribía demasiado, con prisa y sin rigor, sin medir sus fuerzas narrativas. La única novela que trabajó a conciencia y reescribió durante largos años fue *La carreta*, como lo demuestran los más de veinte que separan la primera edición de la que él consideraba definitiva. La obra tiene todavía cierto interés porque trata el tema de un caso peculiar de prostitución, adaptado al estilo errante de la vida pampeana; «novela de quitanderas y vagabundos» reza el subtítulo. La carreta es el símbolo central de esa forma de vida que el autor registró con vigor. ¿Registró? Al parecer, hay más de imaginación que de referencia a una realidad social; lo interesante es que, por un lado, el cuadro resulta totalmente verosímil y convincente y, por otro, pasó a ser tan «real» que se asimiló al foclore local. Éste es un caso en que la realidad imita al arte y no al revés. Por cierto, el escenario y los detalles surgen de la observación directa del mundo pampeano, y la visión resultante es amarga, cruda, patética. A veces demasiado patética porque el tema se presta al melodrama y Amorim cede por momentos a esa tentación y a la del pintoresquismo, propio de la tendencia «criollista». Pese a los sucesivos cambios que introdujo en el texto, la estructura de la novela siguió siendo básicamente la de una sucesión de escenas y cuadros, cuyo orden azaroso parecía seguir el de la mítica carreta.

El autor mismo no se creía un realista cabal, porque rechazaba (o creía rechazar) el mimetismo y subrayaba la importancia de la imaginación. Quizá tuviese razón: si se revisan sus cuentos, pueden encontrarse ejemplos notables como «La fotografía» del libro *Después del temporal* (Buenos Aires, 1953), relato que apareció por primera vez, en versión inglesa, en 1941. No hay en él nada que recuerde el modo típico de Amorim: el mundo rural, la íntima devoción por el gaucho y la tierra. No es exagerado decir que esta breve narración es una pequeña obra de arte, sobre todo por la creación de un tono preciso para inventar —con muy simples elementos— una atmósfera sugestiva y un personaje cautivante, trabajado con una delicada comprensión de la sensibilidad humana. Lo que hace Madame Dupont en el cuento es inventar una realidad, elaborar una fantasía en la forma de una fotografía que puede enviar a sus parientes para probar que le va bien en un pueblo lejano y extraño, que la soledad y estrechez en que vive no existen. Las líneas finales resumen el triste fracaso de su intento: «A veces no está de más decirlo: hay que encoger los hombros y seguir viviendo».

El cubano Carlos Loveira (1881-1928) fue un autodidacta, defensor de ideas anarco-sindicalistas (escribió sobre los movimientos obreros en Estados Unidos y en Yucatán), desempeñó los más variados trabajos y llegó a ser colaborador del líder mexicano Venustiano Carranza. Como narrador era, igual que Gálvez *(supra),* un moralista social y un naturalista con tesis por defender. Creía que la sociedad por lo general frenaba o desvirtuaba los impulsos generosos del individuo. Pero al revés del argentino, era un anticlerical que atacó a la iglesia por su negativo influjo en la educación y las costumbres. Es interesante recordar que defendió la causa de la mujer, en lo que se parece a su compatriota Miguel de Carrión *(10.7.).* *Los inmorales* (La Habana, 1919), *Generales y doctores* (1920) y *Juan Criollo* (La Habana, 1927) son algunas de sus novelas. La última es su obra más conocida y seguramente de mayor valor literario, pues ofrece un singular ejemplo en el que la tradición picaresca (su modelo es el *Lazarillo de Tormes)* y ciertas notas «criollistas» se entrecruzan.

El dominicano Tulio Manuel Cestero (1877-1955) comenzó escribiendo poesía y prosa como un modernista, pero luego la abandonó por la novela para documentar los avatares de la pequeña burguesía nacional. Una de ellas es *Ciudad romántica* (París, 1911), relato casi puramente descriptivo de la vieja Santo Domingo bajo el sombrío ambiente de la dictadura, a lo que se superpone una débil trama sentimental: un triángulo amoroso que culmina en doble asesinato. Escrita entre La Habana y Roma, *La sangre* (París, 1914), cuyo subtítulo reza «Una vida bajo la tiranía», se considera no sólo su mejor novela, sino la mejor de toda la literatura nacional. Lo descriptivo también predomina, pero el cuadro social es más ambicioso y abarcador: muestra las tensiones entre individuos y clases sociales durante la feroz dictadura de Ulises Heureaux (su verdadero nombre era Hilarión Le Bel), que duró doce años y acabó con su violenta muerte en 1899. Centrada en la biografía política del protagonista Antonio Portocarrero, el autor perfila un período crítico en el que se producen los fenómenos de la modernización y la introducción del capitalismo internacional en la isla. La estructura que usa Cestero corresponde a un realismo bastante convencional, pero su prosa —con frases breves, el ritmo cortado y nervioso— no lo es y representa una voluntad innovadora poco frecuente entonces entre los autores de esa tendencia. *La sangre* es un antecedente algo olvidado de una larga tradición literaria contemporánea: la novela de la dictadura. El autor también escribió una crónica de sus viajes como diplomático en países de Europa y América: *Hombres y piedras: al margen del Baedeker* (Madrid, 1915), que le prologó su amigo Rubén Darío *(12.1.)*, sobre quien él mismo escribió.

En las dos primeras décadas del siglo XX, la literatura ecuatoriana no tiene mejor ejemplo novelístico que la temprana *A la costa* (Quito, 1904) de Luis A. Martínez (1869-1909), relato de corte histórico y tema político, cuyo mayor mérito es adelantar el realismo social que luego dominaría con la «Generación del 30» y especialmente Jorge Icaza *(17.9.)*.

Comenzamos este apartado con Pocaterra; cerrémoslo ahora con otro escritor venezolano: Jorge Bernardo Núñez (1895-1979). La razón es que así podemos trazar un arco y ver cuánto había evolucionado el módulo realista, desde el más tradicional «criollismo» hasta el que cultivaba Núñez, que ya aparece al borde de su disolución, provocada por el retorno a lo ancestral americano y por el espíritu innovador de la vanguardia *(16.1.)*. Él no es uno de éstos, pero sí un novelista que experimenta, indaga y cultiva un arte literario mucho más moderno que el resto. De lo que nos dejó como historiador, periodista, ensayista y narrador, hay que rescatar por lo menos *Cubagua* (París, 1931) —la tercera de sus cuatro novelas—, que por remontarse hasta una época tan remota como la conquista española podría superficialmente considerarse una novela histórica más. Decimos «superficialmente» porque el autor no intenta una representación mimética de la historia real, como era habitual entonces. Lo que importa es la *interpretación imaginaria* que el lenguaje novelístico hace del discurso histórico, el diálogo entre el mito y la ficción, dos formas distintas pero paralelas que sólo la novela puede integrar. Núñez poseía una clara conciencia del papel que la historia cumplía como parte de la vida misma de un pueblo, y de la necesidad de recrearla, no simplemente «novelizarla», incorporando lo que ella tenía de mito colectivo, de creencia compartida por muchos.

Esta concepción tiene consecuencias decisivas porque extiende o cuestiona la noción del realismo y relativiza, por otra parte, los conceptos de verdad histórica y verosimilitud novelística. Para hablarnos de la Cubagua de la época colonial, vecina a la Isla Margarita que Núñez visitó en compañía de Díaz Rodríguez *(12.2.8.)*, el narrador no nos traslada a ese momento como habría hecho un novelista histórico convencional, sino que desde el presente proyecta poderosas imágenes evocadoras del mundo del pasado en un complejo vaivén de tiempos, fusiones, retrospecciones y anticipaciones cuyo efecto no es fácil explicar a quien no ha leído la novela. El tiempo es, en verdad, circular, un eterno presente que se abre como un diorama en el que vemos pasar los hechos en un flujo acrónico y sin embargo preciso. De ahí el singular tratamiento que da al tiempo narrativo, que constantemente entremezcla las formas del presente y el imperfecto; la novela se cierra con estas líneas:

Cubagua se perfila en la tarde. El viento soplaba sobre la isla muerta. La punta de Macanao descuella al occidente. Al sur se extiende la línea de Tierra Firme. La espuma del mar se alzaba sobre los montoncillos de nácar. Leiziaga se sienta en la arena y hunde la cabeza entre las manos. Resonaba en sus oídos la orden del patrón frente al mar en calma. Creía que su vida daba también un viraje. Alguien pasa junto a él y se aleja sin decir palabra en dirección a la casa de Pedro Cálice. Ladraban los perros de un rancho cercano [...] Las islas sueñan con el azul profundo que las enlaza con sus orlas de espuma. Una luz cruza como flecha encendida el horizonte.

[...] Todo estaba como hace cuatrocientos años.

Obsérvese además el temple de esas frases cuya concisión recuerda los poemas en prosa de Ramos Sucre *(13.7.)* y cuya intensa vibración imaginística se parece a la que encontraremos en Carpentier *(18.2.3.)*. Esa concisión es también estructural: la novela es breve (menos de 140 páginas en la primera edición), con capítulos muy ceñidos y diálogos de gran laconismo. Como también suele hacer Carpentier, el tiempo en el que Núñez coloca el núcleo de la acción es contemporáneo (hacia 1925, Leiziaga, un ingeniero petrolero, llega a la isla para hacer prospecciones por encargo del gobierno), pero esa prosaica misión lleva a una inesperada revelación cuando el protagonista visita las ruinas de Nueva Cádiz y tiene un fascinante encuentro con Vocci, divinidad del Orinoco que cambia su vida para siempre. Si bien puede hablarse de un caso sui géneris de novela histórica, también tiene elementos de novela de aventuras, con sus ingredientes de islas, viajes y personajes fabulosos, donde lo mágico no se distingue del todo de lo racional. Quizá no hay dos niveles sino uno solo: algunos personajes que el héroe encuentra, como el extraño fray Dionisio, parecen ser proyecciones de otros que vivieron hace tiempo, figuraciones o dobles de arquetipos humanos, antes que individuos. Su viaje es iniciático porque le plantea la inesperada opción del retorno al mundo primitivo, a «la selva, el silencio virgen».

Se dirá que es una vuelta a la «tierra», el ámbito natural, que los «criollistas» habían exaltado; pero los términos son radicalmente distintos: aquí la realidad aparente es sólo la vía hacia una visión o conocimiento trascendente del misterio de vivir. Algo importante: la novela prescinde por completo —pese a sus connotaciones o alusiones a la explotación petrolera e imperialista— de la tesis reivindicatoria, que el autor llamaba el «reformismo» ideológico o social y que era tan habitual en este particular tipo de novela. En todo, *Cubagua* aparece como un olvidado antecedente de los modelos de la llamada «nueva novela» que empezará a predominar un cuarto de siglo más tarde. Desgraciadamente, sólo ahora somos conscientes de ese papel precursor, porque, por razones editoriales, la obra permaneció casi desconocida dentro y fuera del país (de la primera edición circularon en Venezuela apenas unos sesenta ejemplares) y sólo en 1987 apareció una edición del texto que puede considerarse definitiva, pues incorpora las correcciones que hizo el autor en la versión original.

Textos y crítica:

AMORIM, Enrique, *El ladero y varios cuentos,* ed. de Claude Couffon, París, Centre de Recherches Hispaniques, 1970.
— *La carreta*, ed. crít. de Fernando Aínsa, Madrid, Archivos, 1988.
CESTERO, Tulio Manuel, *La sangre,* pról. de Iverna Codina, La Habana, Casa de las Américas, 1978.
LOVEIRA, Carlos, *Generales y doctores,* pról. de Luis Toledo Sande, La Habana, Letras Cubanas, 1984.
MARTÍNEZ, Luis A., *A la costa,* ed. de Galo René Pérez, Madrid, Ediciones de Cultura Hispánica, 1992.

Memorias de un venezolano de la decadencia, ed. de Jesús Sanoja Hernández, Caracas, Biblioteca Ayacucho, 1990, 2 vols.

NÚÑEZ, José Bernardo, *Novelas y ensayos,* ed. de Osvaldo Larrazábal Henríquez y R. J. Lovera de Sola, Caracas, Biblioteca Ayacucho, 1987.

POCATERRA, José Rafael, *Obras selectas,* pról. de Miguel Otero Silva, Madrid-Caracas, Edime, 1967.

ARAUJO, Orlando, *La obra literaria de Enrique Bernardo Núñez,* Caracas, Monte Ávila, 1980.

LIRA, Ángela, *José Rafael Pocaterra: una vocación de ruptura,* Caracas, IPAS-ME, 1983.

LÓPEZ, Brenda V., *En torno a Enrique Amorim,* Montevideo, Talleres, 1970.

MÁRQUEZ RODRÍGUEZ, Alexis, «A propósito de *Cubagua:* Enrique Bernardo Núñez y la nueva narrativa latinoamericana», *Acción y pasión en los personajes de Miguel Otero Silva y otros ensayos,* Caracas, Academia Nacional de la Historia, 1985, pp. 149-159.

MIRANDA BURANELLI, Álvaro, y Carlos NODAR FREIRE, *Enrique Amorim*, Montevideo, Asociados, 1990.

PÉREZ FIRMAT, Gustavo, *The Cuban Condition** [Sobre C. Loveira, cap. 7].

RODRÍGUEZ MONEGAL, Emir, «El mundo uruguayo de Enrique Amorim», *Narradores de esta América*,* pp. 97-120.

SALAS DE LECUNA, Yolanda, *Ideología y lenguaje de la modernidad,* Caracas, Monte Ávila-Centro de Estudios Latinoamericanos Rómulo Gallegos, 1992, pp. 69-75.

TEJERA, María Josefina, *José Rafael Pocaterra: ficción y denuncia,* Caracas, Monte Ávila, 1976.

TOLEDO SANDE, Luis, «Carlos Loveira y la frustración del optimismo», *Tres narradores agonizantes,* La Habana, Letras Cubanas, 1980, pp. 131-222.

15.2. El gran regionalismo americano

A mediados de la década del veinte la novela hispanoamericana da un salto cualitativo tanto en términos estéticos como en la convicción de que había *otro* modo de fabular propio de una colectividad que poco tenía que ver con la europea: eso es lo que se ha llamado «regionalismo». El nombre, que ha sido usado algo abusivamente para cubrir otros fenómenos, es, a la vez, preciso en su núcleo e impreciso en sus bordes porque colinda con diversas formas del realismo de vocación social, como las expresiones del indigenismo *(17.6.).* Es exacto porque señala el hecho fundamental de que es una literatura que tiene el sabor propio y el perfil peculiar de la región o cultura de la cual surge y a la cual interpreta: la selva, la pampa, el llano, el Ande, etc. Su conflicto básico es el del hombre en pugna con un medio físico indómito y fascinante, un mundo salvaje que trata de someter por un esfuerzo de su voluntad y librado a su propio coraje o sentido de sacrificio. El escenario es siempre un espacio natural, no «civilizado», cuyos enormes peligros y dimensiones aparecen como una variante americana del viejo dilema romántico: el Hombre desafiando a la Naturaleza, espejo de su destino singular. Afirmar esto significa que, aparte del antecedente «criollista» que hemos señalado *(15.1.)*, el gran padre del regionalismo es Quiroga *(13.2.)*. Es el primero en hallar en los vastos espacios abiertos y exóticos que aún quedaban por conquistar en América una resonancia que trasciende lo que era, en principio, regional (o sea local); es decir, tuvo una intuición del gran drama americano como algo distinto del europeo, cuya naturaleza había sido ya domesticada a lo largo de los siglos. Escribir sobre esos escenarios y sobre los temas que inspiraba resultó así una garantía de «americanismo» y fue, durante un tiempo, considerada, si no la única opción estética, al menos la más viable y segura para llegar a forjar una auténtica novela continental.

Romántica, telúrica y «americanista», la novela regional fue un modelo de creación que ligaba la imaginación a concretos referentes físicos, con los cuales tenía que coincidir para ser válida; en ese sentido, es una heredera del mimetismo realista del xix *(10.1.)*, aunque con un soplo mítico o trágico que este antecedente rara vez supo alcanzar y con una marcada indiferencia por el ámbito urbano y los conflictos humanos que su orden social genera. Cuando la novela regional surgió, el nombre más corriente con el que se le designaba era el de «novela de la tierra» para subrayar su oposición a la de ambiente urbano. Ése es el membrete que usó el crítico chileno Arturo Torres-Rioseco *(18.1.3.)*, aunque lo hizo tan amplio que abarcaba a «criollistas» como Lynch *(15.1.2.)* y al propio Azuela *(14.2.1.)*, en una prueba adicional de lo relativo de estas clasificaciones; todavía hoy, críticos como Carlos J. Alonso emplean indistintamente ambos términos. El regionalismo ofrece una clara superación del «criollismo», que tiene aún una mentalidad provinciana y de «patria chica»: presenta a los gauchos, los llaneros, los indios, los colonos de la selva como grandes protagonistas que, siendo autóctonos y típicos de una zona geográfica, pueden ser confundidos con otros.

Pero al mismo tiempo que el regionalismo representaba una modernización de nuestros esquemas narrativos —lo que en el caso de Güiraldes *(16.2.2.)* resulta más evidente—, es una forma con firmes raíces tradicionales: tiene acentos pastorales y un sesgo ejemplarizante. Sus modelos están más cerca de la tradición que de la innovación: se apoya en esas formas de ficción temprana llamada *romance* para distinguirla de la novela propiamente dicha. El *romance* se distingue por su sabor más legendario que histórico; sus personajes caracterizados como tipos; la tendencia alegorizante de sus argumentos; sus vuelos románticos, aventureros o épicos. Retrata mundos bárbaros que ejercen una seducción (casi una fijación) porque, siendo espacios naturales, tienen algo de sobrenatural, de misterioso e insondable; según la distinción que ha hecho Northrop Frye, el *romance* presenta «un mundo en el que las leyes ordinarias que rigen la naturaleza están ligeramente suspendidas». Por eso, Carlos J. Alonso afirma que es un género «anacronístico», que mira al pasado para hablar del presente; habría que agregar que ése es parte de su encanto: idealizar o exaltar apasionadamente el marco físico que envuelve la vida humana. No sólo nos describe realidades desconocidas pese a ser propias, sino normas de conducta que configuran una moral para la acción que se suponía era el código de nuestro estar en el mundo. El regionalismo afirma un etnocentrismo que es la culminación de toda una serie de cavilaciones sobre el modo de ser del hombre americano, condicionado por su medio o en rivalidad con él. Esta convicción de que la creación literaria debía ser una directa emanación de la experiencia del entorno natural sería sarcásticamente criticada por Borges *(19.1.)* en su célebre ensayo «El escritor argentino y su tradición», porque creía que la fórmula, en vez de mostrarnos como en verdad éramos, presentaba de nosotros una imagen «típica» para ojos precisamente europeos. La cuestión de la legitimidad o viabilidad estética del regionalismo es, pues, una cuestión de peso que no podemos examinar aquí.

De hecho, por su mismo carácter de asombrado reconocimiento físico de la naturaleza americana y el heroico papel que le cabe al hombre frente a ella —evocadores ambos de la crónica de la conquista *(2.2.)*—, la novela regionalista cumplió un papel importante: fue la estructura fundacional sobre la que se desarrollaría nuestra novela contemporánea y dio nueva dignidad y trascendencia al género. Funcionó como un gran *censo* o *registro* de todo lo que quedaba en América por ficcionalizar y colonizar mediante la imaginación: conectó nuestra realidad con nuestra fantasía y creó prototipos, símbolos e imágenes de notoria seducción. Nos habló de geografías bárbaras y primitivas donde todavía eran posibles aventuras excepcionales. El regionalismo hizo el inventario de espacios físicos, formas dialectales, nuestra historia, mitos, valores, modos de trabajo y otras prácticas sociales; es decir, todo lo que configura una cultura —entendida en el más amplio sentido de la palabra—, todo lo que la distingue de las demás y es intransferible a otro ámbito. Fue una estética del descubrimiento y del reconocimiento de lo propio, de la supervivencia y la regeneración. Pero, ligado a un momento preciso de la evolución de sociedades cuyos sueños y expectativas todavía estaban puestos en el mundo rural «bárbaro», su fortuna languideció conforme la vida urbana fue aumentando de volumen e importancia como centro de la vida social y espiritual del continente.

Veamos a continuación las tres grandes expresiones de la novela regional: *La vorágine* de José Eustasio Rivera, *Don Segundo Sombra* de Ricardo Güiraldes y *Doña Bárbara* de Rómulo Gallegos.

Crítica:

ALONSO, Carlos J., *The Spanish American Regional Novel, Modernity and Autochthony,* Cambridge, Cambridge University Press, 1989.
MATA, Arturo W., *Ricardo Güiraldes, José Eustasio Rivera, Rómulo Gallegos,* Montevideo, CISA, 1961.
Recopilación de textos sobre tres novelas ejemplares, ed. de Trinidad Pérez, La Habana, Casa de las Américas, 1971.
RODRÍGUEZ MONEGAL, Emir, *Narradores de esta América* (1962)*, pp. 11-20.
SOMMER, Doris, «Love of Country: Populism's Revised Romance in *La vorágine* and *Doña Bárbara*», *Foundational Fictions*,* pp. 257-289.
TORRES RIOSECO, Arturo, *Novelistas contemporáneos de América*.
— *Grandes novelistas de América,* Berkeley, University of California Press, 1943.

15.2.1. Rivera y la fascinación de la selva

La obra del colombiano José Eustasio Rivera (1888-1928) es brevísima; se compone —aparte de *Juan Gil,* una obra teatral inédita hasta 1971— de dos títulos: el libro de poesía *Tierra de promisión* (1921) y la novela *La vorágine* (1924), ambas publicadas en Bogotá. Pero bien puede reducirse a la segunda, que es la principal razón de que su nombre sea recordado por todos en su país, en América Latina y, a través de numerosísimas traducciones, en el mundo entero; es, sin duda, una de las tres novelas más populares colombianas, siendo las otras dos *María* de Isaacs *(9.5.1.)* y *Cien años de soledad* de García Márquez *(22.1.1.).*

Nacido en Neiva, Rivera se crió y se educó en distintas provincias; sólo en 1903 llega a Bogotá para seguir estudios en la Escuela Normal. En los tres años que pasa allí, se involucra en actividades políticas y empieza a publicar poesía. En Ibagué, donde es inspector escolar, vive en directo contacto con la naturaleza y toma apuntes de la vida campesina que le servirían para su obra literaria. Estudia Derecho en Bogotá y, en 1916, antes de graduarse, hace un viaje al interior del país que le descubre el mundo de los «llaneros» de Casamare y de los «caucheros» amazónicos. Con grandes elogios de la crítica, aparece *Tierra de promisión,* que contiene cincuenta y cinco sonetos de aliento romántico y temple parnasiano, inspirados por el paisaje de las tres regiones naturales colombianas: la selva, la montaña y los llanos. Su encuentro definitivo con la selva data de 1922, en el curso de un viaje como miembro de una comisión limítrofe, en el que conoce al fin la selva misma, recorre el Orinoco y descubre el archivo personal del coronel Tomás Funes, personaje real cuya historia se cuenta en un pasaje de su novela. Por breve tiempo se desempeña como parlamentario. Dos años después, en medio de gran expectativa, aparece *La vorágine,* que lo convierte en un escritor famoso y que provoca una serie de polémicas. A partir de la segunda edición, revisada por el autor, esa fama se extiende por todo el continente, con elogios de Quiroga *(13.2.)* y Reyes *(14.1.1.),* entre muchos otros. En 1928, viaja con un encargo oficial a Nueva York, donde funda una editorial. Sorpresivamente, mientras prepara una nueva edición de su novela y se ocupa de su versión al inglés, muere en esa ciudad a fines del mismo año.

Su muerte interrumpió un intenso proceso de revisión y corrección de esa obra, durante el cual introdujo cambios sustanciales; así, cabe considerar la primera edición como la versión primaria o el borrador de un texto que, apenas publicado y en sólo dos años, se transformó considerablemente. La quinta edición (Nueva York, 1928) es la última que él revisó y puede tenerse, por lo tanto, como la definitiva. (Las posteriores ediciones comerciales han ofrecido, con frecuencia, versiones sospechosas, poco confiables o francamente adulteradas.) Aunque la experiencia vivida lo estimuló poderosamente a escribir su única novela (se dice que escribía otra, *La mancha de aceite,* al momento de morir), hay que reconocer que Rivera no tenía prácticamente ninguna previa experiencia narrativa: él se consideraba un poeta y sus sueños de gloria literaria se apoyaban en esa convicción. Escribir *La vorágine* fue una empresa para la que él no estaba preparado y que no cesó con su primera publicación.

Eso explica varias cosas: el sabor lírico de numerosos pasajes (como el que abre la segunda parte y que comienza: «Oh selva, esposa del silencio...»); el arrebato romántico con el que presenta la aventura de un puñado de hombres en un ámbito salvaje; las vacilaciones de su trazo narrativo y aun de su retórica. Sabemos exactamente el lugar y día en que ese proceso comienza; en Sogamoso (Boyacá), el 22 de abril de 1922, Rivera escribió la que sería la primera frase de la novela: «Antes que me hubiera enamorado profundamente de mujer alguna, jugué mi corazón al azar y me lo ganó la Violencia». La frase es célebre y reveladora del temperamento romántico de su autor (mujer y azar unidos en un desafío al destino) y anuncia uno de los grandes temas de la historia y la literatura colombianas; eso no impidió que un sector de la crítica pusiese puntillosamente en duda la corrección gramatical de la misma y que el autor acatase algunas de esas opiniones y revisase su texto, dando una prueba de sus inseguridades. Pero él sintió que publicar esa novela era su deber: las tensiones amazónicas habían crecido con el problema de los colonos peruanos en la zona y la indiscriminada explotación que realizaban los caucheros colombianos. En esas circunstancias, una «novela de la selva» le permitía expresar sus preocupaciones sociales mejor que desde una curul parlamentaria.

Es curioso comprobar que el esquema estructural de *La vorágine* —el del manuscrito ajeno y encontrado por azar— tiene ciertas coincidencias con el que sigue *María* (y, mucho antes, el *Quijote*), al presentar la historia como un testimonio narrado por su principal protagonista y al autor como mero recopilador del mismo. En *La vorágine* hay un doble encuadre que encierra las tres partes principales de la novela en el marco formado por el prólogo del autor (una presunta carta al ministro para presentar el documento ajeno), un fragmento de la carta de Arturo Cova y el brevísimo epílogo, que cierra la inconclusa «odisea» de éste y sus compañeros con el cable del cónsul al ministro y su célebre exclamación: «¡Los devoró la selva!». Encuadrado en ese marco, el corpus central de la novela es el relato en primera persona de Cova, que incluye los de otros personajes. El procedimiento quiere atenuar la ficcionalidad de la obra y asegurar la *autenticidad* de los acontecimientos que se narran y la *objetividad* del autor frente a ellos: ésta no es *su* historia, sino la de otro, contada por él mismo. Y lo que nos cuenta es una historia tremenda, una aventura que significa un trágico reto a la selva todopoderosa y que convierte a los hombres en víctimas, esclavos o fracasados.

El gran mito que impuso *La vorágine* es el de una naturaleza maligna y devoradora, que modela a los hombres según sus caprichos. En esto se distingue marcadamente de las novelas de Güiraldes y Gallegos *(infra)*, en las que la rivalidad con el mundo físico, aunque llena de pruebas y decepciones, no es destructora, sino que deja una lección provechosa. Aquí la selva (cuya presencia domina a partir de la segunda parte) no perdona y aplasta a quienes la invaden, en un caso paradigmático de pesimismo determinista. Al margen de que esa visión fuese simplista o tendenciosa, lo cierto es que configuró un esquema de gran fascinación y fuerza convincente en la imaginación de los lectores; un ejemplo de su fértil persistencia es el que ofrecen novelas estética e ideológicamente muy evolucionadas como *Los pasos perdidos* (1953) de Carpentier *(18.2.3.)* o *La casa verde* (1966) de Vargas Llosa *(22.1.3.)*. Decir que el gran personaje de la novela de Rivera es la selva representa un lugar común de la crítica; más exacto sería decir que tiene un majestuoso escenario y personajes diseñados sólo a grandes trazos, como meros prototipos, como mecanismos en una maquinaria narrativa que resulta progresivamente más precaria aparte de melodramática. El autor quería que el relato, fragmentado en escenas o secuencias cada vez más breves y apremiantes, contribuyese al efecto de algo escrito con urgencia y bajo grandes presiones emocionales: la de un hombre perdido en la vorágine de la selva.

Para subrayar que el desajuste entre el individuo y la naturaleza es total, Rivera elige una retórica del exceso y del delirio, un lenguaje que literalmente reproduce la selva real con una selva de imágenes, símbolos y líricas descripciones; hay una estrecha correlación o simbiosis entre la realidad representada y el lenguaje que la representa, cumpliendo así a cabalidad uno de los principios esenciales del regionalismo *(supra)*. En el fondo, lo que *La vorágine* parece decirnos es que en el escenario amazónico se produce una mutua destrucción, que niega los ciclos naturales: la frenética explotación que introducen los caucheros y su propia aniquilación por los insuperables obstáculos que les opone el medio. La «ley de la selva» es implacable y convierte el paraíso en infierno. (El contraste con la selva idealizada que vemos en *Tierra de promisión* —escrita antes de su viaje amazónico— es notorio, aunque algunos contactos puedan establecerse.)

En su proyecto novelístico, esta denuncia es esencial: la naturaleza salvaje triunfa sobre los hombres que abusan de ella tratando de asimilarla a un despiadado sistema industrial. No hay que perder de vista el aspecto sociopolítico que subyacía a esa denuncia: llamando la atención sobre el hecho de que la explotación del caucho en la selva colombiana la habían iniciado grandes patrones al servicio de intereses extranjeros, el autor estimulaba la causa nacionalista de un país que había sufrido la reciente pérdida de Panamá y otros territorios amazónicos. Quizá esto fue lo que permitió las comparaciones que la crítica hizo entre su obra y *The Jungle Book* (1894) de Kipling. Otros, atendiendo a diversos aspectos de la novela, invocan a Virgilio, Dante y Jung. Hay que agregar el paradójico contexto intelectual en el que la novela aparece: precisamente en 1924 surge en Bogotá la revista *Los Nuevos,* órgano de la generación del mismo nombre en la que figuraban Germán Arciniegas *(18.1.3.),* Jorge Zalamea *(18.3.)* y Luis Vidales *(17.5.),* que traía un soplo de renovación y de crítica a la Generación del Centenario, a la que Rivera pertenecía; otra etapa comenzaba.

Frente a todo este trasfondo, el autor quería destacar el carácter documental, directamente recogido en la región y en parte escrito allí mismo, que la novela tenía para los lectores de esa época, sobre todo los colombianos. Era casi inevitable que su valor se juzgase en función de su capacidad mimética para reproducir la realidad observada y vivida. Al mismo propósito servía la inclusión, al final del libro, de un «Vocabulario» que recogía todas las voces dialectales desconocidas por el lector; esta recuperación de la diversidad de nuestra lengua oral es un rasgo distintivo del regionalismo, pues reaparecerá en Gallegos[3]. Aparte de que el documentalismo de la novela fue menos puntual de lo que el autor quiso hacernos creer, esa perspectiva no nos interesa ahora, sino su funcionamiento interno como obra de ficción, empezando por el papel protagónico que cumple Arturo Cova. Recordemos que éste supuestamente narra su propia historia (en forma de memoria o diario) y que el autor no hace sino recogerla. Si recordamos también que Cova es un poeta convertido en aventurero, parecería que su papel principal es el de servir como álter ego (o más propiamente, la voz *escrita*) del autor, reflejando sus propias cavilaciones, ilusiones e inquietudes. Pero la identificación Rivera-Cova, que la crítica tanto ha destacado, es dudosa o, al menos, irónica: el héroe es un antihéroe con algunas facetas ridículas y hasta patológicas. Más que un álter ego, casi una caricatura.

Su contextura psicológica es fuertemente introspectiva, lo que llena el texto de digresiones y constantes preguntas retóricas, que frenan el dinamismo de la acción. En el fondo, es una persona particularmente incapaz de percibir la realidad con la lucidez suficiente como para dominarla y, por lo tanto, su empresa está destinada al fracaso. Incluso en el episodio con la «madona» Zoraida Ayram, Cova —aparte de confirmar su donjuanismo misógino— exhibe una forma algo adolescente de la sexualidad. No menos reveladora es su relación con Alicia, la mujer con quien se fuga de Bogotá y cuya separación da pie para tejer pasajes melodramáticos y poco verosímiles. Cova es un personaje conflictivo e incoherente, un soñador atrapado por sus propias fantasías, que contrastan con el auténtico drama, grandeza y vigor de otros personajes secundarios, como Clemente Silva, empeñado en una infatigable búsqueda por su hijo perdido (y muerto) en la selva; o como Fidel Franco, cuya lealtad ya está prefigurada en su nombre.

---

[3] El vocabulario fue incluido por el autor a partir de la tercera edición de la novela (Bogotá, 1926), seguramente tratando de esclarecer algunas cuestiones lingüísticas que los críticos le habían planteado.

Las pretensiones poéticas de Cova resultan desmesuradas y contagian el lenguaje de la novela con una retórica a veces trasnochada. Él mismo es consciente de la cualidad incierta de su narración: «Peripecias extravagantes, detalles pueriles, páginas truculentas forman la red precaria de mi narración, y la voy exponiendo con pesadumbre...» (III). Esa serie rapsódica no es otra que la de una vida desperdiciada y sin dirección clara. Conforme avanza su relato, el ritmo se hace más urgente hasta que los acontecimientos registrados coinciden con el presente («Hoy escribo estas páginas en el Río Negro...», III), hasta interrumpirse antes de llegar a su final. La selva sólo trae caos y aniquilación, y la historia de Cova es el trágico ejemplo de una aventura degradada a un nivel subhumano; eso queda simbólicamente señalado en el pasaje en el que el protagonista, en el delirio de su enfermedad, siente que se ha convertido en un árbol, que es parte material de la selva o su prisionero.

El principal problema es que esa personalidad contagia sus notas erráticas y contradictorias al relato mismo y lo debilita. Rivera quiso remediarlo elevando el volumen de un estilo que tendía naturalmente al lirismo. Su justificación: era un poeta que escribía una novela protagonizada por otro poeta; su error: no distinguir siempre que lo que funciona en verso no siempre funciona en prosa. La crítica de la época le reprochó que, en efecto, en la prosa de la novela hubiese algunos pasajes escritos con ritmos de verso y aun de estrofas; después de negarlo enfáticamente, el autor revisó su texto y expurgó esos fragmentos. Pese a ello, el lenguaje es sobrecargado y heterogéneo casi al punto de ser babélico: modernista o hiperculto («alarida», «prora»), popular, arcaizante, dialectal... Si la selva devora a los personajes de *La vorágine,* la grandilocuencia de una concepción bastante convencional de lo poético devora el relato mismo —así como Cova devora a su autor— y sólo deja algunas ráfagas descriptivas cuyo brillo y grandeza todavía no se han apagado. Igual que los personajes con la jungla, los lectores sintieron «el embrujamiento», la hipnosis de la retórica y la fantasía. Con este libro, la selva amazónica se convierte en un nuevo y fascinante territorio novelístico.

Textos y crítica:

RIVERA, José Eustasio, *La vorágine,* ed. de Juan Loveluck, Caracas, Biblioteca Ayacucho, 1988.
— *Obra literaria,* ed. de Luis Carlos Herrera, Neiva, Publicaciones del Huila, 1988.
— *La vorágine,* ed. de Monserrat Ordóñez, Madrid, Cátedra, 1990.

ALONSO, Carlos J., *The Spanish American Regional Novel**, pp. 137-162.
HERRERA MOLINA, Luis Carlos, *José Eustasio Rivera, poeta de promisión*, Bogotá, Instituto Caro y Cuervo, 1968.
José Eustasio Rivera, 1880-1928, Bogotá, ColCultura-Biblioteca Nacional, 1988.
LEÓN HAZERA, Lydia de, *La novela de la selva hispanoamericana*, Bogotá, Instituto Caro y Cuervo, 1971, pp. 121-144.
NEALE-SILVA, Eduardo, *Horizonte humano: Vida de José Eustasio Rivera*, México, Fondo de Cultura Económica, 1960.
ORDÓÑEZ VILA, Monserrat (ed.), *La vorágine. Textos críticos*, Bogotá, Alianza Editorial Colombiana, 1987.
PÉREZ SILVA, Vicente (ed.), *José Eustasio Rivera, polemista*, Bogotá, Instituto Caro y Cuervo, 1989.
PERUS, Françoise, *De selvas y selváticos. Ficción autobiográfica y poética en Jorge Isaacs y José Eustasio Rivera*, Bogotá, Universidad Nacional de Colombia-Universidad de los Andes-Plaza & Janés, 1998.
WALKER, J., *Rivera. La vorágine*, Londres, Grant & Cutler, 1988.
WILLIAMS, Raymond L., *Novela y poder en Colombia. 1844-1987*, Bogotá, Tercer Mundo, 1991, pp. 68-75.

15.2.2. *Don Segundo Sombra* o el aprendizaje de la pampa

La posición que ocupa *Don Segundo Sombra* (Buenos Aires, 1926), del argentino Ricardo Güiraldes (1886-1927), es singular: representa un entronque entre el lenguaje regionalista *(16.2.)* y el de la vanguardia *(16.1.)* que hasta ese momento nadie había intentado con la sutileza y trazo seguro de él. Significa, sin duda, un claro avance en el proceso de maduración de nuestro lenguaje novelístico al asimilar técnicas, imágenes y formas de representación que eran nuevas. Y además funde las tradiciones autóctonas de América —específicamente, las rioplatenses— con las inquietudes europeas para lograr una síntesis trascendente. Aunque nació en la capital, se crió en la gran estancia paterna en la provincia de Buenos Aires y estuvo siempre ligado al mundo pampeano, la vida de los gauchos y las viejas tradiciones que conformaban ese mundo y prefiguraron su destino de escritor. Pero al mismo tiempo, la posición acomodada de la familia le permitió pasar sus primeros tres años de vida en París, donde adquirió la lengua francesa y su definido gusto por esa cultura. Es decir, se formó simultáneamente como un criollo y un cosmopolita, que sabía apreciar tanto la reciedumbre de los gauchos y los refinamientos del espíritu cultivado, la vida al aire libre y la de los salones literarios. Fue un lector voraz, desordenado e intenso en francés, alemán y español.

Cuando en 1910 marcha de nuevo a París, ya había descubierto a Flaubert, Baudelaire, los parnasianos, Mallarmé, Poe... Desde allí emprende una peregrinación por varios países europeos, que se extiende luego hasta China, Japón y la India. Había empezado a escribir *Raucho* (Buenos Aires, 1917), su primera novela, subtitulada «Momentos de una juventud contemporánea». Es significativo que durante este período en el extranjero, que dura hasta 1912, Güiraldes sienta y exprese exaltadamente su argentinidad, que él centra en el mundo gaucho, del que se siente intérprete. Lee entonces a Laforgue, que tendrá un influjo decisivo en su obra. En 1915, estimulado por Lugones *(12.2.1.),* publica en Buenos Aires sus dos primeros libros: los poemas de *El cencerro de cristal* y los *Cuentos de muerte y de sangre,* que resultaron un fracaso editorial y le valieron duras críticas; decepcionado, Güiraldes destruye los ejemplares restantes.

Al término de la Primera Guerra Mundial, que lo preocupa y lo afecta profundamente, vuelve a París. De este período data su fecunda amistad con Valéry Larbaud, cuyo famoso *Barnabooth* (1913) había leído con admiración poco antes; un epistolario de treinta y tres cartas de Larbaud (1919-1922) documenta esa relación. Hizo además importantes contactos con otros escritores franceses, entre los cuales se encontraban Jules Romains, Fargue, Saint-John Perse, Miomandre. Por la misma época termina de escribir *Xaimaca,* su única novela que no tiene relación con el mundo argentino (es el fruto de un viaje que lo llevó hasta Jamaica en 1916) y que publicaría en Buenos Aires en 1923. Después de pasar un tiempo en Mallorca, el autor regresa a París en 1921 y escribe los primeros capítulos de lo que sería *Don Segundo Sombra;* al año siguiente vuelve a Buenos Aires y desde allí hace viajes al interior del país para retomar su contacto con el mundo rural argentino. Pero al mismo tiempo es un activo miembro de la vanguardia local, animada, entre otros, por Macedonio Fernández *(16.2.),* Girondo *(16.4.1.)* y Borges *(19.1.).* Publica en las revistas *Proa* (cuya nueva época dirige con Borges y con estrecha colaboración de su esposa Adelina del Carril, cuya hermana Delia se casaría con Neruda [16.3.3.] en la década del treinta), *Martín Fierro, Plus Ultra* y otras. Ese mismo año, tras un nuevo viaje a Europa, publica, en edición limitada e impresa en San Antonio de Areco, una breve novela sentimental titulada *Rosaura,* que tampoco tiene mucho éxito. (La historia editorial de Güiraldes se resume en una serie de obras que no interesan mayormente ni al público ni a la crítica, y un solo gran triunfo: el de su obra maestra.)

Por estos años sufre un profundo cambio espiritual, un proceso interior con rasgos místicos e introspectivos, estimulado por sus lecturas teosóficas y de filosofía oriental, como puede notarse en sus *Poemas místicos*

(San Antonio de Areco, 1928) y en sus notas de *El sendero* (Maastricht, 1932). Al fin, tras algunas interrupciones seguidas por ritmos febriles de escritura, aparece a mediados de 1926 *Don Segundo Sombra,* que le confiere la fama inmediata y el reconocimiento internacional. Apenas tuvo tiempo de gozar de esa celebridad: aquejado por el cáncer, muere al año siguiente en París, en la misma casa donde luego viviría James Joyce.

Aunque en sus otros libros, como *Raucho,* haya elementos que tienen relación con *Don Segundo Sombra,* bien podemos reducirnos al estudio de esta novela sin temor de dejar fuera algo demasiado valioso. Lo primero que hay que decir respecto de esta novela es que responde a un claro designio artístico que deja muy poco o nada a la improvisación; el libro es la realización de una idea muy precisa de lo que una moderna novela argentina o americana debía ser. Esa idea estaba respaldada por opiniones y convicciones expresadas por Valéry Larbaud y bien asimiladas por Güiraldes. (La relación Güiraldes-Larbaud funcionó en los dos sentidos, porque también el argentino influyó en la labor «americanista» que cumplió el francés.) Aunque asociado al vanguardismo bonaerense *(16.4.1.),* el autor no se identificó nunca con sus manifestaciones más radicales o estridentes; le interesaba lo nuevo, pero su temperamento tendía naturalmente al eclecticismo: lo nuevo como vehículo para interpretar lo propio, lo tradicional y autóctono. Ni fácil pintoresquismo ni caída en la anarquía de las formas que cierta vanguardia predicaba. El punto de equilibrio estaba en el *rigor* con el que se encaraba el acto creador, regido por un alto sentido ético y una intensa reelaboración del lenguaje popular. Eso le permitía ser, a la vez, americano y universal, tradicional e innovador, telúrico y refinado. Aunque así lo vio un amplio sector de la crítica, alguien como Paul Groussac *(10.3.4.),* hombre inteligente y enamorado de la pampa, pudo ironizar sobre el sabor europeizante de la prosa güiraldiana diciendo que el autor se había dejado «olvidado el smoking encima del chiripá».

La novela está compuesta como un *Bildungsroman,* como una alegoría que exalta los rasgos éticos propios de la vida del gaucho: libertad, estoicismo, valor, trabajo, lealtad. Nadie, desde el *Martín Fierro (8.4.2.),* había hecho de la cultura pampeana algo tan *ejemplar,* tan *poético.* Notable inversión de la dicotomía sarmentina: la vida civilizada del pueblo es asfixiante y estrecha; la de la pampa, abierta y enriquecedora. Los elementos esenciales de esa alegoría son el gauchito, que no tiene padre conocido y —al comienzo— ni siquiera nombre, y el gaucho del título, que lo adopta como padrino y guía espiritual. Esta pareja desigual pero integrada en el relato trae un eco de otras célebres, entre ellas Quijote-Sancho y Martín

Fierro-Cruz. La noción de figuras opuestas que se complementan como dobles y terminan por fundirse está anunciada por el nombre del personaje paradigmático de la novela: Don Segundo Sombra, es decir, alguien que lo acompaña como una sombra o segunda persona.

Se sabe que Güiraldes se inspiró en una persona real (un gaucho llamado Segundo Ramírez) que conoció en su juventud y al que menciona al inicio de su dedicatoria («A Vd., Don Segundo»); pero saber eso y que con frecuencia usa recuerdos y experiencias vividas no debe hacernos perder de vista que el autor no está tratando de cultivar un realismo documental, de hechos y figuras concretas, sino de visiones, imágenes y conceptos cuya trascendencia excede la inmediatez de los datos objetivos. Así lo sugiere en la misma dedicatoria cuando subraya: «A los [paisanos] que no conozco y están en el alma de este libro. Al gaucho que llevo en mí, sacramente, como la custodia lleva la hostia». Es decir, ideas (o ideaciones) más que realidades; arquetipos más que personajes o personas reconocibles.

La pareja Don Segundo-gauchito funciona como un modelo y su copia, uno guiando los pasos del otro y éste asumiendo y absorbiendo los rasgos de esa personalidad. Imitando al otro, el gauchito aprende a ser él mismo («el gaucho que llevo en mí») y descubre quién verdaderamente es. El desenlace lo subraya: el muchacho, ya hecho hombre, se entera de que es Fabio Cáceres, el hijo de un rico estanciero que acaba de morir dejándole tierras que ahora él tiene que administrar como nuevo patrón. El aprendizaje ha llegado a su fin y el padrino y el ahijado tienen que separarse, siguiendo cada uno el camino que el destino les ha impuesto; la última línea transmite con intensidad esa dolorosa partida: «Me fui, como quien se desangra».

Este aspecto —el gaucho que termina de estanciero, el hombre frugal y libre que se convierte en propietario— ha sido una fuente de constantes reservas y críticas al esquema ideológico del libro; ciertos sectores intelectuales argentinos, sin dejar de reconocer las cualidades estéticas de la obra, han señalado que su imagen del gaucho y la vida pampeana implica una desfiguración, cuando no una falsificación, no muy distinta de la caricatura del esmoquin encima del chiripá hecha por Groussac, o la del gaucho según lo ve «el hijo del patrón». (Esas opiniones se apoyaban también en las fotos que Güiraldes se había tomado para probar su afinidad con el mundo rural, en las que aparecía vestido —como hacían, en realidad, otros estancieros— de gaucho, tomando mate o montando a caballo.) Esta cuestión es de interés y no puede ser soslayada.

La idea de que, por ser adinerado e hijo, él mismo, de un gran estanciero, le estaba impedido entender el mundo de los gauchos es de un grosero determinismo, que está visiblemente negado por numerosos ejemplos en la literatura universal. Invocar una vez más el mito del «conflicto de clases» para demostrar que la visión del novelista era «patronal» y, por lo tanto, contradictoria del mundo popular que intentaba representar es un argumento demagógico que no vale la pena discutir. Pero sí es importante señalar que la visión de Güiraldes, si bien no «patronal», es paternalista y sobre todo idealizada, lo que puede juzgarse en términos literarios. Precisamente por no ser un gaucho, por ser *otro,* tuvo que asumir —como Fabio Cáceres— un mundo ajeno (aunque cercano) como propio por la vía de la imaginación y mediante una íntima identificación que tiene mucho de místico y religioso; no olvidemos la crisis espiritual que sufre entre 1922 y 1924 y que afecta a la redacción de su novela. En *El sendero* escribiría: «Me propongo adueñarme de mí mismo», frase que podría haber dicho Fabio Cáceres en una etapa avanzada de su aprendizaje.

Puede incluso irse un poco más allá y afirmar que es esa inmersión en sí mismo y en las esencias profundas del mundo pampeano lo que había faltado en su obra anterior y lo que hace de *Don Segundo Sombra* una obra singular. Güiraldes no nos da la pampa, sino su entelequia, su imagen ideal, con personajes ejemplares y gestos permanentes: la pampa es su camino de perfección interior, donde las contradicciones sociales y económicas están enjugadas por la naturaleza edificante de la estructura que adopta su relato. Padrinos, padres, patrones son los guías de esa suprema experiencia, los artífices de una realidad armónica. Y para lograr esa hazaña ética y estética el autor sabe que debe operar con un riguroso plan artístico, en el que cada acorde, motivo, escenario y palabra debe resonar con un eco de eternidad. Eso es lo que logró en *Don Segundo Sombra.*

La novela está estructurada según las exigencias de un *viaje* —real y simbólico a la vez— que la pareja emprende y que está ilustrado por escenas y episodios que tienen el carácter de *pruebas,* cuyo progresivo grado de dificultad cumple una alta finalidad pedagógica: demostrar que el gauchito ha aprendido las duras lecciones de la vida errante del resero. El relato de esa experiencia está presentado como un gran símbolo hecho de símbolos que representan etapas o tramos de una constante ascensión espiritual. Casi podría hablarse de purificación y de perfecta armonía con una naturaleza bárbara y hostil, porque, entre las enseñanzas que recibe (resistencia, austeridad, entereza), el placer parece estar casi del todo ausente. Éste es un mundo espartano y viril, donde la mujer suele no pasar de cumplir un papel decorativo o de pasajero capricho.

Como la narración es una especie de autobiografía o memoria ficcionalizada y contada en primera persona, todo —especialmente Don Segundo, que aparece agigantado, con dimensiones heroicas— nos llega teñido por la perspectiva del narrador y de su creciente conciencia de sí mismo y del mundo en el que actúa; en su voz se trasluce la del propio Güiraldes, haciéndonos saber que el tiempo ha hecho de él un adulto, un hombre cultivado que no olvida que fue un gaucho. A veces, el autor introduce cambios en el punto de vista para permitirle al narrador-protagonista que hable de sí mismo en tercera persona: «Bendito el momento en que a aquel chico se lo ocurrió huir de la torpe casa de sus tías» (cap. X). La elección de esa compleja voz narrativa es crucial y bien puede compararse a la voz que Hernández le otorgó a su Martín Fierro. Otra semejanza: lo que se narra y el tiempo de la narración no son simultáneos, pero tienden a dar esa sensación por la intensidad del foco, hasta llegar casi a coincidir al final. Eso da una idea de la perfecta fusión del autor con el mundo que observa y reinventa.

Es en el plano de la creación lingüística, metafórica y simbólica donde se realiza esa íntima fusión, que puede considerarse el mayor logro de la obra; igual que como haría más tarde Rulfo *(19.4.2.)* con el lenguaje campesino de México, Güiraldes crea un lenguaje que no es una copia del dialecto gauchesco, sino una versión suya que lo decanta para conservar sólo —sin caricaturizarlo: con respeto y devoción— el núcleo de ese decir: parquedad, sobriedad, ingenio natural, resonancia filosófica. Sus grandes virtudes narrativas son la precisión y la síntesis: le permiten ser auténtico y creativo, autóctono y moderno. En su imaginería hay una hábil y equilibrada asimilación de los grandes repertorios retóricos de la literatura de su tiempo: el modernismo *(11.1.)*, el simbolismo y la vanguardia (específicamente, la veta ultraísta). Todos esos códigos le servían para transmitirnos una visión *impresionista* del mundo, registrada mediante vivas sensaciones (sobre todo visuales y auditivas), fugaces percepciones, cromatismos, asociaciones, irisaciones, reminiscencias, fantaseos, onirismos...

Mientras la retórica de Rivera *(supra)* es algo aparatosa y como sobreimpuesta al vago diseño novelístico mismo, la de Güiraldes es funcional, un vehículo ceñido para hacernos compartir la experiencia del gauchito: parece indispensable para la narración. Las frases son cortas y suelen comunicar una sola impresión, con nitidez; el uso de los adjetivos está reducido al mínimo; los sustantivos y sobre todo los verbos se encargan de transmitirnos de modo muy vivo la acción y hacérnosla vivir con la misma inmediatez. Sentimos lo mismo que el personaje siente:

A las once, tenía hinchadas las manos y las venas. Los pies me parecían dormidos. Dolíanme el hombro y la cadera golpeados. Los novillos marchaban más pesadamente. El pulso me latía en las sienes de manera embrutecedora. A mi lado, la sombra del petizo disminuía desesperadamente despacio (VIII).

El tratamiento estilístico y la estructura basada en motivos recurrentes difuminan poéticamente los contornos de la realidad —que habrían interesado más a un «criollista» *(15.1.)*— para otorgarle reverberaciones y espejeos que la proyectan en otro nivel: la pampa es la metáfora de un destino que tiene sus misterios, sus revelaciones y sus anunciaciones. Hay algo mágico o metafísico en ese mundo al parecer tan primitivo, tan elemental. Existe toda una área del relato que colinda con lo sobrenatural: sueños, premoniciones, retornos, fantasmagorías, terrores nocturnos, supersticiones, etc. La imaginación tiene un decisivo papel en la historia y le agrega la sutileza de las figuraciones con las que se entretiene la mente de un hombre en la soledad de un paisaje extraño y mudo. Continuamente, el gauchito siente y *presiente* que lo que está viviendo es algo excepcional, que le está predestinado. Su primer encuentro con el mítico Don Segundo está presentado como un roce con lo excepcional: el muchacho confiesa que la oscuridad y la cercanía del cementerio le dan miedo; al pasar por un callejón, sus pasos espantan a un caballo «cuyo tranco me había parecido más lejano» y el susto lo deja a él «clavado en el barrial»; nos dice que el jinete «me pareció enorme bajo su poncho claro» (es Don Segundo, pero él no lo sabe) y sugiere, con una vibrante imagen ultraísta, que algo se quiebra para siempre en ese instante: «Un charco bajo sus patas se despedazó chillando como un vidrio roto» (II).

Si recordamos cómo se encuentran por última vez los personajes («A la par, tranqueando, hicimos una legua por el callejón», XXVII) y cómo se abre este capítulo final («La laguna hacía en la orilla unos flequitos cribados»), comprobaremos que la estructura tiende a la circularidad: el callejón y el motivo del agua (en sus distintas formas: charco barroso, río agitado y transparente, tranquila laguna) reaparecen como hitos o claves de un destino que el relato quiere esclarecer. Ese destino se describe en tres momentos, o tal vez en dos más un epílogo: el primero (caps. I-IX) narra la transición del gauchito de la sosa vida pueblerina y sus primeros contactos con la realidad pampeana; el segundo va del X (donde reaparece el motivo del agua: «El bayo se arrimó al agua...») al XXIV y en él nos enteramos de que el muchacho ya ha pasado cinco años de vida como resero; y en los tres últimos se produce el desenlace de su aventura, con el hallazgo de su identidad, su nueva fortuna y su separación definitiva de Don Segundo, que ya ha cumplido su misión. En esa desaparición tras el horizonte hay otro símbolo: el del crepúsculo del gaucho como individuo y grupo cultural ante el empuje de la vida urbana. *Don Segundo Sombra* es una elegía a una Argentina tradicional que la modernización iba a borrar definitivamente.

Textos y crítica:

GÜIRALDES, Ricardo, *Obras completas,* ed. de José Güiraldes y Augusto Mario Delfino, Buenos Aires, Emecé, 1962.
— *Don Segundo Sombra,* ed. crít. de Paul Verdevoye, Madrid, Archivos, 1988.
— *Don Segundo Sombra,* ed. de Ángela B. Dellepiane, Madrid, Castalia, 1990.

ALONSO, Amado, «Un problema estilístico en *Don Segundo Sombra*», *Materia y forma en poesía,* Madrid, Gredos, 1955, pp. 418-248.
ALONSO, Carlos J., *The Spanish American Regional Novel*,* pp. 79-108.
ARA, Guillermo, *Ricardo Güiraldes,* Buenos Aires, La Mandrágora, 1961.
BATTISTESSA, Ángel J., *Ricardo Güiraldes. En la huella espiritual y expresiva de un argentino (1886-1986),* Buenos Aires, Corregidor, 1987.
BLASI, Alberto Óscar, *Güiraldes y Larbaud. Una amistad creadora,* Buenos Aires, Nova, 1970.
BORDELOIS, Ivonne, *Genio y figura de Ricardo Güiraldes,* Buenos Aires, EUDEBA, 1966.
CURET DE ANDA, Míriam, *El sistema expresivo de Ricardo Güiraldes,* Río Piedras, Puerto Rico, Ed. Universitaria, 1976.
GHIANO, Juan Carlos, *Ricardo Güiraldes,* Buenos Aires, Pleamar, 1966.
MEGENNEY, William W. (ed.), *Four Essays on Ricardo Güiraldes (1886-1927),* Riverside, California, Latin American Studies Program-University of California, 1978.
PERIS LLORCA, Jesús, *La construcción de un imaginario nacional: «Don Segundo Sombra» y la tradición gauchesca,* Valencia, Tirant lo Blanc, 1997.
PREVITALE, Giovanni, *Ricardo Güiraldes. Biografía y crítica,* México, De Andrea, 1965.
RODRÍGUEZ ALCALÁ, Hugo, *Ricardo Güiraldes: apología y detracción,* Asunción: Embajada Argentina, Departamento Cultural, 1986.
ROMANO, Eduardo, *Análisis de «Don Segundo Sombra»,* Buenos Aires, CEAL, 1967.

15.2.3. Gallegos: la pasión del llano

La figura del venezolano Rómulo Gallegos (1884-1969) es compleja, no sólo porque su obra literaria es amplia (novelas, cuentos, ensayos), sino porque además hay en él una faceta política y magisterial que lo llevó al más alto cargo público de su país: fue elegido presidente en 1947, en un momento crítico de su desarrollo democrático, y fue derrocado por un golpe militar que instaló luego al general Marcos Pérez Jiménez, cuya brutal dictadura mantuvo a Gallegos en el exilio hasta 1958. Es el caso más eminente en este siglo de un escritor hispanoamericano destinado a cumplir un papel histórico y político que se entremezcla con su significación literaria y llega casi a ser parte de ella: la obra intelectual es vista como una forma de aprendizaje para el hombre público, quizá porque su obra máxima, *Doña Bárbara* (Barcelona, 1929), fue de inmediato considerada una obra fundamental de nuestro americanismo literario, una celebración y un lamento por una tierra atormentada por viejos males. Se cuenta la anécdota de que, al aparecer el libro, el dictador de entonces, el mítico Juan Vicente Gómez, queriendo averiguar si era cierto que Gallegos —a quien había conocido en 1921— lanzaba veladas críticas a su régimen, se hizo leer el libro y al final comentó que «este bachiller» realmente conocía bien a los hombres de su tierra. País, política y literatura estarán siempre unidos para este autor.

Sus primeros años transcurren en Caracas, su ciudad natal, y revelan intereses y actitudes contradictorias de un espíritu inquieto, en búsqueda de sí mismo: religiosidad, anticlericalismo, agnosticismo, preocupaciones sociales y educativas; estas últimas fueron difundidas tempranamente en la revista que fundó, titulada *La Alborada* (ocho números, 1909). Justo un año antes había comenzado la larga era autoritaria de Gómez (termina con su muerte en 1935), que marca profundamente la etapa formativa de Gallegos y durante la cual se acelera la modernización del país a costa de sus libertades democráticas. Desde 1912 fue profesor en escuelas y liceos, tarea que siguió desempeñando, dentro y fuera de Caracas, durante largos años. Viaja a Europa por primera vez en 1926 y permanece un tiempo en Madrid, París y Polonia. A partir de 1938 empieza a interesarse por el cine, funda una empresa cinematográfica y llega a filmar dos películas, entre ellas una versión de su *Canaima* (Barcelona, 1935).

Su interés y participación en la vida política empiezan a acentuarse hacia 1940, pero parecía haber poco espacio para un hombre de pensamiento liberal como él. Aun después de la muerte de Gómez, los regímenes militares autoritarios predominaron. Las elecciones presidenciales de 1937 que, como candidato de Acción Democrática, ganó el autor eran las primeras que se celebraban en mucho tiempo y fueron apenas un brevísimo paréntesis: nueve meses después de ser elegido, Gallegos fue derrocado por una junta militar; comenzaba así una época de dictadura que duró diez años. Durante su exilio, el novelista vivió en Cuba y México, y visitó Estados Unidos y Europa, haciendo en todas partes una activa defensa de los valores democráticos.

Gallegos era un verdadero intelectual humanista, al que puede considerarse discípulo del pensamiento «arielista» *(13.10.)*, pero profundamente arraigado en la descripción, reconocimiento y exaltación optimista de lo autóctono como una forma de adhesión a las esencias del espíritu nacional; en *Doña Bárbara* lo hizo con habilidad suficiente como para trascender esos límites y configurar una visión que tenía proyecciones continentales e internacionales, como lo prueban las incontables traducciones que alcanzó. Lo fundamental de su obra narrativa (que cubre varias décadas) es anterior a su ingreso a la vida política activa, que es, en buena parte, una consecuencia o coronación de aquélla; su obra ensayística fue recogida tardíamente en *Una posición en la vida* (México, 1954). Aparte del temprano libro de cuentos *Los aventureros* (1913), publicó dos novelas antes que *Doña Bárbara*: *El último Solar* (Caracas, 1920; después como *Reinaldo Solar,* Barcelona, 1930) y *La trepadora* (Caracas, 1925). De la producción posterior a su obra maestra cabe mencionar *Cantaclaro* (Barcelona, 1934), la ya citada *Canaima* y *Pobre negro* (Caracas, 1937).

Las dos primeras obras son tentativas no muy logradas de apropiarse de mundos muy diversos (el ambiente intelectual caraqueño, el ambiente rural) pero con un estilo que aún no era el suyo. Pese al medio urbano en que transcurre la primera, en ambas hay una romántica atracción por volver a la naturaleza virginal como horizonte de realización humana, lo que ciertamente corregía la propuesta de Sarmiento *(8.3.2.)*. Gallegos asimilaba, como Rodó *(12.2.3.)*, «civilización» a un descarnado pragmatismo, del que quería huir buscando el balsámico reencuentro con el mundo natural; los avances del maquinismo, entonces en pleno desarrollo, sólo provocaban su horror. También anuncian una actitud clave de toda su obra: el uso de personajes simbólicos, como figuras de un diseño alegórico algo rígido porque refleja esquemas racionales propios del naturalismo *(10.1.)*: divisiones de raza, herencia biológica, ascenso social por matrimonio, etc. De las posteriores a *Doña Bárbara,* quizá baste decir que son inferiores a ella y tienen sólo limitado interés: *Cantaclaro* por las trazas de una estructura más abierta (que ha sido vista como una consecuencia de sus contactos con la vanguardia local) y la presencia de elementos mítico-legendarios; *Canaima* por ser una «novela de la selva» —fruto de un viaje por la Guayana venezolana en 1931— con personajes caucheros como la de Rivera *(15.2.1.)*, en la que hay una especie de antinomia de su habitual virgilianismo.

Sin discusión, todas las virtudes —y también las limitaciones— de Gallegos narrador se perfilan en *Doña Bárbara* en una verdadera síntesis de lo que quiso decirnos su obra[4]. Considerada la gran «novela del *llano*», por ocurrir principalmente en esa región venezolana, ofrece una visión de la vida rural en una época en que el sistema del latifundio pasaba por una etapa de transformación, igual que el resto de la sociedad nacional. (Hay que advertir que este narrador «llanero» apenas si estuvo ocho días en esa región antes de escribir su famosa novela, lo que puede explicar su retórica frecuentemente arrobada.) Esa crisis está dada por el impulso «civilizador» de la urbe creciente sobre el campo «bárbaro», regido por viejas tradiciones que se oponen al proceso de modernización. Para subrayar más esta pugna, cada idea o principio está encarnado en un personaje prototípico: el espíritu de la ciudad vive en el joven e impetuoso Santos Luzardo, el del llano en la matriarcal y poderosa Doña Bárbara. Es inevitable que Santos se enamore de ella, fascinado por su sensualidad y misterio, pero el ingrediente sentimental cumple un propósito alegórico muy galleguiano: ella es una emanación de la naturaleza salvaje; él se enamora de una mujer pero también de las fuerzas terrígenas que ella representa.

De allí la crítica ha inferido que esta novela es la versión novelística de un rechazo total a la célebre dicotomía civilización/barbarie que planteó Sarmiento. La verdad es bastante distinta: donde Sarmiento ve oposición irreconciliable Gallegos ve complementación o integración, pues hay un puente que lleva de uno a otro sin violentar a ninguno. Su posición es la de un evolucionista que reconoce que la sociedad venezolana (y la latinoamericana) es muy joven, con un largo trecho por recorrer y cuyos ritmos históricos no son los de Europa o la América sajona: somos distintos y nuestro destino es distinto. Gallegos no es apocalíptico ni radical: ama la naturaleza como una fuerza viva y majestuosa, pero admite que debe ser transformada, no suprimida, así como la civilización debe adaptarse a las necesidades y condiciones de la realidad autóctona. Lo que teme es la anarquía y la violencia destructora que venga de cualquiera de los dos extremos. Hay que crear, modificar, asimilar, conjugar. Hasta la naturaleza tiene una «energía consciente» que debe ser canalizada en provecho de los hombres y una forma de hacerlo es el há-

---

[4] La historia editorial de la novela es larga y compleja: comienza con una versión titulada *La coronela* que llegó a imprimirse parcialmente en 1928 y termina —tras muchos cambios y correcciones— con la edición mexicana de 1954, considerada definitiva por su autor.

bito de vivir en democracia. La puesta en práctica de estas ideas en *Doña Bárbara* es, en el fondo, una significativa —y nueva— revisión de la tesis sarmentina.

El comportamiento de los personajes demuestra bien el punto de vista de Gallegos: el mundo del llano —paisaje y hombres— es primitivo pero está tocado por una belleza que arrebata al narrador y a Santos Luzardo, que llega a ella con todos los prejuicios propios del medio urbano. Esa cualidad estética, descubre luego, es el reflejo de una comprobación ética, pues «no todo era malo y hostil en la llanura»; así, se reconcilia con un aspecto físico y humano de Venezuela que ahora siente como finalmente suyo. La novela confirma una idea maestra que recorre toda la obra del autor: la gran aventura del hombre es la búsqueda de sí mismo, el reencuentro con las propias raíces y con su origen; que el escenario de ese reencuentro sea el llano resulta muy revelador.

El llano llegará a ser una realidad deseable, fascinante, «bella y terrible a la vez», un espacio utópico donde los sueños pueden realizarse, abierto a la aventura y la esperanza. Que esto no haya sido visto o haya sido deformado por la crítica tradicional es en cierta medida culpa de la incurable tendencia de Gallegos a buscar en todo simetrías y oposiciones simbólicas. Las más obvias son de los nombres: Santos Luzardo (santidad, luz, ardor) parece el emblema del «bien»; Doña Bárbara (autoridad matriarcal, barbarie) es casi sinónimo del «mal». Como, además de ser el arquetipo del poder asociado a la propiedad del latifundio y sus normas feudales, es una especie de *femme fatale* (una fascinante bruja, «la devoradora de hombres», «la esfinge de la sabana»), la conexión tierra/mujer/destino resulta casi obvia. (Otra conexión puede establecerse entre ella y la selva, también devoradora de hombres, de Rivera *[15.2.1.]*.) Para subrayarlo aún más, su propiedad se llama «El Miedo» y uno de los hombres al servicio de ella es un norteamericano conocido como Mr. Danger. Animados por distintas visiones de la función que la tierra debe cumplir en la sociedad humana, es inevitable que ambos choquen —y se atraigan— en un juego de intereses, pasiones y estrategias que van desde lo sexual hasta lo económico. La atmósfera es sobrecargada, intensamente emocional, más cerca del melodrama que de la tragedia.

Pero no cabe duda de que Doña Bárbara es uno de los formidables personajes femeninos de nuestra novela y una precursora de esas hembras que se rebelan contra un mundo dominado por los hombres. (No es de extrañar que se hiciese de ella una película —en verdad, una perversión cinematográfica— y que la protagonizase María Félix.) De joven supo de ese poder brutal como víctima de una violación y ahora todo lo que quiere es venganza, poder, control. Pese a ello, al final vemos a Santos Luzardo vencer sus propias vacilaciones, resistir tanto la fuerza económica como la sensualidad física de su enemiga y salir triunfante del desafío. Y lo hace del modo más duro para ella: se enamora de la hija natural que tuvo con otro hombre que destruyó en el pasado. El «bien» se sobrepone al «mal» y se confirma así lo que el crítico Domingo Miliani ha llamado el «mesianismo optimista» o «reformismo» (pues legitima el sistema de propiedad rural) de Gallegos: tarde o temprano, el progreso transformará al llano y sus formas de «vida libre y bárbara». Ese proceso ya ha comenzado con el cambio operado en el héroe que llegó al llano —no lo olvidemos— con la intención de vender sus tierras de Altamira e irse a vivir a Europa; ahora sabe que el llano es *su* tierra y que es su destino. Lo que se postula es entonces un llano *civilizado* por el ideal humanista, que el exaltado párrafo final de la novela presenta como una «tierra de horizontes abiertos, donde una raza buena, ama, sufre y espera!».

La novela abunda en descripciones, elemento esencial en el designio del narrador (varios capítulos se abren describiendo primero escenarios, luego la acción), pero eso no daña demasiado la forma como se desarrolla la acción y como evolucionan los personajes principales, asumiendo cada uno ciertos rasgos del otro. Por el pasaje que se acaba de citar, puede advertirse que la prosa de Gallegos, inflamada por un auténtico ardor nacionalista, tendía a desbordes retóricos de sabor romántico con los que él quería sugerir el volumen grandioso de su historia. Gallegos era un narrador de raíz tradicional pero sin duda capaz de energía y drama. En el texto que presentó «A modo de prólogo» para la edición definitiva de su novela, insiste en que Doña Bárbara y otros personajes reales le fueron «presentados» en el llano antes de que él los escribiese y los entremezclase con otros de su invención. Si aceptamos, como propone Carlos J. Alonso, que existe en la novela una síntesis de *mímesis* y de *abstracción,* hay que reconocer que la narración funciona mejor en el primer nivel que en el segundo, y no —como quería la crítica local— porque reproduzca fielmente la vida en los llanos, sino porque esa representación literaria nos *impresiona* como real y nos convence.

La relectura de *Doña Bárbara* confirma algo que las otras grandes novelas regionalistas han mostrado: son narraciones cuya visión de la realidad física marginal al mundo urbano (selva, pampa, llano), así como el lenguaje artístico que la recrea en la forma de un relato (es decir, como texto), corresponden a un momento crítico, que es consecuencia del impacto de la Primera Guerra Mundial sobre la sociedad americana. Señalan la vuelta al mundo natural, donde se encerraba, contradictoriamente, una noción de inocencia virgiliana, el drama de la aventura por dominarla económicamente y la promesa de un futuro mejor. Esta literatura estaba atada a esas circunstancias históricas y a la fe que despertó la visión autóctona en los intelecuales de la época. Con el tiempo, y sobre todo al surgir en la década del sesenta una novelística que tocaba a veces esos mismos temas y terrenos pero con una visión estética más abierta y sutil *(22.1.)*, el regionalismo pareció envejecer sustancialmente. Y ésa es la distancia desde la que ahora juzgamos a Gallegos.

Textos y crítica:

GALLEGOS, Rómulo, *Obras completas,* Lima, Ed. Latinoamericana, 1959, 10 vols.
— *Doña Bárbara,* pról. de Rómulo Gallegos, 2.ª ed. def. México, Fondo de Cultura Económica, 1972.
— *Doña Bárbara,* pról. de Juan Liscano, ed. de Efraín Subero, Caracas, Biblioteca Ayacucho, 1977.

ALONSO, Carlos J., *The Spanish American Regional Novel*,* pp. 109-135.
ARAUJO, Orlando, *Lengua y creación en la obra de Rómulo Gallegos,* Caracas, Ateneo de Caracas, 4.ª ed., 1985.
BELLINI, Giuseppe, *Rómulo Gallegos,* Milán, La Goliardica-Edizioni Universitarie, 1953.
DÍAZ SEIJAS, Pedro (ed.), *Rómulo Gallegos ante la crítica,* Caracas, Monte Ávila, 1980.
— *Rómulo Gallegos: realidad y símbolo,* México, Costa-Amic, 1967.
DURHAM, Lowell, *Rómulo Gallegos. Vida y obra,* México, De Andrea, 1957.
HOWARD SABIN, Harrison, *Rómulo Gallegos y la revolución burguesa en Venezuela,* Caracas, Monte Ávila, 1984.
LISCANO, Juan, *Rómulo Gallegos y su tiempo,* Caracas, Monte Ávila, 1980.
MEDINA, José Ramón, *Rómulo Gallegos. Ensayo biográfico,* Caracas, Monte Ávila, 1966.
RODRÍGUEZ MONEGAL, Emir, «Los veinticinco años de *Doña Bárbara*», *Narradores de esta América* (1962), 51-56.
RUFFINELLI, Jorge, «Rómulo Gallegos», Carlos A. Solé*, vol. 2, pp. 603-610.
SCHÄRER-NUSSBERGER, Maya, *Rómulo Galllegos: el mundo inconcluso,* Caracas, Monte Ávila, 1979.
SUBERO, Efraín, *Aproximación sociológica a la obra de Rómulo Gallegos,* Caracas, Lagoven, 1984.
ULRICH, Leo, *Rómulo Gallegos y el arte de narrar,* Caracas, Monte Ávila, 1984.

VV. AA., *Relectura de Rómulo Gallegos. Actas del XIX Congreso Internacional de Literatura Iberoamericana,* Caracas, CELARG, 1980.
VERA LAMPEREIN, L., *Presencia femenina en la literatura nacional. Una trayectoria apasionante. 1750-1991*, Caracas, 1994.

15.3. Voces femeninas en la poesía

Un fenómeno significativo se produce en nuestra poesía a partir de la segunda década del siglo: algunas de las voces más importantes del período son de poetas mujeres. No sólo eso: son también las más reconocibles entonces y las más celebradas internacionalmente; las destacadas figuras de Victoria Ocampo y de Teresa de la Parra *(15.3.4.)* extienden el fenómeno respectivamente al campo del ensayo y la novela. En general, puede decirse que la contribución femenina a la actividad intelectual es decisiva. Este hecho plantea cuestiones de cierto peso, que aquí apuntaremos. La primera es la de la presencia y cualidad específica de la contribución femenina en nuestra historia literaria. El tema está hoy de moda y su debate ha generalizado la idea de que esa contribución ha sido —hasta hace muy poco— habitualmente relegada o negada, para lo que se invoca el limitado número de escritoras que registran las historias y antologías. Este último hecho es real: la presencia masculina es dominante. Pero es difícil citar siquiera un caso en el que el talento femenino expresado en concretas obras literarias haya sido objeto de olvidos deliberados. Hay un dato innegable: la crítica es unánime en considerar que la mayor obra de creación en tres siglos de vida colonial corresponde a una mujer excepcional: Sor Juana *(5.2.)*. Tampoco nadie ha «discriminado» o disminuido el aporte de Gertrudis Gómez de Avellaneda *(9.2.1.)* a la literatura del siglo XIX. Y que el primer premio Nobel concedido a un autor latinoamericano recayese en Gabriela Mistral *(15.3.2.)* es también muy revelador. Aunque las presentes teorizaciones quieran demostrar lo contrario, la realidad demuestra que el trabajo literario realizado por mujeres alcanzó notoriedad en la temprana época que a continuación estudiamos, no sólo en los tiempos que corren, como generalmente se cree. Lo que sí ha habido es una especie de pereza crítica en la tarea de juzgar y valorar esas obras: los estereotipos y clichés han sido frecuentes. Así, parecía «natural» que las mujeres cultivasen la poesía amorosa y confesional, pero no que fuesen demasiado impúdicas o invadiesen otros terrenos literarios. Esos encasillamientos correspondían a una concepción general de la sexualidad que hoy está muy superada.

La verdadera razón que explica por qué el número de escritoras ha sido claramente minoritario en comparación con el de los escritores es otra: las condiciones sociales en las que el trabajo intelectual femenino se realiza no le son, aun ahora, propicias y lo eran menos a comienzos de siglo. La desigualdad en la que se encontraba la mujer respecto de oportunidades para realizar estudios superiores, hallar fuentes de trabajo o competir con los hombres en el campo de actividades públicas, aparte de las ataduras del mundo doméstico al que parecía predestinada por tradiciones y prejuicios, no favorecía precisamente el desarrollo y la realización de su vocación literaria. Hay menos escritoras porque muchas no pudieron llegar a serlo por la conjunción de estos factores negativos. ¿Cuántas vocaciones se frustraron? Imposible saberlo y menos examinarlo en estas páginas: es un tema de sociología literaria, no de historia, que trata de autores y obras existentes, no hipotéticos.

Esto nos lleva a otro asunto, que apenas si podemos tocar: el de la existencia de una «literatura femenina». Sabemos que existe una sensibilidad «femenina», aunque sea imprecisa, pero es todavía menos seguro que su representación literaria sea siempre cabal (o superior) si la hace una mujer: suele ocurrir que otro puede conocernos mejor que nosotros mismos. La lógica indicaría que la simple afirmación de una «literatura femenina» implica la de una «literatura masculina» (para no hablar de la homosexual), que a nadie se le ocurre plantear como categoría crítica. Los autores tienen sexo, la literatura no, aunque la sexual sea una experiencia en ella omnipresente; esta afirmación suena hoy a herejía, pero igual la hacemos. La idea de que cada sexo sólo puede (o sabe) hablar de él mismo es inaceptable y llevaría a un rápido empobrecimiento de la creación literaria y a extremos absurdos, como el de que las mujeres no pueden (o saben) hablar del mundo masculino. Los matices de lo humano son infinitos y se entrecruzan: no cabe encasillarlos bajo membretes tan simplistas.

En la obra de las poetas que ahora revisaremos tal vez haya una prueba de esa variedad: ellas son Alfonsina Storni, Mistral y Juana de Ibarbourou. En algunos casos, estas poetas dejaron expreso testimonio de la desventajosa situación social en la que se encontraba la mujer, y la criticaron. No todas, sin embargo, lo hicieron desde un punto de vista «feminista» (hubo quienes se sometieron a los clichés), y su grado de conciencia del problema varía mucho. Están más o menos vinculadas, sobre todo al comienzo, por el modernismo y su fase postmodernista; de alguna manera, siguen las huellas de Delmira Agustini *(13.3.)*, que bien podría sumarse al grupo. Pero las tres pertenecen a un período de intensas transformaciones sociales, históricas y estéticas, que las hacen vivir experiencias fundamentalmente distintas de aquélla; atraviesan los años vertiginosos de la vanguardia *(16.1.)* y la literatura de agitación *(17.8.);* y aunque no se comprometen con ellas directamente, respiran su aire y se dejan permear por sus propuestas. Oscilan entre una fidelidad a la tradición literaria recibida y cierta incomodidad estética frente a lo establecido.

Texto y crítica:

PARRA DEL RIEGO, Juan (ed.), *Antología de poetisas americanas,* Montevideo, Claudio García, 1923.

BALLESTEROS ROSAS, Luisa, *La femme écrivain dans la société latino-américaine,* París, L'Harmattan, 1994.

BELLINI, Giuseppe, *Figure della lirica feminile ispanoamericana,* Milán, La Goliardica-Edizioni Universitarie, 1953.

GUERRA, Lucía, *La mujer fragmentada: historia de un signo,* Santiago, Cuarto Propio, 1995.

MEDINA, José Toribio, *La literatura femenina en Chile,* Santiago, Editorial Universitaria, 1923.

MESSINGER CYPESS, Sandra, R. KOHUT David y Rachelle MOORE, *Women Authors of Modern Hispanic South America. A Bibliography of Literary Criticism and Interpretation,* Metuchen, N. Jersey, The Scarecrow Press, 1989.

PERCAS, Helena, *La poesía femenina argentina, 1810-1950,* Madrid, Cultura Hispánica, 1958.

PROAÑO, Franklin, *La poesía femenina actual de Sudamérica,* Potomac, Maryland, Scripta Humanistica, 1993.

15.3.1. La emoción y la reflexión de Alfonsina Storni

La más moderna de las tres es la argentina Alfonsina Storni (1892-1938). Nació en Sala, pequeño pueblo en el cantón italiano de Suiza; en 1896 emigró con su familia a Argentina y vivió en la provincia de San Juan y luego en Rosario. Su niñez fue una experiencia de pobreza y limitados horizontes: tras la muerte del padre alcohólico, la familia tuvo que sostenerse con la labor de costurera de la madre, a la que Alfonsina ayudaba en casa; luego trabajó de obrera en una fábrica, como cajera en una farmacia, como institutriz de niños desadaptados, etc. En 1907 se interesó en el teatro y se unió como actriz a una compañía dramática, con la que recorrió varios puntos del país. Esa aventura nos da el primer signo de lo que sería dominante en su personalidad literaria: la rebeldía, la ansiosa búsqueda de libertad, el deseo de seguir sus propios caminos, sin preocuparse de las normas establecidas, que para ella eran simples retos a su voluntad. «Yo soy como la loba [escribiría en un poema de su primer libro]. / Quebré con el rebaño.» A los dieciocho años ya es maestra de colegio; al año siguiente enseña en Rosario y publica sus primeros poemas en *Caras y Caretas*.

En Rosario inicia una secreta relación amorosa con un hombre casado con quien, en 1912, tendría un hijo. Pese a que, mientras esperaba su nacimiento, ella mantuvo una actitud desafiante ante los prejuicios provincianos (consideraba su relación un gesto de libertad, no un engaño), decidió irse a Buenos Aires, donde Alejandro Alfonso nacería. Alfonsina vivió allí como una madre soltera, desempeñó diversos trabajos y escribió la mayor parte de su obra. El hecho de que nunca se casase no demuestra que nunca volviese a tener una relación amorosa, sino que consideró que la institución matrimonial y la figura tradicional del marido eran inaceptables dentro de los términos en que ella quería plantear su vida amorosa. Pocas mujeres en su tiempo se atrevieron a tanto.

Desde 1916, año de su primer libro poético *(La inquietud del rosal)*, su actividad literaria fue intensa, generalmente apreciada en los cenáculos o revistas de la capital (como *Nosotros* y *Caras y Caretas*), y mereció premios y elogios de la crítica. Los artículos periodísticos que publicó entre 1919 y 1921 en *La Nota* y *La Nación*, que sólo muy recientemente han sido seleccionados y recopilados, muestran una ironía, agudeza y heterodoxia crítica en la defensa de sus ideas feministas que bien podrían sorprender —o desencantar— a alguna de sus actuales congéneres. A partir de 1921 se hizo también conocida como autora de obras de teatro, como indicamos antes *(14.3.)*, en alguna de las cuales hace no muy veladas referencias a su condición de madre soltera. Storni publicó dos novelas breves en 1919 y alcanzó a realizar dos breves viajes a Europa (1930 y 1934). Entre sus numerosas amistades, disfrutó la del navegante y escritor francés Vito Dumas, famoso en Argentina por sus aventuras en los mares australes, y la de Quiroga *(13.2.)*, quien, tras el suicidio de su esposa, había dejado Misiones y vuelto a Buenos Aires. Aparte de frecuentar en 1920 el círculo intelectual que él llamaba «Anaconda», sostuvo con el maestro uruguayo un tormentoso *affaire* sentimental que terminó cuando ella se negó a seguirlo a la selva. Se dice que el suicidio de éste en 1937 (que daría origen a un poema de la autora) y el de Lugones en 1938 la afectaron profundamente e influyeron en que ella tomase, muy poco tiempo después, la misma decisión. Pero la causa determinante es otra: el tumor canceroso que le diagnosticaron en 1935, que la sumió en un estado depresivo y de reclusión, sobre todo después de tener que someterse a una mastectomía. Temerosa de que la enfermedad siguiese avanzando, el 25 de octubre de 1938 se arrojó al océano en Mar del Plata. Trágico final que ella anunció por lo menos veinte años antes («Tengo el presentimiento de que he de vivir muy poco»), que planeó con un cuidado casi artístico; en su último poema, escrito muy poco antes e incluido en su libro final, escribió: «Voy a dormir, nodriza mía, acuéstame» («Voy a dormir»). Así comenzó la leyenda —que puede compararse con la de Delmira Agustini *(13.3.)*— de una mujer en verdad excepcional.

La obra poética está contenida en siete volúmenes que han sido tradicionalmente divididos en dos etapas: la primera está formada por el libro arriba mencionado y tres más: *El dulce daño* (1918), *Irremediablemente* (1919) y *Languidez* (1920), todos, como el resto de su obra, impresos en Buenos Aires; la segunda se compone de sus tres últimos libros: *Ocre* (1925), *Mundo de siete pozos* (1934) y *Mascarilla y trébol* (1938). Quizá sea más exacto considerar a *Ocre* como un libro de transición entre el primer y segundo períodos, cuyas diferencias son bastante marcadas.

Pese a la fragancia modernista y las sugerencias sentimentales de sus títulos, la autora no estaba cultivando realmente una forma convencional de la poesía amorosa, como puede decirse de la que poco antes había escrito la citada Agustini. Aunque hay cierto preciosismo —lunas, oros, perlas, «trova[s] de hechicera»—, el impulso lírico puede ser, a veces, vibrante y directo, nacido de auténticas emociones humanas: «Mis nervios están locos, en las venas / la sangre hierve, líquido de fuego / salta a mis labios» («Vida», *La inquietud...*). Éste es un típico libro de aprendizaje, que la autora se arrepentía de haber publicado, pese a lo cual figura en su *Obra poética completa* (1961). Como se puede concluir por las referencias biográficas que hemos dado, la formación intelectual de Storni de la provincia argentina fue limitada y azarosa: aparte del romanticismo y modernismo, conocía poco más, aun en la misma literatura argentina. Pero estas carencias que le quitan sutileza y variedad a su lenguaje quizá le aseguren cierta forma espontánea de expresión: aunque torpe, suena auténtica, como quien escribe a partir de experiencias vividas. Con el tiempo hallará el equilibrio ideal entre ambos extremos y ganará además un matiz importante: la ironía que alivia el ardor con el que solía escribir.

Sus impericias o carencias son técnicas, a veces retóricas, pero eso no impide apreciar que hay en ella cierto rechazo de lo artificioso y «literario», para ahondar en el vértigo de su mundo emocional, casi con exclusión de todo lo demás. En sus primeras colecciones, el centro de todo lo ocupa un *yo* omnipresente que sufre, nos habla y se habla. Y lo que ese *yo* siente es, de modo supremo, amor, el dolor y el gozo de amar. No hay un tema mayor que ése en su primera fase poética y no hay otro tema que no se asocie con él o no se derive de él. Por un lado, autobiografía, experiencia, confesión; por otro, reelaboración, fantasía, búsqueda verbal. Cuando lo segundo no se logra, el equilibrio se rompe y la poeta cae en la mera sentimentalidad, que suele ser su mayor pecado, como lo es de Amado Nervo *(12.2.11.2.),* uno de sus modelos más próximos.

El citado poema «La loba» (parte de un tríptico que completan «La muerte de la loba» y «El hijo de la loba») brinda una buena ocasión para apreciar cómo sabe ella alejarse del lenguaje trillado del modernismo. Aparte de la relativa novedad retórica, apreciemos el coraje moral para tocar el delicado tema de la maternidad ilícita:

> Yo tengo un hijo, fruto del amor, del amor sin ley,
> Que yo no pude ser como las otras, casta de buey
> Con yugo al cuello; libre se eleve mi cabeza!
> Yo quiero con mis manos apartar la maleza.
>
> Mirad cómo me ríen y cómo me señalan
> Porque lo digo así: (Las ovejitas balan
> Porque ven que una loba ha entrado en el corral
> Y saben que las lobas vienen del matorral.)

Ese tono coloquial, de intimidad doméstica, y la gracia con la que componía escenas —una especie de teatro interior— que revivían e ilustraban una emoción particular son rarísimos de hallar en la poesía hispanoamericana de entonces, ya sea la escrita por hombres o por mujeres. A veces habla a éstas con una insólita franqueza y energía: «¡Mujeres!... La belleza es una forma / Y el óvulo una idea—. / ¡Triunfe el óvulo!» («Fecundidad»).

En «Así», el primer poema de *El dulce daño,* confiesa: «Hice el libro así: / Gimiendo, llorando, soñando, ay de mí». Que una mujer hablase abiertamente de su ansia de placer, de las sensaciones de su cuerpo enamorado, escandalizó a muchos en su época, pese a que Agustini lo había intentado más temprano. Al releer hoy el libro ese reparo parece aún menos razonable: el erotismo que expresaba Storni era, en muchos casos, bastante convencional; era, en verdad, el estereotipo que se aplicaba a una mujer. Los poemas usan un vocabulario ya muy transitado (rosas, vides, mariposas, panales, jardines) y presentan la imagen de una mujer ardiente, pero acatando el código de la pasividad femenina, siempre la espera, siempre dispuesta al sacrificio —el «dulce daño»— de su cuerpo. Erotismo a la expectativa de una voluntad ajena, quizá irresistible. El poema «Sábado» termina así: «Fijos en la verja siguieron mis ojos. / Fijos. Te esperaba». Sometida y débil, la mujer parece girar como un satélite gravitando en torno a un centro de atracción, donde domina la figura masculina. En «Capricho», que parece ofrecer una disculpa al amado por su frialdad «la noche pasada» y termina con una autoinmolación compensatoria («Espínate las manos y córtame esa rosa»), admite que la naturaleza femenina está llena de carencias: «las mujeres lloramos sin saber, porque sí»; «... tenemos dentro un mar oculto, / Un mar un poco torpe, ligeramente estulto»; «Nuestro interior es todo sin equilibrio y huero. / Luz de cristalería, fruto de carnaval»; «Así somos, ¿no es cierto? Ya lo dijo el poeta: / Movilidad absurda de inconsciente coqueta»; «en el cerebro habemos un poquito de estopa», etc. No hay ninguna ironía en estos versos y es bueno recordarlos para medir lo difícil que es convertir a Storni, en bloque, como se hace ahora, en una cabal «feminista».

Pero hay otros textos en los cuales su visión de la relación amorosa cambia de modo decisivo. La mejor síntesis temprana de esta afirmación y rebeldía se encuentra en «Tú me quieres blanca», que es, con razón, uno de sus poemas más citados. Lo que el texto plantea y discute es nada menos que el bien conocido doble estándar al que está sometida la virginidad (o al menos inocencia) de la mujer. Haciéndose eco de los razonamientos que presenta Sor Juana *(5.2.)* en la célebre redondilla «Hombres necios...» y otros poemas, Storni usa irónicamente el sentido de las imágenes clásicas de pureza («Tú me quieres alba, / Me quieres de espumas, / Me quieres de nácar»); las compara con la conducta masculina para mostrar la desproporción («Tú que hubiste todas / Las copas a mano, / De frutos y mieles / Los labios morados»); y propone al «buen hombre» entrar en directo contacto con la naturaleza, que siempre es, para ella, un retorno a la armonía, un ámbito no contaminado por la hipocresía: «Huye hacia los bosques; / Vete a la montaña; / Límpiate la boca...». La forma misma señala el abandono de su pasividad: la serie de catorce imperativos y la leve pero significativa transición de la inicial fórmula «Tú me quieres blanca» a la final «Preténdeme blanca» dan al poema una estructura lógica que transfigura la pura emoción en una propuesta tan radical como humana.

Otra forma de transfiguración, no menos interesante, es la que logra en «Cuadros y ángulos», uno de los primeros poemas «cubistas» de Hispanoamérica. Hay un abismo entre la poesía cosmopolita que cultivó el modernismo y esta síntesis visual de la ciudad moderna como reflejo de la deshumanización de sus gentes. Lo citamos íntegro para que se aprecie el ajuste perfecto de su estructura, que parece un conciso traslado verbal de ciertas telas «constructivistas» de Torres García:

> Casas enfiladas, casas enfiladas,
> Casas enfiladas.
> Cuadrados, cuadrados, cuadrados.
> Casas enfiladas.
> Las gentes ya tienen el alma cuadrada,
> Ideas en fila
> Y ángulo en la espalda.
> Yo misma he vertido ayer una lágrima.
> Dios mío, cuadrada.

Por algunas de las citas anteriores, puede advertirse que uno de los recursos favoritos de Storni es la repetición (a veces, con variantes) de ciertas palabras clave, lo que, sumado a las insistentes anáforas y las irregularidades métricas de las estrofas (muy visibles en «Viaje finido», por ejemplo), crean un ritmo a la vez obsesivo y fluido. (Hay que reconocer que en algunos casos abusa del procedimiento y gasta su efecto.) Es importante advertir que la *función* que la autora estaba dando a la poesía era también poco común: la usaba como una expresión directa de lo que pasaba dentro de ella, pero también para plantear cuestiones éticas e ideológicas de fondo, tan actuales entonces como ahora. Estos versos están ya muy lejos del modernismo.

El proceso de despojamiento continúa en *Irremediablemente* porque la conciencia de que entre la emoción y la palabra que la expresa hay una insalvable distancia la hace más cautelosa ante sus propias efusiones: la vida no es, desgraciadamente, el arte. Nos da, por eso, una pauta para leerla: «Yo no estoy y estoy siempre en mis versos...» («Este libro»); y se nos presenta diciendo: «Soy un alma desnuda en estos versos» («Alma desnuda»). Reaparecen la cuestión de la virginidad femenina («¡Ay!»), el motivo de la naturaleza como refugio espiritual («El hombre sombrío», «Moderna») y la obsesión de la muerte (que la acompañó desde su primer libro), como puede verse en «Silencio» y «Melancolía». Algunos poemas muestran su típica oscilación entre la actitud de total dependencia emocional ante el amante y la sugerencia de que el verdadero poder está en la mujer-naturaleza.

Pero pocas veces antes y después ha expresado mejor el sentimiento de igualdad erótica entre el hombre y la mujer y el espíritu de independencia de ésta que en el célebre «Hombre pequeñito», que ha sido analizado desde todos los ángulos. Con una lucidez que no deja de estar teñida de humor y ternura, el poema dice algo que hoy nos parece común pero que entonces sonaba muy audaz: cuando el amor acaba, la amante (no sólo el hombre) queda libre para ir donde quiera, no importa lo que digan las instituciones y la moral establecida; el mal está en negarlo o en tratar de fingir que está vivo lo que ha muerto. La fórmula «hombre pequeñito» se reitera siete veces y tres el verbo «entender» en un poema de sólo doce versos; junto con el «canario que quiere volar» de su jaula, configuran una parábola cuyo ritmo juguetón le quita agresividad al asunto pero no convicción ni firmeza. Por cierto, lo de «pequeño» es una referencia moral a la mezquindad o incomprensión del hombre, pero también sugiere que la imagen masculina ha perdido —como en el poema «A él» de Gertrudis Gómez de Avellaneda *(9.2.1.)*— su tamaño mítico y avasallante: es otro ser humano, igual que ella. Y algo más audaz todavía: la relación entre los sexos está siempre amenazada porque amar no es necesariamente comprender las necesidades del otro; ella nos aclara: «Digo pequeñito, porque no me entiendes, / Ni me entenderás». Otra vez, la estructura ceñida del poema, en el que las palabras, las rimas y los ritmos se disponen por razones funcionales no decorativas, es digna de notarse. Lo mismo puede decirse de otros dos poemas del libro: «Piedra miserable» y «Veinte siglos».

En *Languidez* hay varios poemas extensos, como «Letanías de la tierra muerta» o «La copa», cuya forma de discurso digresivo, de epístolas o meditaciones, no se adapta bien a la manera directa de tratar las cosas que vemos en los mejores textos de la autora. La nota introductoria, sin embargo, presenta este libro como el inicio de un cambio fundamental:

Este libro cierra una modalidad mía.
Si la vida y las cosas me lo permiten, otra ha de ser mi poesía de mañana.
Inicia este conjunto, en parte, el abandono de la poesía subjetiva, que no puede ser continuada.

Lo cierto es que lo subjetivo tiene todavía una fuerte presencia en el volumen y que el cambio se producirá realmente en la segunda etapa; esta colección señala el fin, no el comienzo de algo. Y más que languidez, lo que encontramos es depresión, angustioso nihilismo y agotamiento existencial: la queja de que las fuerzas le faltan para continuar es constante. Se pregunta por lo que quedará de ella en pocos años más («La mirada») y siente que, al morir, una «mano que no conozco trazará una raya» («Borrada»). «La que comprende» es uno de los poemas que prueba su reconocida condensación verbal para crear escenas: una mujer espera un hijo

247

y reza una plegaria que ella entiende mejor que nadie: «¡Señor, el hijo mío que no nazca mujer!». Pero en el libro hay pocos de éstos.

Ocre ocupa un lugar clave entre el primer y el segundo períodos. Hay, como puede verse, incluso una diferencia en los mismos títulos de uno y otro grupos: mientras que lo sentimental y emocional (inquietud, ternura, fatalidad, desconsuelo) predomina en los del primero, los del segundo connotan colores, objetos y rasgos del mundo físico, de algo oscuro, profundo y enigmático. Pero el cambio en *Ocre* no es todavía realmente ni temático ni estilístico, porque los rasgos que caracterizan la década anterior siguen apareciendo; el cambio es *tonal* y de *perspectiva* porque tiene, como señaló el crítico Sanín Cano *(13.10.)*, una «atmósfera cerebral». La voz poética de Storni ha aprendido al fin a hablar de sí misma incluso cuando habla de otros, objetivándose. La experiencia humana que transmite su poesía es más completa porque la emoción es sólo una experiencia que debe someter al análisis y la reflexión; la voz no es ya el espasmo de dolor y deseo, sino la de alguien que sabe distanciarse y observarse con rigor como parte del mundo.

Ésta no es tanto una poesía emocional como *psíquica,* en busca del conocimiento y del autorreconocimiento. La autora descubre que la fuente de sus angustias no es el hombre, sino ella misma, que hay un esencial desequilibrio entre el cuerpo y el alma, entre las exigencias físicas y las espirituales. Su drama consiste en seguir los dictados de su sensualidad sin ser su propia víctima. La cuestión es de fondo: tiene que ver con el modo en que la mujer percibe la libertad de su cuerpo en una cultura que la ha limitado a cumplir ciertas funciones específicas. Storni señala que hay complejas y profundas demandas de la pasión femenina que escapan de esos marcos. Llega a sospechar que el suyo es verdaderamente el papel de Eva, paradigma de la seducción. Las cargadas imágenes de «Inútil soy» así lo sugieren:

> Inútil soy, pesada, torpe, lenta,
> Mi cuerpo, al sol, tendido, se alimenta
> Y sólo vivo bien en el verano.
>
> Cuando la selva huele y la enroscada
> Serpiente duerme en tierra calcinada;
> Y la fruta baja hasta mi mano.

Y en «Tú que nunca serás...» admite que cede al capricho de la tentación porque sí, totalmente y sin esperar retribución: «Ah, me resisto, mas me tienes toda, / Tú, que nunca serás del todo mío».

15. En la órbita de la realidad: naturalismo, «criollismo» y realismo urbano

Como estos dos últimos, la gran mayoría de los poemas del libro son sonetos —generalmente alejandrinos, a veces con metros y rimas irregulares— que son un soporte estructural más adecuado al modo reflexivo y sentencioso que ahora la distingue; en su último volumen, esto será confirmado. Aquí, más que en sus colecciones anteriores, la poeta usa el recurso de dirigirse a un *tú,* destinatario al que atribuye un nombre femenino, y a veces se desdobla en otra, como en «Epitafio para mi tumba», criando un juego de situaciones teatrales que le permiten dialogar con ella misma o con sus creaturas mientras habla con nosotros. Un ejemplo lo tenemos en «Olvido», en el que aparece una tal Lidia Rosa, víctima del abandono de un hombre. Pero los textos más logrados donde ese recurso figura son los sonetos «Rueda», «La otra amiga» e «Y agrega la tercera», que componen una trilogía; en ellos, Storni llega a elaborar una especie de teoría sexual. En el segundo poema nos habla de «mujeres mentales», aludiendo seguramente a su condición de intelectual:

    Las mujeres mentales somos las plataformas:
    Mejoramos los hombres, y pulimos sus normas;
    Refinan en nosotras sus instintos desatados.

Y en el último texto:

    Cuida mejor la casa la mujer que es modesta
    Y no tiene una vida mental imaginada.
    Si del hombre que adorado se comprende engañada
    Recibe lo que sobra, y a su lado se acuesta.
    ....
    Y sobre el nudo diario de su vida tranquila,
    Regulada, en su pecho luminoso vigila
    Un ideal femenino, cuyo ideal ignoramos.

Es importante señalar que Storni percibió una verdad que resulta difícil de admitir por algunos: la relación erótica es, por esencia, desigual y se juega entre dos personas reales que sueñan o imaginan ser otros, que buscan lo que saben no encontrarán, ya sea la perfección, la trascendencia o la absoluta identificación. El cuerpo nos dice que el placer es una moral distinta de la otra moral; pero tratamos de engañarnos a nosotros mismos con la ficción de una pasión sin límites. En dos poemas lo dice admirablemente; uno es «Traición», donde leemos: «Corazón que me vienes de mujer: / Hay algo superior al propio ser / En las mujeres: su naturaleza»; y en

«El engaño» monta una escena, una verdadera representación de la cuestión erótica: ella se entrega al amante porque el deseo es más poderoso que los dos, aunque sabe «que habrás de abandonarme, fríamente», que él se cansará de ella y buscará otra mujer, igual que ella busca un ideal inalcanzable que él no satisface: «Yo te miro callada con mi dulce sonrisa. / Y cuando te entusiasmas, pienso: no te des prisa. / No eres tú el que me engaña, quien me engaña es mi sueño». Queda aquí condensada una íntima comprensión de la pasión erótica que muy pocos —si los hubo— superaron en su tiempo.

Hay una marcada transición retórica entre este libro y *Mundo de siete pozos:* el abandono del predominante empleo del soneto por variadas formas de verso libre, ritmos irregulares y sólo un ocasional uso de rimas asonantadas; únicamente los diez poemas finales, como vinculando este libro al anterior, son sonetos. La novedad aquí es la libertad formal que descubre Storni, seguramente influida por lo que leyó y conoció en sus dos viajes europeos, aparte del clima vanguardista que se vivía en Buenos Aires *(16.4.);* esto se refleja también en las farsas teatrales que escribió durante su silencio poético de nueve años[5]. Por vez primera se liberaba de las ataduras de la métrica tradicional con las que parecía sentirse tan cómoda. Su amplio dominio de versos cortos, en elástica combinación con otros largos, da a este volumen una levedad, una energía deseosa de captar el mundo, un toque ligero e impresionista que enmascara bastante bien el dolorido sentir distintivo de la autora: el yo es un observatorio de la realidad. Por su intensa cualidad visual-auditiva —pues describen un momento vivido o un objeto visto mediante un intenso juego de imágenes y ritmos—, sus versos a veces se asemejan un poco, incluso por su estructura versal, a las *Odas elementales* de Neruda *(16.3.3.):*

> Soldaditos de lona,
> De pies muertos
> ¡ea,
> un salto!
>
> ¡Otro salto!
> ¡En marcha!

---

[5] Los textos en prosa que Storni publicó en *Poemas de amor* (1926) son muy anteriores a *Ocre* y no agregan nada sustancial a su obra.

15. En la órbita de la realidad: naturalismo, «criollismo» y realismo urbano

> Hay a vuestro frente
> un mar tierno
> azul celeste... («Poema de las sombrillas cerradas»).

La «objetividad» que dijo pretendía alcanzar en *Languidez* está aquí presente con la total nitidez de los trazos descriptivos y las sutilezas rítmicas que logran sus versos: poemas que son casi dibujos verbales del mundo, trasposiciones de la realidad en imágenes ceñidas y brillantes. Nos referiremos sólo a dos poemas. El primero, que da el título, algo enigmático, al libro, se concentra en la descripción analítica y exclusiva de la cabeza humana con sus siete aberturas (dos ojos, dos orejas, dos fosas nasales, una boca) a través de las cuales percibimos el universo:

> Se balancea,
> arriba, sobre el cuello,
> el mundo de las siete puertas:
> La humana cabeza...

El tono no sólo es rigurosamente objetivo: es también impersonal, sin que aparezcan un *yo* ni un *tú*. Adopta un tono parecido al de una descripción científica para mostrar cada órgano y definir su función con la mayor precisión: «los ojos como mares en la tierra», «las antenas acurrucadas / en las catacumbas que inician las orejas», «el cráter de la boca», etc. La cabeza misma es descrita con fríos detalles anatómicos: «arde en su centro / el núcleo primero» del cerebro, rodeado por la corteza ósea y «sobre ella el limo dérmico». El final es sombrío:

> Y riela
> sobre la comba de la frente,
> desierto blanco,
> la luz lejana de una luna muerta.

La impresión que nos deja no es de vitalidad sino de angustia metafísica: esa cabeza está siendo observada como un objeto aislado y examinado en primer plano bajo una poderosa lente, completamente separado o dislocado del resto del cuerpo, como en una autopsia. Vista así, la cabeza tiene algo de monstruoso o deshumanizado: sólo somos una masa de carne y nervios que piensan. Por un lado, este descoyuntamiento visual nos hace pensar en el cubismo en su fase analítica, en el «purismo» biomórfico de Brancusi (en *Mademoiselle Pogani*, 1920, por ejemplo) y en la notable escultura surrealista «Cabeza/Cráneo» (1934) de Giacometti, que sugiere ser a la vez una cabeza viviente y una calavera; por otro, en el burlesco «Autorretrato» de Parra *(20.2.)*. El poema de Storni es una auténtica vivisección que refleja un profundo pesimismo; hasta el uso de la palabra «pozos» (una voz frecuente en toda su poesía) para referirse a las aberturas subraya que no son vías hacia el mundo superior de la luz y la razón, sino hacia el depresivo fondo de obsesiones e inquietudes, a lo que quizá alude con el reiterado verbo «balancear»: todo es inestable y precario.

Se ha tratado de asociar esta visión poética al ultraísmo, que, como bien sabemos, tuvo fuerte influencia en Buenos Aires a través de Borges *(19.1.)* y otros escritores, con algunos de los cuales la autora estuvo vinculada. En su detallado estudio, Rachel Phillips niega esa asociación porque carece de todo fundamento y señala más bien el influjo que pudieron tener —seguramente mientras ella estuvo en España— el poeta vanguardista Gerardo Diego con sus ideas de la poesía como una aritmética, expuestas en *Poesía española contemporánea* (1932); las teorías de Ortega y Gasset sobre *La deshumanización del arte* (1925); y la poesía de García Lorca, a quien conoció en Buenos Aires y a quien dedicaría un poema en homenaje a su muerte. Ese poema («Retrato de García Lorca») usa el mismo procedimiento de fragmentación de la realidad física que encontramos en «Mundo de siete pozos».

Algo de esto se transparenta en «Calle», que testimonia además la importancia que el paisaje urbano cobra ahora para ella; hay toda una sección al final del libro titulada «Motivos de ciudad». Otra vez la observación es puntual y analítica («la boca oscura de las puertas, / los tubos de los zaguanes»), pero aquí el *yo* reaparece, sobrecogido por un sentimiento de amenaza y terror por algo desconocido. La sensación de urgencia, ansiedad y alienación está comunicada con inmediatez; en el tráfago callejero, la observadora se siente observada:

> Paso con premura.
> Todo ojo que me mira
> se multiplica y dispersa
> por la ciudad.

Y en los versos que siguen, el efecto de confusión y vértigo se agrava, hasta hacerla sentirse, como la cabeza de «Mundo de siete pozos», literalmente separada de su propio cuerpo, descuartizada y convertida en un objeto contradictorio:

15. En la órbita de la realidad: naturalismo, «criollismo» y realismo urbano

> Un bosque de piernas,
> un torbellino de círculos
> rodantes,
> una nube de gritos y ruidos,
> me separa la cabeza de los brazos,
> el corazón del pecho,
> los pies del cuerpo,
> la voluntad de su engarce.

Las imágenes son potentes y transmiten una viva impresión de caos y velocidad, que muy bien pueden recordar algunas de las fotografías que Lisette Model tomó en las calles neoyorquinas en la década del cuarenta y también los cuadros futuristas de Boccioni y Balla, que trataban de realizar algo imposible: fijar el movimiento en una tela sin suprimir su energía.

Mascarilla y trébol fue escrito en los años finales de su vida (ya muy debilitada por la enfermedad), apareció poco después de su muerte y tiene un aire testamentario —el de quien sabe que le quedan pocos días— que no fue del todo bien comprendido. Intuyendo que algunos aspectos insólitos de este libro provocarían confusiones, ella lo antecedió con una «Breve explicación». Allí subraya que, pese a las apariencias, «todo tiene aquí un sentido, una lógica, y que, al menos en parte, el volumen "necesita de la colaboración imaginativa, en cierto modo creadora, del que lo transita"»; esto, agrega, no es tan raro ahora porque «los movimientos vanguardistas [...] se apoyan en el hecho social de esta colaboración». Estos «antisonetos» tienen una motivación profunda: los «cambios psíquicos fundamentales [que] se han operado en mí». Ésta es una discreta referencia al efecto emocional que dejó en ella la mutilación física a la que tuvo que someterse para seguir viva; es obvio que ese trauma y la cercanía de la muerte tenían que producir un cambio profundo en su visión poética. Algo más: la idea de la «colaboración imaginativa» del lector ¿no parece un adelanto de la noción del «lector cómplice» de Cortázar *(20.3.2.)*?

Quizá haya que comenzar tratando de explicar el título, que une dos realidades contradictorias: «mascarilla», que alude a la muerte, y «trébol», que simboliza la regeneración o la buena suerte. Lo último nos da una clave de su nueva visión: Storni percibe la condición humana como parte del cosmos y de sus ciclos de origen, plenitud, decadencia, muerte y renacimiento; dentro de esa unidad trascendente los seres humanos no son sino realidades naturales, no históricas, conectadas unas con otras y, sin embargo, solitarias, hundidas en su propio silencio y misterio. La idea es algo rilkeana y genera las mismas graves sugerencias metafísicas (aunque no tanto las religiosas) del gran poeta austríaco. Esto plantea la interesante cuestión de cómo filiar su última producción, lo que no es fácil porque sus poemas se abren a veces en direcciones inesperadas. Phillips asocia este libro con el creacionismo de Huidobro *(16.3.1.)*, invocando lo de «antipoeta y mago» en su *Altazor,* pero su propuesta no resulta muy convincente: no hay nada «mágico» en ella y sus imágenes no pertenecen al vocabulario creacionista. Hay una disonancia y distorsión al fondo de sus poemas que se orientan hacia campos contrarios, pero asociados ambos con la vanguardia y movimientos afines: por un lado, su insistencia en lo grotesco e incongruente es algo que encontramos en ciertas fases de algunos poetas de la Generación del 27, como García Lorca y Alberti, pero también en la poesía «surrealista» de Neruda y los juegos de Gómez de la Serna; por otro, hay quienes, como los españoles Gerardo Diego y Miguel Hernández y el peruano Martín Adán *(17.3.),* remontan la vía de la absoluta libertad formal y el absurdo para concentrarse en un alto formalismo y volver al uso de estrictos cauces barroquizantes, pero insuflándoles un nuevo espíritu que contradice ese rigor. Esto confirma el efecto estimulante y renovador que tuvo para ella el ambiente intelectual español, con el que entró en contacto en sus dos viajes europeos. Algunos de estos autores no pudieron, por razones cronológicas, ser conocidos por Storni, y no se invocan como influjos, sino como parentescos que permiten colocar *Mascarilla y trébol* en su real contexto.

El libro se compone de 52 «antisonetos» cuya singularidad consiste en que carecen de rima. Al leerlos se hace evidente que pertenecen a una estética neobarroca, a la vez culta, popular y paródica: la forma es clásica; la intención, irreverente. Las anomalías del lenguaje hacen que este libro sea el único de Storni que presente algunas dificultades de lectura. El carácter intransitivo de algunas imágenes nos recuerda lo que decía Ortega en *La deshumanización...*: «Vida es una cosa, poesía es otra». No siempre logra el efecto que busca porque la rareza retórica desdibuja la imagen o la sobrecarga hasta bloquear su sentido; algunos poemas no parecen sino trabajosos ejercicios con palabras inéditas en su vocabulario. Pero cuando acierta su voz suena torturada, feroz, visionaria. Concentrémonos en un par de ejemplos. Uno es el que brinda el primer poema cuyo título anuncia su viejo tema de siempre: «A Eros». Pero la diferencia es enorme: el dios del amor es tratado (realmente, maltratado) desde el primer verso: «He aquí que te cacé por el pescuezo»; y en el segundo cuarteto lo despedaza como haría con su juguete un niño maligno:

> Como a un muñeco destripé tu vientre
> y examiné sus ruedas engañosas
> y muy envuelta en sus poleas de oro
> hallé una trampa que decía: sexo.

Pocas veces antes Storni había llegado a ser tan explícita como en este pasaje. El amor ha perdido toda su magia para ella: es un monigote despanzurrado del que sólo queda el señuelo sexual, el puro y simple mecanismo físico. Una observación: el poema presenta la imagen, que ya vimos en *Mundo...*, de la realidad dislocada y vista de modo distorsionado. En un mundo crecientemente cosificado, los seres humanos parecen troncos secos o, peor, «seres planos» con movimientos mecánicos («Dibujos animados»), y los objetos, contemplados en aislamiento (véanse los poemas «Una oreja», «Un lápiz», «Una gallina», «Un diente», «Una lágrima»), cobran un aire desorbitado y grotesco. Todo (ciudad, campo, personas, dioses, animales) está visto como una realidad degradada, sin belleza ni gracia vital, como una cáscara carente de sentido.

En el notable y muy gongorino «Palabras manidas a la luna» la vemos descender a lo más profundo de sí misma y percibir el abismo en el que ha caído y que la separa de la hermosa claridad lunar «aligerada / de la angustia mortal y su miseria». Sus palabras no alcanzan su lejano objeto: «que no hay palabras para aprisionarte, / nácar y nieve sueños de ti misma». Su corazón «podrido está» y fatigado al llegar al umbral de la muerte. Las líneas finales son una sobrecogedora plegaria:

> [...] quiero dormir, pero en tus linos,
> lejano el odio y apagado el miedo;
> confesado y humilde y destronado.

Este poema demuestra la distancia que Storni había recorrido, desde su primer libro, en el arte de hablar de sí misma sin ser directamente confesional. El arco que su poesía traza es muy amplio y complejo: desde la tradición modernista hasta los bordes mismos de la vanguardia y el formalismo neobarroco de la poesía contemporánea. A la hora de mostrar cómo evolucionó, se modernizó y definió nuestro lenguaje poético, el nombre de Storni no puede estar ausente.

Textos y crítica:

STORNI, Alfonsina, *Obra poética completa,* Buenos Aires, Meridión, 1961.
— *Poesías completas,* Buenos Aires, SELA-Galerna, 1990.
— *Nosotras... y la piel.* [Selección de artículos periodísticos.] Ed. de Mariela Méndez, Graciela Queirolo y Alicia Salomone, Buenos Aires, Alfaguara, 1998.

DELGADO, Josefina, *Alfonsina Storni. Una biografía,* Buenos Aires, Planeta, 1990.
ETCHENIQUE, Nira, *Alfonsina Storni,* Buenos Aires, La Mandrágora, 1958.
FIGUERAS, Míriam, y María Teresa MARTÍNEZ, *Análisis de poemas y antología,* Montevideo, Ciencias, 1979.
FORGIONE, José D., *Alfonsina Storni,* Buenos Aires, Lib. Argentina, 1939.
GÓMEZ PAZ, Julieta, *Leyendo a Alfonsina Storni,* Buenos Aires, Losada, 1966.
JONES, Sonia, *Alfonsina Storni,* Boston, Twayne, 1979.
MARTÍNEZ TOLENTINO, Jaime (ed.), *La crítica literaria sobre Alfonsina Storni (1945-1980),* Kassel, Edition Reichenberger, 1997.
NALÉ ROXLO, Conrado, y Mabel MÁRMOL, *Genio y figura de Alfonsina Storni,* Buenos Aires, EUDEBA, 1965.
PHILLIPS, Rachel, *Alfonsina Storni. From Poetess to Poet,* Londres, Támesis, 1975.
VEIRAVÉ, Alfredo, *Feminismo y poesía: Alfonsina Storni,* Buenos Aires, CEAL, 1965.

15.3.2. El camino penitente de Gabriela Mistral

Reconocida, respetada y honrada en su patria y en todo el mundo, tanto por sus méritos intelectuales como por la sencilla generosidad de su persona, que atrajo tanto a intelectuales como a políticos, la chilena Gabriela Mistral (1889-1957) se convirtió no sólo en un mito literario sino en un pretexto para reducir su obra a un conjunto de fáciles lugares comunes con los que la crítica se acostumbró a tratarla: la madre frustrada, la mujer eternamente casta, la amada maestra universal, la viva emanación de la humilde tierra en que nació, la defensora de la paz, los niños y los desvalidos, etc. Una santa abogada más que lo que verdaderamente fue: una poeta. Hay que intentar leerla y fijar la importancia de su obra al margen de esos clichés que entorpecen la visión crítica. Lo primero que hay que establecer es que su poesía aparece como parte de la reacción postmodernista contra el preciosismo y la delicadeza sentimental: su voz es recia, grave, primitiva; no un canto sino un quejido de dolor cuyos registros no son muy variados (su gran problema poético es la monotonía), pero sí auténticos y conmovedores. Mistral coloca la poesía en su borde más austero: el que colinda con el prosaico entorno de la realidad cotidiana donde las cosas son simples, elementales, toscas. Su arte está en descubrir en ellas el perdido lazo con la vida natural y, a través de él, con el cosmos cuya belleza puede reflejarse en un puñado de polvo o en un tazón roto. No es fácil hacer brotar la poesía de esos pobres objetos, y ése fue el afán estético en el que ella heroicamente persistió toda su vida.

Gabriela Mistral nació Lucila Godoy Alcayaga, en Vicuña, áspero y pobre pueblo en el valle de Elqui, al norte del país; en sus ancestros se mezclaban las sangres indígena, vasca y judía. Se crió y educó en ese pueblo y otros de la región; su niñez fue dura, recoleta, centrada en el núcleo familiar. Las lecturas de la Biblia, que hacía con ella su abuela paterna, constituyen una experiencia con repercusiones en su vida adulta: será siempre una poeta con timbres religiosos. Hacia 1904, descubrió su vocación literaria y muy poco después empezó a ejercer como maestra de escuela. A los dieciocho años ocurre un hecho —normal en una muchacha de su edad— que alcanzaría proporciones trágicas e imborrables para el resto de sus días: en un pueblo de Coquimbo conoce a un joven empleado ferroviario y se enamora de él. Se llamaba Romelio Ureta y era un galán pueblerino sin mucha educación, enredado en amoríos y deudas que no podía pagar, pese a la ayuda que ella le brindaba. Finalmente, desesperado y confuso, el joven se suicida. Esto ocurre en 1909, tiempo después de haberse alejado de Gabriela; pese a ello, el suicidio la hiere también a ella y contribuye poderosamente a que sienta su vida como una larga expiación, aparte de inspirarle versos memorables. Ese mismo año escribe la famosa serie «Los sonetos de la muerte», su luctuoso homenaje a Ureta, que publica en una revista pedagógica en 1915. Desde 1908 ya había empezado a usar su seudónimo «Gabriela Mistral», sin duda en homenaje a su admirado poeta provenzal Frédéric Mistral (1830-1914), que se convertiría definitivamente en su nombre hacia 1914.

Intelectualmente inquieta, se interesa, como tantos modernistas, por la teosofía y la doctrina budista, aunque la solidez de su cristianismo no se resiente. A los veintisiete años la humilde maestra de una escuela cercana a Santiago conoce al político Pedro Aguirre Cerda, luego presidente de Chile, que sería uno de sus protectores; comienza así su larga vinculación con el mundo político y oficial que le aseguraría el continuo reconocimiento público. Durante este período colabora intensamente con diversas revistas nacionales y extranjeras, y prosigue sus labores pedagógicas que forman parte tan importante de su vida. Su relación con numerosos escritores chilenos —entre ellos, Neruda *(16.3.3.)*, a quien conoció en Temuco— dio origen a una voluminosa correspondencia. En 1922, Vasconcelos

(14.1.3.) la invitó a participar en sus planes de difusión educativa en el México revolucionario. Ese mismo año aparece su primer libro de poesía, *Desolación,* dedicado a Aguirre Cerda e impreso en Nueva York gracias a la iniciativa personal de Federico de Onís, profesor entonces en la Universidad de Columbia. El éxito de ese libro le permitiría abandonar la carrera pedagógica y dedicarse íntegramente, a partir de 1925, a sus campañas educativas y humanitarias a un nivel internacional. Una prueba de su interés en mejorar la siempre postergada educación femenina es la selección de textos que publica en México bajo el título *Lecturas para mujeres* (1923); al año siguiente deja ese país.

El siguiente período es un constante peregrinaje por el extranjero; en verdad, sólo retornó a su país, brevemente, en 1925, 1938 y 1954. En Madrid aparece su segundo libro: *Ternura: canciones de niños* (1924). Cada vez más su presencia en foros mundiales, como el Instituto para la Cooperación Intelectual, de la Liga de las Naciones, y los encargos oficiales que recibe de su gobierno van convirtiendo su vida en una infatigable cruzada que la hace conocida e influyente en todas partes. Sus viajes, homenajes e invitaciones por universidades e instituciones culturales son incontables; muchas veces cumplió ese dificilísimo papel: representar a un país y a un continente. Como consecuencia de eso, sus páginas en prosa empiezan a acumularse rápidamente; esta parte de su obra —en verdad, más vasta que su producción poética— ofrece testimonios de sus causas, su constante peregrinaje, sus encuentros con personajes ilustres y sobre todo de su carácter personal. Fue cónsul honoraria y luego vitalicia en varios países de América y Europa; sus colaboraciones regulares en la prensa internacional no hicieron sino contribuir a su fama y a la admiración casi universal de los lectores; sus pocos detractores de otros años quedaron rápidamente acallados. Estando en Marsella (1926) realiza un acto cuyo simbolismo es revelador: adoptó como hijo a su pequeño sobrino Juan Miguel Godoy («Yin Yin»), cuya madre había muerto. En 1943, «Yin Yin» se suicida, en circunstancias misteriosas, en Petrópolis, Brasil, hundiendo a la autora en un nuevo período de profundo dolor. (Acababa de salir de otro, tras el suicidio, el año anterior en esa misma ciudad, de su amigo el escritor austríaco Stefan Zweig.) Mucho se ha rumoreado que era en realidad un hijo natural suyo, lo que es algo completamente infundado.

Su vuelta a Chile en 1925 fue apoteósica y recibió el saludo tanto de escritores como de políticos: nadie dejaba de quererla. Por intervención directa de Victoria Ocampo *(15.3.4.),* su tercer libro de poemas, *Tala* (1939), apareció en Buenos Aires bajo el prestigioso sello «Sur». Al recibir en 1945 el premio Nobel de Literatura —antes que ningún otro escritor

15. En la órbita de la realidad: naturalismo, «criollismo» y realismo urbano

latinoamericano—, la gloria en que vivía alcanzó niveles grandiosos. Nuevos encargos oficiales (en las Naciones Unidas contribuyó decisivamente a la creación de la UNICEF) y distinciones recaen en ella; uno de los más singulares: la concesión de tierras en Sonora por el gobierno de Miguel Alemán y su ministro Torres Bodet *(16.4.3.)*. En 1954 aparece su cuarto libro poético: *Lagar*, el único originalmente publicado en su país. Murió estando en Nueva York. Su cuerpo fue enterrado en Chile con honores de jefe de estado. Su *Poema de Chile* se publicó póstumamente (Barcelona, 1957) y es su composición lírico-narrativa más extensa.

Las cuatro palabras que dan título a sus colecciones poéticas definen bien los elementos básicos de su visión: soledad, ternura, abatimiento, destrucción como comienzo de regeneración. El contraste que esta dolorosa poesía ofrece con los honores y distinciones que marcaron su prestigiosa vida pública es muy vivo y revela que una no puede juzgarse por la otra. Debe observarse que el contenido de esos libros varía y se amplía considerablemente en sus sucesivas ediciones y que guardan —más allá de sus diferencias— una estrecha relación entre sí, que los hace parecer concatenados: cada uno contiene textos o secciones que adelantan los del siguiente o amplían los del anterior. La primera edición de sus *Poesías completas* (Madrid, 1958) presenta los textos tal como ella quería verlos publicados. Pero hay otra característica en esos volúmenes que la crítica no ha atendido debidamente: su organización interna es muy similar entre sí, pues todos están divididos temáticamente en secciones tan rigurosas que les dan un aire de catálogos de los tonos que cada uno cubre; por ejemplo, en *Desolación*, encontramos los subtítulos o categorías: «Vida», «La escuela», «Dolor», «Naturaleza», etc. Alguno incluso se repite: «Naturaleza» vuelve a aparecer en *Lagar*. Todo da la sensación de un orden cerrado y de un designio muy consciente. Las notas y colofones que solía agregar a estos libros no hacen sino subrayarlo.

Los libros parecen además evocar su tránsito por el mundo; un tránsito que tiene mucho de vía crucis, marcado por las notas de sufrimiento, estoicismo y redención a través del dolor. Su vida es el camino de una penitente y su obra exalta una visión franciscana de la existencia: estamos aquí de paso y debemos aspirar a la humildad y la inocencia de los pájaros, las plantas, las piedras. Hay un soplo de profunda religiosidad que penetra todos los aspectos de su creación: Dios está en el amor, en la naturaleza, en los más simples actos o emociones de la vida cotidiana. Hay que considerar a Mistral como uno de los más conspicuos poetas religiosos —hombres o mujeres— de nuestro siglo en América, aunque en varios poemas parezca más cerca de la poesía devota que de la verdaderamente mística. En los ciclos de la naturaleza encuentra una lección y una pauta moral: todo tiene un sentido providencial, una armonía cósmica que la vanidad y el egoísmo de los hombres degradan. Esa simplicidad explica los acentos de coplas populares y canciones infantiles (sobre todo en *Ternura*) que encontramos en su poesía.

Al comunicar su dolor, brota una virtud poética de Mistral: su sobriedad, su capacidad de emocionarnos usando un lenguaje que apenas utiliza adornos literarios, pero que produce el impacto imborrable de lo que es auténtico. Dios está escondido en la naturaleza primitiva de los Andes y la palabra quiere revelarlo para que su bondad alivie la dureza de nuestros días. Mistral intenta dar un abrazo panteísta a la humanidad entera, adoptando papeles arquetípicos: progenitora, amante, pitonisa, matriarca, guía de pueblos. Papeles esencialmente femeninos que ella cumplió con dulzura y con un elevado sentido del sacrificio. Pero su virtud es también su defecto: estéticamente, esa astringencia de recursos, ese humanitarismo, esa vocación por el bien dan un tono algo cansino a su poesía, porque se repite demasiado y no cambia mayormente de libro a libro. La relectura de sus textos revela que el tiempo ha empañado su brillo original y ha aumentado la rusticidad de su forma: lirismo sincero, pero sin variantes ni sorpresas; lo oímos una vez y ya lo oímos todo. Más que poesía, ruegos, plegarias, consolaciones, discursos bienintencionados de un alma noble que escribía movida por una misión superior. El arte no era para ella un absoluto —y en eso reside su gran diferencia con Huidobro *(16.3.1.)*—, sino un medio para hacer del mundo un lugar menos mezquino e indiferente: una poesía para hombres justos. Cuando lograba conciliar una cosa con otra podía alcanzar notables resultados, como en «Cima», donde su dolor se funde en una unidad indisoluble con la naturaleza, también sufriente; de paso, este poema es un ejemplo de los leves contactos que Mistral tenía con el lenguaje de la vanguardia.

Las tonalidades opacas y ásperas, de piedra en bruto, de su obra mellan a veces la dicción poética, que quiere ser austera pero suena más bien prosaica. Júzguese por esta estrofa de «Mis libros» de su primera colección:

> Nobles libros antiguos, de hojas amarillentas,
> sois labios no rendidos de endulzar a los tristes,
> sois la vieja amargura que nuevo manto viste:
> ¡desde Job hasta Kempis la misma voz doliente!

El poema se arrastra así por trece estrofas, repitiendo, sin agregar nada sustancial, la misma cansada nota de gratitud y amor por los libros. Igual pasa con otro de sus motivos favoritos: el de la escuela y la enseñanza. Y sin embargo, hay momentos en que logra una intensidad que nos conmueve: cuando, en vez de predicar, exclama desde lo más hondo de su experiencia, donde el dolor anida siempre y la única esperanza está en Dios, como vemos en el muy citado «Nocturno», que reelabora los ritmos del padrenuestro; la íntima tristeza, el sufrir callado dan un timbre agónico a su pugna por encontrar las palabras capaces de expresarlos. En «El amor callado» sentimos que la amante silenciosa, que parece vacía, está a punto de desbordarse:

> Estoy lo mismo que estanque colmado
> y te parezco un surtidor inerte.
> ¡Todo por mi callar atribulado
> que es más atroz que el entrar en la muerte!

Su alto concepto del amor, en el que la noción del placer casi no existe pues ha sido reemplazada por la de sacrificio y mística fusión de las almas, está presente en «Íntima», sobre todo en su estrofa final; el amor, dice,

> Es lo que está en el beso, no en el labio;
> lo que rompe la voz, y no es el pecho:
> es un viento de Dios que pasa hendiéndome
> el gajo de las carnes, volandero!

El amor provoca en ella más bien humildad, sometimiento y vergüenza: «Todo adquiere en mi boca / un sabor persistente de lágrimas» («Coplas»); «Tengo vergüenza de mi boca triste, / de mi voz rota y mis rodillas rudas» («Vergüenza»); «... crece la fatiga / y aumenta la amargura» («Tribulación»). Pero uno de los más notables momentos de toda su obra es el que brindan los célebres «Sonetos de la muerte», cuyos alejandrinos de lentos ritmos luctuosos convocan una infinita congoja. Júzguese por estos versos de uno de ellos:

> ¡No le puedo gritar, no le puedo seguir!
> Su barca empuja un negro viento de tempestad.
> Retórnalo a mis brazos o lo siegas en flor.

> Se detuvo la barca de su vivir...
> ¿Que no sé del amor, que no tuve piedad?
> ¡Tú, que vas a juzgarme, lo comprendes, Señor! (III)

Algo que hay que destacar en estos sonetos es la apremiante ambigüedad de su tono, en el que se mezclan la ternura y la rabia, la humildad y el orgullo, la piedad y la rebeldía, la inocencia y la culpa: describen plenamente el impacto de una situación trágica. Todos los ejemplos que venimos citando provienen de *Desolación,* que bien puede considerarse su mejor libro; los otros siguen su pauta con cambios relativamente menores. *Ternura,* como el subtítulo bien lo indica, es un libro cuyo tema dominante es el amor a los niños y que usa los ritmos de las nanas o canciones infantiles. Mistral desliza en esos simples textos, en los que predominan leves metros cortos, notas de sabor popular y de afecto por su tierra; no mucho sobrevive de ello y quizá lo más logrado del libro sea la sección «Cuenta mundo», que exalta lo más elemental y primario de la naturaleza (el aire, la luz, el agua...), como haría más tarde, con otra intención y tono, Neruda en sus *Odas*. Algo más de interés tiene *Tala,* especialmente por la serie de graves «Nocturnos» de la primera sección del libro. El trauma provocado por la entonces reciente muerte de su madre se siente en estos poemas. Otras secciones del libro retoman los conocidos motivos de la naturaleza elemental («Materias»), los personajes y los paisajes vistos en su tierra («Criaturas») y sus viajes («Saudade»); en esta sección aparece el recordado «Todas íbamos a ser reinas», una feliz conjunción de motivos bíblicos, imágenes familiares y escenas domésticas de prístina simplicidad. También intenta —con no mucho éxito— otros temas nuevos, como la poesía americanista, en los himnos «Sol del trópico» y «Cordillera», esfuerzo que culminaría con el póstumo *Poema de Chile,* que contiene sus versos más telúricos. Cedomil Goic compara esta faceta con las telas de Roberto Matta; más semejanza guarda su poesía en general con la pintura de Rouault: oscuro y compacto primitivismo cristiano. Al final del volumen, agrega una serie de «Recados» que son una forma muy característica suya de dejar mensajes o hacer tributos a personas o paisajes para ella entrañables; en el mismo libro aclara que «estos Recados llevan el tono más mío, el más frecuente, mi dejo rural con el que he vivido y con el que me voy a morir». Escritos en verso o en prosa, eran mensajes o cartas abiertas que la autora-peregrina iba dejando por donde se encontrase y que parecen cumplir una función específica: la comunicación íntima con los suyos lejanos, un modo de estar en la tierra natal aun en sus largas ausencias.

15. En la órbita de la realidad: naturalismo, «criollismo» y realismo urbano

Lo único nuevo en *Lagar* es una sección dedicada al tema de la Segunda Guerra Mundial, tragedia que la había conmovido profundamente, aunque en términos poéticos ese humanitarismo no produce nada demasiado notable. El resto, salvo por sus retratos de mujer y por sus innovaciones métricas, es más o menos lo de siempre: coplas populares, cantos a la naturaleza, recuerdos de la madre muerta, homenajes a anónimos hombres de pueblo, visiones religiosas, más recados... Su *Poema de Chile,* en cambio, refleja un marcado cambio respecto de su anterior producción: en él la vemos realizar un viaje, después de muerta, a su patria, acompañada por un muchacho indígena, a quien le muestra la geografía y la historia natural chilena. El recurso del viaje de ultratumba (el personaje «Gabriela» es el fantasma de la autora), el retorno a la tierra amada y la intención didáctica («Gabriela» guía al muchacho y le enseña su propia realidad) son como una síntesis de las preocupaciones profundas que se agitaban en ella, tal vez en premonición de su ya cercana muerte. Las analogías y diferencias entre esta composición y el *Poema general de Chile* de Neruda (primer germen de *Canto general*) son un interesante tema de estudio.

En su prosa, que tiene una honda nobleza y simpatía (le era difícil escribir criticando: prefería el elogio y el homenaje), los recados son una parte muy importante; algunos contienen imágenes todavía imborrables de personajes como Bartolomé de Las Casas *(3.2.1.),* Bolívar *(7.3.),* Martí *(11.2.)* y Sandino. Dispersa en periódicos y revistas de todo el mundo, su prosa ha sido recopilada póstumamente en más de una docena de volúmenes; entre ellos están: *Recados contando a Chile* (Santiago, 1957), *Materias* (Santiago, 1978) y *Grandeza de los oficios* (Santiago, 1979).

En conclusión puede decirse que, sin ser demasiado abundante, la poesía de Gabriela Mistral da la impresión, por la reiteración de sus tonos y motivos, de girar en redondo, gastando sus propios perfiles y diluyendo su propia intensidad. Su aporte a la evolución de nuestra poesía contemporánea es innegable: la hizo hablar el lenguaje de todos los días, le quitó artificiosidad y la decantó; pero también es cierto que, por su tendencia ascética, no supo darle variedad y abrirle del todo las alas. A veces, su emoción lírica parece quedar estrangulada por el ritmo monocorde de su andadura versal. Pocos lo han observado, pero quizá por eso sus poemas en prosa (de los que hay una muestra al final de *Desolación*) evitan ese defecto y conservan todavía su frescura. Una breve antología bastaría para darnos lo mejor de ella.

Textos y crítica:

MISTRAL, Gabriela, *Poesías completas,* ed. de Margaret Bates, Madrid, Aguilar, 1958.
— *Antología general,* Santiago, Roble de Chile, 1973.
— *Poesía y prosa,* ed. de Jaime Quezada, Caracas, Biblioteca Ayacucho, 1993.
RODRÍGUEZ VALDÉS, Gladys, *Invitación a Gabriela Mistral (1889-1957).* [Estudio y antología.] México, Fondo de Cultura Económica, 1990.

Acta Literaria, Seminario, «La obra de Gabriela Mistral», Santiago de Chile, 14 (1989).
ALEGRÍA, Fernando, *Genio y figura de Gabriela Mistral,* Buenos Aires, EUDEBA, 1966.
ARCE DE VÁSQUEZ, Margot, *Gabriela Mistral, persona y poesía,* San Juan, Puerto Rico, Asomante, 1964.
ARRIGOITÍA, Luis, *Pensamiento y forma en la prosa de Gabriela Mistral,* San Juan, Puerto Rico, Universidad de Puerto Rico, 1989.
CASTLEMAN, William J., *Beauty and the Mission of the Teacher: The Life of Gabriela Mistral of Chile,* Smithtown, N. Jersey, Exposition Press, 1982.
CONCHA, Jaime, *Gabriela Mistral,* Madrid, Júcar, 1989.
CONDE, Carmen, *Gabriela Mistral,* Madrid, Ediciones y Publicaciones Españolas, 1970.
GOIC, Cedomil, «Gabriela Mistral», Carlos A. Solé*, vol. 2, pp. 677-691.
HORAN, Elizabeth, *Gabriela Mistral: An Artist and Her People,* Washington, D. C., Interamer, 1994.
MARVAL, Carlota, *Gabriela Mistral,* Madrid, Urbión-Hyspamerica, 1984.
POMÈS, Mathilde, *Gabriela Mistral* [Estudio y antología], París, Pierre Seghers, 1963.
QUEZADA, Jaime, *Gabriela Mistral: una vida, una enseñanza,* Valdivia, Chile, Universidad Austral de Chile-Fundación Andes, 1989.
SCARPA, Roque Esteban, *La desterrada en su patria,* Santiago, Nascimento, 1977, 2 vols.
SEFCHOVICH, Sara, *Gabriela Mistral, en fuego y agua dibujada,* México, UNAM, 1997.
SERVODIDIO, Mirela, y Marcelo CODDOU (eds.), *Gabriela Mistral,* Xalapa, México, Universidad Veracruzana, 1980.
TAYLOR, Martin C., *Sensibilidad religiosa de Gabriela Mistral,* Madrid, Gredos, 1975.
TEITELBAUM, Volodia, *Gabriela Mistral pública y secreta,* Santiago, Ediciones Bat, 1991.
TORRES-RÍOSECO, Arturo, *Gabriela Mistral,* Valencia, Castalia, 1962.
VALÉRY, Paul, «Gabriela Mistral», *Atenea,* 24:269-270 (1947), pp. 313-322.
VITIER, Cintio, *La voz de Gabriela Mistral,* Santa Clara, Cuba, Universidad Central de las Villas, 1967.

15.3.3. Luz y sombra de Juana de Ibarbourou. Nota sobre María Eugenia Vaz Ferreira

El nombre de la uruguaya Juana de Ibarbourou (1895-1979) convoca imágenes contradictorias: la de una mujer cuya fama de poeta creció tanto que pudo sobrellevar los títulos de «Juana de América» y «Mujer de las Américas» sin sentirse abrumada por el doble peso; que escribió numerosos libros y declamó por todas partes su poesía en veladas literarias y homenajes continentales; que fue condecorada por varios gobiernos y fue muchas veces premiada, pero persiguió ardorosamente, desde 1958 (o sea, tras la muerte de Mistral, *supra*), apoyada por una corte de admiradores, el premio Nobel, sin nunca alcanzarlo; que comenzó temprano y vivió una extensa vida, lo suficiente para ver encenderse, propagarse y apagarse su gloria en un largo ocaso. Cuando las tres —Mistral, Storni *(15.3.1.)* e Ibarbourou— estaban vivas y activas, juntas ocupaban un amplio espacio dentro de la poesía hispanoamericana de ese tiempo; la amistad entre ellas y el mutuo aprecio incrementaron esa presencia literaria. Hoy pocos leen a Ibarbourou fuera de su patria, pero nadie olvida su mítico nombre porque encarnó una época y ganó un prestigio legendario que no ha desaparecido del todo más de dos décadas después de su muerte. Hay que tratar de ver qué queda realmente del mito, de tanta gloria y adoración incondicional.

Juana Fernández (el apellido Ibarbourou era de su esposo, un capitán, que conservó después de la muerte de éste en 1942) nació en Melo y se radicó en Montevideo hacia 1918. Fue entonces cuando comenzó a publicar en revistas y periódicos y a hacerse conocida en los ambientes literarios en ambos lados del Río de la Plata. Al año siguiente publicó su primer y más recordado libro de poesía fervientemente erótica: *Las lenguas de diamante* (Buenos Aires, 1919), prologado por Manuel Gálvez *(15.1.2.)*. Ese volumen le aseguró una perdurable celebridad que culminó con la ceremonia de su coronación como «Juana de América» en 1929, acto que presidió Juan Zorrilla de San Martín *(9.10.)*. Aunque luego, en años más maduros, abandonase esa exaltación y adoptase acentos doloridos, elegíacos y religiosos —sobre todo a partir de *La rosa de los vientos* (Montevideo, 1930)—, el resto de sus casi cincuenta años de producción literaria no logró nada que pudiese borrar la imagen que había generado con ese primer volumen. Hoy *Las lenguas...* no nos inquieta mucho, pero en su época pareció audaz, incluso escandaloso por la franqueza de su sensualidad. Yendo más lejos que Delmira Agustini *(13.3.)*, Ibarbourou no vacilaba en mostrarse (casi exhibirse) como una mujer ardiendo de deseos, abierta en carne viva y dispuesta a entregarse, sumisa, al amante:

>   ¡Desnuda y toda abierta de par en par
>   Por el ansia de amar! («Te doy mi alma»)

En «Ofrenda» define su propio cuerpo: «Sangre-fuego, carne-cera, / Olor a sal y a panal»; y en «La cita» aparece como una *femme fatale:* «Me he ceñido toda con un manto negro. / Estoy toda pálida, la mirada extática». Su sinceridad no puede negarse, ni tampoco cierta gracia rítmica que seduce el oído del lector. Pero siendo gratas y encantadoras, sus efusiones carnales y sentimentales no van muy lejos: les falta hondura, una visión trascendente que les dé sentido y densidad. Y, aunque su poesía liga la sensualidad a las otras fuerzas de la naturaleza en una cósmica unidad, lo hace en términos algo convencionales (como en «Panteísmo»), ya conocidos desde los años culminantes del modernismo *(11.1.)*. En el fondo, su atrevimiento era menor de lo que entonces parecía, pues consagraba la tradicional imagen erótica de la mujer pasiva, paciente, siempre a la espera. Sus símbolos no podían ser más consabidos: pétalos que se abren, corolas deshechas, poros dilatados, espinas que hacen sangrar... Esa imagen proponía tipos característicos: era una hechicera, una luciérnaga, una fiera salvaje o una virgen tentadora. Lo que sí es interesante es que el sentido de urgencia carnal, asociado a la juventud, le daba a Ibarbourou una viva sensación de temporalidad, de la precariedad de todo lo humano. Su consejo asume el clásico motivo del *carpe diem:* gocemos hoy, antes que la muerte nos arrebate el minuto de placer. En «La hora» hace un claro ruego: «Tómame ahora que aún es temprano / Y que llevo dalias nuevas en la mano».

Ibarbourou prodigó demasiado su arte y lo diluyó en un constante manar de poesía que parecía cada vez más anacrónico en medio de las transformaciones que el lenguaje lírico estaba sufriendo entonces. Incluso críticos que la admiran, como Jorge Arbeleche, reconocen que su poesía al evolucionar —o involucionar— reiteró tercamente una visión idealizadora que respondía a una etapa ya cerrada. No supo callar a tiempo; cedió a la adulación del sector más tradicional del público y la crítica por una obra que comenzó en verdad como un desafío. Escribió además varios libros de prosa poética, relatos autobiográficos (como su *Diario de una joven madre,* 1944), cuentos para niños y teatro.

Agreguemos aquí una breve nota sobre otra uruguaya completamente olvidada: María Eugenia Vaz Ferreira (1880-1925), hermana del ensayista Carlos Vaz Ferreira *(13.10.)*. Si se observa su fecha de nacimiento, se verá que es seis años mayor que Delmira Agustini, a cuyo lado bien podríamos haberla colocado y no junto a la Ibarbourou, que es quince años más joven. Lo que ocurre es que, si esta poeta merece mención, es por *La isla de los cánticos* (Montevideo, 1924), tardío libro que no sólo coincide cronológicamente con el grupo que ahora estudiamos, sino que además parece coincidir con las búsquedas de esta etapa. Ciertamente, la uruguaya ha asimilado ya toda la tradición modernista y —aunque no hay en ella una sola señal de que vive y escribe en años de plena agitación de la vanguardia *(16.1.)*— le arranca tonos que antes no tenía. Su lenguaje es todavía decorativo, su tono es de auténtica angustia existencial, como puede verse en «La rima vacua» y sobre todo en «El ataúd flotante», perturbador poema en el que ve desfilar ante sí la barca funeral de sus esperanzas muertas. Los versos «hasta que junto a ti también tendida / nos abracemos como dos hermanas buenas» se parecen a otros de «El poeta a su amada» de Vallejo *(16.3.2.)*. Seguramente sin conocerlos, Vaz Ferreira escribió los suyos por lo menos siete años después, cuando ya Vallejo había abandonado ese lenguaje, lo que ilustra una vez más los complejos flujos y reflujos de nuestra historia literaria.

Textos y crítica:

IBARBOUROU, Juana de, *Antología (poesía y prosa 1919-1971)*, ed. de Jorge Arbeleche, Buenos Aires, Losada, 1972.
— *Las lenguas de diamante. Raíz salvaje,* ed. de Jorge Rodríguez Padrón, Madrid, Cátedra, 1998.
VAZ FERREIRA, María Eugenia, *La isla de los cánticos,* Montevideo, Barreiro y Hnos., 1924.

AGOSÍN, Marjorie, «Juana de Ibarbourou», Carlos A. Solé*, vol. 2, pp. 803-807.
ARBELECHE, Jorge, *Juana de Ibarbourou,* Montevideo, Técnica, 1978.
PICKENHAYEN, Óscar, *Vida y obra de Juana de Ibarbourou,* Buenos Aires, Plus Ultra, 1973.

15.3.4. La memoria de dos mujeres: Victoria Ocampo y Teresa de la Parra

Victoria Ocampo (1890-1979) fue una mujer fascinante, una auténtica *femme de lettres* cuyo influjo se hizo sentir de varios modos, sobre muchos otros escritores y por toda una época. En su caso, la obra escrita apenas da una idea de lo que fue esta mujer: su presencia, su personalidad, su acción y estímulo como promotora cultural deben considerarse parte importante de aquélla; para los que la conocieron, sus libros significan algo que los otros apenas pueden percibir en toda su dimensión. En realidad, una de sus mayores obras no es un libro, sino una revista: la célebre *Sur* (1931-1970)[6], que a su vez fue, más que una revista y un prestigioso sello editorial, un intenso foco de actividad intelectual que cambió los gustos literarios y los hábitos de lectura de varias generaciones argentinas e hispanoamericanas. *Sur* fue la mayor contribución de la clase culta y privilegiada argentina, de la que ella y varios de sus compañeros formaban parte, a la tarea de modernizar y universalizar las letras nacionales.

Victoria Ocampo pertenecía a una familia ilustre, adinerada y habituada al contacto con las artes y las letras; otro de sus destacados miembros es Silvina Ocampo *(19.2.)*, la última de sus seis hermanas. Su educación fue refinada y tuvo un decidido acento europeo —como era habitual en la alta burguesía argentina—, sobre todo el de raíz francesa; ella alternó desde temprano el francés con el inglés y el italiano. Los frecuentes viajes a Europa complementaron sus copiosas lecturas de los grandes maestros clásicos y modernos, y fortalecieron la amistad personal de algunos de estos últimos. Por los abundantes recuerdos que nos dejó de su niñez y juventud nos enteramos de que el aprecio familiar por la alta cultura no estaba exento de típicos prejuicios de clase; por ejemplo, la creencia de que las mujeres no necesitaban otra educación que la que podían obtener en casa y de que la actividad teatral, por la que ella tenía una gran vocación, era poco deseable. Dotada de una singular belleza, lo que parecía más recomendable para ella era un temprano matrimonio, opción que aceptó y que fracasó en corto plazo.

La literatura fue su vía de liberación y afirmación de sí misma. En 1920 empezó a colaborar en *La Nación* y en 1924 publicó en Madrid, con el apoyo de su amigo José Ortega y Gasset, su primer libro: *De Francesca a Beatrice,* un ensayo sobre Dante. (Ortega tuvo un vivo interés sentimental por Victoria —que ella rechazó con firmeza—, episodio que está relacionado con el distanciamiento entre el filósofo español y Alfonso Reyes, al que ya hemos hecho referencia *[14.1.1.].*) Sus dos siguientes libros salieron bajo el sello de «Revista de Occidente» que dirigía Ortega: *La laguna de los nenúfares* (1926), una «fábula escénica» protagonizada por animales, y la primera serie de sus famosos *Testimonios* (1935), que alcanza-

---

[6] Después de 1970 y hasta 1981, ya desaparecida su directora, la revista se publicó irregularmente. En total lanzó 349 números en medio siglo de vida.

ría diez entregas, publicadas en Buenos Aires entre 1941 y 1975. Este gran espíritu independiente supo afirmar de diversos modos el puesto de la mujer en la actividad intelectual y encontró muchas resistencias en su lucha. Una anécdota que ella refiere en sus páginas autobiográficas: cuando decidió manejar su propio auto fue objeto de insultos en la calle. Su desdén por los códigos morales de la época se manifiesta en su abierta admisión de las intensas pasiones que despertaron en ella famosas figuras masculinas, tan disímiles como el filósofo-viajero conde Hermann Keyserling o el escritor fascista Pierre Drieu La Rochelle entre otros. En vida, publicó *El viajero y una de sus sombras* (Buenos Aires, 1951) sobre sus relaciones con el primero.

El círculo de sus amistades en el mundo de las letras y las artes era impresionante: de Stravinski a Camus, de Rabindranath Tagore a Graham Greene, de Virginia Woolf a Malraux; muchos de esa larga lista visitaron Buenos Aires estimulados o atraídos por ella. Con tales contactos no era de extrañar que dos de sus amigos, Eduardo Mallea *(18.3.)* y Waldo Frank, la impulsasen a fundar una revista literaria, que nació con el nombre de *Sur* y que tuvo una larga vida. En sus años más gloriosos, mientras la Segunda Guerra Mundial destruía Europa y afectaba a su comunicación cultural con el resto del mundo, *Sur* fue una especie de amplio puente donde una pluralidad de voces se reunían para coincidir y discrepar. En su comité de redacción figuraron grandes nombres: Borges *(19.1.)*, Bioy Casares *(19.2.)*, Bianco *(19.2.)*, Raimundo Lida *(18.1.3.)*, Martínez Estrada *(18.1.)*, Ortega y Gasset...

Obsérvese la poca afinidad ideológica entre ellos; el criterio para orientar la dirección de la revista y buscar colaboradores no era ése, sino el de la rigurosa calidad literaria. Si el sector de izquierda podía reprocharle su posición conservadora, para los católicos era demasiado liberal; el hecho es que fue uno de los órganos más destacados de la oposición al nazismo (cuyos simpatizantes en Argentina no eran pocos), al régimen peronista (eso le costó la cárcel por casi un mes en 1953, de lo que ofrece un relato en una larga y dramática carta a Alfonso Reyes)[7] y a la dictadura militar que lo siguió; la última comenzó halagándola pero luego la hostilizó. Puede decirse que los primeros treinta años de *Sur* —sobre todo los de la Segunda Guerra Mundial— fueron los decisivos y consolidaron su prestigio; a fines de la década del sesenta, la situación cultural hispanoamerica-

---

[7] Aparece en Alfonso Reyes/Victoria Ocampo, *Cartas echadas. Correspondencia 1927-1959* (México, Universidad Autónoma Metropolitana, 1983), pp. 54-59.

na había cambiado sustancialmente y la revista empezó a parecer algo anacrónica, una vieja sobreviviente de otras épocas. Por cierto, *Sur* fue también el sello editorial del mismo nombre, cuyas ediciones y traducciones inundaron el ambiente cultural de toda América y lo cambiaron de modo decisivo; igualmente, la labor de Victoria Ocampo como traductora debe agregarse a su obra intelectual. (La traducción que *Sur* hizo de *Lolita* de Nabokov fue uno de los pretextos que usó el gobierno postperonista para atacar a sus editores por «inmorales».)

Su vida fue de una intensa actividad; ni siquiera los problemas con su mala vista pudieron limitarla en sus años finales. Viajó y dio conferencias por todo el mundo; recibió premios, homenajes y también ataques; fue una atenta testigo de su tiempo y respondió a todos sus arduos dilemas morales; leyó, debatió y escribió copiosamente. Su obra literaria es sobre todo autobiográfica: aparte de las citadas series de sus *Testimonios,* escribió una *Autobiografía* (6 vols., Buenos Aires, 1979-1984) y varios libros contando pasajes específicos de su niñez y vida adulta. Amaba el género porque en él la vida de un autor se convierte en una obra de arte; lo practicaba y lo leía devotamente, como podemos comprobar en *Virginia Woolf en su diario* (Buenos Aires, 1954). El que revise su producción debe tener en cuenta que, hasta 1940, el francés era generalmente la lengua literaria de la autora y que la versión española de sus primeros libros es una traducción. Su estilo maduro puede caracterizarse por su tono conversacional, de *causerie* elegante, repleta de citas (en varias lenguas extranjeras) y referencias literarias; el efecto que produce su lectura es el de estar escuchando a una gran dama del sector más ilustrado de la burguesía para quien la alta cultura era más apasionante que la vida misma. Para ella los libros tenían una realidad tangible, tal vez mayor que la de quienes los producían: se movía en un mundo de letras, en el que las actividades básicas eran leer y escribir, buscando su voz en medio de otras voces. A veces, su adoración por Francia y todo lo europeo delataba cierta cursilería intelectual, como puede verse en *La belle y sus enamorados* (Buenos Aires, 1964).

Hoy, su verdadero valor está en el vasto y variado panorama que pinta de la actividad intelectual a ambos lados del Atlántico; pocos ensayistas hispanoamericanos han sabido hablar de sí mismos mientras hablaban de otros; en ellos podía reflejarse como en una galería de espejos. En una de las páginas de su *Autobiografía* reflexiona sobre las dificultades de hablar en primera persona: «Yo no soy "aquello", lo perecedero que formó parte de mí y que ya nada tiene que ver conmigo. Soy *lo otro*. Pero ¿qué?». Era una mujer refinada y supremamente inteligente que podía hablar con autoridad de muchas cosas: literatura, arquitectura, arte, música, etc. Si escribió tanto sobre ella no fue por vanidad o mero egocentrismo: era un modo sutil de recobrar el pasado, una etapa idílica a la que gustaba volver, y de dar cuenta del dramático siglo en que le tocó vivir y actuar. Es esa *experiencia* del tiempo lo que —como en Proust— distingue sus páginas. Testimonio, autobiografía, memoria, crónica: su obra es fundamentalmente tiempo recobrado por una mujer independiente y lúcida que luchó contra los prejuicios, incluso los de su propia clase. Después de haber sido considerada en su época una mujer cuyos gustos exquisitos la alejaban de las grandes cuestiones de la hora, hoy es considerada por las feministas como una precursora de su causa.

La narradora Teresa de la Parra (1890-1936) es, sin discusión, la más importante figura literaria femenina que ha dado Venezuela. Su verdadero nombre era Ana Teresa Sanoja de la Parra, nació accidentalmente en París, se crió en una hacienda azucarera cerca de Caracas y luego en un internado religioso de Valencia, España; esos años son la materia fundamental de su obra, que es un constante esfuerzo por recobrarlos en la memoria. Regresó a Venezuela en 1919 y pasó allí, en una casa colonial, algunos años. Aunque de cultura europea, emocionalmente parece fijada por las imágenes del mundo propio, sobre todo las que emanaban de la naturaleza tropical. Hacia 1915 empezó a publicar relatos fantásticos en periódicos. En Macuto, cerca de Caracas y al borde del mar, redactó su primera novela: *Diario de una señorita que se fastidia* (Caracas, 1922), que definitivamente se tituló *Ifigenia: diario de una señorita que escribió porque se fastidiaba* (París, 1924), cuya traducción francesa aparecería dos años después.

En 1923 volvió a París, donde dirigió un centro de actividades culturales para el mundo hispánico. Por propia voluntad se retiró en Vevey, Suiza, para terminar su otra novela: *Las memorias de Mamá Blanca* (París, 1929), que se publicaría simultáneamente en francés. Viajó por Cuba y Colombia; en las tres conferencias dictadas en este último país en 1930 hizo interesantes reflexiones sobre el papel de la mujer en la historia americana, sobre su propia obra y el trabajo literario femenino. Tras una activa vida literaria, de la que dan testimonio su diario y tres volúmenes epistolares aparecidos póstumamente, De la Parra murió de tuberculosis en un hospital de Madrid.

Después del éxito que alcanzó su obra novelística, pasó por un período de cierta oscuridad hasta que recientemente empezó a ser objeto de una intensa revaloración crítica, que ha encontrado en ella elementos que la hacen precursora de tendencias actuales en la literatura hispanoamericana. Su perspectiva y tono narrativos no son frecuentes en su época, y menos entre narradoras mujeres. Aunque arrastra algunas notas del «criollismo», en su apogeo entonces, su obra va notoriamente en otra dirección. Las dos novelas se parecen entre sí por ser ambas crónicas familiares, centradas en el mundo doméstico y en sus tensiones, secretos y frustraciones, especialmente los que se imponen sobre una mujer y más si ésta es sensible e inteligente.

La ficción novelística es un sucedáneo de la vida que no se pudo tener, un espacio abierto para la crítica y la imaginación. No sólo tenemos una narradora-protagonista de su propia vida, sino una voz narrativa con una alta conciencia de su novelar, de su función como escritora. Su horizonte espiritual es literario, precisamente porque la educación religiosa que recibió ha tratado de apartarla de él por «mundano»; el alivio y las dificultades de escribir son la verdadera vida para ella y forman parte importante del tejido novelístico. La estructura de la obra está determinada por el hecho de que la narradora es una emisora de cartas, diarios y ocasionales poemas que a su vez recuerdan obras ajenas («El balcón de Julieta»), cuyos receptores son otros personajes o ella misma; es decir, hay textos dentro del texto, que convierten a los personajes en escribientes o lectores. En verdad, *Ifigenia...* es una autobiografía ficticia, más que una ficción autobiográfica. En cada una de sus cuatro partes se subraya que la actividad de escribir o leer es un factor decisivo en el designio de la novela: en el título de la primera parte se nos dice que la protagonista María Eugenia Alonso escribe «una carta muy larga donde las cosas se cuentan como en las novelas»; en la segunda parte nos enteramos de que ella «vuelve a escribir su diario»; la tercera comienza así: «Hace como cosa de dos años, yo tenía la costumbre de escribir mis impresiones», y más adelante: «Como soy a la vez autor y único público de mis obras...»; y en la última: «Tengo miedo... Sí, ... escribo por distraer el miedo».

La ridícula acusación que el libro despertó en su tiempo —la de ser un libro que atacaba la educación religiosa y la autoridad paternal— no merece discutirse ahora, salvo que paradójicamente sirve para llamar la atención sobre un rasgo propio de la novela: su crítica social dista mucho de ser radical o agria. El tono que elige la autora es íntimo, lírico, delicadamente humorístico, a medias entre la aceptación y la rebeldía; por su irónico retrato de la vida familiar burguesa se parece algo a *Un mundo para Julius* de Alfredo Bryce Echenique *(23.2.)*. Su principal defecto es la minucia descriptiva y la tendencia a la digresión que saturan sus trescientas páginas. Pero es claro que al homologar el destino de la heroína con el de la Ifigenia clásica (en su parrafada final escribe con punzante sarcasmo: «Y dócil y blanca y bella como Ifigenia, ¡aquí estoy ya dispuesta para el martirio!») está mostrándola como la víctima propiciatoria de los prejuicios y costumbres de la sociedad tradicional venezolana, cuya mediocridad se compara desventajosamente con la libertad y el refinamiento de la vida en París. Así, la novela sería una especie de *Bildungsroman* frustrado: la educación formal compromete y niega sus derechos a la mujer. Cuando nos cuenta su historia, la protagonista ya lo ha perdido todo por los turbios manejos de un pariente y no tiene otro camino que un matrimonio de conveniencia. Es esa situación crítica la que la mueve a escribir, la que le permite objetivar su «fastidio» y verse a sí misma como si fuese otra: un personaje literario. Los epígrafes que encabezan las respectivas partes y los títulos de los capítulos, con su sabor de crónica o relato clásico («En donde María Eugenia Alonso describe los ratos de suave contemplación pasados en el corral de su casa...»), enmarcan el relato como formando parte de un contexto histórico que asegura su verosimilitud.

Aunque más ceñida que *Ifigenia...*, *Las memorias de Mamá Blanca* reitera su dialéctica vivencia-recuerdo-escritura; en su larga «Advertencia» inicial, la autora nos dice: «Mamá Blanca, quien me legó al morir suaves recuerdos y unos quinientos pliegos de papel de hilo surcados por su fina y temblorosa letra inglesa, no tenía el menor parentesco conmigo». Adviértase cómo en el mismo impulso por contar episodios que tienen que ver con su propia vida, la autora se desliga de su presunta fuente de información. Sin embargo, están unidas —nos dice— por «misteriosas afinidades espirituales», pese a la diferencia de edad: la Mamá Blanca es una anciana, la autora una niña. Así, tenemos una compleja red de niveles textuales: una narradora que se presenta como mera correctora y ordenadora de unas memorias escritas por un personaje «real», pero que es sólo un mecanismo ficticio a través del cual aquélla reelabora sus propias experiencias. Bien podría decirse que el texto entrecruza ambiguamente los géneros: memorias como relato ficticio, ficción con forma memorialista. Al comenzar su relato, en un párrafo que pasa directamente de la tercera persona a la primera, la protagonista nos revela: «... tengo que confesarlo humildemente, sin merecer en absoluto semejante nombre, Blanca Nieves era yo».

Por otro lado, hay un fuerte desplazamiento temporal, pues la narración corresponde a la infancia de la Mamá Blanca, hacia mediados del siglo XIX. Pero no hay intento alguno de hacer una reconstrucción histórica de esa época: la visión del pasado es idealizadora, seguramente para hacerla contrastar con la realidad del presente, de tal modo que las experiencias vividas quedan bastante alteradas. Curiosamente, el relato implica una crítica constante a los afanes modernizadores de la actualidad y opta por una exaltación del orden natural (aunque corresponda al sistema patriarcal de la hacienda), que tiene una sorpresiva afinidad con el ideal horaciano de Bello en su célebre silva a la naturaleza americana *(7.7.)*. De la Parra estaba muy lejos de ser radical en cuestiones sociales y aun femeninas; era, al contrario, un espíritu tolerante y flexible, ambiguo dirían algunos. El desenlace empieza cuando la protagonista tiene que trasladarse a la ciudad y someterse forzosamente a los modelos que rigen su sistema educativo: el mundo idílico y feliz de una infancia «desaliñada, graciosa y torcida» ha quedado atrás, irrecuperable. En ese punto coinciden ambas novelas, que parecen defender una encantada —e imposible— edad de la inocencia que la razón y el progreso destruyen por completo y que sólo perdura por la doble vía de la memoria y la escritura; por eso, la heroína nos dice que éste es «el retrato de mi memoria». Habría que recordar otra coincidencia: esta recuperación novelística del mundo criollo y sus formas de vida tradicional, casi virgilianas, tiene interesantes contactos con *Doña Bárbara* de Rómulo Gallegos *(15.2.3.)*, que se publica precisamente ese mismo año y que exaltará el mundo primitivo con las resonancias elegíacas de un paraíso perdido. Y tampoco es inapropiado comparar la visión del mundo doméstico de la venezolana con la que presentará *La casa de los espíritus* de Isabel Allende *(23.2.)*.

Textos y crítica:

OCAMPO, Victoria, *Testimonios,* 10 series. 1. Madrid, Revista de Occidente, 1935; 2. Buenos Aires, Sur, 1941; 3. Buenos Aires, Sudamericana, 1946; 4-10. Buenos Aires, Sur, 1950-1979. [Vol. 4 bajo el título *Soledad sonora.*]
— *Autobiografía,* Buenos Aires, Sur, 1979-1984, 6 vols.
PARRA, Teresa de la, *Obra narrativa (Narrativa, ensayos, cartas),* ed. de Velia Bosch, Caracas, Biblioteca Ayacucho, 1982.
— *Las memorias de Mamá Blanca,* ed. crít. de Velia Bosch, Madrid, Archivos, 1988.

AIZENBERG, Edna, «El *Bildungsroman* fracasado en Latinoamérica: el caso de *Ifigenia,* de Teresa de la Parra», *Revista Iberoamericana,* 132-135 (1985), pp. 539-546.
BASTOS, María Luisa, «Victoria Ocampo», Carlos A. Solé*, vol. 2, pp. 705-710.
BOSCH, Velia, *Teresa de la Parra ante la crítica,* Caracas, Monte Ávila, 1980.
— ed. *Lengua viva de Teresa de la Parra,* Caracas, Pomaire, 1983.
FEBRES, Laura, *Cinco perspectivas críticas sobre la obra de Teresa de la Parra,* Caracas, Arte, 1984.

KING, John, *Sur: estudio de una revista literaria argentina y de su papel en el desarrollo de una cultura, 1931-1970,* México, Fondo de Cultura Económica, 1989.

LEMAÎTRE, Louis Antoine, *Mujer ingeniosa. Vida de Teresa de la Parra,* Madrid, La Muralla, 1987.

MEYER, Doris, *Victoria Ocampo.* [Estudio y antología.] New York, Braziller, 1978.

— *Victoria Ocampo, contra viento y marea.* [Estudio y antología.] Buenos Aires, Sudamericana, 1981.

MOLLOY, Sylvia, «El teatro de la lectura: cuerpo y libro en Victoria Ocampo», *Acto de presencia*,* pp. 78-106.

MORA, Gabriela, «La otra cara de Ifigenia». [Sobre Teresa de la Parra.] *Sin Nombre,* 3 (1976), pp. 130-145.

OMIL, Alba, *Frente y perfil de Victoria Ocampo,* Buenos Aires, Sur, 1980.

SCHULTZ CAZENEUVE DE MANTOVANI, Fryda, *Victoria Ocampo.* [Ensayo y antología.] Buenos Aires, Ediciones Culturales Argentinas, 1979.

SOMMER, Doris, «It's Wrong to Be Right: *Mamá Blanca* in Fatherly Foundations», *Foundational Fictions*,* pp. 290-321. [Sobre Teresa de la Parra.]

16. La primera vanguardia. Tres grandes poetas: Huidobro, Vallejo, Neruda. La voz de Girondo. Los «Contemporáneos»

16.1. Las constelaciones de la vanguardia internacional

La vanguardia no sólo es —por la profundidad revolucionaria de sus propuestas y su extensa repercusión por todo el mundo— el fenómeno estético capital del siglo XX, sino que marca el verdadero comienzo de la época contemporánea: es una ruptura radical con el legado decimonónico que todavía arrastraban las formas de creación en Occidente. Como bien ha señalado el historiador E. J. Hobsbawm, el nuestro es un «siglo corto»: arranca en 1914, bajo el doble signo de la guerra y la vanguardia, y termina con la caída del Muro de Berlín y el colapso de la Unión Soviética en 1989. La mayor consecuencia de la vanguardia es la de haber cambiado para siempre el modo como encaramos el fenómeno artístico en todas sus fases: su producción, consumo y difusión. Y al hacerlo así, cambió también nuestra percepción de la realidad y nos hizo conscientes de que vivíamos en un mundo esencialmente distinto. (El papel que cumplieron los grandes descubrimientos y adelantos en el área de la técnica y la ciencia es un fenómeno acompañante que no debe olvidarse.) En una palabra, nos hizo otros: lo que ahora somos. Es evidente, por lo tanto, que un fenómeno de tal complejidad difícilmente puede examinarse por completo en un libro como éste. Por otra parte, lo que a nosotros nos interesa es un pasaje específico de ese proceso: el que integra el espíritu de la vanguardia europea con el de América y cómo se transforma en algo cuyos rasgos ya no corresponden del todo —o no siempre— a la idea original.

¿Qué es lo realmente nuevo en la vanguardia? La respuesta se puede desglosar en dos partes o aspectos. Por un lado, es la misma noción de lo *nuevo* lo que la vanguardia exalta como valor supremo; es decir, una negación o contradicción de lo que nos viene dado por la tradición. Se argumentará con la paradoja de que esta idea de lo nuevo no es tan nueva: ya Hugo había hablado del *frisson nouveau* que encontraba en Baudelaire, definiendo así la sensibilidad «moderna» que dominaría en la segunda parte de su siglo y en nuestro modernismo (cap. 12). La diferencia es que la vanguardia tiene un sentido crítico de su propia novedad y se vuelve contra ella: la novedad es enemiga de la novedad, se agota pronto y exige ser reemplazada por otra en una rápida sucesión de descubrimientos y experimentos. Es el sentido *efímero* e *incesante* de la búsqueda lo que define a la vanguardia y lo que explica su tendencia a borrar sus propias huellas e ir siempre hacia adelante; de paso, eso sirve también para entender su propio nombre. Este mismo afán por producir la conmoción de lo nuevo contiene los gérmenes que frenan el dinamismo de la vanguardia: convierte el arte en simple *moda,* algo que se consume en un instante, como la misma industria de la moda.

Por otro lado, la búsqueda de la novedad supone una indeclinable actitud de rebeldía, de negación o contradicción de todo lo establecido y aceptado, que precisamente provoca su rechazo por ser estático y conformista. La vanguardia es una revuelta en perpetuo estado de ebullición, una declaración de guerra permanente. Podemos estudiarla sólo en los libros y obras que produjo, pero perderíamos mucho de su espíritu si no atendemos a lo que fue como *acción,* como actividad casi conspirativa, una acción simultánea en muchos campos que exigía la participación colectiva de sus miembros. Gran parte de la vanguardia está en sus manifiestos y revistas, en sus actos de provocación, en sus escándalos, en sus ataques y diatribas, en su continua *performance* como un medio para generar inquietud y desequilibrio en todos los estratos de la sociedad (no sólo los del mundo artístico), con la idea de no dejar piedra sin remover. Tras ellos, el modo de practicar la literatura y las otras formas de creación ya no fue nunca más el mismo.

Lo último —la vanguardia como una operación general sobre toda forma de actividad estética— es importante porque, bajo su impacto, cayeron las viejas barreras que separaban a las artes y enriqueció poderosamente a todas. Los poemas-*collages,* de Breton y Éluard, los grafismos en las telas cubistas de Picasso y Braque, los «caligramas» de Apollinaire, los recitados en los actos teatrales de dadá, los *frottages* de Max Ernst, las «rayografías» de Man Ray, los *ready-made* de Duchamp, la «aeropittura» (especie de ballet aéreo con aviones) de los futuristas, los juegos de luz y formas geométricas en el cine experimental de Fernand Léger, las disonancias jazzísticas en las composiciones de Stravinski, los diseños y proyectos arquitectónicos de Tatlin, las audaces coreografías concebidas por Diaghilev y Joos, etc., eran parte de un esfuerzo común por sembrar los campos artísticos con los hallazgos en campos paralelos y así demostrar que el acto creador es un *gesto* capaz de transformar cualquier cosa en otra completamente diferente. Testimonio de ese fecundo diálogo es la febril colaboración de artistas y escritores que produjo una huella profunda en el arte tipográfico de la época: los libros, revistas y otros impresos dejaron de ser un vehículo pasivo de su contenido y empezaron a ser parte de él.

La cuestión del tránsito de la vanguardia entre Europa y América y de las relaciones entre sus respectivos focos es interesante y muy reveladora de otro aspecto esencial del movimiento: el carácter auténticamente internacional de sus propuestas y de su lenguaje. La vanguardia habla todas las lenguas y aparece, con las naturales variantes, casi en cualquier parte —aun más allá del mundo occidental— y casi en el mismo momento: desde mediados de la primera década del siglo XX hasta más o menos el comienzo de los años treinta, en los que sufre una transformación o una renovación. Para distinguirla de la que sigue, llamaremos a ésta la «primera vanguardia» o «vanguardia histórica». Es un período de prodigiosa actividad y creatividad que difícilmente ha tenido paralelos después. Hay acuerdo general en señalar la aparición del cubismo en 1907, gracias al esfuerzo conjunto y prácticamente simultáneo de Picasso y Braque, como el punto de partida de la vanguardia; los seguirán Juan Gris, Léger y muchos más. Recordemos que 1907 es precisamente el año de *Les Demoiselles d'Avignon,* la célebre pintura de Picasso que distorsiona el concepto clásico de belleza con notas de agresividad y perversa seducción. Hay un hecho importante que señalar respecto del nacimiento del cubismo y que tiene mucho que ver con nuestro propósito: la nueva estética cubista tiene un pie en la más reciente plástica europea (el postimpresionismo de Cézanne) y otro en las imágenes del arte primitivo descubiertas en las esculturas africanas y oceánicas; es decir, lo «nuevo» está asociado a lo ancestral y mágico, una dimensión que parecía más afín a nuestro continente que a Europa; esto aceleró su entronque americano y nos hace entender por qué la vanguardia alcanzó tanta intensidad y profundidad entre nosotros: en cierta medida era un retorno a nuestros orígenes.

El segundo brote es el futurismo italiano lanzado en un manifiesto de Marinetti, publicado en París en 1909. Hay que recordar que, aunque esta ciudad es corrientemente considerada el centro catalizador de la vanguardia (lo que es en gran medida cierto), sus primeras manifestaciones no son todas obra de artistas de origen francés (el de Picasso es un caso muy claro) ni exclusivas de ese medio; por ejemplo, el futurismo es, pese a su lugar de nacimiento, una tendencia estrechamente ligada a las circunstancias históricas y culturales de la Italia de los años previos a la Primera Guerra Mundial. (Un detalle de interés sobre el futurismo: es el primer estallido vanguardista ampliamente comentado y divulgado en nuestro continente, como puede verse por las reservadas reacciones de Darío *[12.1.]* y Nervo *[12.2.11.2.]*, entre otros; el manifiesto de Marinetti fue traducido el mismo año de su aparición en una revista de Tegucigalpa.) Tempranos ecos futuristas en el arte hispanoamericano pueden encontrarse en la pintura del argentino Pettoruti y los dibujos del mexicano Dr. Atl (seudónimo de Gerardo Murillo).

El primer aporte hispanoamericano a la vanguardia internacional se anuncia en 1914: el chileno Vicente Huidobro *(16.2.1.)* presenta en Santiago de Chile su inflamado manifiesto «Non serviam», al que seguirían luego su libro *El espejo de agua* (1916), que oficialmente inaugura el creacionismo antes de que el poeta llegue a Madrid y París. Allí continúa publicando más libros creacionistas y lanzando varios manifiestos que lo convertirían en la figura clave de nuestra vanguardia poética. En Rusia, hacia 1915, Malevich exhibe sus nuevos cuadros y publica su ensayo sobre el suprematismo, que era un esfuerzo por pintar los ritmos del infinito o «el color del espacio». Esta tendencia dará origen al notable constructivismo ruso (cuya exhibición inaugural data de 1921), con Lissitzky, Rodchenko, Popova y Maiakovski, y éste, al singular constructivismo del teórico y pintor uruguayo Joaquín Torres García (1874-1949). A propósito del constructivismo ruso hay que decir dos cosas: primero, que logra una fusión del cubismo y el futurismo y los lleva a cubrir todos los campos de la creación, desde la arquitectura hasta la poesía; y segundo, que fue, aparte de una tendencia, una escuela, un método pedagógico de vastos alcances dentro y fuera de Rusia. Emulándolos, Torres García también difundiría sus ideas sobre el «universalismo constructivo» —síntesis del cubismo, constructivismo y el «arte concreto»— a través del Taller que llevó su nombre (1934).

El proceso inmediato a estos fenómenos confirma el internacionalismo de la vanguardia: dadá nace casi simultáneamente en Zúrich, Berlín, París y Nueva York en 1916, aunque se considera que apareció oficialmente en la primera ciudad, con las actividades de Hugo Ball y Tristán Tzara en el Café Voltaire. Lo cierto es que muchas manifestaciones decisivas para toda la vanguardia —algunas con acentos dadaístas— se producen en varias partes durante 1913: se inaugura la histórica muestra conocida como la Armory Show en Nueva York, donde se exhiben por primera vez en Norteamérica obras de Picabia y Duchamp (de éste, el famoso *Desnudo descendiendo una escalera*); en París aparece *Alcools* de Apollinaire y un estudio seminal: *Les peintres cubistes;* Giorgio de Chirico alcanza el apogeo de su período de «pittura metafisica», precursora de la pintura surrealista de la década siguiente; en Berlín aparece la revista *Der Sturm,* en la que colabora el artista y poeta Hans Arp, etc.

Hay otras dos contribuciones en nuestra lengua: el ultraísmo español (1918), iniciado por Rafael Cansinos-Assens y Guillermo de Torre estimulados por Huidobro, cuyas semillas tendrán fuertes rebrotes en Argentina, con Borges *(19.1.),* y otros países; y el fugaz estridentismo mexicano que surge en 1921 *(17.4.2.).* Finalmente, la conjunción del humor y el aire insurrecto de dadá, más otras propuestas —como los primeros *collages* de Max Ernst y la misma evolución de la obra de Duchamp y Man Ray—, produce el movimiento que mejor encarna y profundiza el espíritu inquieto de la vanguardia: el surrealismo, fundado por André Breton en 1924 y cuyo impacto en América será enorme.

Este repaso dista de ser completo porque deja de lado ciertas manifestaciones como el expresionismo alemán y el fauvismo de Derain y otros pintores franceses (que serían, en verdad, los primeros, pues anteceden por dos años al cubismo); el grupo *Der Blaue Retter* («El jinete azul», 1911) del que emergería el gran Kandinsky con su arte «no representacional», germen de la abstracción; el orfismo plástico de Robert Delaunay (1912); el imaginismo y el vorticismo fundados en Londres por Ezra Pound y Wyndham Lewis en 1913-1914; la asociación *De Stijl,* creada en Holanda en 1917 por Theo van Doesburg; el centro de diseño Bauhaus, fundado en 1919 por Walter Gropius, que pasaría por distintas etapas en Weimar, Berlín y Dessau; las ideas expuestas por Ortega y Gasset en *La deshumanización del arte* (1925); y otras más. Lo que queremos subrayar con estas referencias es un rasgo que conviene tener presente: la vanguardia es una constelación de movimientos, tendencias y grupos que pueden ser divergentes —y hasta enemigos irreconciliables— entre sí, pero que están sin embargo unidos por el hilo común del radicalismo y la disidencia. No hay una vanguardia: hay muchas *vanguardias,* cada una con su razón de ser, su proceso, su estrategia y su propósito. La vanguardia abre múltiples, infinitos caminos a sus seguidores: es un cauce plural y poroso que absorbe materias heteróclitas, las reelabora y las devuelve cambiadas. Verdaderamente internacional, la vanguardia echa raíces donde puede y produce floraciones inesperadas. La floración hispanoamericana es fundamental y no debe dejarse de lado cuando se estudia el fenómeno en toda su amplitud. Aparte de que el creacionismo de Huidobro es una idea que repercute en la poesía francesa, como se deja notar en Pierre Reverdy, los ciclos vanguardistas por los que pasan Vallejo *(16.3.2.)* y Neruda *(16.3.3.),* los otros dos grandes poetas de la época, no son meras variantes a influjos recibidos: son creaciones propias y originales que se añaden al gran repertorio de la vanguardia y la expanden. No sólo ocurre así en el campo literario: también las contribuciones de nuestra pintura (baste señalar los nombres de Torres García, Lam y Matta) y de nuestra reflexión cultural e intelectual son capitales.

El radicalismo revolucionario de la vanguardia nace de una conciencia hipercrítica de su época: en un mundo que ha olvidado o destruido sus propios valores, era necesario comenzar otra vez a partir de cero e inaugurar un tiempo nuevo. Gesto adánico y absoluto, posiblemente el último gran gesto romántico de nuestro siglo, la vanguardia es un llamado por la liberación de todas las fuerzas del ser humano para configurar el mundo de otro modo, a la medida de nuestra experiencia y nuestros sueños. Utopía de una civilización agobiada por una sensación de catástrofe y apocalipsis: la Primera Guerra Mundial y sus tristes secuelas coinciden con los momentos culminantes de la vanguardia. Peter Bürger nos recuerda que ésta fue también un ataque a fondo a la sociedad burguesa; en verdad, el término *vanguardia* se usó primero aplicado a los movimientos revolucionarios radicales.

No era de extrañar que, en algún punto, el experimentalismo y la infatigable búsqueda de nuevos lenguajes estéticos se integrasen con el profundo cambio social y el activismo político, como queda testimoniado en el giro que da Breton al redactar su Segundo Manifiesto Surrealista (1929) y al fundar en 1930 la revista *Le Surréalisme au Service de la Révolution;* en ese manifiesto llegaría a decir que «los dos órdenes de evolución [el poético y el político] son rigurosamente semejantes». En América, la efervescencia artística estuvo íntimamente ligada a la agitación ideológica, quizá en un grado más intenso que en Europa. Las circunstancias históricas eran distintas y parecían justificar la idea de que ambas revoluciones marchaban (o debían marchar) juntas. Si bien no habíamos sufrido directamente los rigores bélicos del gran conflicto de 1914-1918, sus resultados trajeron para nosotros una situación económica de aún mayor dependencia económica respecto de los centros de poder y el consecuente estado de agitación sindical (apoyada por organizaciones estudiantiles) de masas de trabajadores recién asimilados a sistemas de producción industrial masiva.

Por otro lado, mientras crecía la inquietud intelectual y social, las castas militares, en defensa del statu quo, instalaron en el poder feroces dictadores y caudillos que reprimieron sistemáticamente el clamor por el cambio. Éstos son los duros años de déspotas como Manuel Estrada Cabrera en Guatemala, Gerardo Machado en Cuba, Juan Vicente Gómez en Venezuela y Augusto B. Leguía en el Perú. El terreno era fecundo para que las vanguardias artísticas y políticas coincidiesen, y eso fue lo que ocurrió más de una vez. En realidad, hay dos casos históricos en los que tal fusión se produjo: la Unión Soviética, como puede verse por la colaboración que suprematistas y constructivistas prestaron a los ideales de la Revolución Bolchevique —antes de ser perseguidos por ella—, y América Latina, donde precisamente el ejemplo soviético y el precedente de la Revolución Mexicana *(14.2.)*, con su apoyo a la escuela muralista, estimularon por todo el continente la fe en el intelectual como activista político y agente revolucionario dentro y fuera de su propia tarea creadora. Así, aunque se trata de fenómenos en esencia diferentes, la vanguardia y el indigenismo *(17.8.)* pudieron marchar juntos como aliados en una misma lucha, como ocurriría con Mariátegui y su prédica marxista diseminada a través de su revista *Amauta*. Los tres grandes poetas del período —Huidobro, Vallejo y Neruda— son también ejemplos de ello. La literatura «negrista» *(17.6.1.)* y la llamada «poesía nativista» *(17.3.1.)* —un episodio intenso pero breve y de poco relieve estético— también testimonian esa alianza.

Por esta razón examinaremos en este y el siguiente capítulo fenómenos que convergen aunque nacen de concepciones diametralmente opuestas. Como de costumbre, el hecho de que, al lado de los vanguardistas «puros», haya varios autores que tienen una fase vanguardista después de la cual pasan a adoptar otras actitudes crea un problema para el ordenamiento histórico; adoptamos un criterio práctico: colocamos bajo el rubro vanguardista sólo a aquellos cuya parte sustantiva de su producción cae bajo esa denominación o está íntimamente ligada a ella. Recordemos también que ya encontramos algunos adelantos vanguardistas en poetas todavía ligados al molde postmodernista: López Velarde *(13.4.1.)*, Tablada *(13.4.2.)* y, tangencialmente, Ramos Sucre *(13.7.)*, entre los más destacados. Pero antes tenemos que volver atrás el reloj histórico una vez más porque nuestra vanguardia tiene un gran precursor que —yendo más lejos que aquellos tres— no sólo contradice las cronologías sino la idea misma del acto de escribir: Macedonio Fernández.

Textos y crítica:

BACIÚ, Stefan (ed.), *Antología de la poesía surrealista latinoamericana,* México, Joaquín Mortiz, 1974.
BRETON, André, *Manifiestos del surrealismo,* Madrid, Guadarrama, 1974.
GRÜNFELD, Mihai G. (ed.), *Antología de la poesía latinoamericana de vanguardia (1916- 1935),* Madrid, Hiperión, 1995.
OSORIO T., Nelson (ed.), *Manifiestos, proclamas y polémicas de la vanguardia literaria hispanoamericana,* Caracas, Biblioteca Ayacucho, 1988.
PELLEGRINI, Aldo (ed.), *Antología de la poesía surrealista,* Buenos Aires, Fabril Editora, 1961.
La Révolution Surréaliste [1924-1929], ed. facsimilar, París, Jean Michel Place, 1975.
SCHWARTZ, Jorge (ed.), *Las vanguardias latinoamericanas. Textos programáticos y críticos,* Madrid, Cátedra, 1991.
VERANI, Hugo (ed.), *Las vanguardias literarias en Hispanoamérica. Manifiestos, proclamas y otros escritos,* México, Fondo de Cultura Económica, 1995.
— *Narrativa vanguardista hispanoamericana,* México, Dirección de Literatura/ UNAM-Ediciones del Equilibrista, 1996.

BALAKIAN, Ana, *Surrealism: The Road to the Absolute,* Chicago, The University of Chicago Press, 1986.
BÉHAR, Henri, *Dada. Historia de una subversión,* Barcelona, Península, 1996.
BIRO, Adam, y René PASSERON, *Dictionnaire général du Surréalisme et de ses environs,* París, Office du Livre, 1982.
BOHN, Willard, *The Aesthetics of Visual Poetry. 1914-1928,* Chicago, The University of Chicago Press, 1986.
— *Apollinaire and the International Vanguard*.*
BONET, Juan Manuel, *Diccionario de las vanguardias en España,* Madrid, Alianza Editorial, 1995.
BÜRGER, Peter, *Theory of the Avant-Garde,* Minneapolis, University of Minnesota Press, 1984.
BURGOS, Fernando (ed.), *Prosa hispánica de vanguardia,* Madrid, Orígenes, 1986.
CALINESCU, Matei, *Five Faces of Modernity: Modernism, Avant-Garde, Decadence, Kitsch, Postmodernism,* Durham, North Carolina, Duke University Press, 1987.
CAWS, Mary Ann, *The Poetry of Dada and Surrealism,* Princeton, Princeton University, 1970.
COLLAZOS, Óscar (ed.), *Recopilación de textos sobre los vanguardismos en la América Latina,* La Habana, Casa de las Américas-Centro de Investigaciones Literarias, 1970.
Dada. Zurich-París. 1916-1922, París, Jean Michel Place, 1981.

FORSTER, Merlin H., y K. David JACKSON (eds.), *Vanguardism in Latin American Literature. An Annotated Bibliography,* Nueva York, Greenwood, 1990.
Futurism & Futurisms. Catálogo de la retrospectiva en el Palazzo Grassi, Venecia, New York, Abbeville, 1986.
GÓMEZ DE LA SERNA, Ramón, *Ismos,* Madrid, Guadarrama, 1975.
The Great Utopia. The Russian and Soviet Avant-Garde, 1915-1932, Catálogo de la retrospectiva en el Guggenheim Museum, New York, Guggenheim Museum, 1992.
HOBSBAWM, E. J., *The Age of Extremes: A History of the World, 1914-1991,* New York, Bantam Books, 1994, pp. 178-198.
MALDANIK, Marcos, *Vanguardismo y revolución. Metodología de la innovación estética,* Montevideo, Alfa, 1960.
MARTÍN, Carlos, *Hispanoamérica: mito y surrealismo,* Bogotá, Procultura, 1986.
MATHEWS, H. J., *Eight Painters: the Surrealist Context,* Syracuse, New York, Syracuse University Press, 1982. [Sobre Roberto Matta: pp. 107-120.]
MATTHEW, Gale, *Dada & Surrealism,* Londres, Phaidon, 1997.
NADEAU, Maurice, *Historia del surrealismo,* Barcelona, Ariel, 1975.
ORTEGA Y GASSET, José, *La deshumanización del arte y otros ensayos de estética,* Madrid, Revista de Occidente-Alianza Editorial, 1981.
OSORIO T., Nelson, *El futurismo y la vanguardia literaria en América Latina,* Caracas, CELARG, 1982.
PARIENTE, Ángel, *Diccionario temático del surrealismo,* Madrid, Alianza Editorial, 1996.
PAZ, Octavio, *La búsqueda del comienzo: escritos sobre el surrealismo,* Madrid, Fundamentos, 1983.
PÉREZ FIRMAT, Gustavo, *Idle Fictions: the Hispanic Vanguard Novel, 1926-1934,* Durham, North Carolina, Duke University Press, 1982.
POGGIOLI, Renato, *Teoría del arte de vanguardia,* Madrid, Revista de Occidente, 1964.
TORRE, Guillermo de, *Historia de las literaturas de vanguardia,* Madrid, Guadarrama, 1974.
UNRUH, Vicky, *Latin American Vanguards. The Art of Contentious Encounters,* Berkeley, University of California Press, 1994.
VIDELA, Gloria, *El ultraísmo. Estudios sobre movimientos poéticos de vanguardia en España,* Madrid, Gredos, 1963.
— *Direcciones del vanguardismo hispanoamericano,* Mendoza, Argentina, Universidad de Cuyo, 1990, 2 vols.
WENTZLAFF-EGGEBERT, Harald (ed.), *Las literaturas hispánicas de vanguardia. Orientación bibliográfica,* Frankfurt, Vervuert, 1991.
YURKIEVICH, Saúl, *A través de la trama: Sobre vanguardias literarias y otras concomitancias,* Barcelona, Muchnik, 1984.

16.2. Macedonio, el abuelo de la vanguardia

Si uno atiende a las fechas de nacimiento y muerte de Macedonio Fernández (1874-1952), se dará cuenta del enorme desfase cronológico que supone ocuparse sólo ahora de su obra: Macedonio (ése es el nombre con el que todos lo reconocen y el que usaremos) es coetáneo de Lugones *(12.2.1.)* y Blanco Fombona *(12.2.7.);* pero también lo es del constructivista Torres García *(supra),* con quien tiene algunas afinidades. La verdad es que su obra escrita comienza, más allá de algunas colaboraciones previas en periódicos argentinos, en 1928, con su *No toda es vigilia la de los ojos abiertos,* publicado en Buenos Aires. Son los años de máximo fervor vanguardista en el continente y en esa ciudad, gracias a los esfuerzos de Borges *(19.1.)* y el grupo formado alrededor de la revista *Martín Fierro (16.4.1.).* A ese clima iconoclasta se suma el libro de Macedonio, un hombre de más de 50 años que había empezado a hablar el lenguaje de la vanguardia antes que ellos y quizá sin cuidarse mucho de la menuda cuestión de saber dónde encajaba él dentro de ella; en realidad no encajaba bien en ninguna de esas tendencias, porque lo que traía a la escena literaria era algo realmente original, anómalo, excéntrico e inclasificable: él era su propia vanguardia, distinta de todas las otras.

Así es que Macedonio llega tarde pero temprano, para sorpresa de todos. El retraso se explica además si se recuerda que una de sus peregrinas teorías (desarrolló varias: sobre la psiquis, el Estado, la salud) era que la literatura bien podía *no* escribirse y que los libros no eran realmente indispensables: el origen y el fin del fenómeno literario estaba en el acto de pensarlo y nada más. El largo subtítulo de aquel primer libro nos da un indicio de su estética: *Arreglo de papeles que dejó un personaje de novela creado por el arte, Deunamor el Noexistente, el estudioso de su esperanza.* Es decir, quien escribe es otro, inventado por él mismo, que no existe; ya se ve por qué en la formación del joven Borges —el que escribiría *El tamaño de mi esperanza* (Buenos Aires, 1926)— el magisterio de Macedonio fue decisivo y generosamente reconocido por el discípulo, a quien en buena parte debemos su sobrevivencia literaria. En nuestro siglo xx hay muy pocas figuras que puedan superar en extrañeza a Macedonio, al mismo tiempo que en humildad y consecuencia —si eso se puede decir— con un espíritu de total anarquía que era para él la única manera de responder al impenetrable enigma de vivir y saber que estamos viviendo. Por sentir y expresar, antes que nadie entre nosotros, el sentimiento del absurdo es, sin duda, un gran precursor de nuestra vanguardia (más precisamente, de las *ideas* de la vanguardia) y de las nuevas concepciones de la novela hispanoamericana, que surgiría una década después de su muerte, como el propio Cortázar *(20.3.2.)* reconoció. Dicho de otro modo: al reinventarse, esa novelística finalmente se puso al día con Macedonio, que, en los años cincuenta, era un escritor secreto del que pocos sabían; lo que hoy conocemos de él es prácticamente toda labor reciente.

Macedonio amó la soledad, la quietud y el ocio mentalmente activo; lo que escribió es una pequeña fracción de lo que pensó en la privacidad de su hogar o en pequeños círculos de amigos. Nacido en el seno de una familia acomodada, pudo, al comienzo, dedicarse a sus meditaciones sin verse obligado a trabajar para sustentarse. Fue enviado a la universidad a estudiar derecho y obtuvo el título de abogado, pero lo que aprendió fue a filosofar y teorizar en la línea del pensamiento idealista. Leyó a los pensadores que todos conocían en su tiempo (Nietzsche y Schopenhauer, entre otros), pero los leyó de un modo distinto, pues elaboró con ellos una visión que, siendo irracional, no dejaba de albergar un íntimo optimismo en el hombre. Se embarcó en aventuras peregrinas; en 1897 se unió (quizá inspirado por Fourier) a un grupo que intentó fundar una utópica comunidad socialista en Paraguay, proyecto que terminó casi antes de comenzar. Aunque ejerció su profesión, lo hizo un poco distraídamente, porque dejaba que su mente vagase muy lejos de esas actividades. Sus preocupaciones metafísicas y estéticas se incrementaron y enriquecieron gracias a una correspondencia con William James, que comenzó en 1905 y duró hasta la muerte del filósofo norteamericano en 1910; y luego con otra alma gemela, Ramón Gómez de la Serna, gran maestro del *jeu d'esprit* vanguardista y burlesco inventor del «ramonismo». Esta amistad influyó decisivamente para que, no del todo convencido, Macedonio empezase realmente a escribir su obra, y se intensificó cuando el español llegó de visita a Buenos Aires y luego residió allí como exiliado. Recluido por voluntad propia y sin trabajo fijo, Macedonio vivió en pensiones y hoteles cada vez más modestos.

Su otro encuentro crucial es con Borges, cuando éste regresa de Europa, convencido por la prédica ultraísta, en 1921, y se esfuerza por trasplantarla junto con otros jóvenes escritores. Mutua fertilización: Borges se convierte inmediatamente en discípulo suyo y Macedonio descubre que lo que está pensando y escribiendo es, para los jóvenes vanguardistas argentinos, una fuente doctrinaria atractiva por su esencial excentricidad. Pero él jugó este papel a su manera: ajeno del todo a la militancia literaria, Macedonio dirigía a sus seguidores a la distancia y con gesto renuente. Esos actos en los que era invitado especial pero a los que era «el faltante» que se abstenía de asistir, enviando un texto que alguien leía y en el que solía parodiar su propio gesto de estar sin estar, eran lo más parecido a una velada dadaísta que entonces podía encontrarse en Buenos Aires. (Más dadaísta todavía fue su paródica «campaña presidencial» de 1927.) Macedonio ejerció la actividad literaria casi a pesar suyo, como un fantasma amable, irónico y juguetón.

En 1922 Borges lo nombró codirector de la revista *Proa* (primera época), donde publicó algunos textos. Colaboró además en *Proa* (1924, segunda época) y en *Martín Fierro (16.4.1.)*, que en 1926 organizó un homenaje a Marinetti —de viaje por Buenos Aires— en el que Macedonio ofreció un curioso brindis. Participó también en la llamada *Revista oral* (no se imprimía, sino que era leída en voz alta en el restaurante Royal Keller), concebida en 1926 por el poeta peruano Alberto Hidalgo *(16.4.)*, que en esos años era una especie de *enfant terrible* muy visible en la vanguardia bonaerense. Pese a la relación maestro-discípulo que había entre Macedonio y Borges, hacia 1928 se produjo un poco conocido incidente, en el que el mismo Hidalgo y el español Guillermo de Torre intervinieron, que los distanció temporalmente. En todo, Macedonio mostró la misma actitud de indiferencia activa que cultivó Duchamp, quien en 1919 había estado precisamente en Buenos Aires, completamente entregado al ajedrez y tratando vigorosamente de «no pintar»: para los dos, la omisión y el desgano eran más creadores que la acción. El desorden en que tenía sus papeles es legendario, igual que su resistencia a organizarlos como libros. Dejarlos dispersos por todas partes, metidos entre los muebles, regados por el piso o deliberadamente escondidos era para él la forma natural en que debía vivir la literatura, no definitivamente fijada entre las páginas de un volumen; hasta consideraba que las erratas no eran sino benéficas intervenciones del azar, que mejoraban el original. Él escribió sus textos, pero fueron sus amigos los que dieron forma a sus libros y los publicaron; hasta hoy no sabemos bien lo que Macedonio habría querido sacar a la luz si ellos no hubiesen ejercido una cordial presión sobre él para vencer esa distancia, ese margen que él siempre quiso mantener respecto de las convenciones propias de la vida literaria. Casi todos sus textos son editorialmente cuestionables y algunos fueron desglosados de páginas en las que había juntado indiscriminadamente poesía, novelas, relatos, ensayos, etc.

Se sabe, por ejemplo, que fueron Leopoldo Marechal *(17.7.)* y Raúl Scalabrini Ortiz, más tarde vinculados al peronismo, quienes lograron la publicación del mencionado *No todo es vigilia...* y que fue por estímulo de Borges como apareció su segundo y quizá el más leído de sus libros: *Papeles de Recienvenido* (Buenos Aires, 1929); una edición ampliada, prologada por Gómez de la Serna y complementada con *Continuación de la nada,* salió en 1944. Luego de un silencio de más de una década, apareció, por directa gestión de Alberto Hidalgo, *Una novela que comienza* (Santiago de Chile, 1941), que, más que una novela, es una serie de hipótesis novelísticas. Un breve cuaderno de poemas dedicados a su esposa muerta tres décadas atrás (*Muerte es beldad,* La Plata, 1942) es lo último que publicó en vida. Póstumamente, se agregaron *Poemas* (México, 1953); una antología bajo el título *Macedonio Fernández* (Buenos Aires, 1961), preparada y prologada por Borges; y los *Cuadernos de todo y nada* (Buenos Aires, 1972). Su hijo Adolfo de Obieta, entre otros, se ha ocupado de ordenar, recuperar y difundir su, hasta entonces, desconocida obra novelística, cuya muy tardía aparición —fue escrita o iniciada en la década del veinte— coincidió con varias novelas hispanoamericanas que exploraban los mismos terrenos *(22.2.1.).*

Sus dos novelas están en cierta manera coordinadas entre sí porque la primera es *Museo de la novela de la Eterna (primera novela buena)* (1967) y la otra es *Adriana Buenos Aires (última novela mala)* (1974), ambas impresas en Buenos Aires. Sus *Obras completas* comenzaron a editarse en 1974 y suman nueve tomos. No importa cuánto se logre exhumar y compilar, habrá que considerar su obra siempre incompleta, dispersa y —como la de Duchamp— definitivamente inacabada o sólo «totalmente empezada». El título de una antología preparada por Adolfo de Obieta en 1965 le conviene a todo lo que escribió: *Papeles de Macedonio Fernández;* páginas sueltas que no quisieron ser libros; éstos, decía, vienen a «llenar un vacío con otro». La reciente edición crítica de *Museo...* nos demuestra que la obra tenía más de un título y varios manuscritos, que fueron variando —fluyendo— a lo largo del tiempo.

Sus textos son retazos, fragmentos, retículas, imágenes instantáneas de un mundo que, un segundo después, parece desplomarse. Él mismo decía, jugando con los dos sentidos de la palabra, que eran *ocurrencias. No todo es vigilia...* da una idea de los alcances —y también de los límites— de su metafísica y su estética. Por cierto, el autor era un pensador profundamente asistemático y marginal a toda noción de doctrina. El libro, igual que *Papeles de Recienvenido* y casi todo el resto de su obra, es una miscelánea, una recopilación babélica de todo lo que le interesaba filosóficamente. Leyéndolo, casi somos capaces de percibir la forma en que avanzaba su pensamiento en medio de vacilaciones, revelaciones, pausas, iluminaciones, contradicciones y paradojas presocráticas. Vemos su *pensar* con más claridad que su pensamiento, que en muchos tramos parece entrecortado, interrumpiéndose a sí mismo, atacando varios objetos a la vez. Por ejemplo:

> Es una consecuencia de mi pensamiento metafísico que las posibilidades de acción, es decir de sucesión (pues toda acción o causalidad de un fenómeno sobre otro es meramente sucesión o inmediación) sobre los fenómenos son ilimitadas.

Así comienza el texto titulado «Acción psíquica entre conciencias» (1903), que fue añadido, junto con otros, en la edición de *No toda es vigilia...* preparada por Adolfo de Obieta (Buenos Aires, 1967), que enriquece considerablemente la versión original con materiales que, siendo de otras épocas, son parte de la misma reflexión. El libro contiene lo sustancial de sus ideas, pero en la forma más rapsódica que se pueda imaginar: es un conjunto de textos generalmente breves en los que Macedonio presenta sus temas (sus obsesiones, sería más apropiado), los plantea de modo somero y deja varias preguntas sin resolver; es la reiteración de (y a veces la contradicción entre) esos asuntos lo que nos permite observar las líneas clave de su pensamiento. Ese pensamiento pasa, sin distinguirlos, del chiste al disparate, de la ironía a la paradoja filosófica.

El autor defiende incansablemente una visión radicalmente idealista del mundo, en el que no hay cosas ni seres sino imágenes e impresiones. Él lo define, con un lenguaje idiosincrático, como un «almismo ayoico». Tampoco hay tiempo ni espacio, y esa doble negación parece a veces la de un filósofo humorista que hubiese leído la teoría de la relatividad de Einstein, que él reducía a «el tiempo como forro del espacio». Nada *es:* todos los fenómenos son *estados* subjetivos o sensaciones transitorias, efímeras. La consecuencia de esto es decisiva: si vivir es sólo sentir e imaginar, no hay diferencia esencial entre la «realidad» y el ensueño, que es «la sencilla verdad de sí mismo». Nos movemos entre ideaciones e imágenes a las que cargamos de sentido, un sentido liberado de las leyes de causalidad que rigen el mundo fenoménico. En ese flujo o sustancia anímica que proyectamos sobre otros (el amor y el arte son proyecciones de ese tipo) no existe el tiempo ni el espacio: estamos aquí y allá, viajando como esporas en busca de una fusión cósmica, acosados siempre por la sensación de la Nada. En los *Papeles de Recienvenido* hay abundantes casos de esa experiencia nihilista: absurdas situaciones cotidianas en las que sentimos no estar viviendo, circunstancias inexplicables que se repiten como signos de otro orden desconocido, reencuentros con alguien que es uno mismo o que es nadie. Un ejemplo es el que brinda el sutil cuento o parábola «El zapallo que se hizo cosmos», emblema del monismo filosófico del autor, pues el zapallo crece hasta abarcar todo, incluso su propio vacío, aparte de «los hombres, las ciudades y las almas dentro». Su metafísica culmina en una mística de la pasión amorosa que derrota a la muerte; por eso su esfuerzo teórico en sumir a sus lectores en el mismo trance de ensoñación e irrealidad, negándole todo asidero racional.

Entre las figuraciones que Macedonio creó para respaldar esa teoría está la de «Belarte», una nueva concepción estética que deliberadamente acepta el absurdo y la cualidad deletérea del acto creador: un arte sin obras ni formas acabadas. El autor reconoce sólo tres géneros: la Metáfora (esencia de la poesía), la Humorística Conceptual y la Novela. Quizá la propuesta más interesante sea la última, porque su concepción novelística llega a proponer no sólo la absoluta disolución de la verosimilitud, sino la incorporación del lector como personaje y la de éste como lector. Lo que Belarte busca es la generación de una onda psíquica que una las precarias realidades del texto y del individuo, extrapolándolos del mundo real. No es exagerado afirmar que Macedonio se adelantó tanto a su tiempo que sólo los lectores de la década del sesenta pudieron disfrutarlo y entenderlo bien. Como en una cápsula, todo el espíritu experimentador de la novela de esa época parecía estar contenido en el arte, antes minoritario, del autor: irracionalidad, narraciones inclusivas y heteróclitas, fragmentarismo, autorreferencialidad, aventuras espacio-temporales, crítica del lenguaje y crítica del mundo, descrédito del mimetismo realista, disonancias y convergencias insólitas, humor y lirismo, etc.

Con su dedicatoria al «Lector Salteado», sus cincuenta y seis prólogos, sus dieciocho capítulos y sus cuatro epílogos —uno de los cuales está dirigido «Al que quiera escribir esta novela»—, *Museo...* es algo más (o algo menos) que un relato: es un artefacto o simulacro para pensar el nuevo arte narrativo y concebir una novela ideal, una «novela futura», que sólo es posible si el lector es suficientemente sagaz como para inventarla. Negando el principio de causalidad en el que se basa el arte realista, Macedonio construye una novela-teoría que haría posible infinitas formas de narración, hasta ese momento impensables. Por su parte, *Adriana...* —dedicada a Alberto Hidalgo— es una burlona antinovela o sátira de la novela realista —sentimentalismo, intriga de corte naturalista (sexo y dinero), personajes verosímiles—, propuesta como algo por evitar. Así, Macedonio puso en cuestión los tres elementos básicos del arte narrativo: el autor, el narrador y el personaje. El autor es sólo un «suscitador» de imágenes que el lector reconstruye en su fantasía; el narrador es el vehículo de un tramado que, como un prisma hace con la luz, descompone las vivencias en instantes irrepetibles y sin embargo constantes; el personaje no es una «psicología», sino una función del texto que se modifica en la lectura y que sigue designios ajenos a la voluntad autoral. Éstas son preocupaciones que comparte con autores tan distintos como Laurence Sterne, Flaubert, Unamuno, Blanchot, Nathalie Sarraute, Burroughs, Pynchon, Nabokov, Milorad Pavić, Osman Lins, Huidobro *(infra),* Marechal *(17.7.),* Fuentes *(22.2.2.),* Cortázar *(20.3.2.)* y Donoso *(22.2.1.).* Concibió una novela que subrayaba el aspecto polisémico de todo relato, su capacidad para integrarse a otros discursos y las posibilidades de una estructura aleatoria; se adelantó así a las tesis de Umberto Eco sobre la «obra abierta», a Wolfgang Iser y sus reflexiones sobre «el lector implícito» y a otras modernas teorías sobre la lectura del texto literario como juego, transacción o *performance.*

Textos y crítica:

FERNÁNDEZ, Macedonio, *Obras completas,* Buenos Aires, Corregidor, 1974-1995, 9 vols.
— *Museo de la novela de la eterna,* sel., pról. y cron. de César Fernández Moreno, Caracas, Biblioteca Ayacucho, 1982.
— *Museo de la novela de la eterna,* ed. crít. de Ana Camblong y Adolfo de Obieta, Nanterre-Madrid, Archivos-Fondo de Cultura Económica, 1992.

BORINSKY, Alicia, *Macedonio Fernández y la teoría crítica. Una evaluación,* Buenos Aires, Corregidor, 1987.
— «An Apprentice in Readership: Macedonio Fernández», en *Theoretical Fables*,* pp. 1-16.
ENGELBERT, Jo Anne, *Macedonio Fernández and the Spanish American New Novel,* New York, New York University Press, 1978.
FERNÁNDEZ LATOUR, Enrique, *Macedonio Fernández, candidato a la presidencia y otros escritos,* Buenos Aires, Agon, 1980.
FLAMMERSFELD, Waltraut, *Macedonio Fernández (1874-1952): Reflexion und Negation als Bestimmungen der Modernität,* Berna, Herbert Lang, 1976.
GARCÍA, Germán Leopoldo, *Macedonio Fernández: la escritura objeto,* Buenos Aires, Siglo XXI, 1975.
ISAACSON, José, *Macedonio Fernández, sus ideas políticas y estéticas,* Buenos Aires, Belgrano, 1981.
JITRIK, Noé, *La novela futura de Macedonio Fernández,* Caracas, Universidad Central de Venezuela, 1973.
OBIETA, Adolfo de, *et al., Macedonio Fernández,* Buenos Aires, C. Pérez, 1969.
SALVADOR, Nélida, *Macedonio Fernández: precursor de la antinovela,* Buenos Aires, Plus Ultra, 1986.

SCHIMINOVICH, Flora, *La obra de Macedonio Fernández: una lectura surrealista*, Madrid, Pliegos, 1986.

16.3. Los tres grandes poetas

En los apartados inmediatos nos ocuparemos —desglosándolos de sus respectivos contextos nacionales, porque en realidad los desbordan— de tres grandes poetas del siglo XX cuyo entronque con la vanguardia *(16.1.)* es absoluto (el caso de Huidobro) o parcial aunque decisivo (Vallejo, Neruda). Lo haremos con una advertencia: siendo sus obras muy vastas, conocidas y exhaustivamente estudiadas, tenemos que renunciar de antemano a la pretensión de cubrir todas sus facetas. Las examinaremos bajo la premisa de que hablamos de autores sobre los cuales los lectores no necesitan todos los datos para ubicarlos históricamente y valorar su aporte; nos concentraremos en ciertos aspectos clave y dejaremos el resto sin tocar. Es decir, seremos todo lo concisos que nos sea posible sin distorsionar su respectiva significación y su relación con sus antecedentes, contemporáneos y sucesores. Borges, que podría ser considerado el cuarto poeta asimilable a este selecto grupo, tiene un breve período de febril afinidad vanguardista, pero su obra madura —incluyendo su ensayística y su narrativa— se aleja progresivamente de la vanguardia hasta ocupar un espacio literario completamente suyo y distinto a todos; por eso lo estudiamos en capítulo aparte *(19.1.)*.

16.3.1. La teoría y la praxis de Huidobro

En la batalla por la causa de la renovación vanguardista de nuestra poesía, el chileno Vicente Huidobro (1893-1948) se adelanta a todos como nuestro primer militante de esa gran rebelión *(16.1.)*. Y si hay alguien que se le haya adelantado en detectar y asimilar los nuevos vientos, nadie lo antecede en su vasto esfuerzo teórico, fiel acompañante de su evolución como poeta. Nunca negó su fe en la revolución que inició muy joven y, buen vanguardista, nunca retrocedió frente a los embates que sufrió y a los retos de su momento histórico: su filiación vanguardista es incontestable. Entre los poetas chilenos de su generación nadie lo iguala en visión, propósito y trascendencia. Incluso cuando cesa su campaña para establecer y difundir el creacionismo, no abandonará nunca la creencia de la constante necesidad de renovar el lenguaje lírico, y menos su idea, bastan-

LA CAPILLA ALDEANA

Ave
canta
suave
que tu canto encanta
sobre el campo inerte
sones
vierte
y ora-
ciones
llora.
Desde
la cruz santa
el triunfo del sol canta
y bajo el palio azul del cielo
deshoja tus cantares sobre el suelo.
Une tus notas a las de la campana
Que ya se despereza ebria de mañana
Evangelizando la gran quietud aldeana.
Es un amanecer en que una bondad brilla
La capilla está ante la paz de la montaña
Como una limosnera está ante una capilla.
Se esparce en el paisaje el aire de una extraña
Santidad, algo bíblico, algo de piel de oveja
Algo como un rocío lleno de bendiciones
Cual si el campo rezara una idílica queja
Llena de sus caricias y de sus emociones.
La capilla es como una viejita acurrucada
Y al pie de la montaña parece un cuento de hada.
Junto a ella como una bandada de mendigos
Se agrupan y se acercan unos cuantos castaños
Que se asoman curiosos por todos los postigos
Con la malevolencia de los viejos huraños.
Y en el cuadrito lleno de ambiente y de frescura
En el paisaje alegre con castidad de lino
Pinta un brochazo negro la sotana del cura.
Cuando ya la tarde alarga su sombra sobre el camino
Parece que se metiera al fondo de la capilla
Y la luz de la gran lámpara con su brillo mortecino
Pinta en la muralla blanca, como una raya amarilla.
Las tablas viejas roncan, crujen, cuando entra el viento oliendo a rosas
Rezonga triste en un murmullo el eco santo del rosario
La oscuridad va amalgamando y confundiendo así las cosas
Y vuela un «Ángelus» lloroso con lentitud del campanario.

Figura 6.

te romántica en el fondo, de que el poeta es un demiurgo, un vate, un ser destinado a cumplir una alta misión entre los hombres. Su obra —un impresionante conjunto de treinta y tantos títulos que cubren varios géneros y más de tres décadas— refleja bien esta actitud combativa, de constante ataque y defensa, que mantuvo toda su vida. Esa obra presenta además un importante caso de bilingüismo: varios de sus libros fueron escritos originalmente en francés, lengua que él adoptó e hizo suya con singular rapidez y destreza.

Huidobro (su verdadero apellido era García Huidobro) perteneció a una de las grandes familias patricias de Chile, ricas en poder y dinero, dueñas de tierras e intereses agropecuarios. Desde muy joven, en el colegio jesuita donde se educó y en la universidad, se distinguió por su carácter impetuoso, dominante, guiado por la convicción de que iba a cumplir un papel excepcional. Como suele ocurrir con los iluminados que se sienten destinados a grandes tareas, tenía un temperamento nada fácil (odioso para algunos que lo conocieron y sufrieron), con rasgos de arrogancia intelectual y orgulloso egotismo; él mismo confesó que, a los diecisiete años, ya ambicionaba ser el primer poeta de América como camino para ser el mayor poeta del siglo. Estas tendencias no desaparecieron —antes bien: se agudizaron con su propio éxito— en la madurez.

Alentado por una inquebrantable confianza en sí mismo, su evolución como poeta es rapidísima, casi vertiginosa. De sus comienzos modernistas, visibles en sus cuatro primeros libros, pasará pronto a su negación y a un temprano experimentalismo visual que se parece un poco al que practicaría años después Tablada *(13.4.2.)* y que se adelanta —como señala René de Costa— a los «caligramas» de Apollinaire: en la sección «Japonerías de invierno» de *Canciones en la noche* (Santiago, 1913), su tercer libro, encontramos cuatro poemas caligramáticos (por ejemplo, «La capilla aldeana», *fig. 6*). En su siguiente libro, *Pasando y pasando* (Santiago, 1914), recoge sus artículos y hace esta altiva declaración: «En literatura me gusta todo lo que es innovación. Todo lo que es original». De este mismo año —al parecer— es su manifiesto «Non serviam», su primer grito de rebelión total contra la poesía tradicional y el punto de partida de su creacionismo. Esto queda confirmado poco después en uno de sus libros clave: *El espejo de agua* (Buenos Aires, 1916), donde aparece su célebre «Arte poética», cuyo pensamiento lúcido, de transparentes imágenes y seductoras propuestas, tiene el reconocible sello de su personalidad y transmite su total certeza de estar inaugurando algo nuevo; obsérvese en los siguientes versos la perfecta fusión de prédica y lirismo:

> Por qué cantáis la rosa, ¡oh Poetas!
> Hacedla florecer en el poema.
> Sólo para nosotros
> Viven todas las cosas bajo el Sol.
>
> El poeta es un pequeño Dios.

Después de haber quedado bautizada su nueva propuesta con el nombre de «creacionismo» en Buenos Aires, Huidobro viaja a Europa con el claro propósito de propagar su causa en pleno auge vanguardista. Es importante subrayar que, por lo tanto, la idea creacionista ya existe antes de llegar el poeta a París y Madrid, porque durante un tiempo circuló una errónea (o malintencionada) versión del ultraísta Guillermo de Torre. Según éste, Huidobro era un plagiario, pues habría alterado la fecha original de *El espejo de agua* para ocultar que fue en París —y bajo el influjo de Pierre Reverdy— donde concibió el creacionismo. La inserción del poeta en ese agitado ambiente artístico es inmediata y triunfal. No sólo fue aceptado en los más notables cenáculos, grupos y revistas de toda Europa, sino que la importancia de su aporte teórico y creador fue reconocida por los verdaderamente grandes e influyó en varios de ellos.

Entre las numerosísimas publicaciones fundadas o impulsadas por él, sus obras en colaboración y sus fecundas amistades personales, pueden mencionarse: las revistas *Nord-Sud* (París, 16 números, 1917-1918, que lanza con Reverdy) y la multilingüe *Creación/Création* (Madrid-París, 3 números, 1921-1924); las *Tres novelas ejemplares* (Santiago, 1935), escritas en colaboración con Hans Arp y que en realidad son tres breves relatos; la exhibición de sus «poemas cuadros» en la galería G. L. Manuel (París, 1922), que termina con un escándalo; sus contactos con el grupo a cargo de la revista madrileña *Ultra* (1921-1922); los lazos estrechos que estableció con Picasso (quien, como Arp, hizo un retrato de él), Juan Gris, Miró, Apollinaire, Max Jacob, Tzara, Lipchitz, Ozenfant, Le Corbusier, Gómez de la Serna, Guillermo de Torre, Cansinos-Assens, Gerardo Diego y tantos otros. Además de sus poemas, manifiestos, ensayos, novelas y obras teatrales, la producción de Huidobro se abrió a otros campos: la pintura, el cine y la música, de lo que dan testimonio *Corsage*, un «poema-vestido» diseñado con Sonia Delaunay en 1922; sus experimentos de cine «cubista» en 1923; y sus adaptaciones y colaboración en *Offrandes* (1922) con el músico Edgar Varèse, quien incorporó también un texto de Tablada.

Sólo entre 1917 y 1925 —quizá su período de actividad más intenso— publicó en francés y español ocho libros o cuadernos; entre los de mayor interés están: *Horizon carré* (París, 1917), *Poemas árticos, Ecuatorial, Tour Eiffel, Hallali* (los cuatro en Madrid, 1918) y *Automne régulier* (París, 1925). Del grupo, *Horizon carré,* escrito en francés e ilustrado por Juan Gris (cuya colaboración con Huidobro fue muy estrecha y decisiva), es posiblemente la mejor expresión de su cubismo poético, aparte de un notable ejemplo de su uso de la tipografía para crear objetos visuales; tampoco hay que olvidar que Robert Delaunay ilustró la carátula de *Tour Eiffel* y las correspondencias de este cuaderno con la serie que el artista pintó entre 1909 y 1912 sobre ese mismo monumento (específicamente la titulada «La Tour simultanée», uno de cuyos cuadros aparece reproducido en la página titular), en la que intentaba una extensión del cubismo denominada «orfismo» por Apollinaire. El poeta quiso sugerir las transiciones cromáticas registradas por la serie de Delaunay con los distintos colores de las páginas: gris, rosado, celeste, verde.

Ese y otros libros demuestran que Huidobro absorbió bastante de las nuevas tendencias europeas que le resultaron más afines, al mismo tiempo que operaba como un catalizador del espíritu vanguardista impulsándolo con sus creaciones y proyectos. Aunque el poeta libraba una constante batalla por imponer el creacionismo como la fuerza rectora de la vanguardia (y él como el jefe supremo), es evidente que aun dentro de la fase de mayor fervor creacionista le gusta aproximarse a otras estéticas y hacerlas suyas; eso pasa, por ejemplo, con el cubismo (visual y literario), dadá y el ultraísmo, cuyas notas se filtran en determinadas instancias de su obra. En verdad, sus relaciones con el ultraísmo son polémicas e incluyen una pugna por incorporar a la vanguardia española dentro de la órbita creacionista; el empeño fracasa y el ultraísmo se bautiza con ese nombre para subrayar su independencia aunque tenga una deuda con Huidobro. El chileno no aceptaba todo en la vanguardia y tenía un odio militante contra el futurismo (que se nota en el «Arte poética» arriba citada) y contra el surrealismo, ante el cual se mostró tan incomprensivo que llegó a afirmar que era «un simple pasatiempo familiar para después de la comida»; tampoco sus veleidades dadaístas le impidieron, en una conferencia de 1921, acusarlos de «sepultureros». Quizá la incomprensión fuese algo calculada: los jefes del futurismo (Marinetti) y del surrealismo (Breton) eran sus rivales natos en la pugna por unificar la vanguardia bajo su égida. Es posible sospechar que las razones personales pesaban en este desdén más que las estéticas, lo que justificaría los vagos rastros de ambas tendencias que se perciben aquí y allá en su obra.

En este punto parece pertinente tratar de entender qué es (o quiso ser) el creacionismo huidobriano. Su idea central es la de emancipar el texto poético respecto del mundo real para hacer de él un «objeto nuevo»: la poesía es una creación absoluta y original que desafía y rivaliza con la divina. Dos órdenes opuestos: el natural (físico) y el poético (verbal), cada uno con sus propias estructuras, símbolos y comportamientos. Por primera vez, la poesía conquistaba una autonomía total. Lo importante no es representar el mundo objetivo, dando una réplica de él, sino encontrar nuevas relaciones entre las palabras que lo designan para crear uno completamente nuevo: creación pura y pura creación. Por eso «el poeta es un pequeño Dios». Es, por cierto, una ruptura total con el modernismo hispanoamericano *(11.1.)* al que él mismo rindió tributo muy al comienzo. Hay que recordar, sin embargo, lo que proclamaba Darío *(12.1.)* en el prólogo a *Prosas profanas:* «Y la primera ley, creador: crear». Tampoco hay que olvidar la extrañeza del sistema metafórico de Lugones *(12.2.1.)*, Herrera y Reissig *(12.2.4.)* y López Velarde *(13.4.1.)*. ¿Es el creacionismo un lejano eco o una versión depurada del modernismo?

Tal vez, pero las diferencias son también profundas: los procedimientos para hacer brotar la imagen, como una chispa del pedernal, y la rigurosa ausencia de sentimentalismo, descripciones y anécdotas no nos dejan dudar de que éste es otro lenguaje, por completo distinto. La imagen tiene la fuerza de una revelación instantánea, que niega la lógica y nos muestra el mundo como si lo viésemos por primera vez: un atrevido *invento* de la fantasía y el poder visionario del hombre-poeta. La estética creacionista es una especie de «imaginismo» (en los dos sentidos de la palabra), un purismo poético que tiene ciertas conexiones con la llamada «poesía pura» española. Es también una propuesta misional: el poeta viene a salvar a la humanidad de su caída y su degradación contemporánea. La poesía es el nuevo evangelio, y el lenguaje, el único vehículo de nuestro propio renacer.

Huidobro pone toda su esperanza en los poderes del lenguaje, pero es consciente tanto de su grandeza como de sus limitaciones. Esto es lo que lo hace tan moderno, porque hoy, mejor que nunca, tras los aportes de la lingüística, el formalismo ruso, el estructuralismo y otras teorías, sabemos que el lenguaje es una construcción precaria que crea un sentido también precario, ligado a determinaciones culturales e históricas. Hay un gesto trágico en este confiar a un instrumento tan frágil como el lenguaje la búsqueda de lo absoluto que el creacionismo emprende; pero es la facultad suprema del hombre y su única vía hacia el reino de lo superior y permanente. Las raíces del creacionismo están en las propuestas poéticas de Emerson, Mallarmé y Rimbaud para transponer el mundo en un designio verbal.

El creacionismo es una vasta operación de limpieza del lenguaje, no sólo por la formación de un nuevo sistema de imágenes y de una red de insólitas relaciones entre ellas, sino también por reformar las leyes que rigen la estructura del verso castellano. ¿Reformar? Más apropiado sería decir *revolucionar*. Huidobro predica y practica la supresión de elementos conectivos y relacionales, lo que produce un verso elíptico sin excrecencias, directo y de ceñidos perfiles; prescinde del metro, la estrofa y la rima; libera el ritmo de todo lastre retórico y lo asocia al flujo del pensamiento; ignora la puntuación, juega con los espacios que el texto deja abiertos en la página; e incorpora grafismos, diseños, sugerencias icónicas o cinéticas; destierra el epíteto y acepta la adjetivación sólo cuando es estrictamente necesaria: «El adjetivo, cuando no da vida, mata». Sus coincidencias de composición —basada en el simultaneísmo y la discontinuidad— con la pintura cubista son significativas; por eso se ha dicho que el creacionismo es, en verdad, una aplicación del cubismo a la poesía. La visualidad del poema creacionista es un rasgo imposible de ignorar: si no vemos cómo se despliega sobre la página, con sus mayúsculas, versos-palabras y otras marcas gráficas, no podemos disfrutarlo bien.

Con frecuencia, el significado de una imagen es el resultado de cruces semántico-visuales, como en «Cada vez que abro los labios / Inundo de nubes el vacío» («Noche») o en «Corté todas las rosas / De las nubes del este» («Marino»). No nos ofrece confesiones ni nos produce fuertes emociones (salvo la de crear); pero genera una poderosa energía mental («El vigor verdadero / Reside en la cabeza»), una radiante convicción de estar contemplando cosas que no vemos en el mundo natural. Nos fuerza a ver la semejanza de lo contrario, la proximidad de lo lejano: su lógica es de carácter analógico y nos abre los ojos para que descubramos que antes estábamos ciegos. (Hay un punto, por la vía del absurdo y la incongruencia, en el que el creacionismo se roza, sin querer, con el surrealismo, como puede notarse en *Automne régulier* y *Tout à coup*.) Se dirá: poesía fría, hiperconsciente. Pero a cambio de esa limitación o peligro, su poesía nos llega como un soplo de aire fresco, nueva y exacta en cada uno de sus detalles, más perfecta —más etérea y fluida— que la creación divina. El poeta-demiurgo todo lo puede con la mágica varita creacionista.

Poeta aéreo, que envidia el libre vuelo de los pájaros, encarnaría finalmente una figura que es una síntesis de hombre y ave: *Altazor, o el viaje en paracaídas* (Santiago, 1931) es el campo donde se realiza esa síntesis y con el que culmina la utopía creacionista. Es el gran poema en el que reside buena parte de la trascendencia de Huidobro. Pero obsérvese que el título no nos anuncia precisamente un vuelo, sino una caída —una caída amortiguada por un reciente invento de uso militar y asociado por lo tanto a la sobrevivencia en la guerra—. Es la parte final y trágica de una aspiración al vuelo, la altura y la visión sin límites a la que alude el nombre *Altazor (altura/azor)*. Hay que hacer una observación sobre la cronología y la génesis del poema: su redacción comienza hacia 1919 y avanza de modo entrecortado (hay anticipos del prefacio y de los cantos I y IV) durante los largos años que llevan a la fecha de edición; esos anticipos y el título provisional *(Voyage en parachute)* nos indican que el proyecto fue concebido originalmente en francés. Esto ayuda a explicar las visibles diferencias de tono y forma que encontramos en el poema, especialmente en sus partes iniciales respecto de las siguientes; si algo puede achacársele al texto es su falta de unidad interna. Por otro lado, siendo un poema de naturaleza muy singular, tiene relación con otros textos del autor, como los que encontramos en *Ecuatorial, Automne régulier, Tout à coup* (París, 1925) y sobre todo con su otro importante poema extenso: *Temblor de cielo* (Madrid, 1931), escrito en prosa.

El amplio contexto histórico, ideológico e intelectual que acompaña la redacción del poema —el fin de la Primera Guerra Mundial, la crisis existencial que la sigue, el realineamiento de la vanguardia europea y de la propia propuesta huidobriana— es muy visible como trasfondo de la obra, enmarcada por las ideas de renacimiento y apocalipsis, de salvación y caída. El poema está construido como una alegoría que condensa la historia de la humanidad guiada por el perenne empeño de ir siempre más allá, por rebelarse contra sus limitaciones y elevarse a la altura de Dios. Es un poema extenso (110 páginas en la edición original) y visionario que comparte algunos rasgos con *Primero Sueño* de Sor Juana (5.2.), *Une saison en enfer* de Rimbaud, *Anabase* de Saint-John Perse, *Muerte sin fin* de Gorostiza (16.4.3.) y *Piedra de sol* de Octavio Paz (20.3.3.): en mayor o menor grado, todos son viajes espirituales, transportes o vuelos del alma que terminan en caídas en el vacío de lo que no podemos comprender o nombrar. El héroe de *Altazor* es el hombre-artista, el poeta-aviador que adopta el mismo gesto de rebeldía, desafío, aventura y tragedia que encontramos en figuras míticas como Prometeo, Ícaro, Adán, Cristo y otras; el Prefacio comienza: «Nací a los treinta y tres años, el día de la muerte de Cristo: nací en el Equinoccio, bajo las hortensias y los aeroplanos del calor». En el manifiesto «Total», publicado en francés en 1932 pero escrito —según él— en Madrid el año anterior, hace una crítica y un llamado que tienen profunda afinidad con el lenguaje de *Altazor*:

Habéis perdido el sentido de la unidad, habéis olvidado el verbo creador.

El verbo cósmico, el verbo en el cual flotan los mundos. Porque al principio era el verbo y al fin será también el verbo.

[.....]

La voz de una nueva civilización naciente, la voz de un mundo de hombres y no de clases. Una voz de poeta que pertenece a la humanidad y no a cierto clan.

[.....]

Después de tanta tesis y antítesis, es preciso ahora la gran síntesis.

Eso es lo que justamente intenta esta obra: hacer la gran síntesis no sólo de su experiencia poética, sino de los lenguajes de la vanguardia; es un poema que quiere ser total y totalizador, un testamento para la humanidad de nuestra época. Gran tarea de creación y de destrucción, porque supone la negación del lenguaje que escinde y no integra al hombre y de las formas culturales (religión, ciencia, arte, etc.) que han traicionado sus más grandes aspiraciones. El lenguaje es la cristalización de toda nuestra grandeza y nuestra derrota, y tiene que ser reemplazado por el de la poesía que posee la clave para la restitución de la perdida unidad cósmica. Pero el impulso mismo es un desgarramiento, un tropezar en pozos de angustia y absurdo existencial, una caída —el paracaídas la prolonga por veinticinco años— que le permite simultáneamente desdoblarse, hablar de sí mismo y a sí mismo («Soy yo Altazor el doble de mí mismo / El que se mira obrar y se ríe del otro frente a frente») y, así, parodiar su propio esfuerzo. El poema zigzaguea entre la exaltación y la depresión, entre el mundo celestial que lo seduce y el terrestre que lo reclama. Altazor es a la vez un astro girando en su órbita espacial y un bólido que se estrella en la tierra. Como firmando su nombre dentro del texto que produce, Huidobro escribe su propio epitafio al lado del de Altazor: «Aquí yace Altazor, fulminado por la altura / Aquí yace Vicente, antipoeta y mago» (canto V).

Los numerosos y exhaustivos análisis a los que ha sido sometido por la crítica nos eximen —aunque haya margen para algunas discrepancias— de intentar siquiera mostrar cómo desarrolla su complejo asunto a lo largo de siete cantos. Sólo queremos destacar lo que es quizá el aspecto más notorio del texto: la absoluta libertad con la que trata el lenguaje, al punto que se apropia de él, juega con él, le quita su sentido tradicional, le otorga otros absurdos y reveladores, lo ridiculiza y deja a la vista sus mecanismos para probar que no es sino eso —un artefacto creado por el hombre y descreado por él—. El repertorio de la fiesta lingüística que celebra Huidobro es extenso: juegos de palabras (fonéticos y semánticos), deslexicalizaciones, composición y descomposición de palabras, letanías y series, enumeraciones caóticas, etc. Su inventiva y el sesgo absurdo de sus experimentos recuerdan un poco el *nonsense* y la poética arbitrariedad de *Alice in Wonderland* de Lewis Carroll.

Los casos más notables y famosos son: la secuencia de treinta y seis versos que se basan en una serie de desplazamientos semántico-sintácticos encadenados («Sabemos posar un beso como una mirada / Plantar miradas como árboles») del canto III y otra de ciento ochenta versos hecha exclusivamente a partir de variantes del sintagma «Molino de viento» en el canto V; los desmembramientos verbales a partir de *golondrina* con el agregado de otras palabras usadas como terminaciones *(golonfina, goloncima, golonclima...)* y las parodias etimológicas con nombres propios («Aquí yace Rosario río de rosas...»), ambas en el IV; y sobre todo el canto VII, en el que el lenguaje ya ha sido reducido a añicos y sólo quedan sílabas, sonidos primarios y palabras sin sentido, que recuerdan el nihilismo de los experimentos letristas y fonéticos de dadá: «Ai i a / Temporia / Ai ai aia / Ululayu / lulalu / layu yu...». Huidobro toca aquí los límites mismos del lenguaje —detrás de los cuales está el silencio o el caos babélico— y percibe el grotesco drama que envuelve al hombre contemporáneo, el mismo que encontramos en *The Waste Land* de T. S. Eliot, *Ulises* de Joyce y *Trilce* de Vallejo *(infra),* tres obras capitales del año 1922 con las que, sin duda, *Altazor* establece un diálogo vanguardista a cuatro voces.

La vida y la obra de Huidobro atraviesan por tremendos cambios, peripecias y escándalos después de 1922, año con el que prácticamente se cierra, si no el creacionismo como cree De Costa, sí su fervoroso activismo en favor de esa tendencia. Primero lo vemos ingresar directamente en la lucha política mundial, con un panfleto en francés contra el imperialismo inglés en la India (*Finis Britannia,* París, 1923), que parece estar asociado con un «secuestro» del que fue víctima, y luego lanzar furiosos ataques contra la oligarquía de su país, es decir, la clase a la que él pertenecía. Vuelve a Chile en 1925 (había vuelto antes en 1919), se encuentra con una situación de gran inestabilidad (golpe militar contra el presidente Alessandri Palma, seguido por su breve retorno y posterior renuncia) y quiere ponerse al frente de un movimiento de renovación política. La campaña no va demasiado lejos, pero eso no desalienta a Huidobro, que se radicaliza y, hacia 1932 —la fecha es discutida, pues sus contactos son muy anteriores—, se inscribe en el Partido Comunista, otra vez sumándose a las nuevas estrategias intelectuales que asumían el surrealismo y otros grupos de vanguardia; en esa calidad, asiste el congreso de escritores antifascistas que se celebra en Madrid y Valencia en 1937, en plena Guerra Civil.

De 1935 es su feroz polémica con Neruda *(16.3.3.)*, de la que quedan insultantes testimonios en revistas y poemas y en la que intervinieron César Moro *(17.3.)* y Tzara. La polémica distanció a los dos chilenos para siempre; sólo en sus memorias, Neruda le extiende su perdón. En 1940 sufre otro súbito viraje y renuncia al Partido en protesta por el pacto germano-soviético y, durante los años de la guerra fría, se convertirá —como ha ocurrido con otros intelectuales— en un acérrimo militante anticomunista. Todo esto sugiere el gran período de confusión por el que atravesaba el poeta; pero empalidece ante lo que ocurría en su vida personal, que tiene matices delirantes. En un acto deliberadamente planeado para escandalizar a todo el mundo, Huidobro publica en la primera página de un diario de Santiago (1926) una divagación poética que dirige a Jesucristo y en la que confiesa su loco amor por una muchacha de catorce años, Ximena Amunátegui, tras lo cual tuvo que escapar con su mujer y sus hijos primero a París y luego a Nueva York. Es imposible seguir todos los detalles de esta increíble historia (que culminaría años más tarde con un rapto espectacular), pero al menos hay que señalar que, sin duda motivado por el nombre de su amada imposible, Huidobro desarrolla una identificación con el Cid que dará origen a su novela cinematográfica *Mio Cid Campeador* (Madrid, 1929), que comienza con una carta dirigida al actor Douglas Fairbanks.

Su poesía refleja estos avatares y, aunque ya es muy distinta de la que escribió en la década del veinte, siempre conserva el espíritu vanguardista; entre otras tendencias con las que manifiesta su afinidad, está el constructivismo del pintor Torres García. Éste es un período dominado por su compromiso político y social, su campaña contra la guerra y las dictaduras, su exaltación de la revolución soviética y la causa republicana en España. Publica pocos libros de poesía en este período pero varias composiciones aparecen en diarios y revistas, aparte del relato apocalíptico *La próxima* (subtitulado «Historia que pasó en poco tiempo más») y el «pequeño guignol» o parodia política titulada *En la luna* (ambos en Santiago, 1934). Después de su abjuración del comunismo, lo vemos tratando de seguir siendo una figura protagónica de su tiempo: en 1944 vuelve a Francia como corresponsal de guerra; participa en la batalla final sobre Berlín; fue herido dos veces y dado luego de baja. Los dos libros más importantes que aparecen en la época son *Ver y palpar* y *El ciudadano del olvido* (ambos en Santiago, 1941), que recogen una porción de su obra escrita desde 1923 y que muestran un inesperado intento de cultivar una especie de sencillismo poético, más directo y comunicativo. Ya retirado de la actividad literaria, murió en la localidad de Cartagena, cercana a Valparaíso y, por lo tanto, próxima a Isla Negra, la legendaria casa de Neruda.

Textos y crítica:

HUIDOBRO, Vicente, *Obras completas,* ed. de Hugo Montes, 2 vols., Santiago, Andrés Bello, 1976.
— *Ecuatorial,* pról. de Óscar Hahn, Santiago, Nascimento, 1978.
— *Altazor,* ed. facsimilar, México, Premiá, 1981.
— *Obra selecta,* ed. de Luis Navarrete Orta, Caracas, Biblioteca Ayacucho, 1989.
— *Poesía y poética (1911-1948),* ed. de René de Costa, Madrid, Alianza Editorial, 1996.
Poesía, número monográfico dedicado a V. H. [Antología de textos del autor, iconografía, documentos, bibliografía e índices; incluye ediciones facsimilares de *El espejo de agua* y *Tour Eiffel.*] Madrid, 30-32-32, 1989.

BAJARLÍA, Juan Jacobo, *La polémica Reverdy-Huidobro. Origen del ultraísmo,* Buenos Aires, Devenir, 1964.
BARY, David, *Huidobro o la creación poética,* Granada, Universidad de Granada, 1963.
BENKO, Susana, *Vicente Huidobro y el cubismo,* Caracas, Monte Ávila Latinoamericana-Fondo de Cultura Económica, 1993.
CAMURATI, Mireya, *Poesía y poética de Vicente Huidobro,* Buenos Aires, García Cambeiro, 1980.
CARACCIOLO TREJO, Enrique, *La poesía de Vicente Huidobro y la vanguardia,* Madrid, Gredos, 1974.
COSTA, René de (ed.), *Vicente Huidobro y el creacionismo,* Madrid, Taurus, 1975.
— (ed.), *Vicente Huidobro y la vanguardia,* núm. especial de la *Revista Iberoamericana,* 45:106-107 (1979).
— *Huidobro: los oficios de un poeta,* México, Fondo de Cultura Económica, 1984.
EDWARDS, Jorge, «La novela de los vientos contrarios», Vicente Huidobro, *La próxima,* Santiago, Editorial Universitaria, 1996, pp. 9-16.
GOIC, Cedomil, *La poesía de Vicente Huidobro,* Santiago, Nueva Universidad, 1974.
LÓPEZ-ADORNO, Pedro, *Vías teóricas a «Altazor» de Vicente Huidobro,* New York, Peter Lang, 1986.
Nord-Sud, ed. facs., París, Jean-Michel Place, 1980.
OGDEN, Estrella, *El creacionismo de Vicente Huidobro en sus relaciones con la estética cubista,* Madrid, Nova Scholar, 1993.
PÉREZ LÓPEZ, María Ángeles, *Los signos infinitos: un estudio de la obra narrativa de Vicente Huidobro,* Lleida, Universitat de Lleida, 1998.
SZMULEWICZ, Efraín, *Vicente Huidobro, biografía emotiva,* Santiago, Imp. Universitaria, 1979.
VALCÁRCEL, Eva (ed.), *Huidobro Homenaje. 1893-1948,* La Coruña, Universidad de La Coruña, 1995.

WOOD, Cecil G., *The Creacionismo of Vicente Huidobro*, Fredericton, New Brunswick, Canadá, York Press, 1978.
YÚDICE, George, *Vicente Huidobro y la motivación del lenguaje*, Buenos Aires, Galerna, 1978.

16.3.2. Vallejo entre la agonía y la esperanza

La experiencia poética del peruano César Vallejo (1892-1938) está en las antípodas de la de Huidobro *(supra)*, y sin embargo ambos coinciden por la originalidad con que articulan el lenguaje de la vanguardia y por la pasión ideológica con la que llegaron a cultivar la literatura. Aunque todo lo demás los separa —origen, aventura vital, formación intelectual, inserción en el mundo europeo, fuentes y destino póstumo—, lo que los une quizá sea lo escaso pero decisivo. No cabe duda, sin embargo, de que Vallejo es una clase esencialmente distinta de poeta, no sólo respecto del chileno, sino respecto de todos los de su tiempo: un poeta visceral, obsesivo, culposo, subterráneo hasta parecer mineral, de voz estrangulada y de una perturbadora densidad. Lo que Huidobro vio con radiante claridad en su impulso celeste Vallejo lo intuyó oscuramente en el barro humano y la tierra nativa que siempre llevó consigo como un pesado e inexplicable *karma*.

Vallejo plantea el caso típico de un creador cuya vida —como experiencia, no como anécdota— pasa directamente a su poesía; a su vez, la experiencia poética transfigura la vital y la sumerge en capas de significado ambiguo y a veces impenetrable. Es por eso por lo que resulta tan difícil separar una de otra, pese a la cualidad intensamente trabajada de su materia verbal. Ambos aspectos han generado una serie de malentendidos y confusiones, algunos de los cuales siguen todavía en pie. Su grandeza ha sobrevivido, felizmente, a esas circunstancias que sobre todo han plagado la historia editorial póstuma del poeta. Conscientes de tales problemas intentaremos hacer una revisión de su obra poética concentrándonos sólo en sus aspectos y fases fundamentales; lo anecdótico y especulativo quedará fuera.

La vida y la obra vallejianas pueden dividirse en tres claras etapas: su niñez y juventud en el pueblo natural y su capital (hasta 1917); su experiencia limeña (1918-1923); el período europeo (desde mediados de 1923 hasta su muerte). Cada etapa está definida por un libro o conjunto poético (más un poema extenso en el último caso) y cada una plantea un radical apartamiento respecto del anterior; cada fase le sirve para alcanzar cierto nivel expresivo desde el que luego puede criticarlo, volverse contra él y abandonarlo en la siguiente. Así, la evolución poética de Vallejo registra transiciones violentas y extremas, sobre todo si se piensa que su primer libro tenía fuertes ataduras tradicionales y librescas: en veinte años atraviesa por el postmodernismo *(13.1.)*, la vanguardia *(16.1.)* y la poesía social y política, sin mirar una sola vez hacia atrás. Lo notable es que ese proceso, marcado por cambios súbitos y definitivos, no nos da tres poetas distintos, sino uno solo, como un intérprete genial que se las arreglase para mostrarnos su verdadera voz a través de muy diferentes instrumentos y repertorios. Y así como alcanza una estación poética sólo para no volver más a ella, sus pasos vitales trazan el mismo designio, buscando, como Darío *(12.1.)*, cada vez más amplios espacios a partir de la aldea nativa: Trujillo, Lima, París. Su vida es un continuo alejamiento de sí mismo, a la vez que un reencuentro espiritual con las raíces terrígenas físicamente abandonadas. Hay una sola excepción a esa norma que rige sus pasos —su brevísimo retorno al pueblo natal en 1920—, y el destino parece castigarlo: Vallejo sufre allí su más grande tragedia, que lo marcará para siempre.

El pueblo en el que nació existe en nuestro mapa literario sólo por ese hecho: Santiago de Chuco era y sigue siendo un lugar pobre, oscuro y remoto, asentado en las alturas andinas al norte del Perú. No necesitamos abundar en lo que fue su niñez en ese lugar: las biografías y las mitologías han recobrado cada fragmento posible de hechos, recuerdos, dichos o ambientes para hacernos el relato de una infancia llena de privaciones materiales, fuerte sentido familiar y no menos fuertes tradiciones católicas estimuladas en el hogar. En ese orbe regido por el amor de la madre, la autoridad del padre y los naturales juegos y riñas con los hermanos mayores (Vallejo fue el último de once), el futuro poeta creció a la vez protegido y a la intemperie, percibiendo la dureza del mundo que rodeaba el modestísimo hogar y sus ritos compensatorios de las carencias reales. Su educación inicial en el vecino pueblo de Huamacucho tuvo que ser también limitada. Hasta que no llega a la ciudad de Trujillo, todo lo que sabía Vallejo de literatura terminaba con los más tradicionales poetas románticos españoles. No es de extrañar por eso que en la Universidad de Trujillo presentase en 1915 una tesis de bachiller de Letras titulada *El romanticismo en la poesía castellana* (Lima, 1954).

La etapa trujillana es importante para sus años formativos: en esa época la pequeña ciudad de estilo tradicional y con reminiscencias de su rico pasado colonial era un foco de actividad cultural y política, con muestras (pese a sus lastres provincianos) de radicalismo juvenil y gestos de rebeldía literaria, de los que Vallejo aprendió mucho. Entre esos jóvenes activistas había uno destinado a convertirse en un importante líder y pensador político latinoamericano: Víctor Raúl Haya de la Torre *(18.1.1.)*, fundador del Partido Aprista. Este grupo de periodistas, escritores, artistas y animadores culturales conocido como «la bohemia trujillana» le enseñó a leer a Vallejo los autores fundamentales de su primera fase poética y lo puso al día con la actualidad literaria: la etapa final del modernismo. Descubriendo a Darío *(12.1.)*, Lugones *(12.2.1.)*, Whitman, Verlaine, Schopenhauer, Romain Rolland y Henri Barbusse, Vallejo se daría cuenta de cuánto había faltado hasta entonces en su formación literaria.

De estos años (1914-1917) datan los primeros poemas (o sus primeras versiones) válidos de Vallejo; algunos de ellos pasarían, corregidos, a su libro inicial: *Los heraldos negros* (Lima, 1918), que de muchos modos señala la culminación de una etapa y la disposición para iniciar otra, más estimulante. Cuando se siente enajenado del ambiente trujillano y distanciado espiritualmente de sus compañeros de bohemia, planea viajar a Lima, donde alguna revista ya había recogido muestras de su raro talento. Tras un fracaso sentimental a fines de diciembre de 1917, se embarca rumbo a la capital y llega allí el 30 de ese mes.

Aparte de sus cordiales contactos con las cuatro figuras más importantes de la vida intelectual limeña —González Prada *(11.6.)*, Valdelomar, Eguren *(13.6.1.)* y Mariátegui *(17.8.)*—, de varias muertes que lo tocan de cerca en 1918 (entre ellas, la de su madre) y de sus tormentosas relaciones eróticas con Otilia (un nombre que encontraremos en su poesía), lo más importante en la vida limeña de Vallejo es la revisión, preparación y publicación de lo que sería *Los heraldos negros*. Dos cosas hay que decir de este libro antes de entrar en él. Primero, que fue impreso el año indicado pero, como bien se sabe, sólo apareció a mediados de 1919; la demora se debió, entre otras razones, a la espera por el prometido prólogo de Valdelomar, que nunca llegó. Demora providencial: durante los meses que el libro permaneció en la imprenta, el poeta tuvo tiempo de agregar correcciones (algunas decisivas) de último minuto y de incluir algunos textos recientísimos, como «Los pasos lejanos» y «Enereida», considerados entre los mejores de la colección. Existen diecisiete primeras versiones conocidas de poemas de *Los heraldos...;* en algunos casos, como en «Hojas de ébano», se trata de verdaderas reescrituras. Segundo, que este mismo hecho indica cuánto se había alejado Vallejo del poeta que llegó desde Trujillo y que el material correspondiente a esa época tiene a veces un tono y un lenguaje que no se integran del todo al material limeño, que lo representaba más fielmente. De todos modos, el autor no lo suprimió y eso permite ver mejor al poeta que fue y al poeta que era o quería ser. Percibir esas dos modalidades nos dice mucho sobre el primer Vallejo.

Los sesenta y nueve poemas de *Los heraldos...* están distribuidos en seis secciones, salvo el que lo inicia y da título al volumen; justo reconocimiento de que ese texto sienta el tono del libro y adelanta sus claves. Las secciones mismas son de muy desigual extensión e intensidad poética, aparte de usar a veces títulos o criterios poco coherentes: por ejemplo, en la sección «De la tierra» se incluye «Heces», un poema evidentemente escrito en Lima y referido a su experiencia en la capital. Cabe concluir que Vallejo fue deliberadamente caprichoso al ordenar su libro: no siguió un orden cronológico ni estrictamente temático, sino que ordenó los textos de acuerdo con claves personales que no siempre son fáciles de descifrar, pero es evidente que reservó para las dos últimas secciones los poemas que consideraba más maduros, los más cercanos a su gusto y sensibilidad al momento de aparecer el libro. Así, los textos claramente derivativos (y de gusto más dudoso) aparecen en la sección inicial «Plafones ágiles» y en la cuarta, «Nostalgias imperiales», aunque ésta contiene «Idilio muerto», que es un hermoso ejemplo de tono íntimo y sencillo. En general, puede decirse que hay una tensión interna, no resuelta, en el libro: por un lado, la tendencia decorativa y sentimental en la que se traslucen sus lecturas del modernismo; y, por otro, su acento personal, mucho más despojado, auténtico y dramático, capaz de sugerir ambiguos estados existenciales sin tener que describirlos. Hay un abismo entre el Vallejo que escribe:

> Al callar la orquesta, pasean veladas
> sombras femeninas bajo los ramajes,
> por cuya hojarasca se filtran heladas
> quimeras de luna, pálidos celajes.

(«Nochebuena»)

y el que evoca a su padre:

> Mi padre, apenas,
> en la mañana pajarina, pone
> sus setentiocho años, sus setentiocho
> ramos de invierno a solear.

(«Enereida»)

Si hubiese que elegir un texto que exhiba —y aproveche— esas tensiones entre motivos y formas póeticas que impulsaban a Vallejo en direcciones contrarias, quizá no haya mejor ejemplo que el que brinda precisamente «Los heraldos negros»: en él existen claras huellas de lo que podemos denominar la esencial anomalía de la voz vallejiana, que lo caracteriza tan bien y lo distingue del resto —una peculiar visión del mundo que se filtra a través de poderosas descargas emocionales y de fórmulas verbales que son discordantes pero exactas—. Sin poder examinarlo aquí por entero, señalaremos sólo algunos de sus rasgos más decisivos. El poema se compone de cuatro cuartetos alejandrinos (más un verso final que repite el primero), pero la estrofa inicial es del todo irregular: no sólo los versos 3 y 4 son endecasílabos, sino que sus rimas entre el primer y cuarto versos alteran el esquema que sigue el resto del poema (segundo y cuarto). Así, la estrofa abre el poema subrayando que el autor usa las convenciones de la versificación tradicional sólo hasta cierto punto; no hay siquiera un intento de asimilar su irregularidad a algún patrón estrófico establecido, por ejemplo, repitiéndola más adelante. La discordancia está allí, negando la armonía, para que todos lo veamos. Quizá podamos explicárnosla pensando que es el comienzo de una meditación sobre un tema tremendo (el dolor humano como algo fatal y cuya causa no podemos conocer) que la voz poética se resigna a transmitir en forma entrecortada por no entender bien sus leyes. El discurso queda roto, interrumpido como el de alguien que no puede dominar sus lágrimas mientras habla:

> Hay golpes en la vida tan fuertes... ¡Yo no sé!
> Golpes como del odio de Dios, como si ante ellos
> la resaca de todo lo sufrido
> se empozara en el alma... ¡Yo no sé!

Obsérvese además que Vallejo no menciona directamente el dolor o su causa, de la que nada sabe, sino su *efecto,* los gráficos «golpes» de cuya evidencia nadie puede dudar. Este procedimiento metonímico —complementado también por varias sinécdoques del tipo «en el lomo más fiero y en el lomo más fuerte»— configura el poema como una estructura montada para conmovernos y convencernos de la inevitabilidad del dolor: esos golpes (nos dice) son «los heraldos negros que nos manda la Muerte»; es decir, avisos o presagios del mayor dolor de todos y el más inevitable. Así el texto nos encierra en una visión de la vida sin escapatoria: venimos aquí a sufrir y a morir. Si la imagen heráldica o los «bárbaros atilas» tienen un regusto modernista, las que más nos impresionan poseen una esencial sencillez retórica: la «resaca» del sufrimiento que se «empoza» en el alma; las «zanjas oscuras» como cicatrices o heridas vivas que nos deja el dolor;

y sobre todo esa notable síntesis del impacto, la injusticia y la frustración asociados al sufrimiento que se expresa en el magnífico verso «son las crepitaciones / de algún pan que en la puerta del horno se nos quema». La imagen del pan como básica materia nutricia se liga a la del pan espiritual, el cuerpo de Cristo (vv. 9-10). Comida y comunión son símbolos asociados que «Ágape», «El pan nuestro» y varios otros poemas reiteran.

A propósito de esto hay que recordar cuánto debe el lenguaje vallejiano a las formas sentenciosas del habla tradicional, con sus ecos de refranes y proverbios añejos, y a los emblemas de la tradición cristiana popular. Es cristiana, por ejemplo, la concepción del sufrimiento como culpa: todos compartimos el pecado original. El libro da amplio testimonio de eso y de la hábil forma como Vallejo lo entreteje con imágenes que brotan de su cultura literaria, creando así un lenguaje que, en sus mejores momentos, no es exactamente modernista, sino que brota de un trasfondo más denso y oscuro al margen de tendencias o modas. En medio de sus caídas y ecos librescos, el libro permite reconocer esa diferencia que aportaba la entrada del poeta en el mundo literario. Esto nos lleva a hablar un poco de sus relaciones con la poesía modernista y de la singular clase de novedad que su aporte traía, pese a no reflejar para nada la ya visible turbulencia vanguardista.

La crítica ha estudiado los influjos dominantes de Darío, Lugones y Herrera y Reissig *(12.2.4.)*. Del primero hay ecos por todas partes, desde el «alocado corazón celeste» y los «ópalos dispersos» de «Deshojación sagrada» hasta el explícito homenaje que le rinde al llamarlo «Darío de las Américas celestes!» en «Retablo». El influjo de Lugones parece haberlo inducido a practicar una especie de «nativismo» o «indigenismo» decorativo, aprovechando su experiencia de la vida campesina en los Andes, donde había abundantes restos de las antiguas culturas indígenas. El Lugones que le interesa a Vallejo es el de *Los crepúsculos del jardín* (1905), especialmente esos poemas en los que el argentino evocaba paisajes rurales cuya natural sencillez sabía envolver en un clima litúrgico, con ecos bíblicos, temblores místicos y desmayos sentimentales. Poesía bucólica y literalmente «crepuscular», teñida por las suaves tonalidades de la hora del ángelus, la vuelta del trabajo y la percepción en los ciclos de la vida natural. En las series de sonetos «Nostalgias imperiales» y «Terceto autóctono» pueden encontrarse los más claros ejemplos de esa filiación lugoniana, como en:

> El campanario dobla... No hay quien abra
> la capilla... Diríase un opúsculo

bíblico que muriera en la palabra
de asiática emoción de este crepúsculo.

(«Nostalgias...», I)

Herrera es la otra voz modernista que resuena en el libro, sobre todo cuando Vallejo busca rareza retórica o trata motivos eróticos. Como en el uruguayo, su erotismo tiene una faceta malsana y cruel, emblematizada en distorsionadas imágenes de tortura y subyugación:

Prenderé para Tilia, en la tragedia,
la gota de fragor que hay en mis labios,
y el labio, al encresparse para el beso,
se partirá en cien pétalos sagrados.
Tilia tendrá el puñal,
el puñal floricida y auroral!

(«Ascuas»)

Pero Vallejo le añade algo que no encontramos en Herrera: el sentimiento culposo, el arrepentimiento de raíz cristiana, la necesidad de sublimar la urgencia carnal en un puro sentimiento espiritual, más fraternal que apasionado. El deseo egoísta y pecaminoso se vuelve un impulso de inocente ternura o piedad —que Vallejo sabrá expresar admirablemente—, caracterizado por símbolos de expiación y sacrificio. «El poeta a su amada» muestra bien ese amor como experiencia de purificación ante la muerte:

Amada, moriremos los dos juntos, muy juntos;
se irá secando a pausas nuestra excelsa amargura,
y habrán tocado a sombra nuestros labios difuntos.

Y ya no habrán más reproches en tus ojos benditos;
ni volveré a ofenderte. Y en una sepultura
los dos nos dormiremos, como dos hermanitos.

Si uno quiere filiar con mayor precisión lo que estaba intentando hacer en este libro, hay que agregar a estos dos poetas el nombre de otro: el mexicano López Velarde *(13.4.1.)*. No como influjo, porque parece poco probable que Vallejo lo conociese, pero no cabe duda de que *Los heraldos negros* y *La sangre devota* (1916) recorren caminos paralelos: son expresiones finales del postmodernismo y el simbolismo hispanoamericanos (aunque existan aisladas manifestaciones posteriores, como la de Banchs *[13.5.]*); es decir, ambos prolongaban ese lenguaje al mismo tiempo que sentían la urgencia de desbordar sus límites, para llevarlo *más allá*. Incluso el amor por la provincia, el papel que juegan los sentimientos y símbolos religiosos, la rareza imaginística y sobre todo esa oscilación erótica entre el placer y la culpa los aproximan. ¿No habrá en «cuando abra su gran O de burla el ataúd» de «Avestruz» un eco de «conocía la *o* por lo redonda» de «La prima Águeda» del mexicano? Ya señalamos antes otra semejanza: entre los «peones tantálicos» de éste con los «panes tantálicos» de «La de a mil» del peruano; y también el hecho de que en el poema *XL* del segundo libro de Vallejo encontramos «posibilidades tantálicas». En «Verano», «Setiembre» y «Deshora» de Vallejo los lectores de López Velarde quizá descubran versos que les suenen familiares. Tampoco hay que olvidar las semejanzas que pueden encontrarse entre este libro y *Soledades. Galerías. Otros poemas* (1907) de Antonio Machado, que seguramente Vallejo no leyó, pero que comparten tonos y motivos: melancolía, tristeza incurable, desamparo del ser humano, un sombrío presentimiento de la muerte, etc. Aun habría que agregar a estos nombres otro más, que Vallejo sí conoció y admiró: Eguren *(13.6.1.)*, cuya *La canción de las figuras* data también de 1916.

Sin embargo, lo importante es destacar que, en medio de estos influjos y coincidencias, la originalidad de Vallejo brota de un fondo oscuro que está más allá o más abajo de su experiencia literaria: de su agonía, de una tristeza y una soledad que no cabe sino llamar metafísicas. Cuando el poeta se hunde en sí mismo y deja de lado las alusiones librescas, algunas veces ingenuas, encuentra algo indecible, que sólo puede expresar si lucha contra el lenguaje o se inventa uno nuevo; esa dicción torturada, con balbuceos y expresiones cuyo sentido o sintaxis han sido forzados, muestra que el aspecto realmente creador de Vallejo iba en una dirección única, en la que nadie —ni modernistas ni vanguardistas— lo acompañaba. Sólo cabe un nombre para calificar esa línea poética: *vallejiana*. Paradójicamente, un libro que era ajeno al espíritu programáticamente renovador de obras anteriores a él —como *El espejo de agua* (1916) de Huidobro— y aun de las aparatosas manifestaciones de vanguardistas peruanos —como la futurista *Panoplie lírica* (1917) de Alberto Hidalgo *(16.4.1.)*— se coloca, si no en la primera línea, en la zona donde germinaban los cambios más profundos y trascendentes de nuestra poesía. Si se piensa bien el tono de religiosidad, confusión y angustia que encontramos en *Los heraldos...*, se adelanta a otras grandes expresiones del período que seguiría, como las *Elegías de Diuno* (1923) de Rilke, magnífica culminación del simbolismo europeo; la pregunta que inicia la primera elegía («¿Quién, si yo gritase, me oiría desde los coros / celestiales?») es la misma que la de Vallejo. La crítica no ha examinado aún el significado de esta convergencia[1].

El tratamiento de los grandes motivos del libro —Dios, la muerte, el amor, el hogar— subraya la misma sospecha de una inexplicable privación y orfandad: es parte esencial de la condición humana sentir un ansia por algo que no podemos alcanzar; necesitamos lo que precisamente nos está negado y vivir es entonces lamentar haber nacido —y estar condenados a morir—. «La de a mil», «Los dados eternos» y «A mi hermano Miguel», tres de los mejores poemas del conjunto, han sido muchas veces invocados para demostrarlo. En ellos se nota el impacto que le produjeron sus lecturas de Nietzsche y Kierkegaard en Trujillo; las ideas de estos pensadores sobre Dios, el amor, el arte, el lenguaje y la existencia misma atrajeron al poeta por su visión comprehensiva de lo humano, capaz de producir convicción en mentes religiosas o no. En «La de a mil», un Dios degradado y olvidado de su propia creación encarna en la figura de un «suertero», un andrajoso vagabundo que ofrece, «como un pájaro cruel», la fortuna «donde no lo sabe ni lo quiere / este bohemio dios»; al final, el poeta exclama: «¡por qué se habrá vestido de suertero / la voluntad de Dios!». En «Los dados eternos», dedicado a González Prada, hay una audaz y trágica inversión: quien sufre no es Dios, sino el hombre, pues Él no tiene «Marías que se van»; en un gesto de abierta rebeldía, concluye: «Y el hombre sí te sufre: el Dios es él!». La poderosa imagen del desamparo y del ciego azar de la existencia —Dios es un «jugador», no un ser providente— crea una analogía entre el mundo, la muerte y un dado, absurdamente «roído y ya redondo / a fuerza de rodar a la ventura», que sólo se detiene en el hueco de la tumba con «sus dos ases fúnebres de lodo».

«A mi hermano Miguel» es un ejemplo de la coloquial sencillez vallejiana y del tierno latido que sabe extraer de sus ritmos: lo evoca sentado «en el poyo de la casa / donde nos haces una falta sin fondo! / Me acuerdo que jugábamos esta hora...». La imagen del juego le permite pretender que su hermano no ha muerto, sino que sólo está escondido, esperando el momento para aparecer. El poema concluye: «Oye, hermano, no tardes / en salir. Bueno? Puede inquietarse mamá». Aunque ha recibido menos atención, es fácil darse cuenta de que «La araña» es un poema magistral

---

[1] Para ello, debe tenerse en cuenta que el proceso de creación de las *Elegías* comienza unos diez años antes de su fecha de publicación.

en el que los influjos y ecos desaparecen por completo, y sólo escuchamos la honda voz de Vallejo, sintetizando el irresoluble dilema humano en una intensa observación (o vivisección) de un insecto: como nosotros, sometido a las fuerzas contrarias de «una cabeza y un abdomen»; la cabeza quiere ir para un lado, el cuerpo para otro. Sus «pies innumerables» se mueven grotescamente tratando de seguir a sus ojos, «los pilotos fatales de la araña». El dato de que está herida y de que «sangra» completa la imagen de impotencia y dolor absurdo que alguien (Dios, sin duda) cruelmente permite, ante lo cual el poeta no tiene sino una resignada expresión de solidaridad: «¡Y me ha dado qué pena esa viajera!». Esta araña-hombre nos recuerda una de las más famosas litografías de Odilon Redon (1840-1918) precisamente titulada *Araignée* (1887), pues representa una monstruosa araña con rostro humano; ciertas imágenes zoomórficas del arte preincaico que Vallejo pudo conocer en el área de Trujillo; y sobre todo el repulsivo insecto de *La metamorfosis* (1912), con el que Kafka creó la más trágica alegoría del sinsentido de la vida contemporánea, vienen también a la memoria.

Sólo cuatro años separan *Los heraldos negros* de *Trilce* (Lima, 1922), pero difícilmente podía haberse anticipado, leyendo el primero, el salto que daría en el segundo: no es un avance, es un giro total y desconcertante. Aunque su obra inicial fuese recibida por la crítica nacional con ánimo favorable y respetuoso, Vallejo la deja por completo atrás; el proceso de maduración por el que estaba pasando era vertiginoso e impostergable: exigía otro lenguaje poético. Esos cuatro años limeños fueron —como ya señalamos— tormentosos en lo personal, pero el acontecimiento que acabó por ser, seguramente, el detonante de *Trilce* es otro y ocurre lejos de Lima: el incidente callejero de agosto de 1920 en Santiago de Chuco (sus detalles han sido recogidos y examinados por los biógrafos) que lo llevará a la cárcel, donde permanecería por ciento doce días. Toda la atmósfera carcelaria que se refleja en el libro procede de esta experiencia devastadora, que cambia para siempre a Vallejo.

Pero no hay que creer que ése es el punto de partida del libro. En realidad, la génesis de *Trilce* demuestra que no hay prácticamente solución de continuidad entre una y otra colecciones: los primeros poemas trílcicos fueron escritos en 1919, quizá mientras el autor corregía por última vez los poemas de *Los heraldos*... De hecho, si se mira con atención, hay textos de este volumen que anuncian el lenguaje de *Trilce;* un solo ejemplo: «Yo digo para mí: por fin escapo al ruido», de «Retablo». Esto confirma dos cosas complementarias: que Vallejo estaba ya lejos de su libro inicial cuando apareció y que *Trilce* fue escrito, en cierta medida, para apartarse del todo y sin demora de él. Los dos títulos guardan una relación ambigua: están soldados entre sí, pero de espaldas. De todos modos, con *Trilce* dio pasos de siete leguas y cubrió un terreno que muy pocos habían explorado.

Dicho esto, debe reconocerse también que hay rezagos de *Los heraldos...* en *Trilce*. Ejemplo: «En el rincón aquel, donde dormimos juntos / tantas noches, ahora me he sentado / a caminar» *(XV)* o «Esta noche desciendo del caballo, / ante la puerta de la casa...» *(LXI)*. ¿Contradicción del gran salto? No, lo que pasa es que las visiones y obsesiones de Vallejo son y serán las mismas, pero que su pugna con el lenguaje y su voluntad de experimentar liberan fuerzas que abren constantemente nuevas fronteras y lo acercan al temible borde de lo *desconocido*. Eso es lo que él llama —con una expresión paradójica— su «obligación sacratísima» de ser libre; sabe que se ha embarcado en una aventura suprema: «¡Dios sabe hasta qué bordes espeluznantes me he asomado, colmado de miedo, temeroso de que todo se vaya a morir a fondo para mi pobre ánima viva!» (Carta a Antenor Orrego). No hay casi nada en la búsqueda de un nuevo lenguaje que recuerde los juegos esteticistas y las espectaculares acrobacias de cierto sector de la vanguardia: lo que hace es internarse en los abismos de la experiencia humana, algo mucho más instintivo y primario, donde puede estar la clave de nuestro destino. La relación de *Trilce* con la vanguardia es esquiva, tangencial, irregular, y es importante examinarla.

Vallejo se enteró de las primicias de la vanguardia hacia 1917, leyendo revistas españolas de avanzada como *Cervantes, España* y otras peruanas (*Colónida,* de Valdelomar, entre ellas) e hispanoamericanas que difundían los grandes cambios que se producían en Europa. Aún antes, a fines de 1915, había leído la famosa *Antología de la poesía francesa moderna* (Madrid, 1913) de Enrique Díez-Canedo y Fernando Fortún, que le dieron noticia de que la poesía estaba tomando un rumbo que la alejaba del modernismo. (A la misma época de *Trilce* corresponden los relatos *Escalas melografiadas* [Lima, 1923], que puede considerarse la pieza más innovadora de la narrativa vallejiana y que tiene claras afinidades vanguardistas.) Puede decirse que, para él, publicar *Los heraldos...* era una forma de dar testimonio de su pasaje modernista al mismo tiempo que decirle adiós. Eso quizá explique por qué estaba listo para un cambio inmediato y radical. Pero no sería exacto afirmar que Vallejo «adopta» una posición definible dentro de la vanguardia y que *Trilce* encaja plenamente dentro de ninguno de los movimientos que forman ese gran cauce. Es fácil reconocer rastros de las innovaciones ultraístas y futuristas (el creacionismo parece haberlo dejado indiferente); pero, aunque esas marcas están adheridas a su lenguaje, la búsqueda del poeta lo lleva por un camino singular que la vanguardia *no* estaba explorando en ese momento.

Lo paradójico es que los hallazgos que lo esperaban tras esa búsqueda tienen un fuerte aire de familia con los de la vanguardia: nihilismo, iconoclastia, sexualidad, subconsciente, absurdo, hermetismo... Si hay una convergencia en esos aspectos, hay una divergencia en la falta de un sentido cosmopolita y de pura experimentación esteticista (tan evidente en futuristas, dadaístas, ultraístas y aun en Huidobro). No la encontramos en Vallejo porque la cuestión fundamental para él no era meramente estética, sino también metafísica: ¿Cómo dar testimonio de una experiencia de la vida que muestre sus oscuras raíces, caídas y exaltaciones, sin traicionarlas, exactamente como aparecen bajo el foco de una introspección implacable? ¿Cómo hacer una poesía que sea del todo indiscernible del flujo del existir y, por lo tanto, caótica y llena de impurezas? Se dirá, con razón, que esto se parece mucho a lo que el surrealismo trataba de obtener con su descenso al mundo subconsciente y su fascinación por la «vida inmediata». Eso es tan cierto como que, en ese momento, el surrealismo no existía y que, entonces, Vallejo es uno de los que lo prefiguraron: tuvo la intuición genial de que, hundiéndose en las turbias aguas del ser profundo, la poesía podía mostrar sus verdaderos comportamientos, su tremendo drama, su auténtico lenguaje. Así, por una vía distinta, se encuentra con el espíritu de la vanguardia, pero, al mismo tiempo, lo excede y ahonda. En eso reside la trascendencia de su aporte.

La ausencia del espíritu cosmopolita en *Trilce* que ya señalamos antes permite que algunos de los grandes motivos vallejianos —el hogar, la madre, la tierra, las esencias autóctonas— sigan presentes, como notorias anomalías que no caben dentro de las expresiones de la vanguardia literaria. En cambio, hay una significativa coincidencia con ciertas propuestas teóricas formuladas por Kandinsky en *Lo espiritual en el arte* (Múnich, 1912). En él afirma que el arte, siendo una honda expresión de su tiempo, tiene que trascenderlo expresando la «naturaleza interior» del hombre, no sus apariencias externas. Esa expresión supone una total autonomía respecto de la realidad dada y la inmersión en lo más recóndito de su espíritu, donde el creador y su época confluyen. Kandinsky quería volver a una forma de visión «emocional», semejante a la del niño o el hombre primitivo, por estar más cerca de lo instintivo que de lo racional. La idea era crear un arte que reprodujese de un modo vívido y directo las pulsiones y vibraciones biológicas liberadas en el diario existir. El arte abstracto, «no-figurativo», que propugnaba era una búsqueda de los ritmos y fenómenos psíquicos, en los que resonaban las estructuras profundas de lo «real». El auténtico gesto artístico consistía en convertir las más complejas y fugaces sensaciones en *signos,* cargados de dinamismo y tensión, que las trascendían y convertían en algo permanente. Por ello, dice, es necesaria «la libertad sin trabas del artista para escoger sus medios».

Es sorprendente la afinidad de ciertas instancias del lenguaje trílcico con estas ideas, que quizá nos abran caminos hasta ahora no explorados. Leyendo, por ejemplo, *Trilce XII* es fácil pensar en las teorías de Kandinsky sobre el punto y la línea como vectores del cosmos:

> Escapo de una finta, peluza a peluza.
> Un proyectil que no sé dónde irá a caer.
> Incertidumbre. Tramonto. Cervical coyuntura.
>
> Chasquido de moscón que muere
> a mitad de su vuelo y cae a tierra.
> ¿Qué dice ahora Newton?

El poema XXIX también puede invocarse:

> Pasa una paralela a
> ingrata línea quebrada de felicidad.
> Me extraña cada firmeza, junto a esa agua
> que se aleja, que ríe acero, caña.

Estos versos nos hacen sentir la profunda extrañeza de la existencia, la imposible lucha del hombre por escapar a su propia condición y la certeza de que allá afuera hay un mundo tan indescifrable como el ser que lo contempla: una realidad oclusiva y oscura cuyas claves trata de penetrar el lenguaje sin conseguirlo. Hay una enorme, casi irresistible, tensión psíquica en *Trilce,* caracterizada por un hondo malestar, una sensación de permanente desazón y vulnerabilidad. Las palabras, los balbuceos y los estallidos fonéticos son los signos con los cuales Vallejo quiere darnos el autorretrato de su vida interior, hecho precisamente desde sus recesos más ocultos, donde apenas puede darse a entender; por eso, su frente de batalla será el lenguaje, cuyas barreras lógicas y normativas quiere destruir para recomponer un nuevo mundo posible, quizá más a su medida. En el libro se examinan por lo menos tres grandes cuestiones asociadas entre sí: la anómala percepción del tiempo humano, la incomunicabilidad de la experiencia vital y la asimetría del nuevo ideal estético. Tres textos pueden ilustrarlos.

El poema *II* es, por varias razones, uno de los que más atención crítica ha recibido; su misma riqueza significativa y simbólica nos impide examinarlo a fondo, pero al menos nos referiremos a lo esencial. Su tema es el tiempo, lo que resulta obvio desde el verso epigráfico «Tiempo tiempo» y los que inician las siguientes estrofas: «Era era», «Mañana mañana», «Nombre nombre»; se dirá, con cierta razón, que este último no tiene relación directa con el tiempo, pero en el esquema vallejiano la cuestión nominal culmina su indagación de la dimensión temporal porque alude al sujeto que la vive: el hombre. La estructura es rigurosa (cuatro cuartetos, con un primer verso conformado por una sola palabra que se repite dos veces y un cuarto verso que la reitera cuatro veces) y sugiere una formulación o serie matemática: $2 \times 2 = 4$; $4 \times 4 = 16$. El tiempo es transcurso y movimiento, pero en el poema aparece marcado por las notas de parálisis y monótona repetición: «Mediodía estancado entre relentes / Bomba aburrida del cuartel achica...».

La referencia a «cuartel» y su connotación de lugar regido por una autoridad militar pueden considerarse los únicos directos indicios de que la percepción del sujeto poético está alterada porque vive un encierro, en el que el tiempo pasa y no pasa, dando vueltas en redondo. El motivo carcelario es de los más dominantes en el libro, como puede verse por *XVIII*, *XXII* y varios otros. Pero lo interesante aquí es que el poeta nos hace *sentir* lo que es estar encerrado, sin decírnoslo explícitamente: el poema nos coloca en una situación comparable a la suya, encerrado entre cuatro paredes como nosotros estamos enfrentados al ritmo monótono y de palabras que se repiten, las imágenes de estancamiento y vacío, el rigor simétrico de las palabras duplicadas y cuatriplicadas. El crítico Juan Larrea habló del poema como un «cuadrado verbal», que bien puede asociarse a la estética cubista; y también como un mandala que sugiere una experiencia psíquica de angustia y alienación. *Trilce II* no sólo es un cuadrado: es una suma de cuadrados (el verso cuarto con sus monótonas cuatro palabras iguales, los cuartetos, el poema mismo), cada uno encerrando al otro, como un sistema de cajas chinas. La estructura cuadricular genera la idea de un espacio y un tiempo confinados. En cierto sentido, el poema es una cárcel (por eso no necesita decirnos que lo es) porque su diseño visual nos propone una imagen *celular*.

Pero el texto, regido por el principio de contradicción y la formulación absurda («Piensa el presente guárdame para / Mañana mañana mañana mañana»), se convierte en lo opuesto: una vía de salida del encierro, una forma de abstraerse de la realidad y de escapar mentalmente al infierno de la prisión. Si se piensa que el centro de un mandala no es sólo un punto en el espacio sino en el tiempo, ese tiempo es siempre el presente, *ahora,* el instante que genera todos los otros. Concentrándose en ese punto, poniendo la mente en blanco para borrar la sombría realidad que lo rodeaba, Vallejo podía abstraerla, negar sus límites y limitaciones y proyectarse hacia el infinito. Por eso, la pregunta y la respuesta con las que concluye el poema plantean una proposición metafísica distorsionada por una burlona tautología y la inversión lógica señalada por la mayúscula al final de la última palabra:

> ¿Qué se llama cuanto heriza nos?
> Se llama Lomismo que padece
> nombre nombre nombre nombrE.

La distorsión y la extrañeza son mucho mayores en *XXXII,* que, a primera vista, podría considerarse incomprensible y carente de todo significado. Aparte de que es uno de los textos trílcicos en los que la impronta futurista es más evidente por la sugerencia de energía, dinamismo y febril agitación casi maquinística que domina en él, el poema parece un simple juego intrascendente de onomatopeyas, fonetismos, grafismos, choques incongruentes de palabras, sonidos y números que bloquean el acto comunicativo:

> 999 calorías,
> Rumbbb... Trrraprrr rrach... chaz
> Serpentínica u del bizcochero
> engirafada al tímpano.

Leyendo estos versos es fácil recordar el título del libro de Marinetti: *Zang-Tumb-Tumb* (1914). Pero Neale-Silva descubrió que, bajo las referencias de carácter térmico (calor, frío) y ambientales (ruido, luz solar, caos urbano), había algo más profundo e instintivo: el frenesí absurdo del acto sexual. Hay un estado de urgencia, de culminación que está por llegar; ese proceso va de las 999 calorías del comienzo a las «1.000 calorías» del v. 8 y de allí a «Treinta y tres trillones trescientos treinta / y tres calorías» (vv. 21-22). La premura de la situación es extrema y mezcla las sensaciones de gozo y angustia de una manera casi indiscernible, al mismo tiempo que trata de disolverlas en una actitud burlona, que niega su trascendencia: «ríe su gran cachaza / el firmamento gringo». Inmerso en el acto erótico, el sujeto percibe confusamente los datos del mundo que lo rodea y los cambios fisiológicos que se producen en él. Se ha señalado que la «serpentínica u del bizcochero» es, sin duda, el desfigurado pregón de un vendedor que le llega desde la calle; pero no es improbable que la imagen esté asociada a su propia erección, a los sonidos que acompañan el acto de la pareja. Incluso los movimientos físicos están aludidos de una manera mecánica, deshumanizada, como los que representaron Picabia y Marius de Zayas en sus obras dadaístas: crotismo como maquinismo. Si los cuerpos son émbolos y ruedas que se agitan en un movimiento de tensión y descarga, no es extraño que Vallejo los homologue a un «tierno autocarril, móvil de sed, / que corre hasta la playa»; y que evoque el clímax con exclamaciones y autoironía:

> Aire, aire! Hielo!
> Si al menos el calor (_____ Mejor
> no digo nada.

También es irónico que nos diga que —mientras ocurre esto— «hasta la misma pluma / con que escribo por último se troncha». Más importante es lo que declara en los vv. 6-7: «Quién como lo que va ni más ni menos / Quién como el justo medio». A las ciegas demandas del instinto se opone una idea de equilibrio o estabilidad emocional contenida en la conocida fórmula aristotélica. Otra vez, el mundo trílcico está acosado por la perturbación, las disonancias y la ansiedad sin solución; las palabras o retazos de palabras tratan de representar ese estado del modo más directo posible: son parte del caos en el que el poeta está inmerso; aun el placer físico más primario aparece ensombrecido por sentimientos de culpa o temor. La enorme fórmula numérica del final puede ser menos convencional de lo que se cree, si se recuerda el valor simbólico que el poeta asociaba generalmente al número 3: el padre, la madre y el hijo o la trinidad divina, como sugieren, por ejemplo, las «propensiones de trinidad» de *V*. Ese valor del 3 tiene mucho que ver con el título mismo del libro, compleja cuestión en la que no podemos entrar aquí. Dos notas finales sobre el texto: una es precisamente la originalidad con la que el poeta usa e interpreta las innovaciones futuristas, manteniéndose fiel a su propia visión; la otra está relacionada con el motivo de la sexualidad, cuyo cínico tratamiento —una pura actividad fisiológica, sin belleza ni grandeza— muestra cuán radicalmente se había apartado Vallejo de su concepción amorosa previa, todavía marcada por rezagos románticos.

Bien puede considerarse *XXXVI* como una poética, aparte de ser uno de los grandes momentos de la obra vallejiana. Los juegos pitagóricos, el entrecruzamiento de los niveles físicos y metafísicos, los ecos bíblicos («ensartarnos por un ojo de aguja») y culturales, la conjunción de lo científico, técnico y estético hacen del texto un admirable resumen del principal problema que enfrentaba el autor en ese momento de su evolución: encontrar un sentido auténtico, no sólo a su vida, sino a su arte frente a las demandas de su concreta situación existencial. O dicho de otro modo: después de tanto sufrimiento y frustración, ¿estamos destinados a alcanzar una armonía con el mundo y con nosotros mismos a través del arte? La tremenda cuestión es examinada y respondida de un modo paradójico, muy característico del poeta: nuestra armonía es disonante y nuestra realización un esfuerzo sin término; el destino humano en este mundo es una aventura hacia lo desconocido. Su estética de la imperfección y el riesgo pisa los terrenos de la vanguardia pero desde perspectivas muy personales, difíciles de adscribir a ninguna escuela.

Un elemento clave del texto es el aspecto *germinativo* e *inestable* que tiene en él todo el mundo real o ideal: nada es igual a sí mismo, todo está en tensión hacia otro estado, todo se transforma en otra cosa, impulsado por un dinamismo que no podemos resistir. La primera palabra, «Pugnamos», nos instala de frente en ese clima de lucha sin término. La paráfrasis que el v. 1 hace de Mateo 19:24 («más liviano trabajo es pasar un camello por el ojo de una aguja que entrar un rico en el reino de Dios») hace referencia a un desigual e inacabable combate contra el absurdo de nuestra condición, como queda indicado por «Amoniácase casi el cuarto ángulo del círculo» del v. 3. Hay una circularidad incluso en el nivel genésico pues «Hembra se continúa el macho, a raíz / de probables senos...». En la segunda estrofa aparece un símbolo central del texto: la Venus de Milo, invocada generalmente como ejemplo de la sublime perfección del arte. Pero el poeta percibe vivamente la paradoja de que esa imagen está, ella misma, mutilada, incompleta:

> Tu manqueas apenas pululando
> entrañada en los brazos plenarios
> de la existencia,
> de esta existencia que todaviiza
> perenne imperfección.

En la intensa estrofa segunda casi cada palabra resuena con una connotación de cambio y evolución en busca de un estado superior, más completo: *increado, encodarse, verdeantes, ortivos nautilos, aunes que gatean, vísperas inmortales...* Así, la Venus deja de ser imagen de lo ya logrado e insuperable para convertirse en «Laceadora de inminencias, laceadora /

321

del paréntesis». Una pequeña digresión en este punto: la presentación de la Venus como un icono menos venerable y paradigmático que lo propuesto por la historia del arte tiene un poco la ironía irreverente de Duchamp al pintarle los bigotes al rostro de la Monalisa: dos formas de crítica y de rebelión contra el concepto establecido de lo que es y no es artístico.

La siguiente estrofa comienza con una invocación («Rehusad») y es un vigoroso rechazo de «la seguridad dupla de la Armonía» y de «la simetría a buen seguro»; Vallejo propone entonces la estética de la *imperfección,* el *conflicto* y la *contradicción* constantes. Sólo así no traicionaremos nuestra propia defectividad, que él traspone en una forma de anormalidad o monstruosidad física: siente que el meñique está «demás en la siniestra» o que está «en sitio donde no debe». El poema culmina con una exclamación que bien podría ser el lema de toda la poesía de Vallejo: «¡Ceded al nuevo impar / potente de orfandad!». Es decir, lo que no es será; lo impar generará un par y la orfandad metafísica creará una paradójica *perfección asimétrica* hecha a su imagen y semejanza. Difícil hallar en un poema del siglo XX una expresión más original de la búsqueda incesante de unidad entre la existencia y el arte.

Tenemos que dejar sin tratar algunas cuestiones importantes relativas a este libro (por ejemplo, la de su neobarroquismo y el sabor arcaizante de algunas de sus metáforas) para pasar a ocuparnos de su experiencia y obra europeas, que plantean cuestiones de enorme complejidad. La etapa europea de Vallejo transcurrió básicamente en París, desde donde, a partir de 1925, hizo viajes a otros países europeos, siendo los de Rusia y España los más importantes. Estos viajes tuvieron una predominante razón política: la radicalización del poeta, estimulada por su durísima vida parisina (de la que hay innumerables testimonios y leyendas); su inserción en un mundo europeo sacudido por grandes crisis y movimientos sociales; y específicamente su descubrimiento del marxismo —la gran pasión de los intelectuales de ese tiempo, alentada por el ejemplo de la Revolución Soviética—, que comenzó muy poco después de llegado y se definió con total nitidez hacia 1927. Al año siguiente, después de hacer su primer viaje (el segundo ocurre en 1929), escribe, junto con otros políticos y escritores peruanos, una «tesis» a favor del Partido Comunista Peruano, recién fundado por Mariátegui *(17.8.),* y propone crear una célula del Partido en París; en 1931 ya es miembro del Partido Comunista Español. Su entrega a la causa republicana durante la Guerra Civil será total y tendrá un gran fruto poético: *España, aparta de mí este cáliz.*

No podemos ingresar a fondo en el aspecto político de la evolución intelectual del poeta. Sólo diremos que toda la prosa de combate, agitación y propaganda que escribió en esos años (*Rusia en 1931. Reflexiones al pie del Kremlin,* Madrid, 1931; *Rusia ante el segundo plan quinquenal,* Lima, 1965; *Contra el secreto profesional*[2] y *El arte y la revolución,* ambos en Lima, 1973) demuestra, con su mezcla de ingenuidad, demagogia y ceguera, la escasa habilidad de Vallejo para sostener un discurso ideológico coherente, en contraposición a las extraordinarias intuiciones que alcanzaba en su poesía cuando integraba esas ideas con sus percepciones y obsesiones más recónditas. El prosista ideológico solía escribir como un catecúmeno que, para convencerse a sí mismo y a los otros, pensaba mediante consignas y fórmulas hechas cuya lógica era difícil de sostener. Pero no hay que ser injustos con él y señalarlo como un caso excepcional: fue sólo uno de los grandes creadores y pensadores de nuestro tiempo que se tendieron trampas a sí mismos para celebrar proyectos tan tenebrosos como el plan quinquenal de Stalin; basta citar los versos en los que Neruda *(infra)* celebraría a este mismo personaje. Pero sí nos interesa examinar cómo esa adhesión al credo marxista se vincula con las posiciones estéticas que toma y la forma en que éstas se reflejan en su obra.

En 1926, desde París, Juan Larrea y Vallejo publican el primer número de una revista de extraño nombre, *Favorables-París-Poema,* en la que colabora la plana mayor del arte vanguardista: Huidobro, Gerardo Diego, Reverdy, Tzara y Juan Gris. Es por eso sorprendente que los dos textos del peruano («Estado de la literatura española» y «Poesía nueva») sean tajantes tomas de posición contra un amplio sector de la vanguardia: en la poesía de lengua española —dice— no hay ni verdaderos maestros ni buenos discípulos; y la que se llama «nueva» no hace sino un uso aparatoso de palabras llamativas; lo que se necesita es una poesía hecha «a base de sensibilidad nueva [...], simple y humana [...]». En el segundo número de la misma revista publica otro texto definitorio, «Se prohíbe hablar al piloto», en el que proclama: «Hacedores de imágenes, devolved la palabra a los hombres». Estas manifestaciones de profunda insatisfacción con los caminos por los que la vanguardia estaba llevando al lenguaje poético de su tiempo culminan con su —a todas luces— prematura «Autopsia del surrealismo», publicada en diversas revistas en 1930. Respondiendo al *Segundo Manifiesto* de Breton y al contramanifiesto *Un cadáver* firmado por Ribemont-Dessaignes y otros miembros del grupo para atacarlo, Vallejo declara que el surrealismo «acaba de morir oficialmente»; niega que haya

---

[2] Este título era una clara respuesta a Jean Cocteau, cuyo ensayo *Le secret professionel,* de 1922, que luego incluyó en su *Rappel à l'ordre* (1926), presentaba al intelectual como un individuo desarraigado de los condicionamientos históricos.

hecho ningún aporte «constructivo» más allá de «inteligentes juegos de salón»; sobre todo descree de la sinceridad de su viraje revolucionario porque no cumple «con las grandes directivas marxistas» y porque «Breton ignora que no hay sino una sola revolución: la proletaria, y que esta revolución la harán los obreros con la acción y no los intelectuales con sus "crisis de conciencia"».

Estas expresiones de fiel militancia marxista implican una abjuración del campo estético en el que se había movido hasta entonces y del mismo lenguaje poético que había usado en *Trilce*, cuyo nihilismo y negro pesimismo ahora lo horrorizaban. Pese a ello la segunda edición de ese libro (Madrid, 1931), con el valioso prólogo de Antenor Orrego, le sirvió para darse a conocer como poeta en Europa. Su conversión ideológica es tan radical que durante casi todo ese período, aunque siguió escribiendo poesía, publicó muy poco de ella, pues estaba concentrado en tareas para él más urgentes entonces: el periodismo y la literatura de combate ideológico a favor de la revolución. Aparte de sus ensayos, crónicas y artículos, muchos de los cuales aparecen en revistas limeñas como *Variedades, Mundial* o *Amauta,* Vallejo intentó el teatro (a veces en francés), el cuento y la novela. Su relato «Paco Yunque» ofrece un interesante caso de ilustración de la lucha de clases en un cuento infantil; y su novela indigenista *El tungsteno* (Madrid, 1931) debe considerarse como la más fiel aplicación en nuestra lengua de las consignas del «realismo-socialista» propagadas por Andrei A. Zhdanov, teórico al servicio de Stalin. Así, resulta que hasta fines de 1937, cuando los soldados del Ejército Republicano imprimen *España, aparta de mí este cáliz* (edición perdida en el combate), no aparece ningún libro poético de Vallejo, quien moriría sin que eso ocurra. La naturaleza póstuma de casi toda su producción europea plantea otro tipo de problema: la fijación cronológica de esos textos.

Poemas humanos, con el agregado de *España...,* apareció en París en 1939, como un homenaje al poeta al cumplirse un año de su muerte. Organizado a partir de los papeles que dejó al morir, el libro presenta un título, un conjunto y un orden que reflejan una serie de decisiones de los editores, no la voluntad expresa de Vallejo. Todo lo que sabemos de seguro es que el material fue escrito y/o revisado entre 1923 y 1938 y que la porción más abundante es la que corresponde a la última década. Durante treinta años esa presentación textual no varió. Pero desde que apareció la edición facsimilar *Obra poética completa* (Lima, 1968), los críticos, compiladores e investigadores han sometido los textos a la más intensa manipulación (y las más encarnizadas polémicas) de que se tenga memoria en nuestra literatura. Hoy existen no menos de seis recopilaciones de su poesía que incluyen distintas versiones de su producción póstuma, con variantes de títulos, series, cronología, número de poemas, etc., para no hablar de interpretaciones. El resultado es que, si alguna vez hubo un momento en el que pudo establecerse de modo aproximado la voluntad del autor, hoy eso ya no es posible[3]. Tratando de ser razonables en ese laberinto textual que se ha generado, afirmaremos algunos hechos: no hay mejor título para referirse a la porción discutida que el de «poesía póstuma» o «poemas de París». Hay en ella dos series bastante discernibles: la primera formada por los poemas en prosa y otros poemas que por sus características parecen corresponder al comienzo de su época europea, pues tienen ciertas vetas trílcicas; y la segunda y más extensa porción del conjunto, para la que no poseemos otra referencia que las fechas de algunos textos, teniendo en cuenta que no suelen señalar la fecha inicial de redacción sino la final de su revisión. No podemos ni debemos especular más allá de eso.

La primera sorpresa que tenemos al revisar la poesía póstuma de Vallejo es que, pese a las intransigentes declaraciones teóricas que hemos citado y a las enormes diferencias que tiene con toda su obra anterior, el lenguaje sigue estando animado por un espíritu de invención que no puede sino filiarse como vanguardista. En «Me estoy riendo», publicado en el primer *Favorables...* (1926), escribe:

> Son tres. Treses paralelos,
> barbados de barba inmemorial,
> En marcha 3 3 3.

Y en un poema muy distinto a éste encontramos sin embargo la misma nota de absurdidad verbal:

> Reanudo mi día de conejo,
> mi noche de elefante en descanso
>
> Y, entre mí, digo:
> ésta es mi inmensidad en bruto, a cántaros,
> éste mi grato peso, que me busca abajo para pájaro;
> éste es mi brazo
> que por su cuenta rehusó ser ala [...]. («Epístola a los transeúntes»)

---

[3] Para evitar más confusiones seguiremos aquí la pauta de la edición crítica preparada por un equipo bajo la coordinación general de Américo Ferrari, que aparece citada en la bibliografía al final de este apartado.

Su poesía póstuma es, en realidad, una insuperable síntesis del lenguaje de la vanguardia, que racionalmente rechazaba, y de la nueva visión social (él la llamaba «socialista») que había adoptado en lógica correspondencia con su fe marxista; si se piensa bien, eso era lo que justamente quería lograr el surrealismo después de 1929. Así, Vallejo se colocaba a la vanguardia de la vanguardia y le abría nuevos horizontes que pocos habían vislumbrado, dándole a ese lenguaje una función por completo diferente. Este admirable logro es el fruto de dos supremas virtudes poéticas de Vallejo, una nueva y otra bien conocida: su agónica y honda comprensión de la compleja naturaleza de los fenómenos históricos que envuelven al hombre y su inagotable capacidad de invención verbal para registrarlos tal como pasaban frente a él, pero al mismo tiempo como si pasasen ante nosotros.

No quiere esto decir que la subjetividad de *Los heraldos...* y la asfixia existencial de *Trilce* hayan desaparecido. Justamente por encontrarse lejos de su patria, hay un reflujo de todo lo que hemos visto en esos libros: el hogar, la madre, los paisajes andinos, el hambre, la injusticia esencial de la vida humana... Pero todo eso está ahora integrado en un cauce estético que le permite examinarlo como parte de una experiencia *universal,* que nos iguala a todos y nos une pese a las diferencias concretas que nos separan. El dolor y la injusticia no nos aíslan, no nos encierran en nosotros mismos: una intensa noción —la solidaridad— se abre ante los sufrientes antes solitarios y los alienta con una especie de esperanza contra toda esperanza. No se trata de un fácil optimismo —siempre tan lejos del poeta—, sino de una posibilidad de *redención,* de un *sentido humanizador* tras el sacrificio. Ésa es la idea que está detrás de la ironía de titular «Voy a hablar de la esperanza» a un hermoso poema en prosa cuyo tema es la condición ineluctable del dolor: «Hoy sufro suceda lo que suceda, hoy sufro solamente». La forma como el poeta supo adaptar su lenguaje a sus nuevas necesidades de expresión y equilibrar éstas con las de la *comunicación* —superando así el clima oclusivo de *Trilce*— es la operación formal más cautivante de esta producción.

Hay un alivio de la tensión expresiva, que ahora se libera a través de fórmulas abiertas, apoyadas en ritmos más estables o familiares para el lector, pues evocan o parodian fórmulas bien conocidas: sermones, letanías, plegarias, epístolas, etc., a veces entremezcladas con frases coloquiales o expletivos. Hay un eco bíblico en ello, pero ideológicamente alterado: el nuevo evangelio que Vallejo predica es el de la unión de todos los hombres en su dolor y en su lucha revolucionaria contra las condiciones históricas que lo perpetúan. La gran novedad aquí es la certidumbre de que, siendo el sufrimiento parte esencial de la condición humana, no debemos permanecer pasivos y menos hundirnos en nuestra propia angustia: la acción es la consecuencia inmediata del sentimiento de solidaridad. Existe un largo trayecto desde la resignada fórmula: «Hay golpes en la vida tan fuertes... Yo no sé!» a la de «Los nueve monstruos»: «¡Ah! desgraciadamente, hombres humanos, / hay, hermanos, muchísimo que hacer». La voz casi nunca es solitaria: es un clamor en medio de una multitud de sufrientes a los que habla para transmitirles el alentador mensaje de que, así como hay *causas,* hay *soluciones* para el dolor colectivo. Como el *tú* o el *nosotros* están siempre implícitos, todo cobra un aire oracional, de palabras dichas para otros; incluso, el sujeto poético, invocado y desdoblado como «César Vallejo», puede ser el destinatario que escucha su propio mensaje.

Pero hay una constante pugna entre esa racionalidad y la pura emoción que suele desbordar la nítida comprensión del hombre como sujeto histórico; con frecuencia el discurso conscientemente estructurado sobre bases de una lógica implacable, que todos compartimos, se quiebra en una explosión de conmovedora piedad porque el poeta sabe que, en el fondo, no podemos extirpar las raíces del dolor y eliminarlo por completo:

> Considerando sus documentos generales
> y mirando con lentes aquel certificado
> que prueba que nació muy pequeñito...
>   le hago una seña,
>   viene,
> y le doy un abrazo, emocionado
> ¡Qué más da! Emocionado... Emocionado. («Considerando en frío...»)

La dialéctica marxista creía poder suprimir esa última contradicción; la de Vallejo absorbe a ésta y la transforma en una nueva razón para continuar la lucha. Como poeta, libra esa lucha de una manera profundamente personal, extrayendo de cada palabra acentos, ritmos, significados y símbolos que las reafirman o contradicen el sentido aceptado. Los vulgarismos, las irregularidades gramaticales o sintácticas sirven a su causa, porque destacan que también deben caer las barreras del lenguaje para que la nueva humanidad aparezca. Decir, por ejemplo, «hombres humanos» no es incurrir en un pleonasmo: es un modo de hacernos ver cuán poca humanidad atribuimos a ese sustantivo. Hay un juego de simetrías y asimetrías lingüísticas, de aserciones y negaciones, de radiantes propuestas y enigmas insolubles, cuyas alternancias seducen poderosamente nuestra razón y nuestra sensibilidad: nos hacen pensar en lo que sentimos y sentir lo que pensamos. Entre los principios que rigen ahora el pensamiento poético de Vallejo, destacan dos: la paradoja y la fusión de los contrarios. Así, fuerza el lenguaje a decir más de lo que suele decir o lo opuesto, a *excederse* revelando posibilidades integradoras que antes no habíamos visto; eso le permite escribir, por ejemplo, «De puro calor tengo frío» o «Acaba de pasar el que vendrá». Predominan poemas formados por series de palabras que chocan entre sí o se funden en nuevas realidades. El sentido de «Yuntas», por ejemplo, nace de la chispa generada por el roce de fórmulas paralelísticas y palabras que varían:

  Completamente. Además, ¡vida!
  Completamente. Además, ¡muerte!

  Completamente. Además, ¡todo!
  Completamente. Además, ¡nada!

  Este procedimiento le permite a Vallejo examinar las cuestiones que plantea como si las viese simultáneamente desde distintas perspectivas y, como hacía el cubismo, introduciendo una nota de dinamismo temporal en la composición: estamos a la vez aquí y allá, ayer y ahora, contemplando las partes y el todo, moviéndonos entre los planos concreto y abstracto de la realidad. Hay un febril impulso por abarcarlo todo, por darse a «entender en bloque», pero sin perder ningún pequeño detalle. Escritura totalizante de la que da un ejemplo «Terremoto»:

  ¿Hablando de la leña, callo el fuego?
  ¿Barriendo el suelo, olvido el fósil?
  Razonando,
  ¿mi trenza, mi corona de carne?

  Esto tiene una consecuencia moral: así como todo es su contrario, el mal no es lo opuesto del bien, ni el amor del odio, ni lo físico distinto de lo espiritual. De hecho, su poesía subraya la condición *animal* del hombre y sus impulsos instintivos que se resisten a toda regla racional o ideológica. Por eso puede exaltar al bolchevique llamándolo «hijo natural del bien y del mal» («Salutación angélica»); recordarle «Eres de acero, como dicen, / con tal que no tiembles...» («Otro poco de calma, camarada...»); o evocar admirablemente el paisaje andino como escenario natural y de la causa indigenista: «¡Oh campo intelectual de cordillera, / con religión, con campo, con patitos!» («Telúrica y magnética»). La tensión emocional que crean las palabras e imágenes da una sensación de urgencia, como si brotasen de una fuente de vertiginosa energía donde todo está en transformación, multiplicándose y regenerándose:

> Pero antes que se acabe
> toda esta dicha, piérdela atajándola,
> tómale la medida, por si rebasa su ademán; rebásala,
> ve si cabe tendida en tu extensión.

Varios notables poemas, como «Hoy me gusta la vida mucho menos...», el citado «Los nueve monstruos» o «Sermón sobre la muerte», están estructurados como un doble movimiento de despliegue y repliegue: un abanico que se abre mostrando cosas heterogéneas o atomizadas y que luego se cierra poniéndolas en un nuevo orden. Vallejo quiere desmontar los mecanismos que mueven el mundo burgués y reorganizarlos para mostrar que todo puede ser de *otro* modo. En «Un hombre pasa con un pan al hombro...» tenemos una sutil aplicación de los tres términos de la dialéctica marxista (tesis, antítesis y síntesis) pues presenta un contraste tan violento entre los dos primeros que el tercero queda sobreentendido; las trece estrofas están formadas por un par de versos que plantean una cuestión de fondo:

> Un hombre pasa con un pan al hombro.
> ¿Voy a escribir, después, sobre mi doble?
>
> Otro se sienta, ráscase, extrae un piojo de su axila, mátalo.
> ¿Con qué valor hablar del psicoanálisis?

Como puede verse, el primer término de cada binomio es una proposición hecha a partir de una observación verificable del mundo concreto; el segundo es una pregunta retórica vinculada siempre al mundo de la cultura, el arte o la ciencia. Aquélla es parte de la «infraestructura» social; ésta es la «superestructura», dependiente de la primera. El tercer término no aparece: es la conclusión o «síntesis» que cada uno saca y que supone, lógicamente, una rotunda negación del segundo término. El poema es un dispositivo ideológico de cuyo rigor demostrativo no podemos escapar.

Hay dos textos en los que creemos que Vallejo llegó más lejos que nunca en su arte de emocionarnos por el desnudo poder de las palabras, enhebradas como una marea de sonidos y significados liberados de sus habituales funciones. Esos poemas son «La paz, la abispa...» y «Transido, salomónico, decente...», ambos fechados en septiembre de 1937. Un dato interesante: por esas mismas fechas, Neruda incluía en la sección «Como era España» de su *España en el corazón* un procedimiento retórico análogo —aunque con fines distintos— al que vemos en estos textos. En el primero tenemos cinco estrofas, cada una de las cuales está configurada únicamente por determinadas categorías gramaticales: sustantivos; adjetivos; verbos en gerundio; adverbios y demostrativos; frases adjetivales introducidas por artículos neutros. En el segundo cada una de las cuatro estrofas combina dos categorías: adjetivos y verbos en imperfecto; frases adverbiales y pretéritos; adjetivos y distintas formas verbales; adverbios terminados en -mente y verbos en futuro. Es imposible sugerir siquiera el impresionante efecto que estos poemas producen sin citarlos íntegros: la unidad lograda a partir de esa alternancia de elementos verbales que no «dicen» nada (son meras palabras, sirviendo funciones a las que no están en principio destinadas), pero que parecen dirigirse hacia una frontera semántica absolutamente nueva, puede considerarse una de las mayores operaciones para socavar el lenguaje que se hayan intentado en nuestra poesía. Resignémonos a citar sólo una estrofa del primero:

> Dúctil, azafranado, externo, nítido,
> portátil, viejo, trece, ensangrentado,
> fotografiadas, listas, tumefactas,
> conexas, largas, encintadas, pérfidas.

Como puede verse, hay una anomalía en la serie: *trece* no es un adjetivo calificativo, pero el contexto en que aparece lo fuerza a serlo. Hay otras irregularidades en el texto («lo todo» en la serie de fórmulas *lo + adjetivo*), y otra más («en hablando») en el segundo poema, que llevan el radical experimento verbal a sus extremos. ¿No es acaso posible pensar en este punto en el *Altazor* de Huidobro y su conclusión babélica y descoyuntada?

La aventura creadora e ideológica de Vallejo culmina brillantemente con *España, aparta de mí este cáliz,* su gran poema político y su más intenso tributo a la causa republicana. Hay que recordar que este poema, junto con *España en el corazón* de Neruda (ambos originalmente publicados en medio de la guerra y como instrumentos de esa lucha), confirma que los mejores cantos de ese acontecimiento histórico provienen de Hispanoamérica; también lo registraron Nicolás Guillén *(17.6.1.)* y el vanguardista argentino Raúl González Tuñón *(16.4.1.)* en *La muerte en Madrid* (1939). Si el resto de su poesía europea es, como vimos, la síntesis de dos distintas clases de revolución (la vanguardia y el marxismo), este poema es la síntesis de esa síntesis. En un vasto movimiento envolvente, toda la experiencia humana y estética de Vallejo, desde los símbolos cristianos y las visiones de la madre en *Los heraldos...*, los pozos de angustia y crispación de *Trilce* y las parábolas del sentimiento solidario con el dolor y las luchas de los explotados del mundo, se articula en una última visión integradora: la de una pasión guerrera que conducirá a la utopía de una redención universal, un mundo auténticamente humano nacido precisamente de las cenizas de uno injusto y brutal. El tono coral de la poesía póstuma se acentúa aquí, porque Vallejo sabe que está hablando a un pueblo y al mundo entero al mismo tiempo. La urgencia, además, aumenta el dramatismo de sus palabras: España se está desangrando ante sus ojos y escribir (pronunciar) este canto es su deber inescapable. Su texto entra también en combate, con el mismo júbilo y el mismo temor; éste es el magnífico arranque:

> Voluntario de España, miliciano
> de huesos fidedignos, cuando marcha a morir tu corazón,
> cuando marcha a matar con su agonía
> mundial, no sé verdaderamente
> qué hacer, dónde ponerme, corro, escribo, aplaudo,
> lloro, atisbo, destrozo, apagan, digo
> a mi pecho que acabe, al bien, que venga,
> y quiero desgraciarme...

El sincretismo de todas sus obsesiones, ideas, nostalgias, visiones y esperanzas hace que este poema, siendo ideológicamente militante, no sea doctrinalmente sectario o dogmático; como siempre en su poesía, Vallejo ve los dos lados de lo que exalta y las consecuencias morales de esa exaltación. Si uno se fija bien, el mismo título indica los dos polos del espectro: por un lado, España como símbolo o clave de un conflicto que opone las fuerzas fascistas a las socialistas; por otro, la referencia bíblica a Cristo en el huerto de los olivos antes de su crucifixión. Proceso histórico concreto, verdadera agonía y epifanía del espíritu: la guerra es una tragedia y una experiencia transfiguradora, el comienzo de una nueva utopía de salvación, un nuevo mito para los hombres del siglo xx. Bien dice Roberto Paoli que en el fondo del poema hay una profecía y un mesianismo: los españoles son los apóstoles de la era que vendrá; de su holocausto, como del sacrificio de Cristo, surgirá al fin la colectividad de los «hombres humanos», triunfantes de la injusticia y el sufrimiento. En España se vive otra vez el misterio del Calvario.

Subrayando las analogías de la Pasión bíblica y del núcleo familiar con este drama, el poeta evoca las figuras del Padre, la Madre y el Hijo. No nos extrañe demasiado que el marxista Vallejo abunde en imágenes cristianas: el proceso interior que vivía era, pese a los que quieren verlo en blanco y negro, más ambiguo; lo que decía en una carta (noviembre de 1924) a su amigo Pablo Abril de Vivero es revelador: «Vuelvo a creer en nuestro Señor Jesucristo. Vuelvo a ser religioso...». En la sección XIII del poema («Redoble fúnebre a los escombros de Durango»)[4] leemos:

> Padre polvo, en que acaban los justos,
> Dios te salve y devuelva a la tierra,
> padre polvo, en que acaban los justos.

Hay resonancias evangélicas todavía más notorias: en XVI tenemos una severa admonición que comienza «¡Cuídate España de tu propia España!» y que sólo puede leerse como una cautelosa reflexión sobre las divisiones políticas avivadas por la guerra:

> ¡Cuídate del que antes de que cante el gallo
> negárate tres veces,
> y del que te negó, después, tres veces!
> ¡Cuídate de las calaveras sin las tibias,
> y de las tibias sin las calaveras!

Y en el final XV, la figura materna juega con su connotación familiar, la cultural de «madre patria» y la *Stabat Mater* del rito de la redención:

> ¡Niños del mundo, está
> la madre España con su vientre a cuestas;
> está nuestra maestra con sus férulas,
> está madre y maestra,
> está cruz y madera...

---

[4] Las distintas ediciones del poema ofrecen algunas variantes en la numeración y los títulos de las secciones.

Así, Vallejo cierra su ciclo creador, que, siguiendo un ritmo vertiginoso y lleno de violentas transiciones, configura un fascinante itinerario. Comienza apoyado, algo inciertamente, en una tradición que muchos ya habían abandonado. Luego asimila el lenguaje de la vanguardia, pero siempre a su modo y de forma excéntrica. Lo supera, critica y reaviva más tarde, poniéndolo en contacto con los grandes acontecimientos históricos e ideológicos de su época. Y finalmente nos deja un gran canto que resume, con un volumen épico que no había antes intentado, toda su fe y todos sus temores, su agonía y su esperanza, como poeta, intelectual y protagonista en el gran escenario del mundo. Sólo un puñado de grandes artistas de su tiempo hicieron lo mismo.

Textos y crítica:

VALLEJO, César, *Poemas humanos* (1923-1938), París, Les Éditions des Presses Modernes, 1939.
— *Poesías completas* (1918-1938), ed. de César Miró, Buenos Aires, Losada, 1959.
— *Novelas y cuentos completos,* Lima, Moncloa Editores, 1967.
— *Obra poética completa. Edición con facsímiles,* ed. de Georgette de Vallejo, Lima, Moncloa Editores, 1968.
— *Poesía completa,* ed. crítica y exegética de Juan Larrea, Barcelona, Barral Editores, 1978.
— *Obra poética completa,* ed. de Enrique Ballón Aguirre, Caracas, Biblioteca Ayacucho, 1979.
— *Obra poética,* ed. crítica de Américo Ferrari, Madrid, Archivos, 1988.
— *Obras completas. Vol. 1: Obra poética,* ed. crítica de Ricardo González Vigil, Lima, Banco de Crédito del Perú, 1991.
— *Trilce,* ed. de Julio Ortega, Madrid, Cátedra, 1993.
— *Escalas melografiadas.* [Nueva versión establecida por Claude Couffon según manuscrito inédito del poeta.] Arequipa, Perú, Universidad Nacional de San Agustín, 1994.
— *Poesía completa,* ed. de Ricardo Silva-Santisteban, Lima, Pontificia Universidad Católica del Perú, 1997, 4 vols.

Aula Vallejo, Universidad Nacional de Córdoba, Argentina, 1961-1974, 5 vols.
COYNÉ, André, *César Vallejo,* Buenos Aires, Nueva Visión, 1968.
FERRARI, Américo, *El universo poético de César Vallejo,* Caracas, Monte Ávila, 1972.
FLORES, Ángel (ed.), *Aproximaciones a César Vallejo,* New York, Las Américas, 1971, 2 vols.
FRANCO, Jean, *César Vallejo. La dialéctica de la poesía y el silencio,* Buenos Aires, Sudamericana, 1984.

HART, Stephen, *Religión, política y ciencia en la obra de César Vallejo,* Londres, Támesis Books, 1987.
HIGGINS, James, *Visión del hombre y de la vida en las últimas obras poéticas de César Vallejo,* México, Siglo XXI, 1970.
Homenaje a César Vallejo. Cuadernos Hispanoamericanos, 454-455 y 456-457, 1988, 2 vols.
Homenaje Internacional a César Vallejo. Visión del Perú, 4, julio de 1969.
LARREA, Juan, *Vallejo y el surrealismo,* Madrid, Visor, 1970.
MARTOS, Marco, y Elsa VILLANUEVA, *Las palabras de Trilce,* Lima, Seglusa-Universidad Nacional Mayor de San Marcos, 1989.
MEO ZILIO, Giovanni, *Stile e poesia in César Vallejo,* Padua, Liviana Editrice, 1960.
MONGUIÓ, Luis, *César Vallejo. Vida y obra,* Lima, Perú Nuevo, 1959.
ORTEGA, Julio (ed.), *César Vallejo,* Madrid, Taurus, 1975.
PAOLI, Roberto, *Mapas anatómicos de César Vallejo,* Florencia, Casa Editrice D'Ana, 1981.
PODESTÁ, Guido, *César Vallejo, su estética teatral,* Minneapolis, Institute for the Study of Ideologies & Literature, 1985.
RAMÍREZ, Luis Hernán, *El marxismo y el leninismo en la poesía de César Vallejo,* Lima, Mayo, 1989.
Revista Iberoamericana, número dedicado a Vallejo, 36:71 (1970).
ROSSELLI, Ferdinando, *Elementi cromatici e fotocromatici della poesia di César Vallejo,* Florencia, Facoltà di Economia e Commercio, 1976.
VÉLEZ, Julio, y Antonio MERINO, *España en César Vallejo,* Madrid, Fundamentos, 1984, 2 vols.
XIRAU, Ramón, *Dos poetas de lo sagrado: Juan Ramón Jiménez y César Vallejo,* México, Joaquín Mortiz, 1980.

16.3.3. El oceánico Neruda

Si las dificultades para estudiar la obra de Vallejo *(supra)* surgen de su profundidad, en el caso de Pablo Neruda (1904-1973) provienen tanto de su profundidad como de su extensión: el volumen de su obra poética (descontando todo lo demás, que es también copioso) es descomunal, quizá inabarcable, y ha seguido creciendo tras su muerte, con la publicación de libros olvidados o epilogales. Eso hace que los dos volúmenes y las tres mil páginas de sus *Obras completas* de 1968 en verdad dejasen de serlas apenas impresas.

Su prodigiosa abundancia —mayor que la de Darío *(12.1.),* con quien tiene más de un punto de contacto— no es tanto el resultado de la simple acumulación sino de un claro designio: Neruda quiso «poetizar» el mundo, nombrar cada una de sus cosas, de la A a la Z, como quien compusiese una enciclopedia lírica. Hizo de su don un deber y un plan, que suponían un diario ejercicio, un puntual inventario de todo lo que ocurría dentro y alrededor de él: la palabra poética rivalizó en variedad y amplitud con el cosmos. Quizá el chileno haya sido el último de nuestros poetas que quiso cumplir una función profética, universal y totalizante. Así, en un solo movimiento envolvente, celebró el mundo, se exaltó a sí mismo y fue un gran cantor de su pueblo y su patria americana. La rosa de los vientos que usó como emblema poético rodeado por las letras de su nombre no sólo es una indicación de su pasión por el mar: anuncia la vocación oceánica de su obra, en la que lo grande y lo pequeño, lo sublime y lo humilde, tienen su debido lugar. No menos oceánica es la bibliografía crítica generada por la enormidad de su obra. En estas páginas sólo podremos dar una idea de esa vastedad.

Su fascinante vida será uno de los aspectos que tendremos que sacrificar, salvo en momentos indispensables: es imposible seguirla en todos sus incidentes y aventuras que cubren el mundo entero. Vallejo y Neruda tienen coincidencias y divergencias, pero es en el nivel biográfico donde están las mayores diferencias: mientras el primero vivió con extrema modestia y murió en relativa oscuridad, el segundo llegó a vivir su propia gloria, recibiendo homenajes, invitaciones, celebraciones y premios internacionales; él mismo convirtió esa grandeza en tema —a veces irónico— de su poesía, igual que los ataques de que fue objeto: el espacio que ocupaba su presencia también era inmenso. Fue, además, una figura pública por otras razones. La principal, su posición política como miembro del Partido Comunista, lo identificó con causas y luchas que generaron polémicas y ardorosas disputas. Como también usó la poesía como instrumento de lucha, una gran parte de su obra es indesligable de su ideología y está nublada o desgarrada por las rencillas que ésta generó fuera y dentro de su patria. Con los años, su fidelidad a la estrategia soviética y a sus consignas fue amainando y hasta realizó una tardía autocrítica; libró su propia guerra fría y su correspondiente deshielo, enfrentándose a sus viejos compañeros de ruta. En todo lo que hizo y escribió dejó una fuerte impronta de su personalidad y de la *persona* literaria que él configuró a lo largo de los años. Un «yo» cuya grandiosidad sólo puede compararse con las de Hugo y Whitman.

Eso nos lleva al asunto de su nombre: Pablo Neruda nació dos veces, primero como Ricardo Neftalí Reyes Basoalto y luego (a partir de 1920) con el nombre que todos conocemos, inspirado sin duda por el poeta checo Jan Neruda (1824-1891), que debió de leer en alguna antología. Es decir, se bautizó a sí mismo con un nombre literario y así creó no sólo una obra, sino al autor de ella. Se otorgó ese nombre desde el comienzo de una obra concebida para designar y dar vida al mundo. Su primer nacimiento ocurrió en Parral, un humilde y pequeño pueblo en la zona central chilena; como casi inmediatamente la familia se trasladó a Temuco —situado en la zona central—, algunas biografías lo señalan como su tierra natal. En 1921 se encuentra ya viviendo en Santiago. Es importante recordar que el paisaje natural y humano de la región donde pasó su niñez será siempre el lugar al que el poeta retorna, física o espiritualmente, tras sus peregrinaciones por el mundo, y el centro de su profundo chilenismo. Como publicó su primer poema en 1918 y no dejó de hacerlo prácticamente hasta el día de su muerte, sus libros, reeditados y recopilados incontables veces, dejan mucho disperso a pesar de sumar varias docenas, sin considerar piezas miscelánicas. No referirse a todos ellos quizá aclare la perspectiva crítica, porque —como bien señaló Rodríguez Monegal *(21.4.)*— algunos de ellos tienen sólo relativo interés; Neruda es un poeta *cíclico,* que pasa por fases que comprenden varios libros —algunos publicados a destiempo— o los desborda creando un orden que no es necesariamente el de los títulos originales. Cada ciclo tiene sus cimas y sus caídas; estas últimas aparecen cuando el poeta intenta —por algún motivo— prolongar una onda cuya tensión ya se ha desgastado. Hay que decirlo: Neruda es un gran poeta de altibajos. Seguiremos, en grandes líneas, esa secuencia cíclica establecida por Rodríguez Monegal, sin dejar de tomar en cuenta las observaciones y reajustes que plantea la ordenación que propone Hernán Loyola.

El primero de esos ciclos está formado por dos libros: *Crepusculario* (Santiago, 1923) y el célebre *Veinte poemas de amor y una canción desesperada* (Santiago, 1924), que establecieron su nombre en el panorama literario de su país y luego del continente. A estos títulos hay que agregar *El hondero entusiasta* (Santiago, 1933), porque pese a su tardía publicación fue escrito por la misma época. Loyola antepone a éste otro ciclo previo (1915-1924), que en realidad correspondería a la prehistoria poética de un autor adolescente, dejando los *Veinte poemas...* como núcleo del segundo. Neruda abre sus *Obras completas* con *Crepusculario,* suprimiendo todo lo publicado antes, lo que ha sido recopilado en *El río invisible* en 1980. (Hoy sabemos que hay aún otro libro dentro de ese ciclo: el recientemente exhumado con el título *Cuadernos de Temuco,* Barcelona, 1997.) Dos rasgos caracterizan este ciclo: la versión muy depurada que el poeta ofrece de la línea postmodernista que había recibido de la tradición literaria, más toques —todavía aislados pero claros— de origen vanguardista *(16.1.),* y la voluntariosa creación de un *yo* lírico, que no es exactamente biográfico sino una entidad verbal a la vez generada por las emociones que vive y generadora de la visión poética. La creación o formación de ese sujeto es la conquista esencial del primer ciclo. Surge como un vórtice intenso y complejo, pero sometido a un tenaz esfuerzo de reconocimiento y cuestionamiento que le da consistencia: no un mero subjetivismo o autobiografismo romántico, sino una *introspección* con matices de inquietud y zozobra existencial. Neruda vivió vidas paralelas: la del mundo real y la que se inventó como poeta, y es ésta la que más nos interesa. En una conferencia de 1943 dijo: «Si ustedes me preguntan qué es mi poesía debo decirles: no sé. Pero si interrogan a mi poesía ella les dirá quién soy yo».

Crepusculario recoge textos escritos entre 1920 y 1923; en la dedicatoria se refiere a él como «este libro de otro tiempo». Dividido en cinco secciones, el material trata diversos motivos líricos, pero se centra en el amoroso, que es su forma de percibir y asumir el mundo: el impulso erótico lo liga a la naturaleza en un abrazo cósmico que envuelve a la mujer como emblema de las fuerzas genésicas del mundo. La sensualidad es tan febril y elevada que tiene algo de místico, como nos había enseñado Darío. En el poema «Morena, la besadora», que designa a una figura femenina que reencontraremos en los *Veinte poemas...,* leemos este desesperado ruego:

> Bésame, por eso, ahora,
> bésame, Besadora, ahora
> y en la hora de nuestra muerte.
> Amén.

En el hermoso «Farewell» tenemos otro ruego, quizá más patético: «Desde el fondo de ti, y arrodillado, un niño triste, como yo, nos mira». Obsérvese la forma como el «yo» se desdobla y se contempla como parte de su propia creación. Es evidente que ese «yo» aún tiene, si no un papel pasivo, sí dependiente de la amante: es como un niño que buscase la protección de la madre al mismo tiempo que le confiesa su pasión desbocada. El «yo» gira alrededor de la figura idealizada que él mismo ha creado, como un satélite gravitando en la órbita de un astro mayor: «Amor divinizado que se acerca. / Amor divinizado que se va». Y hasta tenemos un adelanto de esa perenne incertidumbre en que vive el amante que protagoniza su siguiente libro: «Yo no la quiero, Amada. // Para que nada nos amarre / que no nos una nada».

Las invocaciones a Dios (como en «Dame la maga fiesta») no son infrecuentes y, aunque a veces algo decorativas, las mencionamos porque sólo volverán a aparecer en *El hondero...*, por última vez, como motivo poético: a partir de entonces su «yo», que incluye todo, excluirá por completo el sentimiento religioso; toda la trascendencia que busca Neruda se halla en este mundo, no en el otro, y eso ayuda a entender que su celebración sea una forma de posesión verbal. Con la protección divina o sin ella, la voz crea una atmósfera de melancolía y resignado sufrimiento; los paisajes son tristes y abandonados, la belleza y los espasmos de placer son frágiles consuelos para una existencia que ansía la unidad de la pareja pero que vive una honda soledad. En «Tengo miedo» lo dice con un timbre exacto: «Tengo miedo. Y me siento tan cansado y pequeño / que reflejo la tarde sin meditar en ella».

El hondero..., escrito en 1923, completa el primer ciclo, pero de una manera bastante irregular: es un libro fragmentario, imperfecto y bastante derivativo que Neruda publica sólo diez años después precediéndolo con una advertencia; allí señala que pertenece a un período ya superado y que lo presenta como un «documento» que ya no puede perjudicarlo «íntimamente» como poeta. Reconoce también el influjo que todos le habían señalado: el del uruguayo Carlos Sabat Ercasty *(16.4.)*, específicamente sus *Poemas del hombre: Libro del mar* (1922). Pero la obra no deja de tener aspectos significativos. Por un lado, aparece por primera vez el anhelo cósmico de impronta whitmaniana, que acompañará al Neruda maduro. Su registro emocional es también muy amplio y variado: exaltación, energía, melancolía, soledad, angustia, etc.; así recorre, en un solo tramo, varias actitudes que resurgirán luego. Quizá lo más interesante es el proceso de la construcción del «yo» que nos deja ver y que delata flaquezas que en los *Veinte poemas...* casi no se dejan ver. Sorprende que, habiendo sido escritos en la misma época, estos dos libros ofrezcan versiones tan divergentes de ese proceso: *El hondero* lo muestra ansioso, inseguro, hasta sumiso ante la amada, cuya presencia dominante se funde con el vasto mundo natural: la mujer es una salvaje hembra cuyo poder salvador lo empequeñece. Más que entusiasta, el lenguaje del hondero es jadeante y espasmódico:

> Sumérgeme en tu nido de vértigo y caricia.
> Anhélame, retiéneme...
> [...]
> Ámame, ámame, ámame.
> De pie te grito! Quiéreme... (3)

En el poema 8 la urgencia es tan incontenible que parece sugerir —como observó Rodríguez Monegal— el clímax de la eyaculación: «[que yo pueda] correr fuera de mí mismo, perdidamente / libre de mí, furiosamente libre, / irme, / Dios mío, irme!».

Crepusculario es como un preludio o antesala de los *Veinte poemas...*, sin duda más logrado que aquél. Con el tiempo se convertiría en el libro más popular del poeta, por su tema, por su encanto rítmico, por su verdad profunda que cualquiera podía sentir como propia. Aunque escritos contemporáneamente, hay una marcada diferencia entre ambos: el «yo» poético se ha afirmado de modo decisivo y ahora, aunque se lamente y pueda sentirse desamparado, es el agente del juego erótico, alrededor del cual gravita la mujer. La explosión de sensualidad y su fusión con lo terrígeno en el primer poema crean un efecto memorable en el lector:

> Cuerpo de mujer, blancas colinas, muslos blancos,
> Te pareces al mundo en tu actitud de entrega.
> Mi cuerpo de labriego salvaje te socava
> y hace saltar al hijo del fondo de la tierra.

Podría decirse que *Crepusculario* fue el ensayo para que en el segundo libro el verdadero Neruda —con su voz y su dominante presencia— pudiese surgir con plenitud. El «yo» crece (a un grado tal que, luego, sus enemigos lo acusaron de megalomanía), pero no hay que perder de vista que con él crece también el mundo que percibe y registra; dicho de otro modo: la energía nerudiana se extiende como una sustancia que impregna el espacio y lo cubre con sus vibraciones. Todo está ahora en tensión: el sujeto que forja a la mujer «como un arma, / como una flecha en mi arco, como una piedra en mi / honda» y el mundo que florece y le entrega sus esencias como en el primer día de la creación. Obsérvese además la alusión al «hondero» que será la figura central de su otro libro: un alegre lanzador de piedras cósmicas que atraviesan la noche como saetas. «Emprendí la más grande salida de mí mismo», dirá Neruda en *Para nacer he nacido* (Barcelona, 1978) para explicar la novedad de *Veinte poemas...* Curioso: al salir de sí se encuentra con el que ya sabe que es. En el poema 15 declara: «Como todas las cosas están llenas de mi alma / emerges de las cosas llena del alma mía». Haciendo de él y del mundo una realidad textual cuyo control es total en sus manos, recupera el lluvioso y humilde paisaje sureño de su infancia y lo reconquista, vuelve a vivir en él y seguirá haciéndolo en futuros ciclos. Desde allí parte y allí retorna cada vez que el peregrinaje por el mundo lo fatiga: es el refugio seguro del aventurero, del navegante y del peregrino. Al lado de la añorada provincia, surge también el paisaje urbano de Santiago, sus calles, los rincones que buscan los enamorados.

Sólo hay tres actores en el libro: el amante, la mujer (más precisamente, su cuerpo) y el mundo físico en el que se aman, los tres estrechamente ligados y encerrados en el amplio círculo verbal que produce la seductora voz nerudiana como principal agente. En cada poema, la voz recobra una escena o episodio de esos amores, retazos de una historia de la que no sabemos todo, salvo que se parece a cualquier otra: variantes de una experiencia personal que se repite hace siglos sin dejar de ser siempre nueva. Esa historia se cierra como comenzó: va del «fui solo como un túnel» del poema 1 al verso final «Es la hora de partir. Oh abandonado!» de «La canción desesperada», que es el epílogo de la soledad. Todo pasó entre esos dos momentos y nada pasó: el amor vino y se fue —y volverá—. Mientras eso llega, lo que queda es el canto, la poesía misma que inventa cada día el amor, lo vive y lo revive en sus ondas rítmicas e imaginísticas. Una aclaración, al parecer pequeña pero importante, sobre la figura femenina en este libro: ese papel lo juegan varias personas reales, pero sobre todo dos, cada una con sus tonos, atmósferas y emblemas: la mujer morena, solar, alegre y sensual que vislumbramos en los poemas 3, 4, 7, 8, 11, ritualmente asociada al verano y al mar de la provincia; y la mujer pálida, melancólica, sombría y solitaria de los poemas 2, 5, 6, 13, 14, 15, 19, asociada al otoño, el crepúsculo y la urbe. Neruda las identificó gentilmente diciendo sólo que se llamaban «Marisol» y «Marisombra»; al publicarse sus *Cartas de amor* (1974) se han descubierto sus nombres reales: Teresa Vázquez y Albertina Rosa Azócar, respectivamente.

Aunque el poeta suela estar pensando en mujeres concretas mientras escribe estos versos y pese a que la intensidad emocional sea transparente, el libro se resiste admirablemente al sentimentalismo autobiográfico y disuelve los datos reales en una atmósfera de irrealidad y ensueño que tal vez sea la principal razón de su encanto. Nos movemos desde focos ígneos que transmiten la pasión erótica como si estuviese ocurriendo ante nuestros ojos («Quiero hacer contigo / lo que la primavera hace con los cerezos», 14), hacia un tiempo desleído, borroso y frecuentemente asociado con el silencio y la ausencia: «Y me oyes desde lejos, y mi voz no te alcanza: / déjame que me calle con el silencio tuyo», 15.

Todos esos matices, claroscuros, inquietudes y sistemas simbólicos se sintetizan impecablemente —incluyendo a las dos figuras femeninas— en el poema 20, sin discusión uno de los grandes poemas de amor de nuestra lengua. Estudiado a fondo por varios críticos, no necesitamos sino referirnos a un par de cuestiones para que cualquiera entienda su importancia. El texto tiene un riguroso diseño que afecta la forma de una espiral, de un movimiento giratorio y en descenso sugerido no sólo por el acorde inicial («El viento de la noche gira en el cielo y canta»), que se parece mucho al arranque de *El hondero...*, sino por el ir y venir de la marea rítmica («A lo lejos alguien canta. A lo lejos») y las vibraciones metafóricas («Y el verso cae al alma como al pasto el rocío»). Esa progresiva, melancólica y a veces angustiosa caída en sí mismo intenta una imposible introspección de la vivencia amorosa, que sólo produce mayores vacilaciones y perplejidades: «Yo la quise, y a veces ella también me quiso» dice el v. 6, pero es abiertamente contradicho por el 9: «Ella me quiso, a veces yo también la quería». Éste no es, en verdad, un convencional «poema de amor»: es un poema que *analiza* el amor y lo interroga infatigablemente; en vez del puro sentimiento amoroso, tenemos un examen del alma y la mente enamoradas. La única certeza del sujeto poético es su propio canto y la persistencia del ámbito natural («La misma noche que hace blanquear los mismos árboles», v. 21) que le trae las ráfagas de recuerdos con las que construye su imagen de la mujer perdida.

Y algo más, precisamente sobre el famoso primer verso: «Puedo escribir los versos más tristes esta noche». Este verso es seguido por: «Escribir, por ejemplo: "La noche está estrellada, / y tiritan, azules, los astros, a lo lejos"» (vv. 2-3), y luego lo vemos repetirse en el v. 5. Pero el *puedo* del comienzo es exploratorio, una señal de predisposición anímica, pues lo sigue la imagen de la noche estrellada como un mero ejemplo, mientras que el *puedo* del v. 5 marca el arranque definitivo, el primer escalón del ahondamiento subjetivo. Es decir, esa breve introducción presenta una analogía con la ejecución de una composición musical: primero un afinamiento, luego el primer acorde y después la melodía. Al avanzar por el primer tramo, ya hemos hecho un giro: el que va de «esta noche» a esa otra noche (o noches) en que tal vez se amaron. Finalmente, una nota histórica al margen: el poema 16 era, en verdad, una paráfrasis del poeta bengalí Rabindranath Tagore, que tanto influyó entre varios postmodernistas a través de las versiones de Zenobia Camprubí, la esposa de Juan Ramón Jiménez, que eran bien conocidas por ediciones que llegaban desde Buenos Aires. Como el libro de Neruda no advertía su evidente calidad de paráfrasis —lo haría a partir de la edición de 1938—, la polémica se convirtió en acusación de plagio y dio origen a la burla del grupo «Mandrágora» *(17.2.)*, que propuso llamar el libro *Veinte poemas de Tagore y un Sabat Ercasty desesperado*, en alusión al ya citado poeta uruguayo.

El segundo ciclo es de extraordinaria importancia: representa lo que consideramos el momento cenital de su producción y una de las verdaderas cimas de nuestra poesía. El centro volcánico de ese ciclo es el libro *Residencia en la tierra* (Santiago, 1933; Madrid, 1935), pero tiene sus antecedentes o borradores y sus secuelas o apéndices. Entre los primeros están: *Tentativa del hombre infinito,* la breve novela lírica *El habitante y su esperanza* y las prosas que en colaboración con Tomás Lago escribió bajo el título *Anillos* (los tres en Santiago, 1926); los otros se hallarán en partes de un libro anómalo y publicado mucho después: *Tercera residencia* (Buenos Aires, 1947). ¿Cómo llamar este ciclo? Así como es difícil categorizar un libro como *Trilce* de Vallejo pese a sus convergencias vanguardistas, usar esa designación para el presente ciclo nerudiano quizá resuelva un problema creando otro: el de adscribirlo a una tendencia específica, lo que es riesgoso o forzado, aunque el surrealismo resulte lo más aproximado. Pero decir que *Residencia en la tierra* es surrealista no es una filación, sino una simple analogía, a falta de otro nombre más preciso. Coincidimos con Rodríguez Monegal y otros críticos que han decidido designarlo con el único apelativo posible: *ciclo residencial* (o *residenciario*), porque subraya lo que es intransferible en él. Con una salvedad: *residencial* tiene, en el lenguaje nerudiano, un sentido preciso, distinto del convencional; equivale a *territorial,* el espacio físico donde se juega nuestro destino y que nos configura existencialmente.

Cuando el poeta tituló así su libro fue, a la vez, directo y sutil: *Residencia en la tierra* señala una renuncia total a cualquier intento idealizador de una concreta situación temporal; esta poesía expresa una experiencia vital que surge desde una profundidad abismal, donde el hombre no es sino otro ser vivo terrestre, biológicamente comparable a un animal o una planta. Pero también trae un eco de Rimbaud: *Une saison en enfer* (1873) resuena tras el título nerudiano porque hay una simetría en el horror ante la vida, el aislamiento claustrofóbico de todo y la confusión sensorial que ambos libros presentan. La condición humana se reduce a la sobrevivencia insensata en un mundo sombríamente material y corruptible donde no cabe otro destino que el de todo lo terrenal: la destrucción. La tierra es nuestro infierno y al otro lado de él no vislumbramos sino el vacío de la nada. Para entender la caída de Neruda en este pozo sin fondo, tenemos que referirnos a un crucial episodio de su vida: su viaje al Oriente.

La anécdota es bien conocida y él la ha contado en sus memorias: queriendo salir por primera vez de su patria, el poeta busca un puesto diplomático en París, Madrid o cualquier ciudad de Europa. Gracias a un amigo, logra una entrevista con el canciller del gobierno chileno, quien se muestra dispuesto a ayudarlo, pero sólo puede ofrecerle la más peregrina de las sedes diplomáticas: un puesto en el consulado de Rangún, Birmania (hoy Burma). Neruda acepta sin saber dónde queda, se embarca en junio de 1927 y llega a su destino, pasando por varias ciudades europeas, un par de meses después. Cumpliendo encargos diplomáticos en diversos lugares de la región (Colombo, Ceilán, Java, Singapur), permanece allí hasta 1932, en que retorna a Chile. El Oriente significa para él un descenso al abismo de la soledad y la alienación: inmerso en un mundo cuya cultura no entiende y que rechaza por su dominante religiosidad, casi sin amigos cercanos, lingüísticamente incomunicado, percibe —con una aterradora inmediatez— el sinsentido de la vida y que el único hilo que tiene para no perder la razón en ese laberinto es la poesía. Escribirla es ahora una cuestión de vida o muerte, un desesperado intento para articular lo indecible y recobrar su propia naturaleza humana. No hay nada «estético» en ese gesto: es un confuso y abrupto lenguaje que apenas se distingue del delirio o las pesadillas, el testimonio entrecortado de una agonía interminable. Las angustiadas cartas que desde allí le escribió a su amigo Héctor Eandi son un documento impresionante de un estado de ánimo que, agravado por el alcohol, bordeaba lo patológico; algunas de esas cartas son como la materia prima de algunos poemas residenciales; léase, por ejemplo, esta carta de mayo de 1928:

... estoy así tan vacío, sin poder expresar nada ni verificar nada en mi interior, y una violenta disposición poética que no deja de existir en mí, me va dando cada vez una vía más inaccesible, de modo que una parte de mi labor se cumple con sufrimiento...

El Oriente, que sería para tantos poetas, de Tablada *(13.4.2.)* a Paz *(20.3.3.),* una experiencia fértil y enriquecedora, fue para el chileno el momento crítico más doloroso de su vida y su obra. En esta última sólo aparece como negación y rechazo: «India, no amé tu desgarrado traje, / tu desarmada población de harapos» («Yo soy», *Canto general).*

Pero no hay que pensar que esa crisis comienza allí: igual que la experiencia carcelaria en *Trilce* de Vallejo, el Oriente precipita algo que se venía anunciando años atrás. Según ha establecido minuciosamente Hernán Loyola, unos nueve poemas que formarían parte de *Residencia...* son anteriores a ese viaje; varios fueron publicados (algunos con otros títulos) en revistas chilenas antes de que el poeta abandonase el país; entre ellos, el importante «Galope muerto» (de 1926), que abre el famoso libro y que ya tiene su misma cualidad obsesiva y luctuosa:

> Como cenizas, como mares poblándose,
> en la sumergida lentitud, en lo informe,
> o como se oyen desde el alto de los caminos
> cruzar las campanadas en cruz...

En verdad, la poesía nerudiana estaba sufriendo profundos cambios, visibles en los mencionados tres libros de 1926, aunque no fuese posible adivinar en ellos cuán lejos iba a llegar. El fragmentarismo, los ritmos tumultuosos, el creciente hermetismo de las imágenes, el desdén por la puntuación, etc., muestran que el poeta había empezado a abandonar la línea establecida por los *Veinte poemas...* y que estaba moviéndose en una dirección convergente con las búsquedas de la vanguardia, aunque muy distinta —de hecho, contradictoria— de la que proponía Huidobro *(16.3.1.)*. «Todo sucede dentro de uno con movimientos y colores confusos, sin distinguirse», decía en *El habitante...,* que parece anunciar el verso final del notable «Arte poética»: «... y un movimiento sin tregua, y un nombre confuso». Pero no cabe duda de que todo esto se agudiza y cristaliza en sus años en Oriente, período durante el cual escribió buena parte del conjunto. Debemos aclarar que este libro son en realidad dos: el de la edición de 1933, con poemas fechados entre 1925 y 1931; y la edición madrileña de 1935, que lo amplía formando dos grupos, el segundo de los cuales recoge textos de 1931-1935, escritos entre Santiago, Buenos Aires, Barcelona y Madrid, ciudades las tres últimas donde fue cónsul. De allí que se hable de dos series o dos *Residencias,* lo que explica el título de *Tercera residencia* que vendrá luego y de cuyas conexiones con las anteriores nos ocuparemos más adelante.

A la tortura dantesca de tener que vivir cada día sin esperanza se suma otra: la de dar testimonio de esa lenta y absurda progresión hacia la muerte. Revelando agudo sentido autocrítico, Neruda le escribe a Eandi que sus poemas son «de gran monotonía, casi rituales, con misterio y dolores como los hacían los viejos poetas. Es algo muy uniforme, como una sola cosa comenzada, como eternamente ensayada sin éxito». La nocturnidad de la previa poesía nerudiana cede aquí paso a la perturbadora claridad del día, a la bochornosa vigilia que se parece tanto a un mal sueño y de la que sabemos no podemos despertar. Hay un memorable verso residencial que nos dice exactamente cómo percibe el mundo Neruda: «como un párpado atrozmente levantado a la fuerza». Su correspondencia con el ojo abierto y cortado de la primera escena de *Un perro andaluz* (1929) de Buñuel-Dalí y «El sueño» (1937) en el que Dalí pintó un inmenso rostro —presumiblemente inspirado en el de Buñuel— con los párpados sostenidos por muletas es muy reveladora, todo lo cual tiene que ver con el valor metafórico que el surrealismo adscribió a la mirada. El lector atento descubrirá que en las dos series de las *Residencias* hay también un ciclo interno, un arco de tensión emocional y comunicativa que crece, culmina y disminuye. Entramos al mundo residencial con poemas como «Galope muerto» y «Alianza (Sonata)» en los que hay débiles insinuaciones de que el motivo erótico y su fuerza salvadora siguen teniendo la vigencia de la época anterior; en el segundo poema citado —cuyo título es significativo— leemos:

> detrás de la pelea de los días blancos de espacio
> y fríos de muertes lentas y estímulos marchitos,
> siento arder tu regazo y transitar tus besos
> haciendo golondrinas frescas en mi sueño.

Pero el cuerpo central del libro ignora esas ilusiones y se sumerge en un mundo de absoluta negación y horror; del cual emerge sólo al final del segundo volumen, en el que hay una afirmación de vida tras el naufragio.

Residencia... (y, en general, todo el ciclo al que da origen) está dominado por una visión del mundo como mera realidad *material,* un gigantesco repertorio de objetos inservibles y seres agónicos o sin vida, que simplemente *están allí* para ser registrados por el sombrío ojo del testigo. Esta poesía ha renunciado al «espíritu», o mejor dicho lo ha visto caer víctima de la destrucción general, más frágil y absurdo que las cosas. Es una estética literalmente «materialista»; Neruda la llamaría «poesía impura» (en clara oposición a la «poesía pura» que se cultivaba intensamente en España e Hispanoamérica) en un texto clave de 1935, el año que cierra la segunda *Residencia...*:

Así sea la poesía que buscamos, gastada como por un ácido por los deberes de la mano, por el sudor y el humo, oliente a orina y a azucena, salpicada por las diversas profesiones que se ejercen dentro y fuera de la ley.

Una poesía impura como un traje, como un cuerpo, con manchas de nutrición y actitudes vergonzosas, con arrugas, observaciones, sueños, vigilia, profecías, declaraciones de amor y de odio...

El problema es filiar esta poesía en relación con las estéticas de vanguardia, con las que, sin duda, comparte un aire de familia. Si el eje temporal del ciclo se sitúa alrededor de 1930, se verá que coincide con una serie de acontecimientos y procesos que señalan el ingreso de la vanguardia a una etapa de maduración y fusión con tendencias renovadoras afines. El lenguaje literario y artístico adquiere marcadas notas de angustia, caos y confusión existencial. Quizá sea oportuno recordar que en 1927 aparece *El ser y el tiempo* de Martin Heidegger y citar una vez más *La deshumanización del arte* (1925) de Ortega y Gasset. El año de 1929 ve aparecer *Poeta en Nueva York* de García Lorca y *The Sound and the Fury* de William Faulkner. La irracionalidad vanguardista había empezado a explorar nuevas zonas de la experiencia humana que reflejaban una concreta etapa histórica caracterizada por una atmósfera depresiva e inquietantes signos premonitorios de grandes catástrofes. Por un lado se planteaba la cuestión filosófica de cómo proseguir las búsquedas de la vanguardia en un mundo siempre cambiante; por otro, se enfrentaba el dilema de reflejar o no la responsabilidad del intelectual frente a los grandes fenómenos ideológico-políticos: el armamentismo, el estalinismo, el fascismo, el colonialismo, el papel de las potencias mundiales. No hubo una guerra internacional, pero la paz de que se gozaba parecía precaria e ilusoria, como en verdad se demostraría poco más tarde con trágicas consecuencias en España y el resto de Europa.

El surrealismo es la tendencia que atraviesa por las mayores conmociones en ese lapso (1929-1933), con sus conocidas expulsiones, adhesiones (Buñuel y Dalí, entre éstas), reajustes internos y pronunciamientos. De allí surgen nuevas fórmulas que son, a la vez, alternativas al surrealismo y extensiones de él. Cabe considerar entre ellas a *Residencia...*, aunque con la advertencia de que Neruda no participó para nada —tan lejos como estaba— en ese ardoroso debate y que al crear en casi completo aislamiento la originalidad de su lenguaje resulta todavía más asombrosa: se trata, a su manera, de una de las mayores contribuciones de nuestra América a la corriente surrealista porque es algo que no encontramos en ningún poeta perteneciente a ella. Pero no hay obra, ni siquiera ésta, que exista en el vacío o carezca de un contexto; tampoco hay que olvidar que los primeros contactos del poeta con las novedades surrealistas se producen durante su primer ciclo creador. Bien puede decirse que el libro nerudiano tiene afinidades —ya que no influjos— con manifestaciones que en esos mismos momentos se producen dentro y fuera del grupo de Breton.

Una alternativa radical al surrealismo es la que propone la revista *Documents* (París, 1929-1932), publicada por Georges Bataille y un grupo de surrealistas expulsados o disidentes, como Artaud, Soupault, Desnos, Leiris, Masson, Miró y otros; en esta revista, Carpentier *(18.2.3.)* publicó un artículo sobre la música en Cuba (núm. 6, noviembre 1929), que formaría parte de un libro sobre el tema. Con un marcado interés por la antropología y la etnología, *Documents* subraya la contribución de las culturas «primitivas», las fuerzas puramente salvajes, sexuales y anárquicas que se esconden tras la fachada de la civilización. Las reflexiones de Bataille sobre la fascinación y el horror del ojo por lo abyecto nos recuerdan, por su visión materialista, lúgubre y hermética del erotismo —tan ligado,

para él, a la muerte—, el mundo que contempla el citado «párpado» nerudiano; particularmente en «Soleil pourri» (núm. 3, 1930) comenta que en
la pintura reciente de Picasso hay una «rupture de l'élévation» y una «dé-
composition des formes» que relaciona con ritos ancestrales[5]. Aparte de
las telas de Lam, que representan una simbiosis entre la visión surrealista
y la cultura afrocubana, y las de Victor Brauner, que incorporan un elemento ritual y mágico, hay por lo menos tres obras plásticas del período
que tienen una profunda correspondencia con las ideas de *Documents* y la
poesía residencial, por sus rasgos de violencia y sexualidad primarias:
Desnudo en un sillón (1929) de Picasso, *Masacre* (1931) de Masson y *La
persistencia de la memoria* (1931) de Dalí, del mismo año. La extrema distorsión de la primera obra —que pertenece a una serie de pinturas con
notas de desmembramiento, delirio y obsesión— produce casi una desintegración de un cuerpo que no parece estar posando, sino crispado en un
agonía mortal; el brutal dinamismo de la segunda genera una fusión destructora de animales y figuras humanas casi indiscernibles entre sí; la obra
de Dalí es la más conocida, y bien podría ser la mejor traducción al lenguaje plástico del libro nerudiano. Todo esto ocurre durante los años de
Residencia... y comparte el mismo clima de horror y confusión que encontramos en el volumen.

Tres de los elementos clave y omnipresentes en *Residencia...* son el *desplazamiento*, la *desintegración* y la *metamorfosis*. Los poemas realizan una
absoluta correspondencia verbal y conceptual de esas notas; es decir, los
textos mismos están lingüísticamente descoyuntados, fragmentados,
inacabados. Más que *obras* terminadas, tenemos procesos abiertos, tentativas para llegar a ellas. Estos poemas nos muestran sus entrañas (las textuales y las del sujeto poético) y las exponen en carne viva; son astillas
incandescentes que llevan las trazas de la vorágine de la que surgen y que
dan un convulso, a veces incoherente, testimonio de que quieren decir lo
indecible. El sujeto mismo tiene poco de humano: es una criatura primaria, con el vientre pegado al suelo y la mirada dirigida hacia abajo (a veces
en contemplación autoerótica, como en «Caballero solo» o «Ritual de mis
piernas»), hacia el nivel de los instintos elementales: el sexo, la sed, la sobrevivencia. El «párpado» parece vivir en una perpetua vigilia, iluminado
por una luz hostil y perturbadora que borra los límites de la realidad y el

---

[5] El trabajo figura en un número especial que *Documents* dedicó en homenaje a Picasso
y en el que la nueva fase del pintor era adscrita a la estética surrealista. Aunque él negase
esa identificación, las telas y dibujos realizados alrededor de estas fechas revelan un creciente proceso de distorsión onírica de la realidad.

sueño. Como todo cobra una cualidad onírica, pesadillesca, y el lenguaje tiene la absurda lógica y la ominosa carga simbólica de los sueños, su impacto puede asociarse al que produce la estética surrealista. Y aunque hay que aclarar que este lenguaje no es exactamente un ejemplo paradigmático de «escritura automática», el efecto que logra es bastante análogo. Hasta en ciertos instantes de humor negro en *Residencia...* esa huella se reconoce. Por ejemplo, estas delirantes imágenes:

> Sin embargo sería delicioso
> asustar a un notario con un lirio cortado
> o dar muerte a una monja con un golpe de oreja.
> Sería bello
> ir por las calles con un cuchillo verde
> y dando gritos hasta morir de frío.
>
> («Walking around»)

nos recuerdan la definición del «acto surrealista» según Breton: «echarse a la calle empuñando un revólver y disparar mientras se pueda contra la multitud». Pero tampoco habría que olvidar que en Colombo (1929-1930) Neruda había leído, con admiración, el *Ulises* de Joyce y que, por lo tanto, estaba familiarizado con la técnica del monólogo interior y el lenguaje del subsconsciente; también leyó a Conrad, para cuyos personajes el exilio es una forma de exterminio.

Los análisis detallados de los poemas residenciales que han realizado Amado Alonso, Rodríguez Monegal, Loyola y Cortínez, entre otros, hacen casi del todo innecesario intentarlo aquí. Pero al menos dos textos nos servirán para dar una idea de la textura lingüística y simbólica que nos propone el libro: el ya citado «Galope muerto» y «Arte poética», ambos extraordinarios. Los dos comparten la misma estructura descoyuntada e incoherente, a veces en abierta violación del régimen sintáctico o gramatical. Véase el uso forzado de los gerundios en estos versos del primer texto: «teniendo ese sonido ya aparte del metal, / confuso, pensando, haciéndose polvo...» (vv. 6-7). Más anómalo es el régimen sintáctico de:

> Aquello todo tan rápido, tan viviente,
> inmóvil sin embargo, como la polea loca en sí misma,
> esa rueda de los motores, en fin. (vv. 11-13)

Obsérvese cómo estos retazos de pensamientos y fórmulas que se dejan entender a medias crean la poderosa sugestión de malestar existencial de un sujeto entregado a una frenética actividad sin propósito ni fruto, en un cosmos en un estado de confusión apocalíptica. El visionario Neruda parecería haber escrito amenazado por las cenizas y el espanto de la destrucción atómica —u otra forma de aniquilación masiva— antes de que esa posibilidad siquiera existiese; por las mismas fechas, Max Ernst también parecía anunciarla en tenebrosas telas como *La horda* (1927) o *La foresta imbalsamata* (1933). En los sombríos versos finales de «Galope...», lo que permanece aún vivo es algo ridículamente prosaico («zapallos»), como una patética referencia a las necesidades vegetativas a las que se ha reducido el hombre, que apenas es capaz de expresarse por indicios:

>   una vez los grandes zapallos escuchan,
>   estirando sus plantas conmovedoras,
>   de eso, de lo que solicitándose mucho,
>   de lo lleno, obscuros de pesadas gotas. (vv. 39-42)

«Arte poética» comienza dando vueltas en redondo, tratando de aproximarse a la situación o experiencia que quiere comunicar; siguiendo un procedimiento típico de este ciclo, vemos primero lo circunstancial («Entre sombra y espacio, entre guarniciones y doncellas, / dotado de corazón singular y sueños funestos», vv. 1-2) hasta que, sólo en el v. 7, llegamos al centro que genera el texto: «tengo la misma sed ausente y la misma fiebre fría». La adjetivación contradictoria u oximorónica subraya la aguda negatividad de todo y la carencia de causa y sentido. La serie de símiles que vienen luego tiene un marcado sabor onírico, con atormentados símbolos de alienación y degradación: «como un camarero humillado, como una campana un poco ronca, / como un espejo viejo, como un olor de casa sola / en la que los huéspedes entran de noche perdidamente ebrios...», vv. 11-13. En su febril balbuceo el sujeto sospecha que no se está dejando entender del todo y deja constancia de ello en un verso que es una alternativa intratextual a lo que estamos leyendo: «—posiblemente de otro modo aún menos melancólico—» (v. 14), al que sigue otro cuya estructura es todavía más precaria que la de los que hemos visto: «pero, la verdad, de pronto, el viento que azota mi pecho» (v. 15). Y el poema termina sin alcanzar su objetivo (es decir, dejándonos intuir *por qué* no lo alcanza) con una enumeración de hechos desconectados; sólo nos queda una indirecta alusión a la función poética dentro de las circunstancias en las que vive: la noche y el día «me piden lo profético que hay en mí» (v. 19). Hay pocos fracasos poéticos tan magníficos como éste.

La negra visión de un mundo que se destruye y descompone sin remedio se funda en el «materialismo» que señalamos antes: vemos la materia corruptible naufragando sin remedio en el deshielo general de la muerte física. Admirablemente, es el mismo carácter resistente y cíclico de la materia, su eterna capacidad de metamorfosis, lo que al final abrirá una ventana de luz en ese infierno. Neruda llegará a ver que la materia en realidad no se destruye: renace infinitamente y salva al hombre con ella. Aunque hay algunos vislumbres en la segunda *Residencia...*, la transición se advierte con radiante claridad en los notables «Tres cantos materiales» (sección IV del libro) que anuncian que el punto crítico de la etapa ya ha quedado atrás. Los cantos se titulan «Entrada a la madera», «Apogeo del apio» y «Estatuto del vino». La lucidez del primero es incomparable: sus dos primeras estrofas reiteran la misma imagen de caída: «[...] caigo al imperio de los nomeolvides», «Caigo en la sombra». Pero ya en la tercera algo sorprendente empieza a ocurrir: «Dulce materia, oh rosa de alas secas, en mi hundimiento tus pétalos *subo*» (vv. 13-14). Ha descubierto que su «viaje funerario» lo ha llevado al corazón mismo de las cosas y se siente renacer con ellas, con su fuerza genésica: «Poros, vetas, vínculos de dulzura, / peso, temperatura silenciosa...» (vv. 37-38). El poema culmina con una fervorosa invocación para fundirse con lo más hondo y nutricio del mundo vegetal, donde los ritmos del caos que antes escuchamos se vuelven ahora una ronda de regeneración y fe en la eterna materia; el final es sin discusión memorable:

> y a vuestra vida, a vuestra muerte asidme,
> a vuestras muertas palomas neutrales,
> y hagamos fuego, y silencio, y sonido,
> y ardamos, y callemos, y campanas.

Como dijimos antes, *Tercera residencia* sólo en parte pertenece a este ciclo. De los poemas que contiene, fechados entre 1935 y 1945, sólo los que aparecen en las dos primeras secciones forman parte de él; el resto inaugura el siguiente ciclo, en el que su voz sonará radicalmente distinta. Si hay un libro inorgánico en la bibliografía nerudiana sin duda es éste. La afinidad de esas dos primeras secciones con las dos *Residencias* es visible en los poemas «Alianza (Sonata)» —texto homónimo de otro en *Residencia...*— y «El abandonado». El poema «Las furias y las penas», que ocupa toda la sección II, es innegablemente uno de los grandes poemas eróticos del autor y un espléndido cierre del ciclo. Una breve nota de Neruda fechada en marzo de 1939 nos hace saber que el poema fue escrito en 1934 en una España que era entonces «una cintura de ruinas», y anuncia algo importante: «El mundo ha cambiado y mi poesía ha cambiado. Una gota de sangre caída en estas líneas quedará viviendo sobre ellas, indeleble como el amor». Quizá sea más apropiado llamarlo un poema de amor y de odio, expresados con la misma perturbadora intensidad y referidos a una sola mujer. La pasión es la suprema obsesión y tortura que lo retiene todavía en el ciclo residencial; las imágenes con las que la recobra saltan como chispas candentes que lamen su cuerpo prisionero del más exquisito dolor que ha sentido: saber que desea a su enemiga, que se pierde gozosamente en sus brazos malignos, «construyendo una casa que no dura ni muere». Los dos versos finales sintetizan la indescifrable cualidad de su pasión por esa mujer no identificada con quien fue «apartando las sílabas del miedo y la ternura / interminablemente exterminados».

El tercer ciclo le permite a Neruda elevar sustancialmente el volumen de su voz hasta alcanzar un nivel épico y ser en verdad profético, en cumplimiento de sus altos deberes poéticos, históricos e ideológicos para vencer —como señala Santí— a la muerte. Éste es el momento de su gran *poesía social,* de su compromiso americano y su intervención en las pugnas políticas de la época; es, también, la etapa en la que fue más discutido como poeta y como persona porque su fidelidad a las estrategias del Partido Comunista en la época de la guerra fría lo llevaron a adoptar actitudes sin duda reprobables; otra vez hay que recordar que Neruda fue uno entre muchos otros, como Vallejo, que aceptaron tácticamente esos riesgos e incurrieron en ceguera moral. Pero dejaremos de lado esos aspectos para concentrarnos en los poéticos, aunque algunas veces sea difícil separarlos. (En realidad, Neruda no quería que los separásemos: entendía que su poesía era una extensión de sus posiciones políticas y que eran ésas las que lo inspiraban.) El ciclo comienza, como indicamos, en las últimas secciones de *Tercera residencia* —entre las que se encuentra el importante poema *España en el corazón* (Santiago, 1938)—, alcanza su cúspide con el libro-poema *Canto general* (México, 1950) y se deslíe en *Las uvas y el viento* (Santiago, 1954), uno de sus libros más discutibles. Los acontecimientos históricos que forman el contexto internacional al que estos libros responden son la Guerra Civil Española, la Segunda Guerra Mundial y sus respectivas consecuencias. Aunque llamamos *social* a este ciclo, hay que advertir que esa asunción no es sólo una fase en la visión de Neruda: una vez conquistada, permanecerá como una corriente subterránea en el resto de su obra y no lo abandonará jamás.

En lo personal es un período muy activo y dramático para el Neruda político, que empieza a ser tan visible como su persona literaria. El proceso de creación de su «yo» poético que se ha fundido con el limo del mundo terrestre descubre ahora la *historicidad* en la que todo acto humano se inserta y la responsabilidad *moral* que, como consecuencia, impregna su palabra. Tiene un papel que cumplir y una causa que defender; siente que no sólo habla él: por su voz hablan otros —los que guardan silencio—. El poeta se hace intérprete, vocero, defensor y agente de la lucha por la justicia; esa lucha no tiene fronteras —va de Chile a Stalingrado— y le confirma que su destino es planetario: él escribe y actúa en nombre de todos los hombres de ayer, de hoy y del futuro. Su queja melancólica y su grito de angustia se han convertido en un amplio vuelo épico.

Los grandes cambios comienzan con una nota de plenitud, esperanza y solidaridad: en Madrid, donde ha llegado como cónsul en 1935. Siente que ha emergido del oscuro túnel que lo asfixiaba y que respira el aire puro de una realidad que adoptaría como propia porque lo reconcilia con su lengua; con su tradición literaria (sufre el hechizo de Quevedo y el conde de Villamediana); con los poetas amigos García Lorca, Alberti y otros de la Generación del 27 que lo rodean como a uno de los suyos; con el mismo aliento solar de la tierra española. Además empiezan los largos días de su gloria: ese mismo año los poetas españoles le rinden un homenaje que luego publican, él edita la revista *Caballo verde para la poesía* y, por cierto, aparece *Residencia en la tierra,* que realmente lo lanza como un gran poeta de la lengua. Hay que decirlo una vez más: la presencia de Neruda es un poderoso catalizador del proceso poético de la península e influye decisivamente en poetas más jóvenes, como Miguel Hernández. Esa felicidad iba a durar poco: el 18 de julio de 1936 comienza la Guerra Civil; se produce el asesinato de García Lorca, pierde su cargo consular y marcha, como tantos otros exiliados españoles, a París, desde donde continuaría su indeclinable defensa de la causa republicana y luego la de sus expatriados. La experiencia de la guerra española convencerá a Neruda, que hasta esas fechas había tenido veleidades anarquistas, de que no hay otra vía para el cambio social que la propuesta por la ideología y las directivas del Partido Comunista, al que se afiliaría en 1945. De regreso en Chile a fines de 1937, se compromete en variadas actividades intelectuales que tienen un marcado tinte político internacional —con España como centro—, lo que lo lleva en un constante peregrinaje por todo el mundo.

Durante los tres años que pasa en México como cónsul (1940-1943) protagoniza importantes actos literarios y políticos, que muestran su absoluta obediencia a la estrategia mundial de la Unión Soviética bajo Stalin: silencio ante el asesinato de Trotski en México (1940), celebraciones poéticas del dictador a raíz de su victoria militar en Stalingrado, virulentos pronunciamientos y acusaciones contra los «revisionistas» que se apartan del dogma, etc. Sus estrechos contactos en México con Diego Rivera, los muralistas y otros intelectuales radicalizados contribuyeron a agudizar sus tendencias ultraortodoxas, pero también fueron poderosos estímulos para la composición de *Canto general*. Luego, en 1945, entra de lleno en la vida política chilena al ser elegido senador. Un par de años después su situación personal sufre una grave crisis: el régimen del presidente Gabriel González Videla, cuya campaña electoral el poeta y los comunistas chilenos habían apoyado, da un vuelco represivo y provoca una violenta denuncia de Neruda, como consecuencia de la cual es destituido de su cargo y sometido a juicio político. Comienza así una vida clandestina en su país y un forzado silencio que rompe con documentos flamígeros. En 1949 huye, disfrazado, cruzando la cordillera y sale a la luz pública, convertido en un vocero de la paz mundial y en una dominante presencia intelectual y política en numerosos foros; ese mismo año realiza triunfalmente su primer viaje a la Unión Soviética, China y los países del Este europeo. Al año siguiente aparece lo que puede considerarse el vasto compendio de todo lo que hizo y vivió en este período: *Canto general,* en una edición-homenaje mexicana y otras dos, clandestinas, en Santiago. Todos los claroscuros del período se reflejan dramáticamente en esta pieza clave del ciclo social.

El poema que ocupa la sección III de *Tercera residencia* hace el perfecto enlace entre el segundo y tercer ciclos. Su título, «Reunión bajo las nuevas banderas», indica que es un texto programático en el que intenta una cabal autoexégesis: lo vemos cambiando de piel delante de nuestros ojos y diciéndonos el porqué de esa transición. En la primera estrofa el nuevo Neruda enfrenta al que fue usando sus propias palabras: «averigüé lo amargo de la tierra: / todo fue para mí noche o relámpago». Y en la segunda hace un violento rechazo de su propio pasado, de todo lo que quiere dejar atrás:

> Y qué instrumento perdí en las tinieblas
> desamparadas, donde nadie me oye?
> No,
>   ya era tiempo, huid
> sombras de sangre...

Y finalmente hace la afirmación rotunda de que su poesía no lo aísla, sino que lo congrega con los hombres en una visión de unidad y esperanza: «Yo de los hombres tengo la misma mano herida / yo sostengo la misma copa roja». Esa unión o reunión se realiza en el primer poema de combate político que escribe Neruda: *España en el corazón,* que fue publicado, igual que *España, aparta de mí este cáliz* de Vallejo, el mismo año de 1938, por el Ejército Republicano, en plena Guerra Civil. No es ésa la única coincidencia entre estos textos, que pueden considerarse los más altos homenajes a la tragedia que vivía España: ambos fueron escritos en el escenario de los hechos, como expresiones de su profunda adhesión por el pueblo en lucha, pero también como denuncias y llamadas de atención a la opinión mundial sobre lo que estaba pasando. Son, a la vez, alta poesía, armas de guerra ideológica, actos de defensa, crónicas, carteles de propaganda, panfletos; en la invocación, el poeta dice que quiere «un canto / con explosiones». Homologarlos al *Guernica* (1937) de Picasso no es exagerado. Pero también son visibles las diferencias entre uno y otro texto: el de Neruda es más ortodoxo ideológicamente (la simbiosis cristianismo/marxismo del peruano no pasa por la mente del chileno) y también más agresivo y caricatural en sus expresiones de odio contra la burguesía y los franquistas; ciertos momentos de su poema permiten otra analogía picassiana: el insultante pasaje «El General Franco en los Infiernos» puede compararse con la serie de grabados *Sueño y mentira de Franco* (1937), así como con las metáforas burlescas de Quevedo. Pero también hay ternura y pasión purísimas. Dos ejemplos: la sección «Explico algunas cosas» (que tiene la misma intención autoexegética del poema «Reunión bajo las nuevas banderas») se abre con una serie de preguntas retóricas que se envuelven paródicamente en el mismo lenguaje residencial que ya ha trascendido:

> Preguntaréis: Y dónde están las lilas?
> Y la metafísica cubierta de amapolas?
> Y la lluvia que a menudo golpeaba
> sus palabras llenándolas
> de agujeros y de pájaros?

Y de inmediato alude a los felices días de Madrid, de su alegre barrio y «la casa de las flores» desde la que se veía «el rostro seco de Castilla / como un océano de cuero». Todo eso ha desaparecido en las llamas de la guerra y sólo son recuerdos que comparte con amigos muertos o lejanos; González Tuñón *(16.4.),* Alberti y García Lorca desfilan como fantasmas por su memoria:

> Raúl, te acuerdas?
> Te acuerdas, Rafael?
> Federico, te acuerdas?

El otro momento del poema («Cómo era España») comienza también de modo retrospectivo, pero es casi íntegramente un homenaje a la tierra española basado en una simple serie de topónimos, de esos pequeños y viejos pueblos en los que él concentra las esencias del ser colectivo español; ya comparamos este dramático registro con ciertos poemas póstumos de Vallejo, pero hay también un eco de Unamuno, como ha señalado Sáinz de Medrano. El efecto de catorce estrofas que sólo contienen nombres como éstos es impresionante:

> Huélamo, Carrascosa,
> Alpedrete, Buitrago,
> Palencia, Arganda, Galve,
> Galapagar, Villalba.

El *Canto general* no sólo es posiblemente el poema contemporáneo más extenso de nuestra lengua (es, en verdad, un libro que excede las cuatrocientas páginas) y la mejor demostración de las proporciones del gran proyecto nerudiano, cuyas ambiciones no tenían otros límites que los del cosmos; al fin, el sujeto poético se ha hipertrofiado hasta fundirse con el orbe verbal que ha creado a imagen y semejanza del mundo. Operación descomunal: su «yo» está en todo y todo lo existente vibra con el toque mágico de su palabra. El poema fue (y todavía es) una fuente de malentendidos, polémicas, ataques y contrataques por su carácter de desnudo documento político en el que enemigos y aliados son pintados con colores que reflejan, sin matices intermedios, el odio o la adhesión. *Canto general* es muchas cosas a la vez: una autodefensa, una acusación flamígera, un poema épico, un autorretrato, un mural, una diatriba política contra el imperialismo norteamericano, una pieza de oratoria, una especie de crónica o ensayo en verso, un recuento histórico, un retorno a los tiempos míticos, una celebración de América, un testamento para el futuro, un mensaje a la conciencia del mundo, etc.

Es imposible que un poema de esas proporciones e intenciones no sea desigual, y éste lo es, pues varias veces cae en el más crudo prosaísmo. Fue escrito, además, en medio de grandes dificultades, en muy diversas circunstancias y bajo el impacto de muy distintos acontecimientos: su redacción comienza en Chile (1937-1940), continúa en México (1941-1943) y culmina en Chile (1943-1950). Como dice Rodríguez Monegal, Neruda seguía escribiéndolo aun cuando la inspiración poética no acudía a la cita del compromiso político. En esos hiatos, el lirismo se estanca y el edificio entero parece resentirse bajo su propio peso. Cae entonces en la simple arenga o la pedagogía, igual que cierto muralismo mexicano que Neruda tuvo muy en mente —pues se refiere a él en el último canto del texto (XV, xiii)— mientras escribía el poema en México. Pero hay largos pasajes impresionantes en los que el poeta —llevando sobre sus hombros al hombre político— levanta vuelo majestuosamente o hunde sus manos en lo más profundo del limo genésico, en poderosa unidad con su tierra chilena, su patria americana y su aspiración planetaria.

Una cosa debe ser aclarada sobre la génesis del poema: el proyecto original era escribir un *Canto general de Chile,* una visión integral del perfil de las tierras, lagos, pueblos y hombres de su país, que publicó aparte en una edición limitada (Santiago, 1943). Pronto se dio cuenta de que el impulso creador desbordaba esos marcos y convirtió el canto nacional en otro cósmico, donde podía incluir todo, lo menudo y lo grande, según los antojos de su musa y los deberes de su militancia intelectual; el poema chileno pasó a ser el canto VII del nuevo texto. En sus quince cantos, sus centenares de episodios o secuencias y sus miles de versos, vamos pasando, como ante un friso o diorama que nos muestra sucesivamente los grandes ríos y paisajes de la prehistoria americana como un nuevo Génesis; las piedras eternas de Machu Picchu; los héroes y cuadros históricos de la conquista, la emancipación y la república; la plaga de dictadores, oligarcas, compañías imperialistas y sus víctimas; visiones de la grandeza americana; biografías de anónimos héroes populares y líderes sindicales; su alabanza y su advertencia al pueblo de Estados Unidos; su vida de político en la clandestinidad; el relato de una huelga minera en Chile; su homenaje a poetas vivos y muertos; un saludo de año nuevo (1949) para todos los chilenos «menos uno»; un homenaje a su amado paisaje oceánico; y una autobiografía lírica con todo lo que antes quedó fuera.

Este último canto es muy interesante en relación con la estructura de la obra misma: si se piensa bien, un poema comienza con referencias a la génesis del mundo anterior a los hombres y se cierra armónicamente con esas páginas de afirmación personal tituladas «Yo soy», es decir, con el creador del mundo que acabamos de leer. Así, tenemos un círculo perfecto que confirma la exacta identificación del sujeto poético con la misma materia que genera y procesa: él es sus palabras y sus palabras son el enciclopédico resumen del mundo. Las seis secuencias con las que se concluye el canto XV son hiperconscientes de esa relación y de cómo debe poner fin a la vasta composición: tenemos dos testamentos; unas «disposiciones»; una manifestación de supremo optimismo titulada «Voy a vivir» (1949) donde nos asegura: «Aquí me quedo / con palabras y pueblos y caminos»; un cálido adiós a su Partido («Me has hecho indestructible porque contigo no termino en mí mismo»); y finalmente, rubrica y fecha su texto como un pintor su tela, y las convierte en parte de la obra:

> Hoy, 6 de febrero, en este año
> de 1949, en Chile, en «Codomar
> de Chena», algunos meses antes
> de los cuarenta y cinco años de mi edad.

Con sus puntos altos y sus caídas, su profunda comprensión y su demagogia, sus ráfagas de emoción y de proselitismo, su complejidad y su simplismo, el libro es particularmente difícil de juzgar; lo único que puede decirse de seguro es que ningún otro poeta entre nosotros ha intentado algo de tan colosales proporciones y que si a veces la tensión poética parece muy baja, también debemos considerar hasta dónde se eleva. Hay general acuerdo en que uno de los momentos en los que su voz alcanza una indiscutible grandeza es el canto II, el memorable «Alturas de Macchu Picchu». Neruda visitó las ruinas preincaicas en 1943, escribió el poema en Chile un par de años después y lo publicó en una revista de Caracas en 1946. El texto entreteje, con una impresionante fastuosidad verbal, un asombrado homenaje a la ciudadela cuzqueña como símbolo de la olvidada América indígena. Es una descripción bastante detallada, no tanto del perfil físico del monumento (lo que tal vez habría sido imposible), sino de la inefable *impresión* que produce al viajero la construcción y el paisaje que la rodea; y sobre todo una meditación sobre los orígenes de nuestra cultura y una inmersión en sus esencias originales. Hay una búsqueda y un drama al fondo del texto: ¿Qué fue de los hombres anónimos que crearon esa eterna maravilla? ¿Qué doloroso secreto guardan esa piedras milenarias? Por eso hace resonar en los abismos y en el aire purísimo por el que asciende su tremenda pregunta sin respuesta: «Piedra sobre piedra, el hombre, dónde estuvo?». Al final, rompe ese silencio con un ruego y un llamado a la vida en medio de la muerte: «Sube a nacer conmigo, hermano». Los dos últimos versos del canto implican una plena fusión del hombre, el cosmos y la palabra poética, el gran sueño nerudiano: «Acudid a mis venas y a mi boca. // Hablad por mis palabras y mi sangre».

El cuarto ciclo es casi una consecuencia natural del anterior: afirmada la naturaleza eminentemente social de la poesía, Neruda quiere ahora una lírica *constructiva,* que ayude a entender la alta función que cumplen las cosas en este mundo para bienestar o gozo del hombre. Éste es el ciclo de las *Odas elementales* (1954) y de los libros que lo siguieron, todos publicados en Buenos Aires: *Nuevas odas elementales* (1956), *Tercer libro de las odas* (1957) y *Navegaciones y regresos* (1959). Incluimos esta colección porque contiene odas, pero su tono también adelanta el del ciclo posterior, al que Loyola de hecho lo traslada junto con *Tercer libro...* Las odas surgen de una profunda convicción nerudiana: los objetos más humildes constituyen una forma singular de la belleza, la belleza *práctica* y *útil,* la que brota de la vida diaria. La idea tiene ciertas coincidencias con la que difundía Brecht a través de su teatro «objetivo» y «no ilusionista» para hacernos ver el mundo con nuevos ojos críticos. En cierta medida, las odas son una respuesta o una alternativa a la consigna de crear personajes e historias «constructivos» que le planteaba el «realismo socialista» de Zhdanov; en vez de seguir esa pauta glorificadora y áptera de la realidad social, el poeta optó por una salida ingeniosa, liberadora, ligera y sutil.

Eso le permitió, además, continuar con su proyecto de verbalizar la totalidad del mundo, convertirlo en un inagotable acto de lenguaje: si se piensa bien, estas odas (que se disponen alfabéticamente, desde la «Oda al aire» y la «Oda al vino») son como un inventario de la realidad terrestre, de las infinitas cosas que hacen la existencia posible y que, por su humildad, no habían ingresado a la poesía. Así, nos encontramos con calcetines, escobas, hilos, lápices, tomates, trajes... Una virtud que sólo raramente había antes aparecido se vuelve aquí dominante: el buen humor nerudiano, que va de la ironía al pícaro saber popular; escribir una «Oda al caldillo de congrio» es un ejemplo de ello y del arte de vivir bien. Poesía del gozo material, de quien se siente al fin realizado y en paz con el mundo y consigo mismo. En esta etapa Neruda no quiere cantar: quiere *hablar* como si la poesía fuese un hecho cotidiano.

El emblema de esa actitud es «el hombre invisible» con el que Neruda introduce su primer libro de odas. Al comenzar este largo poema el poeta define su actitud: «Yo me río, / me sonrío», y nos deja saber que su invisibilidad es la de ser cualquiera, el poeta como el «hombre sencillo» identificado con su pueblo hasta ser anónimo. Su canto es un punto de encuentro: «el canto del hombre invisible / que canta con todos los hombres». Esa sencillez se apoya en un lenguaje transparente, que empapa los constantes prosaísmos en una atmósfera de limpio lirismo y que usa ágiles metros de arte menor; sus ritmos sinuosos y flexibles sugieren vivacidad de impresiones y asociaciones. Las odas tienen la apariencia de cintas verbales sembradas con alegres fogonazos metafóricos. Poesía fresca y vital, grácil aunque no demasiado profunda.

El quinto ciclo ha sido llamado *otoñal,* y en efecto lo es por diversas razones. Primero, Neruda ya ha cruzado el límite de los cincuenta años y, mientras ve su gloria crecer constantemente, su vida personal pasa por un gran cambio: en 1955 se separa de Delia del Carril, su esposa de muchos años, y se une con el objeto de su última pasión erótica: Matilde Urrutia, que será una figura clave en la poesía en los años que siguen. La política internacional también marca el período y afecta al poeta: la denuncia de Kruschev contra el estalinismo (1956) y la invasión soviética de Budapest el mismo año sobresaltan al mundo y le hacen más difícil a Neruda verlo con los ojos optimistas y maniqueos de antes; al mismo tiempo, los ataques y las críticas sobre su posición estético-ideológica menudean. Si, por un lado, es la hora de la tenaz reafirmación de ciertos viejos ideales y del contrataque, por otro, brinda la ocasión de hacer la autocrítica y mostrar una benigna comprensión de sí mismo, con todas sus virtudes y defectos. Hay un sentimiento agridulce, autoirónico y burlón, satisfecho y melancólico, del que contempla su propia obra como un objeto central en ella. Por primera vez, Neruda siente que tiene ante sí un ya enorme corpus creador que quiere juzgar desde la perspectiva de un hombre que entra al crepúsculo de su vida. Es el punto preciso para hacer un recuento, intentar un balance y repasar las memorias personales.

Como tratan de responder a todos estos estímulos, los libros del ciclo son algo heterogéneos: lo forman dos libros de poesía amorosa, ambos relacionados con Matilde: *Los versos del capitán* (Nápoles, 1952), que apareció primero en forma anónima para proteger la identidad de los amantes entonces clandestinos; y *Cien sonetos de amor* (Santiago, 1959), que es su mayor homenaje a la amada. Pero los paradigmas del ciclo son *Estravagario* (1958) y el monumental *Memorial de Isla Negra* (1964), que se prolongan en libros ocasionales y de menos valor, como *Cantos ceremoniales* (1961), *Las piedras de Chile* (1961), *Plenos poderes* (1962) y *La barcarola* (1967), todos estos impresos en Buenos Aires. La faceta política aparece en *Canción de gesta* (La Habana, 1960), su homenaje a la Revolución Cubana. *Estravagario* da buena idea de la índole caprichosa, retrospectiva e intencionada de la etapa. Neruda ha llegado a una altura de su experiencia vital en la que ha ganado una nueva sabiduría: que él *es* el resultado de todos sus errores, contradicciones y debilidades; que en él lo privado se hace público y viceversa; que es la suma de todas sus vidas y las diferentes personas que fue. El autoexamen del pasado está aludido por la semejanza titular: antes *Crepusculario,* ahora *Estravagario.* La noción de extravagante y aventurero, de provinciano y mundano, refleja bien las actitudes que aquí predominan. La ironía punzante de «Pido la palabra» es representativa del tono del libro:

> Ahora me dejen tranquilo.
> Ahora se acostumbren sin mí.
> [...]
> He vivido tanto que un día
> tendrán que olvidarme por fuerza,
> borrándome de la pizarra:
> mi corazón fue interminable.

Este reajuste y ajuste de cuentas consigo mismo y con el mundo culmina en *Memorial...*, otro de esos libros totales que tenían la medida del esfuerzo autorrepresentativo de Neruda. Es un texto profundamente autobiográfico, que habría que colocar al lado de sus memorias *Confieso que he vivido,* ya citadas. En sus cinco volúmenes, tenemos el retorno a la infancia y sus paisajes australes (I); sus amores juveniles y su estación en el Oriente (II); España y sus correrías por el mundo (III); evocaciones de tierras propias y ajenas, en medio de las cuales aparece —por última vez— el rostro de su esposa Delia del Carril (IV); y una recopilación final que él llama «Sonata crítica» (V), que tal vez sea la más interesante de toda la obra por la presencia de poemas como «El episodio» que son resúmenes dentro del gran resumen, vueltas al lejano pasado para afirmar: «Yo fui, yo estuve, yo toqué las manos». Igual que en *Canto general,* esta obra está llena de altibajos, de repeticiones, de ciertas instancias de fatiga lírica que frenan el natural desborde nerudiano.

El último ciclo es de marcado descenso de la tensión poética y da la impresión de contener sólo colofones o epílogos a su propia obra, nada realmente original, nada que no hayamos visto antes en su obra. Un rasgo que puede ayudar a configurar el ciclo es la preocupación por el tiempo final y el futuro que Neruda encara con una mezcla de optimismo y de nostalgia: la del que sabe o intuye que se está despidiendo del mundo. No menos de dieciséis libros (sin contar los misceláneos) corresponden a la última década de su creación, varios publicados póstumamente. No tiene sentido mencionarlos todos; quizá los más característicos sean *Aún* (Santiago, 1969), *Fin de mundo* (Santiago, 1969) y *2000* (Buenos Aires, 1974), y el más peculiar, *Libro de las preguntas* (Buenos Aires, 1974), que es precisamente eso, una serie de setenta y cuatro poemas exclusivamente en forma de preguntas. Preguntas sin respuesta posible aun después de tantas vidas y tantos versos: «Dónde dejó la luna llena / su saco nocturno de harina?» (I).

Neruda coronó su fama al obtener el premio Nobel en 1971, cuando era embajador de su país en Francia. Pero el fin ya estaba cerca: en una simbólica y trágica secuencia, en septiembre de 1973 se produce el golpe militar contra el gobierno socialista de Salvador Allende, que instaura una violenta y larga dictadura en Chile, y, pocos días después, como si no quisiese sobrevivir a esa dolorosa coyuntura, el poeta muere en Santiago a los 69 años de edad.

Textos y crítica:

NERUDA, Pablo, *Obras completas,* ed. de Margarita Aguirre, Alfonso M. Escudero y Hernán Loyola, Buenos Aires, 1962; Buenos Aires, Losada, 3.ª ed. aumentada, 1967, 2 vols.
— *Cartas de amor de Pablo Neruda,* ed. de Sergio Fernández Larraín, Madrid, Ediciones Rodas, 1974.
— *Confieso que he vivido* [Memorias], Barcelona, Seix Barral, 1974.
— , y Héctor EANDI, *Correspondencia durante «Residencia en la tierra»,* Buenos Aires, Sudamericana, 1980.
— *El río invisible. Poesía y prosa de juventud,* ed. de Matilde Urrutia y Jorge Edwards, Barcelona, Seix Barral, 1980.
— *Antología poética,* ed. de Hernán Loyola, Madrid, Alianza Editorial, 1983, 2 vols.
— *Residencia en la tierra,* ed. de Hernán Loyola, Madrid, Cátedra, 1987.
— *Canto general,* ed. de Enrico Mario Santí, Madrid, Cátedra, 1990.
— *Veinte poemas de amor y una canción desesperada,* ed. de José Carlos Rovira, Madrid, Austral, 1997.

AGOSÍN, Marjorie, *Pablo Neruda,* Boston, Twayne, 1986.
AGUIRRE, Margarita, *Las vidas del poeta,* Santiago, Zig-Zag, 1967.
ALONSO, Amado, *Poesía y estilo de Pablo Neruda,* Buenos Aires, Sudamericana, 3.ª ed., 1966.
BLOOM, Harold (ed.), *Pablo Neruda,* New York, Chelsea House, 1989.
CAMACHO GUIZADO, Eduardo, *Pablo Neruda. Naturaleza, historia y poética,* Madrid, SGEI, 1978.
CONCHA, Jaime, *Neruda (1904-1936),* Santiago, Editorial Universitaria, 1972.
CORTÍNEZ, Carlos, *Comentario crítico de «Residencia en la tierra» (poemas I-X),* Santiago, Andrés Bello, 1985.
COSTA, René de, *The Poetry of Pablo Neruda,* Cambridge, Mass., Harvard University Press, 1979.
DURÁN, Manuel, y Margery SAFIR, *Earth Tones. The Poetry of Pablo Neruda,* Bloomington, Indiana, Indiana University Press, 1981.

EDWARDS, Jorge, *Adiós, poeta...*, Barcelona, Tusquets Editores, 1990.

FLORES, Ángel (ed.), *Nuevas aproximaciones a Pablo Neruda,* México, Fondo de Cultura Económica, 1987.

GONZÁLEZ-CRUZ, Luis F., *Pablo Neruda, César Vallejo y Federico García Lorca: microcosmos poéticos. Estudios de interpretación crítica,* New York, Anaya-Las Américas, 1975.

LOYOLA, Hernán, *Ser y morir en Pablo Neruda,* Santiago, Editora Santiago, 1967.

RIESS, Frank, *The Word and the Stone: Language and Imagery in Neruda's «Canto General»,* Londres, Oxford University Press, 1972.

RIVERO, Eliana S., *El gran amor de Pablo Neruda. Estudio crítico de su poesía,* Madrid, Plaza Mayor, 1971.

RODRÍGUEZ MONEGAL, Emir, *Neruda: el viajero inmóvil,* Caracas, Monte Ávila, 2.ª ed., 1977.

—, y Enrico Mario SANTÍ (eds.), *Pablo Neruda,* Madrid, Taurus, 1980.

SÁINZ DE MEDRANO, Luis, *Pablo Neruda: cinco ensayos,* Roma, Bulzoni, 1996.

SANTÍ, Enrico Mario, *Pablo Neruda. The Poetics of Prophecy,* Ihaca, New York, Cornell University Press, 1982.

SICARD, Alain, *El pensamiento poético de Pablo Neruda,* Madrid, Gredos, 1981.

TEITELBOIM, Volodia, *Neruda,* Buenos Aires, Losada, 1985.

WOODBRIDGE, Hensley C., y David ZUBASTKY, *Pablo Neruda: An Annotated Bibliography of Biographical and Critical Studies,* New York, Garland, 1988.

16.4. Otras expresiones vanguardistas en la década de los veinte: Río de la Plata y México

Entre las otras manifestaciones de vanguardia que se producen en los años veinte, las de mayor interés aparecen en tres focos: Argentina, México y Perú, en todos los casos asociadas a revistas y manifiestos. Hay otros escritores y centros que inician sus actividades en esa década, pero cuya obra o repercusión pertenecen —como ocurre con el Perú— a la fase que podemos denominar «segunda vanguardia», y por eso las estudiaremos después *(17.1.).* Es el caso de Chile —pese al temprano magisterio de Huidobro *(16.3.1.)*— y Colombia, cuyas mejores expresiones literarias surgirán luego, extendiéndose hasta épocas bastante recientes. Ocupémonos aquí de los fenómenos y manifestaciones que corresponden más plenamente a la vibrante primera hora de la vanguardia.

16.4.1. El ultraísmo en Argentina: *Martín Fierro* y Oliverio Girondo

Al hablar de Macedonio Fernández *(16.2.)*, ya nos referimos a la introducción del ultraísmo que realiza Borges *(19.1.)* al volver a Buenos Aires en 1921. De las publicaciones que difundieron esa y otras tendencias de vanguardia —entre ellas, *Proa,* en sus dos épocas (1922 y 1924)—, la más importante sería el periódico *Martín Fierro,* que apareció en 1924. Aunque el mismo nombre había sido usado antes por otras publicaciones, ésta se proponía algo sustancialmente distinto: ser un vehículo para sintonizar la vida cultural argentina con las novedades europeas; tuvo una duración rara entre revistas de vanguardia: cuarenta y cinco números durante tres años de vida. Entre sus colaboradores y redactores se encuentran Oliverio Girondo, Conrado Nalé Roxlo *(14.3.)*, Neruda *(supra)*, Güiraldes *(15.2.2.)*, Borges y otros. El nombre de la revista era un indicio de que sus afinidades vanguardistas no estaban reñidas con una afirmación nacionalista y aun con una inclinación «criollista» *(15.1.)*. Es obvio que el ultraísmo argentino sirvió muy bien a esa causa, al fundir el gusto por la metáfora experimental con la devoción por la mitología gauchesca y por el paisaje urbano; los primeros libros poéticos de Borges dan un notorio ejemplo de eso. Ya mencionamos el homenaje a Marinetti que la publicación organizó en 1926 *(16.2.)*; pese a ello, no se comprometió con ninguna tendencia específica, sino con la vocación por el cambio que ellas representaban. *Martín Fierro* hizo una aguda (a veces burlona) crítica del modernismo con referencias específicas a Darío *(12.1.)* y Lugones *(12.2.1.)*, aunque éste colaborase en la revista.

Un episodio siempre mencionado a propósito de esta revista es la llamada «polémica Florida-Boedo», por las dos calles que simbolizaban, respectivamente, la alta burguesía intelectual y la alternativa que planteaban los sectores populares políticamente comprometidos que se agrupaban alrededor de la editorial y revista *Claridad*. Tanto de un lado (Girondo y Borges) como del otro (González Tuñón y Marechal *[17.7.]*), la importancia y aun la existencia de la polémica han sido disminuidas o negadas. Pero, por un tiempo, el esquema que se inventó a partir de ella —una literatura argentina dividida en un sector vanguardista y conservador frente a otro realista e izquierdista— fue asumido como algo real. Raúl González Tuñón (1905-1974), a quien aludimos al hablar de Vallejo *(16.3.2.)* y Neruda *(16.3.3.)*, fue uno de los poetas argentinos más populares de esta época y uno de los que hizo el doble cruce entre criollismo y cosmopolitismo por un lado y vanguardia y compromiso social por otro. Fue un poeta prolífico (unos veintidós libros, aparte de obras de teatro y ensayo, forman su obra) y activo en muchos frentes, pero hoy es apenas recordado y menos leído.

De todos los martinfierristas, el más entusiasta defensor de la causa vanguardista y el poeta más experimental es, sin duda, Oliverio Girondo (1891-1967). Hijo de una familia acomodada, Girondo viajó constantemente y desde niño a Europa y tuvo estrechos contactos con su mundo cultural. Su afinidad con los movimientos de vanguardia resultó casi natural. Su primer libro de poesía fue *Veinte poemas para ser leídos en el tranvía* (Argenteuil, Francia, 1922), y estaba ilustrado con finos dibujos del autor. En Buenos Aires se asocia con la revista *Proa* y, como hemos visto, con *Martín Fierro;* en ésta publicó (1924) un manifiesto en nombre de la revista y en favor de «una NUEVA SENSIBILIDAD y de una NUEVA COMPRENSIÓN», cuya iconoclastia parecía exceder los ideales de la publicación. Hay que recordar que su vanguardismo es independiente y anterior al de Borges, pues lo descubrió en París, gracias a Jules Supervielle y al auge dadaísta. En 1926 hace un viaje que lo lleva por varios países hispanoamericanos y por Nueva York; en México, particularmente, su presencia fue recibida con entusiasmo y sus contactos con los poetas mexicanos tendrán como resultado numerosas colaboraciones de los Contemporáneos *(16.4.3.)* en *Martín Fierro*. En 1925 había aparecido en Buenos Aires la segunda edición de sus *Veinte poemas...*, bajo el sello de *Martín Fierro*, y en Madrid *Calcomanías,* con portada y una viñeta de Girondo. (Su interés por las artes visuales siempre lo acompañó: escribió sobre pintura moderna y sobre el artista uruguayo Pedro Figari.) Entre ambos libros hay una continuidad: son descriptivos, impresionísticos, poblados de paisajes europeos, americanos y norafricanos; su musa es transatlántica, vagabunda, peripatética, lo que nos recuerda un poco la de Blaise Cendrars. Girondo es un cazador de imágenes, un inventivo fotógrafo de lo que ve en sus viajes; el sabor ultraísta y a veces cubista de sus metáforas es muy marcado: «El ruido de los automóviles destiñe las hojas de los árboles. En un quinto piso, alguien se crucifica al abrir de par en par una ventana». Hay ironía y finura de observación, pero ni una gota de sentimentalismo o anécdota. De su brillante ingenio da testimonio la serie de aforismos que tituló «Membretes».

Su producción más importante es posterior a 1930, cuando se establece definitivamente en Buenos Aires. Hay un marcado cambio en *Espantapájaros (Al alcance de todos)* (Buenos Aires, 1932), que se abre con un «caligrama» alusivo al título del libro, pero contiene veinticuatro poemas en prosa (menos el 12). El tono es irreverente, juguetón, burlesco, que a veces transparenta una frialdad intelectual, otras una picardía de sabor popular: «No se me importa un pito que las mujeres tengan los senos como magnolias o como pasas de higo; un cutis de durazno o de papel de lija» (I). La cita, de paso, testimonia su fijación fetichista con los senos femeninos. Pero debajo de esos juegos, había una propuesta poética más significativa, pues Girondo concebía el arte —un poco a la manera surrealista— como una nueva moral, en pugna con lo establecido. (Algunas de sus tácticas de provocación parecen adelantos de los *happenings* o de las formas de *performance art* de nuestro tiempo.) Con un ánimo de escándalo y desafío, ataca las buenas costumbres sociales, los tabúes sexuales, los dogmas religiosos; la suya es una búsqueda de la máxima libertad creadora. Al hacerlo así, se adelantó mucho a su época; basta leer el texto 12 para pensar en el «gíglico» de Cortázar *(20.3.2.)*: «Se miran, se presienten, se desean, / se acarician, se acuestan, se olfatean...».

A partir de *Persuasión de los días* (Buenos Aires, 1942) se nota que su visión se adensa y cobra un tono angustioso y apesadumbrado, quizá reflejo del clima de la guerra y el auge existencialista *(19.3.)*. Cultiva una forma de «feísmo» estético, de poesía chirriante y ácida, cuyas largas y monótonas letanías nos hablan del mal olor de la vida y muestran vísceras abiertas: «Este hedor adhesivo y errabundo, / que intoxica la vida / y nos hunde en viscosas pesadillas» («Ejectuoria del miasma»). Pero su gran libro, donde llega más lejos y más hondo, es el último: *En la masmédula* (Buenos Aires, 1954). Obsérvese que, por la fecha de publicación, esta colección se inserta en un contexto cultural por completo distinto, en el que la vanguardia significaba otra cosa tras el largo camino recorrido y su interpretación en manos de gente más joven. En realidad, Girondo cumpliría un papel fundamental de puente entre la vanguardia histórica y la que representan poetas como Enrique Molina *(20.1.4.)*, Aldo Pellegrini y Olga Orozco *(20.1.1.)*. Lo que el poeta realiza en este libro es literalmente una *descomposición* del lenguaje, un análisis de sus partes para ver cómo funcionan, lo que lo lleva a proponer una alternativa radical: un idioma puramente poético, con sus propias estructuras y asociaciones fonéticas, semánticas y simbólicas. *En la masmédula* es un libro heredero de *Altazor (16.3.1.)*, de *Trilce (16.3.2.)*, y se asemeja también al extraño «lenguaje» que el pintor Xul Solar (1887-1963) incorporaba en sus cuadros; por otro lado, es precursor de ciertas experimentaciones verbales de *Rayuela*. Por su parte, Miguel Ángel Asturias *(18.2.1.)* lo asoció al lenguaje de la «jitanjáfora» que definió Alfonso Reyes *(14.1.1.)*.

Esta poesía parece haber sido generada en un estado intermedio entre la vigilia y el sueño, en un rapto o frenesí verbal que, en su incoherente energía, nos comunica una intransferible percepción de la realidad, una visión del caos, desamparo, hostilidad y ansiedad sin pausa en que vive el hombre moderno:

> Toco
> toco poros
> amarras
> calas toco
> teclas de nervios
> muelles
> tejidos que me tocan.   («Tropos»)

El uso del espacio como parte del texto (véase «Plexilio»), los fonetismos y juegos letristas (véase «Mi lumía») traen ecos de la experimentación futurista, dadaísta, creacionista y del surrealismo en sus primeras fases, pero no podemos adscribir el libro cómodamente a ninguna de estas tendencias. Por momentos, la poesía de Girondo parece otra versión, personalísima, de la «escritura automática», alterada por una inquietud existencial que lo impulsa a crear un lenguaje a la vez hermético y poroso.

Los poetas brasileños, desde los vanguardistas como Mário de Andrade hasta los «concretos» como Haroldo de Campos, lo han visto como uno de los suyos. Quizá Girondo cultivó una especie de protosurrealismo (aunque cronológicamente sea tardío): el que practicaron los pueblos primitivos, al asociar sonido, imagen visual y significado dándoles un poder mágico. Rimbaud (a quien Girondo tradujo) decía: «Lo que yo escribo es oráculo». Tal vez el argentino hizo lo mismo.

Aparte de revistas como *Proa, Prisma* y *Martín Fierro,* hubo otras más efímeras y hoy olvidadas. Una fue la temprana *Los raros,* «revista de orientación futurista» (pese al título dariano) que dirigió y escribió casi por entero el poeta Bartolomé Galíndez (1896-1959), cuyo único número apareció en 1920. En verdad, el manifiesto que incluía la revista se adhería al ultraísmo como «la escuela del futuro» y sus páginas ofrecían una síntesis de varias fórmulas vanguardistas. Galíndez era bastante prolífico como poeta, aparte de notorio discípulo de Apollinaire, pero su obra no tiene hoy mayor interés; sin embargo, cabe señalar que su vanguardismo fue estimulado por el propio Duchamp, cuando éste visitó Buenos Aires en 1918. Recordemos el nombre de otro poeta argentino, muy activo y central en su época, pero hoy casi del todo ignorado: el de Raúl González Tuñón (1905-1974), quien cultivó formas vanguardistas con acentos populares e intenciones abiertamente sociales. Fue amigo de Neruda

(16.3.3.) y compartió con él la fe comunista, la defensa de la causa republicana española y otras pasiones políticas de su tiempo; en «Explico algunas cosas», de *España en el corazón,* es el «Raúl» que Neruda recuerda al lado de García Lorca y Alberti. Era un poeta «comprometido» cuya retórica tendía a la simplificación que el combate ideológico exigía. El título completo de uno de sus libros lo dice todo: *La rosa blindada. Homenaje a la insurrección de Asturias y otros poemas revolucionarios* (Buenos Aires, 1936).

Bien asimilado al mundo cultural bonaerense e identificado con sus posiciones más radicales, el peruano Alberto Hidalgo (1897-1967) fue una figura destacada en esos años. Entre sus amigos personales se encontraban nada menos que Macedonio Fernández y Borges. Había llegado a la Argentina en 1920 y se puso de inmediato en la primera línea de la causa vanguardista. En Lima, había publicado un libro que hacía una estridente apología de la guerra y del maquinismo, a la manera futurista: *Panoplia lírica* (1917). Sus viajes a París y Madrid, donde descubrió el ultraísmo, le dieron una información de primera mano que luego difundió en Buenos Aires. Hidalgo era un provocador nato, un francotirador que gustaba rodearse de enemigos sólo para tener el placer de atacarlos con una proverbial virulencia. Sabía llamar la atención con pronunciamientos, diatribas feroces, conferencias como la que dio en Madrid con el título «España no existe» o con libros como *Edad del corazón* (Buenos Aires, 1940), cuyo formato desmesurado lo hacía casi inmanejable. Fundó, como ya vimos al hablar de Macedonio, la llamada *Revista Oral* (1926), que no se escribía ni se publicaba; en 1928 lanzó otra, *Pulso,* que sacó a la luz ocho números. Su activismo incluía también el político, con una clara vocación por los extremos: de una inicial adhesión al APRA y una gran devoción por su líder Haya de la Torre *(18.1.1.),* pasó a lanzarles vitriólicos ataques tras renunciar al partido en 1934; tampoco nos ahorró una *Oda a Stalin* (Buenos Aires, 1945). Su obra poética, que es muy vasta y se extiende varias décadas, muestra un esfuerzo por llevar los experimentos de Apollinaire con la poesía espacial y visual hasta sus últimas consecuencias. Eso puede comprobarse, por ejemplo, en *Química del espíritu* (Buenos Aires, 1923), que tiene un prólogo «del más grande de los tres grandes Ramones de España» (Gómez de la Serna) y que quizá sea su libro más valioso. Hidalgo llegó a crear su propio movimiento: el *simplismo,* que nada tiene que ver con el «sencillismo» de Fernández Moreno *(13.5.).* En el largo prólogo a su libro *Simplismo: poemas inventados* (Buenos Aires, 1925), trata de explicar su estética, que plasma en formas aforísticas en las que hay una extraña mezcla de humor dadá y de las «greguerías» de Gómez de la Serna. Poco de lo mucho que escribió sobrevive. Su iconoclastia tenía más de bufonería y de megalomanía que de auténtico espíritu creador. Esa egolatría tiene su ápice en *Biografía de yo mismo* (Lima, 1959). Pero no cabe duda de que cumplió un valioso papel de agente en la difusión del vanguardismo en el Río de la Plata. Hoy debemos recordar que fue uno de los compiladores, junto con Huidobro y Borges, del importante *Índice de la nueva poesía americana* (Buenos Aires, 1926), que puede considerarse su mayor contribución literaria, pues el peruano fue el verdadero responsable de la selección.

En la misma área rioplatense, pero desde la ribera uruguaya, operó otro peruano, el gimnástico y jubiloso Juan Parra del Riego (1894-1925), admirador de Apollinaire y autor de *Himnos del cielo y de los ferrocarriles* (Montevideo, 1925), que se hizo célebre en su época con un poema de exaltación atlética: el «Polirritmo dinámico de Gradín». Hoy olvidado, pero tan influyente entonces que fue un estímulo decisivo para el joven Neruda, es el uruguayo Carlos Sabat Ercasty (1887-1982), autor, entre otros muchos libros en verso y prosa, de *Poemas del hombre: Libro del mar* (Montevideo, 1922). Seguramente Neruda se interesó en él debido a su exaltado vuelo cósmico y la energía que vibraba en sus versos; lo que ocurrió es que el discípulo era muy superior al maestro, que casi de inmediato pasó a la zaga. Su notoriedad de entonces contrasta con el desinterés actual por su nombre.

Aunque era un ambiente literario menos amplio o variado que el de Buenos Aires, Montevideo fue un destacado centro de actividad intelectual asociada con la vanguardia. Así lo reconoció el propio Borges en un par de notas incluidas en su inicial *Inquisiciones* (1925) y en el texto que aparece como epílogo en la *Antología de la moderna poesía uruguaya* (Buenos Aires, 1927), compilada por el poeta Ildefonso Pereda Valdés, que era precisamente uno de los vanguardistas más visibles en su medio. En los años veinte, revistas como *Teseo* o *La Pluma*, ésta dirigida por el importante crítico Alberto Zum Felde *(13.10.)*, contribuyeron a difundir y comentar las novedades que venían de fuera o se practicaban internamente. Quizá habría que agregar un nombre más: el de Jules Supervielle (1884-1960), poeta de ascendencia francesa nacido en Uruguay, que escribió una larguísima obra literaria en francés pero que mantuvo estrechos contactos con escritores hispanoamericanos y expresó de diversos modos su honda afinidad con símbolos identificados con América, como la pampa y Bolívar *(7.3.)*. La chilena María Luisa Bombal *(18.3.)* tradujo al castellano su libro de relatos *La desconocida del Sena* (Buenos Aires, 1941). Su caso es semejante al de otro uruguayo: el mítico Isidore Ducasse, que escribió en francés bajo el nombre del conde de Lautréamont —el seudónimo es una clave: «El otro en Montevideo»— una obra que los surrealistas hicieron suya: *Les Chants de Maldoror* (París, 1869); ambos nos recuerdan a dos trasplantados en el Río de la Plata que escribieron en otras lenguas: Groussac y Hudson *(10.3.4.)*.

Textos y crítica:

GIRONDO, Oliverio, *Obras completas,* pról. de Enrique Molina, Buenos Aires, Losada, 1968.
GONZÁLEZ TUÑÓN, Raúl, *Antología,* pról. de David Viñas; ed. de María Gabriela Mizarahy, Buenos Aires, Desde la Gente Ediciones-Instituto Movilizador de Fondos Cooperativos, 1992.
HIDALGO, Alberto, *Antología personal,* Buenos Aires, CEAL, 1967.
PARRA DEL RIEGO, Juan, *Mañana con el alba. Obra poética completa,* Lima, Ediciones de los Lunes, 1994.
PELLEGRINI, Aldo, *Oliverio Girondo* [est. y antolog.], Buenos Aires, Ediciones Culturales Argentinas, 1964.
El periódico «Martín Fierro», ed. de Adolfo Prieto, Buenos Aires, Galerna, 1968.
SABAT ERCASTY, Carlos, *Antología,* ed. de Dora Isella Russell, Montevideo, Ministerio de Educación y Cultura, 1982, 2 vols.

BOHN, Willard, *Apollinaire and the International Avant-Garde*,* pp. 225-262.
BULA PIRIZ, Roberto, *Sabat Ercasty (Persona y creación),* Montevideo, A. Monteverde, 1979.
CÓRDOBA, Ibarburu, *La revolución martinfierrista,* Buenos Aires, Ediciones Culturales Argentinas, 1962.
CORRAL, Rose, «Oliverio Girondo en México. Sobre un texto olvidado de Xavier Villaurrutia», *La Gaceta,* México, 337 (1999), pp. 27-30.
CORRO, Gaspar Pío del, *Oliverio Girondo. Los límites del signo,* Buenos Aires, García Cambeiro, 1976.
GARCÍA ORALLO, María Antonia, *La obra poética de Carlos Sabat Ercasty,* Burgos, Universidad de Burgos, 2002.
GIRONDO, Oliverio (ed.), *El periódico «Martín Fierro» [Memoria de sus antiguos directores],* Buenos Aires, Casa de F. A. Colombo, 1949.
GONZÁLEZ LANUZA, Eduardo, *Los martinfierristas,* Buenos Aires, Ediciones Culturales Argentinas, 1961.
Homenaje a Girondo, ed. de Jorge Schwartz, Buenos Aires, Corregidor, 1987.
MEO ZILIO, Giovanni, *De Martí a Sabat Escasty,* Montevideo, El Siglo Ilustrado, 1967.
MIRKIN, Zulema, *Raúl González Tuñón: cronista, rebelde y mago,* Westminster, California, Instituto Literario y Cultural Hispánico, 1991.

RODRÍGUEZ MONEGAL, Emir, *El olvidado ultraísmo uruguayo,* La Plata: Seminario de Literatura Latinoamericana, 1986.

SALAS, Horacio, *Conversaciones con Raúl González Tuñón,* Buenos Aires, Ediciones La Bastilla, 1973.

SALVADOR, Nélida, *Revistas argentinas de vanguardia, 1920-1930,* Buenos Aires, Universidad de Buenos Aires-Facultad de Filosofía y Letras, 1962.

SARABIA, Rosa, «Raúl González Tuñón y la poesía de Buenos Aires, una ciudad conversada», *Poetas de la palabra hablada*,* pp. 9-49.

SOLA, Graciela de, *Proyecciones del surrealismo en la literatura argentina,* Buenos Aires, Ediciones Culturales Argentinas, 1967.

16.4.2. La vanguardia en México: el «estridentismo»

La vanguardia llega temprano a México y lo hace a voz en cuello: si descontamos los avances que en esa dirección representa la obra madura de Tablada *(13.4.2.),* el primer grito es el de los «estridentistas», a la cabeza de los cuales se hallaba el poeta Manuel Maples Arce (1900-1981). El manifiesto inicial del grupo (hubo cuatro), firmado por Maples y publicado en «la hoja de vanguardia» *Actual* (núm. 1, 1921), no podía ser más terminante y alborotado: «Abajo el Cura Hidalgo», «Chopin a la silla eléctrica», «Escupid la cabeza calva de los cretinos». El año de 1921 es clave: muere López Velarde *(13.4.1.)* y Vasconcelos *(14.1.3.)* inicia su vasto programa cultural dentro del marco revolucionario. Nacido en la ciudad de México (el llamado Café de Nadie era su centro de reuniones), el estridentismo estableció luego una segunda base en Xalapa, donde publicaron la revista *Horizonte* (1926-1927); su afán por difundir la nueva cultura en la provincia tiene ciertas coincidencias con la campaña de Vasconcelos. Sus lazos con el dadaísmo, el futurismo (en sus versiones italiana y rusa) y sobre todo con el ultraísmo han sido reconocidos por todos. Pero revisando las revistas y manifiestos estridentistas sorprende ver que su aspecto gráfico guarda una fuerte semejanza con las publicaciones del grupo «Vorticista» de Pound y Lewis, por ejemplo, la revista *Blast.* Otros dos manifiestos siguieron y confirmaron que los estridentistas iban más allá de la literatura: entre ellos habían pintores y artistas que querían revolucionar las artes plásticas y gráficas, además de la fotografía. Obras de Jean Charlot y fotos de Tina Modotti y Edward Weston fueron difundidas por el grupo. En todos esos aspectos, se nota la preocupación del grupo por crear una estética definida por los valores del maquinismo y la técnica; por eso eligieron el aeroplano como emblema. Su radicalismo era también político, como puede verse por su tercer manifiesto, que clamaba: «¡Muera la reacción intelectual y momificada!». Durante su fugaz vida, el movimiento supo llamar la atención y agitar el ambiente, abriendo muchas puertas para los que vendrían luego, pero en cuanto a obras dejó poco duradero. Sin embargo, animó el ambiente y estimuló tanto a escritores jóvenes como de mayor edad; José Luis Martínez *(19.6.)* afirma el influjo que tuvo sobre las imágenes de *La malhora* de Azuela *(14.2.1.)*. Su impacto también dejó huellas en el campo de las artes.

En el grupo de estridentistas militaban varios poetas: Germán List Arzubide (1898-?), Arqueles Vela (1899-1944), Luis Quintanilla y otros; apenas cabe mencionar la obra del jefe Maples Arce, que sentó el tono general. Nació y se crió en Veracruz, e hizo estudios de derecho en la capital, donde vivió los años sangrientos de la Revolución, a la que se adhirió. Aunque en sus manifiestos y declaraciones aparecía como un incansable experimentador y provocador, en su poesía era menos extremo: sus imágenes insólitas, sus chispazos visuales e impresiones auditivas quieren transmitir —como el ultraísmo y el creacionismo— los ritmos veloces, el ruido, el trajín y la energía de la ciudad moderna. No le interesaba el arte como algo permanente: quería ser sólo el poeta de la actualidad.

Todo eso puede comprobarse leyendo, por ejemplo, *Andamios interiores* (México, 1922), *Vrbe* «super-poema bolchevique en 5 cantos» (México, 1925) y *Poemas interdictos* (Xalapa, 1927). Este último año marca el fin del estridentismo; por su propia naturaleza explosiva, tenía que durar poco, y Maples fue consciente de que para esa fecha su fuerza se había extinguido. El agitador se convirtió en diplomático y viajó por Europa, América y el Oriente difundiendo la cultura y el arte mexicanos. Pasarían veinte años antes de que volviese a publicar un nuevo libro, *Memorial de la sangre* (México, 1947), cuando ya era un poeta distinto, más grave y filosófico, tono que quizá le sentase mejor. Publicó también tres volúmenes autobiográficos, unas páginas sobre Tablada y una *Antología de la poesía mexicana moderna* (Roma, 1940), que era una respuesta polémica a la de Jorge Cuesta. Apenas desaparecido se publicó su obra poética bajo el título *Las semillas del tiempo (1919-1980)* (México, 1981).

Texto y crítica:

MAPLES ARCE, Manuel, *Las semillas del tiempo. Obra poética 1919-1980,* ed. de Rubén Bonifaz Nuño, México, Fondo de Cultura Económica, 1981.

LIST ARZUBIDE, Germán, *El movimiento estridentista,* ed. facs. México, FEM-SEP, 1987.

SCHNEIDER, Luis Mario, *El estridentismo, una literatura de la estrategia,* México, Bellas Artes, 1970.
— ed. *El estridentismo. México. 1921-1927,* México, UNAM, 1985.
VV. AA., *Estridentismo: memoria y valoración,* México, SEP/80-Fondo de Cultura Económica, 1983.

16.4.3. Los «Contemporáneos»

Las diferencias entre los estridentistas y el grupo de los Contemporáneos (así llamado por el nombre de la revista que publicaron) son muy marcadas. En primer lugar, no hay en los últimos casi ningún rastro de la iconoclastia y la agresividad colectiva de los primeros, pues cultivaron una forma moderada y reflexiva de la vanguardia *(16.1.)* y otras tendencias modernas que incorporaron por primera vez a la literatura mexicana; querían innovar sin renunciar en masa a la tradición, depurar sin aniquilar el pasado. De allí algunas de sus agudas discrepancias con los estridentistas. La revaloración que hacen de López Velarde *(13.4.1.)* es un indicio de ello. También los distingue su perfil intelectual: los Contemporáneos eran educadores, funcionarios culturales, hombres de estudio aparte de notables creadores; en cierto modo forman un grupo semejante a los «poetas-profesores» que integran la Generación del 27 española, con la que tuvieron un enriquecedor diálogo. Eso queda confirmado cuando, por iniciativa de José Bergamín, se publica *Laurel* (México, 1941), antología de la poesía moderna en lengua española al cuidado de Xavier Villaurrutia (que firma el prólogo), Emilio Prados, Octavio Paz *(20.3.3.)* y Juan Gil-Albert, aunque estos nombres no figuran en el volumen. Además, siendo los intereses de los estridentistas menos profundos, son más amplios (pues cubrieron todas las artes) que aquellos de los que los siguieron, cuya búsqueda se concentró en la creación y crítica de la poesía, con algunas extensiones al campo del teatro y la narrativa. Por último, los Contemporáneos intentan mantener un fino equilibrio entre lo que reciben de Europa y Estados Unidos y las circunstancias histórico-culturales por las que atravesaba México, empeñado en recuperarse de la devastación causada por la violencia revolucionaria de años anteriores y en generar un renacimiento cultural que la superase. Así, pese al apoliticismo que lo distinguió y su rechazo al muralismo, el grupo contribuyó —a su modo— a los ideales por los que había luchado Vasconcelos: una proyección de México en la cultura universal. No hicieron «literatura mexicana»: escribieron como individuos pertenecientes a una comunidad internacional donde cada cultura contribuía con una variante. Ni siquiera eran cabalmente «europeístas» porque creían que la cultura del viejo continente desdeñaba o estereotipaba la nuestra. Pese a ello, sus enemigos los condenarían por extranjerizantes y herméticos; Federico Gamboa *(10.5.)* no los apreciaba y, en 1924, el crítico Julio Jiménez Rueda (que había colaborado con ellos) los atacó en un artículo de *El Universal Ilustrado* donde proponía como alternativa una «literatura viril». En la época del gobierno de Lázaro Cárdenas, un grupo de escritores hizo una abierta campaña para erradicar a los Contemporáneos de la mayor parte de puestos públicos, por no defender adecuadamente la causa revolucionaria.

No hay que creer tampoco que por pertenecer a una generación nacida prácticamente con el siglo o muy poco antes estos hombres operasen como un conjunto homogéneo; representan, en verdad, una conjunción de diversas actitudes, unidos por un rasgo común: el rigor y el alto sentido del ejercicio literario que mostraron. Pero, aparte de eso, tuvieron ideas y prácticas heterogéneas, lo que tal vez sea una cualidad que los amerita y agrega valor a su presencia colectiva: cada uno buscó por su lado en una pluralidad de direcciones; Villaurrutia dijo que eran «un grupo sin grupo». Esa unidad dentro de la variedad daría a los Contemporáneos su perfil definitorio.

La revista *Contemporáneos* fue algo tardía y de no muy larga vida: nació en junio de 1928 y cesó en diciembre de 1931, tras 43 números; los primeros ocho aparecieron bajo una dirección colectiva, pero desde febrero de 1929 Bernardo Ortiz de Montellano sería el único director. La simple revisión del índice nos demuestra la importante tarea que la publicación cumplió para introducir nombres casi del todo nuevos para la cultura mexicana: Eliot, D. H. Lawrence, Saint-John Perse, Gide, Valéry, Gerardo Diego, Eisenstein, Aaron Copland... En los diez años anteriores a ella hubo otras publicaciones en las que participaron algunos de los futuros Contemporáneos y que son los primeros signos de su presencia. La más importante es *Ulises* (1927-1928), dirigida por Villaurrutia y Novo; con el mismo nombre se formó un grupo de teatro experimental. Tras la desaparición de *Contemporáneos* surgen otras revistas que son órganos epigonales (*Examen*, 1932) o de sus herederos (*Taller*, 1938). El grupo mismo era bastante numeroso: lo formaron Carlos Pellicer, José Gorostiza, Xavier Villaurrutia, Jaime Torres Bodet, Salvador Novo, Jorge Cuesta, Gilberto Owen, Bernardo Ortiz de Montellano y algunos más. Nos ocuparemos de los tres primeros y haremos breves referencias a los otros.

Carlos Pellicer (1897-1977) es uno de los de mayor edad del grupo. Resulta un poco paradójico que comencemos por él porque algún sector de la crítica lo considera marginal a los Contemporáneos. En verdad, si no comenzó como tal (procedía del cauce modernista), terminó siendo uno de ellos. Reconociendo que eso y sus escasos contactos personales con los Contemporáneos hacen de él un caso singular, preferimos subrayar la indudable afinidad esencial entre él y los demás. Nacido en Villahermosa, un pueblo de Tabasco, y criado en Campeche, su poesía mostrará una profunda afinidad con el mundo del trópico mexicano, del que será uno de sus grandes cantores. En la capital, ingresa a la Escuela Nacional Preparatoria y viaja a Colombia y Venezuela como representante estudiantil; en ese último lugar, entre 1918 y 1920, se encuentra con Tablada *(13.4.2.)* y esa amistad estimulará su interés por las formas poéticas de vanguardia. En 1921 publica en México su primer libro: *Colores en el mar,* y así comienza una vasta obra que se extendería hasta sus últimos años de vida. Acompañando en su viaje a Vasconcelos, conoce en Buenos Aires a Lugones *(12.2.1.)* y en Santiago a Neruda *(16.3.3.).* Entre 1926 y 1929 vive en París y recorre el mundo entero, experiencias y visiones que se reflejarán en su poesía. Su fidelidad a Vasconcelos le cuesta la cárcel y la tortura cuando regresa a México en 1930. En 1937 viaja a España, vuelve a recorrer el mundo y retorna al ejercicio poético —que había abandonado por algunos años— con *Hora de junio,* que da inicio a la segunda etapa de su producción. Tras su nuevo retorno a México, desempeña cargos administrativo-culturales (especialmente en el área de museos) y enseña en la universidad. Ideológicamente, Pellicer era un caso curioso: un hombre de firmes convicciones católicas al mismo tiempo que defensor de causas políticas radicales que lo identificaron con los procesos revolucionarios en Cuba y Nicaragua.

Su poesía es jubilosa, brillante, exaltada, con colores subidos y candentes. El mundo tropical, con sus pájaros, sus perfumes y sonidos sensuales, está fijo ante sus ojos, como un paisaje fastuoso que no pasa ni se altera: el trópico es su eternidad. Pero aparte de la calidez visual y la transparencia enceguecedora de las imágenes, la gracia de los ritmos y la limpidez del trazo prosódico son notables. Tenía menos de veinticuatro años cuando escribió en Boyacá, Colombia, estos versos en su primer libro: «Aquí no pasan cosas / de mayor trascendencia que las rosas» («Apuntes coloridos»). Hay una aspiración en él por la levedad de lo aéreo, de lo que tiene (o quiere tener) alas, por lo que se aproxima algo a Tablada, Huidobro *(16.3.1.)* y al maestro de todos ellos, Apollinaire; Octavio Paz lo considera el verdadero primer poeta moderno de México. Uno de sus libros fundamentales se llama, por eso, *Práctica de vuelo* (México, 1956). En este caso, vuelo místico porque se trata de sonetos que reflejan un hondo sentimiento religioso de la Creación divina.

Su emblema es el solar: energía, arrebato, calor, color. Ese sol se funde con los poderes del mar y de la tierra que despiertan al contacto de su luz; el mundo nace a cada instante, se rehace y se renueva en ciclos que se inspiran en los de las antiguas culturas mesoamericanas. Su mirada contempla con radiante firmeza la realidad natural, pero al mismo tiempo la sueña o entresueña. Un sueño que abre la pura dimensión del placer y la sensualidad desatados por palabras-pinceles, por metáforas-dardos, por sonidos-pájaros. Había en él un sincero afecto por lo indígena, por las culturas antiguas, por el mundo de otras épocas. Y no hay que olvidar su humor, penetrante y revelador, de experimentado viajero capaz de resumir en una línea una ciudad o un perfil apenas entrevisto. De las ruinas de Pompeya, por ejemplo, dice burlonamente que son la «Atlantic City de otros días». El poeta sintió la belleza de las cosas y que debía celebrarlas. Las dibujaba con palabras precisas y veloces; uno no puede dejar de pensar en las telas coloridas de su compatriota Tamayo cuando en «Estudio» ve «La sandía pintada de prisa» (*Hora y 20,* París, 1927) o en otro, escrito en Jafa con el mismo título —al poeta no le importaba repetir títulos aun dentro de un mismo libro—, encuentra esta imagen de gracia luminosa: «Hay azules que se caen de morados» (*Camino,* París, 1929). No hay tragedia, ni resentimiento ni culpa en este mundo: es el paraíso anterior al pecado original, un mundo perdido y recobrado en el instante en que leemos sus versos. Su poesía nace del asombro y provoca el nuestro. Creyente, su celebración del universo físico es un modo de celebrar la creación divina y expresar así un sentimiento religioso confiado y pleno, sin el desasosiego de López Velarde. Eso puede apreciarse mejor en los finos sonetos del citado *Práctica de vuelo*.

El reparo que puede hacérsele es que esa exaltación ante el espectáculo natural se agota (o se concentra) en la observación brillante, muchas veces irónica, y en el vivaz impacto emocional que produce, sobre todo en su primer período creador, sin alcanzar las capas profundas de su propia reflexión, ni presentar conflictos o crisis que le den variedad; es tan ingrávida que se nos escapa de las manos. El poeta sólo sabe ver y convertir lo que ve en un relámpago metafórico, que deslumbra pero no va mucho más lejos. En uno de los «sonetos dolorosos» de *Práctica de vuelo* lo reconoce: «He pasado la vida con los ojos / en las manos y el habla en paladeo / de color y volumen y floreo» (XIII). La crítica coincide en señalar que suele ser un poeta de instantes memorables, no de grandes poemas enteros. Tal vez porque operaba como un fotógrafo de instantáneas que parecían esbozos, tarjetas postales, «estudios», apuntes hechos a vuelapluma. Aun el notable «Esquema para una oda tropical», que abre *Noche de junio* y que se considera una pieza clave de su repertorio, es —como él mismo lo llama— una «primera intención». En un interesante trabajo sobre Pellicer, Gabriel Zaid *(23.8.)* explica que si el poeta es conocido pero poco leído aun en su país, eso se debe a su desafortunada historia editorial.

La obra de José Gorostiza (1901-1973) es bastante escueta: dos libros de poesía y dos recopilaciones de su verso y su prosa, todos publicados en México. Los dos primeros (*Canciones para cantar en las barcas,* 1925; *Muerte sin fin,* 1939) son tempranos; los dos últimos (*Poesía,* 1964; *Prosa,* 1969), tardíos. Ni el paréntesis de silencio de un cuarto de siglo que dejan en el medio esos dos grupos de libros ni la aparición de las recopilaciones finales cambiaron demasiado la posición que el autor ocupaba desde antes, que había sido fijada para siempre por la obra de 1939, aunque fue su reedición con un comentario de Octavio Paz (México, 1952) la que seguramente contribuyó de modo decisivo a su conocimiento y valoración. *Muerte sin fin* no es un libro de poemas: es un poema con la extensión de un libro y, sin discusión, uno de los grandes poemas mexicanos de este siglo. José Emilio Pacheco *(23.4.)* recuerda que apareció pocas semanas antes del inicio de la Segunda Guerra Mundial —es decir, justo entre una época y otra en la historia de nuestro siglo—, lo que acentúa sus semejanzas con *Four Quartets* (1942) de T. S. Eliot. (Otra coincidencia: en 1931, *Criterion,* la importante revista que dirigía Eliot, publicó un elogioso comentario sobre la presencia de este grupo de poetas mexicanos.)

Un aspecto importante que hay que reconocer en su concepción poética es el raro equilibrio entre lo clásico y lo moderno, entre la tradición y la innovación, entre lo culto y lo popular. El resultado es una poesía de alta intensidad intelectual, emocional y formal, una verdadera obra de arte que podemos poner al lado de otras contemporáneas, como las de Valéry, Jorge Guillén, Quasimodo y Wallace Stevens, con las que tiene algunas conexiones. Es una intensidad basada en el rigor y la reflexión profunda. La muerte, el gran tema de Gorostiza, es un asunto universal, permanente e inagotable; es, además, un motivo profundo de la conciencia colectiva mexicana, como puede verse en su arte popular y su muralismo. La muerte es un elemento fundamental en la cultura azteca, en las letras y el arte barroco de la Nueva España, que fue reactualizado por la sangrienta Revolución Mexicana *(14.2.),* la Primera Guerra Mundial y la Guerra Civil Española. No es, pues, de extrañar que puedan encontrársele tantas analogías con poemas de todas las épocas, como veremos más adelante.

Es singular que Gorostiza naciese en el mismo pueblo tabasqueño donde nació Pellicer y que, siendo poetas tan distintos entre sí, tuviesen una estrecha amistad. Era descendiente del dramaturgo Manuel Eduardo Gorostiza *(8.2.)* y hermano de Celestino Gorostiza, también dramaturgo y hombre asociado al grupo de los Contemporáneos. Hizo sus estudios en Aguascalientes; hacia 1915, tratando de escapar de la violenta guerra revolucionaria en el interior, se refugió en la capital, donde comienza su verdadera formación intelectual, caracterizada por la variedad de sus lecturas: clásicos antiguos y españoles, filosofía oriental, poesía barroca y contemporánea, etc. Aparte de Pellicer, hizo amistad con López Velarde y con González Rojo (1899-1939), hijo de González Martínez *(13.4.3.)* y otro de los Contemporáneos; con éste dirigió en 1920 la *Revista Nueva*. Asimismo, colaboró en tareas editoriales con la campaña educativa y cultural de Vasconcelos. Entre 1927 y 1928 trabajó en el consulado mexicano en Londres, donde seguramente leyó la obra de Eliot. A su vuelta a México, se dedicó a la enseñanza en la Universidad Nacional Autónoma, al periodismo cultural y a la difusión del teatro experimental a través del grupo «Teatro de Orientación». Más tarde hizo servicio diplomático en Copenhague, Roma y Amsterdam y ocupó altos cargos públicos.

Gorostiza publicó con parquedad y revisó sus textos incluso después de impresos. Se demoró unos siete años en preparar su primer libro, el mencionado *Canciones para cantar...*, que está lleno de visiones del trópico de Veracruz y Cuba, vertidas en formas bien establecidas en el repertorio tradicional del verso español. El libro casi en nada se parece o anuncia lo que vendrá: «Muerte sin fin» es un ejemplo de poesía hermética, densa, sombría, que refleja su directa experiencia, mientras se encontraba en Europa, de los trágicos acontecimientos mundiales posteriores a 1930. La misma atmósfera aparece en los textos que escribió en esos días bajo el título «De un poema frustrado», que son como fragmentos o ejercicios líricos que lo llevarían hacia «Muerte sin fin». En algunos de ellos, y en páginas críticas publicadas tiempo después de su obra maestra, nos dejó claras definiciones de su arte: entendía la poesía como una «investigación» en lo más profundo de la experiencia humana, revivida o revelada a través del lenguaje. Es, sobre todo, un acto *especulativo,* en los dos sentidos de la palabra: reflexión sobre una vivencia y reflejo proyectado en el plano verbal. El poeta medita con imágenes dispuestas en un orden interior que tiene las estrictas leyes de la música: tonos, timbres, melodías, ritmos que tejen una red de símbolos y significados. El texto de Gorostiza es un admirable retorno a una tradición no muy frecuente en nuestra lírica: el poema extenso concebido como una unidad de pensamiento y lenguaje. Siguiendo a Valéry, definió con nitidez su posición ante el «desarrollo dinámico» que sigue esa forma: «Puesto en marcha, avanza o asciende en un continuo progreso, estalla en un clímax y se precipita rápidamente hacia su terminación». Pero a la vez que un esfuerzo artístico individual, la poesía hunde sus raíces en la historia, la cultura y el pueblo en los que nace: no es una flor peregrina, sino un árbol frondoso que se nutre de la savia acumulada por los siglos. El poeta es el heredero y el recreador de ese legado.

El gran poema se abre con unos admirables versos que funden la inestabilidad y la honda desazón existencial con la perennidad de los elementos naturales:

> Lleno de mí, sitiado en mi epidermis
> por un dios inasible que me ahoga,
> mentido acaso
> por su radiante atmósfera de luces,
> mis alas rotas en esquirlas de aire,
> mi torpe andar a tientas por el lodo,
> lleno de mí —ahíto— me descubro
> en la imagen atónita del agua...

Es un comienzo que recuerda a otros grandes poemas, del *Primero sueño* de Sor Juana *(5.2.)* a *Piedra de sol* y *Pasado en claro* de Paz en las letras mexicanas, y del *Hiperión* de Keats al mencionado *Four Quartets* de Eliot en la lengua inglesa. Hay un grave juego dialéctico que estructura el texto: nuestra vida tiene sentido por nuestra muerte —que nos niega la vida—. Una es el reverso de la otra («muerte viva» dirá el poeta) y no hay salida a ese dilema. El mismo drama de dualidades se libra en cada uno, pero de manera distinta porque cada ser es irrepetible, salvo por el signo de la mortalidad que marca su destino. Desde otro punto de vista, nuestra mortalidad es parte de un ciclo natural de destrucción y renacimiento que asegura el orden cósmico y nos salva del caos. Por eso la expresión «muerte sin fin»: incesante aniquilación y continuo rebrote de la vida.

Dividido en diez secciones (más un brevísimo «baile» final), el poema nos presenta las varias fases de un examen encarnizado, de un lúcido e intenso pensamiento encarnado en imágenes incandescentes que nos ilustran y deslumbran. En la última porción, el poema, acercándose más todavía a la tradición barroca y a la sensibilidad mexicana ante la mortalidad, hace un giro y se vuelve burlesco, desafiante: aparece el Diablo que subraya el aspecto «procaz» de la muerte y el espectáculo grotesco de morir ante el indiferente silencio de Dios; hasta que en el «baile», que culmina la meditación con versos célebres, el sujeto poético reta e insulta a la muerte en una ceremonia que parodia su propio horror: «¡Anda, putilla del rubor helado, / anda, vámonos al diablo!». Esta conclusión confirma que «Muerte sin fin» es a la vez un gran poema mexicano y universal. Hay otra sutil síntesis estética: si su tonalidad es barroca, su pensamiento poético tiene un sabor neoconceptista y la textura de sus imágenes es vanguardista, en lo que se aproxima algo a la poesía de Martín Adán *(17.3.)*. La misma alianza se aprecia en la métrica del texto: el patrón básico es el verso endecasílabo que se alterna con heptasílabos y otros versos de arte menor, pero la ausencia de rimas (todos los versos son blancos) borra la semejanza con la silva clásica.

Xavier Villaurrutia (1903-1950) es un poeta de la sensibilidad pasada por los filtros de una sombría reflexión que se realiza en medio de la noche: más que sentimientos, espectros de sentimientos que la conciencia sonámbula confronta casi sin reconocerlas, con el sudor frío que dejan los malos sueños. Algunos títulos de sus libros son muy reveladores y exactos: *Reflejos* (México, 1926), *Nostalgia de la muerte* (Buenos Aires, 1938). Poesía interior, esencialmente volcada hacia adentro, como en una caída por los abismos del alma humana. Si Pellicer registró gozosamente los paisajes del mundo que recorrió en su vagabundeo, Villaurrutia se mantuvo indiferente a esa seducción: salvo el año académico que pasó en los Estados Unidos haciendo estudios teatrales en la Yale School of Drama —donde coincidió con Usigli *(14.3.)*—, no salió nunca de su país, donde produjo toda su obra. Pese a su naturaleza sedentaria y concentrada, tuvo un profundo interés por la más pública de las artes: el teatro, al que contribuyó con quince obras de pulcra factura que, en los años cuarenta, ayudaron a renovar el género en México. Aparte de eso, cultivó la narración y el ensayo, fue profesor universitario y estuvo activo en el periodismo cultural; entre las revistas que ayudó a crear están la mencionada *Ulises, El hijo pródigo* (1943) y, por cierto, *Contemporáneos*. Todos los testimonios de quienes lo conocieron de cerca coinciden en que Villaurrutia era un hombre extraño y hasta desconcertante: un solitario que tuvo muchos amigos y también enemigos (debido a la acidez de sus opiniones y epigramas, una de cuyas víctimas fue el mismo Usigli); una mentalidad racional y a la vez supersticiosa y plagada de fobias; un intelectual cultivado en lo mejor de la literatura y las artes que tenía la veleidad de escribir letras de música popular.

Siendo bastante breve (un centenar de páginas apenas), su poesía es lo mejor de él, y tuvo una poderosa influencia dentro y fuera de México. En vida sólo publicó cuatro delgadas colecciones poéticas: las dos mencionadas más *Décima muerte y otros poemas no coleccionados* (1941) y *Canto a la primavera y otros poemas* (1958), ambas en México; algunas pocas composiciones más fueron incorporadas en la edición de sus *Obras* (México, 1966). De todo eso, la pieza clave que establece su fama de poeta es *Nostalgia de la muerte*. Hay que considerar que el libro definitivo es el conjunto total de veintitrés poemas incorporados en la segunda edición de *Nostalgia...* (México, 1946); también debe recordarse que, pese a su exigüidad material, el poeta trabajó estos textos a lo largo de más de una década. Los llama «nocturnos» por muy buenas razones. No sólo porque la noche es una presencia constante, sino por el clima opresivo y misterioso que tienen y porque parecen excursiones del alma durante el sueño: todo está quieto, desolado, tenebroso. Pero esa quietud es engañosa porque la atraviesan visiones, presentimientos y temores; la noche abre un territorio desconocido y amenazante. Las notas esenciales de esta poesía son soledad, vacío y angustia. El «yo» poético aparece como una entidad difusa y vulnerable, invadida por caóticas imágenes que tienen mucho de pesadillesco. La realidad se ha esfumado o perdido su sentido y el alma vaga por túneles oscuros y galerías de espejos que repiten la nada:

> Correr hacia la estatua y encontrar el grito,
> querer tocar el grito y sólo hallar el eco,
> querer asir el eco y encontrar sólo el muro
> y correr hacia el muro y tocar un espejo.

(«Nocturno de la estatua»)

Es evidente que, por su carga onírica, esta poesía tiene vínculos con la estética surrealista, que Villaurrutia conocía bien, y así lo ha señalado la crítica. Pero también es cierto que lo que vemos como delirio no sólo proviene del nivel subconsciente, sino del presentimiento sobrecogedor de la muerte: *sueño* aquí alude también a la mortalidad, gran motivo de la poesía occidental de todos los tiempos —especialmente durante el barroco— que Villaurrutia continúa. El poema citado termina con un verso de ambigüedad casi irónica: la estatua dice «estoy muerta de sueño». Si el sueño es la muerte o su copia, la vida es un vagar sonámbulo, un sueño con los ojos abiertos; no hay que olvidar que «la vida es sueño», siendo éste una misteriosa y erótica extensión del vivir real. Paz llamó al poeta «el dormido despierto» porque hay en él una continua y no resuelta pugna entre la lucidez de la conciencia y la noche del sueño. En una carta a Ortiz de Montellano, el autor apunta que el tema «puede ser inventado o reinventado por el poeta lúcido, despierto». Hasta podría decirse que los nocturnos constituyen una especial clase de poesía surrealista que ocurre en ese borde incierto en el que vive —o se des-vive— el insomne, tratando de hallar un sentido a su propio desvelo: una poesía de la inteligencia que se resiste a sucumbir a las brumas del sueño, de la total irracionalidad.

Razón y sinrazón juegan en ella papeles simétricos y complementarios. Por momentos, los nocturnos parecen delirantes visiones de un «yo» sobrecogido por el terror de un mundo hostil, incomprensible y violento: «En medio de un silencio desierto como la calle antes del crimen» nos dice en el admirable «Nocturno en que nada se oye»; pero en muchos otros tramos lo que tenemos es lo contrario: una poesía hiperconsciente, que genera sus imágenes por asociaciones fonético-semánticas de gran sutileza y rigor estético. En el mismo poema encontramos esta famosa serie:

> y mi voz que madura
> y mi bosque madura
> y mi voz quema dura.

Lo mismo puede decirse del verso «cuando la vi cuando la vid cuando la vida» de «Nocturno eterno». Además de muros y espejos —opacidad y transparencia—, la estatua es quizá el símbolo más frecuente y característico de los nocturnos. Presencia física fría y sin vida, doble inerte del cuerpo humano que sugiere un proceso de deshumanización e irrealidad. Es casi irresistible asociar esas visiones de estatuas ciegas, cuyas voces no se escuchan, en medio de calles y plazas desiertas, con las telas de De Chirico, y así lo ha hecho Paz. La analogía es reveladora: la «pittura metafisica» es anterior al surrealismo y ajena al automatismo plástico, pero no por eso menos perturbadora porque son, precisamente, meditaciones que ocurren al otro lado de lo real; su pintura consistía en reiterar la presencia de ciertos objetos y situaciones para sugerir lo ausente, la pieza clave del enigma. Incluso en sus poemas de amor, de los cuales hay notables ejemplos en *Canto a la primavera*, la pasión aparece como algo fantasmal o teatral, interpretada por figuras esfumadas y descarnadas.

Villaurrutia debe también ser recordado como un activo animador del teatro contemporáneo en México, aunque, precisamente por el estricto sentido estético con el que inició su actividad dramática, sus esfuerzos no alcanzaron a ganar el favor del gran público. Por eso, después de practicar un teatro de cámara, íntimo, experimental y para cierta capa de espectadores, pasó a cultivar el género comercial. En 1928 fundó con otros compañeros el grupo «Teatro Ulises» y en 1932 el «Teatro Orientación», que trataron de renovar el repertorio nacional y extranjero con piezas selectas. El autor cumplía en estos esfuerzos una labor múltiple: dirigía, traducía, producía, etc.; también escribió un guión cinematográfico y un libreto para una ópera.

Su propia obra dramática se extendió por las décadas del treinta y cuarenta; en total produjo unos quince dramas y comedias, seis de ellos en tres actos y el resto de un acto, piezas breves con las que él exploró el género y que llamó «autos profanos». Profanos porque trataban asuntos de la vida cotidiana, concretamente problemas característicos de la clase media mexicana. Como dramaturgo, Villaurrutia era un buen artífice, que sabía construir bien la estructura de sus piezas, crear personajes convincentes y hacerlos hablar de modo impecable. Lo aprendió de sus lecturas de autores franceses clásicos y modernos —entre éstos, sus modelos iban de Giraudoux al teatro de *boulevard*—, de los que se sintió más cerca que del teatro de vanguardia y su lenguaje del absurdo, lo que puede parecer extraño.

No hay grandes pasiones en este teatro, ni tampoco sentimos el arrebato de la acción: todo es contenido, correcto y razonado aunque más de una vez el tema subyacente al conflicto es el erotismo o, más bien, la imposibilidad de alcanzarlo por consideraciones de moral social; las buenas maneras predominan. Conviene aclarar también que, más que cuestiones *ideológicas* pertinentes a la clase media, lo que tenemos son estudios de sus hábitos familiares, su moral tradicional y su conducta psicológica. El código familiar impone respeto a las fórmulas, discreto silencio y sobre todo decoro, incluso si se ha pecado; la «reserva» mexicana salva el honor mancillado. ¿No parece acaso una versión moderna de los motivos que trataba en su época Ruiz de Alarcón *(4.5.1.)*? Paz afirma que la visión del autor es anacrónica: esa clase media ya no existía tras la Revolución; más que un observador de la actualidad, Villaurrutia era un nostálgico evocador de una época ya superada. Ofrece un contraste muy vivo con la dramaturgia que creó Usigli por los mismos años. Teatro de conceptos, teatro literario, quizá más para disfrutar en la lectura por la limpieza de su lenguaje que en la escena, donde sus textos parecen a veces ejercicios algo rarificados. En 1943 publicó cinco de sus piezas breves bajo el título *Autos profanos*. Salvo *Invitación a la muerte,* una obra inspirada en *Hamlet* —que escribió en 1940, publicó en 1943 en la revista *El hijo pródigo* y estrenó en 1947—, las piezas extensas son comedias de costumbres que pertenecen al teatro comercial. Quizá las mejores sean las dos últimas: *El pobre Barba Azul* y *Juego peligroso*, presentadas en 1947 y 1950 respectivamente y recogidas en su *Poesía y teatro completos* (México, 1953).

Agrupemos al resto de los Contemporáneos. Gilberto Owen (1905-1952), de origen irlandés y nacido en Sinaloa, fue un poeta apenas conocido en su tiempo, porque sólo publicó en revistas y cuadernos de difícil acceso. Gracias a la devoción de otro poeta, Alí Chumacero *(20.4.)*, su *Poesía y prosa* apareció póstumamente (México, 1952), igual que sus *Obras* (México, 1979), lo que permitió redescubrir a un poeta singular y complejo que ha concitado el interés de la crítica actual. Leer su *Perseo vencido* (Lima, 1940), que se considera su mejor composición y la más enigmática, nos da una idea de la clase de poeta que es: desolado y melancólico a la vez que irónico y vivaz, lleno de imaginación y gracia rítmica. Como prosista nos dejó *Novela como nube* (México, 1928), un fino ejercicio narrativo que reflexiona sobre sí mismo, como las novelas de Unamuno o Gide. Quizá la lectura más reveladora de un extenso poema de Owen («Simbad el varado») es la que ha hecho Jaime García Terrés, que ha visto, más allá de esas virtudes, a un poeta enamorado de la tradición hermética, la alquimia y el ocultismo; esta interpretación ha sido discutida o matizada por otros poetas-críticos, como Paz y Tomás Segovia *(21.1.5.)*. Owen fue también autor de una valiosa obra crítica.

El prestigio intelectual del que goza Jaime Torres Bodet (1902-1974) en su país no se compara en absoluto con el que tiene fuera, donde es casi desconocido y aún menos leído. Al revés de Owen, escribió mucho y lo publicó casi todo, incluso su producción juvenil, comenzando con *Fervor* (México, 1918), pero su obra poética madura comienza mucho más tarde, con *Cripta* (México, 1937) y *Sonetos* (México, 1949). No era un poeta intenso, sino disciplinado y reposado: usaba la poesía para pensar, no para embriagarse o embriagarnos emocionalmente. Poeta de la mesura y del equilibrio, prefiere ser frío a ser vehemente. Era un humanista, un moralista escéptico pero comprensivo. En su final *Trébol de cuatro hojas* (Xalapa, 1960) intenta una especie de coloquio poético: entabla una conversación con sus compañeros Ortiz de Montellano, Pellicer, Gorostiza y Villaurrutia. Sus novelas y relatos (entre ellos *Margarita de niebla,* México, 1927; *Proserpina rescatada,* Madrid, 1931) son sugestivas contribuciones a la prosa vanguardista que se distinguen por su voluntad experimental en la creación de personajes y el cambiante diseño estructural. Los que quieran conocer su obra crítica pueden consultar *Tres inventores de la realidad: Stendhal, Dostoievsky y Pérez Galdós* (México, 1955), *Rubén Darío.*

Abismo y cima (México, 1966), aparte de sus artículos publicados en *Contemporáneos;* fue un brillante memoralista, como lo demuestra *Tiempo de arena* (México, 1955). Este libro revela la otra cara de Torres Bodet: su obra como hombre público y creador de cultura, en la que cumplió muy importantes tareas que configuraron una época de la que fue activo protagonista y testigo.

Salvador Novo (1904-1974) desarrolló, desde temprano, una muy activa labor como periodista (fue uno de los directores de la revista *Ulises* y el grupo teatral del mismo nombre), poeta, promotor y autor teatral, antólogo y difusor de la literatura mexicana y extranjera. En esas tareas destacó sobre todo por su agudo —a veces, malévolo— ingenio, picardía y espíritu satírico, que también se refleja en su poesía; fue el *enfant terrible* —aun en sus años finales— en un grupo de hombres generalmente graves y equilibrados; hablando de otros podía ser gratuitamente despectivo y hasta cruel; el seudónimo cervantino que adoptó para una sección que escribía en *Ulises* le iba bien: «El curioso impertinente». Se ganó más enemigos hacia el final de su vida, cuando apoyó al gobierno tras la matanza estudiantil de Tlatelolco (1968). A partir de 1965 recibió la designación oficial de «cronista de la ciudad de México» y escribió, con prosa ligera e intencionada, numerosos libros sobre diversos aspectos de una urbe que conocía muy bien, como en *Historia gastronómica de la ciudad de México* (1967). Llegó a convertirse en un archivo viviente de la vida doméstica de su ciudad, lo que la crítica nacional considera su primera virtud. Su obra es muy abundante y también desigual; lo mejor de ella está en ciertos libros o recopilaciones poéticas (*Antología poética,* México, 1961), que nos muestran su raro don para el verso irónico o satírico, bajo el influjo de cierta poesía norteamericana; humor a veces tristón y macabro que nos recuerda el de Quevedo. Pero también podía ofrecernos visiones desoladas cuya intensidad y ritmo obsesivo tienen un claro sabor vanguardista:

>como la sed como el sueño como el aullido como el llanto
>tu boca tus labios tus dientes tu lengua nunca supe
>veía tu carne blanca tus ojos verdes tu silencio...
>
>(«Never ever», VII)

Además de ensayista (véase *Nueva grandeza mexicana,* 1946) —en alusión a la *Gandeza mexicana* de Balbuena *(4.2.2.)*—, fue un gran viajero y publicó varios libros sobre sus aventuras en tierras propias y extrañas.

Bernardo Ortiz de Montellano (1899-1949), poeta, crítico y uno de los fundadores y directores de *Contemporáneos,* tiene el mérito de haber sido el más interesado del grupo en la literatura prehispánica; fue autor de *La poesía indígena de México* (México, 1935). Aprovechó también su conocimiento del mundo mítico mesoamericano para su producción teatral. Jorge Cuesta (1903-1942) estuvo vinculado a varias revistas en las que intervinieron otros Contemporáneos. Su breve vida fue complicada por una dolencia mental, que lo impulsó al suicidio tras una automutilación. De su poesía, oscura e intensamente abstracta, puede dar testimonio su extenso poema en silvas «Canto a un dios mineral», lleno de connotaciones alquímicas (Cuesta había estudiado química), aparte de tener algunas semejanzas con *Muerte sin fin,* al que Cuesta dedicó un importante ensayo. Supo defender, en una época difícil, la estética universalista frente al nacionalismo estrecho. Al morir, dejó dispersa una extensa obra de ensayista. Le debemos una espléndida y polémica antología que hizo época: *Antología de la poesía mexicana moderna* (México, 1928), que puede leerse como un documento de los gustos del grupo ante su propia tradición poética a partir de Othón *(9.10.).* Por último, Elías Nandino (1903-1993), poeta y periodista, fue el médico personal de Cuesta y publicista de su obra. Es, en verdad, un marginal al grupo, pese a sus contactos personales con ellos; como lo mejor de su poesía es posterior a 1950, hay un notorio desfase respecto de ellos. Dirigió varias revistas, entre ellas *Estaciones* (1956-1960). Su larga vida le permitió escribir una extensa obra poética, influida por la de Villaurrutia y distinguida por su diestro cultivo del soneto. Escribió también letras para composiciones de música popular.

Textos y crítica:

Cuesta, Jorge, *Antología de la poesía mexicana moderna,* México, Fondo de Cultura Económica, 1998.
— *Poemas y ensayos,* ed. de Miguel Capistrán y Luis Mario Schneider, México, UNAM, 1964, 4 vols. [Vol. 5: *Ensayos críticos,* 1991.]
Durán, Manuel (ed.), *Antología de la revista «Contemporáneos»,* México, Fondo de Cultura Económica, 1973.
Gorostiza, José, *Poesía,* México, Fondo de Cultura Económica, 1982.
— *Poesía y poética,* ed. crít. de Edelmira Ramírez, México, CONACULTA, 1988.
Nandino, Elías, *Nocturna palabra,* México, Fondo de Cultura Económica, 1960.
Novo, Salvador, *Antología personal. Poesía, 1915-1974,* México, CONACULTA, 1991.
Ortiz de Montellano, Bernardo, *Sueño y poesía,* México, UNAM, 1952.

PELLICER, Carlos, *Obras. Poesía,* ed. de Luis Mario Schneider, México, Fondo de Cultura Económica, 1994.
TORRES BODET, Jaime, *Obras escogidas,* México, Fondo de Cultura Económica, 1983.
— *Versos y prosas,* pról. de Sonja P. Karsen, Madrid, Ediciones Sudamericanas, 1966.
VILLAURRUTIA, Xavier, *Poesía y teatro completos,* ed. de Miguel Capistrán, Alí Chumacero y Luis Mario Schneider, México, Fondo de Cultura Económica, 1953.
— *Obras,* ed. de Miguel Capistrán, Alí Chumacero y Miguel Mario Schneider, México, Fondo de Cultura Económica, 1966.

BURGOS, Fernando, «Metaestructuras: Jaime Torres Bodet y Gilberto Owen», *Vertientes de la modernidad hispanoamericana*,* pp. 131-141.
CANTÚ, Arturo, *En la red de cristal,* ed. y est. de *Muerte sin fin* de José Gorostiza, México, UNAM, 1999.
DAUSTER, Frank, *Xavier Villaurrutia,* New York, Twayne, 1971.
DEBICKI, Andrew P., *La poesía de José Gorostiza,* México, De Andrea, 1962.
DOMÍNGUEZ MICHAEL, Christopher, *Tiros en el concierto** [Sobre Jorge Cuesta y los Contemporáneos], caps. 4 y 5.
FORSTER, Merlin H., *Los Contemporáneos, 1920-1932. Perfil de un experimento vanguardista mexicano,* México, De Andrea, 1964.
— *Fire and Ice. The Poetry of Xavier Villaurrutia,* Chapel Hill, University of N. Caroline Press, 1977.
GELPÍ, Juan, *Enunciación y dependencia en José Gorostiza. Estudio de una máscara poética,* México, UNAM, 1984.
KARSEN, Sonja P., *Jaime Torres Bodet,* New York, Twayne, 1971.
La Gaceta, número de homenaje a Carlos Pellicer, México, Nueva época, 324, diciembre 1997.
MARTÍNEZ, José Luis, «Carlos Pellicer», en *La literatura mexicana*,* pp. 59-63.
MONGUIÓ, Luis, «Poetas postmodernistas mexicanos», *Revista Hispánica Moderna,* 12 (1946).
MORETTA, Eugene, *La poesía de Xavier Villaurrutia,* México, Fondo de Cultura Económica, 1976.
MULLER, Edward J., *Carlos Pellicer,* Boston, Twayne, 1977.
OLEA FRANCO, Rafael, y Anthony STANTON (eds.), *Los Contemporáneos en el laberinto de la crítica,* México, El Colegio de México, 1994.
OROPESA, Salvador A., *The Contemporáneos Group. Rewriting in Mexico in the Thirities and Forties,* Austin, University of Texas Press, 2003.
PACHECO, José Emilio, «José Gorostiza», en Carlos A. Solé*, vol. 2, pp. 922-931.
PANABIÈRE, Louis, *Itinerario de una disidencia. Jorge Cuesta (1903-1942),* México, Fondo de Cultura Económica, 1983.
PAZ, Octavio, *Xavier Villaurrutia, en persona y en obra,* México, Fondo de Cultura Económica, 1978.

— «La poesía de Carlos Pellicer» y «Muerte sin fin», en *Las peras del olmo**, pp. 95-114.
PÉREZ FIRMAT, Gustavo [Sobre novelas de Torres de Bodet y Villaurrutia], *Idle Fictions**, pp. 3-7 y ss.
REVERTE BERNAL, Concepción, *Fuentes europeas-Vanguardia hispanoamericana*, Madrid, Verbum, 1998. [Sobre los Contemporáneos: pp. 13-125.]
RUBIN, Mordecai S., *Una poética moderna: «Muerte sin fin» de José Gorostiza. Análisis y comentario*, México, UNAM, 1966.
SHERIDAN, Guillermo, *Los Contemporáneos ayer*, México, Fondo de Cultura Económica, 1985.
— *Índices de «Contemporáneos», Revista Mexicana de Cultura, 1928-1931*, México, UNAM, 1988.
— «Gilberto Owen y el torbellino rubio», *Vuelta*, 239, octubre de 1996, pp. 6-12.
ZAID, Gabriel, «Homenaje a la alegría» [Sobre Carlos Pellicer], en *Tres poetas católicos**, pp. 193-291.

17. Brotes y rebrotes de la vanguardia. Avances de la poesía pura. El «negrismo»: Nicolás Guillén, Palés Matos y otros. Mariátegui y el indigenismo clásico

17.1. La diseminación vanguardista y sus transformaciones

La vanguardia se extiende por nuestro continente adoptando tantos modos, fusiones, vueltas y repliegues que no siempre es fácil distinguir dónde acaba y dónde comienzan otras estéticas. Hay toda una amplia vertiente de literatura influida por el espíritu vanguardista, pero cuyo signo es otro; a veces, esas manifestaciones realizan simbiosis artísticamente más interesantes que las versiones puras, directamente tributarias de la vanguardia europea. Esto vuelve a recordarnos que su paso por el continente cambia sustancialmente las tendencias originales recibidas del viejo continente y las ensambla con elementos que le son ajenos pero que las enriquecen y las llevan por nuevas direcciones. Un par de ejemplos: ni el negrismo *(17.6.1.)* ni el indigenismo *(17.8.)* pueden, por cierto, confundirse con la vanguardia, pero no se explican sin ella: la revolución estética abre las compuertas a la revolución social. A continuación repasaremos las manifestaciones vanguardistas o asociadas con ella que se producen —con algunas excepciones— después de 1930, o sea, después del *Segundo Manifiesto* de Breton (1929) que cambia el rumbo del movimiento. El trasfondo histórico no debe ignorarse: ascenso del fascismo en Italia y del nazismo en Alemania, Guerra Civil Española (un acontecimiento que marca a intelectuales y artistas de todo el mundo, de Picasso a Beckett), agresivo expansionismo norteamericano, etc. La creación literaria reflejaba esa situación de dos modos: comprometiéndose con causas sociales o bloqueando con obras herméticas toda referencia al torbellino del mundo real. Se explica así que, estimuladas o contraestimuladas por la vanguardia, apareciesen formas de «poesía pura», neobarrocas, neotradicionales, etc. La vanguardia abrió las compuertas y muchos torrentes heterogéneos quedaron liberados y se mezclaron con sus aguas. Hay no sólo muchas corrientes difíciles de identificar, sino muchos nombres y gestos individuales. No podemos dar el panorama completo: sólo destacaremos a continuación algunos de los principales.

17.2. La vanguardia chilena tras Huidobro: dentro y fuera del grupo «Mandrágora»

Entre los compañeros inmediatos de Huidobro *(16.3.1.)* ninguno brilló a su altura. Pero su ejemplo fue continuado y renovado por hombres más jóvenes que él y que, en conjunto, representan actitudes creadoras interesantes. Destaquemos los nombres de un puñado. Juan Emar (seud. de Álvaro Yáñez Bianchi, 1893-1964) es el de mayor edad de todos y uno de los más extraños novelistas (si es que sus narraciones pueden llamarse así) chilenos. La obra publicada en vida, breve y algo secreta, se compone de cuatro relatos publicados en la década del treinta: *Miltín, Un año, Ayer* (los tres en 1935) y *Un día* (1937), todos en Santiago; muy pocos les prestaron atención entonces. Al parecer, dejó una extensa obra inédita. Sus intereses estéticos eran múltiples: arte, cine, música, arquitectura, y los difundió a través de su labor periodística. Después de ese período de actividad, guardó casi total silencio hasta su muerte, tras la cual comienza a recibir cierta atención crítica, entre ellas la de Neruda *(16.3.3.)*, que prologó la segunda edición de su libro *Diez* (Santiago, 1971) y quien afirmó que Emar era «nuestro Kafka». Póstumamente apareció *Umbral* (Buenos Aires-México, 1977), que era sólo un retazo del texto total que ocupa cinco volúmenes y más de cuatro mil páginas en la edición de 1995-1996. Emar es un novelista de gran fantasía, que hace hablar a los animales, mezcla tiempos históricos y viola todas las reglas de la novela tradicional. Como Faulkner u Onetti *(18.2.3.)*, llegó a inventar territorios ficticios y delirantes que tienen un distorsionado parecido con la realidad.

El caso de Pablo de Rokha (seud. de Carlos Díaz Loyola, 1894-1968) es singular y difícil de valorar con justicia. Sus actitudes personales, su aparatoso desorden vital, su obsesiva rivalidad con Neruda —que le envenenó el alma y el verso—, el estilo grotesco con el que solía recitar su poesía, no lo hicieron precisamente un personaje simpático o que había que tomar en serio. Escribió, además, muchísimo (por lo menos una treintena de libros) y, frecuentemente, con un tono desorbitado o bravucón que recuerda un poco a Alberto Hidalgo *(16.4.1.)*: se veía a sí mismo como un titán. No era, no quiso ser en realidad un poeta, sino un vate, un profeta bíblico, con versículos y anuncios flamígeros. De joven, absorbió el lenguaje del futurismo y el creacionismo. Entre los seis libros de poesía que publicó sólo entre 1927 y 1929 hay uno (*Suramérica,* Santiago, 1927) que es un temprano y bastante hábil ejercicio de escritura automática en nuestra lengua. Trató también de incorporar, con fortuna diversa, el espíritu popular y «antipoético» a su obra, de lo que puede dar testimonio su pintoresca *Epopeya de las comidas y bebidas de Chile* (Santiago, 1965), otro de sus desafíos al verbo nerudiano. Y siguió haciéndolo con su *Imprecación a la bestia fascista* (1937) en defensa de la España republicana y con su *Canto al Ejército Rojo* (Santiago, 1944), hasta terminar defendiendo la estética del llamado «realismo socialista» impartida por la Unión Soviética. Poco antes de suicidarse dejó lista una antología: *Mis grandes poemas* (Santiago, 1969). Aun así, habría que expurgarlo de toda su cuantiosa hojarasca y reducirlo a un volumen mucho más delgado que ése, donde puedan brillar sin disturbios sus virtudes líricas. Su esposa Winnét de Rokha (seud. de Luisa Anabalón Sanderson, 1894-1951) también fue poeta de lenguaje vanguardista.

Rosamel del Valle (1901-1963) cultivó un lenguaje poético de reconocible raíz surrealista que aplicaba a veces a motivos y símbolos bíblicos o mitológicos. Entre 1926 y el año de su muerte escribió, en prosa y en un verso que tiende al versículo, una obra bastante amplia que va evolucionando desde la exasperación hacia una visión más sosegada y tierna. Después de una etapa de activa militancia vanguardista —fue colaborador en revistas chilenas de esa tendencia y en *Proa* de Buenos Aires *(16.4.1.)*—, se mantuvo al margen sin alinearse en ninguna escuela o estética. Puede decirse que su poesía alcanza su madurez en la década del cuarenta, con su obra mayor, *Orfeo* (1944), un notable poema de casi setecientos versos, y *El joven olvido* (1949). Desde la perspectiva de nuestros días, es visible el esfuerzo del autor por crear un mundo regido por los principios de la «videncia» y el imaginismo onírico del surrealismo, pero también que sus procedimientos metafóricos, al faltarles suficiente intensidad, resultan algo monótonos o previsibles, debido sobre todo a su insistencia en escribir poemas extensos. Del Valle hizo una temprana amistad con Humberto Díaz-Casanueva *(20.1.4.)*, sobre quien escribió el ensayo *La violencia creadora* (Santiago, 1959). Durante largos años fue funcionario de las Naciones Unidas en Nueva York.

Omar Cáceres (1906-1943) es un autor aún más misterioso —casi fantasmal, como dice Pedro Lastra *(23.8.)*— que Emar: incluso las pocas personas que lo conocieron no pueden decir mucho de este hombre secreto y extraño, que murió víctima de un homicidio no del todo aclarado. En vida publicó un único libro, *Defensa del ídolo* (Santiago, 1934), con un exaltado prólogo de Huidobro. Descontento con la edición, la echó al fuego; lo conocemos, pues, por milagro y por estar entre los diez poetas incluidos en la *Antología de la poesía chilena nueva* (Santiago, 1935) de Eduardo Anguita y Volodia Teitelbaum. Los quince textos de *Defensa...* son graves, intensas, hondas meditaciones poéticas en una zona densa de la experiencia humana, que apenas se prestan elementos de la realidad o los deja transfigurados en algo del todo distinto. Su dicción provoca una morosa inmersión en esas oscuras aguas; su dificultad no es verbal (del «maquinismo» típico de la imaginería vanguardista sólo hay rastros en «Anclas opuestas»), sino conceptual, porque Cáceres trata de pensar lo impensable, condensándolo en imágenes de rara pureza: «Entonces descendiendo de tu exigua y extrema realidad, a tu fijeza, / desentendido de rencores y pasos de este mundo» («Segunda forma»). Su búsqueda tiene semejanzas con la de ciertos Contemporáneos mexicanos, como Gorostiza o Villaurrutia *(16.4.3.)*, y con la de Westphalen *(17.3.)*.

Bastante más joven que éstos, Eduardo Anguita (1914-1992) muestra —pese a su devoción por Huidobro— cierto impacto del surrealismo en su producción juvenil (*Tránsito al fin*, Santiago, 1934), al mismo tiempo que un gusto por las formas clásicas, pero luego su poesía pasa por fases muy variadas, con una tendencia por las connotaciones filosóficas orientalistas (el *Upanishad*, el *Kama Sutra*) y religiosas, como en *Liturgia* o el tardío *Palabras en torno a Cristo* (Santiago, 1980); pese a la fecha de este libro, el grueso de su obra cubre las décadas desde los años treinta hasta comienzos de los sesenta. Hay una voluntad profética y grandiosa en el proyecto poético de Anguita, que en algunos poemas, como el extenso «Venus en el pudridero» (1960), alcanza momentos de gran elevación. Uno de sus símbolos favoritos es el fuego, que tiene en él claras resonancias cristianas. Como él decía: «De poeta habría pasado a sacerdote». Pero su retórica suele sonar más gestual que auténtico vehículo de una visión trascendente. Su *Antología de poesía chilena nueva,* que acabamos de citar, era muy rigurosa: sólo incluía a diez autores. Su propia obra fue recopilada en *Poesía entera* (Santiago, 1971), selección ampliada en una edición de 1994.

Anguita tuvo algunos contactos —y también diferencias— con el grupo de poetas chilenos de su generación que fundaron y dirigieron una importante revista de vanguardia: *Mandrágora* (siete números, 1938-1944). Ellos fueron Braulio Arenas (1913-1988), Teófilo Cid (1914) y Enrique Gómez-Correa (1915). Colaboraron en ella muchos notables poetas y artistas, de Huidobro a Gonzalo Rojas *(20.1.4.).* Según la declaración inaugural de Arenas, la revista puede ser vista como un rebrote surrealista: exaltación de la libertad, la magia, el erotismo, el espíritu antiburgués y revolucionario. Pero *Mandrágora* representaba en verdad un desafío a la posición que entonces había tomado el surrealismo y adoptó una actitud ultrarradical, atacando a Neruda y a otros poetas chilenos. Un claro signo de eso puede verse en el último número, escrito enteramente por Gómez-Correa con el título *Testimonio de un poeta negro,* en el que defiende un surrealismo al margen del surrealismo. La agresividad de la revista fue notoria, pero sus efectos reducidos por el alcance casi clandestino de su difusión. Arenas, Cáceres y Gómez-Correa organizaron una importante exposición surrealista en 1941; hubo una más en Santiago, en 1948, en la que participaron, entre otros, Breton, Victor Brauner, Duchamp, Magritte y Matta. Hay que decir que estas manifestaciones comprueban el fuerte arraigo que el surrealismo tuvo en Chile.

Del grupo Mandrágora, Braulio Arenas es el más conocido y el de obra más extensa (una treintena de libros) y más diversa, pues abarca poesía, novela, cuento, crónica y textos programáticos. Lo mejor de él puede estar en su poesía —de temple decididamente surrealista, aunque con toques del romanticismo alemán y a veces gotas de ironía—, en particular en dos libros: *Discurso del gran poder* (Santiago, 1952) y *Una mansión absolutamente espejo deambula por una mansión absolutamente imagen* (Valparaíso, 1978). De su narrativa puede mencionarse la extraña y sombría novela *La endemoniada de Santiago* (Caracas, 1969). Cumplió un gran papel como animador de la vanguardia chilena, de lo que dan testimonio sus *Actas surrealistas* (Santiago, 1974). Dirigió también la revista *Leitmotiv,* en la que aparecieron textos de Breton, Césaire y Péret; y luego fundó la efímera *Altazor.*

De todos los hombres de Mandrágora, quizá el poeta más hondo y trascendente sea el casi olvidado Gómez-Correa, que cultivaba un depurado lenguaje surrealista. Autor de varios libros de poesía, entre ellos uno notable: *Reencuentro y pérdida de la Mandrágora* (Santiago, 1955). Fue uno de los más radicales: escribió que «Toda idea comporizadora del bien debe ser eliminada» y defendió lo que llamó «poesía negra», una forma extrema de indagación lírica en el campo del «crimen, locura, sueño, perversión...». Estos rasgos podrían definir bastante bien su propia obra, que exaltaba la violencia, el erotismo y el delirio. Se interesó en asuntos de patología mental y escribió un libro titulado *Sociología de la locura* (Santiago, 1942); también tradujo a Apollinaire y escribió la serie de poemas *El espectro de René Magritte* (Santiago, 1948), a partir de ilustraciones de obras que le envió el pintor belga. Con sus compañeros Arenas y Jorge Cáceres publicó la antología *El A G C de la Mandrágora* (Santiago, 1957). Gómez-Correa es un poeta que merece lectura atenta y seria; quien lo intente debe consultar los textos poéticos y teóricos que fueron reunidos en *Poesía explosiva* (1973). No hay que confundir a Omar Cáceres con el recientemente mencionado Jorge Cáceres (1923-1949), poeta y pintor surrealista vinculado al grupo Mandrágora y colaborador de *Leitmotiv;* en su brevísima vida publicó unos cuatro libros en ediciones limitadas, uno de los cuales provocó comentarios entusiastas de Breton. Hace un tiempo se publicaron sus *Textos inéditos* (Toronto, 1979), gracias el empeño de Ludwig Zeller *(20.1.5.).*

Dos poetas chilenos que actuaron por la misma época y se vincularon con estos grupos y revistas, aunque fuese tangencialmente, son Humberto Díaz-Casanueva y Gonzalo Rojas. Debido a que lo más importante de sus obras se extiende a décadas más próximas a la presente (y, en el caso del último, alcanza a la nuestra), preferimos examinarlos en otro apartado *(20.1.4.).*

Textos y crítica:

ANGUITA, Eduardo, y Volodia TEITELBAUM (eds.), *Antología de la poesía chilena nueva,* Santiago, Zig-Zag, 1935.
ANGUITA, Eduardo, *Poesía entera,* pról. de Pedro Lastra, Santiago, Edit. Universitaria, 1994.
ARENAS, Braulio, *En el mejor de los mundos* [Antología 1929-1969], Santiago, Zig-Zag, 1969.
BACIÚ, Stefan, *Antología de la poesía surrealista latinoamericana*,* pp. 86-98.
CÁCERES, Jorge, *Textos inéditos,* Toronto, Oasis, 1979.
CÁCERES, Omar, *Defensa del ídolo,* pról. de Vicente Huidobro, ed. de Pedro Lastra, México, El Tucán de Virginia, 1996.
EMAR, Juan, *Diez,* pról. de Pablo Neruda, Santiago, edit. Universitaria, 1971.

— *Umbral,* pról. de Pedro Lastra, Santiago, Dir. de Bibliotecas, Archivos y Museos-Centro de investigaciones Diego B. Portales, 1995-1996, 5 vols.
GÓMEZ-CORREA, Enrique, *Poesía explosiva. 1935-1953,* pról. de Stefan Baciu, Santiago, Aire Libre, 1973.
ROKHA, Pablo de, *Antología,* ed. de Rita Gnutzman, Madrid, Visor, 1991.
VALLE, Rosamel del, *Antología,* pról. de Humberto Díaz Casanueva, ed. de Juan Sánchez Peláez, Caracas, Monte Ávila, 1976.

CANSECO JEREZ, Alejandro, *Juan Emar,* Santiago, Ediciones Documentas, 1989.
MEYER-MINNEMAN, Klaus, «La revista *Mandrágora:* vanguardismo y contexto chileno en 1938», *Acta Literaria,* 15 (1990), pp. 51-69.
NÓMEZ, Naín, *Pablo de Rokha, una escritura en movimiento,* Santiago, Documentas, 1988.
Orfeo, número de homenaje a Rosamel del Valle, Santiago, 11-12, abril de 1963.
SUCRE, Guillermo. [Sobre Braulio Arenas.] *La máscara la transparencia*,* pp. 353-356.
UNDURRAGA, Antonio de, *El arte poética de Pablo de Rokha,* Santiago, Nascimento, 1945.

17.3. La vanguardia en el Perú: Martín Adán, Oquendo de Amat, Abril, Moro, Westphalen

Ya nos hemos referido a Alberto Hidalgo *(16.4.1.),* el más ruidoso vanguardista peruano de la época; activo desde Buenos Aires; los ecos de su acción y su obra llegaron atenuados a su país, donde la vanguardia sigue otros rumbos, asociados con la presencia de la revista *Amauta,* fundada por Mariátegui *(17.8.).* La otra gran manifestación vanguardista, *Trilce* de Vallejo *(16.3.2.),* también pasó desapercibida, como vimos. Pero varios autores, revistas y grupos mantuvieron vivo ese espíritu y alcanzaron obras de excepcional calidad. Mencionamos al primero, Martín Adán (seud. de Rafael de la Fuente Benavides, 1908-1985)[1], con un poco de vacilación porque, aunque su obra es despertada por la vanguardia, evoluciona en una dirección única, hermética y difícil de clasificar. Si la obra es fascinante y enigmática, la vida no puede ser más anómala y trágica. Pertenecía a una familia aristocrática, conservadora y católica, que dispuso para él una educación en la Deutsche Schule de Lima. Aprendió esa lengua e hizo lecturas voraces que, a temprana edad, desarrollaron en él un espíritu rebelde e iconoclasta. Era todavía un estudiante universitario

---

[1] El seudónimo es significativo: *Martín* es el nombre de una especie de primate; *Adán,* el del primer hombre.

cuando publica su primer libro: una deliciosa novela-poema de vanguardia titulada *La casa de cartón* (Lima, 1928), que aparece con prólogo de Luis Alberto Sánchez *(18.13.)* y colofón de José Carlos Mariátegui. La extraordinaria habilidad verbal, el agudo ingenio, el burlón espíritu limeño entremezclado con la nostalgia y la tierna evocación de un mundo encantado pero real (el balnerio de Barranco, aludido también en la poesía de Eguren *[13.6.1.]*) convierten a este libro en uno de los mejores ejemplos de narrativa vanguardista. Asombra la rara maestría que demuestra el joven escritor para retratar, a la vez, el paisaje urbano, la conducta de sus gentes y su propia alma escéptica pero enamorada. La prosa es límpida; el ritmo, ágil y en constante transición; las imágenes, precisas y fulgurantes. Un ejemplo:

Ramón se puso las gafas y quedó más zambo que nunca de faz y piernas. Dijo que sí y se llenó los bolsillos con las manos. Un lucero tembló en el cielo: otro lucero tembló más acá. El cielo estaba azul de noche, con hilachas de día, con hilos de día.

Que uno de los personajes principales se llame Ramón quizá subraye el rasgo de familia que esta prosa juguetona y gimnástica tiene con las «greguerías», de Gómez de la Serna. La novela tiene sus propias «greguerías» que se incluyen con el nombre de «Poemas Underwood», que muestran su ironía, su insolencia y también su honda insatisfacción con todo. «Casi soy un hombre virtuoso, casi un místico», dice en uno de ellos, y eso resultaría una verdad más trágica de lo que pueda imaginarse.

Muy pronto su desadaptación con el medio se convirtió en un rechazo radical que hizo de él un completo marginal, un autoexpulsado de la sociedad. Una crisis emocional degeneró en una neurosis que, agravada por el alcoholismo, lo llevó por hospitales psiquiátricos, tratamientos fallidos, hoteles de mala muerte y progresiva decadencia física. Su tesis doctoral presentada a la Universidad de San Marcos en 1938 —el admirable ensayo *De lo barroco en el Perú* (Lima, 1968), ejemplo él mismo de lenguaje barroquizante— fue terminada cuando el autor ya había optado por una forma exasperada de la bohemia. Este aspecto hizo de él una leyenda, a la que él sarcásticamente (la agudeza de su humor era demoledora) se resignó; fue, sobre todo en sus últimos años, una figura que tenía una desconcertante semejanza con la de Pound: un gran poeta —*il miglio fabbro*— encerrado en su propio infierno. Quizá por eso, Allen Ginsberg, a fines de los años cincuenta, quiso conocerlo en Lima y escribió unos conmovidos poemas de homenaje.

Tras abandonar la prosa, la perturbadora visión de Martín Adán eligió como único vehículo el lenguaje de la poesía y adoptó las formas más diversas: el jugueteo con el vanguardismo, el rigor conceptista, la poesía metafísica, el hermetismo gongorino, la sutil oscuridad simbolista, el lirismo religioso, el tono épico, la meditación existencial, etc. Si hay dos constantes en esa aventura plural, ellas serían el *formalismo* y el carácter *visionario* de la palabra en busca de lo absoluto. Puede caer en las simas de la desesperanza o alcanzar una exaltación dionisíaca, pero el mundo siempre parece producirle un estado de arrobamiento: se le presenta como un enigma indescifrable y hermoso. Sus modelos son Quevedo, Milton, Blake, Novalis, Rimbaud, Rilke, los místicos españoles, los filósofos alemanes; lo asombroso es que el discípulo parece digno de todos esos maestros.

En su obra juvenil en verso, dispersa en revistas y recopilada en las varias ediciones de su poesía completa, se aprecia la impronta de la lírica clásica española y sus viejos motivos: la rosa (que será recurrente en él), Narciso (que lo liga a Lezama Lima *[20.3.1.]*), lo efímero de todo, el desengaño del mundo. Véanse estos versos de su brevísima colección *La rosa de la espinela* (Lima, 1939): «Heme triste de belleza, / Dios ciego que haces la rosa, / Con mano que no reposa / Y de humano que no besa» («Cauce»). «Aloysius Acker», el poema inconcluso y destruido por el autor (cuyo primer fragmento se publicó en 1936), es un texto sombrío y desgarrado: se trata de una elegía a la muerte de su hermano llena de claves que se entretejen como oscuras paradojas. El muerto es el único vivo, el poeta está muerto, el hermano pequeño es el mayor, él es el otro:

> Ya principia la vida; ya principia el mundo;
> Ya principia el juego.
> Jugamos a ser y no ser.
> Yo no soy yo. Tú eres yo.
> Jugamos a vivir y vivir.

Pero el libro paradigmático de lo que podría considerarse su primer ciclo creador es *Travesía de extramares (Sonetos a Chopin)* (Lima, 1950), que contiene cincuenta y un sonetos —una de sus formas favoritas— correspondientes a las dos décadas anteriores. Deben considerarse entre los más perfectos (y más enigmáticos) sonetos escritos en este siglo. Su perfección consiste en el ajuste exacto entre sonido, concepto e imagen en cada una de sus líneas; están compuestos como en un trance extático ante la visión de la eternidad. Las referencias a Chopin y a la navegación «extramares» son metaforizaciones de la exploración estética por una dimensión en la que las palabras son música y pensamiento puros. De la serie de «Ripresas», en las que reaparece el motivo de la rosa, el comienzo de la «Quarta» es memorable:

> —La que nace, es la rosa inesperada;
> La que muere, es la rosa consentida;
> Sólo al no parecer pasa la vida,
> Porque viento letal es la mirada.

Aunque el sabor de estos versos es decididamente barroco-conceptista (con algunas notas parnasianas) y aunque su registro retórico es muy reconocible (retruécanos, aliteraciones, arcaísmos, cultismos, etc.), estos sonetos están lejos de ser puros ejercicios de poesía tradicional o una especie de «arqueología» lírica sin conexión con nuestro tiempo. Lo que hace Martín Adán se parece un poco a lo que vemos en la poesía pura de Jorge Guillén: formas de extraordinario rigor desgarradas desde dentro por un sentido agónico, por un tácito descreimiento de lo mismo que parece afirmarse. El arte es un ejercicio trágico que se refleja bien en el arquetipo de la rosa: inútil suma de la perfección, banalidad del impulso humano por llegar más allá, muerte en vez de eternidad. *Travesía...* fue su respuesta insólita al dilema que lo colocaba entre dos opciones: la tradición y la vanguardia.

Este aspecto cobra mayor visibilidad en la segunda etapa de su creación, retomada tras un silencio de más de una década, en la que sufrió nuevos quebrantos de su salud. *La mano desasida* (Lima, 1964) y *La piedra absoluta* (Lima, 1966) deben considerarse las piezas clave del período, pero hay que advertir al lector que en esas ediciones encontrará fragmentos de poemas muy extensos (o quizá de un solo poema con títulos distintos), inacabados o inacabables; en la edición de su *Obra poética* (Lima, 1980), el primero tiene casi doscientas páginas. Los textos fueron establecidos a partir de originales escritos a mano en libretas o servilletas de papel, sin que muchas veces se pudiese saber cuál era su orden. Lo que sí sabemos es que ambos poemas son homenajes a otro arquetipo de la eternidad: las ruinas de Machu-Picchu. La comparación con el famoso «Alturas de Machu-Picchu» de Neruda *(16.3.3.)* puede arrojar interesantes semejanzas y diferencias, estas últimas marcadas sobre todo por las connotaciones religiosas en el texto de Martín Adán. Casi no hay descripción aquí, sino un magnífico pretexto para abismarse en una grave meditación sobre lo infinito y lo finito, lo eterno y lo precario, el yo y el mundo, la afirmación y la velada negación de todo; *La mano...* comienza así:

> ¿Qué palabra simple y precisa inventaré
> Para hablarte, mi Piedra?
> ¿Que yo no me seré mi todo yo,
> La raíz profunda de mi ser y quimera?

Los angustiosos y desolados ciento veinte sonetos (aunque al comienzo hay otras estrofas) de *Diario de poeta* (1966-1973) recopilados póstumamente cierran esta obra, a la que difícilmente puede encontrársele parangón en nuestra poesía: pese a sus semejanzas con otras, parece haber sido para *contradecir* todo, incluso a su autor, destruido por su propia búsqueda. Como él dice en el último soneto de la serie: «Poesía no dice nada: / Poesía se está, callada, / Escuchando su propia voz».

Carlos Oquendo de Amat (1905-1936) es otra figura mítica de la poesía peruana de este siglo: murió joven en la exaltación revolucionaria de la Guerra Civil Española; desapareció sin dejar rastros por un buen tiempo hasta que, al rendirle tributo en un acto público de 1966, Vargas Llosa *(22.13.)* reavivó el interés por él. Como Oquendo publicó un solo libro casi inhallable, fue objeto de un culto por quienes conocían sus pocos poemas por antologías. Posteriores investigaciones han echado luz sobre la misteriosa y brevísima vida de este poeta, a quien puede considerarse la expresión más pura e intensa del vanguardismo peruano de los años veinte. Entre los diecisiete y veintitrés años de edad, este autor, nacido en la remota región andina de Puno, escribió el puñado de poemas que publicó en revistas y los dieciocho textos que recogió bajo el título *5 metros de poemas* (Lima, 1928); eso es todo. Pese a esa exigüidad, la fama que ha llegado a alcanzar es justificada. Envuelto en actividades revolucionarias, cayó preso en Lima en 1934; al ser desterrado, pasa a la clandestinidad y huye a Europa; enfermo, llega a Francia y luego a España. Allí, en un hospital de Navacerrada, moriría en marzo de 1936, cuando las llamas de la Guerra Civil estaban a punto de encenderse. Sus rastros se perdieron durante mucho tiempo.

El libro no tiene páginas: es en realidad un plegable, un acordeón que, extendido, alcanza los cinco metros que anuncia el título; es un lejano antecedente, aunque con otros propósitos, de *Blanco* de Paz *(20.3.3.)*. Todos los signos de la primera vanguardia están presentes: completa libertad para crear un mundo imaginístico, juegos tipográficos y visuales, dinamismo, humor, erotismo. Las notas ultraístas y creacionistas dominan, pero su lenguaje también ofrece tenues espejos del onirismo surrealista y vagas sugerencias de cinetismo visual; por ejemplo, el libro tiene un

«Intermedio» como si los poemas fuesen fotogramas de una película experimental; uno de ellos se titula «Film de paisajes» y se despliega panorámicamente a doble página. Incluso hay toques «nativistas» *(17.3.1.)*, como en «Aldeanita». Pero lo más impresionante (sobre todo por la juventud del poeta) es la transparencia y la delicadeza de su visión: la anécdota ha desaparecido por completo y las imágenes aletean y vibran como cuerpos volátiles en un espacio encantado, a medias entre el sueño y la vigilia. Lo que queda es la cualidad casi infantil de descubrir que cada mirada crea los mundos nuevos de los que hablaba Huidobro *(16.3.1.)*. De allí la ternura que exhala el libro desde el comienzo; la dedicatoria reza: «Estos poemas inseguros como mi primer hablar dedico a mi madre», y hay un epígrafe que dice: «abre este libro como quien pela una fruta». Y el amor es límpido, un simple acto de purísima devoción:

> Para ti
> tengo impresa una sonrisa en papel japón
>
> Mírame
> que haces crecer la yerba de los prados
>
> Mujer
> mapa de música claro de río fiesta de fruta. («Poema»)

Setenta años después, la líquida limpidez y el casi impalpable temblor emocional de estos versos no se han desvanecido un ápice; parece muy probable que ese milagro siga repitiéndose en el futuro.

Gracias a sus viajes por España y Francia en las décadas del veinte y treinta, Xavier Abril (1905-1990) aspiró el aliento cosmopolita de la vanguardia europea, especialmente el del surrealismo, pues tuvo vínculos con ese grupo en París y con creadores afines, como Jean Cocteau. En España también tuvo estrechos contactos con los hombres de la Generación del 27, como García Lorca y Alberti. Eso puede advertirse en las prosas poéticas que tituló *Hollywood (Relatos contemporáneos)* (Madrid, 1931) y en su antología personal *Difícil trabajo* (Madrid, 1935), con prólogo de Westphalen. El primer libro se abre con una caprichosa «Autobiografía o invención» afín al tono provocador del conjunto; un breve ejemplo del segundo nos recuerda un poco a Villaurrutia *(16.4.3.)*: «El hombre desvelado es más fino que la brisa nacida en la frente de las mujeres» («Poema del sueño dormido»). Más tarde su tendencia latente hacia un lirismo depurado con acentos y motivos clásicos fue dejándose sentir más nítidamente; en verdad, se trataba de una fusión de las dos tendencias o, como él decía, de «un clasicismo determinado por valores contemporáneos». Eso, sumado a un delicado erotismo, se aprecia en *Descubrimiento del alba* (Lima, 1937); júzguese por la hermosa cadencia de este verso: «Tú vives lenta y suave en tono de nube antigua...» («Paisaje de mujer»). El proceso culmina con *La rosa escrita* (Lima, 1996), que trata el motivo favorito de Martín Adán y confirma su notable habilidad formal. Pero, al mismo tiempo, Abril era un poeta comprometido con las causas ideológicas de su tiempo, como lo prueban el hecho de haber sido uno de los fundadores de *Amauta* al lado de Mariátegui y de haber escrito poemas como la «Elegía a la ciudad heroica», en adhesión a la defensa de Madrid durante la Guerra Civil. Por largos años fue diplomático en Montevideo, donde murió. Allí emprendió una obra crítica centrada —con una pasión tan obsesiva que a veces lo cegaba— en la figura de Vallejo *(16.3.1.)*, a quien conoció bien en París; también escribió sobre Eguren *(13.6.1.)*, cuya poesía tiene visible afinidad con la suya.

César Moro (seud. de Alfredo Quíspez Asín, 1903-1956) es una de esas figuras extrañas y radiantes que cruzan por la literatura como una estrella fugaz por el firmamento: pasan una sola vez y se incendian en su propia luz. Moro fue, en verdad, un poeta incandescente. Muy pocos supieron entonces que era poeta, pues, durante buen tiempo, su obra estuvo doblemente sumergida: porque le gustaba actuar de modo casi clandestino y sobre todo porque la mayor parte de lo que publicó en vida está escrito en francés, lengua que adquirió y cultivó con un raro virtuosismo, quizá para aislarse más de un medio que detestaba; en su furor escribió esa línea famosa que se ha repetido en diversos contextos: «Lima la horrible», que luego aparecería como título de un ensayo de Sebastián Salazar Bondy *(21.1.2.)*. Cuando murió, sólo había publicado, en México y Lima, tres libros o cuadernos de poesía en francés. ¿Es Moro un poeta hispanoamericano? ¿O un poeta peruano que escribió en francés? Vivió en un perpetuo exilio interior aun cuando en sus años adultos pasase dos temporadas en Lima, donde murió; pero más importante que el exilio físico fue el espiritual y lingüístico, que sólo tiene dos excepciones: sus poemas recogidos en *La tortuga ecuestre* (Lima, 1958) y sus páginas de ensayos, crítica y diatribas tituladas *Los anteojos de azufre* (Lima, 1958); ambos fueron publicados gracias a la devoción de André Coyné, amigo y crítico suyo, que lo encontró en Lima cuando éste investigaba la obra de Vallejo.

Moro es, sin duda, un caso extremadamente *marginal* (o «extraterritorial», como diría George Steiner), que pone a prueba los límites del concepto «literatura hispanoamericana», que hemos discutido en la «Introducción» de esta obra (vol. 1). Si lo incluimos aquí es haciendo previa advertencia de que asumió, del modo más absoluto e insólito en nuestras letras, no sólo una lengua extranjera, sino los ideales, estrategias y códigos verbales de un lenguaje internacional como el surrealismo. Su vida y su acción lo demuestran ampliamente. Su condición de homosexual (motivo que se trasluce en algunas de sus páginas) agrega aun otra forma de marginalidad.

Moro pasó la mayor parte de su vida adulta fuera del Perú, donde empezó realmente a ser conocido luego de su muerte. Viajó a Europa en 1925 y vivió en París hasta 1933, es decir, los años clave del movimiento surrealista con el que entra en contacto tras el cisma de 1929 y en cuyas actividades participa. Hace amistad con Breton y participa en el famoso homenaje a Violette Nozières. Colabora en la revista *Le Surréalisme au Service de la Révolution*. Era además artista plástico y expuso en galerías de París y Bruselas. En 1935 vuelve a Lima y ese mismo año protagoniza una feroz polémica con Huidobro *(16.3.1.)* que culmina al año siguiente con el panfleto que firma con Westphalen y Rafael Méndez Dorich, titulado *Vicente Huidobro o el obispo embotellado;* el mismo año organizan la «Primera Exposición Surrealista en América Latina». En 1939, él, Westphalen y Manuel Moreno Jimeno publican el único número de la revista *El uso de la palabra*. Éstos son los años de su más intensa identificación con el surrealismo.

Luego se produce —por razones políticas— su exilio mexicano (1938-1948), que quizá sea su período más «visible» e importante de su actividad literaria, porque se relaciona con los Contemporáneos *(16.4.3.)*, con el grupo de la revista *El Hijo Pródigo* y escribe los poemas de *La tortuga ecuestre*. Allí se reencuentra con Breton, durante el celebrado viaje de éste a México en 1938, y colabora con él y el pintor Wolfgang Paalen en la gran Exposición Internacional del Surrealismo de 1940. En la revista *Dyn* (1942-1944) del mismo Paalen también pueden encontrarse textos de Moro. Siguió escribiendo poesía en francés, como lo demuestran los poemas que redactó entre 1944 y 1956 y cuyo título es casi idéntico al de un famoso poema de Octavio Paz: *Pierre des soleils*. El año 1944 marca un punto crítico para el poeta: disgustado por ciertas posiciones y estrategias, se aparta del grupo surrealista y su «ortodoxia», aunque no del surrealismo, que sigue defendiendo con un ardor radical. Cuando vuelve a Lima se reúne otra vez con Westphalen, publica un nuevo libro en francés (*Tra-

falgar Square, 1954) y dejará inédita, a su muerte, una variada obra poética, prosa, pinturas, dibujos y *collages.* La aparición póstuma de *La tortuga ecuestre* permitió su tardío descubrimiento por contados lectores. A partir de ese momento, el prestigio de su nombre ha ido creciendo cada vez más.

Podemos dejar de lado su obra francesa (ahora ya conocida en traducción a la nuestra), no porque no sea valiosa o no nos interese, sino porque en *La tortuga ecuestre* tenemos razones más que suficientes para declarar que Moro es uno de los grandes poetas surrealistas de nuestra lengua en este siglo. Al leerlo, lo primero que se advierte es que este poeta vivió en un estado de permanente *furor,* que su alta pasión es *explosiva* e *implacable* en sus amores y sus odios. (Esta afirmación es válida también para su poesía francesa: vivió en un estado de inagotable ardor.) Esa pasión era el arma terrible de un rebelde, de un francotirador que usó la poesía como un arma: su vía de salvación era a la vez de destrucción, y en esa fiebre se inmoló él mismo. Era un visionario y un intransigente, dispuesto a realizar a cualquier precio el sueño surrealista de hacer de esta vida algo distinto, auténticamente humano.

El carácter combustible de su poesía fue estimulado por su triple marginalidad de poeta, surrealista y homosexual. Para manifestar esa casi intolerable disidencia no tuvo sino su palabra, que suele alcanzar el tono exasperado de un gesto de legítima defensa. El tema dominante (quizá el único) de toda su poesía es el amor, que eleva la temperatura de sus imágenes y hace de ellas deflagraciones que producen revelaciones deslumbrantes. Pocas veces la escritura automática ha generado en español la fuerza convulsiva que alcanza con Moro:

>   Y te levantas como un astro desconocido
>   Con tu cabellera de centellas negras
>   Con tu cuerpo rabioso e indomable
>   Con tu aliento de piedra húmeda
>   Con tu cabeza de cristal
>   Con tus orejas de adormidera
>   ....
>   Con tus pies de lenguas de fuego
>   Con tus piernas de millares de lágrimas petrificadas...
>
>   («La leve pisada del demonio nocturno»)

Lo notable es que estas formas del delirio no son difusas, como las de Rosamel del Valle *(supra),* sino de una perturbadora precisión visual cuya violencia sacrílega nos hace pensar en Buñuel o en Dalí: «una cabellera desnuda flameante en la noche al mediodía en el sitio en el que invariablemente escupo cuando se aproxima el Ángelus» («Varios leones al crepúsculo lamen la corteza rugosa de la tortuga ecuestre»). Mundo erótico, maravilloso y alucinatorio el suyo en el que cada palabra parece escrita con la urgencia de quien se asfixia en medio de una realidad hostil y despreciable. Los artículos literarios y notas de arte, tomas de posición, pronunciamientos, ensayos y notables diatribas —ejemplos: «La bazofia de los perros» o «Una amapola cursi»— recopilados en *Los anteojos de azufre* revelan su singular sensibilidad, su purísima fe surrealista y sobre todo su negativa a aceptar el mundo como es. Recientemente se han reunido las espléndidas versiones que Moro hizo de textos de Pierre Reverdy, De Chirico y varios poetas surrealistas.

La voz de Emilio Adolfo Westphalen (1911-2001) tiene la extrañeza de quien intenta traer a la superficie textual visiones demasiado profundas y oscuras de la experiencia humana. Retazos de visiones, más bien, desgarraduras verbales, monólogos de un solitario que se contempla a sí mismo y al mundo con la misma angustia. Poesía-meditación, de tonos sombríos y apagados, que hace pasar las vivencias por un complejo tamiz conceptual que asimila lo mejor de la tradición clásica y moderna —de los místicos a los surrealistas—, así como las obras clave del pensamiento filosófico y estético europeo. Westphalen es una figura central del surrealismo peruano e hispanoamericano, pese a que su parca obra apenas circuló en su momento y fue mayormente conocida por antologías. Persona concentrada y silenciosa —«huraño y huidizo» y víctima de una «salud claudicante» según declaración propia—, el autor cultivó la amistad de sólo unos cuantos, entre los que se encontraban gentes tan diversas como José María Arguedas *(19.4.2.),* Moro y Salazar Bondy. Estuvo alejado largos años de su país, cumpliendo cargos en organismos internacionales en Nueva York, París y Roma, y más recientemente fue diplomático en Italia, México y Portugal. Su puesto como poeta quedó establecido en la década del treinta, al publicar en Lima dos delgados cuadernos (apenas dieciocho poemas en total) que serían piezas fundamentales de nuestro surrealismo: *Las ínsulas extrañas* (1933) y *Abolición de la muerte* (1935).

Luego vino —coincidiendo con su alejamiento del Perú, que dura hasta 1963— un silencio poético de varias décadas, como si esas dos obras le hubiesen arrebatado todas sus fuerzas. Sólo a partir de los años ochenta, volvió a aparecer el Westphalen poeta, con ediciones limitadas de lo poco que había guardado secretamente durante ese lapso y de colecciones nuevas; tres volúmenes recogen el conjunto: *Otra imagen deleznable...* (1980), *Belleza de una espada clavada en la lengua* (1986) y *Bajo zarpas de la quimera* (1991). Recientemente ha publicado un breve cuaderno de poemas en prosa: *Falsos rituales y otras patrañas* (Lima, 1999). Hombre de convicciones estéticas indeclinables y rigurosas, esos volúmenes muestran que la vieja fe surrealista se mantenía viva pese a frustraciones y avatares de todo tipo. Pero, si pasó por un eclipse como poeta, tuvo una decisiva presencia en la vida cultural peruana gracias a dos grandes revistas que fundó y dirigió: *Las Moradas* (8 números, 1947-1948) y *Amaru* (14 números, 1967-1971), las únicas dos publicaciones peruanas que pueden compararse con *Amauta* de Mariátegui. (Quizá deban agregarse los catorce números de la *Revista Nacional de Cultura* que estuvieron bajo su dirección.) Es justo considerar ambas publicaciones como parte de la obra personal del autor. Muchas reflexiones literaria y estética suyas quedan en esas páginas; algunas han sido recogidas en *La Poesía, los poemas, los poetas* (1995) y *Escritos varios sobre arte y poesía* (1997).

Cuando uno relee los libros de los años treinta es fácil darse cuenta de la profunda unidad que hay entre ellos, unidad que mana de la lenta, dolorosa, quebrantada dicción del poeta, idéntica a sí misma. Idéntica y distinta a la vez, como las mareas o los ciclos naturales. Es posible aun afirmar que cada libro es un solo gran poema, fragmentado en secuencias que parecen presentar —un poco a lo Villaurrutia— visiones o reflexiones *in medias res:* no hay ni títulos, ni principio ni final —todo transcurre como una sola corriente psíquica empeñada en esclarecer algo misterioso y entrañable—. La ausencia de conectivos y la falta de puntuación crean una red de tenues relaciones que mantienen todo en suspenso y en un constante flujo de transformaciones. Así se abre un margen aleatorio en la sintaxis de los versos que suenan como parte de un caótico e interminable monólogo interior:

> La mañana alza el río la cabellera
> después la niebla la noche
> el cielo los ojos
> me miran los ojos del cielo
> Despertar sin vértebras sin estructura

Debemos advertir que, por estar configurada su poesía como un *continuum* o marea verbal, sin bordes definidos, es muy difícil citar a Westphalen y hacerle justicia: hay que asistir al proceso completo, a la fusión final de todos los elementos y escuchar las lentas y graves modulaciones de toda su música; en un verso parece aludir a esa imposibilidad: «si pudiera partir en dos este sueño». ¿Poesía surrealista? Tal vez no, pero sí algo muy próximo en la medida en que abre las compuertas de nuestra conciencia y la llena con un flujo irracional. Cuatro grandes motivos giran constantemente en el remolino de esta poesía: el amor, el tiempo, la noche, el silencio, la muerte; hay una relación decreciente o de negación gradual entre esos términos, pues nos llevan de la pasión a la nada, del deseo a la inercia. En el bello comienzo de uno de sus mejores poemas tenemos un indicio del rigor y la libertad con que se conjugan esos elementos:

> He dejado descansar tristemente mi cabeza
> En esta sombra que cae del ruido de tus pasos
> Vuelta a la otra margen
> Grandiosa como la noche para negarte
> He dejado mis albas y los árboles arraigados en mi garganta
> He dejado hasta la estrella que corría entre mis huesos...

Como en los místicos, el motivo del silencio tiene particular importancia en alguien que, como él, escribe en un perenne desafío contra los límites del lenguaje, casi al borde del balbuceo; el silencio es el estímulo y la contracara del acto poético, una imagen reversible de la vida y de la muerte: «Porque sólo el silencio sabe detener a la muerte en los umbrales / Porque sólo el silencio sabe darse a la muerte sin reservas». Lo que nos recuerda lo que escribió Proust: «El silencio no lleva, como la palabra, la marca de nuestros defectos [...] El silencio es puro [...]». Ese motivo resultaría un símbolo o anuncio de su propio alejamiento de la poesía durante largo tiempo. Existen pocos poetas como Westphalen, y esa cualidad singular no ha disminuido en las seis décadas transcurridas desde su aparición.

Hagamos una rápida referencia a un poeta completamente olvidado, incluso en su país. Vicente Azar (seud. de José Alvarado Sánchez, 1913-?), diplomático de carrera, hombre de gran cultura, devoto de Rimbaud y Proust y autor de un inhallable cuaderno de poesía titulado *Arte de olvidar* (Lima, 1942). Lo incluimos aquí porque es un alto y depurado ejemplo de poesía hecha con imágenes de notable brillo y precisión. Así crea un mundo encantado y fabuloso en el que la fantasía, el recuerdo y el dolor de olvidar se mezclan de modo indiscernible.

Textos y crítica:

ABRIL, Xavier, *Descubrimiento del alba,* Lima, Ediciones Front, 1937.
ADÁN, Martín, *Obra poética (1927-1971),* pról. de Edmundo Bendezú, Lima, Instituto Nacional de Cultura, 1976.
— *Obra poética,* ed. de Ricardo Silva-Santisteban, Lima, Ediciones Edubanco, 1980.
— *El más hermoso crepúsculo del mundo,* estudio y selec. de Jorge Aguilar Mora, México, Fondo de Cultura Económica, 1992.
— *Obras en prosa,* ed. de Ricardo Silva-Santisteban, Lima, Ediciones Edubanco, 1982.
AZAR, Vicente, *Arte de olvidar,* Lima, Edics. Palabra, 1942.
— *Antología mínima de Vicente Azar,* ed. de César Toro Montalvo, Lima, Palabras del Oráculo, Separata de *Oráculo,* 1, julio de 1980.
CASTAÑEDA VIELAKAMEN, Esther, *El vanguardismo literario en el Perú: estudio y selección de la revista «Flechas» (1924),* Lima, Amaru Editores, 1989.
EIELSON, Jorge E., y Sebastián SALAZAR BONDY (eds.), *La poesía contemporánea del Perú*.*
LAUER, Mirko, y Abelardo OQUENDO (eds.), *Vuelta a la otra margen,* Lima, Casa de la Cultura del Perú, 1970.
MORO, César, *La tortuga ecuestre y otros textos,* ed. de Julio Ortega, Caracas, Monte Ávila, 1976.
— *Obra poética,* vol. 1, pref. de André Coyné, pról. y ed. de Ricardo Silva-Santisteban, Lima, Instituto Nacional de Cultura, 1980.
— *La poesía surrealista* [Traducciones por C. M.], Lima, Pontificia Universidad Católica del Perú, 1997.
— *Prestigio del amor,* ed. de Ricardo Silva-Santisteban, Lima, Pontificia Universidad Católica del Perú, 1998.
OQUENDO DE AMAT, Carlos, *5 metros de poemas,* ed. facs., Lima, Ediciones Copé, 1980.
PELLEGRINI, Aldo (ed.), *Antología de la poesía surrealista en lengua francesa,* Buenos Aires, Fabril Editora, 1961.
WESTPHALEN, Emilio Adolfo, *Otra imagen deleznable...,* México, Fondo de Cultura Económica, 1980.
— *Belleza de una espada clavada en la lengua,* Lima, Ediciones Rikchay, 1986.
— *Bajo zarpas de la quimera. Poemas 1930-1988,* pról. de José Ángel Valente, Madrid, Alianza Editorial, 1991.
— *La Poesía, los poemas, los poetas,* México, Universidad Iberoamericana-Artes de México, 1995.
— *Escritos varios sobre arte y poesía,* México, Fondo de Cultura Económica, 1997.

Amaru, Homenajes a Martín Adán y César Moro, 9, marzo de 1969.
BENDEZÚ AIBAR, Edmundo, *La poética de Martín Adán,* Lima, «V», 1969.

Breton, André, «Sobre Xavier Abril», *Amauta,* 3:18 (1928).
Bueno, Raúl [Sobre Oquendo de Amat], *Poesía hispanoamericana de vanguardia,* Lima, Latinoamericana Ediciones, 1985, pp. 114-134.
Chirinos, Eduardo, *La morada del silencio*,* 18-20 *et passim.*
Creación y crítica, número de homenaje a Xavier Abril, Lima, 9-10, 1971.
Coyné, André, *César Moro,* Lima, Torres Aguirre, 1956.
Ferrari, Américo, *Martín Adán: poesía y realidad,* París, Éditions Hispaniques, 1975.
— *Los sonidos del silencio (Poetas peruanos en el siglo xx),* Lima, Mosca Azul, 1990.
Kinsella, John, *Lo trágico y su consuelo: estudio de la obra de Martín Adán,* Lima, Mosca Azul, 1989.
La Casa de Cartón, número de homenaje a E. A. Westphalen, Lima, junio de 1994.
Meneses, Carlos, *Tránsito de Oquendo de Amat,* Las Palmas, Gran Canaria, Inventarios Provisionales, 1973.
Monguió, Luis, *La poesía postmodernista peruana*,* caps. 3 y 6.
Núñez, Estuardo, *Panorama actual de la poesía peruana,* Lima, Antena, 1938.
Ortega, Julio, *Signos de César Moro,* Caracas, Monte Ávila, 1977.
Paoli, Roberto, *Estudios sobre literatura peruana contemporánea,* Florencia, Università degli Studi di Firenze, 1985.
Ruiz Ayala, Iván, *Poética vanguardista westphaliana,* Lima, Pontificia Universidad Católica del Perú, 1997.
Sucre, Guillermo. [Sobre César Moro.] *La máscara, la transparencia*,* pp. 346-350.
Unruh, Katherine Vickers, *The Avant-Garde in Peru*.*
Vargas Llosa, Mario, «La literatura es fuego», *Contra viento y marea (1962-1972),* vol. 1, Barcelona, Seix Barral, 1983, pp. 176-181.
VV. AA., *Avatares del surrealismo en el Perú y en América Latina.* (Actas del Coloquio Internacional organizado por la Pontificia Universidad Católica del Perú, Embajada de Francia y Alianza Francesa.) Lima, Institut Francais d'Études Andines-Pontificia Universidad Católica, 1992.
Weller, Hubert P., *Bibliografía analítica y anotada de y sobre Martín Adán (Rafael de la Fuente Benavides) (1927-1974),* Lima, Instituto Nacional de Cultura, 1975.
Westphalen, Emilio Adolfo, «Sobre César Moro» y «Sobre surrealismo y César Moro entre surrealistas», *La Poesía, los poemas, los poetas,* cit. *supra,* pp. 38-62.

17.3.1. Unas palabras sobre el «nativismo»

Bajo el mismo nombre de «nativismo» se designan dos manifestaciones bastante distintas: una suerte de «criollismo» surgido en Uruguay en la década de los veinte, gracias a obras tempranas de los poetas vanguardistas Fernán Silva Valdés (1887-1975) y Pedro L. Ipuche (1889-1976), y el movimiento que apareció contemporáneamente en el Perú y otros países andinos como una exaltación de la cultura indígena y sus raíces prehispánicas; lo único que tienen en común es que ambas son manifestaciones asociadas con la vanguardia *(16.1.)*. En el fondo, es una fase preliminar o larval del indigenismo que había empezado a predicar Mariátegui *(17.8.)* y que ofrecía una visión militante de las antiguas culturas andinas, «modernizada» con imágenes de corte ultraísta, futurista o creacionista *(16.3.1.)*. La fórmula alcanzó cierta popularidad e influencia sobre todo en el Perú, gracias a poetas como Gamlilel Churata (seud. de Arturo Peralta, 1897-1969) —quizá el mejor de todos—, Alejandro Peralta (1899-1973) y José Varallanos (1908), que, con una marcada vocación social e ideológica de timbre marxista, incorporaron voces y giros provenientes del quechua o aymara, como un reto estético a la literatura «cosmopolita» de la costa. La fusión de elementos primitivos y vanguardistas de origen europeo no era, en principio, una mala idea, como veremos en otras variantes de la misma formulación que vendrían más adelante. Pero la versión «nativista» resultó artísticamente poco viable o lograda: impuso sobre la cultura indígena una forma de disfraz artificioso, ajeno a su espíritu, a veces una desfiguración o caricatura. Júzguese por estos versos de Varallanos: «Para no perderte a distancia, como un niño voi agarrado de tu recuerdo / I chupo el caramelo de tu ternura». Algo peor: en ocasiones dio paso a una forma de racismo al revés, que exaltaba al sin duda postergado hombre andino para denigrar al mestizo de la costa. Demasiado deliberado como para captar el espíritu indígena fue también demasiado mecánico en su uso del lenguaje vanguardista; al final, no fue ni una cosa ni otra, y no pasó de ser un breve episodio en nuestras letras.

Textos y crítica:

GRÜNFELD, Mihai G. (ed.), *Antología de la poesía latinoamericana de vanguardia**, p. 472 *et passim*.
ROMUALDO, Alejandro, y Sebastián SALAZAR BONDY (eds.), *Antología general de la poesía peruana**, p. 733 *et passim*.

MONGUIÓ, Luis, *La poesía postmodernista peruana**, cap. 4.
NÚÑEZ, Estuardo, *Panorama actual de la poesía peruana*, Lima, Atantida, 1938.
TAURO, Alberto, *El indigenismo a través de la poesía de Alejandro Peralta*, Lima, Cía. de Impresiones y Publicidad, 1935.
UNRUH, Katherine, *The Avant-Garde in Perú**, Austin, The University of Texas, caps. 3-5.

WIESSE, María, «Vanguardismo a 3,800 metros: el caso del *Boletín Titikaka (Puno, 1926-1930)*», *Revista de Crítica Literaria Latinoamericana,* 20 (1984), pp. 89-100.

17.4. Dos vanguardistas en el Ecuador: Carrera Andrade y Pablo Palacio

Como en otros países andinos, la vanguardia ecuatoriana viene envuelta en preocupaciones sociales revolucionarias: muchos consideran que con la matanza obrera en las calles de Guayaquil en 1922 comienza una nueva etapa tanto en la vida política como estética del país. Uno de los testigos de ese hecho fue el poeta y ensayista Jorge Carrera Andrade (1902-1978), que había escrito sus primeros versos a fines de la década anterior y que estaría destinado a ser una gran figura de las letras nacionales, aparte de político y diplomático. Fue alto miembro del Partido Socialista de su país y sufrió cárcel por ello, pero también le permitió ganarse un viaje a Moscú en 1928. La visita se frustró y él se quedó en Europa, donde se acercó a los círculos vanguardistas; en París conoció, entre otros, a Vasconcelos *(14.1.3.)* y Vallejo *(16.3.2.).* Luego viajó por todo el mundo y volvió a París, donde vivió por varios años, como funcionario internacional o como exiliado, según los vientos políticos que corriesen en Ecuador.

Su obra es vastísima, con decenas de libros entre 1922 y 1972; algunos fueron publicados en Tokio (*Microgramas,* 1940), ejercicios de *haikús* que alguna semejanza tienen con los de Tablada *(13.4.2.),* y en Stanford, California (*Canto al puente de Oakland,* 1941). En largos tramos de esa obra, Carrera Andrade aparece, más que como un poeta, como un luchador social que usa la poesía como un vehículo de difusión de sus ideas. Quería colocar la realidad ecuatoriana en el mapa mundial, haciendo un recuento de su geografía, su historia, sus dramas y sus esperanzas: nacionalismo y universalismo. En ese proyecto, su gran modelo fue Neruda como poeta social *(16.3.3.).* El título que Carrera Andrade le puso a una antología le conviene a toda su obra: *Registro del mundo* (Quito, 1945), que Pedro Salinas prologó en esa segunda edición. Hay que llamarlo vanguardista con algunas reservas: buscaba imágenes sorpresivas y novedosas, pero su principal interés estaba en la realidad que tenía ante los ojos; a veces, la fusión que buscaba entre su intención y su lenguaje derivaba en una escisión algo extraña. Hay que espigar mucho entre esos libros para encontrar al mejor Carrera Andrade, que seguramente está en su *Hombre planetario,* especialmente en su edición ampliada (Quito, 1963). Aquí, aparte del ansiado universalismo, tenemos un temblor de auténtica angustia por las crisis de la vida y la nueva conciencia de los límites del lenguaje en el que tanto había confiado:

> Camino mas no avanzo.
> Mis pasos me conducen a la nada
> por una calle, tumba de hojas secas
> o sucesión de puertas condenadas.
> ¿Soy una sombra sola
> que aparece de pronto sobre el vidrio
> de los escaparates? *(II)*

Fue también autor de libros de ensayos sobre su país y su propia poesía, además de antologías y crónicas de viaje.

Mientras Carrera Andrade era conocido y celebrado dentro y fuera del Ecuador, muy pocos sabían siquiera de la existencia de su compatriota Pablo Palacio (1906-1947). Su breve vida y obra ayudaron para que pasase desapercibido como narrador en una época dominada por la llamada «Generación del 30», cuyos grandes representantes eran Jorge Icaza *(17.9.)*, Demetrio Aguilera Malta *(18.3.)* y otros, que hicieron un panfletario alegato ideológico en favor del indígena o recuperaron el mundo mágico del «cholo». En una literatura nacional tan ligada —a veces atada— al compromiso social, la insólita obra de Palacio plantea una incómoda o discordante excepción, no porque en él lo testimonial estuviese ausente, sino porque su perspectiva era distorsionada y burlona. Esa cualidad singular e inasimilable de su literatura produjo una serie de malentendidos que contribuyeron a oscurecer su aporte, que sólo en décadas recientes ha empezado a revaluarse seriamente: todavía estamos descubriendo a Palacio.

Su vida estuvo asolada por el temor al desorden mental y, al final, por la locura misma. Aunque anteriormente había publicado algunos relatos y una breve pieza de teatro *(Comedia inmortal)*, los dos libros que aparecen en 1927, cuando apenas tenía veintiún años, son los que provocaron el escándalo: en enero aparece el volumen de cuentos *Un hombre muerto a puntapiés* y en octubre el relato *Débora;* eso, más la novela corta *Vida del ahorcado,* de 1932 (todos en Quito), en la que experimenta con una narración circular. En conjunto, toda su obra no pasa de las doscientas cincuenta páginas. El mismo año 1927 inicia sus actividades en el campo de la política, el derecho y la filosofía (fue profesor y tradujo a Heráclito). Hacia 1940, poco después de casarse y servir como secretario de la Asamblea Constituyente, empieza a sufrir las consecuencias de la sífilis y los primeros síntomas de la locura que causaría su temprana muerte.

Su obra, torturada y extraña, revela las obsesiones que lo agobiaron. Sus diferencias con los escritores locales que defendían el realismo social como la única forma legítima de dar cuenta de los males de la sociedad ecuatoriana son visibles tanto en su concepción literaria como en su estrategia narrativa. No se trata en este caso (aunque así lo parezca) de una oposición realismo/antirrealismo, pues los elementos realistas en Palacio son notorios. Lo que tenemos es una importante distinción entre los usos y modos de la literatura realista: Palacio desdeñaba la pretensión reivindicatoria y militante de un buen sector de la «Generación del 30»; es decir, no creía en la literatura «comprometida», practicada como una variante de la lucha política. Eran dos cosas totalmente distintas para él, que, por otra parte, pertenecía al Partido Socialista. En una carta de 1933 lo afirmó claramente:

> Yo entiendo que hay dos literaturas que siguen el criterio materialístico: una de lucha, de combate, y otra que puede ser meramente expositiva. Dos actitudes, pues, existen para mí, en el escritor: la del encauzador y reformador [...] y la del expositor simplemente, y este punto de vista es el que me corresponde: el descrédito de las realidades urgentes [...], invitar al asco de nuestra realidad actual.

Este programa se cumple en su obra, que transmite el horror y la violencia de la vida social con una predilección por lo absurdo, lo brutal y lo feo. Igual que Icaza, desciende a los abismos de lo humano, donde encuentra psicópatas, alucinados, antropófagos, sifilíticos...; pero al revés de él, no lo hace para defender una tesis social, y prefiere concentrarse en los mecanismos de la mente enferma y la irracionalidad social. El subtítulo que le puso a *Vida del ahorcado* —«novela subjetiva»— es un membrete provocador que lo ponía contra la corriente. Su obra parece un desprendimiento heterodoxo de la «literatura del absurdo» (que iniciaría Kafka) y comparte ciertos elementos con Poe, Unamuno, Pirandello y Piñera *(19.1.)*. También hace pensar en la mueca amarga que hallamos en las figuras monstruosas de Goya, Grosz y Francis Bacon. Usando algunos métodos vanguardistas, descoyunta la forma narrativa, la fuerza a encontrar lo que él busca inciertamente, la interroga y convierte esa respuesta en materia de sus relatos; en una palabra, da vuelta al texto narrativo y se burla de él. Al comienzo de *Débora*, por ejemplo, se dirige así a su personaje, el Teniente: «Has sido mi huésped durante años. Hoy te arrojo de mí para que seas la befa de los unos y la melancolía de los otros».

El desgarrador cuento «Un hombre muerto a puntapiés» ilustra muy bien la novedad y la originalidad de su estética. Tiene el mérito adicional de ser seguramente el primer cuento hispanoamericano que trata con franqueza el tema de la homosexualidad. La implacable frialdad clínica de su enfoque está planteada desde el desconcertante epígrafe del libro: «Con guantes de goma, hago un pequeño bolo de lodo suburbano». El cuento comienza con un estilo informativo, de crónica policial; luego aparece un narrador en primera persona que, con una repulsiva falta de sentimientos, trata de resolver el caso del desconocido atacado violentamente en la calle; finalmente, llega a la sorprendente admisión de que sólo a través de la ficción puede alcanzarse la verdad del hecho. El horror de la historia se intensifica con la sugerencia de que, tras el odio, hay una indiferencia moral: la víctima es tan indigna como sus victimarios, la calle es una jaula de fieras desalmadas. El crimen no inspira repudio sino burla y negro sarcasmo; las chirriantes imágenes que describen el acto criminal, subrayadas por un procedimiento visual (las tres onomatopeyas de los golpes unidas por un corchete a un solo adverbio, «vertiginosamente»), contribuyen a hacer de este relato una experiencia del todo excepcional en nuestra literatura.

Textos y crítica:

CARRERA ANDRADE, Jorge, *Los caminos de un poeta. Obra poética completa,* ed. de Jorge Aravena, Quito, Colección Música-Palabra, 1980.
— *Antología poética,* pról. de Oswaldo Encalada Vásquez, Quito, Libresa, 1990.
PALACIO, Pablo, *Obras completas de Pablo Palacio,* pról. de Benjamín Carrión y estudios por varios autores, Quito, Casa de la Cultura Ecuatoriana, 1976.
— *Un hombre muerto a puntapiés* [Antología], pról. de Raúl Pérez Torres, La Habana, Casa de las Américas, 1982.
— *Débora. Vida del ahorcado,* pról. de Vladimiro Rivas Iturralde, México, Universidad Autónoma Metropolitana, 1995.

CÓRDOVA, José Hernán, *Itinerario poético de Jorge Carrera Andrade,* Quito, Casa de la Cultura, 1986.
DONOSO PAREJA, Miguel (ed.), *Recopilación de textos sobre Pablo Palacio,* La Habana, Casa de las Américas, 1987.
DURAND, René, *Jorge Carrera Andrade,* París, Pierre Seghers, 1956.
OJEDA, Enrique, *Jorge Carrera Andrade. Introducción al estilo de su vida y obra,* Madrid, Torres, 1972.
VERA, Pedro Jorge (ed.), *Narradores ecuatorianos del 30*.

VV. AA., *Cinco estudios y dieciséis notas sobre Pablo Palacio*, Quito, Casa de la Cultura Ecuatoriana, 1967.

17.5. La música caprichosa de León de Greiff, los timbres de Vidales y la sobriedad de Aurelio Arturo

El colombiano León de Greiff (1895-1976) es una figura grande, pero no por eso menos discutida o bien entendida. Su caso ilustra cuán volátiles son los gustos literarios: pues su poesía ha sido descubierta, vuelta a olvidar y redescubierta según las épocas. No menos variados han sido los membretes bajo los cuales ha sido clasificada: última expresión del romanticismo, modernista, postmodernista, neobarroca, vanguardista, ultravanguardista... Quizá lo mejor sea ver esa dificultad para encasillarlo como un modo de empezar a comprender la naturaleza misma de su poesía y la razón de su interés. Lo colocamos aquí porque está más cerca de la vanguardia (una vanguardia muy juguetona y personal) que de cualquier otra cosa. Algo más: Greiff no es un poeta, sino varios, una versión hispanoamericana de Pessoa y sus «heterónimos». Desdoblado en varias personas poéticas, se nos muestra y nos esquiva, se refleja en espejos o tal vez en espejismos, habla de sí mismo como si fuese otro u otros: Gaspar von der Nacht, Leo Legris y Matías Aldecoa son algunos de sus dobles, casi todos poetas o músicos como él. Todos ellos colaboran escribiendo sus textos.

Su cautivante y pintoresca biografía, que comienza con su nacimiento en Medellín, abunda también en datos que se prestan —para regocijo del autor— a la fabulación. En sus orígenes se mezclan la sangre escandinava, alemana y española, y la tradición de los navegantes vikingos, todo lo cual le sirvió para entretejer mitos, escenarios, personajes. Desde muy joven fue un rebelde, en el campo del arte y de las ideas sociales, y siguió siéndolo hasta sus años finales. Eso no le impidió asumir cargos administrativos, comerciales y diplomáticos a lo largo de su extensa vida; incluso llegó a ser gerente de un equipo de fútbol. Pero la verdadera vida de De Greiff no está en estos hechos reales, sino en los imaginados; es decir, en la vida que se inventó y con la que inventó su obra. Era, en el fondo, un solitario con pocos amigos, sin escuela ni discípulos reconocibles; se atrevió a realizar sus caprichos y creó sólo guiado por ellos, sin temer las consecuencias. Afirmó: «Yo soy un poeta libre, aunque el diablo me lleve». Una virtud personal que trasladó a su poesía es su feliz autoironía, el arte de no tomarse nunca demasiado en serio y hacer de eso un horizonte estético que nunca abandonó en su larga obra. Quería vivir en un reino de pura fantasía e hizo realidad lo que declara en un temprano soneto que trae lejanos ecos de Darío *(12.1.)* y Lugones *(12.2.1.):*

> Yo vengo de un imperio fantástico, ilusorio,
> de un abolido imperio lunario, ultrarreal,
> donde todos los meses son uno: floreal...

Su primer libro —del que sale ese texto— significativamente se titula *Tergiversaciones* (Bogotá, 1925) y está subtitulado «Primer Mamotreto». Los siguientes —descontando una antología y cuadernillos— seguirán siendo subtitulados «Mamotretos» hasta completar el octavo con *Nova et vetera* (Bogotá, 1973). En el camino aparecerán otros heterónimos: Sergio Stepanovich Stepansky, Alipio Falopio, Beremundo el Lelo y otros, igualmente cargados con burlonas resonancias literarias. Su extraordinario virtuosismo con el lenguaje versal le permitía parodiarlo, manipularlo y destriparlo ante nuestros propios ojos. Lo hace como un juego, pero siempre con un alto sentido artístico. Llamar a ciertos textos suyos «poemillas», «odecilla», titular un libro *Variaciones alrededor de la nada* (Manizales, 1936) o presentar «El solitario» como un «poema trunco» nos dice mucho sobre su temperamento y sus modos poéticos. Siempre queriendo burlar al lector, su *Libro de relatos* (Bogotá, 1975) está escrito en verso.

Su oído musical es finísimo a la vez que estrambótico, sabe de armonías y se divierte con las disonancias, complace y sorprende. Casi todo el *Libro de los signos* (Medellín, 1939), pero especialmente los tres «ciclos» titulados «Música de cámara al aire libre», son un expreso homenaje a la música y están compuestos como paráfrasis verbales de «scherzos» o «nocturnos». El «Esquicio núm. 1-En fa mayor» tiene una estructura de temas y variaciones análogo al de la fuga. Y las «Fantasías de nubes al viento» comienzan con esta lluvia o danza de sonidos:

> Oiga entonces, oye, oíd
> palabras sin sentido
> conocido.
>
> Las otras son tan huecas si sonoras
> (dice Mi Risa)
> como tambor de feria (añejo símil
> de Perogrullo: eso es lo verosímil).

Como este pasaje muestra, el lenguaje de Greiff tiene una capacidad de casi autogenerarse, desenvolviendo cadenas de sonidos que se duplican, multiplican, entremezclan y dispersan como una caprichosa constelación o chisporroteo; sus onomatopeyas, rimas —que recuerdan a veces las de Lugones o López Velarde *(13.4.1.)*—, cultismos, prosaísmos, arcaísmos, neologismos, etc., sólo ahondan en ese efecto. Su sentido es esencialmente su rara música que vibra sin cesar, su virtud de sugerir una briosa cabalgata de «palabras en libertad» que los futuristas habrían apreciado. Poeta anómalo, torrencial y apasionado, lírico y antilírico, sabía —como un buen intérprete musical— tocar muchos instrumentos él solo y escribir dentro de diversos registros. Tenía también el ojo implacable del satírico y la ternura del que sabe perdonar la incongruencia del mundo y transfigurarla en otra cosa: música y juego puros. Sacrificó a eso toda noción de profundidad y serenidad interior: supo encandilar pero casi nunca reflexionar. De Greiff recogió sus crónicas periodísticas en *La columna de Leo* (Medellín, 1985).

Asociado con el grupo «Los nuevos», al que también estuvo vinculado el joven De Greiff, la obra de Luis Vidales (1904) es posiblemente la más característica expresión vanguardista en la poesía colombiana de los años veinte. Con su primer libro trató de crear un escándalo y llamar la atención desde el título: *Suenan timbres* (Bogotá, 1926). Fue un toque de alarma que despertó la quietud del ambiente local. Es el libro clave de una obra poética brevísima (posteriormente el autor cultivó el ensayo sobre temas de arte y sociedad); presentaba instantáneas de la ciudad moderna y sus novedades técnicas captadas con precisión, humor y una amenazante sensación de absurdo deshumanizador: «El teléfono es un pulpo que cae sobre la ciudad... De noche —se alimenta de ruidos» («El teléfono»). En cuanto desapareció esa novedad, la poesía de Vidales empezó a perder la suya: refleja su momento y poco más. Vidales fue fundador del Partido Comunista Colombiano y un militante bastante dogmático.

Poeta extraño y de palabra depurada, el colombiano Aurelio Arturo (1906-1974) permaneció casi ignorado en su país hasta que una generación más joven descubrió que su voz era más parecida al lenguaje poético de ahora que al de entonces. Lo incluimos en este apartado no por vanguardista, sino por innovador. Su obra consiste, salvo un cuadernillo de 1945, en un solo libro, *Morada al sur* (Bogotá, 1963). Tenía entonces más de sesenta años, pero los textos corresponden a las décadas del treinta y del cuarenta, lo que hace más notoria su novedad. Pocos escribían poesía como él entonces y menos cuando el principal motivo era el paisaje, en este caso el de la región sureña donde nació. La naturaleza no está observada, sino *pensada,* convertida en un motivo de reflexión honda y misteriosa. La música lenta y grave de sus versos recuerda bastante a los poetas anglosajones que conocía bien (había sido agregado cultural en Washington) y que tradujo. Esa música parece no tener ni antecedentes ni herederos locales.

Textos y crítica:

ARTURO, Aurelio, *Morada al sur,* pról. de Juan Gustavo Cobo Borda, Caracas, Monte Ávila, 2.ª ed., 1975.
GREIFF, León de, *Obras completas,* ed. de Hjalmar de Greiff, Bogotá, Procultura-Presidencia de la República, 1985-1986, 3 vols.
— *Obra poética,* ed. de Cecilia Hernández de Mendoza, Caracas, Biblioteca Ayacucho, 1993.
VIDALES, Luis, *Suenan timbres,* pról. de Isaías Peña Gutiérrez, Bogotá, Plaza & Janés, 3.ª ed., 1986.

DUQUE DUQUE, Jaime, «La poesía de León de Greiff», *Recopilación de textos sobre los vanguardismos en América Latina*,* pp. 239-256.
MOHLER, Stephen, *El estilo poético de León de Greiff,* Bogotá, Tercer Mundo, 1975.
OSPINA, William, *Aurelio Arturo* [Estudio crítico y antología], Bogotá, Procultura, 1990.
RODRÍGUEZ-SARDIÑAS, Orlando, *León de Greiff: una poética de vanguardia,* Madrid, Playor, 1975.
VV. AA., *Valoración múltiple sobre León de Greiff,* Bogotá, Fundación Universidad Central, 1995.

17.6. En torno a la vanguardia: Cuba y Puerto Rico

En Cuba —y, en general, en toda la región antillana— la vanguardia realizó fusiones interesantes: con las formas y creencias de origen africano vivas en la música y el folclore; con las corrientes de poesía pura y neopopular que habían surgido en España; con la larga tradición del barroco y sus variantes criollas. Dos grupos deben mencionarse: el llamado «Grupo

Minorista», conjunto de escritores, artistas e intelectuales que comienza a reunirse en La Habana hacia 1920 y que se pone al día con el fervor estético de las vanguardias europeas mientras hace una oposición radical al gobierno de Alfredo Zayas; luego, el que funda la importante *Revista de Avance* (50 números, 1927-1930), grupo formado, entre otros, por Jorge Mañach *(18.1.3.)*, Juan Marinello *(18.1.3.)* y Alejo Carpentier *(18.2.3.)*. En realidad, el segundo círculo era un desprendimiento del primero, al que también pertenecieron Marinello y Carpentier. Acompañaba a éstos una figura poética con acentos a veces algo disonantes: José Z. Tallet (1893-1968?), que liquida la retórica modernista *(11.1.)* e introduce perspectivas nuevas, entre ellas la del «negrismo» *(infra)* —según puede verse en su poema «La rumba» (1928)—, del que se considera el verdadero precursor.

Ajeno a esos grupos, Mariano Brull (1891-1956) representa una definida manifestación de la poesía pura, tras haberse liberado de la retórica modernista, visible en su primer libro *La casa del silencio* (Madrid, 1916). El influjo de la poesía francesa, que conocía muy bien, es dominante en él, sobre todo la de Valéry, de quien tradujo al castellano *Le jeune Parque* y *Le cimetière marin*. Era un ensimismado, fascinado —como Martín Adán *(17.3.)*— con el símbolo de la rosa y empeñado en un idealismo absoluto, pero los vientos de la vanguardia también soplaron sobre él y algo se impregnó en su obra. La huella de eso puede notarse en *Poemas en menguante* (París, 1928), donde lo vemos jugar con las palabras y los ritmos a la manera de García Lorca: «Por el verde, verde / verdería de verde mar / Rr con Rr» («Verde halago»). Siguió experimentando con esa veta hasta alcanzar ese estado en el que la palabra se desliga de todo significado y que Alfonso Reyes *(14.1.1.)* llamó «jitanjáfora», usando precisamente una invención de Brull: «Filiflama alabe cundre / ala olalúnea alífera / alveola jitanjáfora / liris salumba salífera». En cierto modo, hacía allí poesía pura usando una vía acrobática.

En su larga vida, Eugenio Florit (1903-1998) demostró ser un fino poeta y un crítico sensible, que dedicó a nuestras letras muchos trabajos estimulados por sus años de profesor de universidades norteamericanas, donde fue uno de los pioneros de los estudios hispánicos. En Nueva York, junto con Ángel del Río y Federico de Onís, fundó la importante *Revista Hispánica Moderna*. Aunque nació en Madrid y se crió en Cataluña hasta 1918, se asimiló plenamente a la literatura cubana. Su amplia obra es como un registro de toda la lírica contemporánea: vanguardia, poesía pura, neobarroco, tradicionalismo, coloquialismo... Florit era un espíritu sereno y ecléctico, un poeta estudioso que asimiló bien las formas que llegó a conocer y las incorporó a su repertorio; definió la poesía como «hecha de dulce resonar y armonioso pensamiento». Esa poética no tiene nada de vanguardista, pero no hay que olvidar que, en la primera fase de su producción y sobre todo en las últimas secciones de *Doble acento* (La Habana, 1937), prologado por Juan Ramón Jiménez, y en *Asonante final y otros poemas* (La Habana, 1955), hay una singular síntesis de imágenes oníricas, acentos coloquiales o «sencillistas» y formas asociadas con la poesía pura: «con este inquieto cántico de mares sin orillas, / con esta oscuridad que se adhiere a los huesos» («Nocturno»). Pero también es cierto que el resto de su poesía demuestra su tendencia a la expresión serena, reflexiva, elegíaca y con notas religiosas, con las que suele identificársele más como poeta.

En ese don de síntesis de formas y estilos se le asemeja Emilio Ballagas (1908-1954) porque éste, además del consabido cruce de vanguardismo y purismo (con predominio del segundo), agrega el cultivo de la poesía «negrista», que sería en Cuba una manifestación trascendente. Lo último puede verse en *Cuadernos de poesía negra* (Santa Clara, Cuba, 1934). Aunque desde el comienzo mostró un afecto por las formas clásicas de sabor tradicional, en *Júbilo y fuga* (La Habana, 1931) se libra una especie de pugna entre serenidad e irracionalidad, que produce versos como éstos:

> Presagios, fugas, prólogos.
> Agraz, fábulas. Ciernes.
> Soy una gota de rocío trémula
> en el pétalo fresco de la aurora. («Empezar»)

O graciosos juegos fonéticos que recuerdan los de Brull:

> Tierno glú-glú de la ele,
> ele espiral del glú-glú.
> En glorígloro aletear:
> palma, clarín, ola, abril... («Poema de la ele»)

El Ballagas más hondo, más concentrado, está en *Sabor eterno* (La Habana, 1939) —considerada la culminación de su obra lírica—, que practica una sobria ruptura de los moldes y ritmos para expresar su soledad y angustia existencial. Pero quizá nunca fue mejor que en dos poemas que publica sueltos y luego incorporaría a este libro, que llevan las marcas de un lenguaje verdaderamente innovador: «Elegía sin nombre» y «Nocturno y elegía». El segundo, sobre todo, tiene el timbre exacto de la emoción auténtica vertida en pulidas formas artísticas; su tono sombrío nos recuerda un poco la poesía de Cernuda:

> Si pregunta por mí, traza en el suelo
> una cruz de silencio y de ceniza
> sobre el impuro nombre que padezco... («Nocturno y elegía»)

Ballagas también escribió poesía religiosa y social; esta última sólo fue recogida póstumamente.

El puertorriqueño Evaristo Ribera Chevremont (1896-1976) comenzó como un entusiasta vanguardista y firmó un par de manifestos (1924) en favor de cambios en el lenguaje poético. Había vivido en España entre 1920 y 1924, donde aspiró el clima agitado del ultraísmo y el creacionismo. Sucesivos viajes a la península consolidaron su interés por la nueva poesía española, de la cual puede considerarse un introductor en la isla. Su inclinación natural no era por posiciones radicales y pronto pasó a cultivar una poesía pura de formas cuidadas y visiones de elevación espiritual, de lo que es buen ejemplo su soneto «Espuma» de *Inefable orilla* (1961), donde trata uno de sus motivos favoritos: el mar. En *Antología poética, 1924-1950* (San Juan, 1957) se recoge lo fundamental de su obra. En el prólogo a ese libro, Federico de Onís afirmó que el poeta era «un caso típico del americano abierto a todas las tendencias y reacio a renunciar a ninguna de ellas».

Pero, tanto en Cuba como en el resto del área, la manifestación más singular que brota del estímulo vanguardista sería otra: el llamado «negrismo», del que nos ocupamos de inmediato.

Textos y crítica:

BALLAGAS, Emilio, *Obra poética,* pról. de Osvaldo Navarro, La Habana, Letras Cubanas, 1984.
BRULL, Mariano, *La casa del silencio (Antología de su obra, 1916-1954),* pról. de Gastón Baquero, Madrid, Ediciones Cultura Hispánica, 1987.
FLORIT, Eugenio, *Antología poética (1930-1955),* pról. de Andrés Iduarte, México, De Andrea, 1956.

Órbita de Emilio Ballagas, ed. de Rosario Antuña, La Habana, UNEAC, 1965.
Órbita de José Z. Tallet, ed. de Helio Orovio, La Habana, UNEAC, 1969.
Revista de Avance, ed. de Martín Casanovas, La Habana, UNEAC, 1972.
RIBERA CHEVREMONT, Evaristo, *Obra poética,* Río Piedras, Puerto Rico, Editorial Universitaria, 1980, 2 vols.
TALLET, José Z., *Poesía y prosa,* La Habana, Letras Cubanas, 1959.

D'AMBROSIO SERVODIDIO, Mirella, *The Quest for Harmony. The Dialectics of Communication in the Poetry of Eugenio Florit,* Lincoln, Nebraska, Society of Spanish and Spanish American Studies, 1979.
LARRAGA, Mariano, *Mariano Brull y la poesía pura en Cuba,* Miami, Ediciones Universal, 1994.
LINARES PÉREZ, Marta, *La poesía pura en Cuba y su evolución,* pról. de José Olivio Jiménez, Madrid, Playor, 1975.
MELÉNDEZ, Concha, *La inquietud sosegada. Poética de Evaristo Ribera Chevremont,* San Juan, Universidad de Puerto Rico, 1946.
PARAJÓN, Mario, *Eugenio Florit y su poesía,* Madrid, Ínsula, 1977.
PRYOR RICE, Argyll, *Emilio Ballagas, poeta o poesía,* México, Ediciones De Andres, 1966.

17.6.1. La poesía negrista: los sones de Nicolás Guillén y Palés Matos

Ya señalamos que la vanguardia europea *(16.1.)*, expresión del mundo moderno, redescubrió también el mundo primitivo y destacó en sus formas culturales y estéticas una significativa coincidencia con sus ideales: abstracción, síntesis, simbolismo, trascendencia mítica. El cubismo y el surrealismo encontraron en las creaciones de África y Oceanía una pródiga fuente de inspiración, cuyas consecuencias en los modos de apreciar el arte en nuestro tiempo fueron decisivas. (Otra señal de ese interés por lo primitivo es el gusto por el *jazz* y la danza negra.) Buscando las fuentes prístinas que abrían el camino a las culturas primigenias, los surrealistas sintieron el magnetismo de México, Cuba, Haití y otras regiones americanas. Aparte del antes citado viaje de Breton a México en 1938[2] y el de Benjamin Péret en 1945, tras los pasos de Antonin Artaud, que visitó la región de los indios tarahumaras en 1936, Robert Desnos —gracias a la mediación de su amigo Carpentier *(18.2.3.)*— estuvo en Cuba después de

---

[2] Breton estuvo también en Haití en 1945, donde se reencontró con el pintor cubano Wilfredo Lam y con Pierre Mabille, tras sus años de exilio en Estados Unidos.

su feroz polémica con Breton y allí descubrió la efervescencia de los jóvenes artistas y escritores cubanos afines a la vanguardia, muchos de ellos agrupados en la *Revista de Avance (supra)*. Sus obras estaban fuertemente penetradas por creencias y prácticas mágicas de origen africano: lo irracional era un ingrediente de la diaria vida colectiva. No hay que olvidar tampoco que Cuba era la tierra natal de dos grandes pintores cuyas obras son una contribución de gran importancia al surrealismo: Francis Picabia y Wilfredo Lam. Los vanguardistas cubanos habían practicado, por su cuenta, la misma simbiosis de lo primitivo y lo moderno, con resultados cuya originalidad era indiscutible. La contribución de las investigaciones etnológicas de Fernando Ortiz *(13.10.)*, así como los «cuentos negros» y trabajos folclóricos de su discípula Lydia Cabrera (1899-1991) sobre las sociedades secretas Abakuá y otras, también deben mencionarse.

En esa simbiosis, el elemento social —que faltaba en las primeras manifestaciones, más bien pintorescas, del negro en la literatura cubana— tendría un aire combativo: la denuncia de la discriminación racial en el continente mediante la exaltación literaria de formas que antes se consideraban espurias (música, baile y otras manifestaciones folclóricas). Concretamente, el elemento musical alcanzaría una significación trascendental para el gran cambio en los hábitos lingüísticos y rítmicos del lenguaje poético que trae, hacia 1930, el «negrismo» cubano y que se extendería luego por toda la región antillana. (Esa expansión incluye las Antillas francesas e inglesas, que desarrollan la tendencia —más radical— de la *négritude* y sus variantes a partir de 1934. Cabe también mencionar aquí el movimiento «Harlem Renaissance» que surge en Estados Unidos por las mismas fechas.) Al apoyarse en el sustrato africano de nuestra cultura hispánica y en el transformador aporte cubano a esa herencia, el negrismo significó un gran viraje para la poesía: planteó, junto con el indigenismo *(17.8.)*, una verdadera alternativa a los seculares moldes literarios de la tradición europea. Más interesante todavía fue que esa alternativa se convirtió luego en una integración, en una nueva simbiosis que enriqueció ambas tradiciones. Hubo muchos negristas, pero el primero, sin discusión, es el cubano Nicolás Guillén.

Guillén (1902-1989) es una figura célebre, ampliamente conocida dentro y fuera de su ámbito, pero también discutido y discutible porque fue además —como Neruda *(16.3.3.)*, quien fue su amigo y terminó distanciado de él— un personaje político que defendió tenazmente la posición oficial de la Revolución Cubana con versos de propaganda y ligados a precisas circunstancias ideológicas. Pero hay que reconocer, desde el principio, que en la porción más significativa de su obra, el poeta no expresó una visión estrecha de la cuestión étnica; en verdad, escribió sin olvidar que era un mulato, un mestizo con sangre africana en sus venas que venía a defender una cultura multirracial, la unidad de un pueblo dividido por prejuicios y desdenes basados en el color de la piel; ésa es la primera conquista del poeta. Nacido en Camagüey, en el seno de una familia de clase media, lugar donde trabajó de tipógrafo, Guillén va a vivir a La Habana hacia 1926 y allí se vincula a los grupos intelectuales y periodísticos entonces en actividad, contribuyendo con poemas todavía inmaduros y con artículos en los que llamaba la atención sobre la situación del negro en Cuba.

En 1930 publica su primera colección: *Motivos de son* (La Habana, 1930), una breve obra de apenas ocho poemas (apareció en un suplemento del *Diario de la Marina*), pero que tuvo un impacto profundo. Era algo nuevo, era insólita una poesía escrita en lenguaje popular, en «cubano» más que en castellano, y cuyos títulos eran «Negro bembón» o «Búcate plata». Aunque todavía en este conjunto y en el siguiente, *Sóngoro cosongo* (La Habana, 1931), la visión del mundo popular no es muy profunda y se inclina por lo pintoresco, la conquista de un nuevo lenguaje rítmico e imaginístico es capital: esta poesía no usa motivos de la música popular —pese a los «motivos» que declara el primer título— para aplicarlos a la poesía culta, sino que usa los esquemas rítmicos (ya que no métricos) del *son* cubano como la estructura fundamental de su lenguaje: lo que tenemos son *poemas-sones,* en perfecta alianza. El *son* es una forma afrohispana (otra vez, mestiza) que comienza con una serie de coplas (o recitativo) que exponen el tema central, seguidas por un comentario o conclusión («montuno») que repite un estribillo cuya intención es irónica, crítica o meramente sonora. A Guillén le permitía crear pequeñas escenas de la vida popular, de negros, mulatos o blancos pobres, y rematarlas con una aguda observación de su cosecha sobre situaciones o comportamientos sociales concretos.

La madurez de Guillén comienza con *West Indies Ltd.* (La Habana, 1934) y culmina con *El son entero* (Buenos Aires, 1947), su admirable «suma poética» que cubre los años 1929-1946. Aquí la gracia rítmica, la vivacidad de las escenas, la poderosa sugestión del trópico, la profunda identificación con las víctimas de la opresión racial, social o política (tanto nacional como internacional), su capacidad para defender una justa causa humana a través de pequeños cuadros o simples fábulas no son fáciles de hallar en un solo poeta. En estos dos libros hallamos, desplegadas como un gran abanico multicolor, una amplia variedad de formas, imágenes e intenciones: la «Balada de los dos abuelos» resume su historia personal de sangres mezcladas y culmina con una visión de unidad que se expresa en una vibrante cadena de sonidos: «los dos del mismo tamaño, / gritan, sueñan, lloran, cantan. / Sueñan, lloran, cantan, / Lloran, cantan. / ¡Cantan!»; «Sensemayá», un «Canto para matar una culebra», tiene el ritmo incantatorio e hipnótico de un ensalmo mágico: «¡Mayombé-bombé-mayombe! / ¡Mayombé-bombé-mayombé! / ¡Mayombé-bombé-mayombé!»; el espléndido soneto «El abuelo» prueba la destreza del poeta con las formas clásicas, que aquí son el paradójico soporte de una sutil contradicción de las reglas del «amor cortés» y una negación del ideal renacentista de belleza femenina: «[e]sa mujer angélica de ojos septentrionales» tiene también un abuelo negro, «el que rizó por siempre su cabeza amarilla»; el famoso «Son número 6» es una verdadera fiesta musical que usa todos los recursos rítmico-semánticos del *son* para convertirlo en un poema cargado de urgencia social: «Como soy un yoruba de Cuba, / quiero que hasta Cuba suba mi llanto yoruba / que sale de mí»; «Barlovento», que sintetiza una instantánea imborrable de las Antillas venezolanas con las referencias a la situación del negro de esa zona, todo envuelto en la graciosa levedad de la dicción: «Dorón dorondo / de un negro hambriento / yo no respondo», etc. En estos y otros textos, Guillén alcanza ese difícil objetivo de tantos poetas: una poesía auténticamente popular que tiene la categoría estética de la expresión culta.

Como tantos otros escritores de su tiempo, el cubano fue sacudido por la Guerra Civil en España y escribió un tributo: *España. Poema en cuatro angustias y una esperanza* (México, 1937), que no está a la altura de los de Vallejo *(16.3.2.)* o Neruda. Miembro del Partido Comunista y envuelto activamente en la lucha contra la dictadura de Batista, el poeta tuvo que exiliarse por cinco años (1953-1958) en París. Aparte de que ese alejamiento contribuyó a la difusión mundial de su poesía (la década anterior había viajado por América del Sur), Guillén dedicó mucho tiempo y esfuerzos a las tareas políticas, muy en acuerdo con las consignas y tácticas de la Unión Soviética en la época de la «guerra fría»; el proceso de descolonización en África y Asia contribuyó a dar a su poesía una renovada actualidad. Su doble función de poeta y socialista le valió viajes, cargos y premios, entre ellos el premio Lenin de 1954. Su exilio terminaría del mejor modo posible, al triunfar la revolución castrista en Cuba que él había apoyado y con la que estaría estrechamente asociado hasta el fin de sus días. A esta etapa corresponde su ciclo de elegías, recogidas en *La paloma de vuelo popular* (Buenos Aires, 1958). La actitud política sube de tono y mantiene, contra todos los signos aciagos, la misma esperanza que expresa en «Arte poética», de sabor tan martiano: «Se alza el foete mayoral. / Espaldas hiere y desgarra. / Ve y con tu guitarra / dilo al rosal». Hay hermosas composiciones en este libro, pero seguramente pocas veces el poeta ha alcanzado la angustia y la hondura que tenemos en la «elegía familiar» titulada «El apellido», en la que, indagando en la casi infinita mezcla de sus sangres, el autor pregunta por su verdadero nombre, que no es —que no puede ser— el hispánico «Nicolás Guillén», sino el de algún remoto esclavo negro: «¿Seré Yelofe? / ¿Nicolás Yelofe, acaso? / ¿O Nicolás Bakongo?...».

Sus siguientes libros —*Tengo* (1964), *El Gran Zoo* (1967), *La rueda dentada* (1972), todos en La Habana— acentúan el aspecto social de su poesía, pero con un matiz más propagandístico y «constructivo» que antes: ahora tiene una revolución específica (no un sueño) que defender y un panteón de héroes que homenajear (Fidel, el Che, Ho Chi Minh, Gagarin). La tensión baja y sólo sube ocasionalmente; predomina la poesía de circunstancias y el brochazo grueso tanto en la alabanza del socialismo como en la diatriba antiimperialista. Destaca sobre todo su ingenio y su ironía asociadas ahora con un decir directo, pero también la tendencia al simplismo dogmático estimulada por el tenso clima mundial. En sus últimos años publicó en La Habana un libro de poesía «para niños mayores de edad», sus páginas en prosa (*Prosa de prisa,* 1975) y sus memorias tituladas *Páginas vueltas* (1982).

En Puerto Rico, Luis Palés Matos (1898-1969) es el indiscutido padre del negrismo poético nacional y de su poesía moderna; fuera de su país es poco conocido y leído. Aparte de una novela que publicó por entregas en un diario de San Juan en 1949 y de un conjunto de artículos y ensayos, su obra poética es bastante breve: apenas dos libros y una antología. Y todo eso bien puede reducirse al segundo de sus libros, en el que se apoya su prestigio local: *Tuntún de pasa y grifería* (San Juan, 1937). El hecho de que Palés hubiese nacido en Guayama, un pueblo entonces conocido por sus brujos y ritos africanos, y precisamente en 1898, el año de la invasión norteamericana a la isla, que abre un largo período de inestabilidad política, tiene consecuencias para su obra y su actitud intelectual. Detrás de *Tuntún...* hay un proyecto de afirmación de la identidad isleña —una cuestión abierta en su espíritu colectivo aún cien años después—, de sus raíces africanas y de su pertenencia al más vasto espacio cultural «afroantillano». Cabe recordar que el ensayista puertorriqueño Antonio S. Pedreira (1899-1939) había contribuido, poco antes de *Tuntún...,* al examen de la cuestión con su obra *Insularismo* (Madrid, 1934), tema que entonces apasionaba a los intelectuales con los cuales Palés dialogaba. Hay que advertir, por eso, que el libro está compuesto como una unidad que va en expansión: de los ambientes locales a la integración de todas las Antillas, incluyendo las de lengua francesa e inglesa. No es, pues, poca pretensión la suya: un libro que define el espíritu de una nación y toda un área cultural.

Reconociendo eso y también la habilidad del autor para lograr una mímesis muy vivaz de los ritmos musicales, orales y festivos de la población negra de la isla, la sensación que hoy nos deja el libro es de logro parcial. Hay poemas que, aparte de su encanto percusivo y su imaginería a veces vanguardista, reflejan una visión aguda de los modos de ser de los pueblos antillanos —como «Elegía del Duque de la Mermelada» o «Mulata-Antilla»— y son disfrutables; pero una buena parte parecen sólo celebraciones de lo más pintoresco y superficial de su cultura: lo que una mirada extranjera podría encontrar novedosa. Incluso hay algo burlón o incomprensivo de la verdadera situación del negro: «Ñam-Ñam» (onomatopeya de la masticación) culmina con esta estrofa: «Asia sueña su Nirvana. / América baila el jazz. / Europa juega y teoriza. / África gruñe: Ñam-ñam». En el poema que abre el libro, el poeta había admitido que mostraba «[a]lgo entrevisto o presentido, / poco realmente vivido / y mucho de embuste y de cuento» («Preludio en boricua»). Quizá en eso esté la clave de sus limitaciones.

La contribución del dominicano Manuel del Cabral (1907) al movimiento negrista puede juzgarse leyendo sus libros *Doce poemas negros* (1932) y *Trópico negro* (1941), pero en todo el resto de su obra se advierte su interés por el mundo popular y su dominante intención social, de lo que es ejemplo su obra más conocida: *Compradre Mon* (1948). Cuando su poesía se mueve en esas direcciones, no resulta tan interesante como cuando expresa el amor y la sensualidad en su pura dimensión física, animal. Quizá el mejor Cabral esté en el extrañamente titulado *14 mudos de amor* (Buenos Aires, 1963) y en algunas páginas de la antología *Poemas de amor y sexo* (Buenos Aires, 1974). El primero —atravesado por ráfagas de imágenes vanguardistas— contiene por lo menos dos de los poemas más insólitos de nuestra poesía erótica: «La mano de Onán se queja», que es una especie de elegía a la masturbación, y «La pulga», que irónicamente celebra el parásito que se esconde «bajo el vivo sepulcro de[l] vientre» de la amada. En la sección «Sexo pueblo» hay algunos poemas válidos, pero en general su intento de dar una versión burlesca y popular de lo sexual tiene resultados dudosos. En la poesía dominicana es la voz más representativa del siglo, pero olvidada en el resto.

Textos y crítica:

CABRAL, Manuel del, *Antología clave (1930-1956)*, Buenos Aires, Losada, 1957.
— *Poemas de amor y sexo,* Buenos Aires, Edics. de la Flor, 1974.
GONZÁLEZ, José Luis, y Mónica MANSOUR (eds.), *Antología de la poesía negra de América,* México, Era, 1976.
GUILLÉN, Nicolás, *Summa poética,* ed. de Luis Íñigo Madrigal, Madrid, Cátedra, 1976.
— *Obra poética,* ed. de Eliana Dávila, La Habana, Letras Cubanas, 1995, 2 vols.
— *Nueva antología mayor,* ed. de Ángel Augier, La Habana, Unión, 1996.
PALÉS MATOS, Luis, *Poesía. 1915-1956,* pról. de Federico de Onís, Barcelona, Universidad de Puerto Rico, 1974.
RODRÍGUEZ-LUIS, Julio (ed.), *Sensemayá. La poesía negra en el mundo hispanohablante,* Madrid, Orígenes, 1980.

AGUIRRE, Mirta, *Un poeta y un continente* [Sobre Nicolás Guillén], La Habana, Letras Cubanas, 1982.
ÁLVAREZ ÁLVAREZ, Luis, *Nicolás Guillén: identidad, diálogo y verso,* Santiago de Cuba, Oriente, 1997.
ARROM, José Juan, «La poesía afrocubana», *Revista Iberoamericana,* febrero de 1942.
AUGIER, Ángel, *Nicolás Guillén. Estudio biográfico crítico,* La Habana, Unión, 1984.
BELLINI, Giuseppe, *Poeti antillani* [Estudio y antología], Varese, Istituto Editoriale Cisalpino, 1957.
CARTEY, Wilfred George, *Nicolás Guillén: His Themes in Antillean Poetry,* New York, Columbia University Press, 1955.
CASARES DE MOUX, María E., *La negritud de Luis Palés Matos,* New Orleans, University Press of the South, 1999.
ELLIS, Keith, *Nicolás Guillén: poesía e ideología,* La Habana, Unión, 1987.
ENGUÍDANOS, Miguel, *La poesía de Luis Palés Matos,* Río Piedras, Puerto Rico, Editorial Universitaria, 1961.
FERNÁNDEZ RETAMAR, Roberto, *El son de vuelo popular,* La Habana, Unión, 1971.
GASTANI MARION, Francis, *Nicolás Guillén: A Study on the Phonology and Metrics in His Poetry,* New York, Columbia University Press, 1940.
MARTÍNEZ ESTRADA, Ezequiel, *La poesía afrocubana de Nicolás Guillén,* Montevideo, Arca, 1966.
MELON, Alfred, *Realidad, poesía e ideología,* La Habana, Unión, 1973.
MOREJÓN, Nancy (ed.), *Recopilación de textos sobre Nicolás Guillén,* La Habana, Casa de las Américas, 1974.
PÉREZ FIRMAT, Gustavo, *The Cuban Condition** [Sobre Nicolás Guillén, caps. 4-6].
RUFFINELLI, Jorge, *Poesía y descolonización. Viaje por la poesía de Nicolás Guillén,* México, Oasis, 1985.

SALVIONI, Giovanna, *L'Africa nera a Cuba: tradizione popolare e poesia di libertà di Nicolás Guillén,* Milán, Vita e pensiero, 1974.
SARDINHA, Dennis, *The Poetry of Nicolás Guillén: An Introduction,* Londres, New Beacon, 1976.
VALDÉS-CRUZ, Rosa E., *La poesía negroide en América,* New York, Las Américas, 1970.
WILLIAMS, Lorna V., *Self and Society in the in the Poetry of Nicolás Guillén,* Baltimore, Johns Hopkins University, 1982.

17.7. Otros vanguardistas

Agrupemos aquí algunos nombres que nos ayudan a completar el cuadro, comprobar la expansión de la vanguardia y observar los matices de su fusión con otras tendencias. En Argentina, una de las figuras más complejas y discutidas es la de Leopoldo Marechal (1900-1970). Compleja no sólo porque su obra abarca una variedad de géneros (poesía, cuento, novela, teatro y ensayo), sino porque en su proceso intelectual se mezclan el vanguardismo, la preocupación social, las inquietudes existencialistas, una concepción de fuerte raíz católica y una afinidad por el movimiento peronista y su apoyo a la Revolución Cubana. Estas contradicciones sólo sirvieron para oscurecer su obra con una serie de malentendidos y también para marginarlo en cierta época. Después de escribir un primer libro de poesía, se acercó al grupo de la revista *Martín Fierro (16.4.1.)* y se adhirió a sus propuestas, según puede verse en *Días como flechas* (Buenos Aires, 1926). Gracias a sus viajes a Europa en la década del veinte, conoce de cerca los ambientes asociados con esas tendencias, pero a la vez descubre a ciertos autores medievales y clásicos que tendrían honda influencia en su evolución. En los años treinta, lo vemos ya convertido en un católico militante y, como poeta, en cultor de un lenguaje depurado, con vuelos místicos. Su apoyo en esa década al gobierno de Perón lo distancia de sus antiguos compañeros y del grupo «Sur» *(15.3.4.).*

Así, trabajando silenciosamente durante unos quince años, culmina su proyecto más vasto y ambicioso: su novela *Adán Buenosayres* (Buenos Aires, 1948). El repudio o silencio crítico que siguieron a su aparición y el ostracismo que sufrió Marechal tras la caída de Perón en 1956 explican que durante más de quince años no volviese a publicar nada: su siguiente libro es *El banquete de Severo Arcángel* (Buenos Aires, 1965). Aunque continuó escribiendo poesía, a partir de ese momento sus intereses como creador se trasladan al campo de la novela y del teatro, géneros que cultivó hasta sus últimos días. Nada de eso supera en importancia a *Adán Buenosayres*, que puede considerarse su pieza clave y una de las novelas más importantes aparecidas en Argentina en ese período. Hoy podemos ver que esta obra adelantaba algunos de los conceptos y prácticas que la «nueva novela» de los años sesenta *(22.1.)* iba a traer a nuestra literatura: nos gusten o no sus ideas políticas, hay que reconocer que Marechal fue un precursor.

Lo interesante es que este libro es una *summa* de todo lo que preocupaba a Marechal y una síntesis de tamaño monumental de todas las facetas por las que pasó. Se trata de una novela difícil de leer y de resumir, porque es un conglomerado (a veces indigesto) de elementos, formas, temas y motivos heteróclitos unidos por un muy delgado hilo narrativo. El gran tema del libro es la caótica aventura del personaje homónimo (arquetipo o álter ego del autor) en busca de un sentido existencial en la gran urbe bonaerense, que es en verdad tan personaje como él. El espiritualismo de Marechal agrega un importante elemento religioso a esa búsqueda, que —en pleno siglo XX— tiene connotaciones neoplatónicas y hasta tomistas. La aventura tiene algo de paráfrasis burlesca del viaje dantesco por el ultramundo. Adán es un poeta y la novela comienza con su muerte, dejando como legados un «Cuaderno de Tapas Azules» y el «Viaje a la Oscura Ciudad de Cacodelphia», que es un descenso a un Buenos Aires infernal; también es posible pensar que hay una relación simbólica entre la estatua del «Cristo de la Mano Rota» y el mendigo que encuentra al final frente a su casa. Es una especie de autobiografía poética entrecruzada con pasajes satíricos (con agudos dardos contra los «martinfierristas», incluyendo a Borges *[19.1.]*), digresiones estéticas e ideológicas, pasajes líricos (que salen del «Cuaderno»), viñetas del mundo tanguero y los barrios populares, fantasías y alegorías diabólicas, etc.

Si esto suena semejante a novelas como *Rayuela* de Cortázar *(20.3.2.)*, *Sobre héroes y tumbas* de Sábato *(19.3.)* o *Cambio de piel* de Fuentes *(22.1.2.)*, es sin duda porque comparten ese rasgo de ficciones *inclusivas*, abarcadoras y totalizantes que serían frecuentes en la década del llamado «boom». Pero tampoco hay que olvidar que él también estaba siguiendo los pasos de otro: Macedonio Fernández *(16.2.)* y sus novelas teorizantes, que contaban, a lo largo de muchas páginas, la imposibilidad de contar. Debe tenerse presente asimismo que Marechal resume la vida del personaje en sólo dos días, lo que quizá sea un eco de su lectura del *Ulises* de Joyce; recuérdese que el autor comienza la redacción de la obra a fines de la década del veinte y que emplea en ella muchos años. En cierto sentido, *Adán Buenosayres* fue su mejor contribución —aunque tardía— a la innovación revolucionaria del espíritu vanguardista. Mezclando todos los tonos, desde el épico hasta el costumbrista, fundió muchos géneros e hizo de la novela un terreno abierto para la invención, el juego y la reflexión. Esto no significa ignorar las visibles fallas de la novela: incoherencia, excesiva densidad o longitud de varios episodios, la pretensión (quizá la arrogancia) de quien concibe su proyecto como una obra maestra. No sólo es físicamente desmesurada (más de ochocientas páginas); posiblemente sea también un resumen desconsiderado de la literatura universal, fascinante unas veces, pero ilegible en otras.

Dos poetas argentinos de larga vida y obra: Ricardo E. Molinari (1898-1996) y Eduardo González Lanuza (1900-1984). Ambos, asociados con o cercanos al círculo de *Martín Fierro,* fueron tocados por el ultraísmo —más el segundo que el primero— y otras manifestaciones de la vanguardia, pero la porción más madura de su obra sigue otra trayectoria: una poesía intelectual, interiorizada, con fuertes resabios clásicos y algunas notas religiosas. Ese proceso puede verse en *Las sombras del pájaro tostado (1923-1973)* (Buenos Aires, 1975) de Molinari y en *Poesía* (Buenos Aires, 1965) de González Lanuza. Éste dejó ademas obra crítica sobre Roberto Arlt *(14.3.* y *15.1.2.)* y otros autores argentinos; fue él quien escribió una de las reseñas más devastadoras contra *Adán Buenosayres* en «Sur». Otro más, Aldo Pellegrini (1903-1973), menos recordado como poeta que por recopilaciones como las influyentes *Antología de la poesía surrealista en lengua francesa* (Buenos Aires, 1961) y la *Antología de la poesía viva latino-americana* (Barcelona, 1966), además de importante difusor del surrealismo a través de revistas como *A partir de cero,* traductor de Lautréamont y de poetas surrealistas y crítico de arte vinculado al Instituto Torcuato di Tella.

En toda la primera mitad del siglo xx, no existe en Paraguay un poeta que supere a Hérib Campos Cervera (1905-1953), pero el resto de América lo ignora por completo. Ese olvido es injusto porque nos dejó algunos cuantos poemas notables en su breve obra, compuesta básicamente por sólo dos libros: *Ceniza redimida* (Buenos Aires, 1950) y el póstumo *Hombre secreto* (Asunción, 1966). Lo que quedó inédito al morir ha sido reunido muy recientemente en sus *Poesías completas* (1996). En su dolorosa vida, sufrió, como tantos paraguayos, el exilio por largos años, en Buenos Aires y Montevideo, hasta su muerte en aquella ciudad; toda su vida fue un hombre de izquierda, comprometido y militante. Sus primeros poemas lo colocan en el cauce general del postmodernismo *(13.1.),* pero lo abandona cuando descubre a los poetas españoles de la Generación del 27, especialmente a García Lorca, con quien parece tuvo contacto personal cuando éste pasó por Buenos Aires en 1933. Aunque presente vagas trazas de la retórica vanguardista, *Ceniza redimida* es un libro dominado por la desolación existencial, el tono entre agónico y épico y la adhesión a la lucha por la justicia y otras grandes causas humanas, con fuertes ecos de Vallejo *(16.3.2.)* y Neruda *(16.3.3.)*. Esto es lo que él llamaba la poesía de la «projimidad o del grito». Sus poemas pueden transmitir una honda y angustiosa emoción, como en «Pequeña letanía en voz baja» o en «Un puñado de tierra», que culmina con esta invocación a su patria: «Un puñado de tierra: / Eso quise de Ti / y eso tengo de Ti». Dejó también obra narrativa, teatral y ensayística. Un dato casi increíble: Campos Cervera murió a consecuencia de la mordedura de un gato.

El panameño Rogelio Sinán (seud. de Bernardo Domínguez Alba, 1902-1994), poeta y narrador, fue el entusiasta iniciador de la vanguardia en su país. Su primer libro, *Onda* (Roma, 1929), fue publicado cuando vivía en Italia, donde viajó por estímulo de Gabriela Mistral *(15.3.2.)*; al volver trajo con él la vibración de las novedades que había descubierto. Posteriormente, hizo servicio diplomático en Calcuta y México y viajó por las islas del Pacífico Sur. *Onda* revela ya las tres cualidades básicas del autor: humor, erotismo y precisión expresiva. De lo primero es una muestra la «balada del seno desnudo» (Sinán solía omitir las mayúsculas), en la que compara graciosamente un pecho femenino con un mango: «Mangos!... Mira!... Tántos! / ... / Oh!... Uno maduro...! / Dio un salto... y salióse / su seno, desnudo!»; de lo último, un par de versos de «canción 2.ª»: «Girovagar: corazón! / Amanecer: juventud!». En sus dos novelas (*Plenilunio,* 1947; *La isla mágica,* 1979, ambas en Panamá) cultiva un realismo cuyos rasgos de sensualidad y elementos mágicos han sido vistos como adelantos de ciertas novelas de los años sesenta. Pero quizá sea más conocido como cuentista (es autor de por lo menos ocho volúmenes), reconocible por su ironía, su ambiguo simbolismo, los elementos míticos y sobre todo por una gozosa visión de la carnalidad. «A la orilla de las estatuas maduras» y «La boina roja» son dos ejemplos de la presencia de ese motivo en distintas épocas.

Textos y crítica:

Campos Cervera, Hérib, *Poesías completas,* Asunción, El Lector, 1996.
González Lanuza, Eduardo, *Poesía,* ed. de José Bianco, Buenos Aires, CEAL, 1971.

MARECHAL, Leopoldo, *Adán Buenosayres,* ed. crít. de Jorge Lafforgue, Madrid, Archivos, 1997.
— *Obras completas,* vols. publicados: 1, 3 y 4, con diferentes prologuistas, Buenos Aires, Libros Perfil, 1998.
MOLINARI, Ricardo E., *Las sombras del pájaro tostado (1923-1973),* Buenos Aires, El Mangrullo, 1975.
PELLEGRINI, Aldo, *Antología de la poesía viva latino-americana,* Barcelona, Seix Barral, 1966.
— *Para contribuir a la confusión general: una visión del arte, la poesía y el mundo contemporáneo,* Buenos Aires, Leviatán-Siglo XX, 2.ª ed., 1987.
SINÁN, Rogelio, *Cuentos de R.S.,* San José, Costa Rica, Editorial Universitaria Centroamericana, 1971.
— *Onda,* Panamá, Formato Dieciséis, 1983.

CINCOTTA, Héctor Dante, *El tiempo y la naturaleza en la obra de Ricardo E. Molinari,* Buenos Aires, Corregidor, 1992.
COHEN, John M. [Sobre Ricardo E. Molinari], *Poetry of This Age,* Londres, Hutchinson, 1960, pp. 221-223.
GARCÍA, Ismael, «Rogelio Sinán», Carlos A. Solé*, vol. 2, pp. 941-946.
GONZÁLEZ GANDIAGA, Nora, *Poesía y estilo de las odas de Ricardo E. Molinari,* Santa Fe, Argentina, Universidad Nacional del Litoral, 1983.
JARAMILLO LEVI, Enrique, *Homenaje a Rogelio Sinán,* México, Signos, 1982.
MARTÍN, Carlos, *Hispanoamérica: mito y surrealismo** [Sobre Aldo Pellegrini, pp. 155-157].
MARTÍNEZ ORTEGA, Arístides, *La modalidad vanguardista en la poesía panameña,* Panamá, Imp. Universitaria, 1973, pp. 31-35.
MATURO, Graciela, «Leopoldo Marechal», Carlos A. Solé*, vol. 2, pp. 887-896.
POUSA, Narciso, *Ricardo E. Molinari,* Buenos Aires, 1961.
RODRÍGUEZ ALCALÁ, Hugo, «Hérib Campos Cervera, poeta de la muerte», *Revista Iberoamericana,* 5:17 (1951), pp. 61-79.
— «El vanguardismo en el Paraguay», *Revista Iberoamericana,* 49:118 (1971), pp. 242-255.
RODRÍGUEZ MONEGAL, Emir, «*Adán Buenosayres.* Una novela infernal», *Narradores de esta América**, I, pp. 73-80.
ROGGIANO, Alfredo, «Ricardo Molinari», Carlos A. Solé*, vol. 2, pp. 837-844.
VV. AA., *Interpretaciones y claves de «Adán Buenosayres»,* Montevideo, Acali, 1977.
VV. AA., *El mago de la isla: reflexiones en torno a la obra literaria de Rogelio Sinán,* Panamá, Instituto Nacional de Cultura-Departamento de Letras, 1992.

17.8. Mariátegui y la prédica indigenista

Al presentar el fenómeno de la vanguardia *(16.1.)* y en otros apartados, hemos señalado que, en muchas partes de América, aparece ligado a propuestas ideológicas de signo revolucionario o social. En el Perú, esa confluencia es la obra casi enteramente personal del periodista y ensayista José Carlos Mariátegui (1894-1930), el mayor teórico y difusor del indigenismo en su fase contemporánea, que tendría un fuerte impacto en nuestra literatura (especialmente, en la narrativa y el ensayo) y en las artes (pintura, música, etc.). Conviene agregar que el indigenismo practica otra confluencia interna completamente distinta: la de interpretar y transferir experiencias corespondientes a culturas agrarias y lenguas aborígenes a los respectivos códigos de un público ajeno a aquéllas. Es decir, la literatura indigenista no está —como bien observaría Mariátegui— escrita por indígenas sino por mestizos pertenecientes a las capas medias urbanas y cuya lengua literaria es el castellano de sus lectores; es decir, algo comparable a la poesía gauchesca *(8.4.2.)* en relación con las tradiciones gauchas. La idea indigenista no es, pues, indígena: es *proindígena*. Un estudio muy reciente de Mirko Lauer ha llegado a afirmar que el indigenismo «inventó» a un indígena sobre la base del real, que fue una construcción ideológico-estética de la cultura criolla.

Siguiendo el ejemplo de Mariátegui o coincidiendo con él, ese movimiento se extendió a toda la región andina y a otras partes del continente, consolidando toda una época literaria. La historia de la actitud «indigenista» es larga y no siempre fácil de establecer. Para no remontarnos al Inca Garcilaso *(4.3.1.)* o a los movimientos de liberación indígena a fines del siglo XVIII como el de Túpac Amaru II, basta recordar el antecedente de González Prada *(11.6.)*, que sin duda inspira a Mariátegui, y también las «Nostalgias imperiales», evocaciones «incaicas» del primer Vallejo *(16.3.2.)*. Puede invocarse aquí al boliviano Alcides Arguedas *(13.10.)*, no como un antecedente del indigenismo, sino más bien como un índice de la superación que significaría Mariátegui en su tratamiento del tema: hay un abismo entre su negro pesimismo y el optimismo revolucionario del autor peruano. También debe mencionarse a un narrador peruano: Enrique López Albújar (1872-1966), quien, por sus *Cuentos andinos* (Lima, 1920), bien puede reclamar el mérito de ser el iniciador del indigenismo literario en su país. Fruto sobre todo de su experiencia judicial en la región central andina, esos relatos introducen la novedad de captar la psicología indígena con un trazo directo y nada embellecedor, pero su visión tiende a ser algo determinista, fría y poco comprensiva: observación de casos más que introspección. El autor publicó también *Matalaché* (Piura, Perú, 1928), una «novela retaguardista» que ofrece un retrato de la esclavitud negra en las haciendas norteñas hacia 1816, y luego una serie de *Nuevos cuentos andinos* (Santiago, 1937).

Comparada con éstas, la visión indigenista de Mariátegui significa un cambio sustantivo: funde el espíritu revolucionario de la vanguardia y el marxismo para crear una utopía cuyo héroe es el hombre andino. Antes que él hubo sólo pocos intentos de aplicar el marxismo al pensamiento político americano: los de los argentinos Juan B. Justo (1865-1928), traductor de *El Capital* y director del periódico socialista *La Vanguardia,* y Manuel Ugarte *(13.10.),* difusor de ideas antiimperialistas y socialistas, son dos de ellos. (El amanecer marxista en el continente fue tardío, lo que en parte se debe al desinterés de Marx y Engels por incorporar a América al cuerpo de su doctrina: Engels llegó a alegrarse del despojo que México había sufrido a manos de Estados Unidos en 1848, el año del *Manifiesto Comunista.*) Una advertencia: la obra de Mariátegui no es sólo el conjunto de lo que escribió, sino esos textos más su personalidad política y su acción cultural, de lo cual es alta expresión la revista *Amauta,* nombre quechua —«maestro, filósofo»— con el cual terminó por conocérsele a él mismo. Ese conjunto de textos, hechos y actos contribuyeron a perfilar su época e influyeron en la nuestra, lo que no deja de ser asombroso en un hombre que murió antes de cumplir los treinta y seis años y que pasó su etapa más activa sentado en una silla de ruedas.

Mariátegui nació en Moquegua, una pobre provincia del sur peruano, afectada entonces por el clima de frustración tras la derrota en la guerra con Chile (1879-1883), que fue uno de los grandes temas de la prédica de González Prada. Desde niño sufrió las limitaciones económicas familiares y las de un accidente que lo dejó lisiado. En Lima, trabajó como obrero en *La Prensa* y luego como periodista, tarea en la cual destacaría rápidamente y que define buena parte de su obra; el periodismo fue su trinchera, su universidad y el modelo de su acción intelectual. Quizá deba precisarse un poco más el alcance de esa afirmación: pese a los esfuerzos de sus acólitos, Mariátegui no fue un filósofo, sino un gran difusor de ideas, un ensayista con un agudo sentido de la actualidad. De joven escribió simultáneamente para varios periódicos y usó el seudónimo «Juan Croniquer» para firmar páginas sobre la actualidad cultural y otras más frívolas sobre hípica y la vida social. Son los años que él llamaría críticamente su «edad de piedra», en la que se asimiló a la bohemia limeña, envuelta en los aires de la *belle époque* presidida por Valdelomar *(13.6.1.)* y otros de su círculo.

Tuvo incluso veleidades colonialistas y religiosas; ejemplo de las primeras es su drama *Las tapadas* (1915); las otras serían posteriormente sublimadas y transfiguradas cuando asuma su fe marxista y predique su evangelio.

Poco a poco se va acentuando en él el interés por la vida política nacional e internacional: critica al gobierno, trata el tema indígena, celebra la Revolución Soviética de 1917, etc. En 1918 lo vemos apoyando la lucha de los obreros peruanos por la jornada de ocho horas y la de los universitarios reformistas. La intensidad de su oposición crece y entonces ocurre algo inesperado y providencial: el gobierno autoritario de Augusto B. Leguía le da la opción de ir a la cárcel o marcharse del país; Mariátegui acepta lo segundo y en 1919 se embarca para Europa.

Ésta es la etapa decisiva de su vida y obra; convierte a Mariátegui en otra clase de hombre e intelectual y le brinda los instrumentos ideológicos y culturales básicos con los que hará su interpretación del Perú contemporáneo. Aunque pasa por París, donde encuentra a Henri Barbusse, lo fundamental son sus casi tres años en Italia, su gran observatorio de la realidad cultural y política de una Europa sacudida por las propuestas de la vanguardia, los avances de la revolución social y las crecientes amenazas del fascismo. El marxismo que recoge tiene un decidido matiz itálico, fruto de los aportes doctrinarios de hombres como Benedetto Croce (en su fase socialista), del primer Antonio Gramsci y sobre todo Georges Sorel, cuyos trabajos sobre la violencia, el sindicalismo y «la descomposición del marxismo» conoció también por mediación italiana; estos aportes daban al análisis marxista un sesgo humanista y subjetivista que se reflejaría en el pensamiento mariateguista. Para la mayoría de estos autores, el marxismo era un nuevo mito de la humanidad que había transformado radicalmente a Europa; para Mariátegui, su nuevo papel era el de transformar América, usando las fuerzas desencadenadas del campesinado andino y los movimientos obreros de las ciudades.

Cuando vuelve al Perú en 1923, ya casado con una joven italiana, se vuelca de inmediato en poner sus ideas en acción —una obsesión suya—, dando conferencias para obreros, colaborando en periódicos y revistas de izquierda, anunciando la inminencia de la revolución socialista. En su primer libro, *La escena contemporánea* (Lima, 1925) —que lanza en la editorial que ha fundado—, ofrece un panorama del acontecer mundial tal como él lo vio en Europa: una gran novedad para los lectores peruanos. El hecho de que esa campaña continuase y se ampliase después de haber tenido que sufrir la amputación de una pierna en 1924 no deja de ser un notable ejemplo de su tenacidad. Concibe entonces su mayor proyecto: la revista *Amauta,* que funda en 1926 y que alcanza 29 números hasta 1930, el año de la muerte de Mariátegui; tuvo una interrupción en 1927 por razones de censura y, tras la muerte del autor, sus colaboradores publicaron tres números más. Fue una de las grandes revistas ideológicas y culturales de su tiempo precisamente por su pluralidad, pese a que en su nota de presentación había señalado:

No hace falta decir que *Amauta* no es una tribuna abierta a todos los vientos del espíritu. Los que fundamos esta revista no concebimos una cultura y un arte agnósticos. Nos sentimos una fuerza beligerante, polémica... Soy un hombre con una filosofía y una fe. Lo mismo puedo decir de esta revista, que rechaza todo lo que es contrario a su ideología así como todo lo que no traduce ideología alguna (*Amauta,* 1, 1926).

Allí publicará, por ejemplo, las páginas que irán a formar parte de su libro *Defensa del Marxismo* (Lima, 1934). Pero el hecho es que, a pesar del tono militante de esa advertencia, la revista fue una tribuna abierta a autores, manifestaciones y temas muy diversos: la poesía simbolista de Eguren *(13.6.1.),* los sonetos barroquizantes de Martín Adán *(17.3.),* los muralistas mexicanos, el psicoanálisis de Freud, el indigenismo por supuesto, Breton, Marinetti, Ortega y Gasset, Unamuno, Neruda *(16.3.3.),* Westphalen *(17.3.),* Aragon, Barbusse... Había una razón para ello: Mariátegui creía que la vanguardia correspondía a una fase del «cosmopolitismo» europeo, que luego daría paso a la etapa superior de afirmación nacionalista, expresada en la estética del indigenismo: así, la historia literaria también se ordenaba de acuerdo con un finalismo progresivo. Su interés por la literatura y el arte basta para convertirlo en uno de los más interesantes críticos y teóricos de esa década.

El año 1928 es decisivo en el programa de Mariátegui: aparece su libro capital, *7 ensayos de interpretación de la realidad peruana,* y, después de haber roto sus lazos en el Partido Aprista de Haya de la Torre *(18.1.),* funda el Partido Socialista Peruano (base del futuro Partido Comunista), que se adhiere a la Tercera Internacional. Ese mismo año también empieza a publicar un órgano sindicalista: *Labor.* Los *7 ensayos...* son justamente famosos porque intentan algo que no se había hecho antes en el Perú: un examen múltiple y orgánico de las grandes cuestiones nacionales, sobre un esquema teórico explícito dado por la interpretación marxista de los fenómenos sociales; tampoco se había hecho con el esperanzado propósito de Mariátegui: analizar y comprender como los primeros pasos hacia el cambio y la acción. Cada ensayo trata una cuestión específica: la economía, el indígena, la tierra, la educación, la religión, regionalismo frente a centralismo, la literatura. Hay un orden en ese repaso que sigue las pautas del método marxista: la economía como la «intraestructura» y la cultura como la «superestructura».

El comienzo del capítulo sobre «El problema del indio» es una declaración famosa y reveladora: «Todas las tesis sobre el problema indígena, que ignoran o eluden a éste como problema económico-social, son otros tantos estériles ejercicios teoréticos [sic]... condenados a un absoluto descrédito». Hay, por lo tanto, una directa relación entre este ensayo y el siguiente: del cambio en la tenencia de la tierra —o sea, la desaparición del sistema del latifundio y el régimen feudal de explotación agraria— depende el destino del indígena. Había que volver al sistema de los *ayllus* del antiguo pueblo quechua y formas de organización comunitaria que eran el germen del «comunismo inkaico». La utopía política del Perú consistía en una vuelta al pasado, cuyo modelo era el antiguo Tahuantinsuyo, modernizado por los aportes del socialismo y la praxis marxista. Esta tendencia «arcaizante» fue vista como una herejía por los sectores más recalcitrantes del marxismo hispanoamericano y dio origen a una ardorosa polémica internacional. Otra polémica es la que lo enfrentó con Luis Alberto Sánchez *(18.1.3.)* a propósito del indigenismo literario.

Ésa es una de las virtudes del libro: ser un vigoroso estímulo para la discusión intelectual sobre política, economía y cultura peruana, pero no en términos estrictamente nacionales, sino a la luz de las transformaciones que estaba sufriendo el mundo. Con Mariátegui, la historia contemporánea del Perú entra al escenario en que se vivía ese apasionante drama. Su estilo contribuye al sentido de urgencia e inevitabilidad histórica de su esquema. No se ha subrayado suficientemente la alta calidad del autor como periodista, la forma como procesaba rápidamente lo visto o leído, lo asimilaba a su visión central y lo enriquecía. No era un pensador orgánico: era un gran intérprete y comunicador, sensible y fino además. Su prosa tiene las virtudes del mejor periodismo: es funcional, clara, convincente, precisa, ágil. No es posible leerlo con indiferencia. En dos foros continentales de 1929, las tesis de Mariátegui fueron rechazadas por la mayoría que quería seguir al pie de la letra —como «calco y copia» decía él— los dictados del Komintern.

Es justamente su capacidad para convencer y crear prosélitos lo que ha creado su leyenda y, de paso, un problema: el «mariateguismo», esa continuada lectura que sus epígonos han hecho de él hasta convertirla en una doctrina maciza e incuestionable. (Para ser justos, habría que reconocer que ese membrete también fue objeto de la persecución ideológica que sufrieron sus ideas dentro del Partido Comunista Peruano en los años duros del estalinismo.) Es irónico que un gran maestro de la discusión haya terminado por ser un oráculo indiscutible. Setenta años después de escritos, los *7 ensayos...* muestran, como todo producto histórico, tanto sus aciertos como sus errores. Un aspecto importante, que pone a Mariátegui por encima de sus correligionarios hispanoamericanos y europeos, es su comprensiva visión del arte en el proceso revolucionario. Fue un entusiasta introductor de la vanguardia (aunque puso reparos al futurismo por sus conexiones con el fascismo), de los descubrimientos de la psicología y la ciencia. Estuvo lejos de ser un comisario fanático y receloso de esas formas que para otros eran signos de «decadencia burguesa». Incorporó al Perú y a América Latina a la gran corriente del pensamiento crítico que daría origen a la ciencia política contemporánea. Su clave interpretativa —el método marxista— le permitía ver lo que otros no vieron, pero también caer en sofismas, errores y esquematismos.

Por ejemplo, su defensa del «comunismo inkaico» (desarrollado en una larguísima nota al ensayo sobre la tierra, en respuesta a *El pueblo del sol* [Lima, 1925] de Augusto Aguirre Morales) incluye una digresión sobre el problema de la falta de libertad individual y el autoritarismo en el Imperio de los Incas. Su rechazo de la tesis de Aguirre Morales como «liberal» y su afirmación de que «el hombre del Tahuantinsuyo no sentía ninguna necesidad de libertad individual» son sencillamente insostenibles: el despótico paternalismo incaico subordinó todo a los intereses religioso-estatales y actuó sin contemplaciones. Las mismas organizaciones comunales indígenas están más ligadas a tradiciones ancestrales y una visión arcaizante que a las cuestiones ideológicas que lo preocupaban a él: un *ayllu* no es un *Komsomol*. El esquema dialéctico que usó para explicar la literatura (período colonial, período cosmopolita, período nacional) tampoco parece muy razonable: el cosmopolitismo no da paso al nacionalismo literario y más bien suele ocurrir al revés.

Su fe en el marxismo tenía una raíz mesiánica que le hacía imaginar un mundo mejor si se seguían ciertos pasos y postulados. No tenía un concepto rígido del marxismo como ciencia, pero sí el ardor indeclinable del iluminado, y a veces su ceguera. Pero, aun así, es indudable que es el marxista clásico hispanoamericano cuyo mensaje caló más hondo por varias generaciones, como lo demuestran las innumerables ediciones y traducciones de sus *7 ensayos...* Al morir, dejó una vasta obra dispersa que fue devotamente recopilada y difundida por su familia a partir de 1959.

Textos y crítica:

Amauta, ed. facs., Lima, Amauta, 1976, 6 vols.
LÓPEZ ALBÚJAR, Enrique, *Cuentos andinos,* Lima, Imp. La Opinión Nacional, 1920.
MARIÁTEGUI, José Carlos, *Obras completas,* Lima, Amauta, 1959-1970, 10 vols.
— *7 ensayos de interpretación de la realidad peruana,* ed. de Aníbal Quijano y Elizabeth Garrels, Caracas, Biblioteca Ayacucho, 1979.
— *Mariátegui total, 100 años: la obra medular, escritos juveniles,* ed. de Sandro Mariátegui Chiappe, Lima, Amauta, 1994.
TAMAYO HERRERA, José (ed.), *El pensamiento indigenista,* Lima, Francisco Campodónico F., Editor-Mosca Azul, 1981.

AQUÉZOLO CASTRO, Manuel (ed.), *La polémica del indigenismo,* Lima, Mosca Azul, 1976.
ARICÓ, José, *Mariátegui y los orígenes del marxismo latinoamericano,* México, Pasado y Presente, 1978.
BALLESTEROS GAIBROS, Manuel, *Indigenismo americano,* Madrid, Cultura Hispánica, 1981.
BÖHRINGER, Wilfried, «Der Indigenismus in Peru», *Iberoamericana,* 1 (1982), pp. 58-77.
CHANG RODRÍGUEZ, Eugenio, *Poética e ideología en José Carlos Mariátegui,* Madrid, José Porrúa y Turanzas, 1983.
CORNEJO POLAR, Antonio, *La novela indigenista. Literatura y sociedad en el Perú,* Lima, Lasonta, 1980.
— *Escribir en el aire. Ensayo sobre la heterogeneidad socio-cultural en las literaturas andinas,* Lima, Horizonte, 1994.
FAVRE, Henri, *El indigenismo,* México, Fondo de Cultura Económica, 1998.
FELL, Eve-Marie, *Les indiens. Sociétés et ideologies en Amérique Latine,* París, Armand Colin, 1973.
FLORES GALINDO, Alberto, *La agonía de Mariátegui. La polémica con la Komintern,* Lima, DESCO, 1980.
GARCÍA, José Uriel, *El nuevo indio,* Lima, Universo, 1973. [Primera ed. 1930.]
KRISTAL, Efraín, *Una visión urbana de los Andes. Génesis y desarrollo del indigenismo en el Perú 1848-1930,* Lima, Instituto de Apoyo Agrario, 1991.
LAUER, Mirko, *Andes imaginarios. Discurso del indigenismo 2,* Cuzco, CBC-Sur Casa de Estudios del Socialismo, 1997.
LAZO, Raimundo, *La novela andina,* México, Porrúa, 1971.
MESSEGUER ILLÁN, Diego, *José Carlos Mariátegui y su pensamiento revolucionario,* Lima, Instituto de Estudios Peruanos, 1974.
MUÑOZ, Braulio, *Sons of the Wind. The Search for Identity in Spanish American Literature,* New Brunswick, N. Jersey, Rutgers University Press, 1982.
NÚÑEZ, Estuardo, *La experiencia europea de Mariátegui y otros ensayos,* Lima, Amauta, 1978.

PARIS, Robert, *La formación ideológica de José Carlos Mariátegui*, México, Pasado y Presente, 1981.
QUIJANO, Aníbal, *Reencuentro y debate. Una introducción a Mariátegui*, Lima, Mosca Azul, 1981.
RAMA, Ángel, *Transculturación narrativa en América Latina*, México, Siglo XXI, 1982.
Revista de Crítica Literaria Latinoamericana, número dedicado al indigenismo, 4:7-8 (1978).
Revista Iberoamericana. Número dedicado a la proyección de lo indígena en la literatura en la América Hispana, 50:127 (1984).
REYNA TAPIA, John, *The Indian in the Spanish American Novel*, Washington, D. C., University Press of America, 1981.
RODRÍGUEZ LUIS, Julio, *Hermenéutica y praxis del indigenismo en la novela indigenista de Clorinda Matto de Turner a José María Arguedas*, México, Fondo de Cultura Económica, 1980.
ROUILLON, Guillermo, *La creación heroica de José Carlos Mariátegui. La edad revolucionaria*, Lima, Alfa, 1984.
SAINTOUL, Catherine, *Racismo, etnocentrismo y literatura. La novela indigenista andina*, Buenos Aires, Ediciones del Sol, 1988.
SÁNCHEZ, Luis Alberto, *Indianismo e indigenismo en la literatura peruana*, Lima, Mosca Azul, 1981.
TAURO, Alberto, *«Amauta» y su influencia*, Lima, Biblioteca Amauta, 1960.
VANDEN, Harry F., *Mariátegui. Influencias en su formación ideológica*, Lima, Amauta, 1975.
VV. AA., *Mariátegui y la literatura*, Lima, Biblioteca Amauta, 1980.

17.9. Las novelas indigenistas de Jorge Icaza y Ciro Alegría

El ecuatoriano Jorge Icaza (1906-1978) y el peruano Ciro Alegría (1909-1967) son dos figuras centrales —aunque muy diferentes entre sí— del indigenismo clásico que impregnó nuestra novela en las décadas del treinta y del cuarenta. Icaza, nacido en Quito, perteneció a la «Generación del 30», a la que nos hemos referido al hablar de Palacio *(17.4.)*. Tras abandonar sus estudios de medicina, Icaza manifiesta interés por el teatro: escribe y publica varias piezas (*Flagelo* llegó a representarse en Buenos Aires), además de ser actor y organizar dos compañías dramáticas. Pero ya a comienzos de la década del treinta ese interés desaparece y es reemplazado por la narrativa. Publica primero un libro de cuentos titulado *Barro de la sierra* (Quito, 1933) y casi de inmediato su primera novela, *Huasipungo* (Quito, 1934), que se convertiría en un «clásico» y lo haría famoso en Ecuador, el resto de América y el mundo entero, mediante adaptaciones e incontables traducciones. Su primera etapa narrativa se completará con otras dos novelas: *En las calles* (1934) y *Cholos* (1937), ambas en Quito, que sin superar el éxito de aquélla confirmaron su presencia como el narrador más importante del Ecuador. Como corolario de su celebridad, fue designado para un cargo diplomático en Buenos Aires, fue embajador en la Unión Soviética y Alemania y viajó por todo el mundo, de China a Estados Unidos. También fue miembro fundador de la Casa de la Cultura Ecuatoriana y director de la Biblioteca Nacional.

Icaza siguió publicando novelas, aunque espaciadamente, por tres décadas más. En Quito aparecieron las tres siguientes: *Media vida deslumbrados* (1942), *Huairapamuschcas* (1948) y *El chulla Romero y Flores* (1956). Su última novela, *Atrapados* (Buenos Aires, 1972), es un vasto tríptico que tiene más interés por la información autobiográfica que brinda que por lo propiamente novelístico. Nada de esto se acerca siquiera a la enorme resonancia e influjo —tanto por adhesión como por rechazo— que tuvo *Huasipungo;* pocas novelas, además, han sido tan ardientemente debatidas y juzgadas de manera tan divergente. Aún hoy el debate no ha terminado, y nunca faltan las revisiones, reivindicaciones y detracciones. Concentrémonos en ella.

En un contexto político tan volátil e intenso como el ecuatoriano, especialmente en sus años de aprendizaje, era casi inevitable que Icaza, igual que la mayoría de sus compañeros de generación, cultivase la literatura realista y social, con una intención de denuncia antioligárquica y de propaganda revolucionaria; es decir, como instrumento de grandes causas, como un medio para el cambio, por deber y no por placer estético. Habría que agregar de inmediato que muchos autores —grandes, menores u olvidados— en el continente hicieron lo mismo y siguieron haciéndolo por mucho tiempo: fue una fuerte y popular ilusión colectiva. Como escritor, Icaza es un heredero de las expectativas creadas y luego olvidadas por la revolución militar de 1925. Vio pasar a su país del monopolio de una oligarquía a otra; y también asistió a la creación, en 1926, del Partido Socialista. Por otro lado, el «Grupo de Guayaquil» *(18.3.)*, formado por hombres de la misma edad que Icaza, tenía un programa literario concurrente con el que éste proponía desde Quito: realismo social, crítica clasista, compromiso con los explotados, aliento terrígeno, incorporación del lenguaje dialectal.

Icaza sintió que era necesario centrar su obra en la figura del indígena para así poder mostrar dramáticamente las enormes desigualdades sociales de su país y los niveles infrahumanos de la vida cotidiana. Aunque explotado y postrado desde tiempos coloniales y víctima anónima en la época presente, su incorporación era una gran novedad en la literatura nacional. Esto no quiere decir que desconociese en su obra los otros sectores sociales del país, sino que convierte al indio en el elemento crítico de la sociedad ecuatoriana, con el cual los demás grupos chocan o al que aplastan en su lucha por el poder feudal de la tierra. Pero, sin dejar de ser cierto que, desde temprano y más visiblemente en *Cholos* y sobre todo en *El Chulla...,* su visión se extiende al mundo del mestizo ecuatoriano, no cabe duda de que *Huasipungo* es una arquetípica novela indigenista. (Un sector de la crítica no comparte esa opinión y señala que el indio es víctima, pero no protagonista, de la famosa novela.) El esquema sobre el que se estructura el relato es elemental y común a muchas novelas de su tipo: la pugna arquetípica entre la clase terrateniente y el indio desposeído de todo, aun de las humildes tierras de cultivo en las que vive como siervo (de allí el título: *juasi,* «casa»; *pungo,* «siervo»). El personaje central es el terrateniente Alfonso Pereira, racista y pretencioso, quien, presionado económicamente por un tío y por los intereses de una compañía norteamericana, desconoce los derechos tradicionales de sus «huasipungos» y les arrebata sus tierras.

Aunque dibujado a grandes trazos, al menos tenemos un Pereira que encarna la voracidad y la inhumanidad de su clase; los indígenas no son ni siquiera individuos, sino —como se decía en esa época— «personajes-masa», un miserable coro de seres humillados hasta la abyección, pues sólo expresan sentimientos o apetitos básicos: hambre, sed, frío, alcohol, sexualidad. Sucios y repulsivos, han caído en un abismo en el que casi no se distinguen de los animales que crían. Ni siquiera realmente hablan: gruñen, se quejan, exclaman monosílabos en un español deformado por los giros quechuas. Al final de la novela, en una explosión de dolor e impotencia ante la catástrofe que significa para ellos la destrucción de su lazo ancestral con la tierra, exclaman:

—¡Ñucanchic huasipungo, caraju!...
—¡Ñucanchic huasipungo!
—¡Ñucanchic huasipungo!

No cabe duda de que Icaza nos habla de realidades por todos conocidas pero soslayadas o aceptadas como inevitables: el indígena era la víctima de una historia de indiferencia, explotación y violencia. Quiere comunicar al lector su certeza de que el sistema no sólo es injusto, sino atroz y perverso, pues implica un desdén etnocida por un grupo humano cuya sangre comparte la mayoría. Y en su afán de demostrar su asco por la situación, nos asquea también, subrayando y cargando todo lo que puede las líneas de su trazo novelístico, como si creyese que no hay otro modo de convencer al lector. El resultado es contraproducente: lo satura y le niega matices que podrían hacer más eficaz el cuadro. Icaza no miente, pero sí exagera, simplifica abusivamente y reduce su verdad a un conjunto de situaciones que le permitan la más fácil demostración de una tesis preconcebida, no el resultado de un desarrollo novelístico. Quizá sea oportuno recordar aquí que pasa lo mismo con otra novela indigenista y antiimperialista, escrita aún con más dogmatismo: *El tungsteno* (Madrid, 1931) de Vallejo *(16.2.3.)*, que se resiente bajo el peso de su tesis ideológica.

Aunque debe reconocérsele el mérito de haber tocado temas apenas considerados por la literatura ecuatoriana anterior a él y de haber cambiado los hábitos tradicionales del lenguaje novelístico de su época al incorporarle la tronchadura del habla indígena junto con chispazos retóricos de raíz vanguardista, su aporte es literariamente pobre en casi todos los otros aspectos. En vez de darnos personajes, nos da estereotipos; sus indios son esperpentos a los que se les ha robado la humanidad; no sentimos verdadera comprensión por ellos: sólo sentimos lástima; las situaciones son esquemáticas en grado sumo; el tono, panfletario y tendencioso. En una palabra, en *Huasipungo* Icaza no sabe crear sin manipular tanto a sus creaturas como a sus lectores. Él mismo fue consciente de esas fallas y trató de remediarlas en dos revisiones hechas para las ediciones de Buenos Aires en 1953 y 1960; el resultado introdujo cambios cosméticos pero dejó en pie la concepción esencial: la novela siguió siendo lo que era. Lo sorprendente es que, a despecho de todo eso, mantuvo un misterioso poder de sobrevivencia, como un hito o modelo que se resiste a desaparecer, como una máscara primaria y monstruosa de la identidad americana. Incluso los que la juzgan desde un punto de vista ideológicamente radical son indulgentes con su racismo. Y no hay que negarle al menos ese mérito histórico.

Muy distinta es la visión del mundo andino que ofrece Ciro Alegría, cuya obra bien puede representar la expresión más artística de la fase «clásica» del indigenismo, aunque tenga también otros matices. Nacido (según algunos en 1908, y no en la fecha que aparece en todas sus biografías) en una hacienda del norte andino del Perú, no demasiado lejos de donde había nacido Vallejo —quien sería su profesor de primeras letras—, Alegría pasó sus años iniciales en diferentes ambientes rurales de la misma región, siempre vinculado al trabajo agrícola, que será uno de los motivos centrales de su obra, complementado con las historias y leyendas que escuchó de narradores orales. Ganó así una visión de la vida campesina que Icaza nunca tuvo: la de la hacienda como un mundo duro y sacrificado, pero bucólico y hasta armónico en cuanto a las relaciones entre hacendados y peones; un mundo sin duda feudal, pero donde el respeto a ciertas normas y tradiciones humanas era posible. A partir de esa singular experiencia del campo, Alegría pudo glorificar la cultura andina como un modelo de existencia sencilla, austeramente hermosa, si se sabía conciliar las formas arcaicas y las exigencias del mundo moderno sin destruir ninguna: una nueva arcadia. Ciertas lecturas, como el Inca Garcilaso *(4.3.1.)* y Victor Hugo, complementarían esa perspectiva.

Muy joven, comienza a escribir cuentos y poemas; también a hacer periodismo en publicaciones del norte peruano y a participar en la lucha política contra el gobierno de Leguía. Estuvo al lado de los fundadores del Partido Aprista —cuyo líder era Haya de la Torre *(18.1.1.)*— en Trujillo, uno de los bastiones del movimiento. Sufre por eso persecución y cárcel más de una vez, y a fines de 1934 sale desterrado a Santiago de Chile. En esta ciudad culmina su proceso de maduración literaria, pues allí produce y publica las tres novelas por las que es conocido: *La serpiente de oro* (1935), *Los perros hambrientos* (1938) y *El mundo es ancho y ajeno* (1941); las tres aparecieron después de ganar premios, el más importante de los cuales fue el que mereció la tercera: el concurso de novela latinoamericana organizado por la editorial Farrar & Rinehardt, de Nueva York, que le aseguró una difusión continental. Los años que siguen se caracterizan por una paradoja: al mismo tiempo que Alegría goza de muchos modos su celebridad, encuentra cada vez más difícil la tarea de escribir, pues le falta la concentración o la energía interior necesarias para ello. Colabora en varios periódicos; reside varios años en Estados Unidos; viaja por Cuba (donde conocería a su tercera y última esposa) y otros países; vuelve triunfalmente a su país en 1957 y es elegido senador por Acción Popular, tiempo después de haber renunciado al aprismo. Publica poco, juntando lo nuevo con materiales viejos: un libro de relatos (*Duelo de caballeros,* Lima, 1963), una novela o quizá un fragmento de un proyecto inacabado (*Lázaro,* Buenos Aires, 1973), sus memorias (*Mucha suerte con harto palo,* Buenos Aires, 1976) y otras páginas. Pero lo esencial son aquellas tres novelas de su exilio.

Hay visibles semejanzas y conexiones entre ellas. Las tres pueden caber dentro del casillero de la llamada «novela de la tierra» (criollista/regionalista) de la década anterior *(15.1.* y *15.2.).* De hecho, es posible verlas como una involuntaria trilogía de la vida peruana o al menos como un conjunto identificado por su telurismo americanista: el gran tema que las une es el del profundo vínculo entre el hombre y el mundo natural en que vive. Pero quizá las diferencias de tono, ambiente y diseño sean más importantes. La primera nada tiene que ver con el clásico mundo andino de la novela indigenista: *La serpiente oro* es una alusión metafórica al río Marañón que desliza su sinuoso y refulgente trazo por la región amazónica; sus personajes son los «balseros» de esa área, con sus esperanzas y dolores, con sus formas de vida tradicional y los retos que representan para ellos la explotación de las riquezas selváticas. El río es un símbolo ambivalente: representa el don de la vida y también la furia destructora de la naturaleza. Se trata de una novela lírica y copiosamente descriptiva, artísticamente refinada, aunque su estructura narrativa sea algo errática, que podría agregarse a la trilogía de grandes novelas regionalistas americanas, y sobre todo compararse con *La vorágine* de Rivera *(15.2.1.)*. La obra brinda un relato plenamente identificado con la vida del hombre selvático, que Alegría conoció en sus años mozos y que faltaba en la novela peruana.

En cambio, *Los perros hambrientos* ocurre en las heladas alturas del Ande y retrata, en variados episodios y estampas, una escuálida realidad, dominada por el hambre, la sequía, la pobreza y la marginación sociocultural. Lo singular es que los personajes principales no son los indios u otros seres humanos, sino los animales, los perros hambrientos del título (dos se llaman «Güeso» y «Pellejo»), que cuidan el ganado y que —como en un lejano eco de ciertos cuentos de Quiroga *(13.2.)*— son también víctimas de un mundo hostil y sensibles intermediarios entre esa realidad y nosotros. Es la relación entre los perros y una joven pastora lo que constituye el núcleo dramático del relato. Los elementos de protesta, rebelión y violencia, que tendrían un papel mayor en el siguiente libro, ya aparecen aquí.

Pero mientras estas novelas estaban radicadas en espacios físicos concretos y diversos entre sí, *El mundo...* intenta superar esas limitaciones y ofrecer un vasto friso o mural de la vida peruana, una representación total pero desde un centro alterno al mundo urbano: el de una vieja comunidad indígena en la región andina, donde se libra una lucha decisiva en muchos niveles simultáneos. Se enfrentan la tradición contra la ley, el *ayllu* contra el latifundio, el espíritu de justicia contra el capitalismo, la solidaridad contra la codicia, una América indígena contra las exigencias de la modernidad venida de fuera, etc. No es exagerado ver esta novela como la culminación del proceso de madurez del indigenismo «clásico», estimulado por la acción de Mariátegui *(supra)*: si éste hubiese estado vivo, habría aplaudido la obra como un modelo de lo que él predicaba, no sólo porque daba una imagen del indio que pasaba de la condición de explotado a revolucionario, sino porque incorporaba algunos aportes de la novelística norteamericana y europea heredera de la vanguardia *(16.1.)*. No cabe duda de que *El mundo...* fue —en su tiempo— una obra maestra del indigenismo, que no sería superada sino por José María Arguedas *(19.4.2.)*, casi dos décadas más tarde.

La obra tiene muchos rasgos distintivos del desarrollo de la novela del período. Sigue uno de sus modelos más populares entonces: la llamada «novela-río», la narración que arrastra, como una corriente poderosa, materiales heterogéneos y los amalgama al cuerpo central del relato o los adosa a sus márgenes para subrayar que el mundo que se quiere representar es tan complejo como el mismo mundo real e incluye todo o al menos todo lo posible. Esta forma de composición novelística que el narrador aprendió de John Dos Passos, Thomas Mann, Hermann Hesse y otros le permite adquirir una nueva forma de objetividad o invisibilidad, pues deja que la historia se cuente a través de otras historias que la enriquecían, sin la intervención directa de un mediador. *El mundo...* es, por eso, una novela aluvional y polifónica, que puede transitar desde un intimismo lírico hasta grandes escenas épicas, con multitud de personajes, espacios y desplazamientos temporales, gracias al empleo de técnicas de contrapunto e incluso cinematográficas (montaje fragmentarista, *flashbacks*, etc.).

Pero si estas afinidades o estímulos estéticos deben invocarse, no hay que olvidar que lo que mueve al autor es su profunda convicción de usar el lenguaje novelístico como un instrumento de adhesión con una causa y como un alegato contra el poder que intenta aplastarla. Es una novela social, con una tesis ideológica y el propósito político de sacudir la conciencia colectiva del país. Lo que hay que destacar y elogiar en el designio del autor es que este proyecto está llevado a cabo con equilibrio y que brinda convincente retrato de las fuerzas envueltas en la gran batalla de la comunidad de Rumi contra la oligarquía terrateniente, el gobierno, el ejército, el clero y la justicia, es decir, las instituciones básicas del país. Así tenemos el conflicto básico entre un mundo pequeño y propio contra un «mundo ancho y ajeno». Alegría tiene una visión armónica de las fuerzas en juego y comprende los matices que hacen la pugna más compleja de lo que aparece en las teorías y recetas políticas que tratan de explicarla. Su tesis no era previa a su experiencia, sino su resultado: la situación que describe se desprende de la que había visto en los años que vivió en el campo y se basaba a veces en hechos reales que él reelaboraba y alteraba siguiendo su instinto literario.

Hay también un logrado equilibrio entre la creación de ambientes y de personajes bien diferenciados, entre documento y fabulación, entre remansos descriptivos y episodios de alta dramaticidad. La impresión que todo eso deja al lector es de una rica variedad de sucesos y situaciones cuyo valor humano es innegable. Es un trozo vivo de la historia del país y de sus formas de imaginación. La narración no es lineal; se despliega como un diorama que entreteje muchos materiales de procedencia, textura y alcance diversos: leyendas y tradiciones orales, relatos internos, biografías, contextos sociales, retrospecciones, alegorías, simbolizaciones, etc. Pero todo concurre a un fin primordial: narrar la historia de la comunidad de Rumi a comienzos del siglo XX (entre 1912 y 1928, aunque se remonte a tiempos coloniales y aun prehispánicos). Esa historia puede resumirse como una constante lucha por sobrevivir de acuerdo a sus viejos principios de trabajo colectivo de la tierra como derecho básico para poseerla, frente a los intereses del latifundismo, aliado con los incipientes poderes capitalistas nacionales y extranjeros, que quiere acumular grandes tierras en pocas manos y con fines de lucro. El paso de la figura patriarcal del líder Rosendo Maqui, que resiste ese desigual embate por vías pacíficas, a la del joven Benito Castro, que se convence de que no hay otra vía que la lucha armada, está presentado con una dramática inevitabilidad: la violencia popular es el recurso desesperado de los pobres de la tierra.

La cuestión va más allá de lo sociopolítico: tiene una resonancia de hondo dilema cultural, entre dos formas de vida del todo distintas, una basada en la solidaridad y el ancestral apego a la tierra, y otra en el individualismo occidental y moderno como fuerza transformadora de la naturaleza. Este dilema es precisamente el que el indigenismo había traído al primer plano del debate intelectual. El final, en el que vemos a Benito Castro resistiendo el fuego del ejército que quiere desalojarlos, se parece mucho al de *Los de abajo (14.2.1.)*, nos enfrenta con un resultado incierto y probablemente trágico, pero de ninguna manera fatalista: «Más cerca, cada vez más cerca, el estampido de los máuseres continúa sonando». La batalla por la dignidad humana volverá a librarse porque tiene una fuerza moral que es superior a la física que ahora la vence. El nombre de Rumi («piedra») resulta así muy significativo.

Sin ser, como se ha dicho, una novela «tradicional» por su ejecución narrativa, *El mundo...* sirve a una concepción idealizada y algo romántica de la función social de la literatura: la de creer que ésta debe ser «redentorista», una aliada de las buenas causas históricas para así cambiar el mundo. Hoy sabemos que esa función es mucho más ardua y sutil de lo que entonces parecía. Eso es lo que más delata los sesenta años que han corrido desde que la obra apareció. En verdad, el proceso literario estaba tomando otros caminos divergentes del que tomó Alegría: con él el indigenismo «clásico» se corona artísticamente y al mismo tiempo cierra su ciclo histórico. Recuérdese que 1941 es también el año de publicación de *Sombras suele vestir* de José Bianco *(19.2.)* y de *Tierra de nadie* de Juan Carlos Onetti *(18.2.4.)*, coetáneo de Alegría que había participado con *Tiempo de abrazar* en el mismo concurso que éste ganó. Los grandes cambios se veían venir y en ese nuevo contexto Alegría —como ocurrió— podía agregar poco más.

Textos y crítica:

ALEGRÍA, Ciro, *Novelas completas,* Madrid, Aguilar, 1959.
— *Relatos,* ed. de Dora Varona, Madrid, Alianza Editorial, 1983.
— *El mundo es ancho y ajeno,* ed. de Antonio Cornejo Polar, Caracas, Biblioteca Ayacucho, 1986.
— *Los perros hambrientos,* ed. de Carlos Villanes, Madrid, Cátedra, 1996.
ICAZA, Jorge, *Obras escogidas,* ed. de F. Fernández Alborz, México, Aguilar, 1961.
— *Huasipungo,* ed. de Teodosio Fernández, Madrid, Cátedra, 1994.
— *El Chulla Romero y Flores,* ed. crít. de Ricardo Descalzi y Renaud Richard, Madrid, Archivos, 1988.
VERA, Jorge Pedro (ed.), *Narradores ecuatorianos del 30*.*

BUNTE, Hans, *Ciro Alegría y su obra dentro de la evolución literaria hispanoamericana,* Lima, Mejía Baca, 1961.
EARLY, Eileen, *Joy in Exile: Ciro Alegría's Narrative Art,* Washington, University Press of America, 1980.
GARCÍA, Antonio, *Sociología de la novela indigenista en el Ecuador. Estructura social de la novelística de Jorge Icaza,* Quito, Casa de la Cultura Ecuatoriana, 1969.
OJEDA, Enrique, *Cuatro obras de Jorge Icaza,* Quito, Casa de la Cultura Ecuatoriana, 1961.
ROBLES, Humberto E., *La noción de vanguardismo en el Ecuador. Recepción, trayectoria. Documentos (1918-1934),* Guayaquil, Casa de la Cultura Ecuatoriana, 1989.
RODRÍGUEZ MONEGAL, Emir, «Hipótesis sobre Ciro Alegría», *Mundo Nuevo,* 11 (1967), pp. 48-51.
SACKETT, Theodore Alan, *El arte en la novelística de Jorge Icaza,* Quito, Casa de la Cultura Ecuatoriana, 1974.
SACOTO, Antonio, *The Indian in the Ecuatorian Novel,* New York, Las Américas, 1967.
VARONA, Dora (ed.), *Ciro Alegría, trayectoria y mensaje,* Lima, Ediciones Varona, 1972.
VETRANO, Anthony J., *La problemática psico-social y su correlación lingüística en las novelas de Jorge Icaza,* Miami, Ediciones Universal, 1974.

18. La hora del ensayo americanista. Los críticos: cultura, sociedad, historia, política. Una literatura en transición; cuatro grandes maestros del medio siglo: Asturias, Yáñez, Carpentier, Onetti. Otros narradores. Un puñado de poetas mujeres

18.1. Un pensamiento continental

La tercera y cuarta décadas del siglo XX son fecundas en el campo del ensayo y en las más diversas formas de reflexión: desde lo político hasta lo estrictamente estético, de la filosofía a la pintura. Los caminos son muchos, pero la gran mayoría se encuentran en la encrucijada del «americanismo» y la cuestión de nuestra indentidad cultural. El ensayo de estos años tiene una definida vocación continental, no importa que algunos esfuerzos interpretativos se ciñan a los perfiles de un país o aun de una simple zona nacional: la definición de lo propio concurre al esfuerzo general de autorreconocimiento o revisión de la afirmación de estar formando parte de algo más vasto y no del todo bien conocido. Los ensayistas que examinaremos aquí son como exploradores, expedicionarios y observadores de tierras nuevas; muchos hicieron viajes reales, pero aun los más sedentarios tuvieron los ojos bien abiertos y las antenas sensibles para interpretar lo que nos hacía distintos de los otros. Por eso, este pensamiento es continental no sólo por su origen, sino por vocación. Como no podemos cubrir la multitud de ensayistas activos en este período, daremos una idea de ellos refiriéndonos a un grupo de nombres clave y, en algunos casos, agregando los que merecen ser rescatados del olvido.

18.1.1. El pensamiento filosófico-político: crítica y radicalismo

Tres ensayistas muy diversos entre sí, pero que cultivan formas de pensamiento que tuvieron una repercusión polémica en sus respectivas sociedades —en algún caso, también fuera de ellas— por el perfil innovador de sus propuestas, son el mexicano Samuel Ramos (1897-1959), el peruano Víctor Raúl Haya de la Torre (1895-1979) y el argentino Ezequiel Martínez Estrada (1895-1964), el más conocido del grupo. Ramos es un filósofo de la historia que trae interesantes aportes sobre el tema de la *mexicanidad*. Discípulo de Antonio Caso *(14.1.2.)*, Ramos es un filósofo de importancia en su país, por su preocupación por estudiar y definir al hombre mexicano, pero también para el movimiento de las ideas en América, por su conocimiento de ciertos grandes filósofos de este siglo: Scheler, Hartmann, Adler, Ortega y Gasset. En cierto sentido prolonga y sintetiza las reflexiones filosóficas humanistas de Vasconcelos *(14.1.3.)* y Henríquez Ureña *(14.1.4.)*. Ramos representa una apertura crítica hacia el pensamiento europeo para explicarse la cultura mexicana y la naturaleza humana que la protagoniza.

Dos de sus libros más influyentes son: *Perfil del hombre y de la cultura en México* (México, 1934) y *Hacia un nuevo humanismo. Programa de una antropología filosófica* (México, 1940), títulos que apuntan a las dos direcciones principales de su pensamiento. El primero, inspirado en la teoría psicoanalítica de Adler sobre los complejos, intenta una caracterización social de México. Afirma que el mexicano ha desarrollado un sentimiento de inferioridad o inseguridad colectiva ante lo europeo: es desconfiado, vive a la defensiva, es reacio al cambio. Pero obstinado en conservar la imagen que ha creado de sí mismo, recurre al nacionalismo y al machismo para reafirmarse. Si estas ideas nos suenan familiares es porque fueron recogidas y ampliadas por Octavio Paz *(20.3.3.)* en *El laberinto de la soledad*. El segundo libro plantea la necesidad de un neohumanismo racional que nos libere de las insalvables contradicciones del capitalismo burgués. Propone una «nueva moral» (a medias entre el humanismo del primer Marx y la axiología de Scheler) que autorregule al hombre según sus aspiraciones profundas, no por normas impuestas a él.

La vida política e ideológica del Perú del siglo XX está dominada por dos figuras: Mariátegui *(17.8.)* y Haya de la Torre; ambos se conocieron, fueron aliados y luego se distanciaron definitivamente, creando el largo cisma del sector político radical entre comunistas y apristas. De hecho, la famosa polémica con Mariátegui y la consecuente ruptura entre ambos (1928) sobre la cuestión del «Frente Único» tuvieron consecuencias decisivas para el proceso intelectual y político del continente que Haya llamaba «Indoamérica». Nació en Trujillo, la misma ciudad donde Vallejo *(16.3.2.)*, pasó años que resultaron decisivos por la presencia de la «bohemia», grupo del que Haya era un miembro destacado. La primera etapa de su pensamiento está traspasada por el reformismo universitario, el indigenismo, el fervor revolucionario y el sentimiento antiimperialista general de esa época, ideas que compartía con Mariátegui y *Amauta*. Viviendo en la clandestinidad, exiliado y perseguido varias veces, la formación intelectual de Haya se completa en México y en otros países de América y sobre todo en Europa (vivió allí diez años, en dos distintos períodos), donde su radicalismo se aquieta y entra en franca revisión. Haya era un político culto (estudió dos años en el Ruskin College de Oxford) que escribía y filosofaba, no exactamente un escritor político, pese a los esfuerzos de Luis Alberto Sánchez *(18.1.3.)* por demostrar lo contrario. Puede decirse que su obra más importante no está en sus libros —o sólo en sus libros— sino en la fundación en México (1924) del partido Alianza Popular Revolucionaria Americana (APRA), frente multiclasista —convertido en el Partido Aprista Peruano desde 1931— cuya dramática y zigzagueante historia es un paradigma del camino recorrido por los grupos radicales no comunistas en la primera mitad del siglo. El aprismo fue sucesivamente revolucionario, reformista, populista, fascistoide, socialdemócrata y una mezcla incierta de todo eso; llegó al poder sólo al final de su larga carrera, ya agotado y sin resolver esas contradicciones, la primera de las cuales era una poco democrática organización interna que mantuvo a Haya como inamovible Jefe Máximo. La Asamblea Constituyente de 1978 lo honró con el cargo de presidente, puesto que desempeñaba cuando murió.

De sus libros, bastante numerosos, cabe mencionar tres títulos: *El antiimperialismo y el APRA* (Santiago, 1936), *Espacio-tiempo histórico* (Lima, 1948) y *Treinta años de aprismo* (México, 1956). El primero y el último marcan, con sus diferencias ideológicas, dos momentos clave de la evolución de su pensamiento partidario y de su análisis de la cuestión americanista. En el segundo es visible el esfuerzo, ambicioso pero algo confuso, por ligar las bases filosóficas de la dialéctica hegeliana con la teoría de la relatividad de Einstein (que parece haber conocido por mediación de Ortega y Gasset) y la visión histórica de Toynbee.

La obra ensayística de Martínez Estrada, siendo vasta, es sólo parte de un esfuerzo intelectual y creador de considerables proporciones, pues escribió también novela, relatos, poesía y teatro. Como en otros grandes ensayistas, el perfil ético y emotivo de su persona se trasluce nítidamente en la obra: su voz de pensador es grave, sombría, desencantada, pero a la vez animada por una pasión profética y algo mesiánica. Es un escritor que refleja bien los tiempos de crisis política y moral que vivió la Argentina y él mismo como parte de ella. Su revisionismo de la historia nacional y de los productos de su espíritu y su cultura lo convirtió en un guía, un maestro de generaciones; esa relación no fue siempre fluida, pues su pensamiento pasó por varias fases y entró en contradicciones, a veces violentas, consigo mismo; era temperalmental, arbitrario y hasta malgeniado. Pero hay algunas constantes: su admiración por las grandes figuras heroicas; su identificación con los individuos marginales y descastados; su angustia por el fracaso de la libertad y la justicia en el concreto mundo social; su preocupación por la creciente deshumanización de la sociedad tecnocrática; el acuciante tema de una Argentina enmarcada emtre el ascenso y la caída del peronismo y los grandes conflictos europeos, etc. El tono melancólico y pesimista de sus reflexiones está estimulado por sus lecturas de Nietzsche, Schopenhauer, Spengler y los existencialistas.

Radiografía de la pampa (Buenos Aires, 1933), *La cabeza de Goliat* (Buenos Aires, 1940) y *Muerte y transfiguración de Martín Fierro* (México, 1948) frecuentemente se citan como los ensayos fundamentales del autor, y sin duda son los más influyentes y conocidos. Pero no habría que soslayar *El mundo maravilloso de Guillermo Enrique Hudson* (México, 1951), esencial tanto para conocer a ese escritor trasplantado *(10.3.4.)* como para penetrar en el mundo interior del propio ensayista, sus memorias y obsesiones, y sobre todo para entender el continuo dilema entre el pensador y el artista que se albergaba en él. Hay dos etapas en su producción, separadas por el eje del medio siglo y marcada la segunda por su voluntario alejamiento de Buenos Aires y por sus períodos mexicano (1959-1961) y cubano (1961-1963), claros gestos de su hastío con Argentina y de sus ilusiones revolucionarias.

Su obra es un conjunto desigual que refleja los altibajos de su espíritu y su tensión intelectual. *Radiografía...* es un libro que bien puede leerse como una crítica a la famosa antinomia de Sarmiento *(8.3.2.)*. Para Martínez Estrada el dilema civilización/barbarie es falso, pues la verdadera civilización está en la armonía con la naturaleza (una naturaleza contemplada con un afecto algo roussoniano) y ambas son una misma cosa que debe considerarse como un sistema dialéctico. Desconociendo ese hecho, la ciudad ha crecido desmesuradamente y se ha convertido ella misma en el foco de una nueva barbarie: la de la civilización moderna, inhumana y materialista. Libro montado sobre un conjunto de arquetipos y categorías reconocibles (Jung, Spengler) aunque no siempre viables, brinda un testimonio de su visión intensamente crítica del modelo de sociedad que la Argentina representaba, y es más valioso por el ardor con que condena que por las propuestas y alternativas que ofrece.

En la misma línea de reflexión está *La cabeza de Goliat,* su más violenta acusación contra Buenos Aires como capital y centro simbólico de ese modelo. Su tesis genera una poderosa imagen gráfica: Argentina es un pulpo, una figura monstruosa constituida por miembros raquíticos (las provincias) y una cabeza hipertrófica (la capital) que devora y despilfarra las energías de todo el cuerpo social. Con este trabajo, el autor inicia un tema que luego se haría frecuente en el ensayo hispanoamericano: la crítica de la ciudad moderna, en cuyas agudas contradicciones de desarrollo y atraso parecen resumirse los males nacionales. El subtítulo de *Muerte y transfiguración...* («Ensayo de interpretación de la realidad argentina»), aparte de su semejanza con el título del libro clave de Mariátegui, señala bien el tipo de obra abarcadora que se propuso escribir, tomando como pretexto el famoso poema de Hernández *(8.4.2.).* Partes considerables del extenso ensayo contienen reflexiones históricas y culturales sobre la Argentina rural, sus hombres y costumbres —otra reafirmación de su identificación telúrica con la pampa y las formas de cultura marginal en vías de extinción. Pero el pretexto crece hasta alcanzar proporciones magníficas: es un estudio exhaustivo, acucioso y hasta maniático en sus detalles, escrito con buena prosa además, que todavía hoy es válido, y con pocos rivales que se le puedan comparar; es una obra maestra de devoción y erudición.

Los altibajos son más notorios en la segunda parte de su obra ensayística. Su *Semejanzas y diferencias entre los países de América Latina* (México, 1951) es casi por completo decepcionante. Su fase cubana daría origen a varios libros, los más importantes de los cuales son los dos volúmenes póstumos sobre Martí *(11.2.),* con quien llegó a tener una profunda identificación: *Martí: el héroe y su acción revolucionaria* (México, 1966) y *Martí revolucionario* (La Habana, 1967), que eran parte de un vasto proyecto inacabado. El último es, particularmente, un trabajo serio y profundo, pero también discutible. Su reflexión pone en juego un sistema de conceptos grandiosos e ideas ejemplares cuyos modelos son figuras míticas o heroicas universales: Homero, Sócrates, Mahoma, Cristo. Es una curiosa interpretación hegeliana del mundo histórico a través de un hombre superior y predestinado. Martínez Estrada era una voz profética y un pensador iluminado (en los dos sentidos de la palabra), aunque no metódico. Vivió en constante contradicción, tratando de entender y entenderse; al final, esas contradicciones lo devoraron y la promesa de síntesis planteada por ese continuo examen dialéctico quedó sin cumplirse. Tal vez por eso representa un caso peculiar de escritor que la literatura argentina no ha terminado de asimilar del todo y que sigue siendo, en parte al menos, una anomalía dentro de su tradición.

Una nota al margen para referirnos a un filósofo que cultivó la especulación pura: el argentino Francisco Romero (1891-1962). Nacido en España pero criado en Buenos Aires, Romero fue discípulo de Alejandro Korn (1860-1936), de orientación idealista, sucesor suyo en la cátedra universitaria y luego su exégeta en *Alejandro Korn, filósofo de la libertad* (Buenos Aires, 1956). Con Ramos, comparte el influjo de Scheler y Ortega y Gasset, aparte de la preocupación humanística. La idea de *trascendencia* es esencial en sus planteamientos sobre la realización del ser y en su comprensión de los altos valores a los que está destinado, como puede verse en *Filosofía de la persona* (Buenos Aires, 1944) y *Teoría del hombre* (Buenos Aires, 1952). Romero fue también un historiador de las ideas y de la cultura americana, según puede verse en *Estudios de historia de las ideas* (Buenos Aires, 1953), aparte de ser un espíritu equilibrado y un prosista cuya elegancia reside en su claridad y precisión.

Textos y crítica:

HAYA DE LA TORRE, Víctor Raúl, *El antiimperialismo y el APRA*, Santiago, Ercilla, 1936.
— *Espacio-tiempo histórico*, Lima, La Tribuna, 1948.
MARTÍNEZ ESTRADA, Ezequiel, *La cabeza de Goliat, microscopía de Buenos Aires*, Buenos Aires, Club del Libro ALA, 1940.
— *Muerte y transfiguración de Martín Fierro*, México, Fondo de Cultura Económica, 1948.
— *Radiografía de la pampa*, ed. crít. de Leo Pollman, Madrid, Archivos, 1996.
RAMOS, Samuel, *Obra completa*, México, UNAM, 1975, 3 vols.
ROMERO, Francisco, *Selección de textos*, ed. de Carlos Torchia Estrada, Buenos Aires, Secretaría de Cultura de la Nación/Marymar, 1994.

ARREOLA CORTÉS, Raúl, *Samuel Ramos: la pasión por la cultura*, Morelia, México, Universidad Michoacana de San Nicolás de Hidalgo, 1995.

BOURRICAUD, François, *Ideología y desarrollo: el caso del Partido Aprista Peruano,* Morelia, México, El Colegio de México, 1966.
CHANG RODRÍGUEZ, Eugenio, *La literatura política de González Prada, Mariátegui y Haya de la Torre,* México, Ediciones de Andrea, 1957.
COSSÍO DEL POMAR, Felipe, *Víctor Raúl,* México, Cultura, 1954.
EARLE, Peter G., *Prophet of the Wilderness. The Works of Ezequiel Martínez Estrada,* Austin, University of Texas Press, 1971.
HERNÁNDEZ LUNA, Juan, *Samuel Ramos: etapas de su formación espiritual,* Morelia, México, Universidad Michoacana de San Nicolás de Hidalgo, 1982.
Homenaje a Francisco Romero, Buenos Aires, Universidad de Buenos Aires, 1964.
RIVERA, Juan Manuel, *Estética y mistificación en la obra de Ezequiel Martínez Estrada,* Madrid, Pliegos, 1987.
SÁNCHEZ, Luis Alberto, *Haya de la Torre y el APRA,* Lima, Universo, 2.ª ed., 1980.

18.1.2. Dos ensayistas venezolanos: Picón Salas y Uslar Pietri

En el campo de la reflexión histórica y cultural, el ensayo y la narración autobiográfica o memorialista, los nombres de dos venezolanos ocupan un espacio de considerable importancia: Mariano Picón Salas (1901-1965) y Arturo Uslar Pietri (1906-2001), cuyas vidas y obras corren paralelas y en cierta medida determinadas por los mismos avatares del proceso político del país, pese a que el primero estuvo ausente de él por largos períodos. Ambos representan, con variantes, el pensamiento humanista liberal como orientador de una interpretación histórica del país y del continente. Picón Salas es un historiador de la cultura de amplios vuelos, como puede verse en *De la conquista a la independencia. Tres siglos de historia cultural hispanoamericana* (México, 1944) y un esperanzado americanista (*Europa-América. Preguntas a la esfinge de la cultura* [México, 1947]), preocupado por la armonía entre el hombre y la naturaleza.

Pero lo significativo es que su reflexión de los procesos colectivos aparece como parte de su memoria personal, de una suerte de autobiografía intelectual en la que él y el país se funden. Historiar y recordar eran las dos formas favoritas que adoptaba la múltiple búsqueda en la que estaba empeñado: por sus propias raíces, por su identidad cultural, por la regeneración del país agobiado por la dictadura de Juan Vicente Gómez. Quizá por eso las mejores páginas de su extensa obra estén en *Viaje al amanecer* (México, 1943) y *Regreso de tres mundos* (México, 1959), libros que tienen una contextura de narración literaria hecha a partir de recuerdos e ideas ensayísticas; narrar era, para él, una forma de ejercitar la libertad, el rigor, la conciencia intelectual y, por lo tanto, una virtud básica del historiador. Fue, desde joven, un gran viajero —un «peregrino» se llamaba él— que recorrió muchos países durante buena parte de su vida y que escribió cordiales crónicas sobre sus experiencias en ellos. Aun así, su preocupación por la cultura nacional es indudable: fundó la importante *Revista Nacional de Cultura* y el Instituto Nacional de Cultura, que se inauguró el mismo año de su muerte. Picón Salas escribió varias novelas, pero el brillo de su prosa y sus dotes de narrador no se aprecian allí, sino en sus páginas y ensayos autobiográficos, que entretejen ficción y memoria de una manera sutil.

Más notoria es la obra narrativa de Uslar Pietri, ensayista que escribió cuentos, biografías noveladas y novelas; entre las últimas cabe mencionar dos: *Las lanzas coloradas* (Madrid, 1931), relato sobre las guerras de la emancipación venezolana en el que aparecen Bolívar *(7.3.)* y el legendario Tomás Boves (que inspiraría a otros novelistas nacionales); y *Oficio de difuntos* (Barcelona, 1976), cuyos personajes fueron modelados sobre las figuras de los dictadores Juan Vicente Gómez y Cipriano Castro. Un sector de la crítica —sobre todo venezolana— sostiene que aún más decisivo que el aporte de estas novelas a la literatura nacional es el de su extensa obra cuentística, que va de *Barrabás y otros relatos* (Caracas, 1928) a *Los ganadores* (Barcelona, 1980). La obra literaria del autor es sólo parte de su contribución intelectual y personal: hay que considerar su distinguida faceta de hombre público (varias veces ministro y senador, diplomático, candidato a la Presidencia), su carrera de profesor universitario dentro y fuera del país y su extensa labor periodística, sobre todo a través de *El Nacional,* que dirigió por seis años. Su primer destino diplomático fue París, y allí trabó estrecha amistad con dos futuras grandes figuras de nuestra novela: Asturias *(18.2.1.)* y Carpentier *(18.2.3.);* esa relación enriqueció intelectualmente a los tres y tendría largas repercursiones literarias.

Sin duda, la porción más influyente de su producción está en sus ensayos, que empezó a escribir en la década del cuarenta, después de haberse iniciado como narrador. Esta etapa corresponde con su exilio en Canadá y Estados Unidos, como consecuencia del golpe militar que en 1945 derribó al gobierno democrático al que había servido como ministro de Educación; en 1948, los mismos militares derrocarían el gobierno de Gallegos *(15.2.3.),* pese a lo cual Uslar Pietri retorna a su patria un año después. Algunos de sus mejores ensayos se hallan en libros como *Letras y hombres de Venezuela* (México, 1948), *En busca del Nuevo Mundo* (México, 1969) y

Fantasmas de dos mundos (Barcelona, 1979). Una observación sobre el primer libro: en el ensayo sobre «El cuento venezolano» aparece el término «realismo mágico» muy poco antes de que Carpentier lo desarrollase en una influyente teoría. Al revisarlos, se hace evidente que en la visión de Uslar Pietri la cultura, la historia y la política están estrechamente vinculadas y en continua interacción. Uno de sus grandes motivos de reflexión está vinculado con este esquema: el del caudillo, el «hombre fuerte», esa forma criolla del cesarismo, cuya presencia fue endémica en Venezuela y que ha tenido un efecto negativo en la vida pública y espiritual de todo el continente. Para Uslar Pietri la cuestión tenía además un aspecto de indagación personal, porque en su juventud mostró una actitud algo ambigua frente a la dictadura gomecista y fue ésta la que lo designó para su cargo diplomático en París. A su vez, este tema se asocia con otros de su repertorio ensayístico: tradición frente a cambio, marco constitucional frente a democracia real, etc. En el campo estrictamente literario su *Breve historia de la novela hispanoamericana* (Caracas, 1954) es una importante contribución al estudio de ese género.

Textos y crítica:

Picón Salas, Mariano, *Ensayos escogidos,* ed. de Juan Loveluck y pról. de Ricardo Latcham, Santiago, Zig-Zag, 1958.
— *Obras selectas,* ed. y pról. del autor, Caracas/Madrid, Edime, 2.ª ed., 1962.
— *Viejos y nuevos mundos,* ed. de Guillermo Sucre, Caracas, Monte Ávila, 1984.
Uslar Pietri, Arturo, *Veinticinco ensayos,* Caracas, Monte Ávila, 1969.
— *Las lanzas coloradas y cuentos selectos,* ed. de Domingo Miliani, Caracas, Biblioteca Ayacucho, 1979.
— *La invención de América mestiza,* ed. de Gustavo Luis Carrera, México, Fondo de Cultura Económica, 1996.

Azzario, Esther, *La prosa autobiográfica de Mariano Picón Salas,* Caracas, Equinoccio, 1980.
Feliú Cruz, Guillermo, *Para un retrato psicológico de Mariano Picón Salas,* Santiago, Nascimento, 1970.
Molloy, Sylvia, «En busca de la utopía: el pasado como promesa en Picón Salas», *Acto de presencia*,* pp. 146-168.
Morin, Thomas D., *Mariano Picón Salas,* Boston, Twayne, 1979.
Stabb, Martin, «Arturo Uslar Pietri», Carlos A. Solé*, vol. 3, pp. 1057-1061.
Szichman, Mario, *Uslar: cultura y dependencia,* Caracas, Vedeli Hnos., 1975.
VV.AA., *Vigencia de Mariano Picón Salas,* Caracas, Casa Nacional de las Letras, 2001.

18.1.3. Los testigos del siglo: Benjamín Carrión, Luis Alberto Sánchez, Germán Arciniegas. Otros críticos

En los esfuerzos interpretativos de la literatura, la crítica de esta época tiende, casi sin excepción, a verla como un fenómeno indesligable del proceso cultural y social; es decir, hacer crítica literaria consiste sobre todo en señalar cómo las formas de creación individual hunden sus raíces en comportamientos e ideales colectivos que definen una nacionalidad y su pertenencia a una tradición histórica. La generalidad de esos autores cree que los contextos dicen tanto como los textos y le agregan valor o significación; indagar esas relaciones convierte a los críticos en historiadores, investigadores sociales o agentes de su evolución cultural. Todos o casi todos tuvieron alguna función como hombres públicos y gozaron de un amplio respeto continental que se extendió a Europa; desde diversas trincheras ideológicas, el demonio de la política los sedujo, los martirizó o los honró con el poder. Algunos de ellos fueron además, por sus largas vidas y obras, verdaderos testigos del siglo, que asistieron a grandes acontecimientos y transformaciones y nos dieron testimonios personales de ellos. Consideremos a tres de estos hombres —recordando que Uslar Pietri *(supra)* pertenece a la misma estirpe— marcados de modo notorio por el signo de los tiempos.

El ecuatoriano Benjamín Carrión (1897-1979) fue, como todos estos testigos, un hombre múltiple: ensayista, profesor, periodista, parlamentario, promotor cultural, diplomático... Numerosos países latinoamericanos lo acogieron y lo reconocieron. Fue uno de los fundadores de la Casa de la Cultura Ecuatoriana (1944) que hoy lleva su nombre. Siempre próximas al mundillo de la política local, la vida y la obra de Carrión no han dejado de estar sometidas a juicios polémicos; el hecho de que su visión de la cultura ecuatoriana oscilase, a veces fuertemente, entre un refinamiento de origen europeizante y una adhesión a causas y valores populares, entre un indivualismo estetizante y una vaga inclinación socialista, complica más las cosas. Lo primero quizá sea una herencia de su juventud «arielista» *(13.10.)*. De lo que no cabe duda es de que Carrión fue siempre un escritor «comprometido» tanto con el destino de su pueblo (sobre todo después de la guerra con el Perú de 1941) como con el papel que debía cumplir en el panorama continental. De lo primero dan testimonio sus *Cartas al Ecuador* (Quito, 1943), pero hoy tienen mayor interés libros como *Los creadores de la Nueva América* (Madrid, 1928), *Mapa de América* (Madrid, 1930) y especialmente su cabal y cautivante retrato histórico *García Moreno: El santo del patíbulo* (México, 1959), sobre el casi mítico dictador ecuatoriano y archienemigo del vitrólico Montalvo *(9.6.)*, con quien Carrión tiene algunas semejanzas. Otras dos biografías cuyos títulos reiteran su interés por cierta forma de «santidad» son: *San Miguel de Unamuno* (Quito, 1954) y *Santa Gabriela Mistral* (Quito, 1956). Carrión dedicó también numerosos trabajos a la literatura ecuatoriana, especialmente el cuento.

El polígrafo peruano Luis Alberto Sánchez (1900-1994) publicó su primer libro al comenzar la segunda década del siglo y no dejó de hacerlo hasta su muerte, además de incontables artículos y textos dispersos en periódicos y revistas de todas partes. Desarrolló una labor fecunda y variada como crítico e historiador literario, profesor universitario, político (fue parlamentario y vicepresidente de la República), novelista, publicista, biógrafo, ideólogo; como si esto fuese poco, en sus últimos años mantenía —a pesar de su ceguera— espacios diarios en la prensa, radio y televisión. Era además un conversador fascinante e inventivo, lo que a veces se transfiere a su prosa. Su larga e indeclinable adhesión al Partido Aprista agitó su vida intelectual con los azares del destierro y la persecución, lo que, en parte, explica los descuidos y prisas con las que fueron escritos muchos de sus libros. Su devoción por la literatura es innegable, como son dudosos su manejo de fuentes, sus juicios y con cierta frecuencia sus gustos. *La literatura peruana,* vasta historia literaria cuya última edición (Lima, 1966) tiene cinco volúmenes, es una recopilación enciclopédica e indispensable, cuya orientación sociocrítica tal vez sea una reacción a la visión académica y aristocratizante de Riva-Agüero *(13.10.);* el subtítulo de la obra —«Derrotero para una historia cultural del Perú»— lo dice todo. En su tiempo *América: novela sin novelistas* (Santiago, 1933) causó cierto revuelo, pero la tesis declarada en el título fue rápidamente desmentida por la realidad. Sus obras críticas más sólidas y rigurosas son sus varios trabajos sobre González Prada *(11.6.)* y sobre todo su notable *Aladino o vida y obra de José Santos Chocano* (México, 1960). No es exagerado decir que sin Sánchez el concepto «literatura peruana» no existiría, igual que la de Argentina sin Rojas *(13.10.);* en realidad, Sánchez siguió los pasos de éste y extendió su esfuerzo de recopilador e intérprete a nuevas fronteras, como un verdadero pionero que abrió caminos que muchos otros continuaron.

El colombiano Germán Arciniegas (1900-1999), cuyo caso puede compararse al de Sánchez por su fecundidad y variedad, ha producido una copiosa, casi abrumadora, obra literaria que sólo la muerte detuvo. Arciniegas es un auténtico americanista, comprometido con sus grandes causas y que respondió a los cambiantes tiempos con nuevas propuestas y estrategias. Pero lo interesante es que su americanismo escapa de la clásica oposición América-Europa y refleja una visión ecuménica de la cultura, en la que hay un continuo préstamo y trasvase de ideas entre ambos mundos. Joven rebelde y agitador, viejo liberal, ha cumplido distintas tareas aparte de la de ensayista propiamente dicha: político, diplomático, publicista, periodista, profesor universitario, etc.; en esta última faceta pasó varios años (1948-1959) enseñando en la Universidad de Columbia, en Nueva York. Su defensa de la autonomía universitaria en su país fue de capital importancia. Puede decirse que Arciniegas ha practicado todas las formas del ensayo: histórico, sociopolítico, cultural, literario, artístico, biográfico, aparte de sus crónicas de viaje y sus incontables artículos que lo han hecho conocido por el gran público; durante muchos años estuvo vinculado a *El Tiempo* de Bogotá y su suplemento literario. Podría decirse que, en el fondo, todos esos temas son pretextos para que el escritor despliegue sus virtudes personales: observación penetrante, información, sentido común, ráfagas de ironía, fantasía y memoria privada, rasgos que dejan una marca original en sus textos. Él ha dicho que es una especie de reportero de la historia.

Aunque su tema central es Colombia, sus ensayos adoptan enfoques, asuntos y métodos muy diversos, desde verdaderos estudios u obras integrales como *Entre la libertad y el miedo* (México, 1952) hasta piezas breves y de intención ligera, como *Transparencias de Colombia* (Bogotá, 1973). *Este pueblo de América* (México, 1945) y *Biografía del Caribe* (Buenos Aires, 1945) son dos de los libros que contienen lo mejor de su pensamiento y su prosa. Le gustaba reconstruir la historia de un modo muy subjetivo, con un acento poético y un espíritu optimista en el futuro; con el tiempo, esa fe lo fue conduciendo a una suerte de simplismo cultural y a una posición bastante conformista frente a los problemas sociales de América. La misma prodigalidad de su pluma y las tiránicas exigencias del periodismo fueron malogrando su estilo y haciéndolo caer en la autocomplacencia y el reciclaje de sus propias ideas. Era un buen escritor, pero cometió el error de creer que se puede escribir bien en cualquier ocasión o sobre cualquier cosa.

Aunque algo menos longevos que estos grandes testigos, hay un grupo de críticos y ensayistas que los acompañan por su americanismo y su parejo interés por los fenómenos literarios y sociales. Los cubanos Jorge Mañach (1898-1961) y Juan Marinello (1898-1977) no sólo fueron coetáneos y compartieron muchas aventuras intelectuales y políticas, sino que tuvieron el mismo arranque, como participantes de los grupos de vanguardia de su país *(17.6.)*. Marinello tuvo una destacada actuación en el movimiento reformista universitario en Cuba, al lado de dos figuras políticas aún recordadas hoy: Antonio Mella y Rubén Martínez Villena. Desde entonces la pasión política envolvió su actividad intelectual y tiñó lo esencial de su obra. Sufrió sucesivos exilios y encarcelamientos. Cumplió tareas varias en orgnizaciones culturales y políticas, ademas de ser senador, ministro, candidato a la Presidencia de la República, miembro del Partido Socialista Popular Cubano y, desde 1959, del Partido Comunista. Su labor de periodista fue intensa y se difundió en varios países. Su obra de ensayista y crítico es amplia y tocó temas muy diversos, aunque siempre marcada por su prédica revolucionaria y muchas veces por su sujeción a los modelos o intereses teóricos propagados por el llamado marxismo-leninismo. Pese a ello, en un temprano volumen simplemente titulado *Literatura hispanoamericana* (México, 1937), hay piezas de valor, entre ellas «Tres novelas ejemplares», sobre las célebres novelas de Rivera, Güiraldes y Gallegos *(15.2.1., 15.2.2., 15.2.3.)*. Pero quizá lo que mejor lo representa es su obra crítica martiana, que nos dejó *José Martí, escritor y americano, Martí y el modernismo* (México, 1958) y sus *Dieciocho ensayos martianos* (La Habana, 1981).

Mañach comenzó sus estudios en España y Francia y los culminó en La Habana. Ya sabemos que es uno de los miembros fundadores del Grupo Minorista y de la *Revista de Avance (17.6.)*. Exiliado a Estados Unidos por sus actividades políticas contra la dictadura de Gerardo Machado, fue profesor en la Universidad de Columbia, al lado de Federico de Onís. En realidad, sufrió dos exilios más, uno en España durante la dictadura de Batista y otro en Puerto Rico —donde murió— por sus diferencias con la revolución castrista. Aunque pertenecía a un partido de orientación conservadora, era en el fondo un liberal, respetuoso de la pluralidad democrática y defensor de la justicia; su modelo moral era Martí (aunque no compartiese su antiimperialismo), de quien sería un apasionado crítico y estudioso. Como periodista, escribió para el *Diario de la Marina* y para la revista *Bohemia* y contribuyó a la modernización del género.

Una buena cantidad de ensayos del autor nacen como textos periodísticos o como conferencias y tienen un sesgo didáctico. Como crítico literario era un ecléctico, que oscilaba entre un enfoque psicológico y uno sociológico. Se interesó por temas de la cultura popular cubana, como testimonia *Indagación del choteo* (La Habana, 1928), y por cuestiones de arte (*Goya*, La Habana, 1928); también escribió estudios sobre pensadores como Ortega y Gasset y John Dewey. La *Indagación*... es un original estudio antropológico sobre la actitud festiva y burlona con la que el cubano suele responder a las presiones del medio social; puede compararse con las reflexiones de Ramos *(18.1.1.)* sobre el mexicano y con las de Paz *(20.3.3.)* sobre el «pachuco» en *El laberinto de la soledad*. No obstante, son sus libros martianos los que tuvieron más influencia y lo hicieron más conocido: *Martí, el apóstol* (Madrid, 1933), *El pensamiento social y político de José Martí* (La Habana, 1941) y *El espíritu de Martí* (La Habana, 1952).

Agreguemos a dos críticos chilenos: Arturo Torres-Rioseco (1897-1971) y Ricardo Latcham (1903-1965), que enriquecieron los estudios sobre la literatura chilena e hispanoamericana, sobre todo la prosa narrativa. El primero migró temprano a Estados Unidos, donde se formó y desarrolló una larga carrera académica en la Universidad de California, Berkeley, y en otras instituciones. Enseñó también en México, por invitación de Henríquez Ureña *(14.1.4.)*, y conoció allí a Gabriela Mistral *(15.3.2.)*, sobre quien escribiría. Fue, desde fines de la década del treinta, uno de los críticos más prestigiosos y representativos de la literatura hispanoamericana en el extranjero, con libros como *La novela en la América Hispana* (Berkeley, 1939), *Novelistas contemporáneos de América* (Santiago, 1940) y *Grandes novelistas de la América Hispana* (Berkeley, 1941-1943, 2 vols.). En estos y otros libros reafirmó el concepto de «novela de la tierra» como una estética americanista, que circuló profusamente entonces. De 1945 es su *Vida, pasión y muerte de Rubén Darío* y de 1956 *Breve historia de la literatura chilena*. Uno de sus últimos trabajos importantes es *Historia de la literatura iberoamericana* (Nueva York, 1965).

Latcham se formó y ejercitó como crítico en las páginas de revistas y diarios chilenos y venezolanos. Hizo estudios en España, fue profesor en su país y, como miembro del Partido Socialista, tuvo una intensa vida política. Era un crítico estimulante y personal, ajeno a criterios normativos, además de ser un buen prosista, transparente y comunicativo. Sus mayores intereses estaban en el campo de la novela, el cuento y el ensayo. Su *Carnet crítico* (Montevideo, 1962) da una buena idea de sus aportes al estudio de nuestra literatura.

El primer gran especialista mexicano en el campo de los estudios de la literatura y cultura náhuatl fue el sacerdote Ángel María Garibay (1892-1967). No sólo era un profundo conocedor de las lenguas indígenas, sino un clasicista que dominaba el latín, el griego, el arameo y el hebreo. Su *Historia de la literatura náhuatl* (México, 1954) es —dentro de una producción copiosísima— una obra fundamental en los estudios de ese campo. Otro mexicano, Antonio Magaña Esquivel (1909-1987), fue, además de novelista y dramaturgo, un importante investigador del teatro y gran animador de la actividad dramática en su país. Es autor de *Breve historia del teatro mexicano* (México, 1958), entre otros numerosos trabajos sobre ese género.

Es justo mencionar aquí el aporte conjunto que la crítica argentina brindó al resto de América. Sin desconocer la labor que a comienzos de siglo desarrolló Roberto F. Giusti (1887-1978), fundador en 1907 de la longeva revista *Nosotros* y considerado el decano de la crítica argentina tras los pasos de Ricardo Rojas, el impulso renovador más importante provino de dos extranjeros: el dominicano Pedro Henríquez Ureña y el español Amado Alonso (1896-1952). Especialmente el último introdujo en la crítica académica el rigor de la lingüística, la filología y la estilística modernas. Con ellas se formó un grupo de discípulos destinados a ser críticos brillantes: Ana María Barrenechea (1913), María Rosa Lida de Malkiel (1910-1962) y Raimundo Lida (1908-1979) y Enrique Anderson Imbert (1910-1999), entre otros, cuyas respectivas obras críticas han tenido vasta influencia en nuestros estudios literarios. Finalmente, un valioso grupo de críticos y ensayistas colombianos que se mueven, con gran libertad, entre la crítica académica y las formas más creadoras del ensayo como pura forma artística: incluye a Hernando Téllez (1908-1966), quien además tiene una interesante obra narrativa; Ernesto Volkening (1908-1983), nacido en Alemania y con una sólida formación humanística europea; y Nicolás Gómez Dávila (1913-1994), cuya estirpe conservadora y extraordinaria lucidez se resumen en una serie de aforismos que difícilmente tienen parangón en nuestra lengua: *Escolios a un texto implícito* (Bogotá, 1977). La contribución de estos tres autores a la prosa y al pensamiento hispanoamericanos es decisiva.

Textos y crítica:

ARCINIEGAS, Germán, *Páginas escogidas (1937-1973)*, Madrid, Gredos, 1975.
CARRIÓN, Benjamín, *García Moreno, el santo del patíbulo*, México, Fondo de Cultura Económica, 1959.
GARIBAY, Ángel María, *Historia de la literatura náhuatl*, México, Porrúa, 1954.
GÓMEZ DÁVILA, Nicolás, *Escolios a un texto implícito*, Bogotá, Instituto Colombiano de Cultura, 1977.

LATCHAM, Ricardo, *Carnet crítico,* Montevideo, Alfa, 1962.
— *Antología. Crónica de varia lección,* ed. de Alfonso Calderón y Pedro Lastra, Santiago, Zig-Zag, 1965.
MAGAÑA ESQUIVEL, Antonio, y Ruth LAMB, *Breve historia del teatro mexicano,* México, De Andrea, 1958.
MAÑACH, Jorge, *Martí, el apóstol,* Madrid, Espasa-Calpe, 1933.
— *El pensamiento político y social de José Martí,* La Habana, Ed. Oficial del Senado, 1941.
MARINELLO, Juan, *Ensayos,* La Habana, Arte y Literatura, 1977.
SÁNCHEZ, Luis Alberto, *La literatura peruana,* Lima, Ediciones de Ediventas, 1966, 5 vols.
— *Aladino o vida y obra de José Santos Chocano,* México, Libro Mex, 1960.
TÉLLEZ, Hernando, *Selección de prosas,* Bogotá, Instituto Colombiano de Cultura, 1975.
TORRES-RÍOSECO, Arturo, *Grandes novelistas de la América Hispana,* Berkeley, University of California Press, 1941.
VOLKENING, Ernesto, *Oficio crítico,* Bogotá, Presidencia de la República, 1997.

BILLÉ, Philippe (ed.), *Studia Daviliana. Etudes sur Nicolás Gómez Dávila,* La Croix-Comtesse, Francia, 2003.
Boletín Cultural y Bibliográfico [Trabajos sobre Nicolás Gómez Dávila, Ernesto Volkening y Hernando Téllez], 82: 40 (1995), pp. 31-96.
COBO BORDA, Juan Gustavo, *Arciniegas de cuerpo entero,* Bogotá, Planeta, 1987.
— (ed.), *Una visión de América Latina. La obra de Germán Arciniegas desde la perspectiva de sus contemporáneos,* Bogotá, Instituto Caro y Cuervo, 1990.
CAULFIELD, Carlota, y Miguel Ángel ZAPATA (eds.), *Literary and Cultural Journeys. Selected Letters to Arturo Torres-Rioseco,* Oakland, California, Mills College Center for the Book, 1995.
Diccionario de la literatura argentina, Pedro Orgambide y Roberto Yahni (eds.), Buenos Aires, Sudamericana, 1970 [«Crítica literaria», pp. 152-164].
En homenaje a Amado Alonso (1896-1996), Sevilla, Secretariado de Publicaciones de la Universidad de Sevilla, 1996.
HANDELSMAN, Michael, *En torno al verdadero Benjamín Carrión,* Quito, El Conejo, 1989.
— *Ideario de Benjamín Carrión,* Quito, Planeta de Ecuador, 1992.
HERNÁNDEZ, Sergio, *Don Ricardo Latcham,* Santiago, Academia Chilena de la Lengua, 1985.
VV.AA., *Estudios de cultura náhuatl,* vol. 4. Publicado en homenaje a Ángel María Garibay, México, UNAM, 1963.
VV.AA., *Recopilación de textos sobre Juan Marinello,* La Habana, Casa de las Américas, 1979.

18.1.4. Tres historiadores: Valle, Porras y Basadre

De los numerosos historiadores de la época, hagamos referencia sólo a tres porque tienen interés para la literatura y ejercen un influjo que excede los marcos habituales de esa disciplina. El hondureño Rafael Heliodoro Valle (1891-1969) es el de mayor edad de todos los ensayistas que estamos examinando en estos apartados; de hecho, era mayor que Mariátegui *(17.8.)*, pero la porción válida de su obra ensayística es bastante tardía. Hay que admitir que su figura intelectual, visible y prestigiosa en su tiempo, está hoy casi completamente olvidada, salvo en su país, en México (por razones que veremos de inmediato) y quizá en el Perú, donde vivió un tiempo y por ser la tierra de su segunda esposa, la investigadora Emilia Romero. Comenzó a publicar, muy temprano en la segunda década del siglo, libros de poesía y páginas varias sobre su experiencia americana, sobre todo en México, a cuya cultura revolucionaria se asimiló desde sus años de estudiante y a la que dedicó numerosos trabajos. Fue funcionario público en su país y también en México, al servicio de los planes educativos de Vasconcelos *(14.1.3.)*. Los problemas políticos de este último país y de toda la región centroamericana —por cuya unión luchó infructuosamente— dieron origen a sus primeros trabajos históricos, campo en el que está lo mejor de él. Desempeñó, como tantos de estos autores, puestos diplomáticos, misiones políticas y realizó una amplísima labor periodística. De lo mucho que hizo y escribió puede rescatarse su notable *Historia de las ideas contemporáneas en Centro-América* (México, 1960), que apareció póstumamente. Es uno de los mejores trabajos de su tiempo y, en cierto sentido, no ha sido superado por su amplitud y su lucidez. Valle sostiene una teoría que sigue siendo válida: los problemas de la región no son sólo el resultado de fuerzas y poderes externos. Sus trabajos sobre Iturbide, Cortés *(2.3.3.)*, Las Casas *(3.2.1.)* y Bolívar *(7.3.)* demuestran también que Valle era un erudito riguroso a la vez que un hombre de fina sensibilidad.

Los peruanos Raúl Porras Barrenechea (1897-1960) y Jorge Basadre (1903-1980) son, sin discusión, los mejores historiadores que ha tenido el Perú después de Riva-Agüero *(13.10.)*. Ambos fueron profesores, hombres públicos y con una faceta de investigadores literarios que dio frutos brillantes. Y aunque se especializaron en campos distintos —Porras en la historia colonial, Basadre en la de la época republicana—, tuvieron una pasión por el rico pasado peruano que desbordaba esos límites gracias a su enorme curiosidad, saber y capacidad de trabajo. Eran eruditos, pero escribían para los no iniciados, a los que enseñaron a amar y conocer el Perú; desafortunadamente, sus numerosos discípulos no han superado su ejemplo. Ambos, además, cultivaban una buena prosa, que en Porras tenía cualidades artísticas, irónicas y hasta sarcásticas, como en su visión burlona de la arqueología, cuyas hipótesis comparaba con la ficción novelística. Porras dedicó largos años a la enseñanza universitaria y fue generoso con el tiempo que le dispensaba; eso, sumado a sus responsabilidades como representante oficial en cuestiones de fronteras (en las que era un gran experto) y de parlamentario, quizá ayude a explicar algo que debe lamentarse: aunque Porras publicó numerosas e importantes obras, no escribió el libro de historia colonial que todos esperaban de él. Incluso su fundamental *Los cronistas del Perú* (Lima, 2.ª ed., 1986) es un texto preparado a partir de apuntes de clase. Sin embargo, nos dejó libros espléndidos sobre temas específicos tan diversos como *Mito, tradición e historia del Perú* (Lima, 1951), *El Inca Garcilaso en Montilla* (Lima, 1955) o *El sentido tradicional de la literatura peruana* (Lima, 1969). Había en él una tendencia hispanizante, fruto de su admiración por la épica empresa de la conquista, que conocía con asombroso detalle; amaba profundamente a España, donde fue un brillante embajador. Eso no le impedía exaltar en sus estudios el alma mestiza del Perú y las formas de creación popular. Y aunque tenía algunos gestos aristocratizantes (sin dejar de ser discreto y frugal), sentía un genuino afecto y comprensión por las variadas formas del espíritu criollo, como lo demuestran sus *Tres ensayos sobre Ricardo Palma* (Lima, 1954) y la edición del *Epistolario* (Lima, 1949) de este escritor *(9.7.)*.

Basadre también desempeñó altos cargos (ministro de Educación, director de la Biblioteca Nacional, etc.), pero desde joven mostró una gran disciplina intelectual que le permitió emprender y culminar ambiciosos proyectos. Su primer libro tiene un título curioso: *Equivocaciones* (Lima, 1928), y no es un trabajo histórico sino sobre literatura, arte y sociedad, que muestra su agudeza crítica; su trabajo sobre Eguren *(13.5.1.)* es tan temprano como notable. Sin alinearse ideológicamente con él, sufrió de joven el impacto de la prédica indigenista de Mariátegui *(17.8.)* —prédica a la que Porras fue impermeable— y preparó una de las primeras antologías de *Literatura inca* (París, 1938) que se conocen. Había nacido en Tacna, una provincia más al sur de la Moquegua natal de Mariátegui y, como él, vivió de cerca el tenso clima entre peruanos y chilenos tras la Guerra del Pacífico; eso, sin duda, afirmó su peruanidad y su inclinación por la historia.

Su primer gran libro de historia y uno de los más influyentes de su primera etapa de producción es *Perú: problema y posibilidad. Ensayo de una síntesis de la evolución histórica del Perú* (Lima, 1931). Éste es uno de los pilares sobre los que empezaría a eregir, tras sus años de estudio en Estados Unidos y Alemania, su monumental trabajo: *Historia de la República del Perú*, del que aparecen en Lima cuatro ediciones (1939, 1940, 1945 y 1947), profusamente revisadas y ampliadas. Siguió investigando y lanzando nuevas ediciones de esta misma obra, hasta la definitiva y póstuma (Lima, 1983, 11 vols.), que culmina su esfuerzo no sólo por narrar la historia política del país, sino por interrogarla, explicarla e integrarla con los procesos culturales, artísticos e intelectuales; al final, su obra es un resumen enciclopédico de toda la época republicana. Así logró una armoniosa alianza del enfoque historiográfico, la crítica literaria, la interpretación cultural y su preocupación —en sus últimos años, algo angustiada ante los rumbos que tomaba la vida política— por el destino del Perú. Otros de sus ensayos históricos son: *La promesa de la vida peruana* (Lima, 1943), *Meditaciones sobre el destino histórico del Perú* (Lima, 1947) y el muy sugestivo *El azar en la historia y sus límites* (Lima, 1973). El conjunto de su obra difícilmente tiene parangón en América.

Textos y crítica:

BASADRE, Jorge, *Historia de la República del Perú*, Lima, Editorial Universitaria, 7.ª ed., 1983, 11 vols.

— *Equivocaciones. Ensayos sobre literatura penúltima*, Lima, Studium, 2.ª ed., 1988.

LOAYZA, Luis (ed.), *Raúl Porras Barrenechea. La marca del escritor*, México, Fondo de Cultura Económica, 1994.

PORRAS BARRENECHEA, Raúl, *El Inca Garcilaso en Montilla (1561-1614)*, Lima, San Marcos, 1955.

— *El sentido tradicional de la literatura peruana*, Miraflores, Lima, Instituto Raúl Porras Barrenechea, 1969.

— *Los cronistas del Perú (1528-1650) y otros ensayos*, ed. de Franklin Pease G. Y., Lima, Banco de Crédito del Perú-Ministerio de Educación, 2.ª ed., rev. y aum., 1986.

VALLE, Rafael Heliodoro, *Historia crítica de las ideas contemporáneas en Centroamérica*, México, Fondo de Cultura Económica, 1960.

ACOSTA, Óscar, *Rafael Heliodoro Valle, vida y obra. Biografía, estudio crítico, bibliografía y antología de un intelectual hondureño*, Tegucigalpa, Nuevo Continente, 2.ª ed., 1973.

DORN, Georgette, «Rafael Heliodoro Valle», Carlos A. Solé*, vol. 2, pp. 721-725.

Homenaje a Rafael Heliodoro Valle. En los 30 años de su fallecimiento y 98 de su natalicio, Tegucigalpa, Universidad Nacional Autónoma de Honduras, 1989.
Homenaje a Raúl Porras Barrenechea, Lima, Universidad Nacional Mayor de San Marcos-Dirección Universitaria de Biblioteca y Publicaciones, 1984.
LECAROS, Fernando, *El joven Basadre,* Lima, Rikchay, 1983.

18.1.5. Un esteta comprometido: Cardoza y Aragón

El guatemalteco Luis Cardoza y Aragón (1904-1992)[1] es un caso muy difícil de encasillar por más de una razón: primero porque, si bien fue un ensayista que podemos homologar con algunos de los arriba estudiados, fue también un destacado poeta, narrador, cronista y un gran memorialista; segundo, porque es uno de los pocos críticos de arte que tuvimos en este siglo, al mismo tiempo que un escritor comprometido con causas políticas radicales. De hecho, su libro más famoso cae en este último campo: *Guatemala las líneas de su mano* (México, 1955). Para hacer las cosas más complicadas, es también un hombre en quien la vanguardia *(16.1.)* dejó una huella profunda, pero a veces se aparta de ella por completo. Como poeta es capaz de mostrar un experimentalismo, vitalidad y refinamiento hondamente personales; en eso se parece un poco a León de Greiff *(17.5.)*. Digamos, de paso, que su obra en verso es difícilmente clasificable: directa y sutil, clásica e innovadora, sensual y existencial, briosa y profunda, siempre anómala y al margen de corrientes de moda. Su lírica es una jubilosa celebración del don de estar vivo, como dice en su caprichosa «Arte poética»: «Toda vida es eternidad / nunca la muerte es verdad». Quien quiera comprobarlo debe revisar la más reciente edición de su *Obra poética* (México, 1992). Caso extraño, con frecuencia cautivante, el de este escritor que vivió exiliado en México buena parte de su vida, se asimiló a su literatura y produjo una larga obra casi al margen de todo y sin esperar reconocimiento, manteniendo un humor a toda prueba. Su vida torrencial y su obra copiosa se corresponden admirablemente.

Un rasgo decisivo de su persona es su naturaleza ambulatoria y aventurera: desde muy joven, Cardoza se lanzó en búsqueda de otras tierras, donde aprendió a conocer y entender mejor la suya. En 1921 vivió en California y luego en París, donde conoce al recién llegado Miguel Ángel Asturias *(18.2.1.),* se vincula con los jóvenes vanguardistas y traduce el

---

[1] La fecha de nacimiento ha sido puesta en duda recientemente, a la vista de una partida que lo hace nacer en 1901.

Rabinal Achi (1.3.4.). Más tarde visitó España (allí hizo amistad con García Lorca) y viajó por el norte de África. Estudió arte en Italia, Bélgica y Alemania. Llegó en 1932 a México, donde residiría permanentemente a partir de 1936 y donde escribiría buena parte de su producción. Durante un breve período democrático en Guatemala, fue diplomático en la Unión Soviética, Suecia, Noruega y otros países. Como crítico de arte dedicó trabajos a varios artistas hispanoamericanos: el importante pintor guatemalteco Carlos Mérida (véase el álbum *Carlos Mérida,* México, 1992) y los mexicanos Rivera, Orozco, Posada, Gerzso, Toledo, Tamayo y otros; también ha escrito sobre Asturias y Breton. Es interesante recordar que, por su posición crítica sobre el muralismo, Rivera y Siqueiros lo acusaron, demagógicamente, de ser enemigo de México.

Debemos destacar dos libros: uno es el mencionado *Guatemala...* porque es una admirable síntesis de sus funciones esenciales (la poética, la estética, la ensayística) en un texto que quiere ser no sólo una interpretación, sino una metáfora del país. La clave de esa fusión es el lenguaje, la prosa límpida e intensa que usa el autor. El libro tiene cinco partes —las líneas de la mano— que son como cinco movimientos de una sinfonía, cada una con sus propios tonos y motivos. Comienza con una evocación de su infancia integrada a una descripción de la realidad colonial de Guatemala, con su historia, geografía y costumbres; luego retrocedemos al mundo mitológico de los mayas; a la destrucción de ese mundo con la llegada de los españoles; a la historia que comienza con la Emancipación; y finalmente hace el retrato de la situación presente, sus problemas y sus retos. Es una historia, un mural, un documento, un alegato y una obra de arte. Ese arte tiene algo de alquímico: la gracia de convertir el pensamiento en imágenes, como lo hizo Martí *(11.2.),* con quien es posible compararlo como ensayista-poeta.

El otro es su notable libro de memorias titulado *El río* (México, 1986) y con un desconcertante subtítulo: «Novelas de caballería». En más de ochocientas páginas nos cuenta su vida, sus andanzas y los tiempos que compartió con otros. Se abre con una frase magnífica: «De mi vida real todo lo ignoro». El libro es una fascinante travesía por una larga existencia que parece absorber, como una vorágine, la esencia de un siglo agitado; en él desfilan personas y acontecimientos capitales: Vallejo *(16.3.2.),* Reyes *(14.1.1.),* el surrealismo, García Lorca, Diego Rivera, la Guerra Civil Española, Picasso, Neruda *(16.3.3.),* la Unión Soviética, el «bogotazo»... Si el lector no se deja marear por ese laberinto de figuras, paisajes y dramas, notará que el libro resume las grandes y contradictorias constantes de la obra entera de Cardoza: el arraigo por la tierra natal y el nomadismo, el amor al arte y la pasión política, la actitud poética y la reflexiva, la alegría de la amistad y la tristeza de la soledad. Libro melancólico si los hay, porque es el caudaloso recuento de una vida hecho en un momento preciso: «estoy en el umbral de la noche. ¡Qué hora tan bella!». En las líneas finales, en las que cada oración se dispone como un verso, sabiendo que ha «recogido y contado muchas nadas», dice con calma una frase terrible: «La memoria es el Infierno».

Textos y crítica:

CARDOZA Y ARAGÓN, Luis, *Guatemala, las líneas de su mano,* México, Fondo de Cultura Económica, 1955.
— *Pintura contemporánea de México,* México, Era, 2.ª ed., 1988.
— *El río. Novelas de caballería,* México, Fondo de Cultura Económica, 1986.
— *Antología,* México, Lecturas Mexicanas/SEP, 1987.

BOCCANERA, Jorge, *Sólo venimos a soñar. La poesía de Luis Cardoza y Aragón,* México, Era, 1999.
MONTERROSO, Augusto, «Luis Cardoza y Aragón», *La vaca,* México, Alfaguara, 1999.
PRADO GALÁN, Gilberto, *Luis Cardoza y Aragón. Las ramas de su árbol,* México, UNAM/Fondo de Cultura Económica, 1997.

18.1.6. Una mujer singular: Nilita Vientós Gastón

Sería muy injusto olvidar aquí la figura de una puertorriqueña en muchos sentidos excepcional: la de Nilita Vientós Gastón (1903-1990). En su caso, la obra personal que dejó escrita es sólo parte de la vasta acción intelectual en la que estuvo empeñada, como promotora cultural, defensora durante largas décadas del pensamiento libre y de la renovación literaria; fue la conciencia viva de un país que seguía debatiéndose —en pleno siglo XX— en los dilemas del neocolonialismo y la modernización. Toda su vida encarnó la lucha por la autonomía puertorriqueña, una causa al parecer hoy perdida. Era una gran personalidad, un imán para generar la discusión literaria, intelectual e ideológica; su casa era un centro en el que muchos pudieron conocerse, compartir ideas y discrepar abiertamente. Su colección de arte y su biblioteca eran legendarias; bien puede decirse que no tenía una casa con biblioteca sino una biblioteca con casa. Fue directora de dos importantes revistas literarias: *Asomante* (1945-1970) y *Sin nombre* (1970-1984), que fueron un cenáculo donde se congregaban grandes y jóvenes figuras de la literatura española e hispanoamericana, de Pedro Salinas a Ángel Rama *(21.4.)*. Si se la puede comparar con alguien es con Victoria Ocampo *(15.3.4.)*: ambas son mujeres que estimularon y configuraron la cultura de sus respectivos países. Los intereses culturales y estéticos de Nilita Vientós eran plurales e integrados a su pasión política; de hecho, para ella la cultura formaba parte de un proyecto nacional definido por la lucha contra la dependencia colonial. Introdujo temas y autores que eran desconocidos o infrecuentes en Puerto Rico: por ejemplo, su primer libro es una *Introducción a Henry James* (Río Piedras, 1956). Estaba al día con la actualidad literaria y escribió sobre Faulkner y Malraux, entre muchos otros, como puede verse por su larga serie de artículos titulada *Índice cultural,* de la que han aparecido cinco volúmenes (Río Piedras, 1962-1984). De su vida y personalidad hay testimonios de gran interés en sus memorias *El mundo de la infancia* (Río Piedras, 1984). Defendió tenazmente, en su obra y hasta en los tribunales, el derecho de los puertorriqueños a la lengua castellana.

Texto y crítica:

Vientós Gastón, Nilita, *Índice cultural,* Río Piedras, Ediciones de la Universidad de Puerto Rico, 1962-1984, 5 vols.

González, José Luis, *El país de cuatro pisos y otros ensayos,* Río Piedras, Huracán, 1987.

Rodríguez Carranza, Luz, «Transculturaciones puertorriqueñas: de *Asomante* (1944-1970) a *Sin Nombre* (1970-1984)», en Saúl Sosnowski (ed.), *La cultura de un siglo*,* pp. 395-407.

18.2. La novela: los grandes maestros del medio siglo

Ya avanzada la década del treinta, pero sobre todo en las dos siguientes, aparece en la escena un grupo de hombres que introduce un cambio sustantivo en nuestra novela, cuyos efectos se dejarán sentir o aparecerán aún más claros cuando se produzca esa eclosión de grandes novelas del período que se conoce como el «boom» de los años sesenta *(22.1.)*. Plenamente activos entonces, algunas de sus obras mayores se incorporarán y asimilarán a las de escritores mucho más jóvenes y serán redescubiertos por el público y la crítica. Esto demuestra que las raíces del «boom» son más antiguas de lo que generalmente se cree y que su expansión no fue un fenómeno tan súbito o espontáneo. El profundo cambio que trae el mencionado grupo transicional de narradores está, creemos, en el abandono del «autoctonismo» difundido por el regionalismo *(15.2.)* y de la representación mimética y documental del mundo objetivo propuesta por el realismo en sus diversas variantes. Estos grandes maestros de la ficción contemporánea inician, cada uno a su modo, una búsqueda estética que no supone una *reproducción* pasiva de la realidad (histórica, física, psicológica, etc.), sino su *cuestionamiento* como dato en la conciencia de quien la percibe.

La realidad que les interesa no comienza en su apariencia *fenoménica,* sino en los niveles profundos de su aprehensión y procesamiento interior. Esta perspectiva debe considerarse una reacción diferida al impacto de la vanguardia *(16.1.)* y a las innovaciones de la novela moderna europea y norteamericana, así como a las teorías de Freud y a otros avances científicos y culturales que coinciden en relativizar la certeza de que nuestra experiencia del mundo es homogénea. (Considerarlos iniciadores de la novela hispanoamericana no quiere decir que estos precursores carezcan, ellos mismos, de precursores; algunos pueden ser tan notorios como Macedonio Fernández *[16.2.],* tan soslayados como Marechal *[17.7.]* o tan oscuros como Bernardo Núñez, el autor de *Cubagua [15.1.3.].*) De allí que la necesidad de captar el flujo discontinuo y confuso del tiempo o los límites imprecisos que separan el espacio real del imaginario los llevase a adoptar técnicas narrativas capaces de representarlos: monólogo interior, fragmentación de planos espacio-temporales, simultaneísmo, etc. Al incorporar los datos objetivos a un gran cauce que acarrea materiales de carácter mítico, fantástico, introspectivo o existencial, la ficcionalidad empieza a invadir los terrenos antes bien definidos de lo real y a modificarlos sustancialmente. Es un período de intensa fusión estética, cuya mayor manifestación sería el luego tan popular «realismo mágico» desarrollado por escritores más jóvenes que ellos, pero cuyos fundamentos se echan en la época que a continuación examinamos.

Es interesante observar que el proceso individual por el que cada uno de estos maestros llega a su expresión madura es algo tortuoso y difícil; en algunos casos, lo consiguen sólo tras dar pasos en falso e intentar en la dirección equivocada. La considerable herencia del auge regionalista, el indigenismo *(17.8.)* y —para la mayoría— las exigencias de no traicionar su propio sentido de compromiso social pesó mucho en ellos y les presentó opciones conflictivas, no siempre bien resueltas. Pero, en todo caso, abrieron el camino y rompieron ciertas barreras que parecían haber congelado el proceso literario en fórmulas que se habían vuelto obsoletas y que ya no compartían los lectores mejor enterados. El avance, sin embargo, no es uniforme y está lleno de anacronismos y repliegues. Para probarlo basta recordar las principales novelas que se publican en 1941, que podría considerarse como un año clave en el avance de las nuevas propuestas narrativas a las que aquí hacemos referencia. Tenemos novelas adscritas todavía a la vieja representación realista, como *Nueva burguesía* de Azuela *(14.2.1.)*; obras como *El mundo es ancho y ajeno* de Ciro Alegría *(17.9.)*, que suponen un compromiso entre la tradición y la innovación; y formas de narración para que las que no había casi antecedentes, como *Una novela que comienza* de Macedonio Fernández *(16.2.)*, *El jardín de senderos que se bifurcan* de Borges *(19.1.)* —que tendría un vasto efecto fertilizador en el campo de la novela pese a ser un libro de cuentos—, además de otras dos que ya mencionamos a propósito de Alegría: *Tierra de nadie* de Onetti *(18.2.4.)*, *Sombras suele vestir* de José Bianco *(19.2.)*. En general, los avances más definidos se producen en el Río de la Plata, Cuba y México —en ese orden—, mientras que la tendencia tradicional se mantiene en países como Chile, Perú y Colombia; el aporte de Asturias en Guatemala es del todo aislado. Estos desfases ayudan a explicar por qué casi todos estos maestros fueron redescubiertos al producirse el «boom»: aparecieron como sus padres, filiación que algunos señalaron —como hizo Luis Harss en su conocido repertorio *Los nuestros*— y otros negaron. Estudiemos a continuación a cuatro de ellos: Asturias, Yáñez, Carpentier y Onetti.

Crítica:

CAMAYD-FREIXAS, Erik, *Realismo mágico y primitivismo. Relecturas de Carpentier, Asturias, Rulfo y García Márquez*, Lanham, Maryland, 1998.
HARSS, Luis, *Los nuestros**.

18.2.1. Los terribles dioses, héroes y hombres de Asturias

Miguel Ángel Asturias (1899-1974) es posiblemente la figura literaria guatemalteca más conocida e influyente del siglo XX porque lo que produjo en el campo de la novela —donde están sus libros fundamentales— y en otros géneros (el relato, la poesía, el ensayo, el teatro) realizó tres importantes propósitos: rescatar el sustrato maya-quiché *(1.3.)* como una fuerza persistente en la cultura de su país; introducir un cambio decisivo en la novela nacional y continental con un lenguaje asociado al de la vanguardia *(16.1.);* y mostrar la situación neocolonial que pesa sobre la vida política guatemalteca. Aunque le llegó tardíamente, en 1967, cuando lo mejor de su obra estaba ya escrito, el premio Nobel que obtuvo volvió a llamar la atención sobre su obra en un momento culminante del desarrollo de nuestra novela.

Algo paradójico que debe subrayarse —precisamente porque sus críticos suelen olvidarlo— es que este hombre nacido en la humilde provincia de Salamá sólo redescubre la vigencia de sus raíces indígenas en Europa, donde pasaría diez años a partir de 1923, principalmente en París, ciudad a la que llegó a estar tan afectivamente ligado que, por voluntad suya, sus restos están enterrados allí. Llevando a un extremo las ideas sobre la «nueva humanidad mestiza» de Vasconcelos *(14.1.3.),* que habían provocado su entusiasmo cuando visitó el México revolucionario en 1921, en su tesis de licenciatura *El problema social del indio* (Guatemala, 1923) Asturias había defendido una posición racista y casi del todo negativa de la población indígena, a la que veía en un estado de «degeneración» física, psíquica y moral. Como solución proponía una inmigración selectiva de ciertos países (Suiza, Bélgica, Holanda, etc.) que «mejore» la composición social del país, igual que para «mejorar el ganado hubo necesidad de traer [de Europa a América] nuevos ejemplares». Invocando los casos de Argentina y de Estados Unidos, señala que en esa especie de laboratorio humano para lograr la mezcla correcta de cualidades ciertas razas estaban excluidas, por ejemplo, la china, «raza degenerada y viciosa cuya existencia mueve a bascas». (Esto no le impedía sentirse sinceramente indignado por la terrible postración en que vivía el indígena guatemalteco, que pinta con tintas no muy distintas a las de *Huasipungo [17.9.].*) Felizmente, hacia 1930 había abandonado del todo estas ideas, pues Francia reactivó imágenes obsesivas y muy distintas de su propia tierra: pobreza, atraso, explotación del indígena, agravadas por larga dictadura de Estrada Cabrera. El encuentro con la cultura europea, sacudida entonces por grandes acontecimientos históricos y por las innovaciones de la vanguardia, es providencial porque entra en conjunción con la herencia maya y la dura realidad política que vivió de joven, configurando así las bases permanentes de su esfuerzo estético. En otras palabras, en París culmina el proceso o conversión por el cual el autor alcanza una visión estética identificada con Guatemala y América.

En Francia y España frecuenta a muchos escritores latinoamericanos empeñados en búsquedas parecidas a la suya, entre ellos a Uslar Pietri

(18.1.2.) y Carpentier *(18.2.3.)*, amistad que ya mencionamos como crucial. Conoce también a Reyes *(14.1.1.)*, Vallejo *(16.3.2.)*, Neruda *(16.3.3.)*, Ortega y Gasset, Unamuno, Thomas Mann, Joyce, Pirandello... Pero sobre todo es el afán de la vanguardia por entablar un diálogo entre lo moderno y lo primitivo el que lo guía hacia su propio mundo ancestral, que en el fondo era sofisticado como pocos. Estando en París, Asturias hizo estudios antropológicos sobre el mundo maya —que en verdad había empezado a descubrir cuando estuvo en Londres en 1923— bajo la dirección del especialista francés Georges Raynaud, profesor de la Escuela de Altos Estudios de La Sorbona. Este interés por la antrolopogía es análogo y casi contemporáneo del que tuvo un sector radical del grupo surrealista original, el de Michel Leiris, Henri Michaux y Georges Bataille, como ya vimos al hablar de *Residencia en la tierra* de Neruda. Todos estos hombres estaban cuestionando el concepto occidental de civilización y expandiéndolo a mundos considerados marginales. Confirmando que fue la mediación europea el elemento catalizador de su fervor por la cultura mesoamericana, hay que recordar que su traducción al castellano del *Popol Vuh (1.3.1.)* la hizo, con la colaboración de J. M. González de Mendoza, a partir de la versión francesa de Raynaud, pues no conocía la lengua indígena original. La traducción apareció bajo el título de *Los dioses, los héroes y los hombres de Guatemala* (París, 1927). Lo mismo puede decirse de su traducción de los *Anales de los Xahil*.

En su primer libro, *Leyendas de Guatemala* (Madrid, 1930), que aparece con una breve carta de Paul Valéry, se nota el impacto de su descubrimiento de la fantasía y el antiguo saber mayas. Contiene siete textos generalmente considerados cuentos aunque resulten difíciles de clasificar porque son relatos con un fuerte elemento mitopoético, más cercano a las formas prehispánicas de imaginación que nada tienen que ver con la tradición literaria europea; en su carta Valéry dice que son «historias-sueños-poemas». El mundo de las *Leyendas...* es un reflejo fiel del fondo mitológico maya: un mundo fabuloso, proliferante, laberíntico, barroco hasta el delirio, dinámico e intemporal, en el que los límites de lo real y lo imaginario no existen. La elasticidad de las representaciones siempre cambiantes de ese mundo permite una serie de juegos narrativos que Asturias suele aprovechar hábilmente. Cada relato es un surtidor de imágenes de las sucesivas metamorfosis que sufren personajes que son una mezcla indefinible de dioses y hombres deambulando por un espacio que se parece al cielo pero también al infierno. Para entenderlos tenemos que desprendernos de nuestros hábitos y convenciones y asumir una actitud que nos permita ingresar en los secretos mecanismos del «pensamiento salvaje». Algo importante: hay aquí un nuevo arte de contar; estamos ante los gérmenes mismos de lo que más tarde se llamaría «realismo mágico».

Cuando regresa a su país en 1933, Asturias trae consigo los originales de una novela que durante mucho tiempo había tratado de escribir: su muy famosa *El Señor Presidente* (México, 1946); obsérvese la fecha tardía de su publicación, más si se tiene presente que sus orígenes están en un cuento («Los mendigos políticos») escrito antes de partir a París. La génesis de la novela es larga, oscura, difícil; el original lleva tres distintas fechas: Guatemala, 1922; París, 1925 y 1932. Al escribirla, Asturias trataba de exorcizar los fantasmas que había dejado en su espíritu la dictadura de Estrada Cabrera (1898-1920), que lo marcaron a fuego y que fueron reactivados a su vuelta de París, al encontrarse con una nueva dictadura: la de Jorge Ubico (1931-1944). Publicar una obra como la suya —que inauguraría un ciclo que tendría larga vida en América: la «novela de la dictadura»— era imposible en ese clima represivo y la búsqueda de editor explica en parte la demora de su publicación. En realidad, es la segunda edición (Buenos Aires, 1948) la que difunde su nombre en el continente y lo hace famoso.

La novela intenta dos objetivos muy distintos: quiere ser un retrato (una caricatura, más bien) de la dictadura y un experimento con el lenguaje narrativo; la presencia del pueblo, que sobrevive apegado a sus ricas tradiciones y creencias, es el elemento que consolida ambos propósitos porque es, por un lado, la víctima del poder omnímodo de un hombre y, por otro, una fuerza creadora cuyas voces e imágenes impregnan muy vívidamente la atmósfera del relato. Esta atmósfera es sombría, luctuosa, fatalista: la historia es como una cárcel, y la política, un infierno cuyas llamas envuelven a todos, desde los favoritos y pretendientes de la camarilla del poder hasta los mendigos y las anónimas gentes de pueblo. Eso ha generado el lugar común de la crítica sobre este libro: es la «novela del miedo», el que propagó el dictador en todos los estratos sociales hasta producir casi la parálisis del país. Es cierto, pero lo que no se ha dicho con igual insistencia es que ese terror físico creado por el poder aquí en la tierra parece el reflejo inverso del pavor celestial que infundían las jerarquías teológicas maya-quichés en la vida espritual y cotidiana de todos. En realidad, el Señor Presidente no es ya un ser humano, sino una divinidad cruel e impredecible cuya voluntad sólo trae castigos y catástrofes sobre sus súbditos. Dioses y dictadores exigen por igual baños de sangre para reafirmar su poder: son dos formas de teocracia implacable. El dictador es una reencarnación de Tohil, dios del fuego y la destrucción al que había que aplacar con sacrificios humanos; en la fantasmagoría final del cap.

XXXVII eso se hace evidente. Esta fusión de los planos ancestral y de actualidad crea la metáfora esencial en la novela.

El efecto deshumanizador o fantasmagórico está subrayado por el hecho de que la mayoría de los personajes (la gran excepción es Camila) no tienen nombres, sino apodos, y que el Señor Presidente no tiene sino ése. Los demás se llaman Cara de Ángel, el *Mosco,* el *Pelele,* etc. Se trata de figuras o emblemas, más que personajes. Asturias los ha construido de una manera anómala, que no deja de presentar problemas narrativos, ajena a la verosimilitud psicológica y como un mero conjunto de agentes de reacciones primarias a lo que ocurre alrededor. El procedimiento debe algo a las técnicas de vanguardia pero más al cifrado lenguaje simbólico de la mitología indígena. Por ejemplo, el miedo de un personaje está aludido con la imagen «el cielo le enseñaba las estrellas como un lobo de dientes...». En un texto autocrítico titulado «*El Señor Presidente* como mito» (Milán, 1967), el autor señala que el dictador no es sólo una manifestación política presente sino que tiene «resabios de las sociedades arcaicas». La novela no es una representación realista o histórica de la dictadura, sino una deliberada deformación o exageración de ella misma: el exceso del poder es retratado con una retórica también excesiva, que intenta recrear la monstruosidad física y degradación moral del ambiente con técnicas expresionistas, raros giros sintácticos, imaginería surrealista o ultraísta y efectos discordantes. Este aspecto ha dado origen a la comparación entre esta novela y las técnicas esperpénticas usadas por Valle-Inclán en *Tirano Banderas* (1926). En el repertorio de Asturias, destacan los procesos de metaforización de tipo visual y auditivo (muchas veces en combinación); estos últimos incluyen onomatopeyas, letanías, efectos musicales o rítmicos, fusiones verbales, etc. El comienzo de la novela (la escena de los mendigos en el atrio de la iglesia) es célebre:

... ¡Alumbra, lumbre de alumbre, Luzbel de piedralumbre! Como zumbido de oídos persistía el rumor de las campanas a la oración, maldoblestar de la luz en la sombra, de la sombra en la luz...

Cuando Cara de Ángel va a ver al Presidente en un carruaje, los letreros de la calle parecen mezclarse con el ritmo de su marcha y de su propia lectura: «*El Candado Ro-jo... La Colmena... El Vol-cán*» (cap. XXXII). Su tratamiento del tiempo narrativo es también distorsionado: mientras que las dos primeras partes ocurren en unos pocos días consecutivos (I: 21, 22 y 23 de abril; II: 24, 25, 26 y 27 de abril), la tercera transcurre en «Semanas, meses, años». Y aun esta cronología debe tomarse sólo como un simple indicio, ya que los desplazamientos temporales y cortes cinemáticos son constantes: en una misma secuencia podemos estar aquí o allá, ayer u hoy, pues las reglas de la causalidad no suelen funcionar.

No cabe duda de que el autor quería escribir una novela de denuncia política completamente distinta a las de su época y que su esfuerzo es un significativo ejemplo de la convergencia vanguardia-revolución que hemos señalado como un rasgo distintivo de nuestra adaptación del original molde vanguardista. Ese deseo de renovación es su mayor mérito. Pero el tiempo ha ido mostrando más las limitaciones que las virtudes de este libro, que sigue siendo, pese a todo, un clásico de América. Hay que señalar que la novela —o al menos su origen, muy anterior a su publicación— corresponde al primer período de la vanguardia y que el texto refleja el impacto inmediato que tuvieron en él sus manifestaciones, algunas profundas, otras pasajeras. El problema está en que usa ese repertorio de un modo hiperconsciente, manipulándolo para crear deliberadamente ciertos efectos. Todo suena un poco mecánico, impostado, demasiado subrayado. Por ejemplo, la letanía que acabamos de citar crea eficazmente un clima; pero eso no le basta a Asturias, que repite la serie clave «alumbra/lumbre/alumbre» trece veces más en el mismo párrafo. Así, el efecto se desgasta y da al texto, desde el comienzo, una monótona densidad que no contribuye precisamente a cautivar al lector. Existe un núcleo argumental que gira alrededor de la relación amorosa entre Camila y Cara de Ángel, que éste trata de mantener —sin conseguirlo— fuera de la órbita del poder, pero esa historia queda como aplastada por el peso de lo que acontece alrededor. Hay también un gran dinamismo en la novela, un constante rumor de movimientos y acciones, pero es un dinamismo algo anárquico, que se agota en sí mismo, porque no hay una visible progresión dramática en los personajes o la historia misma: los hechos se acumulan pero no progresan. De todos modos, qué duda cabe de que esta novela representa un hito histórico: es el antecedente de otras ilustres novelas de la dictadura, como las de Carpentier, García Márquez *(22.1.1.)* y Roa Bastos *(19.4.3.)*.

Tras la dictadura de Ubico, Guatemala vivió un período de relativo orden democrático, con Juan José Arévalo y luego con Jacobo Arbenz, hasta que éste fue derrocado con un golpe militar financiado por los Estados Unidos. El autor vivió buena parte de aquel período en el extranjero, pues fue nombrado agregado cultural en México y en Buenos Aires y luego embajador en París. Estos cargos no lo hicieron abandonar la literatura; en verdad, fue una etapa de gran productividad. Aparte de libros de poesía, teatro y ensayo, Asturias publicó una decena de novelas, entre las cuales figuran *Hombres de maíz* (Buenos Aires, 1949); la llamada «trilogía bananera», conformada por *Viento fuerte* (Guatemala, 1949), *El Papa Verde* (Buenos Aires, 1954) y *Los ojos de los enterrados* (Buenos Aires, 1960); y un reportaje-novela sobre el golpe contra Arbenz titulado *Weekend en Guatemala* (Buenos Aires, 1956). Tanto la trilogía como esta última obra demuestran, más que el lado artístico de Asturias, su compromiso político y su decisión de usar la novela como un arma de lucha ideológica. En cambio, *Hombres de maíz* es una obra de considerable complejidad y hondura; de hecho, un creciente sector de la crítica ha señalado que ésta, y no *El Señor Presidente,* es la verdadera obra maestra del autor.

Hombres de maíz es una obra de extraordinaria complejidad, mayor que la de la primera novela, lo que explica por qué no ha sido demasiado leída ni bien entendida. Habría que comenzar diciendo que únicamente un latinoamericano —quizá, sólo un guatemalteco— podría haber escrito una narración como ésta, cuyo lenguaje, estructura, dinamismo y configuración conceptual sólo son posibles para alguien intensamente identificado con el sustrato mitológico indígena: supone un tipo de lectura distinta al habitual y semejante al que debemos adoptar cuando leemos, por ejemplo, un libro como el *Popol Vuh,* en el que nada corresponde a nuestros modos de pensar y percibir el mundo. *Hombres de maíz* es un recuento orgánico de la historia, no de un país, sino de una cultura indígena americana a partir de sus mitos y creaciones colectivas, que recurre constantemente a sus más remotos orígenes para mostrar cómo se inserta en la cultura moderna occidental que la envuelve. A pesar de eso no es una «novela histórica»: es un relato mítico que puede leerse como una interpretación de lo que el pueblo maya fue en su esplendor prehispánico y lo que es ahora, agobiado por las dictaduras, la injusticia social y las amenazas imperialistas; nadie había contado —así, integralmente— esa otra historia de Guatemala, que sólo volvería a ser contada en la década siguiente por Cardoza y Aragón *(18.1.5.)* en un famoso ensayo.

El título tiene la resonancia de una cosmovisión ancestral: según el *Popol Vuh,* la creación divina es un proceso gradual (aparecen primero los animales que hablan; luego los hombres hechos de barro; los de madera, que pecan y son castigados) hasta que vienen los hombres de maíz, origen del pueblo quiché. Esta nueva versión del Génesis es la base de la novela, que se apropia, en un movimiento centrípeto, de los materiales más heterogéneos que pueda imaginarse: primitivos relatos mágicos, prácticas de hechicería y medicina popular, sucesos y personajes históricos, imágenes simbólicas, formas religiosas pagano-cristianas, enigmas y predicciones, juegos retóricos de raíz barroca española y criolla, asimilación de la tradición oral, pasajes psicoanalíticos, arquetipos y cosmogonías, realismo, indigenismo, vanguardia, americanismo, literatura comprometida... Es una verdadera *summa* en la que todo cabe y crea un diseño abigarrado, misterioso y a veces indescifrable —pero fascinante— como los jeroglíficos mayas.

La novela puede intimidar al lector por su hermetismo y su conjunción babélica de tantos niveles discursivos, y ha significado un reto para la crítica que sólo muy lentamente ha ido desentrañando sus claves; en esta tarea hay que reconocer los fundamentales aportes brindados por Gerald Martin en sus dos indispensables ediciones críticas de la obra. Lo que se había considerado una estructura desarticulada o inexistente, en la que los capítulos y secuencias no se articulan de modo «racional», es el resultado del designio consciente de hacer confluir el tiempo histórico real con el mítico, en el que las coordenadas pasado, presente y futuro se mezclan y anulan mutuamente. Como sugerimos antes, Asturias se pone la máscara del narrador oral de cosmogonías y sucesos, de los cuales él es el único escriba e intérprete. Seguramente por eso, ha elegido como figura central la del cacique Gaspar Ilóm (basado en un personaje real), cuyo nombre significa «cabeza», asociado por lo tanto con las ideas de un triple poder: político, cultural y genésico. El procedimiento esencial de esa narración es el *metafórico* y sus variantes (metonimias, sinécdoques, etc.), que crean un efecto transfigurador general; es decir, los hechos tejen una apretada red de símbolos que trabajan en nuestra imaginación creando nuevos símbolos para entenderlos. Esto produce una fuerte sensación de realidad conectada a una transrealidad cuya atmósfera es obsesiva, congestionada, vertiginosa. Hay un punto en el que esa forma ancestral de comprender el cosmos y fabularlo se encuentra con técnicas y retóricas modernas: la escritura automática, la jitanjáfora, la irracionalidad vanguardista, etc.

Dos aspectos más deben destacarse en *Hombres de maíz:* el primero es que, siendo un vasto recuento de la cultura mesoamericana, basada en fuentes mayas y aztecas, su historia es un emblema de otras historias de pueblos dominados por culturas invasoras que produjeron un apocalipsis del que sólo en parte se han recuperado. En gran medida, la novela es un testimonio de la sobrevivencia cultural de los vencidos, aferrados al pasado para perdurar en el presente. El segundo es que, pese a su limitado conocimiento de las lenguas indígenas, el autor ha elaborado su monumental ficción, tan personal, sobre un trasfondo antropológico rigurosamente investigado siguiendo las mismas leyes que lo rigen y produciendo así un perfecto ensamblaje entre lo recogido y lo creado. Quizá sin conocerlos, Asturias ha logrado algo semejante a lo que han hecho antropólogos modernos del mundo primitivo como Lévi-Strauss y Mircea Eliade, y las teorías de Jung sobre los arquetipos y el inconsciente colectivo. Si se le quiere encontrar un antecedente literario, *Macunaíma* (1928) de Mário de Andrade sería el más próximo, aunque carece del humor burlón del brasileño. Es esta casi portentosa alianza entre literatura y antropología, no su «trilogía bananera», lo que mejor muestra la honda preocupación social a la que Asturias nunca quiso renunciar.

Textos y crítica:

ASTURIAS, Miguel Ángel, *Tres obras: Leyendas de Guatemala. El alhajadito. El Señor Presidente,* ed. de Giuseppe Bellini y pról. de Arturo Uslar Pietri, Caracas, Biblioteca Ayacucho, 1977.
— *Leyendas de Guatemala,* Madrid, Alianza Editorial, 1981.
— *El Señor Presidente,* ed. de Alejandro Lanoël-d'Aussenac, Madrid, Cátedra, 1997.
— *Hombres de maíz,* ed. crít. de Gerald Martin, con ensayos de Mario Vargas Llosa, G. M. y Giovanni Meo Zilio, París/México, Klincksieck Éditions/Fondo de Cultura Económica, 1981. (Vol. 4 de las *Obras completas.*)
— *Hombres de maíz,* ed. crít. de Gerald Martin, Madrid, Archivos, 1992.

BELLINI, Giuseppe, *La narrativa de Miguel Ángel Asturias,* Buenos Aires, Losada, 1969.
CALLAN, Richard, *Miguel Ángel Asturias,* New York, Twayne, 1970.
CARDOZA Y ARAGÓN, Luis, *Miguel Ángel Asturias,* México, Era, 1991.
CHEYMOL, Marc, *Miguel Ángel Asturias dans le Paris des Années Folles,* Grenoble, Presses Universitaires de Grenoble, 1987.
GIACOMAN, Helmy (ed.), *Homenaje a Miguel Ángel Asturias. Variaciones interpretativas en torno a su obra,* New York, Las Américas, 1971.
HURTADO HERAS, Saúl, *Por las tierras de Ilóm: el realismo mágico en «Hombres de maíz»,* México, Universidad Autónoma del Estado de México, 1997.
LEÓN-HILL, E., *Miguel Ángel Asturias: lo ancestral en su obra literaria,* New York, Torres, 1972.
MARTIN, Gerald, *Miguel Ángel Asturias: «El Señor Presidente», Landmarks in Latin American Fiction,* Londres, Routledge, 1990.
PRIETO, René, *Miguel Ángel Asturias Archeology of Return,* Cambridge, Inglaterra/New York, Cambridge University Press, 1993.
SIERRA FRANCO, Aurora, *Miguel Ángel Asturias en la literatura,* Guatemala, Istmo, 1969.
VILA, M., *El mito en «Hombres de maíz»,* Buenos Aires, EUDEBA, 1989.

18.2.2. Yáñez y las profundas voces de la tierra mexicana

De los cuatro autores de este grupo, el mexicano Agustín Yáñez (1904-1980) es el menos reconocido y leído hoy fuera de su patria. Sin embargo, a fines de la década del cuarenta, su obra alcanzó bastante notoriedad y apareció como precursora de temas y formas narrativas que entonces empezaban a ponerse de moda. No importa cómo juzguemos hoy su obra, no podemos negarle el mérito de haber sido el primer novelista en introducir en México las técnicas del monólogo interior, el contrapunto de voces narrativas y planos temporales, etc. En la línea de escritores que representan el ciclo llamado «la novela de la Revolución Mexicana» *(14.2.)*, el aporte de Yáñez es decisivo porque pone el acento no en la descripción anecdótica o periodística de ese gran drama nacional, sino en sus consecuencias en lo más profundo del espíritu de sus gentes y en el fracaso del esfuerzo revolucionario por transformar el mismo mundo agrario donde el movimiento se inició. Hay una línea que va de Azuela *(14.2.1.)*, pasa por Yáñez y llega a Rulfo *(19.4.1.)* y Fuentes *(22.2.2.)*. Nacido en una familia campesina de Guadalajara, este ámbito provinciano constituye su experiencia esencial, a la que se mantuvo fiel como escritor aunque luego la integrase a la de la ciudad en una visión abarcadora del país.

Su obra narrativa comienza como un desprendimiento de su labor de crítico y profesor de literatura en la Universidad Nacional Autónoma: sus primeros libros son ensayos o meditaciones, escritos con una prosa de vuelos líricos, sobre el México de tierra adentro que conocía tan bien. Ese lirismo de su lenguaje es lo que más destaca en sus primeros intentos narrativos: cuentos y novelas cortas como *Flor de juegos antiguos* (Guadalajara, 1942) y *Archipiélago de mujeres* (México, 1943), que ofrecen, en forma y fondo, visiones tradicionales de la provincia. Yáñez siguió publicando relatos, pero no es hasta *Al filo del agua* (México, 1947) que alcanza su madurez artística. Esta novela es considerada su obra maestra y una pieza importante en el cuadro de la novela mexicana contemporánea.

El ambiente es, otra vez, la provincia, específicamente un pueblo de Jalisco, en época de Cuaresma, con sus devotas mujeres y el temor e incertidumbre de sus gentes ante los cambios que ocurren alrededor y que no comprenden. Pero hay una dramática diferencia en el modo en que el autor representa esa situación, pues ahora lo hace usando nuevas formas narrativas que había descubierto en Dos Passos, Huxley y Faulkner, y aun estimulado por el psicoanálisis freudiano. Lo que el autor buscó (y en buena parte logró) fue un lenguaje que le permitiese registrar, interiorizar y analizar los sutiles matices de la conducta de sus personajes, no sólo describirla como algo objetivo. La realidad no es una unidad coherente o unidimensional: es un conjunto de datos ambiguos que les presentan a los personajes dilemas difíciles de resolver y les crea un estado de desazón y angustia. La acción externa, un tanto laxa, importa menos que lo que ocurre dentro de los protagonistas, cuya actitud general es tan pasiva que el narrador los compara con canicas (en el capítulo titulado así) que «van rodando a su final destino, lentas o rápidas».

La cuestión que la obra plantea es universal, pero tiene una profunda significación para entender la esencia de la vida campesina mexicana: muestra el valor de las formas tradicionales frente al reto de los cambios sociales, el peso de lo ancestral ante las demandas de la historia y la modernización. El título merece una aclaración: «al filo del agua», nos explica una nota del autor, es una expresión campesina que se refiere al comienzo de una lluvia, a la inminencia de algo. Con un ritmo de lentitud ritual y contemplativa, aunque a veces se acelere, el narrador va creando un verdadero gran personaje colectivo: el pueblo, hecho de un coro de voces unificadas por las mismas creencias y los fuertes lazos del pasado; incluso hay una figura que encarna la memoria colectiva del pueblo y comenta e interpreta los sucesos que ocurren alrededor de él: el viejo Lucas Macías. El primer capítulo, titulado «Acto preparatorio», sienta el tono general del relato, que trae graves ecos del *Requiem* del compositor Gabriel Fauré: «Entre mujeres enlutadas pasa la vida. Llega la muerte. O el amor. El amor, que es la más extraña, la más extrema forma de morir; la más peligrosa y temida forma de vivir el morir». De modo sutil, este pueblo aferrado a los ritmos de vida establecidos por viejas tradiciones ofrece un comentario sobre la situación de otros muchos al alborear la Revolución.

Estamos en una comunidad de Jalisco hacia 1909, o sea justo «al filo» del estallido de la Revolución. Pero esa inminencia es, al comienzo, un vago trasfondo que ciertas gentes perciben y expresan de modo indirecto o simbólico. Una de ellas es Victoria, mujer «extranjera» que vuelve del «norte» (es decir, de Estados Unidos) con vestidos de brillantes y llamativos colores que representan un escándalo en este pueblo de mujeres que visten de negro. Otros «norteños» traen algo más peligroso: desorden, costumbres anárquicas, la violencia que ya se siente en la ciudad de México. Entre los que se ciñen a los viejos moldes morales de conducta y los que han sido seducidos por las promesas del placer y la rebeldía individualista se desencadena una batalla general que conmueve al pueblo. La historia se entreteje como una trama muy compleja que se va desenvolviendo a través de diferentes voces (hay largos pasajes exclusivamente en forma de diálogo), subtemas, contrastes y recurrencias. La técnica del montaje le permite además incorporar textos de origen periodístico, ritual o folclórico para dar una visión panorámica de la vida popular. Su estilo poético y meditativo tiende al barroquismo —lo cual ha sido negado por el autor y debatido por la crítica—, a la creación de imágenes que van tejiendo un apretado tapiz en el que los símbolos y significados reverberan con cambiantes sentidos. Sólo al final, en el capítulo titulado «El cometa Halley» (que cubre buena parte del año 1910), dos signos ominosos ocupan el primer plano: la aparición del cometa y la llegada de unos forasteros que tal vez sean «espías al servicio de las fuerzas disolventes que pretendían acabar con el régimen pacifista y progresista de la República». Una era llega a su fin y otra comienza.

En verdad, Yáñez era un narrador muy ambicioso, que quería ofrecer en sus novelas un cuadro completo de la vida mexicana. En 1964 concibió un plan general en el cual cada una de sus novelas cumplía una función y se ocupaba de cubrir alguno de sus aspectos. Lo llamó «El Plan que peleamos», que se componía de cuatro grandes partes e incluía veinte novelas, de las sólo pudo publicar once. Ese plan tiene interesantes semejanzas y diferencias con el que trazaría un tiempo después Carlos Fuentes para su propia obra narrativa. Quizá no pudo cumplir con su proyecto debido a las intensas funciones públicas que, tras el notable éxito de *Al filo...*, desempeñó: gobernador de Jalisco, secretario de educación, embajador en Buenos Aires, etc. Aparte de eso, Yáñez fue un tenaz estudioso de la literatura, que escribió una biografía de Las Casas *(1.2.1.)* y numerosos trabajos sobre Justo Sierra *(10.11.)*. El resto de su obra novelística es menos notable, pero no deja de tener interés porque responde a un esfuerzo por integrar la visión del México rural a la de la urbe, como ocurre en *La creación* (1959) y *Ojerosa y pintada* (1960), ambas publicadas en México. Varios personajes de *Al filo...* reaparecen en *La creación,* como Victoria y Gabriel el campanero, a quien vemos persiguiendo su sueño de convertirse en un verdadero músico en la capital. El título de la segunda proviene, por cierto, de *La suave patria* de López Velarde *(13.4.1.),* como una referencia al carácter corrupto, cínico y decadente que él respiraba en la capital. Las otras dos dignas de mención reiteran su identificación con el mundo campesino: *La tierra pródiga* (1960) y *Las tierras flacas* (1962), también impresas en México; ambas tratan un tema crítico de la vida política nacional: el caciquismo.

Todas estas son, en general, obras que tienen un contenido social e ideológico más explícito que la anterior y que reflejan la experiencia de

Yáñez como figura política. En conjunto, ofrecen una imagen bastante amarga y negativa de las promesas incumplidas por la Revolución. Quizá la de mayor valor literario sea *Ojerosa y pintada,* que ocurre en veinticuatro horas y ofrece una visión total de la ciudad a través de los ojos de un taxista mientras va de un punto a otro; por eso el relato se divide en dos partes, «Cuesta arriba» y «Cuesta abajo», con un «Parteaguas» o intermedio. Pero dos años antes, el mismo Fuentes había publicado su primera novela, *La región más transparente,* en la que presentaba una ciudad caótica, fantasmagórica y contradictoria —una vívida denuncia del fracaso revolucionario— con una energía y creatividad narrativas que superaban el esfuerzo de Yáñez. Y, antes, en 1955, había aparecido *Pedro Páramo* de Rulfo, quien ya había dado una imborrable imagen del campo mexicano, precisamente de la misma región con la que Yáñez estaba familiarizado. Rápidamente, nuevas generaciones venían a reemplazar y superar el esfuerzo precursor de Yáñez.

Textos y crítica:

YÁÑEZ, Agustín, *Obras escogidas,* pról. de José Luis Martínez, México, Aguilar, 2.ª ed., 1973.
— *Al filo del agua,* ed. crít. de Arturo Azuela, Madrid, Archivos, 1992.

CLARK, Stella T., «Agustín Yáñez», en Carlos A. Solé*, vol. 3, pp. 995-999.
GIACOMAN, Helmy F. (ed.), *Homenaje a Agustín Yáñez. Variaciones interpretativas en torno a su obra,* Madrid, Anaya, 1973.
RANGEL GUERRA, Alfonso, *Agustín Yáñez* [incluye antol.], México, Empresas Editoriales, 1969.
VAN CONANT, Linda M., *Agustín Yáñez, intérprete de la novela mexicana moderna,* México, Porrúa, 1969.
YOUNG, Richard A., *Agustín Yáñez y sus cuentos,* Londres, Támesis Books, 1978.

18.2.3. Las arquitecturas barrocas de Carpentier

La figura del cubano Alejo Carpentier (1904-1980) fue, sin duda, la que concibió las ideas y proyectos novelísticos más complejos e influyentes en nuestra novela alrededor del medio siglo: el conjunto de sus propuestas y sus relatos suponen un dramático cambio en el rumbo de cómo se entendía entonces el arte narrativo en América, pues lo convirtió en un vertiginoso foco donde se concentraban las más grandes y dispares cuestiones estéticas e intelectuales: barroco *(5.1.)*, vanguardia *(16.1.)*. negrismo *(17.6.1.)*, existencialismo *(19.3.)*, universalismo, americanismo, mito, historia, revolución, identidad cultural, civilización y primitivismo, el sentido mismo del arte... Carpentier fue una figura mayor a partir de esas fechas: su ejemplo inspiró proyectos comparables a los suyos en varios escritores que le siguieron; con él comenzó a creerse en la novela como un vehículo todopoderoso de expresión americana; y señaló la disolución del regionalismo *(15.2.)* como modelo canónico. Tenemos que prestarle atención especial, advirtiendo de antemano que dejaremos mucho sin tratar.

Todas las biografías de Carpentier dan como su lugar de nacimiento la ciudad de La Habana, con cuyo perfil e historia está tan identificado; sin embargo, en los últimos años ha aparecido el respectivo certificado de nacimiento que indica Lausanne, Suiza, como su ciudad natal. Más importante que eso es el hecho, bien conocido, de que ambos padres de este cubanísimo escritor eran extranjeros: el padre un arquitecto francés, la madre una profesora rusa con gran afición por la música. Es decir, fue criado en un hogar donde la cultura y el arte eran parte de la vida diaria; así, le resultó natural ser a la vez americano y europeo, criollo y universal, y entenderlo como un constante juego de convergencias y divergencias. Hay que tener presente también que los padres transmitieron al hijo sus pasiones personales, que se reflejan en la estructura y temática de sus novelas: la arquitectura y la música, campos que tentaron vocacionalmente al joven Carpentier antes de dedicarse a la literatura y que se quedaron siempre con él.

Aunque estuvo en otros lugares, su vida y su obra están —como señala Márquez Rodríguez— estrechamente vinculadas a La Habana, París (donde murió siendo embajador de su país) y Caracas. En sus años habaneros estuvo asociado con el Grupo Minorista y la *Revista de Avance (17.6.)*, donde hizo sus primeros contactos con las novedades vanguardistas; en esos años también se inicia como periodista en la revista *Carteles* y participa en la lucha clandestina contra la dictadura de Gerardo Machado, por lo que sufriría prisión. Su exilio forzado en París (1928-1939) es una etapa decisiva para definir su relación con la vanguardia, especialmente con el surrealismo, pues asiste a la gran crisis del movimiento (1929) y a la amarga escisión del grupo, que arrastra al cubano. A ese período corresponde su primera novela: *¡Ecue-Yamba-O!* (Madrid, 1933); el mismo año hizo en París una versión escénica de la obra. El título significa, en lengua africana, «Alabado sea el Señor» y tiene un tema «negrista» (el subtítulo dice «historia afrocubana») sobre la vida de los trabajadores de color en los ingenios azucareros y sus prácticas religiosas, que mezclan creencias cristianas y africanas. Carpentier afirmó que este libro es su *«péché de jeunesse»* (que a veces él no incluía en el conjunto de su obra), y en efecto lo es: tanto la retórica aparatosamente vanguardista como la visión superficial de la propia realidad hacen que el relato tenga un desarrollo mecánico y poco convincente. Es un libro útil para ver desde dónde comienza el aprendizaje novelístico de Carpentier.

En París sobrevivió trabajando como técnico en radiodifusión y grabaciones musicales (tarea análoga a la del protagonista de *Los pasos perdidos*) y como corresponsal de revistas habaneras, para las que escribía numerosas crónicas sobre la actualidad cultural y política europea, vista con una notable lucidez y oportunidad. Un grupo de estas crónicas ha sido recogido en *Ese músico que llevo dentro* (La Habana, 1980); las que escribiría más tarde (1945-1959) para *El Nacional* de Caracas se reunieron en *Letra y solfa* (Caracas, 1975). Su afición por la música lo llevó a colaborar en varios proyectos con grandes figuras de la música europea, como Darius Milhaud. En 1937 estuvo en España y tuvo la primera experiencia directa de lo que era una guerra; esas imágenes reaparecerían en más de una obra suya. Aparte de los numerosos escritores hispanoamericanos que conoció o reencontró en Europa —entre ellos, Asturias *(18.2.1.)* y Uslar Pietri *(18.1.2.)* fueron los más entrañables—, frecuentó a Breton y otros surrealistas, como Leiris, Aragon, Éluard, Péret, Queneau, Bataille, De Chirico y otros; hay colaboraciones suyas en *La Révolution Surréaliste, Bifur, Documents,* etc. A Robert Desnos lo había conocido en 1927 y fue precisamente usando los documentos personales de éste que pudo salir clandestinamente de Cuba y llegar a París; en esta ciudad, esa amistad se estrecha y tendrá consecuencias literarias de peso al convertirse Desnos, como él, en un disidente del surrealismo.

Ya de vuelta en Cuba a fines de 1939, desempeña cargos vinculados con la música y la enseñanza. En 1943, con su tercera y última esposa Lilia Esteban y el famoso actor francés Louis Jouvet visita Haití por primera vez. El viaje es una total revelación para él: descubre un mundo que es una asombrosa conjunción de hechos históricos y creencias mágicas, de realidades documentables y fantasías en las que todos creen. Bien puede decirse que este descubrimiento marca el comienzo de su madurez y de un período intensamente creador. Ese período se completa, a partir de 1945, en Caracas, donde trabaja en la organización de una radiodifusora, escribe sus citadas crónicas para *El Nacional* y sobre todo hace otro viaje revelador a la Gran Sabana venezolana, región descubierta apenas una década antes, y luego al Orinoco y la región amazónica. Publica su erudito ensayo

La música en Cuba (México, 1946) y la novela —que subtitula «Relato»— *El reino de este mundo* (México, 1949), que es la primera de sus obras que produce un impacto profundo en nuestras letras.

Esa repercusión no sólo es el resultado del carácter insólito de la narración, sino también del histórico prólogo que la acompaña y que es tan célebre como ella misma. El texto no llevaba título pero fue refundido como «De lo real maravilloso americano» en *Tientos y diferencias* (México, 1964). Así, fue releído en el contexto de la renovación novelística de los años sesenta y visto como lo que en realidad era: el primer manifiesto de una estética, el llamado «realismo mágico», que marcaría una ruptura definitiva con los modelos europeos dominantes hasta ese momento en nuestra novela. El texto ha originado ríos de tinta, gruesos equívocos y malentendidos, algunos estimulados por el propio autor. Es necesario hacer unas observaciones previas para juzgar este prólogo fundamental.

En primer lugar, ambas expresiones («real maravilloso», «realismo mágico») tienen claros antecedentes, pues si bien Carpentier no usa la segunda, estaba consciente de ella. Si su formulación favorece la primera es por muy buenas razones: lo de «maravilloso» aludía directamente al *merveilleux* surrealista, con una intención muy crítica. Hay dos corrientes literarias en su mira de ataque porque eran, aunque divergentes entre sí, dominantes entonces en América y Europa: el surrealismo y la «literatura comprometida». El texto documenta su desencanto con la escuela surrealista a la que se había sentido tan cercano al principio; específicamente, muestra su escepticismo ante la imaginería fantástica del surrealismo, que ahora se le aparece como algo mecánico e ingenuo. En cierta medida el ataque está dirigido, más que contra el surrealismo, contra ciertos surrealistas, tras su distanciamiento personal respecto de Breton y su identificación con la disidencia de Desnos, quien había sido duramente criticado por aquél: el prólogo es un ajuste de cuentas y una buena excusa para tomar partido por su amigo a la vez que señalar distancias estéticas.

Carpentier comienza diciendo que, en comparación con las maravillas «reales» que ofrece Haití para cualquiera que sepa verlas, las técnicas surrealistas son meros juegos de laboratorio literario que prueban el agotamiento de lo fantástico que Europa ha buscado durante siglos: burlonamente se refiere a «[l]o maravilloso, obtenido con trucos de prestidigitación», como «la vieja y embustera historia del encuentro fortuito del paraguas y de la máquina de coser sobre una mesa de disección, generador de las cucharas de armiño, los caracoles en el taxi pluvioso, la cabeza de león en la pelvis de una viuda, de las exposiciones surrealistas». Las referencias a imágenes emblemáticas del surrealismo son precisas: el famoso *dictum* de Lautréamont *(16.4.1.)* asumido por el movimiento; un objeto de Méret Oppenheim; una instalación de Dalí para una exhibición en Nueva York de 1938, y un *collage* de Max Ernst. Carpentier pone el acento en el término *real,* queriendo decir que lo verdaderamente «maravilloso» está en la realidad americana, fruto de un rico proceso de simbiosis históricas, que alteran los ciclos de la historiografía europea. No hay que inventar prodigios: están ante nuestros ojos, si logramos contemplar la realidad desde un ángulo insólito que revele su esencia y originalidad.

El otro objetivo de su ataque es la «literatura comprometida», que había planteado Gide y puesto de moda Sartre y los existencialistas, porque éstos dan a lo real «un significado gregariamente político», que también rechaza. Ni experimentos surrealistas ni literatura de tesis: Carpentier presenta el realismo maravilloso como una alternativa americana a esas dos opciones, como una fusión de conceptos que solían considerarse divergentes. Hay que encarar, pues, el mundo objetivo —sobre todo el que se apoya en una rigurosa documentación histórica, como la que él realiza en *El reino...*—, pero tratando de hallar ese preciso punto del que lo maravilloso

surge [como] una inesperada alteración de la realidad (el milagro), de una revelación privilegiada de la realidad, de una iluminación inhabitual o singularmente favorecedora de las inadvertidas riquezas de la realidad, de una ampliación de las escalas y categorías de la realidad, percibidas con una particular intensidad en virtud de una exaltación del espíritu que lo conduce a un modo de «estado límite».

Nótese la insistencia en la palabra «realidad», que se repite como una letanía: fuera de ella lo mágico no pasa de ser un juego de la fantasía, sin asideros que la hagan convincente o perdurable. Y, de inmediato, el autor agrega la frase quizá más citada (y discutible) de su texto: «Para empezar, la sensación de lo maravilloso presupone una fe», lo que liga el nuevo concepto a la experiencia religiosa que es, en esta novela, fundamental. Esa fe está viva en América y el autor sugiere que su reelaboración artística es el camino literario por seguir. En «Problemática actual de la novela latinoamericana», de *Tientos y diferencias,* agrega que la estética barroca es el vehículo ideal para lograrlo, uniendo así permanentemente el concepto al estilo por el que sería reconocido.

En segundo lugar, debe recordarse que la noción «realismo mágico» —y su variante expresiva «realismo maravilloso»—, que hoy asociamos tan íntimamente a nuestro continente, tiene un origen europeo, que se remontaba entonces a casi un cuarto de siglo atrás. En 1925, el crítico de arte y fotógrafo de vanguardia Franz Roh publicó un libro originalmente titulado *Nach-Expressionismus (Magischer Realismus)*, en el que estudiaba la situación y los problemas del nuevo arte europeo, haciendo referencia a Beckmann, De Chirico, Ernst, Miró y Picasso, entre otros. Apenas dos años después la editorial Revista de Occidente, a través de la cual Ortega y Gasset difundía el nuevo pensamiento filosófico y estético alemán, publicó en Madrid una traducción a nuestra lengua, invirtiendo el orden del título: *Realismo mágico, Post Expresionismo*. Carpentier seguramente lo leyó cuando estuvo en esa ciudad en 1934, y no sólo él sino también Uslar Pietri, quien, en *Letras y hombres de Venezuela* (México, 1948), usaría el término aunque sin desarrollarlo. Por otro lado, la expresión aparece también en *L'avventura novecentista* (Florencia, 1938) del escritor italiano Massimo Bontempelli; en *American Realists and Magic Realists* (Nueva York, 1943) del crítico norteamericano Alfred H. Barr; y, ya aplicado a nuestra literatura, por el crítico Ángel Flores en un trabajo de 1955. El hecho de que en 1932 Borges *(19.1.)* publicase el ensayo «El arte narrativo y la magia» —del que Carpentier parece no haber tenido conocimiento— contribuiría al error de considerarlo ligado a la cuestión, aunque en verdad usaba «magia» en un sentido totalmente distinto[2].

La historia del concepto es, pues, larga y compleja, pero lo interesante es ver cómo evoluciona y pasa del campo del arte al literario. Roh señala algo esencial en el neoexpresionismo: la objetividad que permite irradiar «aquella magia, aquella espiritualidad, aquel carácter lúgubre» como expresión de la época. Lo último tiene relación con ciertas ideas expuestas por Spengler y que, otra vez, el novelista había conocido gracias a la mediación de Ortega y Gasset; específicamente las tesis que el filósofo alemán presentaba en *La decadencia de Occidente* (1918) ejercieron un fuerte estímulo en las de Carpentier, quien ante la crisis de lo sagrado en Europa subrayaría la importancia de la «fe» y lo «primitivo» en la creación americana. Así se entiende su rechazo a «lo maravilloso invocado en el descreimiento». Por último, debe señalarse que, medio siglo después, las bases filosóficas del cubano para hacer esa afirmación aparecen hoy más discutibles y endebles: el realismo mágico o maravilloso no es un acto de

---

[2] Equivocadamente, varios críticos consideran a Borges como «realista mágico», error que se basa en el hecho de que su literatura fantástica tuvo un notable influjo sobre narradores que cultivaron aquella tendencia.

fe, ni una propensión «natural» que sólo se halla en América Latina o que sea una «categoría» exclusiva de su historia; tampoco es una receta para reactualizar el estilo barroco. El realismo magico es una *poética,* un lenguaje y una visión narrativa que los novelistas hispanoamericanos parecen haber manejado mucho mejor que otros; es un logro estético de este siglo, no una predisposición cultural. Pese a todo ello, es innegable que este prólogo es fundamental y por eso nos hemos detenido tanto en él.

Para entender la naturaleza narrativa de *El reino de este mundo,* permítasenos volver por última vez a esas mismas páginas:

Sin habérmelo propuesto de modo sistemático, el texto que sigue ha respondido a este orden de preocupaciones. En él se narra una sucesión de hechos extraordinarios, ocurridos en la isla de Santo Domingo, en determinada época que no alcanza el lapso de una vida humana, dejándose que lo maravilloso fluya de una realidad seguida estrictamente en todos sus detalles.

La descripción es exacta: estamos en un mundo reconstruido con una precisión de relojero y con la obsesión de un artífice barroco que tiene, en muchos pasajes, el sabor de una crónica colonial, atenta a detalles de ambiente, época y color, pero al mismo tiempo proyectada hacia una dimensión donde todo lo que ocurre desafía nuestra razón y toca los límites del delirio. Creemos en ambas formas de experiencia, no sólo porque nos encontramos con personajes históricos (Henri Christophe, Paulina Bonaparte, etc.), sino porque ambas están contadas con la misma minuciosidad: la vivencia histórica se extiende, contradictoriamente, hasta el nivel del hechizo y el prodigio. Lo verificable y lo inverosímil tienen la misma cualidad asombrosa, por lo que terminamos aceptándolos por igual. Ambos son una sola realidad indiscernible.

Lo que cuenta la novela está básicamente en los libros de historia haitiana: el régimen colonial francés, las rebeliones de Mackandal y Boukman, la campaña militar del General Leclerc, la monarquía negra de Henri Christophe, etc. Aun Ti Noël, un personaje que parece ficticio, tiene el mismo nombre de un esclavo negro que vivió en Cuba. El rigor historicista del autor ha sido confirmado por la crítica, que ha hallado las numerosas fuentes literarias, históricas o artísticas que sigue el relato, a veces a pie juntillas. Pero no se trata de copiar y reproducir lo que los documentos dicen, sino de extraer de ellos los momentos verdaderamente significativos, entretejerlos en una composición que tiene mucho de mosaico o *collage* y sobre todo establecer entre ellos un tejido de relaciones que son, a la vez, coherentes e increíbles. Cada breve capítulo ofrece una vívida escena que fija el proceso de la acción a través de situaciones definitorias, excluyendo todo lo demás; la novela ofrece en sus escasas ciento veinticinco páginas una extraordinaria síntesis de una historia muy compleja.

La clave de esa síntesis está en la habilidad del autor para concentrar nuestra atención en los momentos en los que la Historia es contradicha por las fuerzas de la Naturaleza, en los que algo ocurre de acuerdo con ciertos anuncios o presagios que niegan la causalidad que generalmente otorgamos a los sucesos históricos; es decir, los *ficcionaliza* de un modo profundo porque introduce en ellos un elemento de irracionalidad o fantasía colectiva que él llamaría una manifestación de «fe» en lo que carece de otra explicación. El lector tiene la sensación de que los acontecimientos históricos no se mueven hacia adelante, en una dirección lineal, sino como un ciclo de repeticiones y retornos fatales: todo se cumple en fechas simbólicas (generalmente en domingos y en ciertos meses del año) y como anunciado por profecías y señales divinas. En el fondo, los caminos de la Historia son intervenidos por los designios supremos de los dioses invocados por Mackandal o Bouckman y cuyas leyes o planes parecen incontrolables. Como dice Bouckman bajo un coro de truenos: «El Dios de los blancos ordena el crimen. Nuestros dioses nos piden venganza» (II, 2).

Los hechos ocurren en Haití y Cuba entre 1771 y 1820, fecha que marca el fin de la monarquía negra de Christophe, sobre la cual el poeta martiniqués Aimé Césaire escribiría *La tragédie du Roi Christophe* (París, 1963). El siglo XVIII, sobre todo en su porción final, es la época histórica que Carpentier encontraría, por varias razones, ideal para sus propósitos novelísticos: primero, por ser el siglo del Iluminismo, con el que los tiempos modernos nacen como una afirmación de que la Historia, sometida a la razón, es indefinidamente perfectible, noción que la creencia mítica contradice; luego, porque es el momento en el que se produce el choque entre el monarquismo europeo y la mentalidad insurgente criolla, que dará origen a la épica de la emancipación; y finalmente porque es el crisol de las ideas revolucionarias que dan origen a nuestra edad moderna y ponen de manifiesto la innata rebeldía del hombre como protagonista de los grandes cambios sociales. Todo esto forma parte indisoluble de su novelística.

La grandiosa visión de la Historia humana como una tarea siempre por comenzar y nunca del todo terminada continuará, con marcos todavía más vastos y abarcadores, en las siguientes dos novelas: *Los pasos perdidos* (1953) y *El Siglo de las Luces* (1962), publicadas ambas en México[3]. Con *El reino...* forman un conjunto impresionante que se conoce como la «trilogía de lo real maravilloso», que es el corazón de la obra creadora del autor. Razones de espacio nos obligan a hacer sólo una rápida referencia al volumen *Guerra del tiempo* (México, 1958), que contiene la novela corta *El acoso* (originalmente publicada en Buenos Aires, 1956) y tres notables relatos: «El camino de Santiago», «Viaje a la semilla» y «Semejante a la noche». Todos estos textos son elaborados experimentos con el tiempo narrativo: en la primera, cuya historia recrea el clima político gansteril que se vivía en la época de la dictadura de Machado, la acción transcurre durante los cuarenta y seis minutos que dura la ejecución de la *Sinfonía Heroica* de Beethoven en el teatro donde el perseguido se ha refugiado; en los tres relatos tenemos impecables ejemplos de tiempo circular, regresivo y recurrente, que tienen cierta semejanza con los que J. B. Priestley realizaba por entonces en el teatro inglés. Los títulos de las novelas de la trilogía y también el de *Guerra del tiempo* merecen una reflexión porque todos juegan deliberadamente con prestigiosas resonancias históricas o literarias, que algo dicen sobre el designio artístico del autor: *El reino de este mundo* proviene de la Biblia; *Los pasos perdidos* reitera —de modo casi desafiante— el mismo título de *Les pas perdus* (París, 1924) que Breton usó para uno de sus libros; *El siglo de las luces* alude, por cierto, a esa particular época histórica; *Guerra del tiempo* es una cita de Lope, etc. En su obra posterior, Carpentier seguiría fiel a este hábito que señala su profunda creencia de que los hombres estamos condenados a repetir los actos y sueños de los que nos precedieron.

Los pasos... es la primera gran síntesis de la visión novelística carpenteriana y, también, de las grandes cuestiones estéticas que se vienen debatiendo desde el romanticismo. Es difícil hallar —aparte de Asturias en *Hombres de maíz (18.2.1.)*— un novelista hispanoamericano que, por esos años, se haya propuesto algo tan ambicioso y lo haya realizado con tan perfecto trazo como esta novela: está concebida como una rigurosa obra de arte, que se refleja constantemente en otros grandes modelos universales, desde la *Odisea* hasta *The Lost World* (1912) de Conan Doyle. Es imposible intentar aquí cubrir todos los aspectos que plantea; nos reduciremos a los esenciales. La novela encaja dentro de varios patrones narrativos que se superponen armónicamente en ella: es una novela de aventuras y descubrimiento de una naturaleza exótica y desconocida; es el diario del viaje que un hombre realiza en busca de sus propias raíces y para calmar

---

[3] Esta última fue originalmente publicada, pocos meses antes, en francés.

sus propias ansias creadoras, que termina convirtiéndose en una travesía en el tiempo, pues lo lleva a un mundo detenido en el primer día de la Creación; es una meditación sobre el papel de arte en nuestros días, tras la explosión de la vanguardia que ha dejado todos los conceptos tradicionales en ruinas y denunciado sus valores; es una introspección, con fuertes marcas existencialistas y hasta kafkianas, de un hombre que ha visto encenderse y apagarse las llamas de la Segunda Guerra Mundial y que enfrenta una atmósfera sombría y angustiosa; es un diálogo entre las coordenadas culturales de Occidente y las de América, entre las asfixiantes urbes con cielos de metal y de hierro —así nos lo recuerda el epígrafe inicial— y los espacios virginales de la selva, etc.

La ficción se apoya considerablemente en elementos autobiográficos. El anónimo protagonista-narrador es un hombre culto, musicólogo por vocación, que trabaja como técnico de sonido y vive inmerso en el ambiente de la ciudad moderna (aunque no la identifica directamente, se trata de Nueva York, que Carpentier visitó en 1939), pero cuyo origen es hispanoamericano. Aún más importante que eso es que el viaje del personaje —el magno acontecimiento del libro— es el mismo que —como ya sabemos— llevó al autor, en 1947, a la Gran Sabana y que daría origen a una serie de cinco crónicas publicadas en *Carteles* en 1948; estas crónicas son la base documental de la novela y guardan con ella notables semejanzas. Hasta en el hecho de que el protagonista tenga relaciones con tres muy distintas mujeres —Ruth, la actriz; la francesa Mouche, que le permite ironizar una vez más sobre los juegos del salón surrealista; y Rosario, la mujer que encuentra en medio de su travesía como una viva encarnación de la Naturaleza— parece aludir a su propia vida privada. El foco de la historia lo proporciona su experiencia venezolana, con el ritmo vertiginoso de Caracas, la inestabilidad política que observó, su trabajo en el campo de la publicidad y sus vacaciones en la selva.

Todo eso pasará a formar parte esencial de la novela. Pero es principalmente en la contextura espiritual del personaje donde encontramos la mayor identificación con las preocupaciones profundas del autor: el dilema, nunca resuelto, de pertenecer a dos culturas, la que lo une al mundo occidental de origen europeo y sus raíces criollas, situación que genera en él una constante ansiedad o ambivalencia. Su problema es estar escindido entre las dos, en buscar el punto de equilibrio donde pueda conjugarlas sin renunciar o echar de menos a ninguna. Ese vaivén está subrayado en el relato por la insistencia en dos expresiones: «el mundo de *aquí*» y «el mundo de *allá*», cuyos referentes (Nueva York-Europa, América) se alternan según donde transcurra la acción. La cuestión de la identidad y pertenencia a un mundo que pueda reconocer como propio se agudiza porque además el héroe es un artista, cuya «patria» es el mundo de la creación, con parámetros y horizontes que le plantean otras demandas. Hay una sutil correspondencia entre el desarraigo físico y la alienación que sufre desempeñando una función comercial para sobrevivir —es decir, literalmente vendiéndose como un objeto de consumo— que le impide de modo irremediable alcanzar sus sueños: la obra maestra musical. Reencontrar sus orígenes y ser él mismo, volver a sus fuentes y realizar su vocación son parte de una sola empresa que adquiere dimensiones titánicas.

Obsérvese que Carpentier estaba tratando de resolver, a su modo, la misma búsqueda que se había planteado la vanguardia europea: la de ser moderno revalorando el espíritu mítico y primitivo; esto quizá ayude a explicar la deliberada reiteración del título de Breton. Si para ser nuevo hay que volver hacia lo primigenio, estamos obligados a volver hacia atrás, a movernos dentro de ciclos de repeticiones y variantes y a cuestionar nuestra propia originalidad creadora y la unicidad de nuestros actos: la Historia siempre nos alcanza. Ésta es una novela hiperconsciente de que se abre camino repitiendo precisamente los pasos de otros, que modelan su propia contextura. Por todas partes el relato cita otros relatos, otras obras artísticas, otras eras históricas que son aludidas por la presente aventura del protagonista, en quien esas imágenes se acumulan como una carga de siglos. La idea de la inutilidad de su esfuerzo ronda siempre en su mente y crea un clima de pesadumbre e inminente fracaso. Al final de su aventura, el hombre moderno descubre, con asombro, que ha vuelto al mundo del Génesis, que todo está por comenzar, que todo está por terminar. El texto es una suma de textos y su acción resume o evoca otras obras.

En ese designio, el barroquismo del estilo —el sello y la clave de toda su novelística— cumple un importante papel. Se ha dicho, con razón, que el mundo de Carpentier refleja un *horror vacui*. Las formas proliferantes e incesantemente complejas lo llenan todo con sus volutas y sus ornamentos sobrecargados hasta el punto de la congestión; los párrafos son sólidos, apretados, con escasos acápites y muy poco diálogo —otro rasgo característico— porque la atención está puesta en la descripción y las incontables digresiones a las que da origen la acción. Hay una infinidad de objetos, detalles y relaciones por definir que parecen ocupar simultáneamente el primer plano de la narración. Convencido de que la verdadera realidad americana estaba aún por descubrir y designar, Carpentier cultivó un estilo «nominalista», en el que hay una palabra para cada cosa y cada una está elegida con una exactitud de erudito, enciclopedista, coleccionista o etimólogo: no hay ninguna imprecisión en ese lenguaje, que tiene perfiles tan nítidos y compactos como una catedral gótica, pero también las sutilezas de armonía y contraste de un concierto barroco. De hecho, las referencias arquitectónicas y musicales en la novela son incontables y están cargadas de significación. Un buen ejemplo lo brinda el pasaje inicial, que constituye un auténtico *trompe-l'oeil:* el escenario minuciosamente descrito en el que aparece Ruth con vestidos de época es, en realidad, un decorado teatral, un artificio que alude a su trabajo de actriz y a la sensación de irrealidad en la que ella y el protagonista viven, incomunicados el uno del otro. Uno de los pasajes más notables, pues justifica su propio exceso barroco, es aquel en el que el narrador encuentra una naturaleza para cuyos objetos parecen faltar nombres; entonces, hay que inventarlos:

La selva era el mundo de la mentira, de la trampa y del falso semblante; allí todo era disfraz, estratagema, juego de apariencias, metamorfosis. Mundo del lagarto-cohombro, la castaña-erizo, la crisálida-ciempiés, la larva con carne de zanahoria y el pez eléctrico que fulminaba desde el poso de las linazas (IV, 20).

La cita sólo da cierta idea del efecto acumulativo que ese estilo tiene sobre el lector: sencillamente, lo asfixia y lo abruma con la sensación de que está presenciando algo a la vez *inconcebible* y *concreto:* lo real-maravilloso en todo su furioso esplendor. La falta casi absoluta de humor —la carencia más visible del novelista— acentúa ese efecto y niega todo alivio al lector que no esté dispuesto a acarrear consigo el enorme peso con el que Carpentier lo tienta para brindarle luego su magia y su fascinación. Dentro de ese esquema, las citas y alusiones eruditas no son marginales al texto, sino parte esencial de él: el relato internaliza todo ese bagaje y lo incorpora a su designio. Las referencias a ciertas figuras míticas (Sísifo, Prometeo, Ulises), a ciertos grandes creadores (Goethe, Shelley, Blake, Beethoven, Wagner) e incluso su propia obra («mi andar por el Reino de este Mundo», VI, 37) forman un ciclo de asociaciones que reaparecen en momentos culminantes de la acción para enmarcarla dentro de un vasto cuadro de héroes y arquetipos. De allí, el hábito de Carpentier de usar mayúsculas para señalar personajes, situaciones, lugares e ideas que son parte de un juego o tejido de elementos de validez universal: el Séptimo Día, El Buscador de Diamantes, la Ciudad del Ladrido, Increíbles Floridas, el Valle del Tiempo Detenido; hasta Rosario se convierte en *Tu Mujer*. En algún caso esa apretada red de ecos se proyecta hacia adelante: Carpentier menciona una embarcación cuyo nombre es *Los Recuerdos del Porvenir* (III, 13), que sería el título de una novela de Rosario Castellanos *(21.1.3.)* de 1963.

Más importante que todo eso es señalar que la mayor cuestión que la novela examina es la novela misma, el desafiante proyecto de recrear un mundo en un contexto cultural en el que ya todo parece haber sido dicho: la selva en la que el protagonista se encuentra consigo mismo no le hace olvidar que ha vivido (y seguirá viviendo) en una selva de letras y obras maestras, con las cuales debe medirse. Liberado de su agobiante trabajo en la Ciudad, siente al fin —estimulado por el espectáculo grandioso de la Naturaleza— las fuerzas para componer su cantata inspirada en el poema de Shelley; pero descubre, irónicamente, que necesita papel, que pertenece a un tiempo que ya no permite la realización de las viejas utopías o que las ha degradado. Al final hay una inquietante ambigüedad frente al destino de las grandes empresas humanas, que será un rasgo constante en toda la obra del autor: por un lado, el héroe no logra realizar su obra, se siente un extraño en el mundo que pensó era suyo y regresa a la ciudad de la que escapó; por otro, insiste en que «mienten quienes dicen que el hombre no puede escapar a su época» (VI, 39). Las últimas líneas sugieren que el camino queda abierto para cualquiera que vea «el Signo dibujado en la corteza, a punta de cuchillo, unos tres palmos bajo el nivel del agua». Pocas novelas, hispanoamericanas o no, han presentado una parábola más exuberante del destino trágico del artista moderno, mito creador de otros mitos permanentes, ficción que genera otras ficciones. Aunque siguiesen cultivándose después de 1953 los modelos regionalista *(15.2.)* e indigenista *(17.9.),* esta novela hizo que apareciesen, por comparación, más anacrónicos que nunca.

La última novela del ciclo, *El siglo de las luces,* realiza la proeza de ser un relato de proporciones épicas más vastas y complejas que la anterior, razón por la cual renunciamos de antemano a considerarlas todas. Si esa obra se centraba en la aventura de un individuo (en verdad, el paradigma del ser humano), *El siglo...* está inundada por torrentes de acción colectiva, de grandes movimientos históricos y por personajes ficticios que se entrecruzan con los reales. La novela es la culminación estética de una etapa completamente distinta en la vida del autor, cuyo eje es el año 1959, o sea el comienzo de la Revolución Cubana. Apenas triunfa el movimiento castrista, Carpentier abandona Caracas, donde había permanecido catorce años, vuelve a Cuba e inmediatamente se pone a trabajar en los grandes proyectos editoriales y culturales que le encarga el gobierno, y luego (1968) como ministro consejero en París, cargo que aún desempeñaba cuando murió. Esta adhesión ideológica a la causa revolucionaria se mantuvo hasta el final, pese a todos los virajes y reajustes de la política cubana en el plano doméstico e internacional. Paradójicamente, sus libros de entonces y después mantuvieron la mencionada ambigua actitud —como narrador— ante la viabilidad de los grandes cambios históricos, lo que planteaba un interesante contraste con sus declaraciones públicas como funcionario y representante cubano. Si bien es cierto que escribió *El siglo...* mientras vivía en Caracas, su experiencia dentro de la Revolución Cubana fue incorporada al revisar el original para su publicación.

La Revolución era un tema que siempre lo había preocupado pero que ahora tenía una resonancia y una actualidad inesperadas: él estaba participando en una de ellas. Para reflexionar sobre el asunto, el autor prefiere seguir siendo fiel a su siglo favorito, el XVIII, y decide componer con él una novela histórica que tiene rasgos estructurales comparables a los modelos clásicos del género en el siglo XIX. Su propósito y su alcance, sin embargo, son muy distintos. Eso se advierte desde el comienzo: la guillotina, el símbolo clave de su alegoría de la Revolución como motor de la historia moderna, aparece allí, terrible, siniestra y tentadora para todo revolucionario:

Esta noche he visto alzarse la Máquina nuevamente. Era, en la proa, como una puerta abierta sobre el vasto cielo [...] Pero la Puerta-sin-batiente estaba erguida en la proa, reducida al dintel y las jambas con aquel cartabón, aquel medio frontón invertido, aquel triángulo negro con bisel acerado y frío, colgando de sus montantes. Ahí estaba la armazón, desnuda y escueta, nuevamente plantada sobre el sueño de los hombres, como una presencia —como una advertencia— que nos concernía a todos por igual.

La guillotina es la primera imagen que Carpentier nos ofrece de la Revolución y debemos tenerlo muy en cuenta. En su visión histórica las nociones de violencia y fracaso son esenciales. Esta novela lo demuestra ampliamente, usando un diseño que entremezcla diestramente su historia con la Historia, ambientes domésticos y vastos escenarios, situaciones románticas y debates ideológicos. La primera virtud de la obra es que, pese a brindar una puntual información sobre grandes acontecimientos políticos (la Revolución Francesa, los movimientos de rebelión en el área caribeña, los levantamientos de La Moncloa en España), la ficción los absorbe por completo y nos los hace vivir como parte de ella. Particularmente, el autor insiste, en una nota final titulada «Sobre la historicidad de Víctor Hughes», en la existencia de este personaje fabuloso, igual que en *El reino...* subrayó la de Christophe y otros; Carpentier también parece haber puesto en Hughes algo de otro personaje histórico de la misma época, que él conocía bien: el venezolano Francisco de Miranda *(7.3.)*. Una vez más, el núcleo de lo «real maravilloso» surge, de acuerdo con su tesis, de las insólitas vueltas y distorsiones que sufre la historia humana. La crítica ha demostrado los modos sutiles en los que Carpentier sigue la cronología de los hechos o se aparta de ellos, según las necesidades del relato; es decir, la historia se somete a las leyes de la novela y no al revés.

En el fondo, la gran cuestión aquí es la de cómo las ideas que desatan la Revolución Francesa viajan —transmigran— al Caribe, alientan el espíritu de rebeldía americana, se transforman en algo distinto y vuelven a cruzar el Atlántico para avivar la resistencia española precisamente contra las fuerzas napoleónicas. Esto es algo que sabemos por los libros de historia, aunque Carpentier nos hace *vivir* esos grandes episodios con la frescura e intensidad de hechos que acontecen ante nuestros propios ojos; gracias a la consabida atención que el narrador presta a cada ambiente, a cada situación, a cada detalle, la impresión que tenemos es la de estar contemplando un grabado antiguo, un *tableau* de época. El diseño es obsesivo, atestado, barroco en la superficie, pero severo y riguroso en su organización interna. Todo está regido por ciclos de creación y destrucción, vida y muerte, esperanza y fracaso, que se repiten e impulsan la acción. Hay un poderoso símbolo de ese proceso que atraviesa toda la novela: el cuadro titulado *Explosión en una catedral,* del napolitano Monsú Desiderio, que el joven Esteban apreciaba porque, «desafiando todas las leyes de la plástica, era la apocalíptica inmovilización de una catástrofe» (I, 2)[4]. Ése es el gran motivo recurrente en la novela.

La noción de vasto desorden y violento cambio se reitera en la novela con un ritmo creciente: comienza con el gozoso desarreglo doméstico que crean, tras la muerte del padre, los hermanos Carlos y Sofía más Esteban, el primo criado «como un hijo más» (I, 2). Luego (I, 4), la aparición del misterioso Víctor Hughes altera por completo ese estado de indiferente anarquía y lo convierte en una inquietud por todos los grandes acontecimientos que ocurren alrededor de ellos; Sofía, por ejemplo, «sentíase ajena, sacada de sí misma, como situada en el umbral de una época de transformaciones» (I, 6). Hay un ciclón que destruye la casa, plagas, alzamientos y rebeliones de esclavos en Cuba, Puerto Príncipe y Guadalupe; hay proclamas, conspiraciones y batallas contra el orden establecido. Y, sobre todo, se vive en un estado de exaltación libertaria desatado por la Revolu-

---

[4] *Explosion in the Cathedral* es justamente el título de la novela en su traducción a lengua inglesa, en la que las connotaciones del título original no funcionaban.

ción Francesa, cuyos ecos llegan hasta América, a veces irónicamente distorsionados, como vemos en esa escena en la que una mujer desnuda combate el calor abanicándose con *La décade philosophique*.

Los ideales revolucionarios que encarna Hughes son asumidos —en distintos grados— por los tres jóvenes. Incluso la esfera sentimental es afectada por esa adhesión: el amor idealizado y adolescente de Esteban por Sofía es reemplazado por la pasión erótica que une a Hughes con Sofía en nombre de más altos ideales. Esta nueva pareja tiene claros matices alegóricos: Hughes, el hombre que subordina los ideales a la vorágine de la acción y a las necesidades de Estado; Sofía (el simbolismo de su nombre es claro), la mujer que por encima de todo busca la realización de la idea revolucionaria. Al final, cuando ya Hughes ha desandado varias veces el camino hacia la justicia humana, la reencontraremos en las calles de Madrid, echándose a luchar, al lado de Esteban, contra la invasión napoleónica y desapareciendo en el tumulto popular: «Ni Esteban ni Sofía regresaron nunca a la Casa de Arcos. Nadie supo más de sus huellas ni del paradero de sus carnes» (VII).

Hugues brinda una figura trágica del héroe revolucionario: es el hombre de acción, fascinado por el poder de las masas para cambiar la historia, pero que claudica ante la seducción de su propio poder y sus menudos intereses, traicionando los principios mismos de la revolución; en una violenta contradicción, libera a los esclavos negros pero luego restablece el esclavismo porque presuntamente así lo exigen razones revolucionarias. Aunque es un aventurero manipulador, ambicioso y cínico, Hughes no deja de tener cierta grandeza magnética: la del líder o caudillo de movimientos históricos decisivos, cuyo dinamismo lo embriaga. Así, termina desilusionando y traicionando a sus jóvenes amigos, que se apartan de él para buscar la realización de sus sueños en otros lugares. Este hombre, que en la cúspide de su poder exclama «No puedo confiar en nada», nos habla de la sombría soledad del jerarca absoluto que sería el tema central de *El recurso del método* (México, 1974). ¿Es acaso Hughes un retrato en clave e involuntario de Fidel Castro o una profecía del destino de la Revolución Cubana? Difícil afirmarlo o negarlo, pero de ser así supondría la mayor paradoja en la ideología de Carpentier.

La grandiosidad de la composición novelística de tantos vastos acontecimientos históricos tiene un marcado acento arquitectónico o plástico, en todo caso visual, pues numerosas escenas están montadas a la manera de cuadros o grabados. Hay, además, todo un código de colores y matices cuyas precisas graduaciones crean atmósferas específicas: los distintos matices del rojo en la escena final sugieren ideas de guerra, pasión o muerte. Las referencias a Goya son explícitas por los numerosos epígrafes que provienen de *Los desastres de la guerra* (1810-1814), pero también hay episodios cuyos ambientes y detalles estructurales o decorativos nos hacen pensar en Hogarth, Piranesi, Delacroix, David, Orozco y aun en el cine épico de David W. Griffith. (Pedro Lastra *[23.8.]* también ha observado el influjo de *Intolerancia* [1916] de Griffith en la estructura del relato «Semejante a la noche».) Esto le permite a Carpentier subrayar el carácter cíclico o recurrente de los hechos: lo que vemos ya ocurrió y fue visto por otros ojos y pintado por otras manos. Por ejemplo, el importante momento en el que aparece por primera vez Hughes lleva un epígrafe goyesco: «Siempre sucede», es decir, siempre surge el personaje providencial que arrastra a otros a la aventura de la revolución. Y el conjunto entero de la novela remite constantemente a su modelo pictórico, el cuadro *Explosión en una catedral,* que volvemos a ver en las últimas líneas del relato, cuando, dos años después de la desaparición de Sofía y Esteban, Carlos va a cerrar la casa de Madrid, deja olvidado —«acaso voluntariamente olvidado», sugiere el narrador— ese cuadro que «dejó de tener asunto, borrándose, haciéndose mera sombra» (VII). Otra vez, la ambigüedad del desenlace deja abierta la cuestión de cómo encaró Carpentier —un hombre que conocía a fondo la historia— los dilemas morales e ideológicos que le planteaba el fenómeno revolucionario, empresa siempre inacabada e imperfecta, gloriosa y temible, oscilante entre la catástrofe y la utopía.

Tras la trilogía, la obra carpenteriana prosiguió con varias obras, algunas de las cuales compiten en grandeza con las estudiadas o que le permitieron explorar nuevos caminos con suerte diversa. La preciosista novela corta *Concierto barroco* (México, 1974) tiene un complejo diseño narrativo que utiliza —como esa forma de composición musical— una precisa gama de temas, tonos, motivos, timbres, variaciones y asociaciones estéticas. En sus apretadas páginas, Carpentier hace una suntuosa travesía que liga los más dispares personajes, ambientes y situaciones: Vivaldi y un músico cubano, Stravinski y Louis Armstrong; Shakespeare y México, Moctezuma y Silvestre de Balboa *(4.2.2.3.),* Turner y Wagner, Haendel y Scarlatti, etc. El autor ha dicho que esta *nouvelle* es «una especie de *Summa Theologica* de mi arte por contener todos los mecanismos del "barroquismo" simultáneamente».

Más amplios vuelos tiene la mencionada *El recurso del método,* que puede considerarse la mejor novela tardía de Carpentier. El título es un intencionado juego de palabras sobre el de la famosa obra de Descartes: en vez de *Discurso, recurso,* palabra que tiene el doble sentido de «maniobra» y «retorno». Con este libro, Carpentier se suma a la tradición de «la novela de la dictadura» que arranca en nuestra época con *El Señor Presidente (18.2.1.)*, pero hay que advertir que no nos ofrece el retrato de un individuo en particular, sino de su prototipo: el Dictador como modelo válido para cualquiera de nuestros países, en cualquier época. Su protagonista es una composición o montaje de varios personajes y situaciones reales, míticos o imaginarios; tras la figura del anónimo Primer Magistrado se traslucen —con caprichosos desplazamientos cronológicos— las figuras reales de dictadores como Gerardo Machado, Porfirio Díaz, Estrada Cabrera, Vicente Gómez, Rafael Leónidas Trujillo y otros más. La novela reafirma la noción de que el fenómeno del caudillismo dictatorial es un mal endémico, una monstruosidad de nuestra cultura política. Así se entiende la alusión cartesiana: la dictadura hace de la sinrazón un método para regir pueblos; otra vez tenemos el conflicto Europa/América porque esas dictaduras surgieron en países normados por leyes salidas de la filosofía y el derecho nacidos del iluminismo. Una novedad es que, esta vez, los hechos no ocurren en ese siglo, sino a comienzos del nuestro (entre 1913 y fines de la década del veinte, exactamente), es decir, en la fase crepuscular de nuestro modernismo *(13.1.)* e históricamente marcada por un estado de inquietud general: Revolución Mexicana, Revolución Soviética, Primera Guerra Mundial. Ese contraste entre una época que declina y otra que anuncia grandes cambios es aprovechado hábilmente por el autor para enmarcar la acción del dictador con los floridos arreos modernistas. En verdad, su prototipo corresponde menos al «dictador bárbaro» que al ilustrado, el déspota brutal que a la vez erige templos a Minerva y adora la ópera.

La consagración de la primavera (México, 1978) tal vez sea la novela más ambiciosa de este período; desafortunadamente su ejecución se queda corta. El título, como siempre, está cargado de connotaciones. Primero, hace una directa referencia al conocido ballet de Stravinski (el novelista obtuvo expresa autorización para reproducir las primeras notas de la partitura al comienzo del libro), cuyos motivos de muerte y renacimiento como ritos de la naturaleza tienen tanta afinidad con los suyos. En segundo lugar, contiene una alusión al propio proceso de iniciación artística del cubano y a sus deudas tanto con la cultura criolla como con las tendencias de vanguardia europea. Pero también implica una celebración de las perpetuas fuerzas del arte y la revolución para renovarse y rejuvenecer el mundo histórico; en ese sentido, la novela tiene un carácter ejemplar que reafirma lo realizado y lo proyecta sobre una visión optimista del futuro. En la medida en que es una justificación de las actitudes intelectuales y políticas de Carpentier, parece una respuesta a los que se las criticaron; no resulta, sin embargo, una defensa no del todo convincente porque —por primera vez— la carga ideológica de la obra parece resentir la estructura narrativa o no asimilarse del todo a ella. Es notorio que en los personajes principales Vera (la bailarina rusa) y Enrique (el arquitecto cubano), entregados al mundo del arte y envueltos en conmociones revolucionarias, el autor ha puesto mucho de la historia de sus padres y la suya propia. El resultado estético de esta mezcla de crónica familiar, ensayo y novela es algo dudoso.

Aunque esta novela tenía un aire testamentario, no fue la última que Carpentier publicó: su ciclo realmente se cierra con *El arpa y la sombra* (México, 1979) que aprovecha un episodio ahora olvidado relativo a Colón *(2.3.1.):* el fallido proceso de su canonización en la época del papa Pío IX. Enmarcada por las elaboradas discusiones y gestiones pontificias, que ocupan la primera y tercera parte del relato, el autor traza, en la segunda, una síntesis biográfica del Almirante, minuciosamente apegada a copiosa documentaión histórica. Para el narrador, ésta es una nueva oportunidad para jugar con las confluencias y diferencias entre el mundo americano y la cultura europea, en cuya percepción del Nuevo Mundo la fantasía y la realidad juegan papeles casi indiscernibles.

Para concluir, sólo cabría agregar que Carpentier fue en su tiempo un precursor, es un maestro hoy y será siempre un alto paradigma de nuestra novela.

Textos y crítica:

CARPENTIER, Alejo, *Obras completas,* México, Siglo XXI, 1983-1994, 16 vols.
— *El siglo de las luces,* pról. de Carlos Fuentes, cronol. de Araceli García Carranza, Caracas, Biblioteca Ayacucho, 1979.
— *El siglo de las luces,* ed. de Ambrosio Fornet, Madrid, Cátedra, 1985.
— *Los pasos perdidos,* ed. de Roberto González Echevarría, Madrid, Cátedra, 1985.
— *Concierto barroco,* est. prelim. de Federico Acevedo, San Juan, Universidad de Puerto Rico, 1994.
— *La consagración de la primavera,* ed. de Julio Rodríguez Puértolas, Madrid, Castalia, 1998.

ABSIRE, Alain, *Alejo Carpentier,* París, Éditions Julliard, 1994.
ARIAS, Salvador (ed.), *Recopilación de textos sobre Alejo Carpentier,* La Habana, Casa de las Américas, 1977.

CHIAMPI, Irlemar, *El realismo maravilloso,* Caracas, Monte Ávila, 1983.
DURÁN LUZIO, Juan, *Lectura histórica de la novela «El recurso del método» de Alejo Carpentier,* Heredia, Costa Rica, EUNA, 1982.
GIACOMAN, Helmy F. (ed.), *Homenaje a Alejo Carpentier. Variaciones interpretativas en torno a su obra,* New York, Las Américas, 1970.
GONZÁLEZ, Eduardo, *Alejo Carpentier: el tiempo del hombre,* Caracas, Monte Ávila, 1978.
GÓNZALEZ ECHEVARRÍA, Roberto, *Alejo Carpentier. The Pilgrim at Home,* Ithaca/ New York, Cornell University Press, 1977.
HARVEY, Sally, *Carpentier's Proustian Fiction. The Influence of M. Proust on Carpentier,* Londres, Támesis, 1994.
Hommage à Alejo Carpentier. 90e. anniversaire, Valence, Francia, Université de Bordeaux, 1985.
JANNEY, Frank, *Alejo Carpentier and His Early Works,* Londres, Támesis Books, 1981.
LASTRA, Pedro, «Relación de los hechos: Alejo Carpentier y David W. Griffith», *Verbigratia,* Suplemento de *El Universal,* Caracas, 13 de febrero de 1999.
MÁRQUEZ RODRÍGUEZ, Alexis, *La obra narrativa de Alejo Carpentier,* Caracas, Ediciones de la Biblioteca de la Universidad Central, 1970.
— *Lo barroco y lo real maravilloso en la obra de Alejo Carpentier,* México, Siglo XXI, 1983.
MENTON, Seymour, *Historia verdadera del realismo mágico,* México, Fondo de Cultura Económica, 1998.
MOCEGA-GONZÁLEZ, Esther P., *La narrativa de Alejo Carpentier: el concepto del tiempo como tema fundamental,* New York, Eliseo Torres, 1975.
MÜLLER-BERGH, Klaus, *Alejo Carpentier. Estudio biográfico-crítico,* New York, Las Américas, 1972.
— et al., *Asedios a Carpentier: once ensayos críticos sobre el novelista cubano,* Santiago, Editorial Universitaria, 1972.
PARKINSON ZAMORA, Lois, y Wendy B. FARIS (eds.), *Magical Realism. Theory, History, Community,* Durham, Duke University Press, 1995.
SHAW, Donald, *Alejo Carpentier,* Boston, Twayne, 1985.
SPERATTI-PIÑERO, Emma, *Pasos hallados en «El reino de este mundo»,* México, El Colegio de México, 1981.
VELAYOS ZURDO, Óscar, *El diálogo con la historia de Alejo Carpentier,* Barcelona, Península, 1985.

18.2.4. Onetti: el infierno de la imaginación

El mundo creador del uruguayo Juan Carlos Onetti (1909-1994) no tiene casi comparación con ninguno otro entre los narradores hispanoamericanos de este siglo: es oclusivo, gris, angustioso, cínico, obsesivo, minuciosamente cruel. Sin dejar de mostrar una contextura realista, sus historias y situaciones tienen una insidiosa cualidad de implacable ceremonia o ritual, de calculada penitencia que unos se infligen a otros en un abierto desprecio a la moral convencional. Volcados hacia adentro, traman una vida imaginaria donde son otra vez inocentes o jóvenes o felices, para compensar la devastación que el tiempo real ha impuesto sobre ellos. Si hay alguien que en nuestra literatura encarnase plenamente la fascinación del Mal que exploró Bataille en sus teorías y novelas, ése es Onetti, maestro de la visión negra y despiadada del comportamiento humano.

Esa visión no sólo es profundamente original, sino anómala dentro de nuestro proceso literario: es el primer autor en alcanzar resultados estéticamente válidos al tratar de convertir el relato en un espacio donde se examina el acto de escribir; la autorreferencialidad, hoy tan de moda, tiene en él a un gran experimentador. Onetti no es un vanguardista, pero sin las lecciones que la vanguardia *(16.1.)* dejó dispersas por toda América, sería difícil explicarse el surgimiento y el perfil de su obra. Desde temprano tuvo una aguda conciencia crítica del estado de nuestra narrativa, en la que seguían aún muy vivas formas del realismo mimético: «criollismo» *(15.1.)*, regionalismo *(15.2.)*, indigenismo *(17.8.)*, etc., que eran para él manifestaciones de conformismo creador enmascarado por la prédica social. Su desinterés por toda manifestación de nacionalismo o telurismo literario fue el fruto de sus lecturas de la novela europea de raíz existencial —de Céline sobre todo—, Faulkner, Hemingway y otros novelistas norteamericanos, pero también del género policial. En esos gustos se anunciaba un cambio radical para nuestra literatura: la indagación en las profundidades de la psiquis, en relación consigo misma y con los demás. Así, los grandes motivos de su obra serán la soledad, la alienación, la culpa, la incomunicación, la absurdidad del mundo real y las estrategias de la imaginación para aliviarlas. Su esfuerzo por registrar esos males en el medio urbano, del que ha suprimido casi toda referencia localista, concurre con los de otros escritores rioplatenses como Sábato *(19.3.)* o Bianco *(19.2.)*. Pero Onetti es el que llega más lejos, más al fondo en las aguas negras de la conciencia humana.

Hay todo un proceso de interiorización por el cual el narrador indaga dentro de los personajes al mismo tiempo que dentro de sí mismo y del relato que se tiende entre ambos como un campo por explorar. Esa hondura de la búsqueda por terrenos sombríos o desconocidos parece estar aludida en los títulos de las dos primeras novelas: *El pozo* (Montevideo, 1939) y *Tierra de nadie* (Buenos Aires, 1941); *Tiempo de abrazar,* escrita en el mismo período, se extravió durante cuarenta años y sólo fue publicada en 1974. Todas corresponden a un período muy oscuro del autor, que recién comenzó a ser iluminado por la crítica a partir de los años sesenta, cuando su obra fue leída en el contexto del «boom» *(22.1.)* y considerada como precursora de las búsquedas de ese momento. Aunque en su país era reconocido como un maestro desde antes, la notoriedad continental de Onetti fue breve y siguió siendo lo que siempre fue: un gran escritor sin un gran público y sin sucesores visibles. En su período inicial tuvo una relación más bien marginal con los moldes de la vida literaria en Montevideo y Buenos Aires (donde pasó dos largos períodos: 1930-1934 y 1941-1955), dedicado en ambas ciudades al periodismo, que ejercía a veces con una pizca de humor negro; así lo demuestran las crónicas que publicaba con el seudónimo de «Periquito el aguador» en el semanario uruguayo *Marcha (23.5.)*. El ejercicio periodístico dejó una huella persistente en él, que se reflejaría en el perfil de ciertos personajes y situaciones vividos o conocidos en las salas de redacción de revistas y periódicos; es un lazo que lo conecta con el lado cotidiano y sórdido de la realidad.

Aunque *El pozo*, reescrita varias veces antes de ser publicada, pasó en su tiempo casi inadvertida, contiene en germen las marcas de su radical distanciamiento de los modelos entonces dominantes y los elementos esenciales del mundo onettiano: personajes solitarios que contemplan su fracaso en la edad mediana, ambientes urbanos, *pathos* existencial. Un pasaje del notable cuento «Bienvenido, Bob» sienta ese clima de un modo feroz: «Usted es un hombre hecho, es decir, deshecho, como todos los hombres a su edad cuando no son extraordinarios». El tono coloquial de la dicción, carente de «literatura», disimula la crucial distorsión o transgresión que el mismo acto de narrar opera sobre lo narrado. Las claves están en los intersticios de la historia, más que en ella misma; en ese margen surge la característica ambigüedad de una perspectiva narrativa que le permite autocontemplarse irónicamente y convertir lo que es originalmente testimonial en invención.

En *El pozo* aparece también un prototipo recurrente en sus ficciones: Eladio Linacero, personaje marginal que vive en el vacío generado por su fracaso vital. Al contarnos sus «memorias», Eladio quiere literalmente re-vivir su existencia, tratando de alcanzar el sentido del que carece y una sensación de armonía con sus semejantes: la ficción es una forma vicaria de la comunicación que no funcionó en el plano real. Hay aquí una aguda crítica del realismo, pues los datos y hechos que configuran su vida se disuelven, al contaminarse con el sueño y la imaginación, en una atmósfera poco confiable; de lo único que no podemos dudar es del relato mismo, cuya autenticidad no depende de su correspondencia con referentes objetivos. La literatura es, ella misma, su única realidad, su única alternativa donde todo lo que no tiene o ha perdido —amor, amistad, realización humana— es, otra vez, posible. Esa posibilidad es su única moral y hará cualquier cosa para alcanzarla, guiado por sus obsesiones y deseos más oscuros. La ficción *corrige* la vida real, haciendo de ella el borrador —imperfecto, difuso a veces— de la «verdadera»: la que él se inventa para ser, al menos virtualmente, quien quiso o debió ser. Al tratar de cubrir esa distancia, el relato funciona como una gran coartada que su imaginación entreteje. Si la vida no es un sueño, al menos puede ser un ensueño, una voluntariosa —casi caprichosa— reelaboración del propio pasado. En su relato, Eladio lo sugiere:

Pero ahora me gustaría hacer algo distinto. Algo mejor que la historia de las cosas que me sucedieron. Me gustaría escribir la historia de un alma, de ella sola, sin los sucesos en que tuvo que mezclarse, queriendo o no. O los sueños.

La llaneza expresiva de este pasaje es otra trampa que el narrador nos tiende. Al fingir torpeza o dudas por una aparente carencia de recursos literarios, hace que el lector acepte su estratagema con naturalidad y que vaya descendiendo, sin advertirlo, en las zonas más inquietantes de la experiencia humana. Por esa astucia disfrazada de impericia, Onetti es el eslabón intermedio que conecta a Arlt *(15.1.2.)* con Felisberto Hernández *(19.2.)* y Cortázar *(20.3.2.)*, lo que confirma la importancia de su obra. Ya que al mismo tiempo el narrador reflexiona sobre la experiencia de narrar su vida, tenemos un constante trasiego del momento de su experiencia al de su formulación como relato («No sé si esto es interesante, tampoco me importa», nos dice), somos manipulados hábilmente para que no olvidemos que lo que leemos es un texto surgido de la imaginación, no un trozo de vida. El juego de estimular y defraudar la expectativa del lector es simétrico con el de inventar cuando el recuerdo no basta o no parece adecuado a la marcha del relato. No menos importante es destacar cómo ese lenguaje desnudo alcanza una gran intensidad lírica, capaz de revelar los más oscuros abismos del alma humana. Baste un ejemplo de esta novela, que puede ser visto como un emblema de los protagonistas onettianos: «Yo soy un hombre solitario que fuma en un sitio cualquiera de la ciudad». A la crítica del realismo, se suma una sutil crítica a todo lenguaje narrativo que no se cuestiona a sí mismo. Así, Onetti se adelanta a muchas teorías y prácticas de la llamada «metaficción».

Siendo en muchos sentidos notable, *El pozo* era sólo la introducción a un mundo que resultaría cada vez más infernal, asfixiante y complejo. Dejando sin mencionar siquiera otros libros, dos de las novelas que publicaría entre las décadas del cuarenta y del cincuenta dan cuenta de la agudización de ese proceso: *La vida breve* (Buenos Aires, 1950) y *Los adioses* (Buenos Aires, 1954). No debemos olvidar, sin embargo, su inicial volumen de relatos *Un sueño realizado y otros cuentos* (Montevideo, 1951), que lo reveló como un gran maestro del género, lo que se confirmaría más tarde con *El infierno tan temido* (Montevideo, 1962). Hay que recordar que los primeros trabajos narrativos que Onetti escribió y publicó fueron cuentos y que, sólo por este aspecto de su producción, tendría asegurado un puesto destacado en nuestra literatura. Pero examinemos primero las novelas que acabamos de mencionar. *La vida breve* tiene como protagonista a Brausen (abundan en Onetti los nombres nórdicos o germanos, un indicio quizá de su desarraigo) y presenta tres historias que se funden en una. Igual pasa con sus respectivos héroes porque Arce y Díaz Grey son como proyecciones de personas virtuales que Brausen interpreta en el sentido teatral de la palabra. Todo parece ser una construcción mental de él, una vida alternativa que se inventa y que lo inventa a él mismo. Aparece también otro elemento que sería característico del mundo ficticio de Onetti: la mítica Santa María (una fusión de Montevideo y Buenos Aires, un espacio urbano con rasgos reales pero en el fondo muy suyo), ciudad que Brausen funda y donde vive su vida (o vidas) otra vez, alterándola con sus propias figuraciones y dejando que ellas den forma a su relato. La novela se configura como una serie de variaciones de su diseño original, siguiendo los esfuerzos de Brausen por configurar su propio destino. La sensación de que ese esfuerzo es inútil y absurdo otorga al relato su fuerte sabor existencial, dominado por la sensación de vacío e irrealidad. La «vida» de Brausen no tiene mayor propósito que inventarse una justificación de su fracaso como individuo en el mundo real.

La novela supone un intenso cuestionamiento en diversos niveles: es un relato sobre un relato, cuyas convergencias, divergencias y variantes otorgan al lector un papel muy importante; explora la relación autorial con el texto producido y con sus personajes, que a veces lo desplazan en esa función, al modo de Unamuno o Pirandello; crea un hiato o distorsión entre el mundo real y el ficticio, lo que parece negar toda posibilidad de una escritura realista, tal como hacía por esos años Borges *(19.1.)* y más tarde Vargas Llosa *(22.1.3.)* en su obra tardía. Y, sin embargo, pese a la frágil cualidad de esta vida convertida en ficción, es evidente que para Brausen es más «real», más válida que la otra, que se le desmorona entre las manos y nada significa. La novela es una vía para subsanar una fractura existencial y crear sentido de lo que no lo tiene; en ello reside su drama. Los planos quedan invertidos: el mundo objetivo no tiene mayor coherencia o es al menos dudoso y poco importa, la «vida breve» o imaginaria posee una íntima verdad porque permite un descubrimiento de las fuentes y raíces que pueden otorgarle autenticidad. Es ésta una visión radicalmente escéptica de la realidad, que percibe como una dimensión elusiva y ambigua.

La ambigüedad es crucial en toda la obra onettiana, pero es esencial en *Los adioses*. Es una novela sobre la relatividad de la mirada y la imposibilidad de ser objetivos. En este caso, tenemos a un ex atleta que, enfermo, va a un sanatorio a pasar sus últimos días; lo vemos a través de los ojos de un testigo-narrador que contempla su agonía y da una versión de una vida ajena a partir de sus propias observaciones y las informaciones, contradictorias y algunas posiblemente falsas, que recibe de otras personas, entre ellas dos mujeres que visitan a la víctima. En cierta medida, el testigo se apropia de esa vida y la cuenta a su modo, prácticamente *reviviéndola* a su antojo, recreándola de acuerdo con sus obsesiones personales. Si se piensa bien, ésta es una alegoría de la creación novelística misma, porque todo creador no hace otra cosa con sus creaturas. Otra vez, la experiencia vivida y su relato son realidades intercambiables y tan sospechosas la una como la otra.

Del Onetti cuentista y autor de relatos breves, quedémonos con una sola pieza, sin duda magistral en su perfecta captación de una historia atroz y de sutil perversidad: «El infierno tan temido», publicada en *La Nación* de Buenos Aires en 1957 antes de ser recopilada en el volumen homónimo. Una consecuencia de esa perfección es que el texto no puede ser resumido sin destruirlo y no cabe sino leerlo. Risso, que trabaja como cronista hípico en un periódico, empieza a recibir, desde distintos lugares, unos sobres con fotos. Uno de sus compañeros narra, en un primer *racconto* (hay tres en el relato), los antecedentes que podrían explicar los envíos: su viudez, sus noches de alcohol y prostíbulo, su matrimonio con Gracia, una actriz que llega a Santa María. El oficio teatral de ella es un oportuno símbolo porque cada uno busca en el otro la realización de algo irreal, imposible de alcanzar: la simple felicidad.

Las fotos son obscenas imágenes eróticas que exhiben a Gracia en brazos de otros hombres; suponer que ella misma (no ellos) se las envía como un sórdido gesto de amor, como un triste modo de comunicación con él, es el frágil acto de defensa que Risso concibe para protegerse de la brutal verdad, del «organizado frenesí con que se cumplía la venganza». Antes, para elaborar la ficción de vivir juntos, Risso había inventado a Gracia mientras ella inventaba la fantasía o comedia de su amor; ella ha sido la hechura de ese hombre, «segregada de él para completarlo». La cruel minucia con que están descritas las escenas eróticas que ella registra con la cámara nos confirma que se trata de una calculada ceremonia, de un *montaje* degradado que ella arregla como una escena teatral destinada a un solo espectador con la finalidad de humillarlo y destruirlo. Y la forma en que él interpreta ese mensaje no puede ser más patética y desesperada. El torturado pero estoico lenguaje de Onetti, con sus largas frases envolventes que descienden como negras espirales por abismos siempre más opresivos, a la vez sueldan y confrontan el pasado con el presente, acrecentando la agobiante sensación de que hemos ingresado a un mundo desalmado y sin remisión. Este cuento prueba que el irresoluble dilema amor-odio y culpa-inocencia está en el centro de la mencionada ambigüedad de su obra.

En la década del sesenta, el autor alcanzó, a la vez, una nueva madurez y su mayor popularidad, como precursor de lo que entonces parecía caracterizar la novela hispanoamericana. De esa producción hay que destacar al menos dos novelas (*El astillero,* Buenos Aires, 1961 y *Juntacadáveres,* Montevideo, 1964) y su primera recopilación de *Cuentos completos* (Buenos Aires, 1967) donde incluye el admirable «Jacob y el otro», de 1961. Sólo podemos ocuparnos de las primeras. Ambas narraciones están profundamente relacionadas, no sólo porque configuran una especie de díptico novelístico, sino porque están protagonizadas por el mismo Larsen —una de las más memorables creaciones del autor— y ocurren ambas en Santa María, un territorio donde nuevos y viejos personajes del autor se congregan o dispersan, cada uno en busca de su destino. Es un lugar que ha sido comparado, por sus connotaciones míticas, con el condado de Yoknapatawpha, de Faulkner. Hay en estas obras un persistente clima de decadencia y desintegración —también faulkneriano— del mundo narrativo que comenzó a forjarse en *El pozo* y que aquí alcanza un grado angustioso, premonitorio de la muerte.

En *El astillero* vemos a Larsen volver, tras cinco años de ausencia, a Santa María, la ciudad que lo expulsó y que ahora es su último refugio. Los lectores de *La vida breve* saben por qué se vio obligado a salir: en el capítulo XVI nos enteramos de que una nueva disposición municipal le impide abrir y regentar un prostíbulo, y no tiene otro recurso que irse con sus tres pupilas; mayor información sobre esto la encontraremos en *Juntacadáveres,* lo cual demuestra cómo las historias onettianas se entrecruzan y crean un universo a la vez coherente y en constante proliferación.

Larsen es ahora un hombre quebrado, que siente el profundo fracaso de su vida y el vacío de todo, pero que se resiste a aceptar su derrota. Se empeña en llevar adelante un proyecto (la rehabilitación del ruinoso astillero del puerto cercano a Santa María), que ocupa sus días como una misión superior. Hay una irónica simetría entre Larsen y el astillero, entre su vida destruida y vacía y la construcción del lugar como un centro de actividad y trabajo. El astillero es una estratagema para encubrir el sinsentido que lo rodea y la certeza de su fracaso.

Larsen es el arquetípico *outsider* onettiano, quien tras una larga vida al margen de la sociedad asume los hábitos del individuo normal y productivo; es decir, crea una ficción y la interpreta o «actúa»: con la ambivalente convicción de quien sabe que tiene que inventar a otro para ser él mismo. Parodia, farsa, cinismo: la representación tiene un filo moral inquietante pues aparece como la contracara de una realidad también recusable por su conformismo y apatía. Los resultados del juego de Larsen son múltiples y entretejen una madeja de intenciones y conflictos: su mundo ilusorio es un autoengaño, pero trae un principio de orden y de perfección en un mundo caótico y sin grandeza; es una fútil quimera, pero no parece haber otra opción viable. En verdad, la narración está diseñada como una trampa, como un laberinto que impide al protagonista toda posibilidad de acción «real».

El astillero es una parábola sobre la imposibilidad de la salvación. Novela de la inmovilidad y la inercia, donde los actos que se repiten subrayan la asfixia vital y la inutilidad del esfuerzo humano: todo conduce a un punto muerto, todo es estéril y da vueltas en redondo sin llegar a ninguna parte. El registro narrativo de Onetti diluye hábilmente los contornos de la realidad y la inmoviliza, casi la congela en una vista fija, gris e invernal que nos habla de la vida como mera sobrevivencia en medio del estancamiento. El lector que recorra estas páginas sentirá un estremecimiento análogo al que experimenta en *The Waste Land* de T. S. Eliot, los relatos ataráxicos de Beckett o el cine de Ingmar Bergman. Tampoco hay que olvidar las resonancias que este mundo tiene —pese a su naturaleza casi autártica— con la realidad social uruguaya, que se acercaba por entonces al punto crítico que haría caer las decrépitas estructuras que mantenían su orden y traería las plagas de la violencia y la dictadura.

Juntacadáveres tiene, como ya adelantamos, su origen en *La vida breve* y una relación contradictoria con *El astillero* porque esta última novela es una prolongación, aunque anticipada, de aquella primera. «Juntacadáveres» (o «Junta» en su forma abreviada y eufemística) es el apodo que Larsen se ha ganado por sus actividades de proxeneta: absurdamente, recoge a las prostitutas más arruinadas y trata de ganar dinero con ellas. Por un lado, la novela cuenta toda esta sórdida historia, que explica la conflictiva relación de Larsen con Santa María; por otro, la del joven Jorge Malabia y Julita, su cuñada viuda. Estas distintas historias se cuentan —cada una con un narrador diferente— en forma paralela, pero convergen progresivamente y se funden al final. No sólo cada una ilumina o distorsiona a la otra, sino que ambas albergan otras historias secundarias, algunas con un valor casi autónomo. Todas coinciden en un motivo central en la obra de Onetti: la expulsión del paraíso y la caída en el mundo del mal sin término.

El idilio de Malabia y Julita contrasta la inocencia y la piedad de él con la amargura y la severa alteración mental que ella sufre tras la muerte de su marido. En cierta manera, hay un triángulo de afectos, pues a través de Julita él recupera la imagen de su hermano muerto. Incapaz de salvar a esa mujer de su propia caída en la desesperación, Malabia se asocia con Junta y decide huir de Santa María con sus prostitutas. Esa fuga es impedida cuando se entera de que Julita se ha colgado vistiendo ropas de colegiala, en un patético intento de recobrar su propia inocencia. El delirante proyecto de Larsen es un acto de desafío contra las leyes de la ciudad y contra quienes la fundaron (Malabia desciende de esa casta privilegiada y odiada), un sueño perverso que trata de realizar. (En «Un sueño realizado» también aparece una mujer de edad incierta vestida con ropas de «una jovencita de otro siglo».) El afán perfeccionista, casi artístico, con el que concibe y organiza su empresa —análoga a sus funciones en la reconstrucción del astillero— tiene una significativa semejanza con el de Don Anselmo, el fundador del prostíbulo de *La Casa Verde,* de Vargas Llosa. Pero la empresa fracasa porque su «sueño» tropieza con los obstáculos de la realidad; es decir, los intereses políticos y económicos de Santa María, sociedad más corrompida de lo que parece. La novela tiene un aire barroquizante y burlón, a veces ruin y encanallado, porque Onetti desliza viñetas satíricas sobre el ambiente político y periodístico que conoció en sus años bonaerenses.

Curiosamente, estas dos últimas novelas que tanto tienen que ver con los temas de la fuga forzosa y el exilio resultaron en cierto sentido premonitorias de lo que iba a ocurrirle al autor tras el golpe de Estado que se produce en su país en febrero de 1973 y que abriría un largo período de represión. Al año siguiente, Onetti fue detenido por su participación como jurado en un concurso que premió un cuento que la dictadura consideró «subversivo»; en 1975 salió para España, donde pasaría sus años finales y donde moriría. En la porción última de su producción —novelas, cuentos, artículos— cabe destacar al menos *Dejemos hablar al viento* (Madrid, 1979), título sacado de Pound. Con esta novela Onetti cierra el ciclo de

Santa María, pues vemos a la ciudad desaparecer envuelta en llamas, como una forma de castigo o venganza —el personaje Díaz Grey prefiere llamarla «obra de beneficencia»— concebido por Medina, el jefe de la policía que hemos conocido en las páginas de *Juntacadáveres* y que, tras pasar unos años de exilio en Lavanda (irónica referencia a La Banda Oriental, o sea Uruguay), regresa a ejercer el poder en la ciudad. El celo «purificador» de Medina está presentado con la característica ironía onettiana, quien destruye así, imaginariamente, el espacio ficticio que creó para dar vida a sus personajes.

Como en otros relatos del autor, éste es en buena medida una reescritura, llena de alusiones y citas internas, de situaciones e historias incluidas en obras previas, especialmente en *La vida breve*. La obra confirma que estamos ante una literatura que se alimenta de sí misma y estrecha el círculo de referencias al ámbito de lo ficticio, donde lo real se desvanece. El mismo Onetti aparece con su nombre en la narración, como un juez que investiga un crimen y un suicidio, pero lo hace según el retrato ficcionalizado que evoca Brausen en las páginas de *La vida breve*: «Se llamaba Onetti, no sonreía, usaba anteojos...». Bien podemos concluir que su arte narrativo es un ejemplo excepcional en nuestro siglo porque cumple por lo menos con tres requisitos de todo gran arte: tiene el inconfundible soplo de la autenticidad; es un mundo compacto, válido por sí mismo, pero que tiene perturbadoras conexiones con el nuestro; y logra el raro milagro de hacernos sentir que no hay otro modo de expresarlo que el lenguaje despojado, incisivo, ardiente, que usa.

Textos y crítica:

ONETTI, Juan Carlos, *El pozo*, Seguido de «Origen de un novelista y de una generación literaria», por Ángel Rama, Montevideo, Arca, 5.ª ed., 1969.
— *Obras completas*, pról. de Emir Rodríguez Monegal, México, Aguilar, 1970.
— *Para una tumba sin nombre*, est. prelim. de Josefina Ludmer, Barcelona, EDHASA, 1978.
— *Dejemos hablar al viento*, Barcelona, Bruguera/Alfaguara, 1979.
— *Cuando entonces*, Madrid, Mondadori, 1987.
— *Obra selecta*, ed. de Hugo J. Verani, Caracas, Biblioteca Ayacucho, 1989.
— *Cuentos completos*, pról. de Antonio Muñoz Molina, Madrid, Alfaguara, 1994.
— *Los cuentos de 1933 a 1950*, pról. de Jorge Ruffinelli, Montevideo, Arca, 1995.

AÍNSA, Fernando, *Las trampas de Onetti*, Montevideo, Alfa, 1970.
Anthropos, Número especial sobre Onetti, septiembre de 1990.

Cosse, Rómulo (ed.), *Juan Carlos Onetti, papeles críticos. Medio siglo de escritura,* Montevideo, Linardi y Risso, 1989.
Cuadernos Hispanoamericanos, Número especial sobre Onetti, 292-294 (1974).
Díaz, José Pedro, *El espectáculo imaginario. Juan Carlos Onetti y Felisberto Hernández*,* pp. 165-207.
Frankentaler, Marilyn R., *J. C. Onetti: La salvación por la forma,* New York, Abra, 1977.
Giacoman, Helmy F., *Homenaje a Juan Carlos Onetti: variaciones interpretativas en torno a su obra,* Long Island, New York, Las Américas, 1974.
Kadir, Djelal, *Juan Carlos Onetti,* Boston, Twayne, 1977.
Ludmer, Josefina, *Onetti: los procesos de construcción del relato,* Buenos Aires, Sudamericana, 1977.
Millington, Mark, *Reading Onetti: Language, Narrative and the Subject,* Liverpool, Cairns, 1985.
Rodríguez Monegal, Emir, *Narradores de esta América*,* pp. 155-188.
Ruffinelli, Jorge (ed.), *Onetti,* Montevideo, Biblioteca Marcha, 1973.
San Román, Gustavo (ed.), *Onetti and Others: Comparative Essays on a Major Figure in Latin American Literature,* Albany, State University of New York, 1999.
Texto crítico, Número especial sobre Onetti, 6: 18-19 (1980).
Verani, Hugo, *El ritual de la impostura,* Caracas, Monte Ávila, 1981.
— (ed.), *Juan Carlos Onetti,* Madrid, Taurus, 1987.
— *De la vanguardia a la posmodernidad*,* pp. 77-115.

18.3. Una pléyade de narradores

Aparte de las cuatro grandes figuras que acabamos de examinar, hay un crecido número de narradores y prosistas nacidos —con las consabidas excepciones— alrededor de las mismas fechas que aquéllas y en actividad durante la primera mitad del siglo y aún más allá. Son creadores que cumplen un papel importante sobre todo para el desarrollo literario de sus respectivos países, aunque unos pocos tienen la estatura suficiente para proyectarse en el plano continental. Estamos seguros de que olvidamos algunos nombres también valiosos, oscurecidos por el simple paso del tiempo o la falta de ediciones recientes, pero los que a continuación se recogen alcanzan para dar idea de la abundancia y riqueza que el género narrativo tuvo en el período indicado. En todo caso, los que figuran en este apartado tienen algún rasgo —novedad, rareza, revaluación de lo tradicional, síntesis de varios modelos estéticos— que los destacan sobre el resto.

Comencemos con quien puede ser uno de los más importantes de este grupo: el chileno Manuel Rojas (1896-1973), narrador, ensayista y poeta. Aunque generalmente es considerado un escritor chileno, bien puede decirse que, por los ambientes y temas que trató, Rojas es un escritor «trasandino» —así como el uruguayo Quiroga *(13.2.)* es más bien «rioplatense»—, pues su larga experiencia argentina se refleja en su obra. De hecho, nació en Boedo, distrito popular de Buenos Aires que tuvo sus propios escritores *(16.4.1.)*, pero de padres chilenos inmigrantes, que tres años después regresaron con él a su patria. En 1903, tras la muerte del padre, Rojas volvió a cruzar los Andes acompañando a su madre y vivió en Buenos Aires, Rosario y Mendoza, ganándose la vida en diversos oficios —aprendiz de sastre, carpintero, mecánico, pintor de brocha gorda, guardián de circo— que le dieron una vivencia directa del mundo marginal y las clases pobres. A partir de 1919 y por largos años, su afición teatral lo hizo viajar, como apuntador, con varias compañías ambulantes por muchos lugares. Su trabajo más estable fue de lo más peregrino: por dieciséis años trabajó como empleado en un hipódromo.

Puede decirse que su obra es el reflejo fiel de la vida anónima y resignada del proletario. En Mendoza, particularmente, estuvo en contacto con los exiliados chilenos anarquistas, lo que fue decisivo para su formación literaria y política: el sesgo anarquista de su visión será siempre visible en sus relatos bajo la forma de una sutil negación o resistencia a toda forma de *establishment* social o ideológico, incluso el de la izquierda organizada, con la que Rojas estuvo en constante debate. Hombre de dos mundos, a la vez argentino y chileno, ofrece un caso interesante de narrador chilenísimo cuyos personajes más notables, como el Aniceto Hevia, de *Hijo de ladrón* (Santiago, 1951), provienen de sus largos años en Argentina. Todavía más importante es el hecho de que Rojas representa una reacción al dilema hombre-naturaleza planteado por el «criollismo» *(15.1.)* y el regionalismo *(15.2.)*. Para él, la naturaleza es un elemento subordinado al drama humano; es el heroico y callado esfuerzo individual, tratando de manifestar en cada acto una grandeza interior, lo que realmente cuenta. Así, niega el «fatalismo» del esquema criollista ante el sufrimiento; en cierta medida, su visión recuerda la de Hemingway en *El viejo y el mar* (1952), cuyo personaje puede haber perdido la lucha contra los elementos, pero no la dignidad ante sus semejantes.

La extensa obra creadora de Rojas está dividida por un prolongado hiato entre 1936 y 1951, durante el cual no publicó libro alguno. Aunque en los libros del primer período, como el inicial *Hombres del sur* (Santiago, 1926), hay piezas clásicas del cuento realista chileno («El bonete maulino» es una de ellas), lo mejor está en el ciclo que se inicia con la mencionada *Hijo de ladrón* —sin duda, su obra más lograda y conocida— y el ciclo compuesto por *Mejor que el vino* (Santiago, 1956), *Sombras contra el muro* (Santiago, 1964) y *La oscura vida radiante* (Buenos Aires, 1971). Aunque el tono cortante y nervioso de un libro de la primera etapa como *Lanchas en la bahía* (Santiago, 1932) y el tratamiento del tiempo narrativo en *Hijo de ladrón* testimonian su moderado afán de innovación en la técnica narrativa, Rojas se distingue por la búsqueda de una forma despojada, serena y directa que se adapta mucho mejor a su visión existencial de lo humano, que sería su sello personal.

Hijo de ladrón es el melancólico relato en primera persona que, de su niñez y juventud, hace, ya maduro, Aniceto Hevia, cuyo destino ha sido marcado por el de su padre, conocido delincuente profesional. En las primeras líneas de la novela, el narrador se pregunta: «¿Cómo y cuándo llegué hasta allí?», en referencia a su propia salida de la cárcel cuando apenas tenía diecisiete años. El sabor agridulce de la narración está dado por la distancia desde la que se recuperan los hechos del pasado, las incertidumbres que la memoria plantea y la dificultad para poner un poco de orden en la confusión de su vida. Los pasos desordenados de Aniceto repiten los del mismo Rojas, pues lo llevan por los barrios pobres de Buenos Aires y otras ciudades. Su vagabundeo es una búsqueda desesperada por huir de su propia soledad, por hallar la amistad o el amor, por sentirse parte de una familia, lo que sólo consigue al final. Es un drama personal que encarna el de todo inmigrante ilegal, sin hogar y sin patria. Pocas novelas superan a ésta en el arte de retratar al delincuente con la comprensión que merece todo hombre, sin alegatos ni demagogia. El personaje tiene una actitud estoica, comprensiva, digna y equilibrada frente a su propia desgracia; es un ser marcado por el dolor existencial, pero con una conciencia dispuesta a superarlo y seguir adelante, pese a todo. La mayor virtud de la novela es su capacidad de hacernos entrar en los recovecos de esa conciencia y compartir sus experiencias con ella, lo que se logra mediante un tratamiento muy hábil de los distintos niveles temporales yuxtapuestos en la evocación. Los cambios y correcciones que el autor introdujo en sucesivas ediciones de su texto confirman el rigor artístico con el que se planteó la escritura de esta novela. Para conocer su narrativa breve los lectores deben consultar el volumen de *Cuentos* (Buenos Aires, 1970).

Hay que referirse por lo menos a otros dos narradores de Chile. Una es María Luisa Bombal (1910-1980), creadora de indudable importancia. Nació en Viña del Mar y se formó en París antes de volver a su patria en

1931. Cultivó la amistad de Neruda *(16.3.3.)* y de Marta Brunet (1901-1967), otra narradora chilena que cultivó una forma evolucionada del «criollismo» —como puede verse en su novela *Humo hacia el sur* (Buenos Aires, 1946)—, que la guió en sus experiencias teatrales. Sus contactos con la vanguardia en Buenos Aires y Europa, y especialmente con el grupo «Sur» *(15.3.4.)*, la alejaron del realismo «criollista» que predominaba en la narrativa chilena. En esa ciudad absorbió, además, un ambiente intelectual proclive a la literatura fantástica *(19.2.)* que influyó en su producción. Bombal es autora de dos novelas breves: *La última niebla* (1935), seguida de tres cuentos, y *La amortajada* (1937), ambas escritas y publicadas en Buenos Aires; sus cuentos posteriores aparecieron en diferentes revistas y quedaron dispersos hasta la publicación de sus *Obras completas* (1996). Desde 1940, casada con un conde francés, vivió en varias ciudades de Estados Unidos, exilio que duró treinta años y la distanció de la vida literaria hispanoamericana, aunque siguió escribiendo relatos y guiones cinematográficos, mientras traducía sus propias novelas al inglés.

La obra de la Bombal representa una reacción contra las formas más convencionales del realismo, que le permitió adelantarse a las tendencias que ocurrirían a partir del medio siglo. Sus rasgos dominantes son el lirismo y el intimismo de su visión, así como el tratamiento artístico del tiempo y el espacio narrativos, delicadamente sometidos a las percepciones y vivencias que los personajes tienen del orden cósmico; la naturaleza, no «el» paisaje, es el habitual antagonista del drama humano, sobre todo femenino. Todo está interiorizado, relativizado por los misteriosos movimientos del alma humana. Hay algunas semejanzas entre el mundo imaginario de Bombal y el de Virginia Woolf; hasta hoy no se ha podido probar que hubiese leído a la escritora inglesa, así es que lo más probable es que se trate de una mera convergencia de sensibilidades. *La última niebla* presenta a una pareja de primos en una relación matrimonial carente de amor y de autenticidad, él alienado del mundo de los afectos y ella acosada por fantasmas interiores que la envuelven en una atmósfera de irrealidad y constante ensoñación; ésa es la niebla a la que alude el título. Los hechos reales son escasos y cuentan muchísimo menos que el mundo imaginario de la anónima protagonista, que revela una profunda insatisfacción sexual. El lirismo con el que Bombal presenta las escenas de ensoñación erótica o autoerótica, en las que la heroína trata de calmar sus reprimidos ardores sintiendo —en un mundo natural a lo D. H. Lawrence— que «con brazos de seda, las plantas acuáticas me enlazan el torso» y finalmente creando un amante en su fantasía es lo más notable del relato. Este mundo hermético, volcado hacia adentro, con rasgos neuróticos, se deshace trágicamente al final, cuando la protagonista, ya vieja, siente la proximidad de la muerte sin haber realizado ni su vida ni su sueño.

En *La amortajada* tenemos la vida de una mujer contada desde la perspectiva de su reciente deceso; en verdad, es el cadáver el que habla y reflexiona desde su lecho de muerte. Las primeras líneas de la novela son: «Y luego que hubo anochecido, se le entreabrieron los ojos». Esa vida testimonia un mundo de relaciones afectivas con varios hombres y cuya perspectiva es la de una mujer dominada por su propia soledad y silencio. La textura de la obra narrativa de la autora de la autora es muy sugestiva y la crítica reciente ha empezado a hallar, bajo la superficie, alusiones a la situación de dependencia en que la sociedad colocaba a la mujer, lo que le otorga una nueva actualidad. (Marjorie Agosin *[23.9.2.]* ha hecho bien en recordarnos, sin embargo, que Bombal nunca fue una feminista y que aceptó, como mujer casada, las reglas del mundo patriarcal burgués sin hacer gestos de rebelión.) Tal vez sea más razonable afirmar que en sus relatos hay una crítica al mito del «eterno femenino», que suele presentar como condenado al sometimiento, la enajenación o la muerte. «¿Por qué, por qué la naturaleza de la mujer ha de ser tal que tenga que ser siempre un hombre el eje de su vida?», se pregunta la narradora de *La amortajada*, y sigue siendo difícil dar una respuesta a esa cuestión.

Mucho menos conocido que ella, pero no menos interesante artísticamente como narrador, es José Santos González Vera (1897-1970), cuya obra exigua y casi secreta fue siempre en Chile un caso raro, casi marginal. Hacia el medio siglo, los que querían leerlo tenían que buscar dos libritos de corta tirada que apenas circularon: *Vidas mínimas* (1923) y *Alhué. Estampas de una aldea* (1929), ambos publicados, como toda su obra, en Santiago. A tan escueto conjunto se sumaron *Cuando era muchacho* (1951), *Algunos* (1959) y *Necesidad de compañía* (1968). Eso es todo o casi todo, pues antes había publicado un puñado de cuentos y ensayos. Aunque estos libros son muy breves (ninguno llega a las doscientas páginas), a González Vera a veces le parecían excesivos: la segunda edición de *Alhué* reza «revisada y disminuida». Esas pocas páginas bastan para mostrarnos que este escritor de origen humilde, inquieto, autodidacta y rebelde era un fino narrador y memorialista, irónico y sobrio, uno de los mejores ejemplos de nuestra literatura autobiográfica.

El autor trabajaba con los materiales más humildes y los ambientes más corrientes que se pueda imaginar: vidas anónimas, suburbios pobres, recuerdos de infancia y juventud pueblerinas. Pero este lector de Gorki y Barbusse sabía transformarlos —como pocos «criollistas» supieron hacerlo— en imágenes imborrables, captadas por un espíritu sensible, tierno y agudo a la vez. Como su compatriota Manuel Rojas, había hecho de todo para ganarse la vida —mozo, lustrabotas, aprendiz de barbero— y no tuvo que buscar mucho para hallar a sus típicos personajes, hombres de pueblo y gentes callejeras. Pero lo hace con el arte de quien no quiere discurrir largas historias, sino apretarlas en formas sintéticas e imágenes que condensan vidas enteras en miniaturas narrativas. Era un estilista riguroso e incansable, un perfeccionista que quería ser transparente y preciso. Tiene un parentesco estético con León Bloy, pero también con Borges *(19.1.)* y Monterroso *(21.2.)*.

La suerte literaria del argentino Eduardo Mallea (1903-1982) ha cambiado por completo: hasta los años cincuenta su nombre no podía ser omitido entre los novelistas hispanoamericanos; hoy está prácticamente olvidado por lectores y críticos. Sus novelas y ensayos revelan su preocupación por la soledad y angustia del hombre contemporáneo en un mundo indiferente, degradado y absurdo, fruto de la crisis mundial y sobre todo de la atmósfera de frustración y desaliento que vivía el país durante la llamada «década infame»; en ese sentido, la conexión de su pensamiento con el existencialismo *(19.3.)* no puede ignorarse. Mallea fue, a la vez, el resultado y la expresión de ese momento crucial para la reflexión sobre el ser nacional, y eso explica la gran notoriedad que su persona y su obra alcanzaron; entre 1935 y 1948, recibió prácticamente todos los premios literarios otorgados en Argentina. Fue el intelectual de la hora y, al pasar ésta, su buena estrella se apagó considerablemente. Hacia el medio siglo, los valores nacionales que había defendido parecieron obsoletos ante fenómenos como el peronismo y el surgimiento de una nueva generación de escritores —los llamados «parricidas»— con propuestas más radicales. La Argentina del «patriciado», que él había defendido con tenacidad, había sido desplazada por la inmigración y perdido toda vigencia; Mallea se negó a cambiar su visión histórica. Peor aún: su lenguaje rebuscado, a veces amanerado, empezó a ser visto como un escudo para defender una Argentina tradicional y negar las urgentes cuestiones que el país enfrentaba; es decir, el crítico pasó a ser percibido como un conformista.

Mallea fue miembro destacado del grupo *Sur (15.3.4.)*, varios de los cuales compartían estas ideas, pero él las llevó al extremo y las convirtió en parte de una denuncia general del progresismo y el cosmopolitismo que —como señala en su ensayo *Conocimiento y expresión de la Argentina* (Buenos Aires, 1935)— eran los principales culpables de los males nacionales. Nacido en la provincia de Bahía Blanca, Mallea desdeñaba —como

Martínez Estrada *(18.1.1.)*— el estilo vital de Buenos Aires, que era para él el emblema de la Argentina «visible», mero juego de apariencias y pretensiones culturales que habían desnaturalizado la otra porción «invisible», pero auténtica y profunda, del país. Hay una estrecha relación entre las ideas expuestas en sus ensayos y sus novelas, que son en verdad «novelas de tesis», con cuestiones por probar y personajes-tipo que encarnan actitudes de clase o grupo con una rigidez algo maniquea. Si sus narraciones fallan no es porque sus historias o protagonistas carecieran de interés humano, sino porque se apoyaban en una interpretación histórica simplista y difícilmente defendible, que muy pronto lo desmentiría. Por eso, lo más legible de él está en su producción anterior a 1950, momento en que su visión histórica perdió todo significado. Varias de esas ficciones tienen hermosos y melancólicos títulos, que sugieren el pesimismo y la distancia con que Mallea registraba todo: *Cuentos para una inglesa desesperada* (1926), *La ciudad junto al río inmóvil* (1936), *La bahía del silencio* (1940), *Todo verdor perecerá* (1941), todas publicadas en Buenos Aires. La última, considerada su mejor novela, presenta dos rasgos recurrentes: el personaje femenino solitario y frustrado y el motivo del silencio, medio para negar la realidad y refugiarse en el mundo interior como una forma de evasión. *Fiesta en noviembre* (Buenos Aires, 1938), su primera novela, era algo completamente distinto: fue escrita como homenaje y protesta ante el reciente asesinato de García Lorca.

Del «criollismo» uruguayo ya vimos a la figura más destacada: la de Enrique Amorim *(15.1.3.)*. Habría que añadir ahora la de dos compañeros suyos que contribuyeron a su evolución nacional: Juan José Morosoli (1889-1957) y Francisco Espínola (1901-1973), pertenecientes, igual que Amorin, a la misma «Generación del 30». El primero documenta el paso del gaucho a paisano en varios volúmenes de cuentos de ambiente campesino; escribió una sola novela, *Muchachos* (Montevideo, 1950), un ejemplo de *Bildungsroman*. Más moderno, más artístico era Espínola, un dotado narrador oral, virtud que complementaba con una notable cultura literaria y la habilidad para comunicarla a otros. Su obra cuentística no es muy extensa: unos diecisiete relatos publicados en cuatro libros y dos novelas, *Sombras sobre la tierra* (Montevideo, 1933) y la póstuma *Don Juan, el Zorro* (Montevideo, 1984), curiosa narración protagonizada por animales. Era un escritor de oficio casi siempre muy prolijo, capaz de crear personajes convincentes y profundos, con trazos tiernos no exentos de humor. La lección que este escritor dejó en la siguiente generación literaria del Uruguay fue larga y profunda.

El paraguayo Gabriel Casaccia (1908-1980) vivió más tiempo en Buenos Aires (donde murió) que en su patria, donde desempeñó un alto cargo político antes de alistarse como auditor militar en la sangrienta Guerra del Chaco (1932-1935). Su obra y su persona literaria están hondamente comprometidas con la trágica historia paraguaya. Su proceso de maduración fue lento y difícil porque —aunque parezca increíble— Casaccia, todavía a mediados de los años veinte, seguía cultivando un trasnochado modernismo *(11.1.)*, lo que da un indicio del desfase literario que sufría su país. En realidad, de su obra sólo debe mencionarse su tercera novela titulada *La Babosa* (Buenos Aires, 1952). Ésta es la primera manifestación del género en Paraguay que alcanza valor artístico, y de ahí su importancia. Aunque la perspectiva del narrador es tradicional y mantiene en general un papel omnisciente sobre su materia, la novela incorpora algunos recursos que tienen cierta semejanza con las técnicas narrativas modernas, como el monólogo interior y secuencias contrapuntísticas; esto significa un enorme avance para la novela paraguaya. Casaccia narra una historia compleja y poblada de personajes en los que predomina el resentimiento, la abulia y la ruindad moral. La acción transcurre en Areguá, un pueblo que el autor amaba y donde quiso ser enterrado, pero que convierte en el nido de esos males. Aunque la acción comienza centrándose en una pareja matrimonial que luego se destruye y termina con el marido alcoholizado, la gran figura de la novela es doña Ángela, solterona cuyo apodo «La Babosa» alude a sus malas artes y enredos. Este mundo sin esperanzas ni belleza refleja el Paraguay que Casaccia conoció: un país asfixiado por su propia historia violenta y represiva. La novela narra todo esto con un estilo algo denso y moroso, que tiende a la digresión y al análisis exhaustivo. El crítico Hugo Rodríguez-Alcalá *(19.6.)* ha señalado las interesantes simetrías de esta obra con las ideas sobre la novela expuestas por Ortega y Gasset. Casaccia era un moralista severo, interesado en trazar conflictivas psicologías para juzgar sus actos, y esta novela lo demuestra.

En la región caribeña y centroamericana encontramos una variedad de propuestas narrativas, algunas tradicionales, otras innovadoras. El salvadoreño Salvador Salazar Arrué, más conocido como «Salarrué» (1899-1975), es una figura notable por varias razones. Formado como pintor en Estados Unidos, se dedicó simultáneamente al arte y la literatura. Aunque cultivó también la poesía, lo importante es su obra narrativa. Su caso merece atención, no sólo por ser el más destacado narrador centroamericano de su tiempo y un maestro del género que difícilmente está ausente en las antologías, sino porque su obra es una síntesis de muchos estilos y tendencias. Generalmente, se habla de ella desde el ángulo que ofrece un libro muy celebrado: *Cuentos de barro* (San Salvador, 1933). Es cierto que su realismo de ambiente campesino y de sabor popular parece simple y muestra a veces rezagos del más convencional nativismo. Sin embargo, en otras partes de su obra no se detiene en el mundo objetivo y la solidaridad con los pobres de la tierra. Animado por ideas teosóficas, Salarrué percibe el mundo objetivo como una mera manifestación de fuerzas superiores y trascendentes que operan dialécticamente: vida y muerte, bien y mal, instante y eternidad, *ying* y *yang* son partes indisolubles y trenzadas en lucha permanente; vivimos en un mundo misterioso, mágico, cargado de potencias que sólo podemos intuir.

Algunas de estas nociones podían ser radicalmente heterodoxas y es singular que Salarrué se atreviese a manifestarlas en un medio tan tradicional como el suyo; en la novela corta *El Cristo negro* (San Salvador, 1926), ambientada en tiempos de la colonia, propone la idea de que el diablo y el Niño Dios son la misma persona. Es la fantasía de este realista lo que importa cuando observa el mundo que lo rodea, tanto como escritor que como artista plástico. Eso puede apreciarse en *O-Yarkandal* (Cuscatlán, El Salvador, 1929), conjunto de relatos que entremezclan leyendas, mitos, sueños, figuras arquetípicas y personajes fantásticos, que él ilustró con reproducciones de sus óleos y viñetas; en realidad, hay una integración de los dos lenguajes, el verbal y el visual. Se supone que el autor está recreando un mundo mitopoético ancestral, transcribiendo historias escritas en una lengua desconocida que llamó «bilsac», lo que da a estos extraños relatos un aura de irrealidad parecida al sueño, casi totalmente hermética y sin claves para descifrarla. Incluirlo, como se ha hecho, entre los posibles antecedentes de lo «real maravilloso» de Carpentier *(18.2.3.)* parece algo exagerado: la obra es casi un puro vuelo fantasioso. No cabe duda de que Salarrué, casi ignorado fuera de su región, necesita todavía ser redescubierto y estudiado a fondo.

El puertorriqueño Enrique Laguerre (1906) tuvo dos grandes pasiones: la educación y la literatura. Ambas han hecho de él una de las figuras clave de la cultura isleña, cuya popularidad e influjo —aunque no exentos de polémica— son difíciles de imaginar fuera de ese ámbito. Su notoriedad se apoya también en su intensa labor en la prensa escrita y radial; fue director, junto con el peruano Ciro Alegría *(17.9.)*, de la revista *Presente*. A él se deben grandes planes y proyectos que resultaron fundamentales en la lucha contra el analfabetismo en su patria. De todo lo que escribió, que es bastante y cubre casi todos los géneros, lo más conocido y valioso es su novelística. Su intención era usar la ficción para registrar los movimientos sociales, políticos e históricos de Puerto Rico, y así lo ha hecho a lo largo de más de cuarenta años. En ese lapso ha escrito unas doce novelas, varias de ellas muy populares hoy, pese a que estéticamente siguen los modelos de la Generación del 98 y del regionalismo. Sus temas y ambientes son los que eran habituales a la «novela de la tierra» y tienen más de una semejanza con los de otro novelista puertorriqueño: Zeno Gandía *(10.7.)*, quien puede considerarse su maestro; de su admiración por él da testimonio el prólogo que escribió para una reciente edición de *La charca*.

Laguerre es, sin duda, un escritor tradicional, que veía en la naturaleza la base telúrica de una identidad nacional sometida a las presiones deformantes del colonialismo. Su toque personal está en la integración de los grandes cuadros sociales con el análisis, a veces bastante penetrante, de la psicología de personajes que, con sus grandes sueños y debilidades, brindan el elemento dramático de sus historias. La amplitud de su registro temático es considerable: tenemos el mundo de las plantaciones agrícolas (*La llamarada,* 1935; *Solar Montoya,* 1941; *Los dedos de la mano,* 1951); el de las pandillas de los barrios miserables (*El 30 de febrero,* 1943); el Puerto Rico de la lucha anticolonial con España (*La resaca,* 1941); el de los inmigrantes puertorriqueños en el Bronx, Nueva York (*La ceiba en el tiesto,* 1956); el de la burguesía (*Cauce sin río,* 1962; *El fuego y su aire,* 1970); el de las clases con poder político (*Los amos benévolos,* 1976), etc. Esta última novela es quizá el único caso en el que Laguerre parece interesarse en adoptar algunas técnicas narrativas nuevas para conseguir el tono ambiguo de la obra. Con envidiable energía, pasados ya sus noventa años, ha publicado una nueva y ambiciosa novela: *Proa libre sobre mar gruesa* (Madrid, 1998), sobre un personaje histórico local del siglo XVIII. Lo mejor que puede decirse de este escritor es que en sus obras hay un vigoroso *espíritu nacional* que es crucial para el lector puertorriqueño y que los otros apenas pueden sospechar.

El cubano Lino Novás Calvo (1905-1983) merece mención como uno de los tempranos introductores de las técnicas de la nueva novela anglosajona entre nosotros; era un buen conocedor de Faulkner, Hemingway, Joyce, Aldous Huxley (cuyo *Counterpoint* tradujo en 1944), Christopher Isherwood, Theodore Dreiser (con quien tuvo correspondencia personal); también difundió el género policial en Cuba. Escribió cuentos y novelas. Los primeros pueden leerse en *La luna nona y otros cuentos* (Buenos Aires, 1942), *Cayo Canas* (Buenos Aires, 1946) y *Maneras de contar* (Nueva York, 1970); «Long Island», del primer volumen, es un logrado relato de prostitutas, marineros y contrabandistas en la época de la «Ley Seca» que trae ecos de *Tener y no tener* de Hemingway. Su novela más conocida es una «vida novelada» de un personaje real: *Pedro Blanco, el negrero* (Madrid, 1933). Novás Calvo había nacido en La Coruña y vivido en España en los años previos a la Guerra Civil; en 1963 tuvo que huir de Cuba y exiliarse en Nueva York, donde se dedicó a la enseñanza universitaria y siguió escribiendo hasta su muerte.

Completamente olvidado fuera de su patria, el costarricense José Marín Cañas (1904-1980) puede ser considerado, sin mayor riesgo, el más importante novelista de su país durante la primera mitad del siglo; hay que recordar que la literatura costarricense apenas había comenzado a fines del XIX, apegada a moldes costumbristas. Esa huella se registra en la porción inicial de su obra. Marín Cañas escribió novelas, cuentos, artículos periodísticos, ensayos y una obra teatral; buena parte de ella fue publicada en España, donde vivió un tiempo. Poco conserva valor en nuestros días; las excepciones son *El infierno verde* (Madrid, 1935) y quizá *Pedro Arnáez* (San José, 1942), sus últimas dos novelas. La primera es la que presenta mayor interés literario. El melodramático simbolismo del título está explicado por el subtítulo «La Guerra del Chaco». Lo sorprendente es que el autor nunca estuvo en Bolivia y sólo supo del conflicto a través de reportajes periodísticos y otros documentos. El hecho de que presentase la novela como el convincente testimonio autobiográfico de un soldado paraguayo —que antes fue un abogado— prueba la imaginación, la audacia y el cuidadoso proceso de escritura que tuvo que seguir el autor. La trama es bastante laxa, pues la narración se limita a seguir las peripecias del narrador, pero el relato está escrito con pasión y auténtico dolor; las escenas en las que el soldado vaga perdido por el desierto son particularmente conmovedoras. La atmósfera sombría, el estilo crispado, la estructura fragmentada e interrumpida por *flashbacks* y monólogos interiores contribuyen a hacernos creer que el relato brota de una experiencia vivida, no imaginada. El lector se queda además con una viva sensación de asco y profundo rechazo por la brutalidad de esa guerra.

En Venezuela hay un grupo de narradores que ofrecen interés por diversas razones. El más conocido internacionalmente es Miguel Otero Silva (1908-1985). No sólo fue una influyente figura literaria, sino un hombre público y fundador del periódico *El Nacional,* que es una institución de la gran prensa venezolana desde 1942. La vida literaria y la política estuvieron siempre mezcladas para él y sufrió por ello exilio en los años de la dictadura de Juan Vicente Gómez, que marcó a tantos intelectuales de su país. Su primera novela, *Fiebre* (Caracas, 1939), tiene como tema una rebelión estudiantil contra la dictadura en 1928, en la cual él participó. Su aprendizaje de las nuevas técnicas narrativas fue lento y sólo hay indicios de ello en sus dos siguientes novelas, aparecidas mucho después: *Casas muertas* (Caracas, 1955) y *Oficina no. 1* (Buenos Aires, 1961), que están conectadas entre sí, pues la última prolonga conflictos y personajes presentados en la anterior. Ambas, sobre todo *Oficina...*, testimonian la transición que la sociedad venezolana estaba pasando, al dejar de ser un país predominantemente agrícola para convertirse en otro industrial, basado en la riqueza petrolera y por lo tanto dependiente de nuevos grandes poderes económicos. Vemos al autor empeñado en incorporar, al fin, procedimientos como el *flashback* y las narraciones paralelas, quizá estimulado por el ejemplo de su compatriota Bernardo Núñez *(15.1.3.)*. La siguiente novela, *La muerte de Honorio* (Buenos Aires, 1961), trata de otra dictadura: la de Marcos Pérez Jiménez en los años cincuenta. Pero es la quinta novela del autor, *Cuando quiero llorar no lloro* (Caracas, 1970), la que alcanzó mayor notoriedad y éxito porque se integraba bien con el clima innovador de la novela de esa época. Su asunto está vinculado al clima político tras la caída del régimen perezjimenista: la presencia de una generalizada rebeldía juvenil y las angustiosas interrogantes sociales que la situación planteaba. El título, proveniente del poema «Canción de otoño en primavera» de Darío *(12.1.)*, alude a esa rebeldía apasionada y a la melancólica distancia con que la contempla el narrador. Aunque la estructura de la novela parece seguir un molde tradicional, la narración está llena de sorpresas y un sentido de libertad y juego imaginativos que no existía antes en la obra del autor: los acontecimientos políticos que ocurrían entonces en Venezuela se intercalan con otros de la época del emperador Diocleciano, que es uno de los personajes del relato. Aunque luego publicó dos novelas más —una de ellas de tema histórico: *Lope de Aguirre, príncipe de la libertad* (Barcelona, 1979)—, puede considerarse que *Cuando quiero...* es, estéticamente, la culminación de su obra.

Otro narrador venezolano es Guillermo Meneses (1911-1978). En su extensa obra encontramos unas cinco novelas y otros tantos volúmenes de cuentos. Como cuentista, los relatos que le ganaron fama corresponden a su primera época: los que dan título a los volúmenes *La balandra Isabel llegó esta tarde* (1934) y *Campeones* (1939), ambos impresos en Caracas. En esos textos, igual que en otras obras suyas, como la novela *Canción de negros* (Caracas, 1934), Meneses dio nueva dignidad al hombre de color, superando la tendencia a verlo en términos pintorescos o satíricos, y ofreció un comprensivo retrato de su espíritu, seducido por sueños de grandeza o felicidad que no puede alcanzar. El perfil urbano y la presencia de personajes callejeros, marginales, prostibularios distinguen su narrativa.

Sin embargo, el aporte más novedoso y original del autor es su novela *El falso cuaderno de Narciso Espejo* (Caracas, 1952), que debe de ser la primera «obra abierta» venezolana que hace de su escritura el tema central. Es un relato extremadamente complejo (quizá demasiado artificioso como experimento) en el que el narrador, los personajes y el lector juegan un juego de expectativas, pistas falsas, textos apócrifos e incontables duplicidades. El símbolo central es, por cierto, el espejo, aludido en el nombre del personaje cuya historia cuenta o inventa Juan Ruiz en el «Documento A». Hay varios narradores y «Documentos» en la novela: los Documentos «B» y «C» se presentan como versiones redactadas en primera persona por el mismo Narciso, pero en realidad escritas por Juan Ruiz; los Documentos «D» y «E» están escritos en tercera persona por el periodista José Vargas, amigo de Ruiz; los Documentos «G» y «H» son una colaboración de esos y otros nuevos narradores; finalmente, en el Documento «I» y en la «Tacha del Documento "C"» Narciso toma otra vez la palabra y nos revela que su verdadero nombre es Pedro Pérez «u otro nombre sin especial distinción». Como se ve, la novela es un palimpsesto, una ceremonia de cajas chinas que nos roba, ingeniosamente, la idea de que podamos alcanzar la verdad respecto del personaje y cualquier certidumbre sobre el texto: toda ficción es una trampa con infinitos niveles. Si esta obra tiene antecedentes hispanoamericanos, los más cercanos son las novelas «hipotéticas» de Macedonio Fernández *(16.2.),* que seguramente el autor no conoció. No menos interesante es señalar que esta novela, al subrayar el carácter siempre sospechoso del acto de escribir y de leer, se adelanta a las ideas expuestas por Harold Bloom en *A Map of Misreading*. Poco atendida y entendida en su época, la crítica la redescubrió en los sesenta como un antecedente, ella misma, de la novela de esa década.

Julio Garmendia (1898-1977) es el de mayor edad en este grupo venezolano. Desde temprano hizo periodismo en provincias, de donde venía, y en la capital, donde llegó en 1915. Mostró sus dotes de narrador en su primer libro de relatos: *La tienda de muñecos* (París, 1927), con un marcado sesgo humorístico y fantástico que, en esa época, eran novedosos para la narrativa venezolana. Éste es el libro en el que se basa su renombre nacional, pues su larga experiencia diplomática que lo llevaría por toda Europa abriría un paréntesis de silencio creador de más de veinte años: su siguiente libro de cuentos, *La tuna de oro,* aparece en Caracas en 1951, y lo demás es póstumo. Garmendia fue un renovador del cuento en su país y del que casi nada se sabe fuera de él. Pero no cabe ignorar la singularidad de su mundo imaginativo, provocador, paródico, sorpresivo, irónico. El cuento que da título al primer libro es una parábola de la deshumanización que comienza con este inquietante exordio: «No sé cuándo, dónde ni por quién fue escrito el relato titulado "La tienda de muñecos". Tampoco sé si es simple fantasía o si será el relato de cosas y sucesos reales, como afirma el autor anónimo...». «El cuento ficticio» es otro extraño texto que funciona como una especie de poética: alguien que quiere protagonizar una «aventura verdaderamente imaginaria, positivamente fantástica y materialmente ficticia»; sus reiteradas alusiones a «los héroes de los Cuentos Azules» o al «país del Cuento inverosímil» recuerdan la pura ficcionalidad a la que aspiraban los cuentos de Darío y el modernismo *(12.1.)*. Pese a ello, es la huella vanguardista lo más visible en su voluntad experimentadora, su abandono de las fórmulas realistas y el predominante papel que concedía a lo irracional. Aunque no siempre con una ejecución feliz, el esfuerzo de Garmendia por dar autonomía al relato liberándolo de toda atadura referencial no puede ignorarse entre los narradores de su época.

Antonia Palacios (1904-1994) es quizá la mejor narradora venezolana después de Teresa de la Parra *(15.3.4.)*. Intelectualmente próxima a Uslar Pietri *(18.1.2.)* y Otero Silva, realizó una intensa labor periodística y literaria; lo más importante es su primer libro: la novela *Ana Isabel, una niña decente* (Buenos Aires, 1949), narración intimista y evocativa de una Caracas patriarcal en crisis por el crecimiento urbano. Aunque todavía hoy es muy popular en Venezuela, la novela *Cumboto. Cuento de siete leguas* (Buenos Aires, 1950) de Ramón Díaz Sánchez (1903-1968) tiene menos vigencia literaria: es un relato histórico con algunos elementos propios del «negrismo» *(17.6.1.)*, pero que no logra del todo superar los perfiles pintorescos de su asunto.

De los narradores colombianos, destaquemos uno: Eduardo Zalamea Borda (1907-1963), autor, entre otras obras, de un libro aún recordado: la novela *4 años a bordo de mí mismo* (Bogotá, 1934). Subtitulada «Diario de los 5 sentidos», es, en realidad, una memoria personal, escrita en una prosa limpia y jubilosa, del viaje a La Guajira, Cartagena, y otros remotos pueblos colombianos que, en 1923, hizo el joven autor, entonces al servicio del gobierno. La crónica de ese viaje había aparecido por entregas en 1930 en las páginas de un diario bogotano y con el nombre del autor en dialecto guajiro: Uchi Siechi Kuhmare. Tras su aventura, el personaje-narrador regresa al mundo de la «civilización» con un sentido de haber redescubierto su propio ser en esos pueblos primitivos; con él trae los libros que habían sido su compañía espiritual durante la travesía: *Los trabajos y los días* de Hesíodo y *El viajero y su sombra* de Nietzsche. El tema tiene ciertas conexiones con *La vorágine* de Rivera *(15.2.1.)* y *Los pasos perdidos* de Carpentier *(18.2.3.),* aunque en una escala mucho menos grandiosa y con rasgos de introspección de raíz existencialista. El antecedente de *The Narrative of Arthur Gordon Pym,* de Poe, también puede invocarse para este autor que conocía bien la literatura anglosajona (Aldous Huxley, Virginia Woolf, Dos Passos).

El llamado «Grupo de Guayaquil» señaló un momento de auge en el relato ecuatoriano alrededor de los años treinta. Se llamó así porque lo componían cinco escritores nacidos en ese puerto: Demetrio Aguilera Malta (1909-1981), José de la Cuadra (1903-1941), Joaquín Gallegos Lara (1909-1947), Enrique Gil Gilbert (1912-1973) y Alfredo Pareja Diezcanseco (1908-1993). Aunque todos compartían una posición ideológica radical y un interés por los temas sociales en su literatura, estéticamente divergían en varios aspectos; el impacto de la vanguardia también variaba considerablemente en ellos. El punto de encuentro es la fe en el realismo social (algunos se afiliaron al «realismo socialista», más propagandístico que artístico) y en el compromiso con el «cholo» o mestizo de la región. En eso tuvieron lazos de afinidad con Icaza *(17.9.)* y el movimiento indigenista. Denunciaban los males del país y a sus responsables mientras se adherían a las causas de las clases populares; es decir, creían en el arte como un instrumento de lucha, lo que provocó el rechazo de un brillante contemporáneo del grupo: Pablo Palacio *(17.4.)*. Hoy la obra conjunta de los cinco puede parecernos de no muy alto relieve, pero no hay que olvidar que en su tiempo significó un aporte modernizador al relato ecuatoriano, que vivía un agudo retraso histórico, lo que se advierte incluso en la obra que ellos mismos escribían en la década del veinte.

Un libro clave para la definición de este grupo y la orientación de la narrativa nacional es *Los que se van* (Guayaquil, 1930), colección de relatos pertenecientes a tres autores: Aguilera Malta, Gallegos Lara y Gil Gilbert. Para subrayar su significación colectiva sobre la individual, el volumen presenta los textos intercalados, no agrupados por autor. *Los que se van* causó escándalo y polémica: cuestionaba los valores establecidos tanto en lo literario como en lo sociopolítico; era algo tosco y primitivo (sobre todo en su presentación del lenguaje popular del montubio), pero nuevo y hasta alarmante, por su insistencia en lo sexual. Llamaba también la atención sobre un problema social de actualidad: el éxodo de los campesinos costeños a las ciudades, lo que explica el título. Aunque el grupo fue disolviéndose como tal hacia los años cuarenta, debido a los distintos rumbos que cada uno tomó o por las muertes prematuras de Gallegos Lara y De la Cuadra, su influjo en el país se mantuvo aun en la década del ochenta, quizá por el apego de la literatura ecuatoriana por el realismo crítico y social que hunde sus raíces en lo popular.

Del grupo, el que hizo una evolución artística realmente singular fue Aguilera Malta, cuya obra novelística suele verse como una manifestación incipiente del «realismo mágico». Su *Don Goyo* (Madrid, 1933) aprovecha intensamente el mundo del animismo y totemismo propios de la cultura del «cholo» en su relación con la naturaleza. Dado que en su visión la mujer es símbolo dominante de esa relación, el autor subraya —como haría más tarde García Márquez *(22.1.1.)*— el carácter desaforado y hasta violento de la sexualidad. Pero hay una gran distancia entre uno y otro, porque la técnica narrativa del autor es bastante primaria y la sugestión mágica no levanta mucho el vuelo. La novela transcurre en una isla y entremezcla constantemente los niveles realista y mítico (encarnado éste por Don Goyo, especie de fundador o patriarca de ese mundo isleño, con poderes sobrenaturales). La adhesión de Aguilera Malta al mundo real e imaginario del «cholo» ecuatoriano se confirmaría más tarde con dos novelas más: *La isla virgen* (Guayaquil, 1942) y *Siete lunas y siete serpientes* (México, 1970), que forman una trilogía con la anterior. *Siete lunas...* es su última obra importante y presenta una versión algo abigarrada del «realismo mágico», cuando éste ya estaba en pleno apogeo. El relato crea el pueblo de Santomontón, lleno de historias y elementos fantásticos, en los que hay una intensa fusión de creencias indígenas, africanas y cristianas. Aguilera Malta cultivó también el teatro y el ensayo.

Agreguemos un caso misterioso y lleno de supercherías: el de «B. Traven», seudónimo tras el cual se ocultó un escritor alemán, autor de la novela *La rebelión de los colgados* (Zúrich-Praga, 1936), que bien puede adscribirse a la novela mexicana del período; publicada en castellano en México dos años después, repitió el éxito que había alcanzado en otras partes del mundo. La obra de Traven presenta un caso parecido al que plantean otras novelas «mexicanas» escritas por autores extranjeros: *El poder y la gloria* (1940) de Graham Greene y *Bajo el volcán* (1947) de Malcolm Lowry. Traven nació en Alemania en 1882 y murió en México en 1969, donde se había casado con una mexicana; su viuda afirmó que él le había confesado que el verdadero nombre de Traven era Ret Marut, pero posteriores investigaciones hacen sospechoso ese dato. Aunque parece más probable que fuese Herman Otto Albert Feige, lo cierto es que su identidad será para siempre un enigma, que es lo que buscó todo el tiempo este fugitivo en busca de una patria. En la larga producción novelística del autor *La rebelión...* no es el único libro ambientado en el México postrevolucionario; otra de sus novelas famosas es *El tesoro de la Sierra Madre* (Berlín, 1927), de la que John Houston hizo el notable filme homónimo de 1948. Toda su obra muestra una honda fascinación —reveladora de sus afinidades anarquistas y comunistas— por el mundo de los desposeídos y desplazados; los ambientes bárbaros propicios a la aventura donde el hombre libra una lucha desigual, frecuentemente trágica. Aparte de que vivió en México probablemente a partir de 1924 y adoptó esa nacionalidad en 1951, es perfectamente legítimo considerarlo un escritor mexicano por la profunda afinidad con su historia y por la fe revolucionaria que se siente en su obra. Un dato interesante es que Traven fue autor de un cuento titulado «Macario» (1950), homónimo del de Rulfo *(19.4.1.)*.

Por último, un humorista que escribió finos ensayos, crónicas y cuentos: el peruano Héctor Velarde (1898-1989). Velarde era arquitecto de profesión —*Arquitectura peruana* (México, 1946) es uno de sus trabajos en ese campo—, un hombre de amplia cultura y de agudísima percepción para captar el ángulo cómico de una sociedad como la limeña, que iba perdiendo progresivamente sus veleidades aristocratizantes y reemplazándolas por signos y valores «modernos», sin saber cómo librarse, en ninguno de esos dos extremos, de los riesgos de la falsificación. Durante muchas décadas, sus artículos periodísticos hicieron la más divertida sátira de los modos y modas sociales de un país que rápidamente se transformaba. Pero había más que gracejo y picardía en ellos: había una crítica de ciertos mitos culturales y sociales que demostraban que Velarde sabía ver los grandes hechos históricos y los descubrimientos científicos, ideológicos y estéticos de nuestra época con una refrescante ironía. Sus crónicas sobre «La rebelión de las masitas», «El zambito nazi» (el mulato criollo que cree en la superioridad de la raza aria defendida en *Mein Kampf*) o sobre la predilección de los nuevos ricos limeños por las casas con techo a dos aguas en una ciudad donde no llueve son ejemplo de ello. Como James Thurber, con quien tiene muchas semejanzas, ilustraba sus textos con graciosos dibujos de su propia mano. De sus dotes de narrador y ensayista satírico puede tenerse una idea leyendo *Kikiff* (Lima, 1924), *Yo quiero ser filósofo* (Lima, 1932), *Tumbos de lógica* (París, 1938), *El circo de Pitágoras* (Lima, 1940), *La cortina de lata* (Lima, 1950), etc. Ninguna historia literaria hispanoamericana recoge su nombre, lo que es una injusticia porque

Velarde es cercano pariente literario de Gómez de la Serna y de Augusto Monterroso *(21.2.)*.

Textos y crítica:

AGUILERA MALTA, Demetrio, Joaquín GALLEGOS LARA y Enrique GIL GILBERT, *Los que se van*, Quito, El Conejo, 1985.
AGUILERA MALTA, Demetrio, *Don Goyo*, México, Grijalbo, 1970.
— *Siete lunas y siete serpientes*, México, Fondo de Cultura Económica, 1970.
BOMBAL, María Luisa, *La última niebla. La amortajada* [incluye cinco cuentos], Barcelona, Seix Barral, 1984.
— *Obras completas*, ed. de Lucía Guerra, Santiago, Andrés Bello, 1996.
CASACCIA, Gabriel, *La Babosa*, pról. de Hugo Rodríguez-Alcalá, Madrid, Cultura Hispánica, 1991.
DÍAZ SÁNCHEZ, Ramón, *Cumboto. Cuento de siete leguas*, pról. de Manuel Rojas, Caracas, López Elías Ediciones, 1954.
ESPÍNOLA, Francisco, *Raza ciega y otros cuentos*, pról. de Mario Benedetti, Montevideo, Biblioteca Artigas, 1967.
— *Cuentos completos*, pról. de Arturo Sergio Visca, Montevideo, Arca, 1980.
GARMENDIA, Julio, *La tienda de muñecos*, Caracas, Monte Ávila, 6.ª ed., 1980.
GONZÁLEZ VERA, José Santos, *Alhué*, Santiago, Nascimento, 5.ª ed. rev. y disminuida, 1955.
— *Vidas mínimas*, pról. de Sergio Arria, Santiago, Nascimento, 1973.
LAGUERRE, Enrique, *Obras completas*, San Juan, Instituto de Cultura Puertorriqueña, 1962-1964, 3 vols.
MALLEA, Eduardo, *Todo verdor perecerá*, ed. de Flora Guzmán, Madrid, Cátedra, 2000.
MARÍN CAÑAS, José, *El infierno verde: La Guerra del Chaco*, Salamanca, Anaya, 1971.
MENESES, Guillermo, *Diez cuentos*, Caracas, Monte Ávila, 1999.
— *Cinco novelas*, Caracas, Monte Ávila, 1972.
NOVÁS CALVO, Lino, *Obra narrativa*, pról. de Jesús Díaz, La Habana, Letras Cubanas, 1990.
OTERO SILVA, Miguel, *Cuando quiero llorar no lloro*, Caracas, Tiempo Nuevo, 1970.
PALACIOS, Antonia, *Ana Isabel, una niña decente*, Caracas, Monte Ávila, 1990.
ROJAS, Manuel, *Obras escogidas*, Santiago, Zig-Zag, 1989, 2 vols.
SALAZAR ARRUÉ, Salvador («Salarrué»), *El ángel del espejo y otros relatos*, ed. de Sergio Ramírez, Caracas, Biblioteca Ayacucho, 1977.
— *O-Yarkandal*, San Salvador, Consejo Nacional para la Cultura y el Arte, 1996.
TRAVEN, Bruno, *La rebelión de los colgados*, México, Cía. General de Edics., 1976.
VELARDE, Héctor, *Obras completas*, pról. de Aurelio Miró Quesada S., est. prelim. de José Miguel Oviedo, Lima, Moncloa Editores, 1965-1966, 3 vols.

VERA, Pedro Jorge (ed.), *Narradores ecuatorianos del 30**.
ZALAMEA BORDA, Eduardo, *4 años a bordo de mí mismo*, pról. de Eduardo Jaramillo-Zuluaga, Bogotá, Biblioteca Familiar Presidencia de la República, 1996.

ACEVEDO, Ramón L., «Salvador (Salarrué) Salazar Arrué», Carlos A. Solé*, vol. 2, pp. 875-879.
— «José Marín Cañas», Carlos A. Solé*, vol. 3, pp. 991-994.
ADAMS, Michael Ian, *Three Authors of Alienation: Bombal, Onetti, Carpentier*, Austin, The University of Texas Press, 1975.
AGOSÍN, Marjorie, *Las desterradas del paraíso: protagonistas en María Luisa Bombal*, New York, Senda Nueva de Ediciones, 1983.
— et al. (eds.), *María Luisa Bombal: apreciaciones críticas*, Tempe, Arizona, Bilingüe, 1987.
CABRERA INFANTE, Guillermo, «*La luna nona* de Lino Novás», en *Vidas para leerlas**, pp. 102-121.
COBO BORDA, Juan Gustavo, *Poesía colombiana** [sobre Eduarzo Zalamea Borda, pp. 87-89].
ESPINOZA, Enrique, *Manuel Rojas, narrador. 1895 [sic]-1973*, Buenos Aires, Babel, 1976.
— *González Vera: clásico del humor*, Santiago, Andrés Bello, 1982.
FAMA, Antonio, *Realismo mágico en la narrativa de Aguilera Malta*, Madrid, Playor, 1977.
FERRÉ, Rosario, «Enrique Laguerre», Carlos A. Solé*, vol. 2, pp. 1049-1055.
Folios [sección especial sobre Julio Garmendia], 4, Caracas, 1998, pp. 27-41.
FOSTER, David William, «Eduardo Mallea and the Dilemma of the Prophetic Observer», *Currents in the Contemporary Argentine Novel**, pp. 46-69.
GÁLVEZ LIRA, Gloria, *María Luisa Bombal, realidad y fantasía*, Potomac, Maryland, Scripta Humanistica, 1986.
GLIGO, Ágata, *María Luisa: biografía de María Luisa Bombal*, Santiago, Sudamericana, 1996.
GOIC, Cedomil, *La novela chilena: los mitos...** [sobre «*Hijo de ladrón*», pp. 124-143].
HEISE, Karl, *El Grupo de Guayaquil: arte y técnica de sus novelas sociales*, Madrid, Playor, 1975.
KOSTOPOULOS-COOPERMAN, Celeste, *The Lyrical Vision of María Luisa Bombal*, Londres, Támesis, 1988.
LARA MARTÍNEZ, Rafael, *Salarrué o el mito de creación de la sociedad mestiza salvadoreña*, San Salvador, Dirección de Publicaciones e Impresos, 1991.
LASARTE, Francisco Javier (ed.), *Guillermo Meneses ante la crítica*, Caracas, Monte Ávila, 1992.
LEWALD, Ernest, *Eduardo Mallea*, Boston, Twayne, 1977.
LÓPEZ MORALES, Berta, *«Hijo de ladrón», novela de aprendizaje antiburguesa*, Santiago, La Noria, 1987.

MAGGI, Carlos, *Paco Espínola y su obra,* Montevideo, CEAL/Capítulo Oriental, 1968.
MARINI PALMIERI, Enrique, «*La Babosa» de Gabriel Casaccia o la tragicomedia de la irresponsabilidad,* Asunción, Intercontinental Editora, 1988.
MÁRQUEZ RODRÍGUEZ, Alexis, *Acción y pasión en los personajes de Miguel Otero Silva y otros ensayos,* Caracas, Academia Nacional de Historia, 1985.
MUNNICH, Susana, *La dulce niebla* [sobre María Luisa Bombal], Santiago, Editorial Universitaria, 1991.
RABASSA, Clementine, *En torno a Aguilera Malta,* Guayaquil, Casa de la Cultura, 1981.
RIVERA, Francisco, «Los espejos de Guillermo Meneses (1911-1978)», *Inscripciones*,* pp. 113-119.
RODRÍGUEZ MONEGAL, Emir, «Imagen de Manuel Rojas» y «González Vera, narrador», *Narradores de esta América*,* pp. 57-63 y 65-72; «Eduardo Mallea», vol. 2 (1969), pp. 249-269.
ROSES, Lorraine Elena, *Voices of the Storyteller: Cuba's Lino Novás Calvo,* Westport, Connecticut, Greenwood, 1986.
RUFFINELLI, Jorge, «Bruno Traven: la rebeldía necesaria», *El otro México,* México, Nueva Imagen, 1978, pp. 19-68.
SAMBRANO URDANETA, Óscar, *Del ser y del quehacer en Julio Garmendia,* Caracas, Monte Ávila, 1999.
SOUZA, Raymond, *Lino Novás Calvo,* Boston, Twayne, 1981.
TROYA, María Soledad, *Don Goyo. El héroe cholo de Aguilera Malta,* Quito, Casa de la Cultura, 1997.
VV.AA., *Julio Garmendia ante la crítica,* Caracas, Monte Ávila, 1980.
WILSON YOUNG, Carolyn, *José Santos González Vera. General Study: Humor and Socialistic Attitudes,* Knoxville, University of Tennessee, 1962.
WYATT, Will, *The Man Who Was B. Traven,* Londres, Cape, 1980.

18.4. La poesía. El aporte femenino

Comencemos con un puñado de poetas mujeres provenientes de países con muy diversos procesos literarios y cuya obra tiende a soslayarse porque no corresponden a una estética o movimiento específico, pero que representan, con diferencias de grado, aportes significativos a nuestro lenguaje lírico. La que es, a la vez, la más olvidada y la de más sorprendente pureza poética es la uruguaya Sara de Ibáñez (1909-1971), quien, antes de casarse en 1928 con el crítico y ensayista Roberto Ibáñez (1907-1978) se llamaba Sara Iglesias Casadei. Pertenecente a la brillante «Generación del Centenario», publicó su primer libro —*Canto* (Buenos Aires, 1940)— con un prólogo de Neruda *(16.2.3.).* Muchos, como él y Gabriela Mistral

(15.3.2.), reconocieron la originalidad de su visión y la celebraron; premios, honores e invitaciones desde diversas partes del mundo la hicieron una de las figuras femeninas hispanoamericanas más distinguidas de su época. Pero poco después de su muerte su renombre se apagó casi por completo y hoy es apenas leída. Si lo fuese, se vería que Ibáñez es una gran poeta de hondura metafísica, original y única. Posee una extraordinaria destreza formal para el manejo de versos y estrofas (sonetos, romances, liras, décimas), que revela su admirable asimilación de los clásicos castellanos. A eso se suma una altísima energía verbal, un arte para convertir experiencias íntimas en relampagueantes imágenes: luz, ligereza, transparencia, visiones puras. Lo vivido se transforma en otra cosa, en experiencia mística, salto al vacío, fusión con la esfera sagrada. Es una forma de religiosidad sin creencias religiosas difícil de hallar en otro poeta de nuestro tiempo, ya sea hombre o mujer. ¿Misticismo existencial tal vez? No es desproporcionado compararla, tanto por la impecable música de las formas como por su ardiente lucidez intelectual, con la poesía de Sor Juana *(5.2.)*. Ramón Xirau ha afirmado que ella ve el mundo «como estructura geométrica». Algunos de sus libros son: *Hora ciega* (Buenos Aires, 1943), *Las estaciones y otros poemas* (México, 1957), *Apocalipsis XX* (Caracas, 1970) y *Canto póstumo* (Buenos Aires, 1978), que contiene los tres libros que compuso en sus últimas décadas o al final de sus días y que quedaron inéditos entonces. Júzguese la calidad de su poesía por el comienzo de uno de sus sonetos:

> Aquí bajo la nieve está mi lecho
> de abejas duras. La serpiente fina,
> helado el silbo, en mi temblor reclina
> su inocente relámpago deshecho.   («Las tentaciones», V)

Hasta que no recibió sorpresivamente el premio Cervantes en España (1992), casi nadie recordaba que Dulce María Loynaz (1902-1997), la matriarca de la poesía cubana, seguía escribiendo en la isla versos y ensayos, aunque varios de sus libros habían sido publicados en Madrid. Los primeros corresponden a la década del treinta y muestran ya los rasgos que definirían toda su obra: un tono intimista, replegado sobre el ámbito interior, que sólo establece un diálogo con el mundo a través de una red de símbolos (como el agua) intensamente transfigurados por la imaginación. Su mayor don poético es la sutileza, la capacidad de sugerir con medios tonos y motivos cotidianos. Hay en ella un persistente anhelo de trascendencia, un mirar hacia adentro que ignora casi por completo la historicidad o cualquier circunstancia real. Tres de sus mejores libros son *Juegos de agua* (1947), *Poemas sin nombre* (1953) y *Últimos días de una casa* (1958), todos impresos en Madrid. No cabe duda de que, en sus mejores momentos, su poesía tiene delicadeza y profundidad, pero a veces su imaginería parece fijada en modelos ya lejanos —los de Gabriela Mistral *(15.3.2.)*, Juan Ramón Jiménez y la poesía pura peninsular—, como si escribiese de espaldas a la evolución del lenguaje poético de este siglo. Loynaz es autora también de *Jardín* (Madrid, 1951), «novela lírica» que tiene estrechas correspondencias con su obra poética.

Claudia Lars (seud. de Carmen Brannon, 1899-1974) fue, desde la década del treinta y casi hasta el año de su muerte, la voz lírica más reconocible e influyente en El Salvador. Por su fecha de nacimiento, puede verse que era coetánea de su compatriota «Salarrué» *(supra)*. Lars es una poeta de las cosas simples y humildes que surgen habitualmente del mundo de la niñez o el ámbito campesino o provinciano, con los que el yo establece un constante diálogo. En su juventud fue estimulada por la figura del poeta nicaragüense Salomón de la Selva *(20.1.)*, a quien dedicó un hermoso poema. Desde el comienzo, Lars mostró una gran independencia estética, pues casi no registra huellas del modernismo *(11.1.)*, ni de la vanguardia *(16.1.)*, ni de otras corrientes, aunque asimilase mucho de sus abundantes lecturas: en esencia, su camino es solitario. Vivió un tiempo en Estados Unidos y tuvo un contacto enriquecedor con la poesía norteamericana, especialmente con la de Emily Dickinson. Supo ser fiel a un sentimiento profundo de la existencia y sus pequeños dramas y alegrías; supo también expresarlos con un lenguaje apasionado pero natural. *Donde llegan los pasos* (San Salvador, 1953) es uno de los libros que muestran su madurez poética. En sus últimos años, la violenta historia política de su país la alcanzó y trató de adecuar su poesía a los nuevos tiempos; el resultado es una forma de poesía social en la que sus virtudes poéticas parecen apagarse.

Al lado de su extensa obra crítica sobre temas de la cultura paraguaya (arte, teatro, literatura), Josefina Pla (1909-2003) desarrolló una valiosa obra literaria en varios géneros, pero sobre todo en la poesía. Nacida en Canarias y casada con un artista paraguayo, se radicó en Asunción en 1926 y desde entonces su producción ha estado profundamente vinculada a su país de adopción. En su primer libro, *El precio de los sueños* (1934), publicado como casi todos en Asunción, todavía es visible la huella del postmodernismo. Pero hay un hiato de casi treinta años entre ese libro y los posteriores, que corresponden a la década del sesenta y siguientes; los poemas que corresponden a ese paréntesis fueron exhumados en sus *Poesías completas* (1996).

Su proceso de maduración es muy lento y desfasado del proceso de evolución literaria del resto del continente, pues sólo en *Rostros en el agua* (1965) su poesía abandona moldes y acentos ya superados en otras partes en favor de una expresión más intensa, más despojada y agónica. Ejemplos: «Summa» (de *Satélites oscuros,* 1966) y el poema en diez partes *El polvo enamorado* (1968), una grave reflexión existencial. Plá presenta un caso singular: no sólo escribe sus mejores poemas cuando tiene más de setenta años, sino que se producen en una especie de vacío cultural que la aísla de contactos o influjos reconocibles; aunque cambió y usó muchos tonos —los extremos podrían ser los epigramas de *Luz negra* (1975) y el extenso poema épico *Los treinta mil ausentes* (1985), sobre la guerra del Chaco—, mantuvo ciertas costumbres de épocas muy superadas, como el uso de los puntos suspensivos para indicar una transición en ciertos textos. Dos características de su poesía son la constante presencia de los espejos como símbolos inquietantes de la condición humana contemplándose e interrogándose a sí misma; y el uso de series enumerativas como base estructural del poema. Ella ha definido así su oficio: «Mientras se espera en sueños que una puerta se abra / morir estrangulada por la propia palabra...» («Poesía»).

La boliviana Yolanda Bedregal (1916-1999), la más joven de este grupo, pero su obra concurre cronológicamente con la de las anteriores. Generalmente se la considera la poeta más importante del siglo en su país; esto dio origen a que en 1948 se le proclamase «Yolanda de Bolivia». No obstante el pesado título, su obra tiene algunos méritos considerables. Perteneció al grupo denominado «Gesta Bárbaraz», que hace la tardía transición del modernismo final hacia formas que expresan una nueva sensibilidad, vinculada, en el caso de ella, a la continua introspección, la exaltación del paisaje y la preocupación social. El defecto de Bedregal es su tendencia a la reiteración de motivos y fórmulas retóricas que obstruyen excesivamente su verso; leerla en una antología puede ofrecer una visión más clara y favorable de ella. Su libro más reconocido es *Nadir* (La Paz, 1950), una sobria meditación sobre la soledad. Progresivamente, su poesía ha ido adquiriendo un intenso sentido religioso. La autora ha publicado también cuentos, novelas y ensayos.

Lo anterior da cuenta de la notoria contribución poética de las mujeres. Terminemos este apartado con una mención a un poeta colombiano y otro uruguayo. El primero es Jorge Zalamea (1905-1969), poeta social de voz resonante —un poco a la manera del Neruda comprometido—, que convirtió sus viajes a la India y a otras partes del mundo en tema de su poesía de denuncia o de exaltación revolucionaria. Véase, por ejemplo, *El sueño de las escalinatas* (Bogotá, 1965). Publicó un poema narrativo (o novela poemática) como alegato contra la dictadura: *El Gran Burundún-Burundá ha muerto* (Buenos Aires, 1952), que fue muy celebrado y que tiene algunas curiosas conexiones retóricas con *El otoño del patriarca* de García Márquez *(22.1.1.)*. Éste fue uno de los numerosos autores colombianos y extranjeros —de Mao Tse Tung a Truman Capote— que Zalamea publicó en la importante revista *Crítica* (1948-1951), fundada y dirigida por él. Escribió varios ensayos, entre ellos uno digno de relectura, *La poesía ignorada y olvidada* (La Habana, 1965), sobre la expresión poética entre los pueblos «primitivos», que parte de una afirmación profunda: «En poesía no existen pueblos subdesarrollados». El otro autor es Líber Falco (1908-1955), un poeta uruguayo decididamente marginal. Igual fue su vida, en la que desempeñó muy modestos trabajos para sostenerse. Su poesía, contenida en tres volúmenes más otro póstumo, revela que fue un temprano poeta coloquial, con un lenguaje deliberadamente prosaico y de registro limitado, antes de que eso se pusiese de moda en el continente dos décadas más tarde. Súbitamente, su poesía alcanzó gran difusión cuando fue musicalizada y convertida en «canciones-protesta» por trovadores populares.

Textos y crítica:

BEDREGAL, Yolanda, *Antología mínima*, La Paz, El Siglo, 1969.
FALCO, Líber, *Tiempo y tiempo*, Montevideo, Asir, 1956.
IBÁÑEZ, Sara de, *Canto póstumo*, con «Anticipo, umbral y envío de Roberto Ibáñez», Buenos Aires, Losada, 1973.
— *Poemas escogidos*, México, Siglo XXI, 1974.
— *Obra*, est. crít. y antol. de Graciela Mántaras y Jorge Arbeleche, Montevideo, Signos/Instituto Nacional del Libro, 1991.
LARS, Claudia, *Obras escogidas*, pról. de Matilde Elena López, San Salvador, Imp. Universitaria de El Salvador, 1973, 2 vols.
LOYNAZ, Dulce María, *Poesías escogidas*, La Habana, Letras Cubanas, 1964.
— *Poesía completa*, pról. de César López, La Habana, Letras Cubanas, 1992.
— *Antología lírica*, ed. de María Asunción Mateo, Madrid, Espasa-Calpe, 1993.
PLÁ, Josefina, *Poesías completas*, pról. de Augusto Roa Bastos, ed. de Miguel Ángel Fernández, Asunción, El Lector, 1996.

ZALAMEA, Jorge, *El sueño de las escalinatas,* Bogotá, La Oveja Negra, 1985.
— *El Gran Burundún-Burundá ha muerto,* Bogotá, Arango Editores, 1989.

ARREGUI, Mario, *Líber Falco,* Montevideo, Arca, 2.ª ed., 1981.
BOZA MASVIDAL, Aurelio, *Dulce María Loynaz: poesía, ensueño y silencio,* La Habana, Universidad de La Habana, 1948.
COBO BORDA, Juan Gustavo, *Poesía colombiana** [sobre Jorge Zalamea, pp. 81-85].
Homenaje a Dulce María Loynaz. Obra literaria, poesía y prosa, estudios y comentarios, ed. de Ana Rosa Núñez, Miami, Universal, 1993.
Homenaje a Sara de Ibáñez, Montevideo, Fundación de Cultura Universitaria, 1971.
RIVERA-RODAS, Óscar, *La modernidad y su hermenéutica poética. Poesía boliviana del siglo XX,* La Paz, Signos, 1991 [sobre Yolanda Bedregal].
RODRÍGUEZ ALCALÁ, Hugo, *Poetas y prosistas paraguayos y otros ensayos,* Asunción, Mediterráneo, 1988.
RODRÍGUEZ AMAYA, Fabio, *Ideología y lenguaje en la obra narrativa de Jorge Zalamea,* Bolonia, Bologna University Press, 1996.
VALLEJOS, Roque (ed.), *Josefina Plá, crítica y antología,* Asunción, La Rural Ediciones, 1995.
XIRAU, Ramón, «Sara de Ibáñez», *Poesía hispanoamericana contemporánea,* México, Consejo Nacional para la Cultura y las Artes, 1995, pp. 75-80.

Bibliografía general

La información bibliográfica recogida en esta sección incluye tres clases de obras: las de tipo general pertinentes al presente volumen; los libros que aparecen en esta obra con títulos abreviados y marcados con * para indicar que están citados más de una vez y que sus datos completos figuran aquí; y algunos trabajos nuevos que no alcanzaron a ser incluidos en las respectivas secciones bibliográficas. Se notará que ciertas obras, por su carácter panorámico, están mencionadas también en otros volúmenes.

ALBUKREK, Aarón. *Diccionario de escritores hispanoamericanos. Del siglo XVI al siglo XX.* Buenos Aires: Larousse, 1992.

ANDRADE, Lourdes. *Para la desorientación general. Trece ensayos sobre México y el surrealismo.* México: Aldus, 1996.

ANGULO, María Elena. *Magic Realism. Social Context and Discourse.* Nueva York: Garland, 1995.

ARNOLD, A. James, Julio RODRÍGUEZ-LUIS y J. MICHAEL DASH. *A History of Literature in the Caribbean.* Vol. 1: *Hispanic and Francophone Regions.* Amsterdam-Philadelphia: John Benjamins, 1994.

ARRIETA, Rafael A. *Historia de la literatura argentina.* 6 vols. Buenos Aires: Peuser, 1960.

ASHBURST, Anna Wayne. *La literatura hispanoamericana en la crítica española.* Madrid: Gredos, 1981.

BACIU, Stefan, ed. *Antología de la poesía latinoamericana, 1960-1970.* 3 vols. Albany, New York: State University of New York Press, 1974.

— *Antología de la poesía surrealista latinoamericana.* México: Joaquín Mortiz, 1974.

BARREDA, Pedro. *The Black Protagonist in the Cuban Novel.* Amherst: University of Massachusetts Press, 1979.

BARRENECHEA, Ana María. *Temas hispanoamericanos. De Sarmiento a Sarduy.* Caracas: Monte Ávila, 1978.

BARRERA, Isaac. *Historia de la literatura ecuatoriana.* 4 vols. Quito: Casa de la Cultura Ecuatoriana, 1953-1955.

BECCO, Horacio J. *Fuentes para el estudio de la literatura venezolana*. Caracas: Ediciones Centauro, 1978.
BERRIAN, Brenda F. y Aarl BROEK. *Bibliography of Women Writers from the Caribbean: 1831-1986*. Boulder, Colorado: Lynn Rienner, 1989.
BETHELL, Leslie, ed. *A Cultural History of Latin America. Literature, Music and the Visual Arts in the 19th and 20th Centuries*. Cambridge: Cambridge University Press, 1998.
BOHN, Willard. *Apollinaire and the International Avant-Garde*. Albany: State University of New York, 1997.
BROWER, Keith H. *Contemporary Latin American Fiction*. Pasadena, California: Salem Press, 1989.
BRUSHWOOD, John S. *La novela hispanoamericana del siglo XX*. México: Fondo de Cultura Económica, 1984.
BRYANT, Shasta M. *Selective Bibliography of Bibliographies of Hispanic American Literature*. Austin: The University of Texas, 1976.
BURGOS, Fernando. *Vertientes de la modernidad hispanoamericana*. Caracas: Monte Ávila, 1995.
— ed. *El cuento hispanoamericano en el siglo XX*. 3 vols. Madrid: Castalia, 1997.
CABRERA INFANTE, Guillermo. *Vidas para leerlas*. Madrid: Alfaguara, 1998.
CALDERÓN, Alfonso, Pedro LASTRA y Carlos SANTANDER, eds. *Antología del cuento chileno*. 5.ª ed. Santiago: Edit. Universitaria, 1990.
CAMAYD-FREIXAS, Erik. *Realismo mágico y primitivismo. Relecturas de Carpentier, Asturias, Rulfo y García Márquez*. Lanham, Maryland: University of America Press, 1998.
CARBALLO, Emmanuel. *Estudios sobre la novela mexicana*. México: UNAM-Universidad de Colima, 1988.
CASTAÑÓN, Adolfo. *América sintaxis*. México: Aldus, 1999.
CASTILLO, Debra A. *Easy Women. Sex and Gender in Modern Mexican Fiction*. Minneapolis: University of Minnesota Press, 1998.
CASTILLO, Homero y Raúl Silva CASTRO. *Historia bibliográfica de la novela chilena*. México: De Andrea, 1961.
— *El criollismo en la novelística chilena: huellas, modalidades y perfiles*. México: De Andrea, 1962.
CHIRINOS, Eduardo. *La morada del silencio. Una reflexión sobre el silencio en la poesía a partir de las obras de Westphalen, Rojas, Orozco, Sologuren, Eielson y Pizarnik*. Lima: Fondo de Cultura Económica, 1998.
COBO BURDA, Juan Gustavo. *La alegría de leer*. Bogotá: Carlos Valencia Ed.
COLLAZOS, Oscar, ed. *Recopilación de textos sobre las vanguardias en la América latina*. La Habana: Casa de las Américas, 1970.
CORTÉS, Eladio. *Dictionary of Mexican Literature*. Westport: Greenwood, 1992.
CRAWFORD, William R. *A Century of Latin American Thought*. Cambridge, Mass.: Harvard University Press, 1961.
DAUSTER, Frank. *Historia del teatro hispanoamericano, siglos XIX y XX*. México: De Andrea, 1966.

— *Perfil generacional hispanoamericano (1894-1924)*. Chile, México, el Río de la Plata. Ottawa: Girol Books, 1993.

DÍAZ ARRIETA, Hernán («Alone»). *Los cuatro grandes de la literatura chilena durante el siglo XX: Augusto D'Halmar, Pedro Prado, Gabriela Mistral, Pablo Neruda*. Santiago: Zig-Zag, 1963.

Diccionario Enciclopédico de las letras de América Latina. 3 vols. Caracas: Monte Ávila-Fundación Biblioteca Ayacucho-CONAC, 1995.

Diccionario Oxford de Literatura Española e Hispanoamericana. Barcelona: Crítica, 1984.

DOMÍNGUEZ MICHAEL, Christopher. *Tiros en el concierto. Literatura mexicana del siglo V*. México: Era, 1997.

DUFFEY, J. Patrick. *De la pantalla al texto. La influencia del cine en la narrativa mexicana del siglo XX*. México: UNAM, 1996.

DYSON, John P. *La evolución de la crítica literaria en Chile*. Santiago: Editorial Universitaria, 1965.

EARLE, Peter G. y Robert G. MEAD, Jr. *Historia del ensayo hispanoamericano*. México: De Andrea, 1973.

EIELSON, Jorge Eduardo, Javier SOLOGUREN y Sebastián SALAZAR BONDY, eds. *La poesía contemporánea del Perú*. Lima: Antártica, 1946.

El ensayo en nuestra América: para una reconceptualización. Coloquio Internacional sobre el ensayo en América Latina. México: UNAM, 1993.

ELMORE, Peter. *La fábrica de la memoria. La crisis de la representación en la novela histórica latinoamericana*. Lima: Fondo de Cultura Económica, 1997.

ENGLEKIRK, John. *Edgard Allan Poe in Hispanic Literature*. New York: Hispanic Institute of America, 1935.

— y Margaret M. RAMOS. *La narrativa uruguaya. Estudio crítico-bibliográfico*. Berkeley: University of California Press, 1967.

ESCALANTE, Evodio. *Las metáforas de la crítica*. México: Joaquín Mortiz, 1998.

FERNÁNDEZ, Teodosio. *Los géneros ensayísticos hispanoamericanos*. Madrid: Taurus, 1990.

FERNÁNDEZ MORENO, César, ed. *América Latina en su literatura*. México: UNESCO-Siglo XXI, 1972.

FERRO, Hellén. *Historia de la poesía hispanoamericana*. New York: Las Américas, 1964.

— ed. *Antología comentada de la poesía hispanoamericana*. New York: Las Américas, 1965.

FINOT, Enrique. *Historia de la literatura boliviana*. La Paz: Fisbert, 1964.

FLORES, Ángel, ed. *Narrativa hispanoamericana*. 8 vols. México: Siglo XXI, 1981.

FORSTER, Merlin H. *An Index to Mexican Literary Periodicals*. New York: Scarecrow, 1963.

— ed. *Tradition and Renewal. Essays on Twentieth-Century Latin American Literatura and Culture*. Urbana, Illinois: University of Illinois Press, 1975.

— *Historia de la poesía hispanoamericana*. Clear Creek, Indiana: American Hispanist, 1981.

— K. David JACKSON y Harold WENTZLAFF-EGBERT, eds. *Bibliografía y antología crítica de las vanguardias literarias en el mundo hispánico*. Frankfurt-Madrid: Iberoamericana, 1998.
FOSTER, David William. *Currents in the Contemporary Argentine Novel*. Columbia: University of Missouri Press, 1975.
— ed. *Chilean Literature. A Working Bibliography of Secondary Sources*. Boston: G. K. Hall, 1978.
— ed. *Peruvian Literature. A Bibliography of Secondary Sources*. Westport: Greenwood, 1982.
— ed. *Puerto Rican Literature. A Bibliography of Secondary Sources*. Westport: Greenwood, 1982.
— ed. *Argentine Literature. A Research Guide*. 2.ª ed. New York: Garland, 1982.
— ed. *Handbook of Latin American Literature*. 2.ª ed. New York: Garland, 1992.
— ed. *Mexican Literature. A History*. Austin: University of Texas Press, 1994.
— y Daniel ALTMIRANDA, eds. *Spanish American Literature. A Collection of Essays*. 5 vols. Hamden, Connecticut: Garland, 1997.
— *Cultural Diversity in Latin American Literature*. Albuquerque: University of New Mexico Press, 1994.
— ed. *Literatura Hispanoamericana. Una antología*. New York: Garland, 1994.
FRANCO, Jean. *Historia de la literatura hispanoamericana a partir de la Independencia*. Barcelona: Ariel, 1987.
FUENTES, Walter. *La novela social en Chile (1900-1925): ideología y disyuntiva histórica*. Minneapolis: Institute for the Study of Ideologies and Literature, 1990.
GÁLVEZ ACERO, Marina. *El teatro hispanoamericano*. Madrid: Taurus, 1988.
GARCÍA PINTO, Magdalena. *Women Writers of Latin America. Intimate Histories*. Austin: University of Texas Press, 1991.
GERÓN, Cándido, ed. *Diccionario de autores dominicanos (1492-1992)*. Santo Domingo: Alfa, 1992.
GOIC, Cedomil. *La novela chilena: los mitos degradados*. Santiago: Editorial Universitaria, 1968.
GOMES, Miguel. *Los géneros literarios en Hispanoamérica: teoría e historia*. Berriozar, Navarra: Ediciones de la Universidad de Navarra, 1999.
GÓMEZ RESTREPO, Antonio. *Historia de la literatura colombiana*. 4 vols. Bogotá: Imprenta Nacional de Colombia-Biblioteca de Autores Colombianos, 1953-1954.
GONZÁLEZ ECHEVARRÍA, Roberto. *The Voice of the Masters. Writing and Authority in Modern Latin American Literature*. Austin: University of Texas Press, 1985.
— *Myth and Archive. A Theory of Latin American Narrative*. Cambridge: Cambridge University Press, 1990.
— y Enrique PUPO-WALKER, eds. *The Cambridge History of Latin American Literature*. Vol. 2. Cambridge: Cambridge University Press, 1996.
GRÜNFELD, Mihai G., ed. *Antología de la poesía latinoamericana de vanguardia, 1916-1935*. Madrid: Hiperión, 1995.
HARSS, Luis. *Los nuestros*. Buenos Aires: Sudamericana, 1966.

Hart, Stephen. *A Companion to Spanish-American Literature*. Londres: Támesis, 1999.
Henríquez Ureña, Pedro. *Obra crítica*. México: Fondo de Cultura Económica, 1960.
Higgins, James. *The Poet in Peru*. Liverpool: Francis Cairns, 1982.
— *A History of Peruvian Literature*. Liverpool: Francis Cairns, 1987.
Histoire et imaginaire dans le roman hispanoaméricain contemporain. America, París: CRICCAL, 1992.
— *Historia y crítica de la literatura hispanoamericana*. Vol. 3: *Época contemporánea*. Barcelona: Crítica, 1990.
Jackson, Richard L., ed. *The Afro-Spanish American Author. An Annotated Bibliography of Criticism*. New York: Garland, 1980.
— *The Black Image in Latin American Literature*. Albuquerque: University of New Mexico Press, 1976.
Jiménez, José Olivio, ed. *Antología de la poesía hispanoamericana contemporánea. 1914-1987*. Madrid: Alianza Editorial, 1993.
Jitrik, Noé. *El fuego de la especie*. Buenos Aires: Siglo XXI, 1971.
— *Vertiginosas textualidades*. México: UNAM, 1999.
Jones, Julie. *A Common Place: The Representation of Paris in Spanish American Fiction*. LewisBurgh, Pensilvania-Cranbury, New Jersey: Bucknell University Press-Associated Universities Presses, 1998.
Jrade, Cathy. *Modernismo, Modernity and the Development of Spanish American Literature*. Austin: University of Texas Press, 1998.
Klahn, Norma y Wilfrido H. Corral, eds. *Los novelistas como críticos*. 2 vols. México: Fondo de Cultura Económica, 1991.
Lafforgue, Jorge y Jorge B. Rivera. *Asesinos de papel. Ensayos sobre narrativa policial*. Buenos Aires: Colihue, 1996.
Lafleur, Héctor-René, S. Provenzano y F. P. Alonso. *Las revistas argentinas (1893-1967)*. Buenos Aires: CEAL, 1969.
Lazo, Raimundo. *Historia de la literatura cubana*. México: UNAM, 1974.
Leal, Luis, ed. *Bibliografía del cuento mexicano*. México: De Andrea, 1958.
— *Historia del cuento hispanoamericano*. México: De Andrea, 1966.
Leavitt, Sturgis E. *Revistas hispanoamericanas. Índice bibliográfico, 1843-1935*. Santiago: Fondo Histórico y Bibliográfico José Toribio Medina, 1960.
Lida, Raimundo. *Letras hispánicas*. México: Fondo de Cultura Económica, 1988.
Lindstrom, Naomi. *The Social Conscience of Latin American Writing*. Austin: University of Texas Press, 1998.
Madrigal, Luis Íñigo, ed. *Historia de la literatura hispanoamericana*. 2 vols. Madrid: Cátedra, 1987.
Maggi, Carlos, Carlos Martínez Moreno y Carlos Real de Azúa, eds. *Historia de la literatura uruguaya*. 3 vols. Montevideo: CEAL, 1971.
Mariátegui, José Carlos. *Siete ensayos de interpretación de la realidad peruana*. 13.ª ed. Lima: Amauta, 1968.
Marichal, Juan. *Cuatro fases de la historia intelectual latinoamericana (1810-1970)*. Madrid: Fundación Juan March-Cátedra, 1978.

MARTÍN, Carlos. *Hispanoamérica: mito y surrealismo*. Bogotá: Procultura, 1986.
MARTÍNEZ, José Luis. *La literatura mexicana del siglo XX*. México: CONACULTA, 1995.
MCGRADY, Donald. *La novela histórica en Colombia, 1844-1959*. Bogotá: Kelly, 1962.
MENDOÇA TELES, Gilberto y Klaus MÜLLER-BERGH, eds. *Vanguardia latinoamericana. Historia, crítica, antología*. Vol. 1: *México y América Central*. Madrid: Edit. Iberoamericana, 2000.
MENTON, Seymour. *Historia verdadera del realismo mágico*. México: Fondo de Cultura Económica, 1998.
MEYER, Doris, ed. *Reinterpreting the Spanish American Essay. Women Writers of the 19th and 20th Centuries*. Austin: University of Texas Press, 1995.
MOLLOY, Sylvia. *Acto de presencia. La escritura autobiográfica en Hispanoamérica*. México: Fondo de Cultura Económica, 1997.
MONGUIÓ, Luis. *La poesía postmodernista peruana*. México: Fondo de Cultura Económica, 1954.
MOYA PONS, Frank, ed. *Bibliografía de la literatura dominicana, 1820-1990*. Santo Domingo: Comisión Permanente de la Feria Nacional del Libro, 1997.
OCAMPO DE GÓMEZ, Aurora M. y Ernesto PRADO VELÁSQUEZ. *Diccionario de escritores mexicanos*. México: UNAM, 1967.
ORGAMBIDE, Pedro y Roberto YAHNI, eds. *Enciclopedia de la literatura argentina*. Buenos Aires: Sudamericana, 1970.
ORJUELA, Héctor H. *Fuentes generales para el estudio de la literatura colombiana*. Bogotá: Instituto Caro y Cuervo, 1968.
— ed. *Bibliografía de la poesía colombiana*. Bogotá: Instituto Caro y Cuervo, 1971.
ORTEGA, Julio et al. *Bibliografía general de la literatura latinoamericana*. París: UNESCO, 1972.
OSORIO T., Nelson, ed. *Manifiestos, proclamas y polémicas de la vanguardia literaria hispanoamericana*. Caracas: Biblioteca Ayacucho, 1988.
OVIEDO, José Miguel. *Escrito al margen*. 2.ª ed. Tlahuapán, Puebla: Premiá, 1987.
— ed. *Antología crítica del cuento hispanoamericano (1830-1920)*. Madrid: Alianza Editorial, 1989.
— *Breve historia del ensayo hispanoamericano*. Madrid: Alianza Editorial, 1990.
— *Antología crítica del cuento hispanoamericano del siglo XX (1920-1980)*. 2 vols. Madrid: Alianza Editorial, 1992.
PACHECO, José Emilio, ed. *Poesía mexicana I. 1810-1914*. México: Clásicos de la Literatura Mexicana-Promociones Editoriales Mexicanas, 1979.
Panorama histórico-literario de nuestra América. 1900-1943. Vol 1. La Habana: Casa de las Américas, 1982.
PASCUAL BUXÓ, José y Antonio MELIS. *Apuntes para una bibliografía crítica de la literatura hispanoamericana*. Vol. 1: *Historias*. Florencia: Valmartina-Centro di Ricerche per l'America Latina, 1973.
PAZ, Octavio. *Las peras del olmo*. México: Imp. Universitaria, 1957.
— *Cuadrivio*. 2.ª ed. México: Joaquín Mortiz, 1969.
— *Puertas al campo*. Barcelona: Seix Barral, 1972.

— *Los hijos del limo*. Barcelona: Seix Barral, 1974.
— *México en la obra de...* 3 vols. México: Fondo de Cultura Económica, 1992.
PELLETIERI, Osvaldo. *Cien años de teatro argentino (1886-1990). Del «Moreira» al Teatro Abierto*. Buenos Aires: Galerna-IITCTL, 1990.
PÉREZ FIRMAT, Gustavo. *The Cuban Condition. Translation and Identity in Modern Cuban Literature*. New York: Cambridge University Press, 1989.
— *Idle Fictions. The Hispanic Avantgarde Novel, 1926-1934*. Durham, North Carolina: Duke University Press, 1982.
PORRAS COLLANTES, Ernesto. *Bibliografía de la novela en Colombia. Con notas de contenido, crítica de las obras y guía de comentarios sobre los autores*. Bogotá: Instituto Caro y Cuervo, 1976.
PRIETO, Adolfo. *La literatura autobiográfica argentina*. 2.ª ed. Buenos Aires: Jorge Álvarez, 1966.
— *Diccionario básico de la literatura argentina*. Buenos Aires: CEAL, 1968.
PUPO-WALKER, Enrique, ed. *El cuento hispanoamericano ante la crítica*. 2.ª ed. Madrid: Castalia, 1995.
RAMA, Ángel. *Primeros cuentos de diez maestros latinoamericanos*. Barcelona: Planeta, 1975.
— *La generación crítica (1939-1969)*. Montevideo: Arca, 1972.
— *La novela latinoamericana. Panoramas 1920-1980*. Hanover, New Hampshire: Edics. del Norte, 1981.
— *La ciudad letrada*. Hanover, New Hampshire: Edics. del Norte, 1984.
— *Ensayos sobre literatura venezolana*. Caracas: Monte Ávila, 1990
RELA, Walter, ed. *Repertorio bibliográfico del teatro uruguayo. 1816-1964*. Montevideo: Síntesis, 1965.
— ed. *Fuentes para el estudio de la literatura uruguaya. 1835-1968*. Montevideo: Ediciones de la Banda Oriental, 1969.
— ed. *Guía bibliográfica de la literatura hispanoamericana desde el siglo XIX hasta 1970*. Buenos Aires: Casa Pardo, 1971.
Revista Iberoamericana. Núm. especial dedicado a la literatura uruguaya, 58: 160-161 (1992).
Revista Iberoamericana. Núm. especial dedicado a la literatura puertorriqueña, 59: 162-163 (1993).
Revista Iberoamericana. Núm. especial sobre «Erotismo y literatura», 65: 187 (1999).
REY DE GUIDO, Clara. *Contribución al estudio del ensayo en Hispanoamérica*. Caracas: Biblioteca Nacional de la Historia, 1985.
RIPOLL, Carlos. *Conciencia intelectual de América: antología del ensayo hispanoamericano, 1836-1959*. New York: Las Américas, 1966.
RIVERA, Francisco. *Inscripciones*. Caracas: Fundarte, 1981.
RIVERA DE ÁLVAREZ, Josefina, ed. *Diccionario de la literatura puertorriqueña*. 3 vols. San Juan: Instituto de Cultura Puertorriqueña, 1974-1979.
RODRÍGUEZ, Rolando. *Cuba: 1930: República angelical*. Madrid: Endymión, 1995.

RODRÍGUEZ CORONEL, Rogelio, ed. *Recopilación de textos sobre la novela de la Revolución Mexicana*. La Habana: Casa de las Américas-Centro de Investigaciones Literarias, 1975.

RODRÍGUEZ MONEGAL, Emir. *Literatura uruguaya del medio siglo*. Montevideo: Alfa, 1966.

— *Narradores de esta América*. Vol. 1. Montevideo: Alfa, 1969; vol. 2. Buenos Aires: Alfa Argentina, 1977.

ROMUALDO, Alejandro y Sebastián SALAZAR BONDY, eds. *Antología general de la poesía peruana*. Lima: Antártica, 1957.

ROTKER, Susana, ed. *Ensayistas de nuestra América*. 2 vols. Buenos Aires: Losada, 1994.

SANTÍ, Enrico Mario. *Escritura y tradición*. Barcelona: Laia, 1987.

SARAVIA, Rosa. *Poetas de la palabra hablada. Un estudio de la poesía hispanoamericana contemporánea*. Londres: Támesis, 1997.

SCHNEIDER, Luis Mario. *México y el surrealismo (1925-1950)*. México: Arte y Libros, 1978.

SCHWARTZ, Jorge, ed. *Las vanguardias latinoamericanas*. Madrid: Cátedra, 1991.

SILVA-SANTISTEBAN, Ricardo, ed. *Antología general de la poesía peruana*. Lima: Biblioteca Nacional, 1994.

SMITH, Verity, ed. *Encyclopedia of Latin American Literature*. Londres-Chicago: Fitzroy Dearborn, 1997.

SOLÉ, Carlos A., ed. *Latin American Writers*. Vols. 2 y 3. New York: Scribner's & Sons, 1989.

SOMMER, Doris. *Fundational Fictions. The National Romances of Latin America*. Berkeley: University of California Press, 1991.

SOSNOWSKI, Saúl, ed. *La cultura de un siglo. América latina en sus revistas*. Madrid: Alianza Editorial, 1999.

STABB, Martin S. *The Dissenting Voice. The New Essay in Spanish America, 1960-1985*. Austin: University of Texas Press, 1994.

STANTON, Anthony. *Inventores de tradición: ensayos sobre poesía mexicana moderna*. México: El Colegio de México-Fondo de Cultura Económica, 1998.

STEELE, Cynthia. *Politics, Gender, and the Mexican Novel, 1968-1988*. Texas: University of Texas Press, 1991.

SUCRE, Guillermo. *La máscara, la transparencia*. 2.ª ed. corr. y aum. México: Fondo de Cultura Económica, 1985.

— ed. *Antología de la poesía hispanoamericana moderna*. 2 vols. Caracas: Monte Ávila, 1993.

Teatro argentino contemporáneo. Antología. Ed. de Gerardo Fernández Reboiro. Madrid: Quinto Centenario-Fondo de Cultura Económica-Centro de Documentación Teatral, 1992.

Teatro chileno contemporáneo. Antología. Ed. de Juan Andrés Pinal. Madrid: Quinto Centenario-Fondo de Cultura Económica-Centro de Documentación Teatral, 1992.

Teatro cubano contemporáneo. Antología. Ed. de Carlos Espinosa Domínguez. Madrid: Quinto Centenario-Fondo de Cultura Económica-Centro de Documentación Teatral, 1992.
Teatro mexicano contemporáneo. Antología. Ed. de Fernando de Ita. Madrid: Quinto Centenario-Fondo de Cultura Económica-Centro de Documentación Teatral, 1991.
Teatro venezolano contemporáneo. Antología. Ed. de Orlando Rodríguez B. Madrid: Quinto Centenario-Fondo de Cultura Económica-Centro de Documentación Teatral, 1991.
TORRES RIOSECO, Arturo. *Novelistas contemporáneos de América.* Berkeley: University of California, 1940.
UNRUH, Vicky. *Latin American Vanguards. The Art of Contentious Encounters.* Berkeley: University of California Press, 1994.
VALDÉS, María Elena. *The Shattered Mirror. Representation of Women in Mexican Literature.* Austin: University of Texas Press, 1998.
VERANI, Hugo, ed. *Las vanguardias literarias en Hispanoamérica (Manifiestos, proclamas y otros escritos).* México: Fondo de Cultura Económica, 1986.
— *Narrativa vanguardista hispanoamericana.* México: UNAM-Ediciones del Equilibrista, 1996.
— *De la vanguardia a la posmodernidad: Narrativa uruguaya (1920-1995).* Montevideo: Ediciones Trilce, 1996.
VERSÉNYI, Adam. *El teatro en América Latina.* Cambridge: Cambridge University Press, 1996.
VIDELA, Gloria. *Direcciones del vanguardismo hispanoamericano.* Mendoza, Argentina: Universidad Nacional de Cuyo, 1990.
VISCA, Sergio Arturo. *Aspectos de la narrativa criollista.* Montevideo: Biblioteca Nacional, 1972.
VITIER, Medardo. *El ensayo americano.* México: Fondo de Cultura Económica, 1945.
WENTZLAFF-EGGEBERT, Harald, ed. *Las literaturas hispánicas de vanguardia. Orientación bibliográfica.* Frankfurt: Vervuert, 1991.
WILLIAMS, Raymond L. *Postmodernidades latinoamericanas. La novela postmoderna en Colombia, Venezuela, Ecuador, Perú y Bolivia.* Bogotá: Universidad Central, 1998.
WOODBRIDGE, Hemsley C., ed. *Spanish and Spanish American Literature. An Annotated Guide to Selected Bibliographies.* New York: The Modern Language Association of America, 1983.
YURKIEVICH, Saúl. *La movediza modernidad.* Madrid: Taurus, 1996.
ZAID, Gabriel, ed. *Ómnibus de la poesía mexicana.* 2.ª ed. México: Siglo XXI, 1972.
— ed. *Asamblea de poetas jóvenes de México.* México: Siglo XXI, 1980.
— *Tres poetas católicos* [Ramón López Velarde, Carlos Pellicer y Manuel Ponce]. México: Océano, 1997.
ZAPSCHUTSCHENKO, Ludmila. *El laberinto en la narrativa hispanoamericana contemporánea.* Londres: Támesis, 1983.
ZUBASTKY, David, ed. *Latin American Literary Authors. An Annotated Guide to Bibliographies.* Metuchen: Scarecrow Press, 1986.

Índice onomástico

Abril, Xavier, 88, 400-401
Abril de Vivero, Pablo, 332
Acevedo Díaz, Eduardo, 15, 192
Acevedo Hernández, Antonio, 183
Adán, Martín, 109, 254, 379, 395-399, 401, 418, 429, 436
Adler, Max, 450
Adorno, Theodor W., 118
Agosin, Marjorie, 518
Aguilera Malta, Demetrio, 428, 528-529
Aguirre Cerda, Pedro, 257, 258
Aguirre Morales, Augusto, 438
Agustini, Delmira, 29-35, 37, 240, 243, 244, 265, 266
Alberti, Rafael, 254, 352, 354, 367, 400
Aldecoa, Matías, 414
Alegría, Ciro, 440, 443-448, 473, 522
Alemán, Miguel, 186, 259
Alessandri Palma, Arturo, 197, 302
Alighieri, Dante, 23, 222, 268
Allende, Isabel, 274
Allende, Salvador, 361
Alonso, Amado, 348, 463
Alonso, Carlos J., 217, 218, 237
Alvar, Manuel, 33
Amorim, Enrique, 19, 210-212, 520
Amunátegui, Ximena, 303
Anda, José Guadalupe de, 154
Anderson Imbert, Enrique, 98, 463
Andrade, Mário de, 366, 481

Andreiev, Leonid, 104
Anguita, Eduardo, 392-393
Apollinaire, Guillaume, 48, 63, 65, 66, 128, 278, 281, 294, 296, 297, 366, 367, 36, 374, 394
Aragon, Louis, 436, 468, 479, 487
Arbeleche, Jorge, 266
Arbenz, Jacobo, 478, 479
Arciniegas, Germán, 222, 459-460
Arcipreste de Hita, 115
Arenas, Braulio, 393-394
Arévalo, Juan José, 478
Arévalo Martínez, Rafael, 94, 100-105
Arguedas, Alcides, 111-112, 433
Arguedas, José María, 404, 446
Arlt, Roberto, 173, 180-182, 202, 205-208, 430, 507
Armendáriz, Pedro, 172
Armstrong, Louis, 501
Arp, Hans, 281, 296
Arreola, Juan José, 149
Artaud, Antonin, 346, 421
Arturo, Aurelio, 416-417
Asturias, Miguel Ángel, 102, 365, 465, 468, 469, 473-481, 487, 493
Atl, Dr. (Gerardo Murillo), 280
Azar, Vicente, 406
Azócar, Albertina Rosa, 340
Azorín (José Martínez Ruiz), 128

548

Azuela, Mariano, 123, 143, 154, 155-167, 217, 371, 473, 482

Bacon, Francis, 208, 412
Balboa, Silvestre de, 501
Balbuena, Bernardo de, 384
Ball, Hugo, 281
Balla, Giacomo, 49, 253
Ballagas, Emilio, 419-420
Balzac, Honoré de, 204
Banchs, Enrique, 73, 77-79, 312
Barba Jacob, Porfirio, 93-94, 101
Barbusse, Henri, 307, 435, 436, 518
Barletta, Leónidas, 177, 180
Baroja, Pío, 113
Barr, Alfred H., 490
Barreda, Gabino, 112, 124, 125, 138
Barrenechea, Ana María, 463
Barrett, Rafael, 112-113
Barrios, Eduardo, 182, 198-201, 204
Basadre, Jorge, 109, 465-467
Basho (Matsuo Munefusa), 58
Bataille, Georges, 346, 475, 487, 505
Batista, Fulgencio, 424, 461
Baudelaire, Charles, 33, 54, 226, 278
Beckett, Samuel, 389, 511
Beckmann, Max, 490
Bedregal, Yolanda, 536
Beethoven, Ludwig van, 493, 496
Bello, Andrés, 114, 145, 274
Beremundo el Lelo, 415
Bergamín, José, 372
Bergman, Ingmar, 511
Bergson, Henri, 108, 125, 137, 142
Bianco, José, 129, 448, 473, 505
Bierce, Ambrose, 187
Billinghurst, Guillermo, 81
Bioy Casares, Adolfo, 103, 269
Blake, William, 297, 496
Blanchot, Maurice, 292
Blanco, Andrés Eloy, 92-93, 209
Blanco Fombona, Rufino, 93, 192, 209, 210, 286

Blavatsky, Madame, 102
Blest Gana, Alberto, 114, 195
Bloom, Harold, 526
Bloy, León, 519
Boccioni, Umberto, 49, 253
Bohn, Willard, 63
Bolívar, Simón, 263, 368, 456, 465
Bombal, María Luisa, 368, 516-518
Bonaparte, Paulina, 491
Bontempelli, Massimo, 490
Borges, Jorge Luis, 73, 77, 78, 114, 119, 129, 131, 135, 148, 179, 187, 205, 218, 226, 252, 269, 281, 286, 287, 288, 289, 293, 363, 364, 367, 368, 429, 473, 490, 508, 519
Boves, Tomás, 456
Bracco, Roberto, 176
Brahms, Johannes, 50
Brancusi, Constantin, 251
Braque, Georges, 278
Brauner, Victor, 347, 393
Bravo, María Elena, 20
Brecht, Bertolt, 98, 358
Brentano, Franz, 132
Breton, André, 278
Brignole, Alberto J., 17
Brull, Mariano, 418, 419
Brunet, Marta, 517
Bryce Echenique, Alfredo, 272
Bunge, Carlos Octavio, 110-111
Buñuel, Luis, 102, 188, 344, 346, 404
Bürger, Peter, 282
Burroughs, William Seward, 292
Bustillo Oro, Juan, 172

Cabral, Manuel del, 426
Cabrera, Lydia, 422
Cáceres, Jorge, 394
Cáceres, Omar, 392-393, 394
Caldwell, Erskine, 26
Calles, Plutarco Elías, 152,170
Caloca, Manuel, 159
Cambaceres, Eugenio, 160, 161

Campos, Haroldo de, 366
Campos Cervera, Hérib, 430-431
Camprubí, Zenobia, 341
Camus, Albert, 260
Canetti, Elias, 118
Cansinos-Assens, Rafael, 281, 296
Capote, Truman, 537
Cárdenas, Lázaro, 130, 174, 186, 373
Cardoza y Aragón, Luis, 468-470, 479
Carducci, Giosué, 119
Carlota Amalia, emperatriz, 188
Carlyle, Thomas, 102
Carpentier, Alejo, 214, 222, 346, 418, 421, 456, 457, 473, 475, 478, 485-503, 522, 528
Carranza, Venustiano, 39, 57, 139, 151, 157, 159, 164, 168, 171, 173, 212
Carrera Andrade, Jorge, 410-411
Carreras, Roberto de las, 30
Carriego, Evaristo, 73-75, 77
Carril, Adelina del, 226
Carril, Delia del, 359, 360
Carrión, Benjamín, 458-459
Carrión, Miguel de, 212
Carroll, Lewis, 302
Cartier-Bresson, Henri, 50
Casaccia, Gabriel, 521
Casal, Julián del, 117
Caso, Antonio, 124, 125, 136-138, 142, 450
Casona, Alejandro, 179
Cassou, Jean, 128
Castellanos, Rosario, 496
Castro, Cipriano, 209, 456
Castro, Fidel, 425, 500
Céline, Louis-Ferdinard, 208, 505
Cendrars, Blaise, 364
Cernuda, Luis, 420
Cervantes, Miguel de, 140
Césaire, Aimé, 393, 492
Cestero, Tulio Manuel, 212-213
Cezanne, Paul, 41, 279
Chagall, Marc, 85
Chaplin, Charles, 182

Charlot, Jean, 370
Chejov, Anton, 26, 128
Chesterton, Gilbert Keith, 128
Chiarelli, Luigi, 176
Chirico, Giorgio de, 281, 381, 404, 487, 490
Chocano, José Santos, 79, 141, 459
Chopin, Frédéric, 397
Christophe, Henri, 491, 492, 498
Chumacero, Alí, 383
Churata, Gamlilel, 409
Cid, Teófilo, 393
Cirés, Ana María, 16, 19
Cocteau, Jean, 184, 323, 400
Colón, Cristóbal, 81, 503
Conan Doyle, Arthur, 493
Confucio, 63
Congrains Martín, Enrique, 102
Connolly, Cyril, 119
Conrad, Joseph, 24, 206, 348
Contreras, Francisco, 193
Copland, Aaron, 373
Cortázar, Julio, 23, 205, 253, 287, 292, 365, 429, 507
Cortés, Hernán, 184, 465
Cortínez, Carlos, 348, 361
Costa, René de, 294, 305
Covarrubias, Miguel, 67
Coward, Noel, 179
Coyné, André, 401
Croce, Benedetto, 142, 435
Cuadra, José de la, 528-529
Cuauhtémoc, 52
Cuesta, Jorge, 371, 373, 385

Dalí, Salvador, 344, 346, 347, 404, 489
Darío, Rubén, 12, 14, 17, 29, 48, 71, 78, 82, 90, 97, 98, 102, 213, 280, 298, 306, 307, 310, 334, 337, 363, 383, 415, 462, 525, 527
Darwin, Charles, 102
Daudet, Alphonse, 98
Daumier, Honoré, 209
David, Jacques-Louis, 501

Debussy, Claude, 83
Deffilippis Novoa, Francisco, 176, 177
Delacroix, Eugène, 501
Delaunay, Robert, 281, 297
Delaunay, Sonia, 296
Derain, André, 128, 281
Descartes, René, 501
Desiderio, Monsú, 499
Desnos, Robert, 346, 421, 487, 488
Dewey, John, 462
D'Halmar, Augusto, 82, 96-98, 99
Diaghilev, Sergei, 279
Díaz, Porfirio, 38, 55, 56, 93, 124, 150, 158, 171, 502
Díaz Arrieta, Hernán, 114-115
Díaz-Casanueva, Humberto, 392, 394
Díaz Rodríguez, Manuel, 214
Díaz Sánchez, Ramón, 527
Dickinson, Emily, 535
Diderot, Denis, 135
Diego, Gerardo, 252, 254, 296, 323, 373
Díez-Canedo, Enrique, 315
Díez de Medina, Fernando, 108, 112
Dilthey, Wilhelm, 132
Diocleciano, 525
Discépolo, Armando, 176-177, 178
Doesburg, Theo van, 281
Dongen, Kees van, 128
Donoso, José, 102, 292
Dos Passos, John, 446, 482, 528
Dostoievski, Fiodor, 24, 96, 178, 180, 204, 206
Dreiser, Theodore, 523
Drieu La Rochelle, Pierre, 269
Ducasse, Isidore (*véase* Lautréamont, conde de), 368
Duchamp, Marcel, 68, 279, 281, 288, 289, 322, 366, 393
Dufy, Raoul, 104
Dumas, Vito, 242

Eandi, Héctor, 343, 344
Echegaray, José de, 38, 175

Eco, Umberto, 292
Edwards Bello, Joaquín, 196-198, 205
Eguren, José María, 79, 82-88, 89, 90, 103, 110, 193, 307, 312, 396, 401, 436, 466
Eichelbaum, Samuel, 178-179
Einstein, Albert, 290, 451
Eisenstein, Sergei, 141, 373
Eliade, Mircea, 481
Eliot, T. S., 48, 87, 184, 185, 302, 373, 376, 377, 378, 511
Éluard, Paul, 278, 487
Emar, Juan, 390, 392
Emerson, Ralph Waldo, 102, 298
Engels, Friedrich, 434
Erasmo de Rotterdam, 135
Ernst, Max, 279, 281, 349, 489, 490
Espínola, Francisco, 520
Esquilo, 128
Esteban, Lilia, 487
Estrada Cabrera, Manuel, 283, 450, 474, 476, 502

Fairbanks, Douglas, 303
Falco, Líber, 537
Fargue, Léon-Paul, 226
Faulkner, William, 23, 346, 390, 471, 481, 505, 510, 523
Fauré, Gabriel, 483
Félix, María, 172, 236
Fell, Claude, 139
Fernández, Emilio «El Indio», 172, 184
Fernández, Macedonio, 73, 226, 283, 286-292, 363, 367, 429, 472, 473, 526
Fernández de Lizardi, José Joaquín, 172
Fernández Moreno, Baldomero, 73, 75-76, 367
Fernández Moreno, César, 75, 76, 77
Ferrando, Federico, 16, 17
Ferrari, Américo, 325
Ferretti, Aurelio, 178
Figari, Pedro, 364
Figueroa, Gabriel, 172, 184
Flaubert, Gustave, 105, 180, 226, 292

Flores, Ángel, 21, 490
Florit, Eugenio, 418-419
Fortún, Fernando, 315
Foujita, Tsugouharu, 128
Fourier, Charles, 287
France, Anatole, 180
Frank, Waldo, 132, 269
Freud, Sigmund, 436, 472
Frías, Heriberto, 160
Frugoni, Emilio, 112
Frye, Northrop, 218
Fuentes, Carlos, 50, 154, 161, 169, 187, 292, 429, 482, 484, 485
Funes, Tomás, 220

Gagarin, Yuri, 425
Galíndez, Bartolomé, 366-367
Gallegos, Rómulo, 93, 219, 221, 232-238, 274, 456, 461
Gallegos Lara, Joaquín, 528-531
Gálvez, Manuel, 204-205, 212, 265
Gamboa, Federico, 97, 157, 160, 183, 197, 199, 373
Gandía, Zeno, 523
Gaos, José, 133
García Calderón, Francisco, 108-109, 128
García Calderón, Ventura, 109, 128
García Lorca, Federico, 129, 179, 182, 252, 254, 346, 352, 354, 367, 400, 418, 431, 469, 520
García Márquez, Gabriel, 219, 478, 529, 537
García Terrés, Jaime, 383
Garibay, Ángel María, 462
Garmendia, Julio, 526-527
Gautier, Judith, 63
Gerzso, Gunther, 469
Giacometti, Alberto, 252
Gide, André, 128, 373, 383, 489
Gil-Albert, Juan, 372
Gil Gilbert, Enrique, 528-529
Ginsberg, Allen, 396
Giraudoux, Jean, 179, 382

Girondo, Oliverio, 226, 363, 364-366
Giusti, Roberto F., 463
Godoy, Juan Miguel, 258
Goethe, Johann Wolfgang, 130, 135, 140, 496
Gogol, Nikolai, 24
Goic, Cedomil, 262
Gómez, Juan Vicente, 93, 209, 233, 283, 455, 456, 502, 525
Gómez Carrillo, Enrique, 17, 196
Gómez-Correa, Enrique, 393-394
Gómez Dávila, Nicolás, 463
Gómez de Avellaneda, Gertrudis, 239, 247
Gómez de la Serna, Ramón, 68, 128, 254, 287, 289, 296, 367, 396, 531
Goncourt, Edmond y Jules de, 55
Góngora, Luis de, 48, 128
González de Mendoza, J. M., 475
González Lanuza, Eduardo, 430
González León, Francisco, 40
González Martínez, Enrique, 36, 37, 44, 69-72, 124, 153, 193, 377
González Prada, Manuel, 110, 307, 313, 433, 434, 459
González Rojo, Enrique, 377
González Tuñón, Raúl, 331, 354, 363, 366
González Vera, José Santos, 518-519
González Videla, Gabriel, 353
Gorki, Maxim, 93, 104, 518
Gorostiza, Celestino, 183-184, 300
Gorostiza, José, 373, 376-379, 383, 392
Gorostiza, Manuel Eduardo, 377
Goya, Francisco de, 412, 501
Goytortúa Santos, Jesús, 154
Gramsci, Antonio, 435
Greene, Graham, 269, 529
Greiff, León de, 414-417, 468
Griffith, David W., 501
Gris, Juan, 279, 296, 297, 323
Gropius, Walter, 281
Grosz, Georges, 412
Groussac, Paul, 227, 228, 369
Guevara, Ernesto «Che», 425

Guillén, Jorge, 83, 376, 398
Guillén, Nicolás, 331, 422-425
Güiraldes, Ricardo, 129, 203, 205, 206, 217, 219, 221, 225-232, 363, 461
Gullón, Ricardo, 103
Gutiérrez, Eulalio, 139
Gutiérrez, Juan María, 115
Gutiérrez Nájera, Manuel, 55
Guzmán, Martín Luis, 96, 154, 168-171

Haendel, Georg Friedrich, 501
Harss, Luis, 473
Hartmann, Nikolai, 450
Harte, Bret, 26
Haya de la Torre, Víctor Raúl, 307, 367, 436, 444, 451
Hegel, Geoeg Wilhelm Friedrich, 114, 132
Heidegger, Martin, 345
Hemingway, Ernest, 23, 26, 163, 505, 515, 523, 524
Henríquez Ureña, Max, 145
Henríquez Ureña, Pedro, 108, 124, 125, 145-148, 149, 450, 462, 463
Heráclito, 23, 411
Hernández, Felisberto, 507
Hernández, José, 230, 453
Hernández, Miguel, 254, 352
Hernández Catá, Alfonso, 104-105
Herrera y Reissig, Julio, 17, 29, 31, 47, 298, 310, 311
Hesíodo, 528
Hesse, Hermann, 446
Heureaux, Ulises, 213
Hidalgo, Alberto, 288, 289, 291, 312, 367-368, 391, 395
Hitler, Adolf, 111, 181
Hobsbawm, E. J., 277
Ho Chi Minh, 425
Hogarth, William, 501
Homero, 140, 453
Hostos, Eugenio María de, 145
Houston, John, 530

Hudson, William Henry, 26, 119, 203, 369
Huerta, Victoriano, 39, 57, 70, 124, 151, 158
Hugo, Victor, 278, 335, 444
Huidobro, Vicente, 27, 48, 54, 63, 99, 100, 182, 254, 260, 280, 281, 282, 283, 292, 293-303, 305, 312, 316, 323, 330, 344, 362, 368, 374, 390, 392, 393, 400, 402
Husserl, Edmund, 132, 137
Huxley, Aldous, 119, 482, 523, 528
Huysmans, Joris-Karl, 102, 104

Ibáñez, Roberto, 533
Ibáñez, Sara de, 533-534
Ibarbourou, Juana de, 29, 240, 265-267
Ibsen, Henrik, 98, 175, 177, 178
Icaza, Jorge, 213, 411, 412, 440-443, 444, 528
Ingenieros, José, 111
Ipuche, Pedro L., 408
Isaacs, Jorge, 219
Iser, Wolfgang, 292
Isherwood, Christopher, 119, 523
Iturbide, Agustín, 51, 465

Jacob, Max, 296
Jaimes Freyre, Ricardo, 112
James, Henry, 103
James, William, 125, 287
Jarry, Alfred, 181
Jiménez, Juan Ramón, 83, 128, 341, 419, 535
Jiménez Rueda, Julio, 373
Joos, Kurt, 279
Jouvet, Louis, 487
Joyce, James, 227, 302, 348, 429, 475, 523
Juana Inés de la Cruz, sor, 29, 135, 239, 245, 300, 378, 534
Juárez, Benito, 188
Jung, Carl Gustav, 222, 453, 481
Justo, Juan B., 434

Kafka, Franz, 163, 314, 390, 412
Kaiser, Georg, 177
Kandinsky, Wassily, 281, 316, 317
Keats, John, 378
Keyserling, conde Hermann, 269
Kierkegaard, Sören, 313
Kipling, Rudyard, 24, 26, 222
Korn, Alejandro, 454
Kostrowitzsky, Albert, 63
Kruschev, Nikita, 359

Laforgue, Jules, 40, 47, 48, 226
Lago, Tomás, 342
Laguerre, Enrique, 522-523
Lam, Wifredo, 282, 347, 421, 422
Lamb, Charles, 149
Larbaud, Valéry, 128, 226, 227
Larrea, Juan, 318, 323
Lars, Claudia, 535
Las Casas, Bartolomé de, 263, 465, 484
Lastra, Pedro, 392, 501
Latcham, Ricardo, 462
Latorre, Mariano, 195-196, 199
Lauer, Mirko, 433
Lautréamont, conde de, 369, 430, 489
Lawrence, D. H., 373, 517
Le Bon, Gustave, 108, 110
Leclerc, Charles Victor Emmanuel, 491
Le Corbusier, Charles-Édouard Jeanneret, 296
Léger, Fernand, 128, 279
Legris, Leo, 414
Leguía, Augusto B., 81, 283, 435, 444
Leiris, Michel, 346, 475, 487
Lévi-Strauss, Claude, 481
Lewis, Percy Wyndham, 59, 281, 370
Lezama Lima, José, 397
Liano, Dante, 102
Lida, Raimundo, 269, 463
Lida de Malkiel, María Rosa, 463
Lillo, Baldomero, 15, 192, 199
Lins, Osman, 292
Lipchitz, Jacques, 296

Lissitzky, El, 280
List Arzubide, Germán, 371
Littin, Miguel, 99
Lombroso, Cesare, 102
López, Luis Carlos, 94-95
López Albújar, Enrique, 433
López Velarde, Ramón, 36, 37-52, 70, 80, 140, 145, 283, 298, 311, 312, 370, 372, 375, 377, 416, 484
López y Fuentes, Gregorio, 173
Loti, Pierre, 55
Loveira, Carlos, 212
Lowry, Malcolm, 529
Loynaz, Dulce María, 534-535
Loyola, Hernán, 336, 343, 348, 358
Lugones, Leopoldo, 17, 19, 31, 47, 48, 52, 56, 75, 94, 98, 100, 205, 226, 242, 286, 298, 307, 310, 363, 374, 415, 416
Lynch, Benito, 202-204, 217

Mabille, Pierre, 421
Machado, Antonio, 312
Machado, Gerardo, 283, 461, 486, 502
Machado, Manuel, 17
Madero, Francisco I., 38, 39, 56, 70, 128, 139, 150, 151, 158, 159, 168, 170, 171
Maeztu, Ramiro de, 113
Magaña Esquivel, Antonio, 463
Magdaleno, Mauricio, 153, 154, 171-172, 173, 183
Magritte, René, 86, 393, 394
Maiakovski, Vladimir, 280
Malevich, Kazimir, 280
Malinowski, Bronislaw, 115
Mallarmé, Stéphane, 54, 66, 86, 88, 226, 298
Mallea, Eduardo, 269, 519-520
Malraux, André, 269, 471
Mancisidor, José, 173-174
Man Ray, 68, 279, 281
Mann, Thomas, 446, 475
Mañach, Jorge, 418, 460, 461

Índice onomástico

Mao Tse Tung, 537
Maples Arce, Manuel, 370-371
Marechal, Leopoldo, 288, 292, 363, 428-430, 472
Mariátegui, José Carlos, 82, 83, 112, 118, 283, 307, 322, 392, 396, 401, 405, 409, 433-438, 445, 450, 451, 453, 465, 466
Marín Cañas, José, 524
Marinello, Juan, 418, 460-461
Marinetti, Filippo Tommaso, 119, 128, 280, 288, 297, 319, 363, 436
Márquez Rodríguez, Alexis, 486
Marquina, Eduardo, 40
Martí, José, 14, 43, 116, 117, 136, 160, 263, 453, 453, 461, 462, 469
Martin, Gerald, 480
Martínez, José Luis, 135, 371
Martínez, Luis A., 213
Martínez Estrada, Ezequiel, 17, 20, 75, 269, 450, 452-454, 520
Martínez Villena, Rubén, 461
Marx, Karl, 434, 450
Masson, André, 346, 347
Matisse, Henri, 42
Matta, Roberto, 262, 282, 393
Maupassant, Guy de, 26, 105
Maximiliano I de Habsburgo, emperador, 186, 188
Medina, Julián, 159
Mella, Antonio, 461
Méndez Dorich, Rafael, 402
Menéndez Pidal, Ramón, 128, 146
Meneses, Guillermo, 525
Mérida, Carlos, 469
Michaux, Henri, 475
Miliani, Domingo, 237
Milhaud, Darius, 487
Milton, John, 397
Miomandre, Francis de, 226
Miranda, Francisco de, 499
Miró, Joan, 296, 346, 490
Mistral, Frédéric, 257

Mistral, Gabriela, 29, 101, 115, 135, 239, 240, 256-263, 265, 431, 459, 462, 533, 535
Moctezuma, 501
Model, Lisette, 253
Modigliani, Amedeo, 128
Modotti, Tina, 370
Molina, Enrique, 365
Molinari, Ricardo E., 430
Monguió, Luis, 12
Montaigne, Michel de, 135
Montalvo, Juan, 115, 459
Monterde, Francisco, 158, 183
Monterroso, Augusto, 149, 519, 531
Moock, Armando, 182
Moreno Jiménez, Manuel, 402
Moro, César, 303, 401-404
Moro, Tomás, 135
Morosoli, Juan José, 520
Motherwell, Robert, 59
Murúa, Lautaro, 179
Mussolini, Benito, 181

Nabokov, Vladimir, 270, 292
Nalé Roxlo, Conrado, 178, 179, 363
Nandino, Elías, 385
Neale-Silva, Eduardo, 319
Neruda, Jan, 335
Neruda, Pablo, 13, 92, 94, 115, 179, 226, 250, 254, 257, 262, 263, 282, 283, 293, 303, 323, 330, 334-361, 363, 366, 368, 374, 390, 391, 393, 398, 410, 422, 424, 431, 436, 469, 475, 517, 533, 537
Nervo, Amado, 31, 40, 70, 128, 244, 280
Nevares, María, 40, 45
Nietzsche, Friedrich, 98, 102, 112, 116, 119, 125, 137, 142, 180, 199, 287, 313, 452, 528
Niño, Samuel, 209
Novalis (Friedrich von Hardenberg), 397
Novás Calvo, Lino, 523-524
Novo, Salvador, 183, 373, 384

555

Noyola, Luis, 38
Nozières, Violette, 402
Núñez, Estuardo, 83
Núñez, Jorge Bernardo, 213-215, 472, 525

Obieta, Adolfo de, 289, 290
Obregón, Álvaro, 139, 141, 151, 153, 165, 169, 170
Ocampo, Silvina, 268
Ocampo, Victoria, 133, 239, 258, 267-271, 471
O'Neill, Eugene, 16, 119, 177
Onetti, Juan Carlos, 205, 390, 448, 478, 504-513
Onís, Federico de, 258, 418, 420, 461
Oppenheim, Méret, 489
Oquendo de Amat, Carlos, 399-400
Orozco, José Clemente, 67, 140, 141, 161, 469, 501
Orozco, Olga, 365
Orozco, Pascual, 57
Orrego, Antenor, 315, 324
Orrego Luco, Luis, 199
Ortega y Gasset, José, 128, 132, 133, 252, 254, 268, 269, 281, 345, 436, 450, 451, 454, 462, 475, 490, 521
Ortiz, Fernando, 115-116, 422
Ortiz de Montellano, Bernardo, 373, 380, 383, 385
Ortiz de Rosas, Juan Manuel, 204
Otero Silva, Miguel, 209, 524-525, 527
Othón, Manuel José, 40, 385
Owen, Gilberto, 375, 383
Ozenfant, Amédée, 296

Paalen, Wolfgang, 402
Pacheco, Carlos Mauricio, 176
Pacheco, José Emilio, 44, 58, 72, 376
Palacio, Pablo, 105, 411-413, 440, 528
Palacios, Antonia, 527
Palés Matos, Luis, 425-426
Palma, Clemente, 103-104
Palma, Ricardo, 103

Paoli, Roberto, 331
Pareja Diezcanseco, Alfredo, 528
Parra, Nicanor, 68, 94, 252
Parra, Teresa de la, 239, 271-274, 527
Parra del Riego, Juan, 368
Paso, Fernando del, 188
Patiño, Simón, 111
Pavic´, Milorad, 292
Paz, Octavio, 58, 63, 127, 135, 187, 300, 343, 372, 374, 376, 378, 380, 382, 383, 399, 402, 450, 462
Pedreira, Antonio S., 425
Pellegrini, Aldo, 365, 430
Pellicer, Carlos, 210, 373-376, 377, 379, 383
Peralta, Alejandro, 409
Pereda Valdés, Ildefonso, 368
Péret, Benjamin, 393, 421, 487
Pérez Galdós, Benito, 156, 204, 383
Pérez Jiménez, Marcos, 233, 525
Perón, Juan Domingo, 204, 428
Pessoa, Fernando, 414
Petit de Murat, Ulises, 179
Pettoruti, Emilio, 280
Phillips, Rachel, 252, 254
Picabia, Francis, 66, 281, 320, 422
Picasso, Pablo, 66, 128, 278, 279, 280, 296, 347, 354, 389, 469, 490
Picón Salas, Mariano, 455-456
Piñera, Virgilio, 412
Pío IX, Papa, 503
Pirandello, Luigi, 82, 176, 177, 180, 181, 412, 475, 508
Piranesi, Giambattista, 501
Pitágoras, 142
Pla, Josefina, 535-536
Plotino, 142
Pocaterra, José Rafael, 209-210, 213
Poe, Edgar Allan, 20, 26, 27, 104, 105, 226, 412, 528
Pollock, Jackson, 141
Poniatowska, Elena, 169
Popova, Liubov, 280

Porras Barrenechea, Raúl, 109, 465-467
Posada, José Guadalupe, 153, 469
Pound, Ezra, 48, 59, 66, 68, 281, 370, 396, 512
Prado, Pedro, 98-100, 199
Prados, Emilio, 372
Priestley, J. B., 493
Proust, Marcel, 271, 406
Puig, Manuel, 205
Pynchon, Thomas, 292

Quasimodo, Salvatore, 376
Queneau, Raymond, 487
Quevedo, Francisco de, 352, 354, 384, 397
Quijano, Margarita, 44
Quiroga, Horacio, 13, 14-27, 29, 100, 105, 160, 193, 203, 210, 211, 217, 220, 242, 445, 515

Rabasa, Emilio, 160
Ramírez, Segundo, 228
Rama, Ángel, 471
Ramos, Samuel, 118, 450, 454, 462
Ramos Sucre, José Antonio, 89-91, 92, 214, 283
Ravel, Maurice, 83
Raynaud, Georges, 475
Rebolledo, Efrén, 37, 53, 70
Redon, Odilon, 314
Renard, Jules, 63, 149
Reverdy, Pierre, 48, 63, 282, 296, 323, 404
Reyles, Carlos, 30
Reyes, Alfonso, 118, 119, 123, 124, 126-135, 143, 146, 149, 220, 268, 269, 365, 418, 469, 475
Reyes, Bernardo, 127
Reyes, Enrique Job, 29, 30
Ribemont-Dessaignes, Georges, 323
Ribera Chevremont, Evaristo, 420
Rilke, Rainer Maria, 312, 397
Rimbaud, Arthur, 87, 134, 298, 300, 342, 366, 397, 406

Río, Ángel del, 418
Río, Dolores del, 172
Ríos, Josefa de los, 37
Riva-Agüero, José de la, 110, 459, 465
Rivera, Diego, 52, 63, 67, 124, 128, 140, 353, 469
Rivera, José Eustasio, 202, 219-224, 230, 234, 236, 445, 461, 528
Roa Bastos, Augusto, 478
Robe, Stanley L., 157
Rodchenko, Aleksandr, 280
Rodenbach, Georges, 40
Rodó, José Enrique, 18, 29, 107, 108, 110, 111, 115, 116, 145, 192, 234
Rodríguez-Alcalá, Hugo, 521
Rodríguez Monegal, Emir, 15, 18, 34, 336, 338, 342, 348, 355
Roh, Franz, 490
Rojas, Gonzalo, 393, 394
Rojas, Manuel, 515-516, 519
Rojas, Ricardo, 113-115, 459, 463
Rokha, Pablo de, 390-391
Rokha, Winétt de, 391
Rolland, Romain, 307
Romains, Jules, 226
Romero, Emilia, 465
Romero, José Rubén, 172-173
Romero, Francisco, 454
Rostand, Edmond, 54
Rouault, Georges, 262
Ruiz de Alarcón, Juan, 187, 382
Rulfo, Juan, 23, 154, 230, 482, 530
Ruskin, John, 119

Sabat Ercasty, Carlos, 338, 341, 368
Sábato, Ernesto, 429, 505
Saint-John Perse, 129, 226, 300, 373
Sáinz de Medrano, Luis, 355
Salazar Arrué «Salarrué», Salvador, 521-522, 535
Salazar Bondy, Sebastián, 401, 404
Salgari, Emilio, 206
Salinas, Pedro, 83, 410, 471

San Martín, José de, 114
Sánchez, Florencio, 15, 18, 175, 176, 203
Sánchez, Luis Alberto, 80, 114, 394, 437, 451, 459
Sandino, Augusto César, 263
Sanín Cano, Baldomero, 116, 118-119, 248
Santí, Enrico Mario, 351
Sardou, Victorien, 175
Sarmiento, Domingo Faustino, 114, 203, 234, 235, 452
Sarraute, Nathalie, 292
Sartre, Jean-Paul, 489
Scalabrini Ortiz, Raúl, 288
Scarlatti, Domenico, 501
Scheler, Max, 132, 134, 450, 454
Schopenhauer, Arthur, 125, 137, 199, 200, 287, 307, 452
Schwob, Marcel, 149
Segovia, Tomás, 383
Selva, Salomón de la, 535
Serrano, Francisco, 170
Shakespeare, William, 119, 185, 501
Shaw, George Bernard, 119, 184, 185
Shelley, Percy Bysshe, 496, 497
Shiyo, 58
Sierra, Justo, 112, 124, 125, 149, 484
Silva Castro, Raúl, 97
Silva Valdés, Fernán, 408
Sinán, Rogelio, 431
Siqueiros, David Alfaro, 140, 141, 469
Sócrates, 453
Solar, Xul, 365
Sorel, Georges, 435
Soupault, Philippe, 346
Spencer, Herbert, 111
Spengler, Oswald, 132, 452, 453, 490
Stalin, Josif, 323, 324, 352
Steiner, George, 402
Sterne, Laurence, 128, 292
Stevens, Wallace, 378
Stevenson, Robert Louis, 128
Stieglitz, Alfred, 59

Storni, Alfonsina, 29, 178, 240, 241-255, 265
Stravinski, Igor, 269, 279, 501, 502
Strindberg, August, 177, 178
Sudermann, Hermann, 175
Supervieille, Jules, 128, 364, 368

Tablada, José Juan, 36, 48, 53-68, 69, 70, 123, 153, 172, 283, 294, 296, 343, 370, 371, 374, 410
Tagore, Rabindranath, 269, 341
Taine, Hippolyte, 114
Tallet, José Z., 418
Tamayo, Franz, 111-112, 118
Tamayo, Rufino Arellanes, 67, 375, 469
Tatlin, Vladimir, 279
Teitelbaum, Volodia, 392
Téllez, Hernando Francisco, 463
Thurber, James, 530
Toledo, 469
Tolstoi, Leon, 96
Torre, Guillermo de, 281, 288, 296
Torre Nilsson, Leopoldo, 179
Torres Bodet, Jaime, 259, 373, 383-384
Torres García, Joaquín, 246, 280, 282, 286, 303
Torres-Rioseco, Arturo, 217, 462
Torri, Julio, 124, 148-149
Toynbee, Arnold, 451
Traven, B., 529-530
Trotski, León, 352
Trujillo, Rafael Leónidas, 145, 146, 502
Túpac Amaru II, 433
Turgueniev, Iván, 96
Turner, Joseph Mallord William, 501
Tzara, Tristán, 196, 281, 296, 303, 323

Ubico, Jorge, 476, 478
Ugarte, Manuel, 29, 30, 34, 112, 125, 434
Unamuno, Miguel de, 103, 116, 127, 132, 292, 355, 383, 412, 436, 459, 475, 508
Urbina, Luis G., 124

Ureta, Romelio, 257
Uriburu, José F., 177, 181
Urrutia, Matilde, 359, 361
Usigli, Rodolfo, 153, 175, 184-188, 379, 382
Uslar Pietri, Arturo, 193, 455-457, 458, 474, 487, 490, 527

Valdelomar, Abraham, 79-82, 83, 98, 110, 307, 315, 434
Valencia, Guillermo, 58
Valencia, Tórtola, 47
Valéry, Paul, 91, 373, 376, 377, 418, 475
Valle, Rafael Heliodoro, 465
Valle, Rosamel del, 391-392, 403
Valle-Inclán, Ramón María del, 113, 128, 181, 477
Vallejo, César, 13, 47, 48, 80, 83, 88, 103, 174, 267, 282, 293, 302, 305-333, 334, 342, 343, 351, 354, 355, 363, 395, 401, 410, 424, 431, 433, 443, 451, 469, 475
Varallanes, José, 409
Varèse, Edgar, 54, 296
Vargas Llosa, Mario, 222, 399, 508, 512
Varona, José Enrique, 116-118
Vasconcelos, José, 39, 51, 108, 124, 125, 137, 138-144, 149, 153, 167, 168, 172, 184, 210, 257, 370, 372, 374, 377, 410, 450, 465, 474
Vaz Ferreira, Carlos, 30, 116, 118, 266
Vaz Ferreira, María Eugenia, 29, 266-267
Vázquez, Teresa, 340
Vega, Inca Garcilaso de la, 110, 433, 444, 466
Vega, Lope de, 493
Veiravé, Alfredo, 21
Vela, Arqueles, 371
Velarde, Héctor, 530-531
Verlaine, Paul, 54, 307
Vermeer, Johannes, 44
Viana, Javier de, 15, 192, 193
Vidales, Luis, 222, 416

Vientós Gastón, Nilita, 470-471
Villa, Pancho, 151, 152, 154, 159, 164, 165, 168, 169, 170, 171, 173, 187
Villaespesa, Francisco, 30
Villamediana, Juan de Tasis Peralta, conde de, 352
Villarroel, Gaspar de, 115
Villaurrutia, Xavier, 39, 183, 184, 372, 373, 379-383, 392, 400, 405
Villiers de L'Isle Adam, 104
Virgilio, 222
Vivaldi, Antonio, 501
Volkening, Ernesto, 463

Wagner, Richard, 496, 501
Waugh, Evelyn Arthur, 119
Weiss, Peter, 182
Weston, Edward, 386
Westphalen, Emilio Adolfo, 88, 392, 400, 402, 404-406, 436
Whitman, Walt, 307, 335
Wilde, Oscar, 179
Wittgenstein, Ludwig, 118
Woolf, Virginia, 281, 517, 528

Xirau, Ramón, 534
Xirgu, Margarita, 182

Yáñez, Agustín, 154, 390, 473, 482-485

Zaid, Gabriel, 376
Zalamea, Jorge, 222, 537
Zalamea Borda, Eduardo, 527
Zaldumbide, Gonzalo, 115
Zapata, Emiliano, 57, 150, 151, 154, 159, 173
Zayas, Alfredo, 418
Zayas, Marius de, 59, 66, 320
Zeller, Ludwig, 394
Zhdanov, Andrei A., 324, 358
Zola, Émil, 98, 156, 195, 202
Zorrilla de San Martín, Juan, 265
Zum Felde, Alberto, 114-115, 368
Zweig, Stefan, 104, 258